# PDMA新产品开发工具手册2（修订版）

## The PDMA ToolBook 2
### for New Product Development

[美] Paul Belliveau（保罗·贝利维尔）
　　　Abbie Griffin（艾比·格里芬）　　　主编
　　　Stephen M. Somermeyer（史蒂芬·M. 塞莫尔梅尔）

赵道致 译

楼 政　景海斌　高志兴　张 元　唐 晔　孙志宏　马鸿秋　马 琛　审

电子工业出版社
Publishing House of Electronics Industry
北京·BEIJING

The PDMA ToolBook 2 for New Product Development by Paul Belliveau, Abbie Griffin and Stephen M. Somermeyer

Copyright © 2004 by John Wiley & Sons, Inc. All rights reserved.

This translation published under license.

Simplified Chinese translation edition copyright © 2020 by Publishing House of Electronics Industry.

Copies of this book sold without a Wiley sticker on the cover are unauthorized and illegal.

本书中文简体字版经由 John Wiley & Sons, Inc. 授权电子工业出版社独家出版发行。未经书面许可，不得以任何方式抄袭、复制或节录本书中的任何内容。

版权贸易合同登记号　图字：01-2018-0203

图书在版编目（CIP）数据

PDMA 新产品开发工具手册：修订版. 2 /（美）保罗·贝利维尔（Paul Belliveau），（美）艾比·格里芬（Abbie Griffin），（美）史蒂芬·M.塞莫尔梅尔（Stephen M.Somermeyer）主编；赵道致译．—北京：电子工业出版社，2020.4
书名原文：The PDMA ToolBook 2 for New Product Development
ISBN 978-7-121-38334-2

Ⅰ. ①P… Ⅱ. ①保… ②艾… ③史… ④赵… Ⅲ. ①产品开发－手册 Ⅳ. ①F273.2-62

中国版本图书馆 CIP 数据核字（2020）第 029869 号

责任编辑：卢小雷　　　特约编辑：田学清
印　　刷：三河市君旺印务有限公司
装　　订：三河市君旺印务有限公司
出版发行：电子工业出版社
　　　　　北京市海淀区万寿路 173 信箱　　邮编 100036
开　　本：720×1000　1/16　印张：29.5　字数：578.2 千字
版　　次：2011 年 1 月第 1 版
　　　　　2020 年 4 月第 2 版
印　　次：2020 年 4 月第 1 次印刷
定　　价：128.00 元

凡所购买电子工业出版社图书有缺损问题，请向购买书店调换。若书店售缺，请与本社发行部联系，联系及邮购电话：(010) 88254888，88258888。

质量投诉请发邮件至 zlts@phei.com.cn，盗版侵权举报请发邮件至 dbqq@phei.com.cn。

本书咨询联系方式：(010) 88254199，sjb@phei.com.cn。

# 修订版序

中国正处于全面实施创新驱动发展战略的关键历史时期。创新需要科学先进的方法指导，借鉴发达国家的成熟创新方法不失为一条可行通路。为了落实创新驱动发展战略和引进发达国家先进成果，国家外国专家局培训中心（现已整合为中国国际人才交流基金会）于2016年将美国产品开发与管理协会（PDMA）的"产品经理国际资格认证"（NPDP）项目及其知识体系正式引入中国，随后在国内出版了《产品经理认证（NPDP）知识体系指南》，并在国内选拔培养了一批NPDP培训师。为了使《PDMA新产品开发工具手册1》《PDMA新产品开发工具手册2》《PDMA新产品开发工具手册3》（以下简称《工具手册》）和《产品经理认证（NPDP）知识体系指南》（以下简称《指南》）保持一致，我们组织了专家团对本套《工具手册》进行了全面修订。参与此次修订的专家多数也是校对《指南》的成员，有着良好的合作基础。

在修订中，我们秉承"尊重原著作者和原译者风格，承前启后，实现与《指南》的一致化，同时提升翻译质量"的原则，重点在以下方面开展了修订：一是以《指南》术语为标准，对《工具手册》术语进行了一致化处理；二是对书中的一些缺漏与错误进行了完善和纠正；三是对使读者读起来比较费解的内容进行了理顺。

修订团队由金指南企业管理咨询有限公司首席顾问楼政领导。楼政负责总审，修订安排如下：术语表（楼政、张元、唐晔）；第一册第1、3、5、7、9、11、13、15章（唐晔），第2、4、6、8、10、12、14、16章（马鸿秋）；第二册第1章（马琛），第2~6、12、14、15章（景海斌），第7~10、11、13章（高志兴），第16章（马鸿秋），第17章（张元）；第三册第1~9章（张元），第10~16章（孙志宏）。此外，修订团队还开展了交叉互审。互审安排如下：第一册第1~4章（高志兴），第5~8章（景海斌），第9~12章（张元），第13~16章（孙志宏）；第二册第1~4章（唐晔），第5~8章（马鸿秋），第9~12章（张元），第13~17章（孙志宏）；第三册第1~4章（唐晔），第5~8章（马鸿秋），第9~12章（高志兴），第13~16章（景海斌）。

在修订过程中修订团队重温了这套书，更深刻地体会到了这套书的特点：一是重实践、重应用、重产出。大部分作者是企业高管和咨询公司资深顾问，有着非常丰富的实践经验和应用心得，总结的方法大多经过了实践检验。二是有高度、有深度、有广度。既有战略高度、前瞻视界和趋势判断，又有战术层面的具体应用和实例，同时涵盖了新产品开发的方方面面和多个行业。三是育人才、带团队、管企业。有针对个人管理水平提升的工具（如工程和设计工具、流程责任人工具等），也有适合团队管理水平提升的技术（如启动项目的工具、文化、组织和团队工具、整个项目都可使用的工具等），更有适合企业成熟度提升的方法（如管理新产品开发流程的工具、管理新产品开发项目组合和管道的工具、管理整个企业和新产品开发项目绩效的战略工具等）。因此，对于新产品开发领域的从业者、研究者和学习者，本套书无疑是非常值得深读的佳作。

专家团用了半年多的时间来修订本套书，使本套书更加成熟专业，但也难免存在一些不足之处，希望广大读者批评指正，使本套书更加完善。为了便于和广大读者的互动，专家团建立了产品管理研讨群，读者可以通过扫描下面的微信二维码申请加入（须注明研讨产品管理），来共同探讨，不断提高。我们期待在引进、消化、吸收国外先进智力成果的基础上进行卓有成效的转化和创新。

楼政

## 修订总审简介

楼政（联系电话：18029169969）

金指南企业管理咨询有限公司（www.jznpmp.com，国家外国专家局培训中心授权合作机构）创办人，海外留学回国资深专家，专注于产品开发、项目管理和创新领域。国家外国专家局培训中心 PgMP（项目集管理）授权培训师和 NPDP（产品经理）授权培训师。蒙特利尔大学高等商学院 MBA、六西格玛黑带、TPM 导师。拥有工程学、会计、英语、管理学四个学位。从事项目实践和培训咨询几十年来，领导和交付数十个项目（包括新产品开发项目、管理变革项目、运营提升项目、工程建设项目、项目集群管理、项目组合管理、咨询项目等）。培训、辅导和咨询了数百家企业和 2 万余名专业人士。首创了实战演习结合全真项目实战培训方法，以及产品、管理和市场，个人、团队及企业"三位一体"咨询法，促进了企业收益的倍增，受到企业推崇。领导 NPDP 师资班校对了《产品经理认证（NPDP）知识体系指南》，领导修订了《PDMA 新产品开发工具手册 1、2、3》，参与制定了 PMI《项目管理知识体系指南（第 5 版）》《项目管理知识体系指南（第六版）》《项目集管理标准（第 4 版）》。

# 译者序

几年前,本书的译者组织团队翻译完《PDMA 新产品开发手册》(第 2 版)和《PDMA 新产品开发工具手册 1》之后,本想休息调整一段时间再翻译后续的《PDMA 新产品开发工具手册 2》和《PDMA 新产品开发工具手册 3》,但是很多读过前两本书的读者反馈,他们已经在使用前两本书中的一些方法来开发产品,并且有些方法起到了很好的效果。读者的肯定是对我们最大的鼓励。应用者的认可使得我们有了组织人员全力翻译后续的《PDMA 新产品开发工具手册 2》和《PDMA 新产品开发工具手册 3》的澎湃动力。特别是我国正在全方位、多领域地建设创新型国家,我们也非常真诚地希望这些书中的一些方法能够助力我国创新型国家的建设,并在具体事业上帮到大家。

在经济社会中,很多公司运作了很长时间,但还有待做大、做强;公司所在行业在高速发展,一些公司却不能紧跟行业发展的步伐。我经常把这些公司称为 Mini 型公司,为什么呢?其中的一个主要原因是这些公司在发展过程中没有建立起新产品开发(NPD)管理系统,不能充分利用过去的成功经验,不能提升组织级的研发能力,也不能做好产品的组合管理。《PDMA 新产品开发工具手册 2》给了我们许多很好的改善新产品开发(NPD)实践的工具。大量的公司是从单产品走向多产品、从单一产品线走向多产品线的,在这种转变中,我们面临如下问题:

- 如何提升组织级的研发能力?
- 如何把握前端的市场需求,从源头决定我们做正确的事情?
- 如何管理新产品开发流程?
- 如何做好产品组合管理和管道管理?

以上这些问题是本书关注的重点,本书同时提供了一些非常详细的方法和相关企业(公司)的实践来帮助企业(公司)改善这些问题。

(1)如何提升组织级的研发能力?公司要想提升组织级的研发能力,首先要能够形成创新文化,要能够形成一种承担风险的文化。通过这种文化的建立将公司的技术优势转化为产品优势,构建将研发能力转变成具体操作能力的桥梁。跨部门团队的建立是提升组织级研发能力的基础,是这种能力建设的组织保障。同时，公司还要善于利用外来资源，做好联合开发，通过整合产业链的资源提升公司组织级的研发能力。

（2）如何把握前端的市场需求，从源头决定我们做正确的事情？要想从源头决定我们做正确的事情，公司就要学会聆听客户心声。本书总结了很多聆听客户心声的方法。例如，基于人种学与客户建立联系的方法，以及帮助我们得到新的创意和确保新的创意在市场上能够取得成功的方法等。这些方法经过了大量企业的实践，我们可以借鉴。

（3）如何管理新产品开发流程？公司的新产品开发（NPD）流程结构化是确保新产品开发质量和开发流程可控的必要条件。NPD 流程结构化可以使众多的产品开发活动从中受益，从而充分利用公司成功的经验，使公司的 NPD 活动变得更有规律。NPD 流程结构化的主要内容包括量化产品特性价值和将客户对产品的要求整合到 NPD 项目中，还包括将流程结构化之后采用 IT 工具将之固化等。通过将其量化和结构化，进而利用 IT 工具固化的优化 NPD 流程将有效地驱动公司业务的变革，让员工在研发过程中习惯运用结构化的 NPD 流程体系。

（4）如何做好产品组合管理和管道管理？公司的产品不在于多，而在于精。很多公司的产品线非常宽，它们投入了大量的研发资源，但是盈利的产品没有几种，主要原因是它们缺乏产品组合管理的方法。本书总结了做好产品组合管理的方法，主要包括做好产品和技术的路线规划、循序渐进地在产品开发流程中做好管道管理、做好产品决策评审的操作流程及评审要素等。

本书的翻译由赵道致教授领导的天津大学现代制造与物流研究所团队完成，审校由曾学明教授领导的华成研发管理咨询公司的顾问团队完成。其中，赵道致负责全书的翻译，郭彦路、王璇、柴雪、丁均伟、唐牛、杜放等分别参与了本书第 1~3、4~5、6~8、9~11、12~14、15~17 章的翻译。华成研发管理咨询公司的曾学明、朱光辉、董奎和曹修洪分别完成了本书第 1~4 部分的审校工作。

本书是两个团队合作的结晶，是理论与实践相结合的产物。这两个团队在新产品创新与开发管理领域均积累了相对较多的理论研究和实践的成果与经验，但是在快速发展的新产品创新与开发管理领域仍然有层出不穷的新知识，因此在翻译中也难免存在翻译不准确和理解有偏差的地方，还请读者不吝赐教，让我们在新产品创新与开发管理的理论研究和实践中共同进步。我们也希望本书对企业在新产品创新与开发管理领域的快速成熟方面起到良好的促进作用，为我国创新型国家的建设做出贡献。

本书适合作为企业（公司）的新产品创新与开发经理和技术人员、市场营销经理、企业（公司）高层管理者、MBA 学员、管理类相关专业的本科生和研究生的工具书和参考书，也可以作为从事创新与开发研究的学者了解新产品创新与开发管理理论与实践结合的参考书。译者通过学习发现本书与之前的《PDMA新产品开发手册》（第2版）和《PDMA新产品开发工具手册1》的主要不同之处在于，本书更加关注一些企业（公司）面临的现实问题，更加深入和有针对性。希望这些方法和案例对广大读者有帮助。

让我们共同研读这本书，从中学到结构化的产品和服务创新管理方法和工具，并将其嫁接在我们中华民族的聪明才智之上，让这些有价值的管理工具为我国企业走向世界、为世界人类文明做出更大的贡献起到促进的作用。

赵道致<br>曾学明

## 译者简介

**赵道致** 天津大学管理与经济学部教授、博士生导师，现代制造与物流研究所所长，物流与供应链管理系主任。曾于2000—2001年在英国剑桥大学工程系做访问教授，2006—2007年在美国佐治亚理工学院工业与系统工程系做福布赖特访问教授。主要研究领域包括物流与供应链管理、产品创新与开发管理、项目管理。

**曾学明** 华成研发管理咨询公司资深顾问、青铜器软件系统有限公司总经理、清华大学特聘教授。曾服务于华为技术有限公司，长期从事高科技企业研发管理的研究、咨询和培训服务。主要服务的领域包括创新管理、市场管理、产品开发流程管理、研发项目管理、研发人力资源管理和研发管理信息化等，曾经为数百家企业提供了研发管理培训服务，同时带领团队成功完成数十家企业的研发管理咨询和研发体系的IT建设。

# 前　言

欢迎阅读《PDMA 新产品开发工具手册 2》。

与《PDMA 新产品开发工具手册 1》相同，本手册由 PDMA 志愿者（版税归 PDMA 所有）编写，这些志愿者都是新产品开发（NPD）专家，他们的工作旨在提升 NPD 的理论与实践水平。他们是 NPD 的专业人员（实践者、服务提供者和学者），在本手册中分享了自己的经验和教训，并深入细致地介绍了可以改善组织 NPD 的基础知识。本手册提供了有效的实践工具，读者学到这些实践工具后可以很快捷地将其应用到实践中去。

在《PDMA 新产品开发工具手册 1》出版后的一段时间，NPD 已经发生了变化。许多企业主要关注基于技术的竞争力和为了使新技术适应成功的新产品而发起的挑战两个方面。而《PDMA 新产品开发工具手册 1》中的工具主要强调 NPD 流程及其改善。

《PDMA 新产品开发工具手册 2》反映了客户更新的兴趣。大多数组织已经在使用门径管理流程，并且正在关注提升流程效率的问题，目的是使新产品在市场上获得更强的竞争力。受企业盈亏、兼并、规模缩小、专家退休、产品生命周期更短和企业日益增长的获得组织外部专门知识的需要的影响，企业面临的竞争压力加剧。于是，聚焦于组织、模糊前端和流程管理等方面的本手册应运而生。

读者在阅读本手册的时候，可以清楚地看到其中的许多内容都在关注"软性"的组织问题，而不是"硬性"的流程改善问题。作为 NPD 的思想领袖，各章的作者都能够更加深刻地认识到 NPD 文化的重要性。但是，在某些章节中可能出现一些重叠的内容，建议读者根据自身组织的特定文化和需求选择特定的工具。

因为许多企业的 NPD 情况都在发生变化，所以，本手册聚焦于组织。第 1 部分介绍了组织工具，包括改善 NPD 文化的工具、将技术优势转化为产品优势的工具、加强组织知识创造的工具和技术、提升组织创造性和解决合作开发问题的工具，以及 NPD 与运营之间的文化与接口的工具等。

第 2 部分主要介绍改善 NPD 流程模糊前端的工具。这些工具聚焦于如何更好地理解客户的需求以形成 NPD 产品需求。模糊前端（FFE）中的新奇性有其自身的特殊问题,本部分提供了专门的工具来改善FFE的创新性。

第3部分介绍了管理NPD流程的工具,这部分内容量化了新产品的经济价值,并提供了将产品需求分析(需求流程)整合到NPD流程的工具。该部分介绍了NPD中的一个新视角:客户自己设计他们所需要的产品。本部分第12章介绍了如何有效地将需求流程整合到新产品开发流程中去。

第4部分介绍了管理NPD项目组合和管道的工具。NPD的项目经理每天都要处理这些非常复杂的管理工作,这部分提供了项目组合管理和管道管理领域的实践方法,并使用了判读目前的技术调整决策是否有价值的图表。最后,该部分介绍的组合管理成熟度模型将使企业(组织)提升到一个新阶段。

## 如何使用本手册

不必通读全书,你也会发现,每一部分都提供了内容概括。建议逐章使用本手册,虽然你也可能希望浏览那些最初吸引你的章节。然后,当你发现了你的NPD组织内存在的某些弱点或缺点,或遇到了一个特定的流程问题时,你可以进一步研读特定的章节,并且结合自身情况尝试使用相应的工具。此外,你可能一直希望能够主动地改善NPD的某些方面。在这种情况下,我们建议你着眼于那些最适合你在NPD流程中试图改进的领域的相关章节。本手册和《PDMA新产品开发工具手册1》中的各个章节都是根据许多开展NPD活动的组织的经验、教训编写的。

保罗·贝利维尔(Paul Belliveau)
艾比·格里芬(Abbie Griffin)
史蒂芬·M.塞莫尔梅尔(Stephen M. Somermeyer)

# 主编简介

## 保罗·贝利维尔（Paul Belliveau）

保罗·贝利维尔，新产品开发专业人员（New Product Development Professional，NPDP），是 Paul Belliveu 合伙公司的负责人。他为企业提供战略业务和新产品开发建议。保罗是 PDMA 的前主席之一，也是 PDMA 基金会的联合创始人之一。他是美国罗格斯大学罗格斯商学院（Rutgers Business School，Rutgers University）的兼职教授，也是《PDMA 新产品开发工具手册 1》的编者之一，该书于 2003 年赢得了由薛顿贺尔大学（Seton Hall University）斯蒂尔曼商学院（Stillman School of Business）和新泽西工商协会（NJBIA）联合主办的"新泽西闪亮构思奖"（New Jersey Bright Idea Award）。保罗在 *Journal of Developmental Entrepreneurship* 和 *Journal of Small Business and Enterprise Development* 等刊物上发表过多篇论文。保罗曾经是 *Journal of Small Business Management* 顾问委员会的成员，还是 *Journal of Product Innovation Management* 的评审专家。

## 艾比·格里芬（Abbie Griffin）

艾比·格里芬，NPDP，是美国伊利诺伊大学香槟分校（UIUC）商学院的工商管理教授，她主要讲授 B2B 市场营销和 MBA 第一年的市场营销核心课程。格里芬教授致力于新产品开发流程的度量和改善，她的论文发表在《工业营销管理》（*Industrial Marketing Management*）、*Journal of Developmental Entrepreneurship*、《市场调查》（*Journal of Market Research*）、《斯隆管理评论》（*Sloan Management Review*）和《市场营销科学》（*Market Science*）等刊物上。格里芬是《PDMA 新产品开发工具手册 1》的编者之一。同时，她也是航星国际（Navistar International）的董事会成员，还是 *Journal of Developmental Entrepreneurship* 1998—2003 年的编辑。格里芬在麻省理工学院获得博士学位。

### 史蒂芬·M. 塞莫尔梅尔（Stephen M. Somermeyer）

史蒂芬·M. 塞莫尔梅尔，NPDP，在YourEncore公司负责项目开发，还是Somermeyer公司的负责人，该公司主要为企业提供创新战略和组织咨询。他在Eli Lilly and Company（一家制药公司）的制造和研发部门工作了30多年。塞莫尔梅尔是PDMA理事和提名委员会主席。他还是创建PDMA知识体系的核心团队成员和《PDMA新产品开发工具手册1》的编者之一。塞莫尔梅尔做过许多次关于指标、标杆和外包/联盟等的演讲。

# 目 录

## 第 1 部分　组织工具

### 第 1 章　通过创新文化实现增长 .................................. 3
　　高级管理团队 .................................................... 5
　　新产品开发团队 ................................................. 17
　　客户 ............................................................ 24
　　结论 ............................................................ 28

### 第 2 章　通过突破式创新进行过渡管理 ......................... 29
　　突破式创新、业务成长和企业复兴 ............................. 30
　　突破式创新的管理框架 ........................................ 30
　　过渡管理的挑战 ................................................ 32
　　过渡管理的新角色 .............................................. 32
　　过渡管理流程 ................................................... 33
　　更正式的过渡管理的组织价值 .................................. 53
　　过渡管理的实践总结 ........................................... 57
　　结论 ............................................................ 57

### 第 3 章　将技术优势转化为产品优势 ............................ 61
　　技术—产品—市场 ............................................. 62
　　技术—产品—市场的开发和利用 ............................... 64
　　人员和执行 ..................................................... 75
　　结论 ............................................................ 78

### 第 4 章　加强组织知识创造的工具和技术 ....................... 80
　　知识创造 ....................................................... 81

创新的愿景..........................................................................82
　　知识创造的协同环境..............................................................84
　　基于竞争力的知识创造实践社区..................................................86
　　绘制实践社区的竞争力／能力图..................................................90
　　建立创新网络....................................................................94
　　结论..............................................................................97

第5章　打造创造性的新产品开发虚拟团队..........................................101
　　真实的团队....................................................................102
　　虚拟团队......................................................................103
　　团队的虚拟特性................................................................104
　　团队的虚拟特性对创造性的影响................................................107
　　虚拟金字塔....................................................................112
　　管理团队创造性................................................................116
　　结论............................................................................124

第6章　构建更强大的合作伙伴关系以提高合作开发绩效水平......................126
　　一个合作开发的模型............................................................128
　　一个结构化的流程..............................................................129
　　合作伙伴的评估和选择........................................................130
　　合作伙伴关系的建立............................................................133
　　合作伙伴关系的管理............................................................135
　　结论............................................................................136

# 第2部分　改善NPD流程模糊前端的工具

第7章　客户心声....................................................................141
　　背景............................................................................141
　　定义客户心声..................................................................144
　　客户心声计划..................................................................145
　　实施访问......................................................................150
　　建立需要清单..................................................................153
　　系统化客户需要................................................................158
　　对客户需要做优先级排序......................................................160

额外考虑因素 ................................................................164
　　结论 ............................................................................168

第8章　创造客户联系：人种学的需要发现 ................................169
　　人种学的定义 ................................................................170
　　人种学从商业到产品开发环境的应用 ................................172
　　人种学应用的第1步：计划项目 ......................................173
　　人种学应用的第2步：开始项目 ......................................181
　　人种学应用的第3步：实施现场研究 ................................186
　　人种学应用的第4步：分析数据 ......................................191
　　人种学应用的第5步：使用研究成果 ................................196
　　结论 ............................................................................198

第9章　通过愿望模式生成新产品创意和突破的工具 ....................200
　　愿望模式方法概述 ........................................................201
　　客户理想化设计（CID）——有计划的创意生成并由用户设计 ....203
　　CID的应用 ..................................................................204
　　计划、举行和主持CID会议 ............................................208
　　CID会议后的迭代设计过程 ............................................219
　　"日常使用"创意的产生和收集过程 ..................................223
　　愿望模式的资源需求 ....................................................226
　　结论 ............................................................................229

第10章　创新性的诞生：确保新创意得到竞争的机会 ..................230
　　模糊前端评估创意时的一般活动 ....................................231
　　SWIFT的定义 ..............................................................232
　　SWIFT的工作方式 ........................................................233
　　使用SWIFT的实际案例 ..................................................235
　　试着将SWIFT用在自己身上 ............................................244
　　SWIFT需要的技术 ........................................................246
　　避免使用SWIFT的情况 ..................................................249
　　结论 ............................................................................250

# 第 3 部分  管理 NPD 流程的工具

## 第 11 章  为产品和服务特性建立量化经济价值：一种客户案例分析方法 ...... 255
使用这种方法的原因 ...... 255
价值和价格的关系 ...... 257
电信服务供应商和 IT 服务供应商的实际案例 ...... 258
《财富》500 强服务性机构的实际案例 ...... 268
结论 ...... 279

## 第 12 章  将需求流程整合到新产品开发流程中去 ...... 281
建立需求流程的典型挑战 ...... 281
第 1 部分：创建我们的流程 ...... 282
第 2 部分：试用我们的流程 ...... 296
第 3 部分：改进我们的流程 ...... 296
第 4 部分：将我们的需求流程集成到产品开发中 ...... 297
关心客户需求 ...... 298

## 第 13 章  用户创新工具箱 ...... 300
将设计活动转移给用户的好处 ...... 301
如何设计一个用户创新工具箱 ...... 304
何时和如何为用户部署工具箱 ...... 314
结论 ...... 317

## 第 14 章  产品开发流程的 IT 化 ...... 319
在 IT 化之前确定新产品开发流程 ...... 320
IT 化的路线图 ...... 321
IT 化的实施 ...... 323
结论 ...... 333

# 第 4 部分  管理 NPD 项目组合和管道的工具

## 第 15 章  用于计划和产品组合决策的产品和技术映射工具 ...... 337
映射图在新产品计划和战略中的作用 ...... 337

映射图的定义及其工作原理 ................................................. 339
　　　实施前的警示 ............................................................. 341
　　　产品—技术映射图 ......................................................... 342
　　　实施中的警示 ............................................................. 347
　　　建立详细映射关系 ......................................................... 350
　　　结论 ..................................................................... 362

第 16 章　高效的技术商业化决策支持工具 ........................................ 363
　　　技术开发和产品开发的特征差异 ............................................. 364
　　　技术和产品开发的同步化 ................................................... 366
　　　有效的技术组合管理决策工具 ............................................... 367
　　　高效的技术分级决策工具 ................................................... 376
　　　结论 ..................................................................... 383

第 17 章　循序渐进地实施 NPD 组合和管道管理 .................................... 385
　　　实施中的挑战 ............................................................. 386
　　　处理 PPM 问题的方法 ...................................................... 387
　　　PPM 的组成 ............................................................... 391
　　　PPM 的能力成熟度 ......................................................... 392
　　　循序渐进的实施方法 ....................................................... 392
　　　成熟度级别 ............................................................... 398
　　　螺旋式上升 ............................................................... 400
　　　逐步提升 PPM 收益 ........................................................ 400
　　　成熟度级别的持续时间 ..................................................... 401
　　　PPM 和 NPD 的自前向后的构架 .............................................. 402
　　　PPM 和组织结构 ........................................................... 404
　　　变更平衡 ................................................................. 405
　　　开始循序渐进的实施 ....................................................... 408
　　　结论 ..................................................................... 411

附录 A　PDMA 简介 ............................................................. 412

附录 B　PDMA 新产品开发术语表 ................................................. 413

# 第 1 部分

# 组织工具

　　第1部分主要介绍改进新产品开发（NPD）"软"的方面的工具。如果在本书中有一部分是推荐 NPD 领导者必读的，那就是第1部分。对任何组织来说，领导者的示范行为是一个重要的因素，这一部分覆盖了一些越来越重要的 NPD 即将研究的问题。

　　第1章介绍了创新文化，即在开发创新性新产品的过程中培养创造力的价值和行为。这一章通过一些工具引导新产品开发专业人员融入组织的文化，并在如何改善组织文化的创造力方面提出了很多建议。

　　第2章解决了一个新产品从 NPD 到运营环节的过渡中经常出现的问题。当 NPD 团队将其得到褒奖的新产品递交给制造和销售团队时，他们经常遇到一些困难和挫折，有许多这样的案例。本章的作者提供了一种过渡准备程度评估工具来清晰地描绘组织层面的不协调。通过明确新产品相关的指标和组织指标之间的不同之处，本章用过渡准备程度评估工具展示了一个如何主动地解决许多潜在困难的详细流程。

　　第3章着重解决许多 NPD 组织在试图将技术能力转化为成功新产品的过程中遇到的困难。这一章提供了一种被作者描述为"从技术到产品再到市场（T-P-M）"的工具，该工具是一个流程，即先将新技术转化为新的组织能力，然后再将这些能力转化为产品特性。嵌在 T-P-M 工具中的是指导一个组织通过 T-P-M 流程的 4 张工作表。

　　第4章介绍了一个在工业领域中变得流行的话题：知识管理。这一章用非常实用的方法解释了什么是知识管理，并且提供了一种评估企业在 NPD 方面的能力的方法。这一章描述了一个创新的企业内部网络和它在研发中的价值。贯穿整章，有许多关于如何在 NPD 组织中提升知识创造和分发方面的能力的实用性建议。

　　随着商业和 NPD 的全球化，NPD 团队成员和组织之间的距离日益成为管理者需要解决的问题。第 5 章介绍了解决虚拟团队面临的挑战的方法。这一章提供了一种评估 NPD 项目产生创造性的困难，以及团队成员之间互动障碍的方法。接下来，在如何更好地调整 NPD 项目所需的创造性以及如何部署和建立团队方面提出了一些建议。

第 6 章提出了一些有关 NPD 合作开发和合作伙伴关系管理的实用性建议。这一章先向读者介绍了合作伙伴选择的流程，然后，在如何成功地建立 NPD 合作伙伴关系方面提供了一些有效的措施。

# 第1章
# 通过创新文化实现增长

埃利卡·B. 西蒙（Erika B. Seamon）

在顺境和逆境中，企业的高级管理团队都在不断地努力，以营造一种能培育创新精神的氛围。20世纪90年代后期，所有的企业都希望通过新产品、服务、品牌战略，以及任何打着"创新"旗号的东西来实现增长。大胆的创意、大量的风险投资以及企业家精神是当时企业的战略基石。然而，在21世纪初，新的趋势却是以保护和防御为主，人们将精力集中在削减成本方面。一家金融服务行业领军企业的管理者将上述情况总结为："在这个时期，成本管理更为重要。我们已经有了5～6年的增长，但是现在必须持续关注最终的盈亏。"

正如我们在过去几十年已经看到的一样，"钟摆"仍将继续在增长和收缩之间摇摆。然而，重要的是，高级管理团队要明白，真正的"基于创新的文化"会比经济中的幻想、管理中的周转率，以及行业变化的动态性为企业带来更为持久的增长。在增长期，一种创新文化会使相关的人员、流程和机制得到合理配置，继而系统化、持续地开发和推出具有突破性的、种类不断变化的新产品（注：这里的产品包括产品、服务、程序和交付物等）。在一个削减成本对生存非常重要的时代，得力的高级管理团队能用同样的人员、流程和机制来有效地细化和革新已有的产品，以满足客户需要，同时提高利润。不管怎样，创新文化不是转瞬即逝的，它们扎根在实践之中且经得住时间考验。

本章主要介绍一些计划和实践的具体细节，企业的高级管理团队必须确保这些计划和实践是正确的，以建立和维持一种持续创新的文化。尽管很多工具和任务是由项目经理和项目团队来协调和实施的，但高级管理团队认同、监督和介入这些计划和实践相关的具体细节仍然至关重要。开发出能够解决客户问题和带来盈利的突破式创新并不是把事情交给下属就能实现那么简单。言外之意就是，要想真正地实现一种文化的创新，并将其思维模式贯彻到整个组织中，高级管理团队必须维护一些具体流程和固有原则的完整性，这些流程和原则与维持持续创新的文化紧密联系。

我们首先给出创新文化的定义。你能通过一家公司 CEO 的性格、某公司所在的行业，或者当你走过他们的办公室时得到的感觉判断出该公司是否有基于创新的文化吗？答案既是肯定的，也是否定的。赫布·凯莱赫无疑是美国西南航空公司创新文化的一个主要代表，同时，他也促成了西南航空公司的流程、商业模式和客户服务的重大变化，这些变化使得西南航空公司成为全美第四大航空公司，并成为少数盈利的航空公司之一。然而，某些产业，如高科技产业，可以通过一般的方式创新；那些处于较少动荡行业中的企业，如前进保险（Progressive Insurance）公司，已经能够通过找到满足客户需要和在市场中持续创造新产品和服务的方法建立起创新文化。当你走进一家像美国第一资本金融（Capital One）那样的公司，在创新屋看到豆袋椅和篮球筐的时候，你会找到"创新的感觉"。然而，他们的成功是通过一个系统化的过程来实现的，在这一过程中，他们与客户一起持续地开发和测试各种形式的新产品。

创新文化是一种能够系统地和持续地通过那些能向客户提供新利益的产品和服务来创造更多价值的文化。这种文化能够使每一名管理者和员工都懂得如何在一起工作，知道发现关键的客户观点，并将其转化为可操作的解决方案所必需的流程和程序。因为基于创新的文化在最佳实践方面有非常稳固的结构和原则，所以，内在的稳定和易理解性使得新创意和创造力在组织内有一席之地。

《韦氏词典 II》（*Webster's II Dictionary*）将文化定义为："文明的一种特殊形式，特别是信仰、习俗、艺术及在一定时期的社会制度。"一家公司的"社会化"结构中的 3 个关键群体决定了一种创新文化：高级管理团队、新产品开发团队和客户（见图 1-1）。高级管理团队，也是本章的主要研究对象，对所有 3 个关键群体都有意义深远的影响。为了系统地和持续地为客户创造新价值和建立持久的基于创新的文化，本章探讨一些保证能为每位成员所接受的最佳实践或习惯。

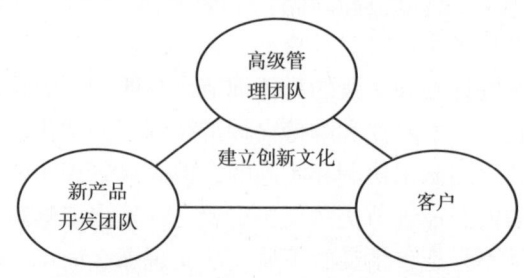

图 1-1　人群改造文化：3 个关键群体

下面列出了不同的人群和习惯，这些人群和习惯会带来文化的改变。

**高级管理团队：**
- 习惯 1：不委托他人创新。
- 习惯 2：建立清晰、具体的创新标准。

**新产品开发团队：**
- 习惯 3：建立短期、高效的团队。
- 习惯 4：团队完成里程碑时及时认可。
- 习惯 5：打破职能界限。

**客户：**
- 习惯 6：拓宽问题识别的边界。
- 习惯 7：让新产品开发团队专注于他们自己的研究。

重要的是，正是 3 个关键群体之间的相互关系，以及每个群体用以有效地执行和维护这些习惯的训练最终培养了群体变革文化的习惯和信任。接下来我们将考察高级管理团队在确立组织基调时应扮演的角色和遵循的原则。

# 高级管理团队

高级管理团队通过支持战略等手段在支持和发展创新文化方面起着很关键的作用。高级管理团队作为一个整体，需要高瞻远瞩，熟悉内部政策，提高或降低企业壁垒，做出最终决策，并从根本上保证对资金的合理分配。某公司拥有超过 3 000 名员工和约 15 亿美元的总产值，它的一名新产品开发领导者在其评论中强调："我相信我的团队和我能处理任何事情。我所需要的是找到一种方法，能让我进入最高管理层的内心深处，明白他们在想什么，让他们保持一致，让他们表达清楚究竟需要什么。然后我能够使他们负有帮助我实现目标的责任。"作为组织高级管理团队中的一员，在创新文化即将成型时要遵循以下两个习惯。

### 习惯 1：不委托他人创新

通常，高级管理团队会将新产品开发委托给个人、部门或团体，在方案成型时才会介入。在其他情况下，员工可以提出自己的创意，然后这些创意会得到评估，如果被认定有效，则将作为可能的执行方案传递给高级管理团队。无论哪一种情况，创新组合的形成都是委托他人来完成的。随着投资额度的增加，高级管理团队的注意力也相应提升。遗憾的是，这种流程会使一家公司倒退而不是进步。高级管理团队参与创新流程的理想时间是流程前期，最好也是在投入大量资金之前，这时公司有较强能力来影响创新工作的战略方向（见图 1-2）。

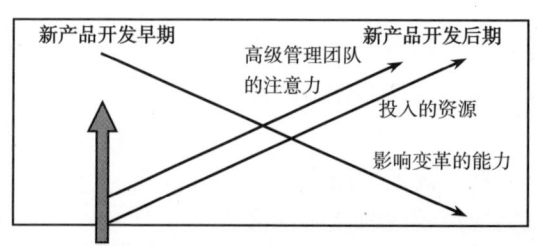

建议高级管理团队早期介入创新，这时有较高的影响变革的能力和较低的资源风险。

图 1-2　高级管理团队介入时间的错位

如果新产品开发在创新的早期阶段就被委托出去，而高级管理团队直到要做资源决策时才介入，那么这将从几个方面对创新文化产生严重的负面影响。首先，若高级管理团队在新产品项目启动的中间或结束阶段才提出问题，个人和开发团队会措手不及或无法充分准备，他们会对此感到沮丧："如果他们提早告诉我这些问题很重要，我就会研究这些问题了。"其次，当高级管理团队介绍说，战略已经改变并且原来聚焦的创新领域已经不再优先时，新产品开发人员便会失去动力并且抱怨："如果该类创新不再是优先任务了，我们为什么还要用 3 个月的时间仔细研究它呢？这简直太荒谬了！"最后，高级管理团队在流程后期的介入会破坏团队的创新势头，并将最终阻碍员工提出新创意："我有很多好的创意，可是没有办法得到资源来实现或将它们呈现在高级管理者面前（当然，除非你是那些知道如何使系统运转起来的人之一）。专心做我正在做的事对我的时间更有价值。"

要创立一种支持创新和相信高级管理者会支持的创新文化，高级管理团队必须扮演积极的角色。第一步就是建立创新指导委员会，该委员会负责保障战略和财务目标的一致性,负责为任何创新和新产品开发团队设置目标。在某些情况下，创新指导委员会就是高级管理团队，其他情况下是一个由四五个人组成的小团队。创新指导委员会要积极地跟踪新产品开发团队的进展，每月至少要和团队会面一次。尽管起初高级管理团队（或创新指导委员会）可能觉得自己过多地介入创新会限制新产品开发团队的自由，但实际上并没有，这会传达一个至关重要的信息：创新是重要的，值得新产品开发团队付出时间。

1993 年，雅涛（Alberto-Culver）公司副主席兼全球消费品部总经理卡罗尔·伯尼克意识到她的公司需要一种巨大的文化转变。正如她在 2001 年《哈佛商业评论》上的一篇文章中写道的那样："我们需要这样的人，他们要对公司有主人翁意识和一种紧迫感，以迎接创新和承担风险。但是在当前的文化背景下，人们只是被动地等待命令，并且优先考虑老板的需要而不是客户的需要。"1994 年，改变公司的文化就成了卡罗尔·伯尼克、总裁和首席执政官霍华德·伯尼克的首要任务。现在，雅涛公司的经营之道就类似一种创新文化。对组织中的任何一个人来说，文化都是首位的，并且维护这种文化是每一名员工的责任。个人和团队的具体期望能够得到明确说明，员工的测评和奖赏依据是他们对组织中积极文化的执行和促进，员工们能够认识到他们对组织的影响，他们努力工作并且愿意承担风险。正因如此，雅涛公司获得了巨大的回报。1994—2001 年这段时间，公司的营业收入增长 83%，税前利润增长 336%，与此同时，公司的员工离职率还降低了近 50%。卡罗尔·伯尼克每个月仍积极地和那些新产品开发团队进行正式与非正式的会晤。

高级管理团队需要准备、制定和批准一个创新章程，它明确了创新指导委员会的角色，同时为组织内部和跨组织的新产品开发设置了期望和目标，这样就迈出了文化变革的第一步。创新章程这一概念由默尔·克劳福德率先引入，其最简单的一种形式就是用一个文件来规定创新指导委员会应承担的角色，以及他们承诺的想要在整个公司完成的、与创新相关的任务。虽然具体的创新和新产品项目需要更加完善的财务和战略目标，但与整个组织相关的具有广泛基础的创新章程率先确定了高级管理团队的"基调"和创新组织的整体前景。重要的是，这种创新章程并不是在高级管理团队头脑风暴之后的一个简单文件。相反，它必定是许多高级管理者讨论的最终结果和纲领，这些讨论的重点在于评估公司的历史绩效与未来举措和可能需要做出的取舍之间的关系。通常，创新指导委员会会任命特别工作组收集和分析来自公司文件和指导委员会成员的信息，这样就可以展开以数据为导向和基于现实计划的讨论，而不仅仅是针对愿望的讨论（见工具 1-1）。

### 工具 1-1　创新章程（模板）

**创新的长期目标**

- 创新被定义为一种新的产品、服务、系统和（或）解决方案，它们能给客户或消费者一种新的能感觉到的利益或价值，从而建立起竞争壁垒，并使股东、员工和客户满意（可根据需要定义）。

在×公司的创新使我们做到：

- 提高我们的市场地位，并且在_____行业成为顶级_____制造商。
- 获得财务上的成功，并且通过_____实现长期的财务目标。
- 建立起竞争的壁垒，创造具有____的产品。

- 更好地满足客户的需要。
……

### 创新战略愿景说明

新产品组合团队将遵循____原则，深入理解____地区消费者在____方面未满足的和不明确的需要。新产品将强化×公司的竞争力，扩大我们在____的品牌影响，建立XYZ品牌，为____提供一种独特的体验（可根据需要定义）。

### 新产品组合团队的目标

- 战略目标。
- 财务目标：识别并形成一个概念组合，该组合要通过____和____来获得XYZ品牌的收入。
- 市场目标。
- 客户目标。

……

### 指导委员会的作用

- 提供指导、投资和动力，帮助团队克服障碍。
- 合理地检查、鞭策和奖励团队。
- 维护大局，使团队的方案与战略说明保持一致。
- 为团队提供一定的决策权。
- 帮助团队形成创新的长远观点和方法途径。

### 指导委员会的声明和签字

_____    _____    _____

2003年，有一家大的食品服务商想建立一个新的产品、服务、系统和解决方案的组合，目标是争取到2010年产生2亿美元的增量收入、年平均利润率增长3%。在这个案例中，创新指导委员会就是组织的高级管理团队，这个团队打算用两个月的时间建立创新章程，并承诺每人每周抽出一整天的时间推动该项工作。他们组织了一个由中层和基层管理明星组成的跨职能团队来帮助完成该任务。下文列出了被选中的人帮助创新指导委员会做的事情。

- 与创新指导委员会成员进行个别访问，讨论他们对公司业务的愿景，新产品在实现愿景时扮演的角色，业务的财务目标和新产品的具体财务期望，他们希望要调查研究的主要产品种类、细分市场、渠道和他们期望研究的机会领域，以及他们认为不应进入的领域。另外，大家还讨论了新产品的标准和可能存在的限制及产品组合（短中长期产品的比例等）。个别讨论比团队会议更有深度和广度。
- 分析访问得到的信息，确定一致性和偏差。收集市场活动的次级信息和公司历史产品发布及财务的有关数据。结合公司目前的资源和流程变化，评估新产品能达到的绩效，并提供给创新指导委员会讨论参考。
- 在创新指导委员会开会前向其成员提供信息，委员会成员将在会议上讨论偏差、在历史运营状况基础上对未来的期望和实现这些目标的意义。

为了实现高效率，创新指导委员会可以让助手积极、有效地参与前面描述的一系列活动。然而，在一系列的会议中，他们仍有责任从大量信息中归纳出重要信息，明确他们对创新、目标及他们承担的且不断变化的角色的展望。即一个能够有效地、"脚踏实地"地致力于创新的高级管理团队向公司发出了一个强烈的信息来表明他们的承诺。这是变革文化的一个重要因素。

在一个组织中，高级管理者扼杀创新精神的一种形式就是委托他人创新且介入太晚。迈克·吉尔里为辛辛那提贝尔电话（Cincinnati Bell Telephone）公司开发了超过25种新产品和新服务，他说："与任何单一问题相比，团队都需要一种与公司目标相连接的感觉，如果团队被强迫伪造这种连接，他们注定要怀疑这种创新章程，并可能永远不会真正将精力集中于手头的工作。"高级管理团队积极参与和推动创新，是向员工传达信息的关键，这一信息告诉员工：创新很重要。这是一个对组织文化有巨大影响的原则。

### 习惯2：建立清晰、具体的创新标准

高级管理团队（或创新指导委员会）制定的大部分战略和财务目标是崇高的、雄心壮志的和不明确的。在一开始，这些高目标会使内部人员感到兴奋、激动并引起议论，但这通常是创新努力失败的先兆。这就导致一些棘手的问题得不到解决，高级管理团队成员步调不一致，当一切和原来相比没有什么变化的时候，员工们就会质疑实现目标的可信度。

例如，一名金融服务组织的部门经理在制定今后5年的创新目标时对他的团队说："我不想限制你们所有人在机会方面的发现。如果那里有能满足我们客户的要求并且可以赚钱的机会，恰好还适合我们，那么好极了，抓住机会推销自己，如果成功，我会向上级（CEO）汇报并且争取为你立项。你知道，这也取决于其他部门的工作，但是我们必须提前发现最好的机会。"正当这位部门经理满怀激情也非常有信心时，他收到了很多来自新成立的创新团队的问题。

- 当您认为有赚钱机会的时候，提出什么样的收入和盈利水平才足够高？

- 您是否有成文的、关于公司发展方向的公司战略？这样我们就能知道机会是否适合我们。
- 与其他部门相比，CEO是否有一个面向本部门的增加投资总额的打算？
- 任何长期计划都会让我们在最初的几年蒙受损失，对此您是怎么看的？

部门经理告诉团队不必担心这些问题，只管深入市场去发现好的机会。试想，这会给团队一种什么样的感觉？一种创新文化的建立需要团队和个人相信高级管理团队的承诺，当他们相信自己的时间投入具有积极意义的时候才会开始其创新活动。

高级管理团队（或创新指导委员会）应将战略目标和行动有效地结合起来。高级管理团队在这方面的努力程度决定了其在组织内获得的信任程度，也决定了员工在新产品开发上付出的努力程度。切实做好这项工作需要明确产品组合的推演和产品开发的继续/停止（go/no-go）标准，这些方法和创新章程一起使用的话，将为创新提供一个良好的平台。

### 产品组合推演

产品组合意在为公司描绘产品的数量和财务回报。和制定创新章程一样，高级管理团队（或创新指导委员会）要积极参与建立和修改产品组合方案的过程，不过，安排一些人帮助收集和分析数据也是十分有益的。为了制定产品组合方案，高级管理团队需要做好以下工作。

- 典型的过往新产品的大小和种类，包括营收、价格、市场渗透率等。根据过往新产品在营收、价格和市场渗透率方面的规模和类型，建立一些基于行业、产品类别或公司的标准，这有助于展现未来产品组合中产品的重要性等级。
- 成功率。让100%的产品取得成功是不现实的，因此，产品组合中的数量应比可能成功的产品多1/3或1/2。
- 市场适应性。根据历史经验，明确说明产品在市场上成长需要多长时间。
- 季节性。确定产品发布的月份或季度。

制定产品组合方案既是一门科学又是一门艺术。这需要对比过去的标准，提出一些宏观的假设，然后继续深化和制定能够实现既定目标的布局。产品组合推演经常会给高级管理团队带来一个大大的"惊讶"。它们主动展示了许多人们在内心深处知道，却难以用语言表达的东西。高级管理团队"惊讶"的是，除非做出重大变革，否则就无法明确产品开发的数量和类型，这些产品是要用来实现公司的总收入和（或）利润目标的。产品组合建立了一个重要的交流平台，从而使高级管理团队做出以下决定之一：

- 修改我们的财务目标，使方案切实可行。

- 重新审视我们的流程、资源分配及新产品开发的所有途径。
- 以上两者组合。

创新指导委员会必须围绕产品组合的关键问题进行一次公开讨论，为组织制定一个切实可行并且可信的目标。在新产品开发团队着手识别和开始创新程序之前就进行认真的讨论是解决关键问题的关键所在，其目的就是要让高级管理团队积极表达他们重视创新的意思。这种信息可以改变组织的文化。

举例来说，某消费品公司的一个部门，将其发展重点集中在一个主要品牌上，在4年的时间里，它的业务量从6亿美元增长到10亿美元（见图1-3a）。在未进行任何调查和研究之前，高级管理团队做出了这样的假设：最终的产品组合中将有3大类的产品，这些产品在风险/成功率、回报/收入及商业化所需时间方面是不同的。这些假设是在收集了一些被认为较小的、比较接近的新产品案例（在公司或产业范围内）以及一些被认为规模更大和更具有突破性的案例之后做出的。标准清单的确定是为了帮助组织确定未来需要的新产品的重要性等级。一种最简单的形式表明，他们将以13种新产品的成功（一年大约实现3 000万美元）来实现4亿美元的目标或在最近5年中使3种新产品成为同类产品中业务量最大的产品（一年大约实现1.3亿美元）。这两种陈述分别说明了高级管理团队希望组织在财务方面达到的目标。

- 根据战略计划，实现4.5%的基本增长，复合年均增长率（1993—2002年）是3.2%
- A类产品：低风险/高回报（2 500万美元）
  — 拿出年销售收入中的80%去应对产品组合中的失败
  — 50周时间实现商业化
- B类产品：中等风险/高回报（6 000万美元）
  — 拿出年销售收入中的70%去应对产品组合中的失败
  — 54周时间实现商业化
- C类产品：高风险/高回报（9 000万美元）
  — 拿出年销售收入中的60%去应对产品组合中的失败
  — 54周时间实现商业化

| 标杆产品 | 第1年的零售额 |
| --- | --- |
| — ×公司的最新产品 | 3 000万美元 |
| — A竞争对手的新产品A | 3 500万美元 |
| — A竞争对手的新产品B | 4 300万美元 |
| — B竞争对手的新产品 | 9 800万美元 |
| — C竞争对手的新产品 | 11 000万美元 |
| — D竞争对手的新产品 | 12 500万美元 |

图1-3a　产品组合推演：主要假设

该消费品公司的高级管理团队也意识到组合平衡的重要性，这种组合既涵盖了像A这样低风险/低回报的产品，也包括B、C这样中等风险/高回报或高风险／高回报的产品。他们通过从发布的每种产品上抽取一定的年销售收入来解释产品的成功率（注意：这并不能说明成功或失败在市场上是如何发生的，但在计划的初级阶段，它是说明成功与失败的最简单方法）。在主要假设提出之后，高级管理团队会提出各种方案，这些方案展示了公司的财务目标结构（见图1-3b）、要发布的产品的数量和类型的关系（见图1-3c）。

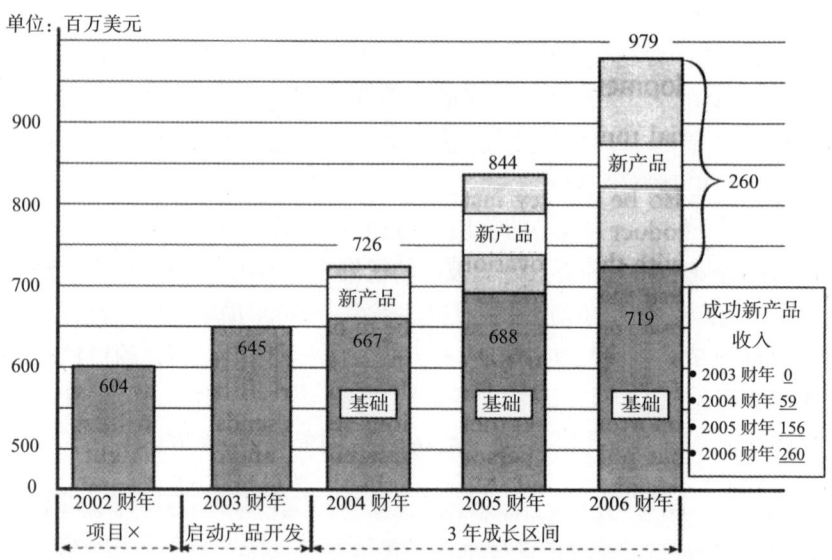

图1-3b　产品组合的情形：达到财务目标

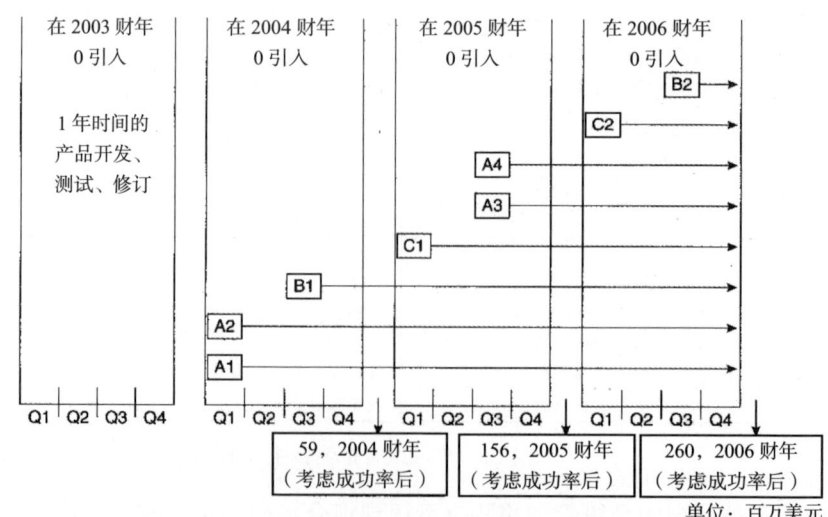

图1-3c　产品组合后的情形：产品发布

产品组合推演给高级管理团队的管理者提出了很多问题。
- 真的可以按照我们的计划开展工作吗？
- 我们的销售团队能够积极地推销这些新产品吗？
- 这一时间表经受过严格的市场检验和评估吗？
- 如果执行其中的一个方案，我们每年需要什么样的资源来开发、发布和支持这些产品？
- 我们需要什么样的人才来实现这些目标？

在启动具体的产品开发之前，高级管理团队不得不先解决这些问题。一年之后，高级管理团队对一个平衡型的新产品概念组合的开发进行了投资。经历了这个过程，随着一些概念和创意的逐渐成形，参与开发的员工也有这个信心：高级管理团队真正理解他们让员工所做的工作。高级管理团队明确理解他们自己的陈述和目标的深层含义，并且会把资金投入他们曾口头表示支持创新的工作上。因此，高级管理团队清楚地明白他们需要生产什么，组织内的信任和激情也逐步建立，组织文化也随之转变。这就证明了，产品组合推演会影响组织的文化。

**产品开发的继续/停止标准**

另一个能准确说明创新目标的重要工具就是继续/停止标准。这个标准是评估各种新产品概念和创意的基础，高级管理团队或创新指导委员会必须是其主要策划者。在一开始，他们必须将继续/停止标准与创新章程、产品组合推演结合起来做，并在采取新举措和新团队就位时不断地重新审视这一标准。然而需要强调的是，这个标准在新产品概念和创意产生之前就应该制定妥当。这对创立一种基于创新的文化而言十分重要，因为这是一个用于对新产品机会的各个阶段进行评估、确立优先级和分类的标准，它向组织传递了一个明确的信号：任何政治的、个人喜好和（或）个人本能反应之类的方法都是不被接受的。新产品开发者和员工作为一个整体，在此标准的指导下会明确相信存在一种行之有效的解决问题的办法。制定一个完善的标准能够确保决策的严谨性和一致性，并有助于保证组织对新产品机会的评估不仅是站在经济性和可行性的角度，还考虑到了战略、市场和客户。产品开发的继续/停止标准是开发完善的创新章程，以及讨论明确的财务目标和产品组合的过程所获得的结果。

在早期阶段，高级管理团队的管理者必须描述创意（在公司或部门范围内）的优先级是如何确定的，概念及产品的原型是如何评估的。随着流程的推进，标准更加严格，评估所需要的数据也要求更加精确。这些标准有助于每个人的期望管理，因此不能也不会随时间任意改变。它们为决策提供了一个实用、高效的决策方法，并使新产品开发人员将精力放在高级管理团队认为重要的工作上。

产品开发的继续／停止标准为高级管理团队提供了一种反复提炼新产品机会的方法。高级管理团队和新产品开发人员必须坚持按标准选择，直到所选的新产品机会完全符合设定的要求时才能开展下一步的工作。符合标准的新产品机会的开发和发布需要获得充分的资源，高级管理团队对此必须给予支持。这样也能激励组织创新文化。工具1-2（见表1-1）为概念阶段的决策提供了一个基本的标准模板，以帮助高级管理团队决定产品概念是否应进入产品原型开发阶段。

## 工具1-2  产品开发的继续／停止标准（有相应业务计划的概念）

表1-1  产品开发的继续／停止标准

| 标准 | 内容 | 等级 | 类型 |
|---|---|---|---|
| 战略匹配性 | • 这个概念是否适应某产品2010年的愿景？ | Yes/No | Y/N |
| | • 这个概念是否适应某产品的愿景？ | Yes/No | Y/N |
| | • 这个概念是否与某产品的产品策略相一致？ | Yes/No | Y/N |
| | • 我们的销售团队如何有效地销售产品？ | 1　3　5 | Y/N |
| | • 这个概念是接近直接延伸，还是直接延伸，或是创新？* | 接近直接延伸／直接延伸／创新 | Y/N, C |
| 客户适应性 | • 能否更好地满足消费者需要？ | 1　3　5 | P |
| | • 对于特定的客户需要是否有灵活性和适应性？ | 1　3　5 | P |
| | • 在某个渠道内，这个概念的吸引力是否足够广泛？ | 1　3　5 | P |
| | • 客户是否认为性价比不错？ | 1　3　5 | P |
| | • 是否具有很高的客户购买频率？ | 1　3　5 | P |
| 消费者适应性 | • 能否解决未满足的、潜在的或还不明朗的消费者需要问题？ | 1　3　5 | P |
| | • 消费者对这个概念的购买欲是否会带来更高的购买率和忠诚度？ | 1　3　5 | P |
| 市场吸引力 | • 相对于现有的竞争产品，这种想法有什么独特之处？ | | |
| | — 直接延伸 | 1　2　3　4　5 | Y/N, P |
| | — 创新 | 1　2　3　4　5 | Y/N, P |
| | • 某产品成为市场第一或第二的可能性 | 1　2　3　4　5 | Y/N, P |

续表

| 标 准 | 内 容 | 等 级 | 类型 |
|---|---|---|---|
| 技术可行性 | • 是否可行？是否考虑了所有情况？ | Yes/No | Y/N |
| | • 这个概念的可行性有多大？ | 1　3　5 | C |
| | • 这个概念的受保护性如何？ | 1　3　5 | C |
| | • 开发一个产品原型需要几个月（从产品概念到第四步结束）？ | | |
| | — 直接延伸 | ≤6　>6 | Y/N |
| | — 创新 | ≤12　>12 | Y/N |
| | • 产品的开发和发布需要几个月（从产品原型到第五步结束）？ | | |
| | — 直接延伸 | ≤6　>6 | Y/N |
| | — 创新 | ≤24　>24 | Y/N |
| | • 是否存在法律/法规的限制？ | 1　3　5 | P |
| 财务回报 | • 到目标年份，这个概念能否达到盈亏平衡点？ | | |
| | — 直接延伸：第 2 年 | Yes/No | Y/N |
| | — 创新：第 3 年 | Yes/No | Y/N |
| | • 在盈亏平衡年，对利润的影响是什么？ | 增长 中性 破坏 | Y/N, P |
| | • 在规定的年份,该项目能否达到总销售额(GPS)目标？ | | |
| | — 直接延伸：第 2 年 | Yes/No | Y/N |
| | — 创新：第 3 年 | Yes/No | Y/N |
| | • 在规定的年份，该项目能否达到 EBITA① 目标？ | | |
| | — 直接延伸：第 2 年 | Yes/No | Y/N |
| | — 创新：第 3 年 | Yes/No | Y/N |
| | • 如果需要资金，回收期能否少于 3 年？ | Yes/No | Y/N |

下画线表示需要的继续/停止门槛。

等级标准：完全不是、1、3、5、完全是。

Y/N：Yes/No。

---

① EBITA 是英文 Earnings Before Interest, Taxes, and Amortization 的缩写，意为利息、税及摊销前收入。

P：优先级排序。

C：分类。

*接近直接延伸：停止筛选过程，进入市场。

直接延伸：随着直接延伸继续筛选。

创新：随着创新继续筛选。

对每个被评价的产品，需要有详细的商业案例，并根据评判标准有效地回答问题。关于标准需要考虑以下因素。

（1）标准有多种类别：
- 战略问题可以保证一个投资组合与主要公司、品牌、目标类别协调一致。
- 有关客户和消费者的问题能够保证广泛的产品适应客户和客户适应产品。
- 市场吸引力问题可用于评估外部环境。
- 技术问题可帮助组织判断新产品开发的可行性。
- 财务问题可帮助组织识别该产品可能遇到的关键障碍。

（2）每个问题都有很多备选答案。没有备选答案的问题用来筛选是无意义的，所以各种具体问题的答案都应明确描述。任何必要的细节，如1~5的等级评分说明、回答问题的数据从何而来或谁对这次筛选负责等，都应该记录成文并获得一致同意。

（3）问题有3类：
- 产品开发的继续/停止标准有最低要求（用下画线标出），一个创意/概念要想被进一步考虑就必须满足这些要求。
- 优先级问题可帮助组织衡量一个创意/概念相对另一个创意/概念的重要性。
- 分类问题有助于在产品开发的可行性和进入市场的时间上保证产品组合的平衡性。如果一个产品组合要确定长期产品与短期产品的比例，就需要用分类筛选来解决。

一位旅行社的管理者说："在我的创新活动期间，保持连续的客观标准能使我的员工富有激情并体会到一种别样的感觉。"一项定义明确、记录清楚、理解充分和一致同意的产品开发的继续/停止标准对创立创新文化的作用比大多数高级管理团队意识到的要多得多。创建这样一个标准也有利于掌管财务的人解决一些很棘手的问题。这些标准同时也让新产品开发人员感到宽慰，他们会觉得他们的新产品目标并不是活动靶。当高级管理团队在整个新产品开发过程中都坚持这种标准，并且不会为了一个他们喜欢的创意而改变标准和推进新流程时，高级管理团队就建立了一种对重塑文化而言十分重要的组织内信任。

## 新产品开发团队

组织文化靠组织内部人员和那些与组织有关的人驱动。高级管理团队是一个关键团体，负责新产品开发的全体员工或团队也很重要。如果高级管理团队能够有效地培养正确的创新精神、认可组织的成就、展开持续的管理并引领组织实现期望，一种创新文化就能繁荣发展。在 20 世纪 90 年代末的能源危机中，美国中西部的一家公用事业公司决定要以市场为中心，努力为当地居民、商业和企业客户提供新的增值服务。为启动这一计划，该公司成立了一个由 3 人组成的新业务开发小组。接下来，该公司开发了一款复杂的软件，并从组织内任一员工那里收集创意。同时，该公司还提供了一个严格的逐步评估这些创意的流程，并尽可能地贯彻执行这些创意，直到被批准开发。员工通过各种下拉菜单和表单来描述他们的创意，并解释为什么他们的创意是独特的，这些创意是如何帮助客户的，并说明这些创意的总收入和边际收入的财务潜力。新业务开发小组会研究提交上来的每个创意，如果某个创意通过了多阶段的测试，就会被提交到高级管理团队面前。如果高级管理团队批准了这一创意，提出这个创意的人就会得到一张 100 美元的支票，并且他的名字会出现在当月的公司简报中。那么在两年的时间里，这个公司收集到了多少创意？只有 6 个。很明显，这并不是一个建立创新文化的有效方法。我们可以从 4 个方面解释这家公用事业公司没有在建立基于创新的文化方面取得成功的原因。

- 创新要靠人来驱动，系统和流程是赋能器。
- 创新是团队性工作，而不是一个人能够完成的。
- 创新需要一个组合方法，而不是一个个单独的方法。
- 创新是从对客户的深层了解开始的，而不是从创意开始。

采用对新产品开发团队进行授权、鼓励和激励的方法，对确立一种基于创新的文化是十分重要的。但每一位员工都专注于挖掘客户广泛的和最强烈的需求，不断地提出新的创意并承受一些风险，这样的期待和要求却过于乐观和冒险。虽然说总体而言一个创新提议应该有不同的员工参与，但是如果让每一个人都负责（事实上就没有人负责）就会导致效率低下甚至没有产出。那些拥有强有力的团队领导者和具体目标的跨职能组织及潜在的跨部门团队取得成功的可能性相对而言就更大。宇航员玛丽·埃伦·韦伯和团队一起在太空工作过，也曾参与美国国家航空航天局（NASA）的创新项目，她认识到新产品项目在任何组织中都扮演着重要角色。新产品开发团队的使命在某种程度上就是为了生存——项目、工作及公司的成功愿景事实上都处于危机之中。既然新产品开发承担着如此重任,组建合理的项目团队并给予适当的支持,对提高新产品项目和组织业务的成功率来说就十分重要了。有效的新产品开发团队不仅能取得市场成功,还能使整个组织变得富有朝气,使组织能够招揽最优秀的人才,继而最终成为塑造创新文化的驱动力。

### 习惯3:建立短期、高效的团队

尽管新产品开发任务会分配给一个跨职能的工作小组,然而在很多情况下,这些小组并没有一个确切的结束期限。开发新产品或组织创新是他们工作说明书的一部分。如果团队在形成的时候没有明确期限,将来这些团队往往会变成松散型结构的团队,成员仅仅是定期分享信息,并基于其所属的部门或组织保持最基本的沟通。

建立短期、高效的团队是保持创新持续有力的一种有效途径。短期性是使团队工作动力强劲而且能让团队成员看到希望的关键。各行各业有所不同,但作为参考,存在期限为3~10个月的团队运转较好。有相对短暂的存在期限、富有挑战性却又能达到的目标和强有力的团队领导,这样就能建立起一个高效的创新团队。重要的是,高级管理团队或创新指导委员会应努力使两种不同类型的创新团队一直存在(见图1-4)。

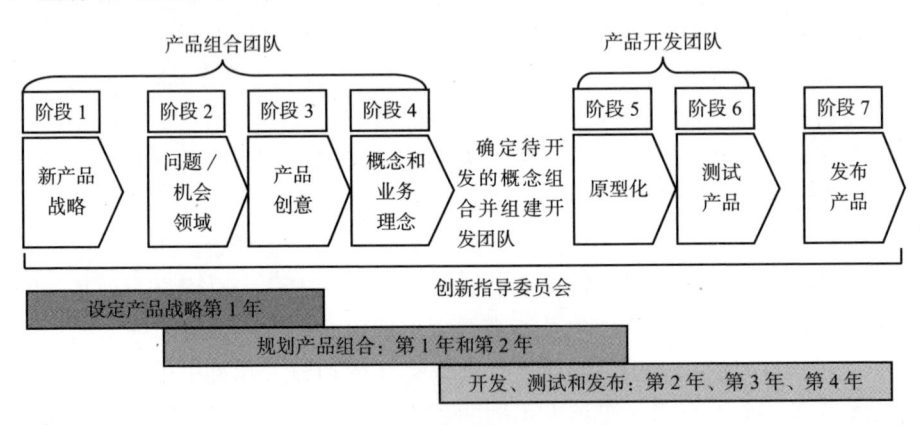

图1-4 产品组合团队和产品开发团队

尽管团队成员和目标会随着任务改变,但不变的结构和流程能时刻提醒人们,创新始终是组织的首要任务,并会深深地融入组织文化中。下面我们来介绍两种创新团队的具体工作。

- 产品组合团队,其工作主要是根据行业的发展,规划出2~5年内将要拓展的市场以及将要推出的商品种类、品牌或业务。其工作以产品组合推演作为开始。产品组合应当包括战略、财务目标和主要的客户问题，还要有详细的商业论证来反映具体的产品特性、度量标准、开发和发布要求及计划。产品组合团队是跨职能的团队，有专门的领导人，直接对创新指导委员会负责。产品组合团队的存在期限应为 8~10 个月，要有效地执行战略和做必要的市场工作，以便明确客户问题、提出创意和概念，以及建立业务计划和提出方案。很多产品组合团队的成员会成为产品开发团队的领导者。

- 产品开发团队专注于产品组合中一个或几个关联的概念的开发、测试和发布。这部分工作需要依据商业论证中的参数开展。通常，产品开发团队独立进行重大的协调和决策，在保证满足客户需要的同时实现产品概念的完整性，还要综合考虑实现产品原型的可行性和费用。这也是组织允许更多的成员进入产品开发团队的原因——一起进行产品概念的开发。产品开发团队的存续时间取决于在业务计划中开发、测试和发布产品概念所需要的时间。对于同一个产品组合中的概念，产品开发团队的领导应当始终保持沟通。

例如，一个 B2B 的公司想在 4 年内实现在设备管理市场上业务的大幅增长，那么它可以在当年 5 月（第 1 年）组建产品组合团队，团队在当年 12 月（第 1 年）准备就绪，同时团队提供了一个要开发的产品和时间表的组合。在下一年的 1 月（第 2 年）就有 5 个开发工作开始启动了，他们各自负责组合中的一个或几个产品的开发、测试和发布。一个团队存在 8 个月的时间，因为产品概念会影响现有的团队能力，而且会在下一年（第 2 年）发布。另一个团队可能需要 2 年的时间来开发一项新技术，并在下一年（第 3 年）推出更多的产品。这里的关键是锁定截止日期。

当一个组织开始致力于塑造一种创新文化时，高级管理团队或创新指导委员会的积极参与是必不可少的，其在流程每个阶段的开始和结束时的参与尤为重要。通常地，高级管理团队或创新指导委员会一个月至少应有一天参与团队的工作，了解他们的最新进展、提供一些意见，并确保各种障碍得到清除且进展可控。这些团队如同埋在组织文化中的种子，将来有可能收获组织创新文化的果实。高级管理团队扮演着重要角色，它是组织期望目标的制定者和维护者。高级管理团队制定的高期望目标如得到充分支持，就能吸引最优秀的人才投入到创新之中，并改变组织的文化基调。

庄臣父子（S. C. Johnson & Son）公司就是成功应用这种结构的一个很好的例子。庄臣父子公司是家用清洁产品 Windex、Glade、Raid 和 Pledge 的制造方，利用"播种"的方法成功地建立了一种创新文化。它在那些被认为因某种因素具有创新潜力的种类或品牌上建立产品组合团队。这些产品组合团队的成员继续领导产品开发团队或新的产品组合团队。这种技术转移方式和专注的、有巨大影响力的短期团队取得了从 Glade 香水蜡烛（Glade Scented Candles）到 Windex 户外窗户和表面清洁剂（Windex Outdoor Window and Surface Cleaner）的成功创新。

### 习惯 4：团队完成里程碑时及时认可

新产品组合团队和新产品开发团队不仅要明确其成果交付日期，还要在完成产品开发的里程碑时获得高级管理者的认可、鼓励和对其工作进展的认同。在公司致力于建立创新文化的过程中，如果高级管理者只在团队完成主要目标时才给予认可与奖励，那么创新团队不仅难以维持工作动力，而且面对创新路上的障碍时会变得越来越没有信心，重要机会很可能从公司眼皮底下溜走，甚至更糟。因为开发一款成功的产品需要的时间是不确定的，甚至数年才能看到成果。在这期间产品可能失败、人员可能变动，如果高级管理者不积极参与其中，甚至会导致组织内无人知晓团队在创新上取得的成就。因此，对与新产品开发相关的个人和团队进行及时奖励，就能够产生创新文化的传递效应，同时为组织带来个人和团队对发展创新文化的兴奋和热情。

新产品开发团队应被当作一群正在攀登珠穆朗玛峰并希望到达顶峰的人来看待和奖励（见图 1-5）。到达海拔 11 000 英尺[①]（约 3352.8 米）的大本营本身就是一种公认的成功，这就好比在创新章程的主要因素、产品组合和产品开发的继续/停止标准上达成了共识。帮助高级管理团队管理、研究和做出决定的团队成员应得到奖励。到达空气更加稀薄的下一个营地，成员要保证身心依然强健和放松，这就好比有效地界定要解决的问题或要抓住的机会并划分优先级。再攀向下一个营地，就更加需要科学的登山技巧，并巧妙规划登山路径了，这就好比对那些能最好地处理问题/机会的新产品创意进行筛选，划分优先级并进行分类。登顶后就会展开关键的科学的或纪念的活动，就好比提炼和形成产品概念及业务计划。在此过程中，每上升一步都不可避免地会有迂回和挫折，然后，团队的凝聚力就此形成。到达每一个营地都是一次成功，人们会因此激动兴奋，并相信下一个里程碑一定可以到达。然而，随着峰顶的临近，不仅风险在增加，投入的有形和无形资源也会逐渐增加。

对团队完成的各里程碑的认可和奖励可在创新指导委员会与新产品开发团队

---

① 1 英尺=0.3048 米。

之间的会议上进行。新产品开发团队的首要激励，是自我实现、同行认可和高级管理者的接见，而不是金钱奖励。主要里程碑的会议一个月或两个月就应召开一次，这样就能保证新产品开发成员之间有机会分享知识、交流观点，并就一些对组织文化有直接影响的建议展开讨论。在这些定期召开的会议上，高级管理团队可以重新确定目标和主要产品，根据早期确定的产品开发的继续/停止标准提出建议，对主要见解、理论和那些新产品开发团队存有疑虑的领域进行讨论。这些讨论点从多方面来讲都是必要的：

- 尽早让高级管理团队参与决策可以纠正团队错位。
- 这样不仅向新产品开发团队而且向整个组织传达了一种明确的信息：创新非常重要，高级管理团队愿意每月花费时间来推动团队前进。
- 高级管理团队的会见和组织对新产品开发团队每个阶段工作成就的认可为团队成员完成目标提供了新的动力。雅涛（Alberto-Culver）公司研发部的副总经理约翰强调说："对于许多人来说，最大的奖赏就是与高级管理团队面对面交流。为了获得与高级管理团队交流的机会，他们愿意承担风险很大的项目。"新产品开发团队的冲劲和积极乐观的精神毫无疑问会对组织文化有直接的影响。

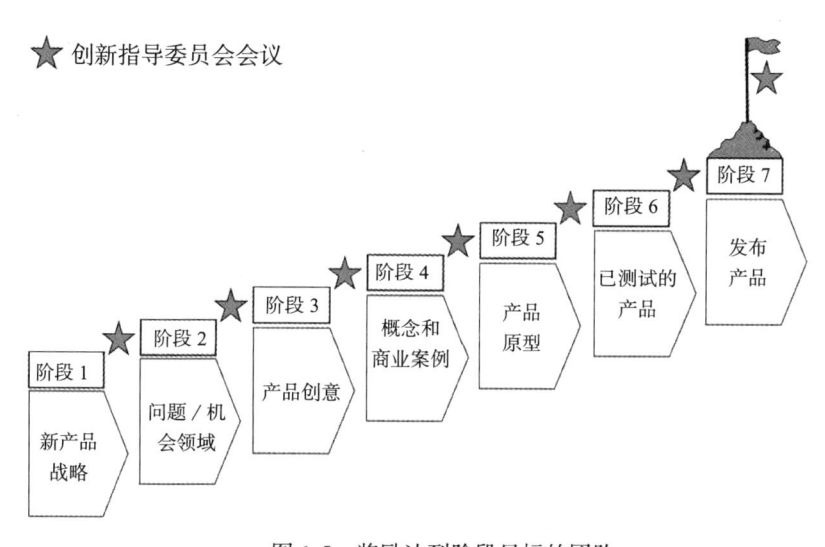

图 1-5　奖励达到阶段目标的团队

## 习惯 5. 打破职能界限

高级管理团队不仅要围绕创新打造高效的短期团队，而且要鼓励新产品开发人员扮演好与他们此前不同的角色。建立一种创新文化需要员工打破舒适区。如果高级管理团队鼓励那些挑选出来的员工在产品开发团队中积极从事他们专业之外的工作，他们将对组织文化产生强烈共鸣。这样不仅可以减少信息的错误传达，更重要的是能帮助团队更好地解决问题。另外，团队成员能学到更多的知识，并能和他们部门的其他成员分享新的见解。制造团队的成员可能要在品牌的可扩展性方面承担某种角色；市场人员可能参与 IT 技术的应用，并要熟悉整个系统；财务人员则要撰写客户测试的创意文案。尤其是在开发流程的探索阶段，我们应鼓励团队成员打破职能界限。

举例来说，研发人员积极地与客户交流需要问题和其他存在的问题，可以避免技术识别、客户使用与新产品开发后期阶段市场的脱节。有一家为消费者提供包装商品服务的公司，其研发部的某高级主管在一个为期 6 个月的产品组合团队中工作过，参与了新产品战略的制定、品牌扩展研究、需要与问题识别及优先级划分，以及概念成型研究及业务计划的制订，他说："我在研发部门工作了 14 年，但是在最后 6 个月里，我被（高级管理者）鼓励不要局限于以一名研发人员的角度看待工作。现在我对自己从事的工作及它是如何与组织的其他工作相融合有了全新的认识。通过从一开始就参与其中，我真正明白了我们在技术上必须完成的任务。如果某人只是将客户需要调研和几个要开发的产品概念放到我的办公桌上，我将无法知道我们的真正目标是什么，以及如何做出明智的抉择。如果我没有被要求同其他职能部门直接交流意见，没有参与我本职工作之外的讨论，我将不可能真正了解那些必须考虑的变量。"

如果高级管理团队能鼓励新产品开发团队的成员打破职能界限，拓展技能和改变看问题的角度，将会实现更好的创新、流程效率的提高和更好的文化转变。较好的结果来自团队成员的通力合作，而不是各自为政。在团队成员以前未从事过的领域征求他们的意见必能产生新的观点。在流程后期之所以能实现高效率是因为团队成员，尤其是研发人员和制造人员对团队要努力完成的任务有了更好的理解，并且已经在深度思考如何进行产品开发。就组织文化而言，这一习惯能产生巨大影响，团队成员获得了新的见解和看法，然后将其带回各自的部门。市场、销售、研发、制造、财务及其他部门，都开始对彼此及各自在成功的创新中扮演的重要角色有了新的理解。这是一种能改变组织文化的关系。

对于一个新产品组合团队来说，团队成员打破职能界限这一过程的早期关键节点是在他们做客户问题分析时，这将在习惯 6 和习惯 7 中更详细地加以介绍。客户问题分析会激发大家讨论，目的是弄清楚为了产生创意，什么问题最值得关注。团队成员分析客户问题的过程见工具 1-3。

## 工具 1-3　团队成员分析客户问题

问题/机会领域的名称：XYZ

**问题描述**

　　XYZ 是影响收入的最主要的消极因素，影响到许多其他领域……

**问题的重要性**

　　由于_____，影响细分市场/客户的广度是_____。

　　由于_____，问题的严重性是_____。

　　由于_____，问题的频率是_____。

**与关键问题相关的一些发现**

1. 缺乏_____（详细说明）

   客户这样说："……"

   客户这样说："……"

2. 害怕_____（详细说明）

   客户这样说："……"

   客户这样说："……"

3. _____（详细说明）

   客户这样说："……"

   客户这样说："……"

- 如果进行了定性的探索性客户调研，把从客户那里收集的数据按讨论的主题进行分解。
- 将那些数据分发给每名团队成员，包括市场、研发、制造、包装、销售、财务相关人员和其他成员。
- 让每名团队成员仔细检查他的那部分数据，以发现主要问题和归纳出主要结论。然后，召开一次会议，让每个人把他的分析结果带来供大家讨论，由团队成员一起确定在后期的产品开发流程中要解决的问题，并划分优先级，工具1-4进行了团队要解决的问题优先级排序（见表1-2）。

### 工具1-4　团队要解决的问题优先级排序

表1-2　问题优先级排序

| 问题/机会领域 | | 问题宽度 | 问题强度 | 问题频率 |
|---|---|---|---|---|
| 第一层 | • XYZ | ● | ● | ● |
|  | • ABC | ● | ● | ● |
|  | • DEF | ○ | ● | ● |
| 第二层 | • ZZZ | ● | ○ | ○ |
|  | • AAA | ● | ○ | ○ |
|  | • Etc. | ○ | ● | ○ |
|  | • Etc. | ○ | ● | ● |
|  | • Etc. | ● | ○ | ○ |

通过让各团队成员实际地分析问题，他们会更加投入地参与会议，并且理解团队为什么要继续致力于抓取特定的机会。另外，他们还能有效地对决策的合理性发表意见。高级管理团队应鼓励新产品开发人员承担比他们的专业工作更为宽泛和困难的工作，其中一个微妙的也很重要的原因就是这样可以帮助他们迅速成长为专业人员。这种成长在很大范围内培养了员工的忠诚和热情，这种忠诚和热情驱动了组织文化的转变。

## 客　户

要建立并维护一种创新文化，高级管理团队还必须考虑第三个关键群体：当前的和潜在的客户。虽然很多高级管理团队意识到新产品开发必须依靠市场驱动，并要求员工把握客户需要的脉搏，但是很多现实情况却不是这样。正如库珀所说的："对客户需要与想要的深刻理解、竞争环境和市场特性是新产品成功的关键因素。这一原则几乎被每一个关于产品成功因素的研究所支持。相反，在产品创新方面不能做到以市场为导向、不愿意做必要的市场评估、置客户于产品开发之外，就会造成灾难性后果，这几乎是每一项关于产品失败原因研究的根本性发现。"

艾比·格里芬对此进行了一些解释："关于企业在产品开发中是要积极地让客户参与，还是要将客户连同他们的意见一同忽略，在商业期刊上有过十分激烈的争论。那些主张忽略客户的人认为客户及潜在客户并不能确切地告知企业他们想要什么。这就是说，和客户讨论的作用很小甚至没有用。产品开发人员根据自己的想法就能断定什么产品会获得成功。之所以会出现这种状况，一种可能就是产品开发人员向客户问了错误的问题。我们向他们征询的是一些他们无法提供给我们的信息。因此，我们可以改变方式，问一些客户可以提供给我们有用信息的问题来改善产品，而不是完全忽略客户连同客户的意见。"

突破性的新产品源自产品开发人员在产品组合、开发和测试过程中与客户的频繁沟通。在整理和排序客户问题前开展适当沟通，以及新产品开发团队积极地参与调研是关键。在鼓励和执行这一非常规的但十分有效的途径时，真正致力于建立创新文化的高级管理团队必须改变现状。这样，员工就能开始认识并相信组织确实要采取正式行动将客户需要转化为创新，而不是象征性地做出一堆从来都不用的市场调研报告。

## 习惯6：拓宽问题识别的边界

很多没有创新型文化的组织，处理问题和未满足的客户需要时不愿意拓宽产品种类和行业界限。向客户咨询在当前的选择中他们喜欢什么和不喜欢什么是一种很好的方式，这样可以大大地改善产品和延伸产品线。然而，这既不能使新产品开发团队发现一个突破性的产品观点，也不能在激励组织其他部门的士气上取得突破。在开拓新产品开发团队思考问题的边界方面，高级管理团队有着重要的影响。因此，高级管理团队对与客户合作相关的市场调研方法和目标的理解与重视十分重要，它们能鼓励团队成员拓展他们的思维。大部分的情况下，除非高级管理团队在积极地推动，团队成员、市场调研人员和项目经理都会比较保守并局限于当前的产品种类。

在面向消费者的领域，超越目前的产品范围做调研，以揭示生活方式的改变和一些重要问题，是突破思维模式的关键。早些年谁能料到手机会获得成功？更别提我们对它的依赖性了。客户可能不会说不管他们在哪里都需要一部电话，但作为消费者，他们当然清楚他们的生活方式正发生着显著的变化，他们需要用更少的时间做更多的事情。他们自己的生活方式可能会使他们有更多的时间不能在家。他们会抱怨出行成了常态，会抱怨这个新的忙碌的世界给他们带来了太多的问题和压力。他们可能不会去想着发明一种方便生活与工作出行的工具，但手机的出现确实给他们带来了便利。手机终究要被发明。因此，毫无疑问，手机已经成了当今社会不可或缺的一部分。

在B2B领域，与客户谈论业务问题、特殊角色、工作流程、具体目标及要达到这些目标所面临的障碍，能发现一系列客户真正关心的问题，工具1-5展示了这些问题。例如，西麦斯（Cemex）公司是墨西哥一家著名的水泥公司，公司发现，在水泥到达建筑项目所在地的时间里会产生巨大的成本，尤其是容易产生变质，公司处理起来非常麻烦。如果项目的进度落后了，那么一批次的水泥可能会全部浪费，这是团队无法接受的。为此，西麦斯公司将自己定位为"水泥行业中的达美乐比萨"，要以最快的速度运送水泥。这样的运输服务能确保客户在需要的时候得到水泥，既不提前也不拖后。它的服务成功地实现了水泥的增值，因为它在不需要或不适时的水泥运送上为建筑商节约了大量成本。由于业务实践和服务的创新，它获得了"CIO-100 奖"。

### 工具 1-5　客户真正关心的问题

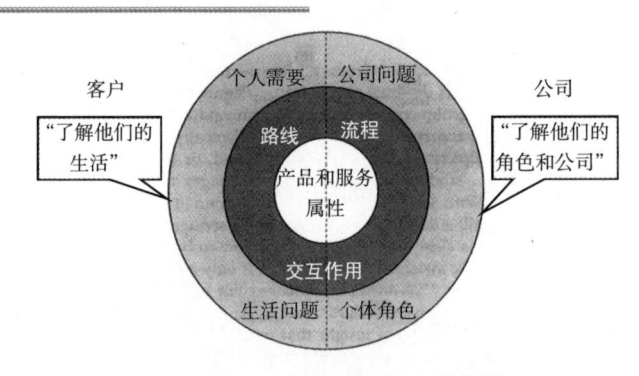

图 1-6　客户真正关心的问题

另一个案例来自第一资本金融（Capital One）公司，通过了解客户生活中的问题和财务困境，这家公司对那些高负债客户的生活有了深入的了解。第一资本金融公司是通过探索信用卡范围以外的问题来获得这种见解的，这对公司的组织和创新产生了直接影响。新产品开发团队、创新指导委员会和其他主要高级管理者发现这些见解非常地重要，并决定在组织内大范围地应用；同时，该公司重组了几个部门以更好地反映客户是如何行动的，并将综合创新平台应用到产品开发中（2000 年）。仅仅局限在信用卡范围内了解客户是无法帮助客户解决财务困境的，反而会使客户关于滞纳金、客户服务和利率的抱怨越来越多。

因此，高级管理团队必须鼓励新产品组合团队拓宽他们识别客户问题的范围，还应不断地让团队就他们的发现进行讨论，并对可能的结果发表看法。将这些看法有效地收集起来并整理成文，继而展开反复的分析，将形成一个更好的创新平台。

拓宽业务界限后获得的客户知识能够而且应该在组织内分享。高级管理团队成员和新产品开发团队成员可以通过各种媒体，如录像带、简报、研讨会和培训来展现和研讨这些客户知识，这不仅能产生新的观点，还能在组织文化中注入新的内涵：了解客户、满足客户需要，将组织的时间用于创新是最重要的。分享这些知识能使员工对建立创新文化的任务充满理解和热情。

### 习惯7：让新产品开发团队专注于他们自己的研究

很多组织每年都会在市场调研方面花费成千上万美元的资金。这种调研包括客户满意度定量研究、关键群体概念测试、市场细分研究和复杂的品牌与客户行为调研。典型的情况是，市场调研部门从市场、品牌或业务团体那里得到了某种指示，接着他们会亲自进行这些调研工作或将这些调研工作外包给专门的研究机构。在众多的组织中有这么高质量的调研，为什么还是缺乏创新？为什么整个组织对从哪里创新和怎样创新还是没有清晰的认知呢？

通常，将不同的研究所得联系起来仅仅可以解决这些问题中的一小部分。更大的问题是那些新产品开发团队不会主动地加入调查研究中，而调查研究能够使他们发现一些潜在的问题，有利于他们将零散的在市场调查中形成的观点联系起来（市场调查人员做不到这一点）。

高级管理团队必须要求新产品开发团队积极地进行客户调研，这需要在组合新产品的时候就进行深入的定性研究。让跨职能的新产品组合团队积极地参与市场调研有如下好处。

- 调研与新产品开发团队的具体目标更切合，更适应团队所处的具体阶段。
- 通过以下情形的实践，可以获得更加深刻的见解：① 让那些将要用到调研结果的团队参与调研；② 让跨职能团队听取调研结果并用他们自己独特的方式来解读；③ 随着朝向预定目标的途径进行的调研的开展，会产生累积的学习效果。
- 团队成员可以将这些经历、观点带回各自的部门进行分享，他们的热情也会感染同事，这对塑造组织文化有着事半功倍的影响。

一个团队利用这种方法和前面讨论过的其他原则启动了价值1亿美元的全新业务 GoGurt 和 Milk'n Cereal Bars，并开创了一个全新的项目"早餐吧"。他们将他们的产品组合团队称为"增长大本营"。他们雇用了一支直接向高级管理团队汇报工作的跨职能团队，团队的具体目标根据这个产品组合要开发的内容而定。这些团队以一种挑战传统的方式进行调研，努力揭示客户的需要和行为，让新产品开发人员积极地从事自己的研究。高级管理团队会发现，跨职能团队积极分享客户观点的行为对塑造组织文化而言具有显著的推动作用。

## 结　　论

尽管没有一个能够让高级管理团队的管理者在一夜之间建立一种创新文化的简单而快速的方法，但创新途径可以是非常清晰的。

- 必须建立习惯，这需要人们接受广泛而深入的教育，改变行为方式，增强意志力和纪律性。
- 必须建立可信度，这就意味着一定要尽早取得创新性质的市场成功，并且要经常对组织所要建立的习惯背后的根本原因进行强化。
- 必须赢得高级管理团队的信任，以让他们在创新方面投入时间与资金、奖励完成了短期或长期里程碑的个人或团队，以及保证他们即使在时间很紧张的情况下也能继续支持创新。

正如艾比·格里芬在一篇关于新产品最佳实践的文章中所说的："新产品最佳实践并不是仅仅靠一个更好、更广泛的新产品开发实践取得的，而是要同时有效地使用多个。"习惯的改变要靠实践，改变思维模式要靠那些已经被证明的市场成果。随着时间的推移，当本章所述的7个习惯都被采用的时候，一种基于增长、创新和高级管理团队信任的文化也就形成了。

## 作者简介

**埃利卡·B. 西蒙（Erika B. Seamom）**

埃利卡·B. 西蒙是 Kuczmarski & Associates 的合伙人，还曾是芝加哥大学商学院的兼职副教授。她促进了关于组织如何才能在风险最小化和利润最大化的同时连续创新的思想变革。她曾经与《财富》500强企业中的许多企业高级管理团队一起工作，这些企业包括美国的顶级消费产品制造商、医疗保健机构及金融服务机构等。她的文章曾被期刊多次引用，这些期刊包括《纽约时报》（*New York Times*）、《克莱恩芝加哥商报》（*Crain's Chicago Business*）、《芝加哥论坛》（*Chicago Tribune*）和《直销新闻》（*Direct Marketing News*）等。她在《市场营销管理》（*Marketing Management*）、《电气照明和电力》（*Electric Light & Power*）和《食品工艺杂志》（*Food Processing Magazine*）等刊物上发表过多篇论文。她还在美国经济咨询局（the Conference Board）、美国市场营销协会（American Marketing Association）和产品开发与管理协会（the Product Development & Management Association）等做过演讲。

# 第2章

# 通过突破式创新进行过渡管理

吉纳·奥康纳（Gina O'Connor）
乔安娜·海兰（Joanne Hyland） 马克·P. 赖斯（Mark P. Rice）

这一章介绍了一个能帮助公司更好地将突破式的和其他重要的创新项目从研发实验室过渡到运营部门的流程和工具。一项创新活动的创新性越强或越激进，管理上的复杂性以及与发现新技术和开拓新市场相关的不确定性就越高，公司面临的风险就越大。人们已经确定了7种具体的突破式创新管理的挑战，这些管理挑战适用于所有的创新项目，不仅仅是渐进式的创新改善。管理从研发到运营的过渡已经成为这7种管理挑战之中非常令人头疼的挑战之一。

公司期望一旦一个重要的创新项目成熟之后，接收该项目的运营团队就能够采用一些经过实践证明的可靠的项目管理技术，例如被公认的门径管理（Stage-Gate®）流程，以将新产品成功地推向市场。但是，因为在项目准备过渡时期仍然存在技术、市场、资源及组织方面的高度不确定性，这些熟知的管理实践根本行不通。那些潜在的颠覆性创新通常会偏离运营部门的关注范围，即使是在技术和市场开发方面的研发投资都已经投入之后。需要用一系列独特的、具体的行动来解决技术、市场、资源和组织这4种不确定性问题，但是这些不确定性问题是研发项目团队和运营部门的管理者都没有做好应对准备的。

过渡管理者们处于一个特殊的位置，他们与研发项目团队、业务接口部门及高级管理部门同步工作，以推动过渡流程取得进展。人们已经开发出"过渡准备程度评估工具"来指导这一流程，该流程包括如下内容。

- 设置/管理业务接口的期望水平，业务接口包括高级管理团队和项目团队。
- 鼓励开展关于建立和维持组织合法性所面临的挑战的公开讨论。
- 建立创新项目的战略环境。
- 评估项目过渡的准备程度。

- 识别过渡中的问题。
- 制订过渡管理计划。
- 推动经过协商的过渡流程。

这一章首先简要回顾了突破式创新对业务成长和企业复兴的重要性，以及能够把这些创新成功推向市场的系统方法。其次，介绍了突破式创新的管理框架，包括过渡管理的挑战。再次，描述了要实现成功的过渡所需要的角色、过渡管理流程和过渡准备程度评估工具。最后，分享了那些执行了更加全面的过渡流程或仅简单使用过渡准备程度评估工具的公司的经验，证明了过渡管理流程对过渡管理人员、研发项目团队、业务接口部门，以及高级管理部门的组织价值。

## 突破式创新、业务成长和企业复兴

知名企业的领导者已经认识到，突破式创新和其他重要的创新对公司长期的业务成长和复兴是非常重要的。"工业研究所"（一个由来自致力于研发的大型知名企业的资深技术人员组成的专业协会）对其成员做过一项年度调查。在2002年，"通过创新获得业务增长"成为技术领导者面临的首要挑战，但是，在2001年排在首位的挑战却是"加速创新"。加里·哈梅尔指出："在我们这个时代，最重要的业务问题就是找到一种方法让公司的创新做到既是突破式的又是系统性的。"突破式创新改变了客户和供应商之间的关系、重建了市场经济结构、改善了现有产品，并且通常会创造出全新的产品类别。由于具有重塑市场和行业的能力，那些选择更加激进和具有颠覆性的创新路径的公司都要比那些将精力集中在渐进式改善上的竞争对手做得好。

尽管突破式创新对于企业成长和复兴非常重要，但它自身的管理是非正式且不系统的。并且没有一个合适的组织体系来获取知识、培育竞争力，以及建立领导原则和管理方法，而这些恰恰都是保持成功所必需的。另外，一些公司不断地尝试将渐进式改善的管理方法用于那些高不确定性的风险投资中，但都会失败。还有一些公司总是缺少把突破式创新和其他类型的重大创新成功地推广到市场中的管理基础和周边管理体系之中的影响力。

## 突破式创新的管理框架

在那些知名企业中，突破式创新项目也会不断地受到不确定性因素的冲击，以致很难取得商业上的成功。但是早期的研究发现表明，技术和市场的不确定性实际上也是这些创新项目的驱动力。除此之外，更多最近的研究发现还有另外两种不确定性：资源和组织的不确定性。这4种不同类型的不确定性导致了突破式创新项目存在7种管理挑战，并且也因此变成了一种新的管理框架的基本元素（见图2-1）。这一框架使得一些公司得以从使用特定的管理方法转变为依靠一套系统和嵌入式结构的管理方法，这一框架受公司战略、合适的领导风格和支持性文化特征指导。极少数公司有能够解决这7种管理挑战的系统，并能有效地实现突破式创新的商业化。

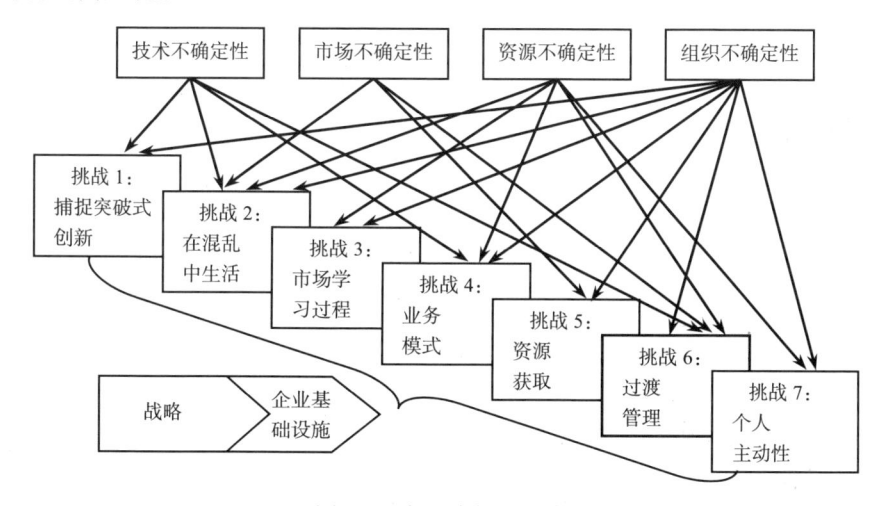

图 2-1 突破式创新的管理框架

这种管理框架不仅适用于突破式创新项目，同样也适用于一切不限于渐进式创新改善的重大创新项目，如平台创新、突破式/激进式创新项目等（见图2-2）。这是因为，尽管它们在技术或市场方面的不确定性要比突破式创新项目低，但在资源或组织方面的不确定性仍然很高，从而导致了管理的复杂性，而这种管理框架非常适于解决此类管理的复杂性问题。

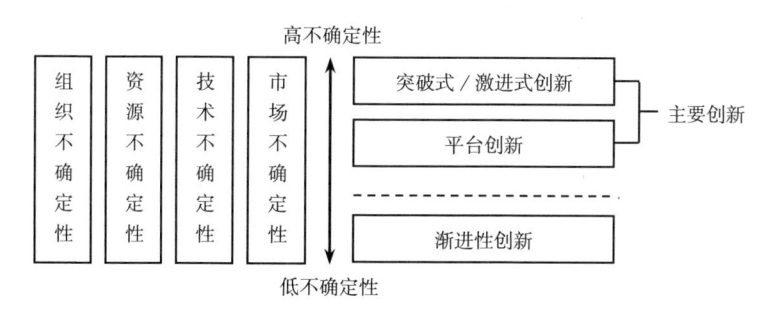

图 2-2 不确定性的分类和创新类型

## 过渡管理的挑战

过渡管理的能力是本章接下来要讨论的重点（见图 2-1 中的挑战 6）。过渡管理可以这样定义：用于将项目从基于研发的创新向商业运作过渡的过程和授权使用的工具。取得业务部门的承诺，确保他们会采纳来自研发团队的高度创新性项目并加速这一过渡过程，是创新项目取得成功及保证创新团队组织合法性的基础。

过渡管理面临的挑战比大多数人意识到的更加严峻。多数人都假设创新项目一直停留在研发阶段，直到技术和市场的不确定性足够低，这时候它就能进入门径管理流程中的新产品开发流程，并按照传统方式启动。

恰恰相反，研发和运营部门的项目团队，以及那些负责创新项目的项目计划的管理者，并没有准备好采取过渡活动，来降低项目的不确定性以提升项目被业务部门采纳的概率。市场开发不充分，销售预测难以确定，运营效率便无法估算；此外，一些重要的人力资源问题也会凸显出来，比如占用现有产品的人力或要求项目员工掌握新技能，而且研发团队并不认为解决这些问题是他们的工作。另外，市场和组织运作的高不确定性会对运营部门的短期利润目标产生巨大的不利影响，所以，运营部门也不认为这些工作是他们的责任。在公司中，突破式创新和其他重大创新活动存在着一种妥协行为，即没有人承担责任。这些活动包括开拓新市场、供应链、商业模式及降低项目的不确定性，直至可以做出可靠的销售预测。

由于抱着这样一种错误的期望——过渡是项目停止研发投资和迅速开始取得收入的节点，这就导致在项目的生命周期中，这种节点变成了一个危险且难以意料的中断。由于项目的风险太大，运营部门并不准备接收这个项目。尽管从研发人员的角度看，项目已经交接，但是他们的商业化准备仍然不够充分，并且完全脱离了运营部门关注的范围，运营部门最关心的是项目的运作效率，而对其他方面不甚关心。当突破式创新被集成到当前平台或放到当前的产品路线图中做长远考虑时，它们的全部潜在收益经常会丢失，通常也都得不到实施，因为投资太大。最后，由于这些项目要被迫"渐进式地"适应运营部门的模式，创新的价值难以得到实现。

## 过渡管理的新角色

通过企业在将突破式／激进式创新项目转化为商业运营方面遇到的反复失败，

我们可以清晰地认识到,应该确定几个新角色来帮助高度创新的项目成功跨越这座桥梁。第一个也是最关键的角色是过渡管理者。研发条件成熟时,过渡管理者会与项目团队一起工作。他们向负责创新项目组合的研发部门副总汇报工作情况。他们应当有业务经验,能够完美适应研发环境,拥有出色的人际关系与沟通技巧,并且要有很强的技术竞争力。在和研发部门副总一起工作的过程中,过渡管理者应该能够利用公司范围内的非正式网络,并且能够让高级管理者和(或)那些有创业倾向的人积极地参与成长性的初始项目,让他们担当过渡的拥护者。当在运营部门同高级管理者协调工作时,过渡管理者也要能够识别谁应该在运作层面扮演项目领导者的角色。当一些研发项目的领导者随着项目进行过渡的时候,他们大都缺乏推进项目成功所需的商业化技能。此时,过渡管理者在组织学习方面成了一名专家并且扮演着重要的角色,因为他们掌握着能够在组织范围内传播的过渡管理技巧。

除此之外,高级管理者在此需要担当一些正式角色。每一个过渡项目都有一个由能从项目成功获得利益和随时移除组织障碍的人员组成的过渡监督委员会。在这个过渡监督委员会中,应该由一名研发部门的副总经理根据积累的经验监督创新组合,一名公司领导人负责战略制定,一名高级领导管理业务层面,一名高级项目经理支持项目的启动,一名过渡管理者负责记录过渡过程和项目知识。过渡监督委员会都是临时的,随着项目的慢慢被接受以及逐步步入正轨,这个过渡监督委员会也就解散了。

组建一个过渡团队与高级管理者和过渡监督委员会一起工作,以建立研发团队和运营部门的联系桥梁。研发团队的定位就是持续地研发,而后者的定位就是运作,运营部门希望过渡早日发生并设想项目已经准备好,可以马上实现市场化、商业化。过渡团队应该由那些既具有开发与运作经验又有过渡专门技能的人组成。而且,这些团队只是在项目过渡阶段组建。

在处理过渡问题的过程中,组织战略、项目组合,以及项目要求也应该被充分考虑。随着新的过渡管理角色的出现,更多的战略问题就可以通过过渡监督委员会来解决,而项目组合的方案由过渡管理者提出,项目过渡问题由过渡团队处理。确立这些新的过渡管理角色对于建立一个快速高效的过渡管理流程而言是非常重要的。

# 过渡管理流程

过渡管理流程为过渡管理者、研发团队、业务接口部门,以及研发部门副总/

主管提供了一个识别和处理过渡挑战的系统方法，以此增加成功的机会。在过渡完成过程中了解到更多干系人的期望的同时，项目团队还能够识别在过渡讨论开始时出现的问题，也能够处理那些突发问题。业务接口部门应被尽早地纳入过渡讨论之中，以获得组织支持和组织对项目的承诺。因为在项目过渡阶段早期就能识别存在的问题，并随时间推进获取知识，同时因为有了识别问题的能力，学习了新的知识，获得了业务部门的承诺，研发部门副总／主管在高风险创新项目组合的管理中便可以处于更有利的位置。

表 2-1 给出了过渡管理流程的步骤、任务及不确定性。这一流程包含 7 个步骤、一系列任务、4 种不确定性。每一种任务的不确定性类别从以下 4 种不确定性中确定：技术不确定性（T），市场不确定性（M），资源不确定性（R）和组织不确定性（O）。

表 2-1 过渡管理流程的步骤、任务及不确定性

| 步骤 | 任务 | 涉及的不确定性 | | | |
| --- | --- | --- | --- | --- | --- |
| | | T | M | R | O |
| 第 1 步：确定过渡管理者角色、过渡拥护者和过渡监督委员会成员 | ● 通过适当的绩效度量和工作角色培养高级管理者 | × | × | × | × |
| | ● 从非正式网络和高级管理者的决定中寻找拥护者 | | | × | × |
| | ● 确立新的高级别的过渡角色 | | | × | |
| 第 2 步：建立过渡监督委员会 | ● 为研发项目确定正确的目标 | | | | × |
| | ● 建立连接研发团队和接收部门组织结构间的桥梁 | | | | × |
| | ● 在接收部门内建立适当的期望 | | | | × |
| 第 3 步：提供过渡资金，选择过渡团队成员并做出组织承诺 | ● 提供过渡资金 | | | × | |
| | ● 选择过渡团队成员 | | | × | × |
| | ● 取得组织承诺 | | | × | × |
| 第 4 步：成立过渡团队 | ● 成立过渡团队 | | | × | |
| 第 5 步：利用工具评估项目过渡的准备程度 | ● 了解什么时候应该应用过渡准备程度评估工具 | × | × | × | × |
| | ● 评估项目过渡准备程度 | × | × | × | × |

续表

| 步骤 | 任务 | 涉及的不确定性 ||||
|---|---|---|---|---|---|
| | | T | M | R | O |
| 第6步:制订详细的项目过渡计划 | • 回顾项目的组织适应性和组织安排 | | × | | × |
| | • 识别公司的价值观、商业潜质、市场进入和发展战略、商业模式 | × | × | | × |
| | • 制订减少不确定性计划、资源计划及运营计划 | × | × | × | × |
| | • 确定关键的里程碑和时间表 | × | × | × | × |
| 第7步:定义商业模式,为市场拓展打好基础 | • 完成商业模式的制定 | | | | × |
| | • 制定市场进入和发展战略应用的市场 | | × | | |
| | • 作为运营计划的一部分,建立技术标准并解决制造问题 | × | | | |
| | • 明确市场发展期望并保证其符合实际 | | × | × | |
| | • 理解制造方面的挑战是如何影响市场进入目标的 | | × | | × |

过渡管理者要推动过渡管理流程的实施。具体内容如下。

## 第1步:确定过渡管理者角色、过渡拥护者和过渡监督委员会成员

过渡管理者,不管是以个人拥护者的名义还是以过渡监督委员会成员的名义参与过渡,对于项目过渡的成功都是非常重要的。出于创新项目的战略特性、创新项目对建立组织协同的重要性,以及项目绩效度量的需要,过渡管理者需要指挥很多行动。这里的绩效度量与业务部门的绩效度量截然不同,后者是面向创新项目组合的高风险和相对不成熟的绩效度量。找到一个具备合适技巧、知识和思维方式的管理者作为过渡拥护者或过渡监督委员会成员,来指导那些高不确定性的项目,对于组织来说仍然是一个很大的挑战。因为很多高级管理者都缺乏必要的经验且对过渡管理流程的理解较少。这就是为什么过渡管理者在组织内部要有很好的人际关系,以平衡他们自己部门和研发部门领导的非正式关系,并和研发部门领导一起合作确定更正式的过渡角色。这样做的目的就是团结受创新项目潜在价值鼓舞的高级别的过渡拥护者和委员会成员,以促进公司的成长和复兴,而不仅仅是为了实现这些项目的可见目标而采取的政治议程。

过渡管理者在培养高级管理者对项目绩效度量的认识上起着关键作用。将一些运营指标如损益管理(P&L)和基于资格认定的销售预测,强加到这些不成熟的项目上会导致失败。自主权(Latitude)是非常必要的,因为这些项目通常聚焦

在新市场和新客户之中，或者至少是将现有的客户转移到不同的使用情景，因此需要过渡管理者主动接受更广泛的学习。更合适的指标是围绕一个基于里程碑的计划，这一计划包括以下指标：签订新客户作为应用开发的合作伙伴，形成新的制造和分销合作伙伴关系，填补关键的团队角色，将产品原型/试制产品转入商业化应用，并且建立基层运营组织。尽管最初的财务目标是为收益和支出设定的，但是随着时间的推移，项目逐渐成长和成熟，项目不确定性减轻，它们就会变得越来越重要。

### 第2步：建立过渡监督委员会

过渡监督委员会应该在过渡讨论开始时就成立，时间因情况而定。然而，这些讨论通常在一个项目预计准备好从研发部门转入业务部门前3~6个月开始。过渡监督委员会设立的目的就是为了指导解决这些项目剩余的不确定性，以提升项目被运营部门采纳和项目成功的概率。

过渡监督委员会有以下两个重要职责。

**为一个重大创新研发项目找到合适的组织（组织不确定性）**

为一个重大创新研发项目找到合适的组织是一项战略决策。共有4种可能的过渡途径：并入现有的运营部门、成立新的业务部门、进行联合投资和分拆建立新公司。

将项目并入现有的业务部门是最直接的选择，但并非总是如此。如果一个项目需要强行套用一个业务部门的工作模式，则其获得的支持就会非常少，过渡也不会很平稳，项目也无法完全发挥它的潜力。如果向现有的运营部门过渡是组织所选择的行动步骤，那么就需要在早些时候与运营部门进行沟通，以保证符合各项要求，使过渡平稳进行。在多数情况下，重大的创新会通过新客户、新技能和新的商业模式延伸到任何运营部门的现有系统。此外，创新会吞噬当前的产品平台，威胁接收部门的产品平台，因此产品平台需要改变，如技术升级或完全重建其运营方法。例如，当IBM公司的硅锗片项目过渡成为它的微电子分部的时候，该微电子分部就在波士顿设立了一个办公室，其主要目的是有机会就近使用麻省理工学院（MIT）那些受过芯片设计专门教育的年轻学生，这是原部门所缺少的。公司必须做出承诺，提供资源（人员、资金），调整他们的绩效要求，以克服运营部门受到的阻力。

当一个项目超越了企业的现有战略框架，但是属于企业的战略意图和成长目标范围时，企业便需要成立一个新的业务部门来灵活地扩大企业的战略范围，并在新的技术领域和陌生的市场同领先者建立非传统的合作伙伴关系,寻求新的市场和分销渠道。杜邦公司的生物基材料计划和柯达公司的有机发光二极管(OLED)显示技术是两个建立新的组织以在新的领域谋取增长的很好的例子。

非传统的合作伙伴关系也可能促使组织选用其他的组织形式来实现增长目标,如建立合资企业。康宁公司在这种情况下利用合资企业就是一个很好的例子。欧文斯科宁公司建立了欧文斯玻璃(Owens Glass)公司(一个平板玻璃生产商),目的就是将康宁公司的纤维玻璃发明商业化,康宁公司与陶氏化学公司联合投资的道康宁(Dow Corning)公司则将硅树脂产品商业化。有些特殊问题是合资企业必须要考虑的:尽管这种方式在把公司推向一个新的领域方面是有效的,但存在一种共同所有权的权利的微妙平衡,这必须予以有效管理。而且,是向母公司的战略计划转移还是远离母公司的战略计划取决于子公司的业务如何进展。如果子公司仍然在很大程度上依赖于某一家母公司的战略目标并且是其战略扩张的一部分,或许让母公司建立全资子公司更为合适,这可以通过收购另一家合作公司的股权来实现。相反,如果子公司进入一个不结盟的领域,那么它可能变成一个非战略性的商业投资和资产剥离候选者。

如果项目超过了母公司的战略意图,那么分拆其业务可以为母公司提供在非核心领域发展投资和减少未来风险的机会。与此同时,还提供了回收项目发现和发展阶段投资的可能性。

**确立合适的期望值来消除研发团队与接收部门在组织结构上的分歧(组织不确定性)**

在过渡期间,这种活动不再是一个突破式创新开发项目,但也还不是一个现时可行的运营业务。在大多数情况下,突破式创新瞄准利基市场,并且会在市场意识到创新潜力时产生市场动力。此时,这些创新项目正处于进入市场启动的早期,还没有完全发挥它们的潜力。运营部门有激励措施和财务绩效措施,来帮助组织迅速增加销量和获得市场份额。因此在盈利机会不明确的情况下,重大创新项目的成功空间很小。

除此之外,市场进入战略关注于最大化组织目标。以承诺随着时间的推移而转向杀手级应用的方式来处理利基市场并不恰当。在过渡阶段应讨论那些不一致的期望,应落实计划,从季度损益管理规定的角度向运营部门提供基于增长的激励措施和短期财务减免。只有过渡管理监督委员会能消除这些分歧,其方式是明确项目的组织价值和协调干系人的期望,这些干系人的目标往往是相互冲突的。

### 第3步：提供过渡资金，选择过渡团队成员并做出组织承诺

**资金提供者（资源不确定性）**

在过渡讨论的一开始就需要解决资金需求问题，研发项目团队在早期阶段要寻求研发资金、公司创新基金、外部合作者和政府资源以让他们的项目正常运作。然而在过渡阶段满足市场进入启动需要的这些资源经常是不足和不可获得的。在有些情况下必须建立新的工厂，或收购一些小的公司，并且雇用全新的销售团队来合理利用商业机会。在很多情况下，特别是当过渡项目没有一个积极的投资方案的时候，运营部门肯定不能提供过渡资金，因为他们的资源已经被用于实现其他现有的承诺。资金的短缺会减缓项目的商业化进程，也会强烈影响项目平稳过渡的能力。过渡资金可以来自内部资源（如CEO自主资金、公司的创新资金、研发部门、新业务发展部门和业务部门）和外部资源（如价值链合作伙伴和政府的后续应用部门）的整合。过渡监督委员会在确保过渡资金的缺口融资方面扮演着重要角色。尽管研发部门和运营部门都对项目过渡的成功负有责任，但每一个部门都会有自己的偏好和确定的运营模式，这些都会危害过渡的有效性。而过渡监督委员会能够提供一种更具客观性和战略性的视角。

**过渡团队的支持者和组织承诺的保证者（资源和组织不确定性）**

挑选正确的人员来完成过渡阶段是非常重要的。只有过渡监督委员会具有这个优势，即能够正确地决定谁应该参与过渡流程。在项目过渡中，人员管理经常会遇到困难。随着项目的展开，将项目应用到运营阶段所需的技巧会和运行一个开发项目不同，和经营一个正在运行中的产品平台也有很大区别，很多运营部门的产品经理在经营产品平台上都做得很好。在这个过程中进行人力资源的管理尤其具有挑战性，比如研发团队成员离开，又被重新分派，变得不那么稳定，或仅是随着项目进行到过渡阶段，其利益已经不再与项目要求相一致。

同样地，将责任转移到一个在建立市场和必要的基础设施以把机遇发展为成熟业务方面缺乏激情、经验和专注力的产品经理时，存在很大的不确定性。由于产品经理需要管理多条产品线，他的短期结果导向也会有选择性，那些高风险的项目就会被逐渐削弱，因为它们分散了产品经理达成更具体成果的注意力。除非这些问题被解决，否则这些项目最终会回到能够吸引组织注意力但不一定被选定为既定商业方向的研发阶段。

### 第4步：成立过渡团队

在过渡监督委员会形成之后，应该基于委员会成员的推荐，及时成立兼职形

式的过渡团队，其成员一般每月需要花费 2～4 天的时间用在过渡项目之上，平均持续 3～6 个月，具体情况将取决于过渡的复杂性。过渡团队应该由开发、运营和过渡方面的专家组成。通常，这个团队至少要包括一个研发部门的成员、一个业务部门的成员和一个过渡经理。人员应该不少于 3 人以保证专业技能的多样性，也不应多于 5 人以保证决策的效率。这个团队通过让双方讨论合适的议题和对完成过渡仍需做的工作进行研讨以促成项目过渡阶段各方达成共识。

## 第 5 步：利用工具评估项目过渡的准备程度

### 了解何时应用项目过渡准备程度评估工具

项目过渡准备程度评估工具能帮助项目团队系统地处理他们面临的过渡管理挑战。在过渡阶段，需要评估 15 个维度的过渡准备程度。这些维度在过渡准备程度评估表中会详细列出，如表 2-2 所示。另外，根据 4 种不确定性对这些维度的分类会在表 2-3 中列出。这些分类列出了项目团队在应用这一工具的各个阶段中应考虑的问题领域清单。

表 2-2 重大创新的过渡准备程度评估表：初始评估——过渡准备程度的维度

用 "Y" 或 "N" 说明某一维度是否应被考虑，用数字 0～5 说明某一维度对该项目的重要性程度，其中：

0=该维度完全不适用本项目。
1=该维度适用于项目，但是对于项目的成功完全不重要。
2=该维度对于项目的成功不怎么重要。
3=该维度对于项目的成功既重要也不重要。
4=该维度对于项目的成功比较重要。
5=该维度对于项目的成功至关重要。

| 主要维度 | 是否适用（Y/N） | 重要程度（0～5） |
| --- | --- | --- |
| I. 技术准备程度：对科学和技术的理解程度，以及以可靠的方式过渡成产品的程度 | Y | 5 |
| II. 产品/系统开发准备程度：对产品系列的规划，以及与将技术创新嵌入产品相关的问题的处理程度 | Y | 4 |
| III. 制造准备程度：制造流程的开发和验证，以及为这个项目分配的制造设施 | Y | 0 |
| IV. 软件/运营准备程度：与工厂和重型设备无关的软件和操作流程的开发和检验，以及准备运营的程度 | Y | 4 |

续表

| 主要维度 | 是否适用（Y/N） | 重要程度（0~5） |
|---|---|---|
| Ⅴ. 合作伙伴准备程度：项目团队已经确定哪些业务需要外包，以及同有能力的合作伙伴达成协议的程度 | Y | 5 |
| Ⅵ. 竞争优势的明确程度：项目为市场提供实际价值的程度 | Y | 5 |
| Ⅶ. 市场进入战略准备程度：要有一个关于如何进入市场的规划，涉及应用领域、价值链上需要什么样的合作伙伴及其角色的计划，以及价值链上各成员如何产生收益 | Y | 5 |
| Ⅷ. 市场开发准备程度：最初和后续要进入的细分市场的规划和资源制定及培训准备程度 | Y | 3 |
| Ⅸ. 销售团队准备程度：与项目相关的销售人员的角色被定义计划，以及与其沟通并得到销售人员认可的程度 | N | 3 |
| Ⅹ. 过渡项目的研发准备程度：研发部门相信已完成自己的工作而准备移交项目的程度 | Y | 3 |
| Ⅺ. 接收单位对项目的承诺：接收单位对项目的理解程度，以及对使项目商业化成功的承诺程度 | N | 4 |
| Ⅻ. 人力资源问题（研发项目团队）：到目前为止，对那些不继续在项目上工作的人员的管理及对他们对项目贡献的认可程度 | N | 4 |
| XIII. 人力资源问题（接收单位团队）：到目前为止，对项目商业化团队人员配置的充分考虑及合理的绩效度量标准的制定程度 | N | 5 |
| XIV. 非正式的支持系统：接收单位内外部对项目的支持程度和由于非正式网络的支持而获得的利益 | N | 3 |
| XV. 期望值的协调：接收单位的高级管理者和其他项目商业化的相关人员在目标、期望值、项目成功的合理措施上的共识程度 | N | 5 |

在过渡准备程度评估过程中，负责项目的研发的团队被称为研发项目团队，负责项目的市场商业化的团队被称为接收单位团队。接收单位可以是任何项目要转移到的分部、部门或小组，它们对项目市场商业化的持续过程负责。通常，接收单位可以是当前分部运营部门的一个团队、为了建立这种业务而由组织设立的新部门，或就是一个分拆小组。

过渡准备程度评估工具的目的是帮助那些参与过渡管理过程的人评估他们需要做的工作，帮助他们明确协调接收单位和高级管理者的职责，以便完成过渡任务。这需要各方面理解过渡准备程度的特征和期望。这个工具被用在一些高度不确定性（平台创新、突破式/激进式创新）的项目中。如果应用于渐进式创新，这种工具将被视为多余，因为渐进式创新的市场熟悉、制造和运营都具备相似平台，并且供应商和合作伙伴都是现成的。

表 2-3 按照不确定性种类绘制的过渡准备程度评估维度分类

| 类别 | 技术不确定性 | 市场不确定性 | 资源不确定性 | 组织不确定性 |
| --- | --- | --- | --- | --- |
| 焦点 | 理解技术推进因素，价值和经济可行性 | 了解市场驱动因素，价值创造和业务多样性 | 获取资金，人员和核心竞争力 | 获取和维护组织合理性 |
| 过渡准备程度维度 | I. 技术准备程度<br>II. 产品/系统开发准备程度<br>III. 制造准备程度<br>IV. 软件/运营准备程度 | VI. 竞争优势的明确程度<br>VII. 市场进入战略准备程度<br>VIII. 市场开发准备程度<br>IX. 销售团队准备程度 | V. 合作伙伴准备程度<br>XII. 人力资源问题（研发项目团队）<br>XIII. 人力资源问题（接收单位团队） | X. 过渡项目的研发准备程度<br>XI. 接收单位对项目的承诺<br>XIV. 非正式的支持系统<br>XV. 期望值的协调 |
| 应考虑的领域 | 基础科学知识的完整性和准确性<br>获取新利润的清晰度<br>多样化市场应用的可能性<br>潜在的成本节约优势<br>已识别的技术问题的解决方案<br>制造和软件开发需求<br>经济上可接受的程度 | 价值定位的清晰度<br>潜在的商业规模<br>初始市场进入、应用和后续应用<br>初期客户<br>其他需求的价值链代理商<br>其他技术或潜在竞争对手的存在<br>解决方案<br>商业模式合理性<br>初期销售需求的识别 | 内外部资金的易获性<br>项目对资金、团队和合作伙伴的需求<br>项目领导的选择<br>团队能力与项目要求的适应性<br>人才吸引力和发展<br>获得内外部合作伙伴的能力<br>合作伙伴的识别，确定和管理战略<br>签于项目的日渐成熟，对当前的合作伙伴评估的要求 | 创新的策略<br>高级管理者的承诺<br>与内部干系人的关系<br>潜在的组织阻力<br>公司战略/管理<br>影响高级管理者和过渡组织的期望<br>组织设计<br>项目定位和汇报结构<br>项目指导流程的性质 |

续表

| 类别 | 技术不确定性 | 市场不确定性 | 资源不确定性 | 组织不确定性 |
|---|---|---|---|---|
| 潜在的缺陷和致命缺陷 | 概念的技术论证障碍<br>原型限制<br>成本劣势、技术和应用开发问题<br>开发流程的主要问题 | 错误的市场吸引力结果<br>产品原型的市场测试失败或令人失望<br>无法获得合适的客户伙伴<br>缺乏约束或缺乏为市场应用的技术提供的强度、深度、广度或一些新能力<br>应用有限或受限<br>公司对创造新市场的时间期望不现实 | 由于公司整体业绩的下降导致的重大资金损失<br>项目团队限制，忽视考虑到新要求的团队组成的更新<br>无力吸引需要的人才<br>缺乏合作伙伴战略<br>交易或合作伙伴联盟失败<br>合作伙伴退出条件不明确 | 缺乏拥护者<br>高级管理者或战略措施的改变<br>高级拥护者或发起人的变化<br>项目过渡中责任的转移<br>缺乏与战略性市场的沟通<br>不合理的项目绩效度量<br>业务成果的展示方式不充分 |

过渡准备程度评估。过渡准备程度评估工具的电子版（使用 Excel）可以在 PDMA 的网站（www.pdma.org）上获取。作为过渡准备程度评估的一部分，这个工具是过渡管理流程的有力工具，并且应该由一个能够回答所有问题的小组来共同使用。这个小组需要有一个研发团队的代表或领导者和一个接收单位的代表。过渡管理者需要为其提供指导来推动这一评估过程，特别是对于一开始承担的少数几个项目。

过渡团队和过渡监督委员会要参与过渡准备程度评估结果的高层次审查。通常，过渡团队成员就是进行评估的人。理想情况下，过渡监督委员会的某一名成员最好参与具体评估。过渡团队经理需要学习这些项目团队的经验并且把它转变成一个知识库，以在创新项目的组合中，为传递和完善过渡管理能力提供一种宝贵的借鉴。

过渡准备程度评估工具的应用分为 4 个部分。表 2-2 是初始评估，第 1 列定义了过渡准备程度评估工具的主要维度；第 2 列让团队通过输入"Y"或"N"说明这个维度是否适用当前项目；尽管那些到目前为止还未受关注的部门处于低水平的过渡准备程度（如在第 2 列中输入 N 的部分），它们仍然应该被纳入评估中去，并开始关于过渡期望的讨论，以及关于过渡计划开发要求的相对优先级的讨论。在第 3 列，团队成员需要用他们自己最准确的判断填入数字 0~5，来确定这一维度对于项目成功的重要性，其中 0 表示这一维度完全不适用该项目，而 5 表示这一维度对于项目的成功至关重要。这种重要程度的划分可以帮助团队更好地了解他们更应关注评估工具的哪一部分，那些对于项目来说完全不适用的部分就不需要考虑了。例如，对于纯粹以软件驱动创新的项目团队来说，他们就会发现"Ⅲ.制造准备程度"与他们无关，因此，他们就会在第 3 列相应的位置填入"0"。

表 2-4 是对过渡准备程度的评估，是过渡准备程度评估工具的主要内容。它一共由 15 个部分组成，每一部分大约包含 5 条。评估答案被要求填在每一条后面，"1"表示强烈反对，"5"表示完全赞同。表 2-5 是某个项目的评估的得分等级及其研究。在此基础上，通过 PDMA 网站上获取的电子版过渡准备程度评估工具，可以自动生成一个概要，这个概要指出了过渡准备的哪些方面存在欠缺。这些将成为未来工作日程的重要依据。按照过渡准备程度的水平和被设定的重要程度，那些需要额外注意的领域将获得优先处理的权限。一些需要注意的维度（因素）被从重要到相对不重要按等级排列。通过这种重要性分级，那些过渡准备程度最低的维度（因素）会排在最前面，然后是那些过渡准备程度相对不充分的维度（因素），这样一级一级地排列下去。

**表 2-4　过渡准备程度评估**

通过填入数字 1~5 回答每一个问题，其中：
 1=我强烈反对这种说法。
 2=不太同意这种说法。
 3=中立状态，既不说同意也不说不同意。
 4=比较同意这种说法。
 5=完全赞同这种说法。

| I | 技术准备程度 | 答案 |
|---|---|---|
| 1 | 项目所用技术是可靠的 | 5 |
| 2 | 我们知道如何按照市场需要来运用产品中的技术进行修正 | 4 |
| 3 | 关于该产品的技术规范已经冻结 | 4 |
| 4 | 领先用户的反馈情况已经融入设计中 | 3 |
| 5 | 我们了解创新背后的科学原理，知道它为什么这样工作 | 5 |
| 6 | 已经有了评估技术可靠性的方法 | 3 |
| | 合计 | 24 |

续表

| II | 产品／系统开发准备程度 | 答案 |
|---|---|---|
| 1 | 我们能够清楚地阐明应用这种技术的产品概念定义 | 4 |
| 2 | 系统集成问题已经被识别，解决这些问题的工作计划已经制订 | 1 |
| 3 | 体现这种技术的产品开发流程已经明晰 | 2 |
| 4 | 已经为完成产品开发计划制订了合理的资源预算 | 1 |
| 5 | 已经制订了将该技术发展成一个产品平台的计划 | 2 |
| | 合计 | 10 |
| III | 制造准备程度 | 答案 |
| 1 | 当前产品的必要制造工艺已经经过测试 | — |
| 2 | 大多数与扩大生产相关的问题已经解决 | — |
| 3 | 产品的小批量试制生产论证已经完成 | — |
| 4 | 生产规模扩大所需资金已经纳入预算 | — |
| 5 | 用于生产该产品的设备足以满足其短期生产要求 | — |
| | 合计 | 0 |
| IV | 软件／运营准备程度 | 答案 |
| 1 | 所需软件已经开发和经过调试 | 5 |
| 2 | 与产品相关的必要软件已经通过验证 | 4 |
| 3 | 与规模扩大相关的大多数问题已经解决 | 3 |
| 4 | 全面的软件生产过程已经得到充分调试 | 2 |
| 5 | 规模扩大的资金已经纳入预算 | 1 |
| 6 | 短期内进行软件开发的资源是充分的 | 1 |
| | 合计 | 16 |
| V | 合作伙伴准备程度 | 答案 |
| 1 | 当前的合作伙伴关系的评估已经考虑了运营阶段的适应性 | 1 |
| 2 | 已经与技术应用商业化所需的合作伙伴签订了合同 | 3 |
| 3 | 合作伙伴已经证明了他们具备执行技术规范的能力 | 2 |
| 4 | 我们对已经签订协议的合作伙伴很有信心 | 3 |
| 5 | 对负责识别和发展项目的潜在合作伙伴的责任非常明晰 | 1 |
| | 合计 | 10 |
| VI | 竞争优势的明确程度 | 答案 |
| 1 | 客户对产品的反馈是积极的 | 4 |

## 第2章 通过突破式创新进行过渡管理

续表

| VI | 竞争优势的明确程度 | 答案 |
|---|---|---|
| 2 | 已经申请了保护该技术的专利 | 5 |
| 3 | 产品的价值定位已经得到市场检验 | 4 |
| 4 | 没有其他类似已注册的竞争专利 | 4 |
| 5 | 已经证明,这种技术的市场潜力足够大,能支撑一种产业 | 3 |
|  | 合计 | 20 |
| VII | 市场进入战略准备程度 | 答案 |
| 1 | 一些潜在客户已经对该技术的基本应用表现出兴趣 | 4 |
| 2 | 已经为该技术的初始应用制订了营销计划 | 2 |
| 3 | 已经为基本应用建立了分销渠道 | 2 |
| 4 | 从市场角度看,最合理的商业模式就是接收单位愿意使用的 | 2 |
| 5 | 已经基于对初始市场的理解制定了销售预测 | 2 |
|  | 合计 | 12 |
| VIII | 市场开发准备程度 | 答案 |
| 1 | 已经制订了该技术的替代应用计划 | 5 |
| 2 | 第一个应用的市场已经意识到我们产品的存在 | 4 |
| 3 | 市场已经充分了解了该技术的潜力 | 2 |
| 4 | 市场已经暗示:这种技术可能提供什么样的潜在好处 | 3 |
| 5 | 已经做了足够的市场开发工作,足以保证项目转向接收单位 | 4 |
|  | 合计 | 18 |
| IX | 销售团队准备程度 | 答案 |
| 1 | 销售团队表现出销售该技术的基本应用的极大热情 | 1 |
| 2 | 我们已使雇用或选择的销售该产品的人员具有了必要的技术知识 | 1 |
| 3 | 已就销售计划达成一致 | 1 |
| 4 | 已经为销售团队列出了产品潜在客户的清单 | 3 |
| 5 | 已经为这种产品的最初投放制定了一种促销活动 | 1 |
|  | 合计 | 7 |
| X | 过渡项目的研发准备程度 | 答案 |
| 1 | 研发人员相信已经尽最大努力推动了项目的前进 | 5 |
| 2 | 项目人员相信项目已经准备好向运营部门转移 | 5 |

续表

| X | 过渡项目的研发准备程度 | 答案 |
|---|---|---|
| 3 | 当前的研发团队还不具备使项目超越这一阶段的技术 | 5 |
| | 合计 | 15 |
| XI | 接收单位对项目的承诺 | 答案 |
| 1 | 我们清楚接收单位中没有人会抵制该项目 | 3 |
| 2 | 接收单位的高级管理者相信,这一步对业务部门的将来是非常重要的 | 3 |
| 3 | 在接收单位内部已经为项目第一年制定了合适的资金预算 | 1 |
| 4 | 已经为项目运营提供了足够的资源,直到达到盈亏平衡点 | 1 |
| 5 | 这种机会符合接收单位的战略意图 | 3 |
| 6 | 接收单位的团队成员把这看成一个职业发展的机会 | 3 |
| | 合计 | 14 |
| XII | 人力资源问题(研发项目团队) | 答案 |
| 1 | 对于研发项目团队的成员继续从事运营阶段的工作已经达成初步共识 | 1 |
| 2 | 对于那些不再继续正式参与该研发项目团队工作的成员,已经为他们提供了新的机会 | 1 |
| 3 | 对于那些到目前为止在项目中工作,但是即将结束在项目中工作的研发项目团队成员,他们对项目开发的贡献已得到承认 | 1 |
| 4 | 到目前为止,推动项目前进所做的贡献得到了大家认可 | 1 |
| | 合计 | 4 |
| XIII | 人力资源问题(接收单位团队) | 答案 |
| 1 | 已经指定对项目负责的接收单位团队 | 1 |
| 2 | 接收单位团队认识到在当前阶段将创新商业化具有很大的风险 | 3 |
| 3 | 接收单位团队缺乏的那些必要技能已经识别出来 | 2 |
| 4 | 已经通过努力获得了接收单位团队当前缺乏的必要技能 | 2 |
| 5 | 为接收单位团队制定的激励机制,对每一位成员都很合适 | 1 |
| 6 | 接收单位团队的绩效考核机制合理地考虑了与项目相关的风险 | 1 |
| | 合计 | 10 |
| XIV | 非正式的支持系统 | 答案 |
| 1 | 研发项目团队和接收单位团队之间有着对等水平的相互支持 | 4 |
| 2 | 项目得到了一些希望它成功的人员组成的非正式组织的支持 | 4 |
| 3 | 在接收单位团队中有一个希望项目发生的已确认的拥护者 | 4 |

续表

| XIV | 非正式的支持系统 | 答案 |
|---|---|---|
| 4 | 项目被认为符合公司的长远战略 | 3 |
| 5 | 项目被公司的高级管理者赋予了高优先级 | 3 |
| | 合计 | 18 |

XV 期望值的协调（接收单位团队与高级管理者）

说明接收单位团队与接收单位的高级管理者在下面这些问题上达成一致的程度，其中：

1=完全不同意

2=大部分不同意

3=大部分同意

4=完全同意

| XV | 期望值的协调（接收单位团队与高级管理者） | 答案 |
|---|---|---|
| 1 | 业务增长机会的潜力 | 3 |
| 2 | 营销计划的完整性 | 2 |
| 3 | 整体市场发展的预期速度 | 1 |
| 4 | 初始进入市场的预期发展速度 | 2 |
| 5 | 应继续从事的恰当应用 | 3 |
| 6 | 应用的优先顺序 | 2 |
| 7 | 第一年的需求/销售水平预测 | 1 |
| 8 | 从技术上获得的预期收入 | 2 |
| 9 | 同供应商/分销商/技术销售商分享收益的范围 | 2 |
| 10 | 最终商业模式的可接受性 | 2 |
| 11 | 商业化的里程碑 | 1 |
| 12 | 成功的合理措施 | 1 |
| | 合计 | 22 |

表2-5 评估的得分等级及其研究

本表介绍过渡准备程度评估工具中每一部分的得分概要。在初始评估中那些不适用的部分会自动加入并记分为0，过渡准备程度百分比表示项目成熟到可以安全地转向运营的程度，重要程度百分比是从初始评估中自动插入的。我们可以根据过渡准备程度百分比和重要程度百分比识别项目处于强势地位的领域和需要被关注的领域，并且赋予其优先级。结合后续的行动计划，这样就展现了该项目生命周期过渡阶段的工作日程。

续表

| 过渡准备程度维度 | 满分（分） | 评估得分（分） | 过渡准备程度百分比（%） | 重要程度百分比（%） | 优势/关注 |
|---|---|---|---|---|---|
| I. 技术准备程度 | 30 | 24 | 80 | 100 | 优势 |
| II. 产品/系统开发准备程度 | 25 | 10 | 40 | 80 | 关注 |
| III. 制造准备程度 | — | — | — | 0 | N/A |
| IV. 软件/运营准备程度 | 30 | 16 | 53 | 80 | 关注 |
| V. 合作伙伴准备程度 | 25 | 10 | 40 | 100 | 关注 |
| VI. 竞争优势的明确程度 | 25 | 20 | 80 | 100 | 优势 |
| VII. 市场进入战略准备程度 | 25 | 12 | 48 | 100 | 关注 |
| VIII. 市场开发准备程度 | 25 | 18 | 72 | 60 | 优势 |
| IX. 销售团队准备程度 | 25 | 7 | 28 | 60 | 关注 |
| X. 过渡项目的研发准备程度 | 15 | 15 | 100 | 60 | 优势 |
| XI. 接收单位对项目的承诺 | 30 | 14 | 47 | 100 | 关注 |
| XII. 人力资源问题（研发项目团队） | 20 | 4 | 20 | 80 | 关注 |
| XIII. 人力资源问题（接收单位团队） | 30 | 10 | 33 | 100 | 关注 |
| XIV. 非正式的支持系统 | 25 | 18 | 72 | 60 | 优势 |
| XV. 期望值的协调 | 48 | 22 | 46 | 100 | 关注 |
| 过渡准备程度的总得分 | 378 | 200 | 53 | — | — |

表 2-6 是过渡计划要求：优先领域。它以战略优先和运营优先为依据，列出了需要在过渡计划中强调的因素。战略优先是指那些需要高级管理者注意的领域，运营优先是属于项目团队的领域。过渡经理和项目团队第一时间就该发现，当前未完成的工作正是需要马上去做的，他们也应第一时间开始进行如何成功地完成过渡的商讨。

这里给出了一个完整的例子，以详细说明如何应用这个工具。在这个例子当中，很多技术和市场因素都被考虑到了，资源和组织需求却没有被考虑到。这显示出，项目团队和接收单位还不习惯这种讨论。在完成评估的过程中我们很快就能发现，主要问题存在于接收单位已经准备好的一些东西（XIII 部分的过渡准备程度百分比为 33%，XI 部分的过渡准备程度百分比为 47%）中，也存在于项目团队与接收单位的预期协调（XV 部分的过渡准备程度百分比为 46%）中，还存在于市场进入战略的说明（VII 部分的过渡准备程度占比为 48%）中。除此之外，尚不清楚是否有一个合适的合作伙伴能将项目从开发阶段转移到运营阶段（V 部分的过渡准备程度百分比为 40%），一些技术需求并没有实现当初预想的那样（II 部分的过渡准备程度百分比为 40%，IV 部分的过渡准备程度百分比为 53%），并且项目团队担心人力资源问题能否得到正确的处理（XII 部分的过渡准备程度百分比为 20%）。尽管销售人员的需求确实需要处理，但在项目生命周期中的过渡阶段，他们的优先级通常较低。在这个案例处理完毕之前，请不要忘了项目的优势，项目的优势在项目的过渡计划中也是要强调的，但在一开始优先级较低。

**表 2-6　过渡计划要求：优先领域**

根据前面对于优势领域和仍需改进领域的分析，以及表 2-3 中对于不确定性分类的描述，项目过渡计划中最需要强调的因素如下。

**战略优先（需要高级管理者注意的系统层面问题）**

1. 人力资源问题：接收单位团队（资源不确定性）
2. 期望值的协调（组织不确定性）
3. 接收单位对项目的承诺（组织不确定性）
4. 市场进入战略（市场不确定性）
5. 人力资源问题：研发项目团队（资源不确定性）

**运营优先（需要项目小组注意的项目层面问题）**

1. 合作伙伴（资源不确定性）
2. 产品/系统开发（技术不确定性）
3. 软件/运营（技术不确定性）
4. 销售团队（市场不确定性）

对于项目过渡来说，并不要求所有的维度（因素）都 100% 准备到位。这是一个协调的过程，完全取决于接收单位的需求。

## 第 6 步和第 7 步：制订详细的项目过渡计划与定义商业模式，为市场拓展打好基础

遵循前面描述的方法为制订详细的项目过渡计划提供依据。表 2-3 通过不确定性分类也为各团队列出了一份在项目过渡计划开发中应考虑的问题的清单。制订项目过渡计划所需的大部分信息都应在项目团队的知识库和对过渡准备程度评估的讨论中得到。这个项目过渡计划需定义要完成的任务、时间表及团队成

员的角色和责任。除此之外，项目过渡计划还应该指出团队本身的能力缺陷，这样就能保证以合适的人员组成团队，促进项目快速过渡。该过渡计划的目的就是使其从一个学习性的计划转变成可操作的商业计划。

项目过渡计划应该为团队的努力提供指导，并为衡量团队的进步提供评估标准。过渡管理者在项目团队和推动过渡流程时，应该清楚地认知自身及其他人的不足，特别是在担任这一新角色的早期阶段。对重大创新项目的过渡管理的要求与渐进式创新项目明显不同，区别就是前者需要根据具体情况进行学习，而后者则是需要依靠以往的经验。过渡计划应该能够根据时间表和过渡所需资源灵活变动。剩余不确定性将在过渡流程中显露出来，这个时候项目便需要改变方向。同样，当项目进展有限或不可接受，或出现致命缺陷时，应有一种终止项目的机制。

项目过渡计划应该是根据项目的成熟度和相关方的期望值量身定做的。有些业务部门能够灵活地接受具有重大剩余不确定性的项目，而其他业务部门却没有相应的人力和财力来接收这些项目，直到这些不确定性大幅降低。因此，对于项目团队而言，将注意力集中在识别需要在项目过渡计划中强调的技术、市场、资源、组织不确定性上是非常重要的，而项目过渡计划以一些差距为基础，这些差距能够在对表2-2、表2-4、表2-5和表2-6中的过渡准备程度的维度及表2-3中涉及的领域的评估中得到揭示。项目过渡计划应包括以下部分。

- 组织计划：包括项目的战略适应性和组织结构设置。
- 市场计划：包括公司和运营部门、潜在业务、市场进入/开发战略及商业模式的价值观。
- 资源计划：包括项目团队、合作伙伴及资金需求。
- 运营计划：包括技术和制造要求。
- 主要的里程碑和时间表。

我们应更加详细地检查这5种特定内容，因为如果在过渡阶段没有解决这些问题的话，它们可能变成项目的搅局者或致命缺陷。

**最终确定商业模式（市场和组织不确定性）**

在一个重大创新项目的早期阶段，一些公司意识到，它们应该将价值链的更多组成部分整合到计划中，而不仅仅是那些最初在业务模式中定义的部分，以建立市场并加速这些创新的应用。随着时间的推移，一旦一些应用更加稳定的计划占据了市场，这种集成性的计划就可以进行分拆了。

德州仪器（Texas Instruments）公司开发了数字微镜装置（DMD），这是一个集成了数千个微小镜片的芯片，每一个镜片都是单独控制的，这可以用来从根本上改进显示技术。其最显著的初始应用是应用在了投影仪上。然而，德州仪器公司无法说服投影仪组装商相信 DMD 应用的未来潜在的市场需求，所以不能吸引他们开发通过 DMD 技术设计的新投影设备。所以，德州仪器公司决定提供整个显示引擎（包括 DMD 的芯片、镜头、机架及电源），以加速这种创新应用的市场开发。一旦一些应用占据了一定的市场地位，并且假定它的市场创新地位已经趋于稳定，德州仪器公司就会将其创新项目分拆出售，把它的核心芯片技术卖给它的直接客户，这些客户会自然而然地看到这种核心技术的市场机会，并且会开始根据芯片的功能设计新的投影设备。这种方法能够让德州仪器公司专注在它的核心技术上，并且让价值链上在其他领域有杰出能力的成员进行其他工作。对德州仪器公司来说，这显然是一种从不得不实现商业模式向创造市场需求转移的方式。随着项目从创新阶段向运营阶段转移，项目过渡讨论必须集中在这类处理市场和组织不确定性的问题上，以最终制定合理的商业模式，促进项目向前发展。

**讨论市场进入和发展战略的应用和市场的完善（市场不确定性）**

尽管杀手级应用的愿景会驱动研发部门项目的发展，但要创造市场则更具有挑战性。在这一过程中，公司不仅要了解市场，还要帮助市场了解并理解相关技术和技术实现的可能性。公司会通过不断地寻求杀手级应用来主导市场，但是这样的应用不大可能在突破式创新项目商业化的初期出现。项目团队应该根据市场不确定性评估期望的项目的成熟度，以便在合适的时候将项目转向运营部门等接收单位。反复地学习要贯穿整个过渡过程，甚至是在运营部门已经建立并开始运转新产品之后。遗憾的是，多数公司最后结束了起初的追求利基市场的进入战略，并在其发现大规模市场应用的过程中遭遇到了时间延误和错误开局。

公司以市场学习为基础从一个应用转向另一个应用，这个概念被称为应用转移，转向最初并不明显的、具有最好前景的市场领域。亚德诺（Analog Devices）公司加速器技术的应用就是从汽车的安全气囊传感器应用转移到计算机的游戏程序领域的，然后又转移到了游戏应用上，如其成功地进军了任天堂和索尼公司的游戏平台，它们在这些领域的应用量甚至要比汽车领域还要多。它们还收到了一些来自各种各样的运动器材（如高尔夫球棒、网球拍）和一些需要注意振动变化的仪表产品生产商关于传感器的咨询。

**将制定技术规范和解决制造问题作为操作计划的一部分（技术不确定性）**

由于重大创新项目生命周期的不可预测性，技术规范和制造问题经常处于变化状态之中。持续的市场学习迫使项目团队要及时地重新调整技术的发展方向。早期接受者推动着技术规范的制定，并且乐意接受产品原型的不断变化。潜在客户的承诺为将这些项目过渡到运营阶段的及时讨论提供了动力，因为它们具有商业价值。显而易见的是，那些与研发项目团队一起试验和学习的早期接受者相信他们要买的是商用产品。但他们很快就会发现，早期接受者可以接受的产品对普通客户来说却是不可接受的。结果就是，那些参与项目过渡流程的人意识到，技术的发展并没有完全成熟，并开始质疑将要过渡的项目的准备程度。

对于研发项目团队来说，从用于市场学习的原型转变为符合制造需求的可扩展产品的复杂性经常是不可预测的。摩托罗拉早期的呼叫系统原型（寻呼机）就是这种原型的一个例子。它的实际用途有限，并且仅仅面向个人客户设计。它是一个需要大量布线的低频系统，这些电线经常会在无意间被切断或移动，同时，它还容易受到干扰，甚至这种寻呼机非常脆弱，一摔就碎。虽然有这些缺陷，但是摩托罗拉公司通过与市场合作和了解市场的一系列试验，最终设计出了一种更小更轻、更可靠耐用、适用范围更广，并且基础设施和运营成本更低的成功的商用产品。

通过提前了解这些问题，能够最小化过渡流程的延迟，因为一些潜在的中断因素被早早地识别出来，并且按照作为接收单位的运营部门对过渡准备程度的期望制订了解决技术不确定性的计划。在某一家公司中，研发团队要依靠他的制造伙伴进行扩大业务规模的流程创新。合作伙伴关系持续了很长时间，甚至于制造人员为了完成流程而在研发部门待了好几年，然而销售和市场却是由运营部门处理的——这是令人失望的项目管理状态，因为责任分工和绩效预期不一致。提前让运营部门参与将获得更好的制造准备程度并显著地减少项目过渡的时间拖延。

**确保市场开发的期望值并符合实际（市场和资源不确定性）**

突破式创新项目的市场学习是周期性的"探索与学习"过程的一部分。由于这种学习比一般的渐进式创新项目更为复杂和耗时，使得市场开发的周期和资金投入往往被严重低估。应用开发、客户培养和客户培训的需求延长了销售周期，因而增加了营销支出。此外，在致力于市场学习的过程中，会有很多次启动和中止，这也延长了发现潜在有效商业模式的时间。这种学习使得人们对一个突破式创新项目做出准确的销售预测变得非常困难，并且会导致运营部门得出不现实的销售预期。在一个案例中，项目经理被迫做出运营部门想要的销售预测，如果预测不准确的话，他就会被公司冷落。在经过 5 年的创新开发投资后，他最终还是离开了公司。

在很多情况下，在研发团队致力于减少市场不确定性时，时间延误和开发新市场的高成本会导致过渡阶段过于漫长。清楚地了解这些市场开发的现实情况，能够让研发部门副总／主管集中资源，更快地减少市场不确定性并克服由于不一

## 第 2 章　通过突破式创新进行过渡管理

致的期望而导致的项目惰性。尽管如此，对于重大创新项目来说，其市场发展仍然比那些不确定性较低的创新要慢，绩效指标也不一样。过渡管理者的关键职责是要说服高级管理者相信：这一缓慢过程，以及诸如新客户引导和现场贝塔试验的测量机制是取得实际销售和收益成效前的合理临时措施。

**了解制造挑战如何影响市场进入目标（市场和组织不确定性）**

公司必须做出战略性的市场进入权衡决策。首先，追求高利润率和有利可图的应用可能是处理产量减少问题的最好方法。相反，如果市场进入目标是建立主导标准，那么从一开始就追求应用销售量的大幅度增长就是很有必要的了。不管是减少交易量，还是降低开拓市场的成本，都会导致公司在短期财务绩效上出现紧缺。市场进入目标是建立主导标准的情况下，公司在着力建立行业新标准的同时，应努力地让市场不断地了解这种技术，取得市场认可或实现销售量的增长能够让市场开发更充分。过渡管理者和项目团队需要明确市场进入战略，并向运营部门等接收单位简单明了地说明采用这种方法的原因，以获得组织协调。从运营角度来看,限制制造产量、执行短期的财务目标与标准的绩效指标是截然相反的。如果市场进入战略没有得到项目各方的充分理解，也没有实现在公司内部的协调一致，那么研发项目能否有效过渡就存在问题了，因为这种不严谨的市场进入战略不符合典型的运营部门业务需求。

过渡流程包括一系列步骤，高级管理者、过渡管理者和项目团队可以用它们来引导项目过渡快速高效地完成。尽管过渡准备程度评估工具是一个关键推动因素，但项目过渡的成功仍然取决于人们为了项目的成功过渡，在站在战略和项目的高度来定义过渡期望、确定新的过渡角色、为创新活动方案取得组织合法性、确定过渡准备程度的要求、制订过渡计划，以及协调各种参数等各方面做出的努力。

## 更正式的过渡管理的组织价值

### IRI 公司成员在使用过渡准备程度评估工具上的经验

迄今为止，超过半数的 IRI 公司在处理过渡管理挑战时使用了过渡准备程度评估工具，基于这些经验，我们设法收集了他们关于使用这一工具的好处的反馈信息，以及一些注意事项。具体结果如下。

- 这一工具在促成研发项目团队与接收单位的对应人员间的讨论上非常有用。它比当前使用的其他机制要好很多。"我们应至少每年做一次，看看我们取得了哪些改善。共同探讨我们在项目启动阶段应该付出怎样的努力，对组织的发展是很有益的。""我们发现这是一件非常有价值的事情,它提供了一种绩效度量标准,就其本身而言是非常有用的。"
- 它能制定一个明确的工作日程。"这一工具在解决资源问题上是非常有效的。""这一工具能显示将来我们需要在哪些方面做出努力,这非常有用。""这一工具指出了我们在这些全新项目的销售和营销方面的不足。"
- 这个工具使用起来并不是很容易。"组成部分太多以致操作不易。"这需要一场培训活动,或者由一个流程人员来监督,直到每个人学会并习惯使用这种工具。"我不得不坐下来同团队成员一起来完成这项评估,而不能仅仅交给他们一揽子建议。"
- 对于可以熟练地整合到业务部门的项目来说,使用这一工具的价值并不是很高,因为这种项目有明确的市场和清晰的技术开发途径。"这只适用于那些具有高不确定性的突破式创新项目。否则就是矫枉过正。"

一些公司的经验表明,使用该工具的项目要比未使用该工具的项目运行得好。所获得的好处肯定超过了一些短期内存在的执行问题,因此该工具的实用性较高。设计这一工具是为了处理高不确定性的重大创新项目,而且要求过渡经理在如何更有效地和高效地运用这一工具上给予团队必要的指导,理解这一点很重要。

这一工具最大的好处就是能使项目平稳地从研发阶段过渡到运营阶段。为了完成过渡,过渡管理者和项目团队会更加了解其他要做的工作。因此,项目很少会偏离运营部门的监控范围。他们能很快地转向市场,更善于吸引高级管理者的注意力,能够更好地获得必要的项目优先权,也能够在接收单位内得到支持。

这一工具还能帮助公司发现意料之外的问题并解决公司内部的政治问题,因为这些问题已经是公开的。通过项目研讨确定预期人力资源需求的早期指标,很容易处理潜在的人力资源和资金限制问题,这对有复杂的组合管理需求的研发部门副总/主管和高级管理者来说尤为有利。由于组织能够更好地安排过渡时间,加速协调过程,因而项目过渡过程更高效,也节约了过渡的费用。此外,尽管多数项目都会由于重大创新项目的长生命周期而长期处于商业化阶段,但最终结果仍然显示,通过使用这个工具能提高项目市场化的成功率。

通过进行过渡准备程度评估,公司可以及时地识别一些普遍存在的薄弱环节。这些薄弱环节的一些或全部都可能在某一个特定的公司、一个特定的时间、一个特定的项目中出现。部分问题如下所述。

- 技术和制造准备程度期望的不协调。
- 在合作伙伴关系、市场进入战略、市场开发准备程度及销售团队准备程度等方面,市场不确定性仍然很高。

- 过渡方程式两端的人力资源问题仍没有得到很好的解决。在识别项目团队的技能要求、为接收单位内的新项目团队制定一致同意的薪酬结构，以及识别那些不继续为项目工作的人员的贡献方面存在明显的缺陷。
- 高级管理者希望组织内的项目能够很容易地整合到现有的产品组合中去，进而建立运营部门的绩效指标，但鉴于项目存在高度的不确定性，这些绩效指标并不总是合适的。

虽然必须克服这些问题才能取得项目过渡的成功，但是人员部分通常才是症结所在。如果组织没有妥善处理其对高风险创新领域工作的个人的信任问题，也没有明确对他们的承诺，会危及项目，而且会危及整个创新计划的成功。

## 柯达公司的过渡管理流程经验

经过多年的学习，柯达公司已经努力在数字革命中找到了自己的位置。尽管它的研发部门在不断地发明新技术，但将这些新技术商业化的过程比较缓慢。2001年，柯达公司的系统概念中心（SCC）把将这些新的商业机会从研发部门过渡到业务部门定义为重要的组织挑战，认为需要克服这些挑战以驱动柯达公司的长期成功。

SCC团队首先从组织能力的角度来处理过渡需求，目的是确定在战略和组合层面上需要创建什么来支持过渡管理能力。接着他们基于过渡准备程度的各维度审视了项目需求，并用过渡准备程度评估工具进行评估。目的就是要有效地利用15个过渡准备程度的维度来指导项目团队成员，以提高他们的能力，从而使项目过渡更加成功。

柯达公司的创新体系非常复杂，它有多种实现商业化的过渡点和过渡途径。项目的业务部门快速通道和为突破式创新项目建立的业务加速器是柯达公司的两条商业化途径，过渡准备程度评估工具的定制必须符合这两条途径。大量时间被用来保证高级业务部门的承诺和建立SCC团队的组合上，以满足更系统化的过渡管理能力要求，并让他们了解过渡管理流程的价值。建立这种承诺和组合的步骤如下。

- 通过举行一系列的过渡管理研讨会对团队进行培训，并为需要更直接的过渡讨论的重大创新提供案例。讨论主题包括组织配置方案、团队能力差异、资金问题，以及不同的组织绩效度量要求，等等。
- 通过一系列从项目成员和项目领导者中精心挑选的人员的指导，SCC团队成员直接参与过渡管理能力的开发。
- 公司、研发部门以及业务部门的高级管理者都要成为创新工程和具体项目的拥护者，以建立组织意识和合法性。
- SCC 团队高级成员要参加业务部门的战略发展会议，以便更好地了解和影响新业务发展活动未来的方向。
- 开发一个战略性的市场沟通程序，以建立 SCC 团队的项目意识，以及探讨 SCC 团队如何适应公司的战略优先权。

2003 年 3 月，柯达公司的 SCC 团队被要求提供其迄今为止的结果反馈，以建立过渡管理能力，改善其成功过渡和过渡准备程度评估工具的有效性，这也正是本章的目的。在 2002 年，处于不同发展状态的柯达公司的几个主要项目进行了以下工作。

- 识别高级管理者中的拥护者，建立处理组织安置和资金需求问题的过渡指导（监督）委员会。
- 建立跨职能/跨部门的过渡团队来执行过渡准备程度评估，以更好地理解和交流业务方案的成熟度（过渡准备程度百分比），并识别过渡存在的问题。
- 制订正式的过渡计划，为过渡提供明确的前景和承诺，这一计划着眼于解决谁做什么、处理市场进入和商业模式不确定性等问题。

这些活动使项目以前所未有的概率成功过渡，并为业务部门做出了巨大的收益贡献。项目是如此受欢迎以至于它们在第一步就满足了商业化初始阶段的需求，抓住了宝贵的商业机会。这些商业机会包括突破式创新和快速增量创新项目。尽管这个工具是为突破式创新项目设计的，但柯达和其他公司发现，它的精简版可以应用到渐进式创新项目上，尤其是在解决资源和组织不确定性问题上仍有显著效果。对于 SCC 团队来说，下列领域变得更加清晰。

- 了解商业机会并向主要干系人描述它的潜在价值。
- 确定商业机会的成熟度。
- 指定成功地转化商业机会的工作日程。
- 将注意力放在更彻底地评估最重要的问题上，如团队组成、组织定位、过渡资金和市场进入战略等。
- 指定谁来负责具体的活动和由什么组织提供资金和资源。
- 确定沟通什么，以及如何沟通，以获得传递单位和接收单位双方高级管理者的支持。

前面提到，让所有参与过渡流程的干系人（如项目团队、过渡管理者和高级管理者）都能处于一个较好的位置，来评定项目在 SCC 团队传递单位和接收单位双方的优先级和资源分配。这样就有了更加一致的期望、为大家一致认同的关于改进的问责制和对主要过渡问题的更多关注，也有了针对一些主要活动的更有效

## 第2章　通过突破式创新进行过渡管理

的资源分配。最终，在市场发展现实方面，接收单位团队成员和高级管理者的期望更加一致，稀缺资源的利用更加有效，并且问题应该能够得到很好的解决。

正如 SCC 团队的创新和商业化推广经理格雷格·福斯特所说的："我们有明确的证据表明，使用这款工具和与突破式创新相关的技术确实会增加将重要商业机会成功过渡到着陆区（接收单位）的概率。"很显然，柯达公司已经达到并且正在超过它最初制定的改善项目成功过渡从而驱动公司长期发展的目标。

## 过渡管理的实践总结

一些公司正在通过执行一个更正规的过渡管理流程、使用过渡准备程度评估工具，以及建立由适当类型的人组成的过渡团队，来提高自身的过渡管理能力。它们不断地强调，这一流程和工具能使人们意识到在实现重大创新投资收益前，在各个方面究竟还有多少工作需要完成。基于一些执行这一过渡管理流程的公司的经验——也是我们知道的现实情况，一个关键的方面就是和接收单位的高级管理者一起设置合适的期望值。幸运的是，过渡准备程度的维度引导人们展开了正确的讨论，从而提高了那些公司在研发阶段投入巨资的项目在向商业化运营单位过渡时不被剔除的可能性。

过渡管理准备程度评估工具旨在解决的所有问题都揭示：对从创新性项目到运营性业务过渡的管理既不容易也不简单。解决过渡流程的剩余不确定性，如如何弥补项目团队的能力不足、开拓不发达的市场、处理销售预期的不一致，都需要比预期更长的时间和更多的投资。尽管如此，由于认识到有效的项目过渡需要一系列的特殊活动和特定技能及资源，公司可以促进项目的过渡流程，降低失败的风险，提高它们的过渡管理能力。

最后，过渡管理准备程度评估工具本身并不能弥补创新体系面临的挑战，但它确实为处理过渡管理问题提供了一条途径，作为促成更全面、更系统的过渡管理流程的重要方法。应用这种方法，过渡管理问题变得更加清楚，也更容易解决。该工具提供了一种客观机制，能帮助识别过渡要求并制订提高过渡成功性的可能性计划。鉴于很多公司都在与过渡管理问题做斗争，这一工具就是公司取得重大进展和获得更大商业成功的有效方式。

## 结　论

由于公司内部创新体系的复杂性，拓展过渡管理的能力就大大超出了项目层面，评估过渡准备程度和制订详细的过渡计划是首要的关注点。除项目特定的维度之外，过渡挑战还体现在战略和组合维度上。由于过渡管理的复杂性和组织间的相互依赖性，如果过渡管理者不首先审查创新体系以确保有合适的过渡管理能力来提高过渡效率，他就无法指导项目团队执行过渡流程和使用过渡管理准备程度评估工具。

研发部门副总/主管和过渡管理人员可以采用一系列领导力实践来解决更广泛的投资组合和战略考虑。首先是确保高级管理人员转型角色在过渡方程式的两端都得到了很好的界定——换句话说，就是将项目推出研发部门，并在有效传达运营单位价值的基础上将其纳入运营部门。为了确保这些具有高不确定性的创新项目过渡成功，过渡管理流程需要被赋予很高的组织优先级，并得到高级管理层或接近高级管理层的管理团队的支持。

其次，需要一个独立的过渡监督委员会，它能客观地评价参与过渡流程的每个人的表现。这也有助于通过吸收新的干系人来参与过渡流程并向他们介绍关于项目潜力的战略愿景，来建立组织合作和保障组织合法性。衡量其绩效的标准应不同于运营部门，也不同于研发团队。

再次，过渡的预算不能仅仅由运营部门或研发团队来提供。这两者当中的任何一方在追求过渡的成功方面都有利害关系，但是每一方都会有部门偏见和既定的运作模式，这都可能影响过渡的效果。因此，过渡资金和其他资源是分开的，这些资源和业务部门的分配也是分开的，如CEO自主基金、风险基金甚至外部合作伙伴，这样就能提供一个更客观的和更具战略性的视角。高级管理者的角色就是确定过渡资金从何而来，并致力于预留过渡成功需要的资金。由于业务部门的资源有限，接收单位也不愿意为实现创新的完全潜在价值而负担足够的资源，这是对过渡成功的一个重大威胁。这就意味着，在追求最初应用的短期收益和开发新应用领域之间有一种微妙的平衡。再次强调，过渡管理者在与高级管理者解决这些资金问题上扮演着重要角色，以确保项目成功过渡。

从次，组建领导认可的过渡团队，其成员包括：来自研发团队的人员以提供不断积累的认知，来自负责接收的运营单位的人员以建立一个推动项目向前的知识库，以及一个在促进过渡成功方面非常专业的过渡管理者。如果项目的拥护者的身份是有效力的，他就应承担一个重要的角色，如果他拥有合适的技能，他就可以成为一名领导者，或者可以担任顾问。高级管理层需要仔细管理项目领导的选拔。如果高级管理层在一开始就能很好地做这项工作，在项目启动时认真地选择项目领导，并帮助他随着项目的成熟不断成长，那么公司就可以聘请这名关键人物负责项目过渡，过渡团队也能得到他们所需要的领导。

## 第 2 章 通过突破式创新进行过渡管理

过渡管理者在研发团队中扮演的另一个很重要但很困难的角色就是,在各种项目干系人之间设立切合实际的针对可能的市场演变的期望值。随着商业模式的逐渐展开,将陆续出现一些商业死胡同和意料之外的机会,也会诞生期望中的应用。新业务增长过程中的灵活性是非常重要的,如果缺少了这种灵活性,就会有项目被搁置的风险,公司将不再继续投资该项目的市场开发活动,也就不存在获得创新带来的利益。如果要求来自重大创新的新业务过早地达到高收益目标,就会使它们在获得发展和成熟之前被扼杀。过渡管理者必须同高级管理者和过渡团队合作,保证这些信息被正确地传达和理解。

最后,研发团队领导和过渡管理者必须学会如何改变自己的行为方式,以便接受新的领导力转型管理实践,并考虑更广泛的战略性和组合过渡问题。

## 作者简介

### 吉纳·奥康纳（Gina O'Connor）

吉纳·奥康纳博士是"突破式创新研究项目"（Radical Innovation Research Project）的学术主任和美国伦斯勒理工学院（Rensselaer Polytechnic Institute）莱利管理与技术学院（Lally School of Management and Technology）的副教授。她的研究领域包括新产品开发、突破式创新、技术商业化,以及高技术领域战略市场营销管理等。她的研究工作主要集中在企业如何将先进的技术开发成果与市场机会联系起来。她在《组织科学》（Organization Science）、《产品创新管理期刊》（Journal of Product Innovation Management）、《加州管理评论》（California Management Review）、《管理执行学刊》（Academy of Management Executive）和《战略营销杂志》（The Journal of Strategic Marketing）等刊物发表过多篇论文,也是《突破式创新:成熟公司如何战胜后起之秀》（Radical Innovation: How Mature Firms Can Outsmart Upstarts）的合著者。她从事管理教育教学,并且从事企业咨询,帮助企业开发、植入以及维持持续的突破式创新管理能力。吉纳在纽约大学获得市场营销和公司战略博士学位。

### 乔安娜·海兰（Joanne Hyland）

乔安娜·海兰,NPDP,是 Hyland Value Creation 的董事长和 New Venture Development at Nortel Networks 的前任副董事长,她在后者创建了内部风险投资规划,该规划产生了 12 个创业项目。作为突破式创新集团（Radical Innovation Group）内的一位创建合作伙伴,乔安娜的工作是将创新与战略联系起来并开发出能推动公司成长和复兴的系统、领导能力和文化能力。乔安娜定期在会议上就创新和公司的风险投资主题发表演讲，她还曾经在高级教育项目中担任教师或客座演讲人。乔安娜是《突破式创新：成熟公司如何战胜后起之秀》一书的重要作者之一，并在《实战经验：来自新的e化经济时代的行业领袖企业的战略》（From the Trenches: Strategies from Industry Leaders on the New e-Conomy）中发表过论文《将风险投资的经验用于创造商业价值》（Using VC Experience to Create Business Value）。

### 马克·P. 赖斯（Mark P. Rice）

马克·P. 赖斯是美国巴布森学院（Babson College）奥林商学院（F. W. Olin Graduate School of Business）的姆拉塔院长和企业家研究院的杰弗里·提蒙斯讲座教授，他致力于培训巴布森学院的创新和企业家精神中的战略进取思维，建立管理和技术之间的联系，以及推动创新。赖斯是《突破式创新：成熟公司如何战胜后起之秀》的作者之一。他曾在《组织科学》、《研发管理》（R&D Management）、《市场营销理论和实践杂志》（Journal of Marketing Theory and Practice）、《管理执行学刊》（Academy of Management Executive）和《加州管理评论》（California Management Review）等刊物上发表过多篇论文。赖斯曾经任职于伦斯勒理工学院孵化器计划，并且曾是塞维里诺技术型企业家研究中心的主任。赖斯在伦斯勒理工学院获得管理学博士学位。

# 第 3 章
# 将技术优势转化为产品优势

斯蒂芬·K. 马卡姆（Stephen K. Markham） 安格斯·I. 金根（Angus I. Kingon）

  一些公司正在越来越多地吸纳研发及产品开发方面的专家，通过开发新产品来扩大它们的销售额。技术优势是产生卓越的、专有的产品的主要来源之一。然而，很多公司缺少必要的专业人员和结构来识别和开发技术，然后再基于这些技术开发出具有竞争力的新产品。

  本章主要介绍的是如何将技术、产品和市场联系起来。本章提出以技术—产品—市场（T-P-M）三者联系为关键的框架，将独特的技术能力转化为产品特性，从而持续不断地满足客户需要。本章强调，在创新性新产品开发过程的早期阶段就应检查这种联系。成功的前沿新产品开发者应及时地理解 T-P-M 过程，并能正确地执行这个过程，尽管他们还不知道用哪些词汇来谈论它。本章还提供了如何把技术优势转化为产品优势的具体工具、技术和案例，目的是为读者提供工具用来寻找、开发和评估相关技术的正确的产品表现形式，使该产品初面世就能吸引客户。

  本章内容主要面向两类人群：第一类，面向企业内正在开发技术型产品和服务的多学科产品开发的人员。本章介绍的工具既适合个人使用也适合团队使用。第二类，面向研发人员，因为概念化和测试那些基于他们专业的科学原理和技术的新产品迫切需要新方法。然而，除了这两类人群，在本章中我们还将强调 T-P-M 的基本性质。各类人员都应该充分理解这个概念，包括研发经理、科研人员和营销专家等。

  本章首先介绍了 T-P-M 的概念，强调了它的重要性。接下来就是对定义、实施、人员要求及政策方针的研讨。除此之外，还有 4 张工作表可以帮助人们将技术优势转化为产品优势。

# 技术—产品—市场

新产品创意从哪里来？通常解释为它们起源于市场需求，或是一个源自新技术开发过程中的产品概念。这些线性的观点都有缺陷。通常情况下，新产品衍生于市场知识和基于已有技术的增量进步。这是因为，市场人员难以构想出由新技术带来的具有根本性性能改进的新产品。市场人员通常不具备必要的技术类专业知识或广泛的对新兴科学和技术的敏锐视角。因此，人们通常相信，大多数"超越渐进式创新"的产品在概念上源于技术因素。这种情况被称为"技术驱动"。当然，这里面的风险也是众所周知的，许多传奇般的案例表明，一些企业做了大量的技术投资，并开发出一些新产品，结果却发现它们完全错误地理解了市场机会和客户需要。这些都是代价高昂的错误，新技术可能为企业提供很大的优势，但是我们不能期望客户和市场总是知道这些。因此我们需要系统化的规划来将新技术优势转变为能满足客户需要的产品，而不是贸然地将技术推到市场上。因此，我们必须注意发掘新技术并使之满足市场潜在需求。公司必须投入必要的时间去了解市场机会，并且做出远景化的和理性的产品说明。

将技术优势转化为产品优势的逻辑和技术的核心就是将技术性能和持久的客户需要相联系。这种联系要求将以新技术为基础的产品的特性详细化，并测试产品被潜在客户接受的程度。图 3-1 描述了一个模型，该模型提出了一种可用于孕育多种产品创意和识别多个市场的技术。这个流程包括 3 项活动：①发现技术优势；② 开发利用技术能力形成（独特的）产品特性的产品概念；③ 详细说明产品和市场的联系。这 3 项活动结合起来就形成了一个叫作"产品逻辑"的概念。

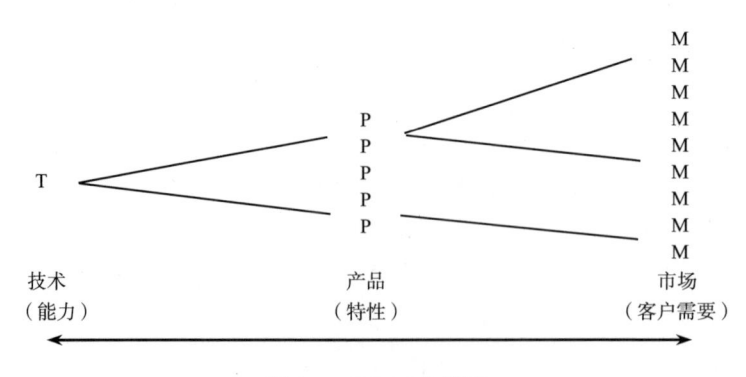

图 3-1　T-P-M 的联系

## 第3章 将技术优势转化为产品优势

T-P-M 应该被看作一种迭代决策的工具。它以寻找具有独特优势的技术开始，这种独特优势可以被认为是新的能力，这些能力进而又可以清楚地表现为产品特性。然后，这些产品概念会被呈现给这一领域的专家和某一特定细分市场的潜在领先客户面前。如果反馈结果显示关于该产品的信息不一致，就应该排除这种产品或否决细分市场的创意。以重复迭代的方式反复生成和展示一些可供选择的或可改进的产品概念，直到一种产品概念在一个或更多预期的细分市场得到强烈的积极反馈为止。在这一章，我们将对执行这一流程的工具进行详细介绍。

建立 T-P-M 流程最初会花费很多时间，但是 T-P-M 流程本身会随经验的增加而变得更高效。产品开发团队在最初几次尝试执行这一流程时很少能在新的领域建立正确的 T-P-M。这并不意味着该技术不具备能让某些市场做出反应的能力；相反，团队必须坚持循环执行这一流程，以开发出一个可行的产品概念。从最初建立 T-P-M 的过程中获得的信息和经验对于理解市场机会，以及理解为什么有些产品概念不可行来说是必要的。在早期阶段积累的信息和经验会在整个循环过程中得到反复使用。

前面提到的关于 T-P-M 的概念并不是全新的。然而，在本章中，它们被清楚地阐述为一个用来开发新产品概念和建立产品逻辑的系统过程。T-P-M 的主要优势在于它可以有效地实现产品逻辑的早期生成和测试。这样做是很有效的，因为它可以在昂贵的技术性产品开发工作开始之前就对很多的技术、产品和市场组合进行评估，因而也可较大程度地规避新产品失败率高的问题。

这款工具旨在供整个产品开发团队使用，为具有不同经验和不同角色（市场、销售、开发、运营和财务等）的成员提供共同关注的焦点。另外，这一工具对研发人员尤其有用，这些研发人员可能属于产品开发团队或独立于产品开发团队而属于研发组织。这是因为，这些人员具备对技术潜力的必要了解，是产品开发团队开发令人兴奋的新产品概念时必需的合作伙伴。然而，这些人员通过技术开发方法开发出的技术结构，也必须适用于他们对产品和市场机会的分析。这一点在公司正在缩减研发部门规模，并要求提高利用企业技术资源开发新产品的效率时尤其重要。

我们最后要强调的是，通过检查 T-P-M 来尽早地建立产品逻辑是一项应该广泛应用的技能。T-P-M 对于新产品和新商业机会来说是十分重要的基本要素，因此，建立 T-P-M 流程也应该是一个需要普及的流程。实践者除了之前提到的公司人员，还应该包括企业家、大学和国家实验室的研究人员。最后，这个流程应该被研发管理人员和业务部门的经理们充分理解与掌握，以领导建立合适的组织结构。

# 技术—产品—市场的开发和利用

## 发现技术优势

一家公司要想提供一款具有受专利保护的显著技术优势的产品,必须首先确定技术优势的性质。不同的科学原理,都可归纳为 3 种类型的技术优势:① 更高的性能;② 更低的成本;③ 新能力。技术描述必须聚焦于产品可能有哪些新功能,因为功能决定了产品和市场的逻辑极限。

在确定一种新技术是否具有突出的新功能时,开发者必须评估这种技术优势的大小。风险投资人通常只投资那些预计比当前方案提高 10 倍性能的技术。突破式创新研究者表示,一个创新项目被接受的前提是能节约 2/3 的成本。虽然采用提高了 10 倍性能或节约 2/3 成本的方案是很好的经验法则,但是了解技术优势的过程并非如此简单明了。例如,用于发电的固定式涡轮机对因过滤器的缓慢堵塞而引起的进气管真空状态的微小变动是敏感的。一个能够保持进气管真空恒定的过滤系统可以通过很小的部分性能改进节约很多成本。

我们发现,大量的技术优势都是可以广泛获取的,然而很多公司却忽略了这一方面。可能造成这种结果的原因是,公司只关注某个单一的技术参数,并将其表示为针对单一细分市场的单一产品创意。在很多公司中,当可以从公司内部获得解决方案时,管理者却常常从别的公司寻求解决方案,本公司的技术人员经常为此感到困惑。与此同时,由于技术人员不断提出一些不切实际的技术,管理者对此也感到棘手。技术人员和管理者之间存在着有关价值认识的分歧,这就让人们很难确定公司是缺乏技术优势还是缺乏发现技术优势的能力。实际上,在美国,实验室、大学或产业部门开发的很多技术都没有被商业化应用。例如,一个医疗技术公司拥有超过 350 项专利,但是这些专利中只有 12 项进入了产品生产流程。

由于在技术来源和技术使用者之间存在分歧,很多开发出来的技术都没有得到商业化应用。图 3-2 通过呈现技术来源和技术使用者之间的空白,展示了从科学发现到产品引入的连续发展过程。例如,一项科学发现表明脂蛋白的新陈代谢与心脏病有着紧密联系,从这个发现中得出了一种利用核磁共振(NMR)光谱分析快速测量血液中脂蛋白水平的技术。当分析结果时,引入了一个新的产品平台,其中呈现的各种不同大小的脂蛋白水平能为其他疾病(包括癌症和糖尿病)提供有价值的临床信息。最后,可销售的产品就是医生用来治疗心脏病病人的一份测量报告。

## 第3章 将技术优势转化为产品优势

如果公司需要在一个新产品平台的基础上提升产品性能，而这种产品性能的提升需要一项新技术，那么这时的问题便在于公司能不能正确填充技术来源和技术使用者之间的空白（正如在以上案例中所说的）。现实中的状况是，只有少数公司大量地从事科学研究，并且从事技术开发的人数稍多一些。当公司没有足够的技术人员能够及时处理新技术来源的问题时，技术空白就会出现。

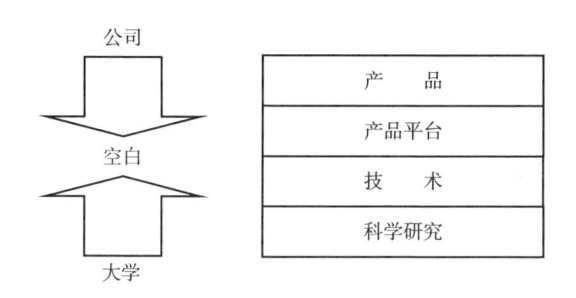

图 3-2 技术来源和技术使用者之间的空白

具有技术空白的公司可能没有意识到技术空白的存在。一家公司可能有很多的技术人员，但没有将这些技术力量转变为技术来源的能力，因为这些技术人员被分配到了只关心渐进性增长改进的业务领域当中。技术来源和技术使用者之间的空白，在技术人员和业务人员之间造成了数不清的麻烦。技术人员觉得他们工作的价值是满足业务人员的需求——高利润产品。然而业务人员却感到很棘手，因为技术人员提出了一些与制造、市场和财务现实无关的创意。

那么公司应该从哪里寻找技术优势呢？

- 公司内部部门。很多公司能够开发的技术比公司自己意识到的要多。公司负责人必须密切关注那些有过创新纪录的高级职员和头脑灵活、有新创意的年轻人。正如某位经理所说："下一个一鸣惊人者已经在我们的实验室，只是我们还没有发现是谁。"
- 客户。一些客户会开发一种新的技术来解决相应的问题，但是他们并不想制造应用了这种技术的产品，而是希望将这一技术委托给一个供应商，由供应商来制造相关产品。
- 供应商。一些供应商会为某一应用开发新的技术，不同的公司也可以利用这一应用来解决相同或不同的问题。
- 国家实验室。国家实验室设有技术转让中心，负责编制和发布有关的新技术摘要。
- 大学。几乎所有的研究型大学都设有技术转让办公室，该办公室负责对可用的技术进行分类登记。
- 其他公司。很多公司都可能有对另一家公司有价值的技术。

工具 3-1 的技术说明工作表（见表 3-1）通过引导员工将技术规格（或技术说明）表述为能力，来帮助他们识别那些有前景的技术。我们能够以不同的方式应用这张工作表，包括自述报告和合并到网页的形式。可能的最有效的方法就是找两个能将详细的技术说明表述为能力的人，在同技术专家讨论过他们描述的研究种类后，再来完成技术说明工作表。

## 工具 3-1 技术说明工作表

表 3-1 技术说明工作表

| 技术说明 | |
|---|---|
| 技术专家名单 | 约翰·多伊 |
| 技术名称 | TMBS 功率半导体芯片 |
| 用科学术语描述技术 | 一个沟槽式金属氧化物屏障能使功率半导体器件的电阻更大。在晶圆制造上需要通过不同的工艺步骤将这个沟槽式金属氧化物屏障放到半导体的表面 |
| 描述技术能做什么 | 能使开关切换时间更短，允许设备传递更多的能量，能够缩小设备尺寸和减少设备数量 |
| 描述技术不能做什么 | 它不是一个逻辑或存储设备，是一个能量管理设备 |
| 技术优势 | |
| 该技术在哪些方面优于其他技术？（它能提供更好的性能？更低的成本？还是新能力？） | 更低的成本和更好的性能 |
| 描述技术优势 | 延长当前电池驱动设备的时间 |
| 列举和描述可能的应用 | 手持电池设备，电动机控制 |
| 列举和描述可能的客户 | 手机客户、笔记本电脑客户、掌上电脑客户；那些希望电子工具的电池工作时间更长、更可靠的客户；希望电动机效率更高、噪声更小的客户 |

续表

| 技术优势 | |
|---|---|
| 解释客户为什么会真的使用这一技术 | 客户可以更多地使用现有的工具 |
| 分析新技术对潜在客户的优势 | 更长的运行时间、更低的运行温度、更低的运行成本、更轻、更节能 |
| 分析技术的平台意义（这一技术可以作为一个平台应用到多种产品吗？） | 能够应用于从直流电池管理到高电压、高电流的电动机控制在内的多种低功率和高功率产品 |
| 讨论专利成果（该技术可以申请专利吗？专利是否受保护？专利能否保密？） | 在电池应用方面受到高度保护，但在大型电动机方面欠缺一些 |
| 开发程度 | |
| 描述技术当前的开发阶段 | 在低压和低于 10 安培电流方面开发较好 |
| 描述该技术申请技术专利的过程 | 大学正持续地保护应用了该技术的新应用的技术专利 |
| 描述该技术在展现商业潜力方面的进展 | 低功率应用还需要市场能大量供应基片。由于基片材料的问题，高压应用就比较遥远了 |
| 分析公司当前将技术商业化的能力 | 公司已经准备好，有丰富的应用经验并且在市场中有广大的客户 |

技术说明工作表包括了3个部分：① 技术说明；② 技术优势；③ 开发程度。为了进行技术说明，技术专家可能需要对技术背后的科学原理有一个全面的了解。技术专家如果不对技术背后的基础科学原理进行解释，他们就难以讨论技术的应用。有些时候，向其他技术专家咨询他们的研究能获得额外的信息。尽管有些信息可能没有商业价值，但是它们能够说明这些技术究竟能做什么、不能做什么，这对于产品开发讨论来说非常重要。

技术优势部分描述了技术规格是如何转化成新能力的。在这里，技术专家主要负责的是说明技术的潜在用途是什么，并指出潜在的使用者是谁。但是我们要注意，技术专家对技术应用和使用者的说明可能并不是最终的产品和市场说明。更确切一点，这些回答是关于技术可行性的例证。一个清楚地了解技术商业价值且商业经验丰富的技术专家，能够为可行的产品创意提供客观、准确的信息。

开发程度部分帮助人们估计技术距离商业应用还有多远。技术专家经常低估将技术转化成产品需要做的必要工作。例如，监管问题、生产制造规范，以及质量认证都会影响产品的交付，但技术专家有可能对这些问题一无所知。

在用技术说明工作表描述技术、了解技术优势、明确说明技术优势和能力之后，技术专家或开发团队便已经准备好完成工具 3-2 T-P-M 工作表（见图 3-3）中的技术部分了。T-P-M 工作表仅仅识别了在这一阶段必须考虑的技术问题。我们将很多技术合理性问题留到后面进行讨论。例如，关于成本、制造和可靠性的问题都是很重要的，但它们并不是总能有助于确定产品逻辑。如果没有客户对这些具有新功能的产品感兴趣，那么收集关于这些问题的信息就是浪费精力，也会使产品逻辑模糊不清。

### 工具3-2　T-P-M 工作表

| 技术 | 产品 | 市场 |
|---|---|---|
| 技术名称：<br>TMBS 功率半导体芯片<br>技术规格：<br>尺寸更小、效率更高、更大的通态电阻<br>技术能力：<br>更长的电池寿命、更低的运行温度、更低的产品成本 | 产品创意：大功率整流设备芯片组<br>产品特性：现有设计的可更换部件<br>产品利益：更长的电池寿命 | 细分市场描述：手机客户<br>要求：更长的通话时间 |
| | | 细分市场描述：笔记本电脑客户<br>要求：更长的电池寿命 |
| | 产品创意：潜孔钻探设备芯片组<br>产品特性：在恶劣环境下性能更好的部件<br>产品利益：能够得到钻孔操作的实时数据 | 细分市场描述：石油开采公司<br>要求：电路的稳健性 |
| | | 细分市场描述：从井中抽取石油的公司<br>要求：安装到井中的设备上以支持自动测量设备的启动 |
| | 产品创意：电动机控制芯片<br>产品特性：对于不同速率电动机的有效控制<br>产品利益：运营成本和维护成本的节约 | 细分市场描述：使用电动机进行生产的公司<br>要求：降低电动机控制的成本 |
| | | 细分市场描述：HVAC 设备制造商<br>要求：更具有竞争性、更高效率的产品 |

图 3-3　T-P-M 工作表

## 将技术规格转化成能力

识别有前景的技术来源是发现技术优势的第一步，下一步就是通过将科学或技术规格表示成能力来理解技术优势。我们所说的规格和能力究竟是指什么？我们将技术规格定义为技术上可测量的性能参数，如操作温度、速度、尺寸、复杂性或其他特性。例如，新的数字信号处理器可能能够压缩信号，用较小的带宽传递更多的信息，这种技术能够被应用到很多产品中。（技术规格不能同产品规格混渭，产品规格是在产品开发生命周期的较晚阶段才出现的。）能力是技术的性能参数，是产品能做什么，如可以让电视接收更多的频道。产品特性是具体的产品属性，如一台新电视能收到的频道数。

能力并不一定是产品特性或技术规格。在关于数字信号处理器的案例中，一种新的技术可能允许单个调频器解码多个频道，能力就是可以让客户观看更多的频道。关于有多少频道能添加到新电视机就由产品特性决定了。这时存在的问题是，第一，这个技术开发的程度如何？第二，是否有人追求更多的电视频道，或产品是否应该涉足无线网络应用领域？第三，（假定第二个问题的回答是肯定的）新加入多少频道就能够有效地吸引顾客购买电视机？理解技术规格、产品能力和产品特性的区别是最基本的。

为了重申这一点，在产品概念可以从独特的有价值的技术中开发出来之前，必须根据它的潜在能力来识别和理解它们，而不仅仅是关注科学或技术规格。例如，一个关于新功率半导体器件的科学或技术规格可能是这样的：运行频率可高达 20 000 Hz。这可以衍生出几种新能力。其中一个就是它的运行频率超过了人类的可听频率范围，这样就能使电动机控制环节运行得更安静。当技术规格被表述成能力时，它便可以被当作一种产品特性来表达——更安静的电冰箱、真空吸尘器或洗衣机。为了估计它们的潜在价值，公司会请那些潜在的客户体验这些安静的产品。在开展更多的技术或产品开发之前，这样的资格认定工作必须完成，因为相比于那些技术开发活动，产品概念更容易改变。

## 从技术到产品的细化（T to P）

要想获得产品创意的成功，就必须融入技术优势和产品开发人员对市场的了解。然而，在我们开发出成功的产品创意之前，我们必须了解一项技术能够给公司带来什么优势。众所周知，产品开发团队必须了解新产品的需求和新产品能给客户带来的好处，但是也必须了解一种新产品给公司带来的战略优势是什么。技术从本质上定义了广泛的战略机遇，并消除了可能由不同技术提供的途径。技术必须符合公司的战略目标。例如，用于纯化有机提取物的超临界二氧化碳工艺具有战略价值，那么这个创意就要被公司的内部员工广泛接受。如果公司计划成立一条新的产品线，但是新技术只能有效生产当前已有的有机提取物，而不能生产成型产品，这个新技术就不符合公司的战略，尽管这种技术非常出色。因此，将技术应用到产品之前，必须确信它符合公司的战略目标。通常，产品开发人员会对先进技术的优势有一定认识并且计划开发一些高利润率的产品，如果公司不予采纳，他们会非常沮丧。或许，公司当前并不想要那些生产设备和营销方案都是全新的新产品。相反，公司更青睐能够逐渐改善的产品，因为这样能降低成本。

就算公司的战略意图都能被理解，一种新技术能够给公司带来什么样的战略优势也并不总是很清楚的。正如图 3-4 列出的，对技术优势（技术领先程度）和战略优势（技术受保护程度）进行评估，能够帮助产品开发团队了解他们正在开发的技术是否符合公司目标。理解新技术的战略意图有助于制订符合公司目标的平台计划并做出合理的资源分配的决策。我们在图 3-4 中融入了迈尔斯和斯诺的"战略"及戴维·蒂斯的"管理体制"，来帮助理解技术优势和战略优势的相互影响。其中对每一种情况都提供了战略发展的方向和建议。例如，一个具有中等技术优势并且技术受保护程度较高的公司就不可能采用快速跟进者战略或创新战略。类似地，一个具有很高的技术优势和技术专利的小公司则可能充分享受作为创新者的好处。有了这个评估，一些产品开发人员就会清楚为什么他们是技术领先者而他们的项目却不被采纳。值得注意的是，公司并不总是有一个清楚的战略来指导团队的技术选择。在这些情况下，图 3-4 可以用来分析公司希望从产品开发团队那里得到什么。

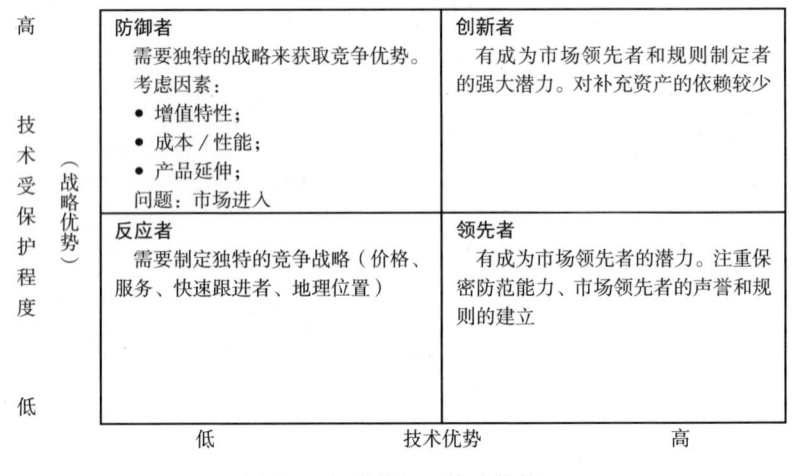

| 技术受保护程度（战略优势） | 防御者<br>需要独特的战略来获取竞争优势。<br>考虑因素：<br>• 增值特性；<br>• 成本/性能；<br>• 产品延伸；<br>问题：市场进入 | 创新者<br>有成为市场领先者和规则制定者的强大潜力。对补充资产的依赖较少 |
|---|---|---|
| | 反应者<br>需要制定独特的竞争战略（价格、服务、快速跟进者、地理位置） | 领先者<br>有成为市场领先者的潜力。注重保密防范能力、市场领先者的声誉和规则的建立 |

技术优势（低 → 高）

图 3-4　技术优势和战略优势

如果期望团队打败竞争对手，他们可能更需要一种新技术来生产高性能的新产品而不是通过改善产品降低成本。与此类似，一家寻找新机会的公司可能想走一条致力于开发世界级新产品的路线。很显然，这个产品要和公司的战略意图相匹配，但一项能实现这个目标的新技术在前期并不总是明朗的。图 3-3 中的工具可以帮助团队了解某种技术能提供给哪些产品与市场。

一旦团队确定他们正在解决的技术问题和正在从事的技术开发正是公司想要的，团队就必须想办法将这一技术转化为成功的产品。产品优势有 3 种类型：① 高性能产品；② 低成本产品；③ 具有新能力的产品。公司期望的技术支撑着公司所需产品的开发，明确这一点对团队很重要。

有些新技术能使产品具有更高的性能或更低的成本，早期提出利用这些新技术的产品创意要容易一些，并且需要较少的解释，因为相关的产品和客户已经在公司内部或它的竞争对手中存在。公司将这种新技术能力同已有产品的技术能力相比较，并证实其对潜在客户来说是一种有意义的优势。接下来，财务部门的分析就能揭示公司是否应该开发这种新产品。

开发具有新能力的产品相比开发那些高性能或低成本的产品来说更棘手。公司不能依靠现有客户和产品的经验来引导开发能产生新能力的技术。然而，不管公司是否选择直接提供一种产品来满足客户需要，持久的客户需要总会产生商业行为，如在计算机和电子表格发明之前，很多人靠计算器来计算会计账目，因此计算器是那个时候的会计类热销商品。

至此，就要准备填写 T-P-M 工作表的产品部分。T-P-M 经过行业测试，用于将一种技术转化为多种产品和为每一种产品创意提供多种市场机会。产品创意开发在这一阶段面临的挑战就是，如何将任务限定在可明确预测的几个变量范围内，以及避免那些可能导致项目过早失败的棘手问题。组织决策者的习惯性偏见是，在不能提供相关信息的早期阶段，对任何项目都投反对票，而不是去关注基本的产品逻辑。因此，T-P-M 工作表在这个阶段只能够提供产品 3 个维度的识别：① 产品创意；② 产品特性；③ 产品利益。

公司必须调整新产品功能以使之符合市场需求。例如，表面活性剂在油漆、墨水、染料及黏合剂等方面都有应用，黏合剂可以允许制造商向液体中加入 50% 的固体而不改变它的黏性。所有的这些表面活性剂应用都有性能推动的因素，但是油漆市场却比其他应用的市场大得多。这种表面活性剂用苯乙烯或丙烯酸基来生产，用丙烯酸基生产的活性剂对于油漆来说更好，所以想占领油漆市场的公司就要有这方面的开发人员。只用单层油漆就能很好地覆盖物体的能力减少了油漆使用量，并且节约了时间。表面活性剂的两种特性造就了它实质上的优势：零售商运输方便、存储更少的油漆，以及客户的使用成本较低。在如何将这种高性能的技术产品转化成整个价值链中的具体成果这个问题上，制造商能够获得产品溢价。当然，公司还要处理其他关于技术可行性、生产成本和时间控制等的问题。尽管如此，因为研发人员建立了产品逻辑，产品开发人员可以提出建设性问题。

因此，T-P-M 建立了基本的产品逻辑。换句话说，就是要明确客户需要的产品需要表现出哪些新功能。

**将技术能力转化为产品特性。**作为产品基本逻辑的一部分，产品开发人员必须将技术能力转化成产品特性。技术专家会经常向产品开发人员提供大量的支持数据和一系列技术证明，但这些和市场毫无关联。技术专家和业务人员面临的挑战就是关注那些能够推进产品商业化的仅有的几种技术能力。

起始阶段必须具有一个可靠的流程。决策制定者经常需要知道在起始阶段所不能获得的信息。开发者必须在起始阶段的逻辑流程中建立基于技术的产品创意，而不需要在起始阶段就了解所有产品信息。同样，如果决策者知道有一个逻辑流程，并且知道 T-P-M 的关联能够证明某个产品创意是正确的，就会收集其余的信息，同时必须延迟对某些维度的判断。产品开发人员不会花费额外的精力回答那些非核心的问题，也不会在那些 T-P-M 不支持的项目上花费精力。

工具 3-3 中的产品特性工作表（见表 3-2）可以基于技术性能和客户需要帮助我们建立开发架构和展示产品创意。这一工作表着重将技术能力转化为具体的产品特性。结合其他的产品技术规格构成元素（客户、市场、商业化途径和价值链），产品特性工作表能够帮助公司开发产品创意。一个产品创意可能起源于任何一列元素，并被延伸到其他列的元素。如果客户不能将产品创意延伸到其他列，则技术可能没有市场表现，或技术不能满足客户要求。这一步骤可以帮助团队开发出更多的产品创意并引导团队对这些创意进行详细讨论。当一个产品创意被提出或被详细讨论时，T-P-M 工作表中的产品部分就需要随时修改了。

### 工具 3-3　产品特性工作表

第 1 步：识别技术的独特能力；
第 2 步：描述与这些独特能力相关的客户需要；
第 3 步：确切描述产品的特性。

**案例**

技术：TMBS 电源整流器
产品创意：管理手机电源功率的半导体芯片

表 3-2　产品特性工作表

| 技术性能 | 客户需要 | 产品特性 |
| --- | --- | --- |
| 更低的通态电阻 | 更长的电池寿命 | 手机通话时间增加 3 倍 |
| 更低的通态电阻 | 更低的运行温度 | 最高温度 32ºC |
| 更小的尺寸 | 更低的成本 | 设备价格减少 30% |
| 更低的缺陷率 | 更低的成本 | 设备价格减少 30% |

工具 3-3 中的案例是一个管理手机电源功率的半导体芯片。这个芯片可以使

任何靠电池供电的设备在现有电池的基础上运行更长时间。更低的通态电阻可以让电能传递到不同的电压下而能量损失更少。这里有一项额外功能就是产生的热量更少。这种对电源的有效整流能体现在很多产品上，例如，我们发现手机制造商会为了增加 5%的通话时间而重新设计手机，但是应用了这种电源整流器的手机在同一块电池下可以增加 3 倍的通话时间。发掘技术能力和产品特性间的联系，将技术能力转化为产品特性不能靠技术驱动，而应靠客户需要驱动。

## 从产品到市场的细化（P to M）

在 TMBS 电源整流器的案例中，更有效的整流可以延长电池寿命，这一认识对 CD 播放机、计算机、手机等很多产品来说都是一个利好消息。要想成功和准确地决定开发哪种产品和市场组合，就需要一个详细讨论产品性能的机会和发现产品缺陷的过程。

当一个公司提出产品创意的时候，公司就要为每一种产品确定细分市场。为产品确定细分市场要看产品优势的性质。对于那些有优越性能或低成本的产品来说，很容易确定细分市场，因为从现有市场就可以开始确定。新产品的细分市场便更难界定，因为客户不明确而且难以预测单位销售量。但是，对于每一种客户需要而言，新产品都隐含着可观的商业价值。

然而，客户需要和技术并不会自动地给产品带来成功。也就是说，仅靠 T-P-M 并不能保证产品的成功。公司必须开发能满足客户实际需要的产品概念，而不是仅仅作为一种技术能力保留下来。例如，传真机在广泛应用之前就被开发出来了。因为仅仅被安装在特定的几个位置，并且客户要按照页数付费，客户也就很少用它。然而，当个人版传真机诞生的时候，传真机就开始普及了。这就证明了，潜在的技术有时会被看作一种不成功的产品市场组合（P to M）。当该技术被用来开发基于不同市场角度的多种产品时，它就获得了成功。因此，公司必须注意发现技术，了解技术能力，识别客户需要，并且调整全套的产品技术规格以满足市场需求。

在这里需要一个循环过程。循环过程包括用基于技术能力的产品特性来审视市场，给技术人员提供市场反馈以进行详细讨论和修正，再用修正过的基于技术能力的产品特性重新审视市场和产品创意。在每一次循环过程中，都会揭示技术能力能否转变成一种受市场重视的产品。当产品/市场的联系加强或消除的时候，基于技术能力和细分市场对新产品特性的反馈的认识则催生了全新的产品概念。

将注意力集中在细分市场和需求上，可以让产品开发人员评估产品特性和细分市场之间的匹配度。工具 3-4 中的产品特性和市场矩阵（PAMM）工作表（见

表3-3）能够帮助公司了解哪一个细分市场对提及的产品特性最为敏感。产品开发人员可以利用PAMM工作表，在矩阵的一个轴上表示一系列基于技术能力的产品特性，市场及细分市场可以表示在另一个轴上。

## 工具3-4　产品特性和市场矩阵（PAMM）工作表

第1步：在矩阵的Y轴上，列出所有基于技术能力的产品特性；

第2步：在矩阵的X轴上，列出每个产品特性的所有可能市场和细分市场；

第3步：基于明确的标准，如价格、竞争对手、上市时间和细分市场吸引力，排除一些单元格、行或列；

第4步：在对那些产品特性有很高需求的细分市场中，识别对主导产品特性有很大潜力的单元；

第5步：对产品特性X市场机会进行排序；

第6步：在每一个细分市场中，用数字1~5为每一种产品特性划定等级，其中1=不重要，5=非常重要，评级是根据潜在客户和行业访问的反馈得到的。

表3-3　产品特性和市场矩阵（PAMM）工作表

| 细分市场<br>产品特性 | 电池电源 | | | 恶劣环境 | | 电动机控制 | |
|---|---|---|---|---|---|---|---|
| | 手机 | 笔记本电脑 | CD机 | 油井 | 监控器 | HVAC | 电动机控制 |
| 更高效 | 5 | 5 | 4 | 1 | 1 | 4 | 4 |
| 更低温度 | 5 | 3 | 2 | 1 | 1 | 1 | 1 |
| 在20 000 Hz频率下运行 | 1 | 1 | 1 | 1 | 1 | 3 | 5 |
| 在600℃下运行 | 1 | 1 | 1 | 5 | 5 | 3 | 3 |
| 更低的成本 | 5 | 5 | 5 | 2 | 2 | 3 | 3 |
| 小于10安培 | 5 | 4 | 4 | 3 | 3 | 1 | 1 |
| 大于10安培 | 1 | 1 | 1 | 2 | 1 | 5 | 5 |

正如我们在工具3-4中看到的，电池电源市场对于成本和效率的反应较敏感，而恶劣环境市场却更注重于在高温下的运行能力。同样显而易见的是电动机控制市场更关心效率和电流频率。人们寻找的是对产品特性有反应的市场或细分市场。在这个案例中我们可以看到，手机得到了最多的"5"分，那么手机市场就是该技术的战略和产品应用市场。在恶劣环境下应用的产品的市场就是一个好的拓展市场。这种技术仍然没有准备好在高电流频率市场的应用，因此，高电流频率市场是一

个等待技术开发的市场。

在用这一工作表为一个产品创意确定潜在市场之后,公司必须评估这个产品能否满足市场,以及产品创意是否意味着足够大的市场机会。例如,一个微型芯片制造商发现一种新的微型芯片能够应用在鲜活产品零售店存储过程的图像识别上。制造商识别出了客户群体,并且发现市场需求已经清晰地出现在那些愿意购买成品的客户之中。然而,这个芯片制造商决定不生产芯片,因为这个客户群体的芯片需求数量低于公司的要求底线。但是,产品开发团队重新评估了市场,并且发现这种图像识别能力可以应用在一系列产品的质量检验控制上。这个重新评估就产生了一个支持生产的决定,因此生产量增加了。

# 人员和执行

一家公司如果缺乏能力强且积极主动的员工,那么即使它套用了世界上最好的流程也不能发展起来。这一部分内容着重考察前期开发人员及他们如何融入组织。我们将性格特征、经历和背景、直觉、正式职位、非正式职位、影响来源和组织支持作为参与人员的重要个人特征。

**性格特征**。在创新性的文献当中,已经写了很多关于创造力和性格特征的东西。在一开始便获得成功确实取决于人的某些性格特征,但成功不仅仅依赖于人的性格。事实上,在我们寻求组织中其他人对产品概念的支持的时候,一些与创新相关联的性格特征,如出席会议时迟到、不随合他人等,会对我们寻求支持不利。迈尔斯—布里格斯类型指标(Meyers-Briggs Type Indicator,MBTI)中描述的从事前期活动的人同基本人际关系取向行为(Fundamental Interpersonal Relationship Orientation-Behavior,FIRO-B)的标准所描述的人并没有区别。根据杰克逊人格调查表测试,从事前期创新活动的人更具冒险倾向,也更需要丰富的生活经验。前期开发人员并不在意风险与否——如果他们对任何事情都更加敏感的话。他们只是不管怎样都选择承担风险。

**经历和背景**。在一段时间内,前期开发人员必须有丰富的经验来连接技术、产品和市场。有些人虽然有丰富的工作经验,可从来没有完成过这种连接。通常参与产品前期开发的人员都是独特的。技术背景并不是绝对必要的,同时技术人员了解市场要比市场人员了解技术简单得多。各种不同的生活经验可能提升一个人连接技术与产品的能力,这是其他人做不到的。多样的生活给了一个人看问题的不同视角,因为他有更丰富的经验可用。因此,单纯地在产品开发部门或研发部门工作很多年,并不是能够将技术优势成功地转化为产品优势的最好标准。个人积累的丰富经验在建立技术、产品和市场之间的多样性连接时是非常重要的。多数前期开发人员会讲述一些关于他们如何想到一个创意的故事，这些创意都出自一项他们从事的超出工作范围的不相关的活动。例如，一个极其成功的药品开发人员早期是一个葡萄酒专家，他经常会在非洲潜水以捕捞异国品种的鱼。他有时会从对葡萄酒发酵和捕鱼模式（Fish Schooling Patterns）的观察中获得潜在的探讨新生物化学途径的创意。

**直觉**。访问显示，成功的前期开发人员理解 T-P-M 流程，并会定期地灵活应用它，即使他们缺乏讨论 T-P-M 的专业词汇。他们凭直觉执行这一流程，因此很难向他人解释。前期开发人员经常会把这一流程描述得混乱无序，但实际上相同的步骤仍然会被不同的前期开发人员定期执行。因为一般人并不会定期参与这一流程，所以有些时候这看起来像一种矛盾行为。因为在一个公司中，由于参与前期开发的人员并不多，开发人员经常会感到很孤独，并且觉得没有人理解他们工作的性质，他们的注意力就会聚焦于产品项目之中——这对于他们来说是真实的。所以，当我们纵观各种各样的人和项目时，便会发现一个清晰的模式会从他们共同的直觉行为中表现出来。

**正式职位**。一般地，对于参与产品开发活动的人来说，公司给予的正式职位相对较少。如果正式职位确实存在，它们也通常是为少数人准备的，这些人拥有非常优秀的业绩记录以至于公司认识到应该给予他们正式职业以让他们聚焦新的产品机会。尽管很多公司都有创新或内部创业计划，但大多数人员与创新人员的日常活动间的连接还是很难。高级正式职位的人员可能承担起创新项目发起人的角色。例如，一个大型汽车公司的高级执行人员表示创新是他的责任，他完成创新的方式就是深入组织中发现创新人员，然后让他们从事创新工作并保护和奖励他们。

**非正式职位**。在从事新产品创意开发的组织中，很多从事前期开发的人都是自我指派的。他们发现一个机会，然后选择自己推动这一创意，这对他们而言有很大的风险。他们对这种创意的推动远远超过了当前的工作要求。具有讽刺意味的是，即使在那些支持创新的公司中，那些实际上在公司早期便为公司创造了巨大价值的人很少会被人知晓，他们的工作也很少能得到公司理解。尽管正式组织多少有些不在意这些人，但是那些非正式组织还是很清楚谁是创新人员的。不管组织如何，创新还是会发生。

**影响来源**。不管这些前期开发人员是处于正式职位还是非正式职位，他们都会通过个人关系得到他们开发创意需要的信息。他们很少参与公开的或秘密的会议来影响组织策略，相反，他们只是从他们认识的人那里寻求帮助。他们也会利用来自公司使命说明的"高阶"说明获得高级管理者的意见。然后他们就会用这些说明使行动合法化，并且会从其他人那里寻求支持。例如，他们可能由于公司CEO说要建设创新型公司，就让朋友帮忙做某些事。实际上，这可能与他们经理的产品需求产生矛盾。

不管这些人如何寻求支持，他们都一定程度上提升了自身的可靠性。对于那些经验很丰富的人来说，他们保持有一种能够让其他人信服的成功纪录，这能鼓舞别人来信任他们。那些缺乏经验的人就需要通过完成一个引人注目的案例，让别人理解和信任他们所做的工作，以获取来自别人的持续的支持，而不仅仅是得到别人的简单的帮助。

**组织支持。**组织对前期创新活动提供的支持很少，并且理由充分。公司必须维持一个有效的生产系统来保持盈利。创新在前期阶段就是没有效率的，因为在为特定市场开发出合适的产品创意之前，组织和个人都需要学习大量的东西。因此，对于创新的过多支持，可能导致组织或个人失去对有利可图的业务的关注。实际上，公司经常做出关于产品创新和引入主导产品的重大声明，它们还会尽量地避免扰乱当前的生产、营销、分销及财务计划。因此，前期创新者不能期望太多的组织支持。

## 执行建议

产品创新正在加速进行，整合的技术和商业功能也比以前更加重要。因此，组织的一个有效反应就是启动 T-P-M 功能，这必须是跨学科的和多层次的。T-P-M 经理可能保持同现有技术经理、项目经理及产品经理的联系。T-P-M 经理关注以什么项目开始，而项目经理关注完成项目。联络员的角色可以帮助组织协调各部门的努力，但是实现 T-P-M 的联系并不是某一个人的责任。相反，这种联系的一部分渗透到了组织的不同部门。除此之外，也很少有人（如果有的话）有这种活动的经验或从中受到过训练。因此，T-P-M 的管理机制中应包括一名有经验的员工，他将协调技术和业务人员，建立包括全公司人员在内的 T-P-M 系统。除此之外，这个小组还应该负责与 T-P-M 有关的所有部门人员的培训。T-P-M 系统还应该包括那些经验不够丰富的员工，把他们作为实习生。

除了 T-P-M 经理和实习生，一个与研发、营销和生产执行人员同级的 T-P-M 执行官对确定产品创新的方向和优先顺序而言是非常重要的。高级 T-P-M 经理要向 T-P-M 执行官汇报工作，并且要同一个项目组合的高级技术人员、业务经理和项目经理保持联系。T-P-M 经理应该对分配的单个 T-P-M 项目负责。

最后，全面地实施 T-P-M 功能需要一些实际从事将技术优势转化为产品优势工作的人——实际落实工作表中工作的那些人。这些人可能被称作 T-P-M 分析者。这些人将真正地发现技术，将技术规格转化成能力，并通过本章包含的工作表细化从技术到产品（T to P）和从产品到市场（P to M）的联系。总的来说，如果和产品开发有关的人员都参与 T-P-M 工作，则大约需要 1%的开发人员来管理和推动 T-P-M 功能。那些通过实现 T-P-M 功能的形式来推动 T-P-M 工作的部门，数量比例是 T-P-M 涉及部门总量的 2%~3%。在一些大的公司，既有部门级别的 T-P-M 小组，也有公司级别的 T-P-M 人员。这个数量或多或少取决于行业中新技术的数量，也取决于该公司在寻求新机会方面的决心。

## 结　论

　　新技术是新产品的一个来源。但是，如果没有能力将新技术转化为一些客户需要的某种产品，那么技术的价值就是有限的。T-P-M 为那些想成为产品领先者的公司和依赖新技术的产品型公司阐释了一项核心技能。

　　T-P-M 提供了这样一个流程，能利用其工具识别有发展前途的技术，将先进的技术规格表现为技术能力，将技术能力表达为产品特性和利益，最后，它将识别最适合消化那些产品特性和利益的细分市场。当开发者的努力方向有错时，公司就会在开发新产品上浪费精力，不能完成产品逻辑，或不能清晰地为某一具体技术识别市场机会。同样地，在完成产品逻辑和做出长远决策之前，开发人员会在产品开发上花费过多的精力。开发人员面临的挑战就是要集中精力获取做出高质量决策所需的必要的信息。将精力集中在产品逻辑上而不是所有与新产品有关的信息上，开发人员便能集中评估更多的技术能力、产品特性和细分市场组合。这样，产品成功的可能性就增加了。

　　在其他的技术工作启动之前就要完成产品逻辑。而且，对产品和市场的清晰理解能指导技术开发。无论如何，如果技术能力能够持续满足更高性能、更低成本或满足持久的客户需要的新功能，那么这种技术就能推动整条新生产线的发展。

## 作者简介

**斯蒂芬·K. 马卡姆（Stephen K. Markham）**

　　斯蒂芬·K. 马卡姆博士，NPDP，是北卡罗来纳州立大学的创新管理研究中心主任和技术型企业家和商业化研究生项目中心主任。他还是 PDMA 基金会的主席。斯蒂芬的研究领域包括技术商业化和创新拥护者行为。他曾经是多家高科技公司的创始人、董事和CFO。他在美国普渡大学获得商学博士学位。

### 安格斯·I. 金根（Angus I. Kingon）

安格斯·I. 金根博士是北卡罗来纳州立大学的材料科学与工程专业和工商管理专业教授。在此之前，他是南非国家材料研究院的大项目经理和专业领域专家。他的研究专业是电子材料。金根博士还是"技术性企业家和商业化"研究生项目的副主任，专门负责培训基于技术的企业家精神。金根博士向遍及全球的公司、研究中心和政府提供技术商业化方面的咨询。金根博士在南非大学获得物理化学博士学位。

# 第4章
# 加强组织知识创造的工具和技术

彼得·凯恩（Peter Koen） 理查德·麦克德莫特（Richard McDermott）
罗布·奥尔森（Robb Olsen） 查尔斯·普拉瑟（CharlesPrather）

  与那些可预测的或渐进式的，并要求分享隐性知识的创新相反，突破式创新通常是独特、原创和无法预料的。隐性知识潜藏在有意识的思维下，并来源于一个人一生的经验、实践、感知和学习。与之相对的显性知识则可以通过语言（说、写和绘图）来传播。语言通常是分享显性知识的首要载体。相反，对分享隐性知识来说语言不是首要载体。隐性知识与人们的感觉、个人经验和肢体运动密切联系，并要求人们要近距离接触那些做该工作的人。但是，产品开发经理们及流程负责人该如何优化组织中的隐性知识以实现突破式创新呢？有什么样的方法和工具可以利用呢？

  为了回答这些问题，我们在本章最开始解释了知识创造实际上是如何产生的，以及显性知识和隐性知识之间的区别。接下来的内容讨论了创造新知识的必要组织条件：创新的愿景和知识创造的协同环境。创新的愿景是知识创造的重要组成部分，因为突破式创新常常是无法预测的，并且经常被解释为一种偶然现象。如果没有共同的创新愿景，某些发现对公司可能就没有价值。一个鼓励创造、合作，没有等级观念和能够加强人与人之间紧密联系的环境也是知识创造的一个重要的组织特征。本章最后介绍了促进知识创造的组织工具和技术：基于竞争力的实践社区、竞争力与能力映射图，以及创新内部网络。基于竞争力的实践社区由非正式地结合在一起的一群人组成，他们有共同的专业知识，并对公司的特定竞争力和（或）能力充满激情。为了选择公司愿意建立的实践社区的领域，我们需要建立竞争力与能力映射图。创新内部网络则可以用来捕捉组织当前和过去的知识。创新内部网络为人们提供了一个可以在公司内建立新联系的论坛，人们可以在一个便于搜索的、将能力和竞争力与工作于该项目的人员连接起来的数据库中获取信息。本章的结论部分将这些方法联系在了一起。

## 知识创造

什么是知识？知识被定义为合理的、能增强一个人的行动能力的信心，它与数据和信息不同。数据是原始事实的收集，如从实验中收集的化学特性和材料极限等。信息是对那些可能激励人们行动的、有组织的数据的收集。经过处理和检查过的数据就成了信息。例如，一张图表显示，随着衬垫压力的增加，铜的去除速率增加。但是仅仅靠信息并不能实现某种行动。知识是那些可以用来做决策和采取行动的与经验、背景相结合的经过深思熟虑的信息。知识是一种当时创造的、属于人并随着人传播的人类行为。不过，知识是对信息的解释，并且基于人的心智模型或世界观。由于我们每个人的世界观不同，所以不同个体对知识的理解通常是不同的。

数据、信息与知识之间的不同可以通过在即时贴（Post-It-Notes）中使用的一个发明——"不太黏"（not too tacky）黏合剂来说明，即时贴是 3M 公司的科学家斯潘塞·西尔弗博士在 1964 年发明的。在这里，数据可以表示黏合力，或科学家所说的产生于表面间的"黏力"。西尔弗通过聚合催化试验确定了新分子的黏合力，在试验中他使用了数量非常多的单体。当这一黏合剂与其他黏合剂进行比较时就形成了信息。他还发现了这种黏合剂趋向于只能黏住一个表面——这是关于单体如何起作用的更多信息。西尔弗意识到他创造了一种比黏合剂更黏的新单体。基于这些知识，西尔弗花了 5 年的时间试图寻找这种新黏合剂的应用方式。

知识可以分为隐性知识和显性知识两种。隐性知识是和具体背景相关、个人的、难以形式化且难以交流的知识，它以半意识和意识的形式存储在人的头脑中。相反，显性知识是编码化、结构化，并且易于被创造该知识的人之外的人接触和使用的知识。在现实中，大部分知识都介于显性知识和隐性知识之间。

野中和竹内提供了一个如何通过观察、模仿和实践将隐性知识转变成显性知识的案例。松下电器（Matsushita Electric）公司曾开发了一种自动制作面包的机器。尽管开发团队努力地让机器模仿揉面团的过程，但最初通过机器化过程生产出来的面包的口感并不好。将一个优秀面包师准备的面团与机器准备的面团进行比较分析后，人们并未发现有意义的区别。于是，这个团队自愿到优秀的面包师那里当学徒，并试着制作相同的面包。他们无数次地尝试复制制作过程，但起初并不成功。经过几天尝试，在制作出优秀面包师认可的可口面包之后，这个团队的一员注意到面包师在拉伸面团的同时还在扭转面团，这一点后来被证实为关键所在。扭转面团这一隐性知识现在变成了显性知识。那个优秀面包师从来没有意识到他过去一直这么做的动作会如此重要，而且这个手部动作太微小了，以至于开发团队在亲自尝试模仿揉面团以前从来没有注意到。

波拉尼指出了隐性知识的个人属性，探究了它如何从属于个人的逻辑，还探索了它是怎样从个人的独特经验中被提炼出来的。发明家的隐性知识在发明创造过程中起到关键作用。几家生物技术公司的研究表明，该行业的发展与"具有进行 DNA 重组实践隐性知识的杰出科学家"的参与是密切相关的。重大发现的历史总是提及"无法说明的心理过程"或"预感"的发生——就像沃森和克里克梦到双螺旋的形成一样。隐性知识的发展往往是在一种不明显的学习之后取得的。心理学研究表明，人们常常非正式地学习复杂的信息，然后用它来做出决策——这个过程被解释为"直觉"。

为了渐进式创新而进行的知识创造是典型的基于公司内外部条件的显性知识交换。这里的渐进式创新表现为使用现有市场渠道中的技术进行具体的产品改善，而产品不断改善所建立的组织能够透彻理解这类技术。例如，客户需要持续时间长的手机电池这一需求是明确的，同样，开发人员对制造适度电池蓄电能力的技术进行改善的需求也是明确的。相反，突破式创新源于个体的隐性知识。就像从渐进式创新到突破式创新是一个连续过程一样，这些创新的显性知识和隐性知识之间同样也存在一个连续过程。

## 创新的愿景

用来进行突破式创新的想象力来自个人的隐性知识，结合个人对公司未来愿景的理解，想象力会将技术的强大优势引导到潜在的市场。这一点在图 4-1 中做了简要说明。图左边是未满足且常常无法明确表示的客户需要。当众所周知的、重大的客户未满足的需求被满足（如治疗前列腺癌），或无法明确表示的客户需要得到满足（如索尼随身听或 3M 即时贴）时，突破式创新就产生了。图右边是公司对未来的共同愿景。要预测突破式创新的所有需求及其相互影响是不可能的。缺乏共同愿景，个体就得依靠他们自己对未来的理解来产生不同的目标方向，这对公司来说是毫无价值的。对突破式创新的深入研究需要一个明确的共同愿景目标来对个体进行引导。

"一群为共同愿景奋斗的人是一种强大的力量"。愿景允许承诺的人给项目带来"能量、激情与兴奋"。彼得·森杰进一步指出："……如果没有一个愿景，什么也不可能发生。"愿景应该是一个明确的目标和一幅渴望未来实现的蓝图。康宁公司的高级管理者拥有一个对未来的共同愿景——为触媒转换器开发陶瓷基片，

# 第 4 章　加强组织知识创造的工具和技术

这可以使他们开发出能够成为行业标准的微型芯片。灌输愿景的过程最终会释放组织中的隐性知识从而创造新知识。

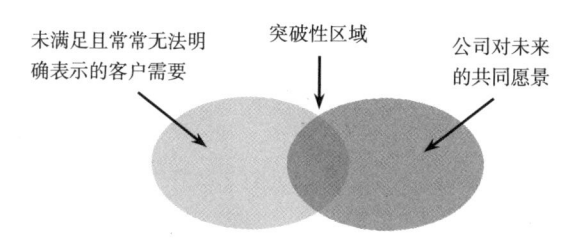

图 4-1　突破式创新出现在未满足且常常无法明确表示的客户需要与公司对未来的共同愿景的交集处

范·克劳、一城和野中指出，一个知识愿景应该具备以下 7 个属性。
- 承诺。高级管理者需要坚持公司愿景。
- 生长性。知识愿景应该带来新思想并生成新的组织想象力。
- 特定风格。每一个组织都需要通过自己的特定风格来展示其愿景，这种风格应与其组织文化一致。例如，一些组织习惯使用简练的短语，而另一些组织则青睐召开一系列研讨会。
- 重组当前的知识体系。知识愿景应表明公司当前的知识可能被和如何被用于开发新的领域的产品。
- 重组当前的任务系统。知识愿景应指出公司需要做出怎样的改变。
- 价值的外部交流。知识愿景应该传达公司在寻求什么样的新知识。
- 对于获取优势的承诺。知识愿景应能促使新知识创造竞争优势。

麦格拉斯在他的一本关于产品战略的畅销书中把核心战略愿景描述为成功的高科技公司的"基石"。他同时指出，愿景可能变得过时，因而需要改变。数字设备（Digital Equipment）公司的创始人肯·奥尔森针对小型机市场原创的、非常成功的愿景，随着时间的推移已经过时。数字设备公司失败的主要原因之一是它没有看到个人计算机市场的发展变化。

林恩和阿克金指出，一个有效的项目愿景应有以下 3 个组成部分。
- 愿景清晰度。愿景应具备一个清晰且容易理解的目标。
- 愿景支持。整个组织中的人支持愿景的承诺。
- 愿景稳定性。随着时间的改变，愿景要保持稳定。

### 建立一个创新愿景的最有效的方法、工具和技术
- 未来的愿景十分重要，因此个体的隐性知识可能受公司的产出收益约束。

> - 未来的愿景应为项目提供清晰的方向并保持稳定。
>
> **如何建立创新愿景**
>
> 一项创新愿景通常在高级管理者参与的研讨会上建立。然而，形成创新愿景的边界条件要在研讨会召开之前就被考虑到。这些边界条件由以下几点组成。
>
> - 公司的核心竞争力和能力。
> - 财务、期望的收益和增长目标是什么？
> - 愿景应与企业保持战略上的一致。
> - 技术趋势。新兴技术可能使公司拓展或重新定向其愿景。
> - 市场趋势。新的市场趋势可能使公司充分抓取未满足的客户需要以扩张其现有的产品线。
> - 产品战略。公司需要修正其产品战略以使之与愿景保持协调一致。
>
> 创新愿景应随时间变化而改变，并以边界条件为基础。可以参考麦格拉斯对如何建立创新愿景进行的更广泛的讨论。

林恩和赖利做了几项把项目成功与愿景过程联系在一起的研究，他们在其中的一项研究中发现：愿景清晰度与愿景稳定性都是突破式创新需要的。

尽管在组织层面建立愿景的重要性被广泛接受，但项目层面的愿景的作用却要小很多。然而，如果没有产品愿景，个体必将依赖他们自己的愿景，公司将既不能使组织内的隐性知识充分流动，也不能落实承诺以克服产品愿景缺失下存在的与突破式创新有关的巨大障碍。

## 知识创造的协同环境

共享隐性知识和创造新概念依赖于个体愿意分享其真实想法。"论证变得公开"。一个人的真实想法可能是也可能不是基于事实的，而且往往是基于感觉的，对其进行论证的过程"……使得知识创造过程变得相当脆弱"。大部分的人在这个时候立马想到了"护理"——就像父母与孩子的关系一样。范·克劳指出在一个组织中展开"护理"要基于以下5个要素。

- 相互信任。一个人应该信任与之分享隐性知识的人。也应该相信当自己与别人分享感觉时，对方不会使自己感到尴尬。
- 积极的换位思考。换位思考可以描述为尝试"穿别人的鞋子走路"，并且体验别人的痛苦和难处。

- 获取帮助。范·克劳指出："……知识创造型公司由于其中的乐于助人的专家提供的教学技能而获得了蓬勃的发展。"换句话说，组织中的专家愿意提供帮助，就像一个优秀的木匠与学徒的关系一样。
- 温和的评价。粗暴的评价、嘲笑及批评会导致这样一种环境——一些新概念容易被理解为牵强的概念而不受欢迎，这将阻碍大家分享真实想法。
- 勇气。个体不应该害怕尝试将自己的想法暴露在批评之中，相反，应该勇于提出反馈——尽管有些反馈对接收反馈的同事来说并不是好消息。

莱纳德提出，影响隐性知识共享的另一障碍是存在于个体中的不平等。她举了一个护士是怎样犹豫不决地给医生提供治疗意见的例子。"……不仅因为医生具有更高的地位，还因为护士的诊断来自不同的知识渠道"。护士的看法是在病床边长期观察得来的。医生的判断则是基于多方面的数据，如血液检验、X光等。

普拉瑟强调信任与公开的重要性。他发现这对协作来说至关重要。如果没有了信任与公开，其他所有的方面都将不再重要。如果因为以前没有把事情做好而受到报复或惩罚的经历而产生恐惧，将不会形成任何合作。当信任程度低或不存在时，人们将不愿意合作，也不愿意将自己最好的想法奉献给任何人。信任不能离开公开而存在，反之亦然。当领导高高在上，尽可能少地透露组织问题和计划，也不透露他们个人生活的时候，信任的缺乏就产生了。领导必须主动采取措施去打破这一恶性循环：低信任度导致低公开性，低公开性又导致低信任度。通过榜样的引导，他们可以做得更好。

## 创造合作环境最有效的方法、工具和技术

鼓励隐性知识交流的合作环境建立在对个体的关心上。这种关心可以通过以下5个方面加强。

- 相互信任与公开。
- 积极的换位思考。
- 获得乐于助人的专家们（即"护理专家"）提供的帮助。
- 温和的评价（如避免尖锐的评价和批评）。
- 尝试的勇气，面对尖锐评价的勇气。

**如何创造合作环境**

脆弱的工作安全感、不公平的行为，高度个人主义的激励系统与内部员工间激烈竞争的结合会摧毁一个关心个体与注重合作的组织。合作性的文化可以通过以下几点来创造。

- 创造一个奖励建立组织关系行为的激励系统。

- 通过建立监管计划来赋予高级管理者监管员工的职责。
- 互相信任和确保公正,并得到高级管理者的重视和执行。
- 召开项目汇报会,让个体分享他们的项目经验,同时了解项目哪一部分进展良好,以及哪一部分进展不好。
- 合理安排同事间的社会关系。

当人们相互了解,互相尊重并且相信领导会将他们的最大利益记在心上的时候,信任就产生了。当领导相信他的员工很忠诚并且对事实很坦率时,信任同样也就产生了。为了建立信任,员工应该从开诚布公开始。普拉瑟进一步强调:"建立协作的环境总是从高级管理者开始的。"

# 基于竞争力的知识创造实践社区

实践社区(COPs)是一群非正式地组合在一起分享专门技术和热情的人的集合。实践社区提供了分享隐性知识所需要的丰富社会生活经验。实践社区有3个特征:人们围绕一个特定的技术领域组成,成员互相了解且互相有联系,而且随着时间的推移,人们产生了这种"良好实践"的感觉。

技术领域可以是地理、生物化学或土木工程,也可以是一个跨学科的主题,如第三世界国家的运输系统、一个新的技术平台,或者生物方面的细胞科学。实践社区通常关注人们已经花了很多年研究和开发的主题,这可以激发成员真正的热情和兴趣。产品开发管理协会就是这样一个专注于新产品开发的跨公司的实践社区例子。

把一个实践社区联系在一起的是其内部人员的相互关系。实践社区的活力来自人们互相学习互相帮助的自然需求。当社区成员通过一个问题来一起分享观点、信息或想法时,当他们相互帮助时,他们就变得互相了解了。正如一位社区成员说的:"社区的真正价值是我现在知道这个世界上谁比我专业,所以我知道需要帮助的时候该找谁。"随着时间的推移,社区成员能大量了解彼此擅长的技术领域、思维风格、长处和不足:一个人的分析是如此的一丝不苟,以至于你一眼就可以认出他来。另一个人可能在技术上的要求没么严格,但观点更具洞察力。这种对彼此工作的详尽了解使得社区讨论更加充分,社区成员变得不再仅仅是交换信息。这变成了一种风格相互影响的舞会。通过这个舞会,社区成员开始欣赏他人的贡献、能力、兴趣、观点和幽默感,并由此建立一种彼此间的"技术亲密"关系。

随着时间的推移,社区成员也建立了在所在领域里什么是构成"良好实践"

的共识。有时候，他们通过创建一系列指导方针或程序来实现它。更多情况下，他们通过学习彼此的观点来非正式地建立这种共识。即使当实践社区建立了正式的最佳实践时，他们通常还会发现他们分享的大部分知识都是隐性的，也就是先前他们在相互帮助解决问题和一起思考的过程中所发现的无法言传的创意和观点都属于隐性知识。戴姆勒-克莱斯勒（Daimler Chrysler）公司的工程师开发了一本《工程技术知识手册》，工程师们声称其中最有价值的部分并不是他们创造的最佳实践的条目，而是他们在创造最佳实践时所经历的思考和学习过程。社区成员相互间的关系，而非文件构成了社区内部知识传递遵循的轨迹。因此，相比于其他组织机构，实践社区的成员能够更轻松地传递隐性知识。

接下来的关于实践社区的3个部分将分别讨论实践社区结构、实践社区如何工作和关键成功要素。

### 实践社区结构

在大多数组织中自发的社区确实是自然出现的，然而他们经常受到项目工作的影响。在项目关键时刻，一个社区很难吸引成员的注意力，尤其是当成员被安排参与其他项目的时候。项目经理通常只会为参与社区活动的团队成员提供微弱的支持，尤其是当他们觉得该团队成员的时间将花在帮助其他项目团队的时候。实践社区通常需要高级管理者对社区领导人的正式承认或任命，对社区领导人时间的分配，对核心成员角色、时间、定期会议、电子工具使用的安排，以及其他的明确的支持。

由于实践社区能如其所愿地专注于分享实践者的知识，实践社区成了联系处于同一学科而分布在不同开发团队甚至不同地点的专家的有效途径。当壳牌石油公司组成永久性开发团队时，团队里的科学家与工程师感到他们需要定期地与他们学科内的其他成员交谈，这样有利于他们彼此解决日常的技术问题并保持高水平的技术能力，也可以避免矩阵组织中将服务于不同团队的人员联系到一起时经常会遇到的许多问题。矩阵组织在组织的两条轴线上使用相同的结构——隶属关系，但实践社区采用不同的结构把组织组合起来：一边用汇报关系使团队紧密结合；另一边是宽松地分享知识的团队。在许多产品开发公司中，即使组织是围绕开发团队组建的，实践社区也依然是维持现有技术和聚焦重点及新技术的重要方法。

以学科为基础的实践社区为创新提供了一个维度。社区成员将在不同开发团队学到的观点共享在社区中，能为每位社区成员的工作带来新的视角。以一个石油物理学家（也就是研究石油或天然气的物理学家）社区为例，石油物理学家识别学科领域里即将出现的问题并邀请供应商及其他相关人士去解决这些问题。为了保证可靠性，社区关注的问题应该符合以下标准。

- 对企业很重要。干系人更倾向于支持这样的实践社区。
- 热情。社区成员应对讨论的问题保持热情。这样有助于确保社区可以留住现有的成员并吸引新成员。
- 广度与集中度。讨论的问题应能够足够广泛地吸收新人员参与其中，但要保持一定的集中度，这样大家能高效地讨论感兴趣的话题。随着时间的推移，实践社区可以选择进入新的领域；但是在早期，开放的交流渠道更有可能产生在一个兴趣集中的领域内。

创新通常发生在一个学科、技术或行业的边缘地带，而不是中心。为了使创新最大化，一些公司已经组建了一些实践社区，这些实践社区特意围绕跨边界主题组建。壳牌石油公司的一个最有效的实践社区关注于一种地理结构：浊流岩。来自不同学科的地质学家共同研究地质结构和储藏特征，以辨别最佳开采地点。正如一位社区成员说的，他不可能在其他任何地方碰到对一个问题有如此多的不同看法的情况。戴姆勒-克莱斯勒公司刻意地把来自营销和工程部门的人员混合在一个实践社区中，鼓励他们分享关于新产品的创意。社区成员们进入彼此的工作领域中广泛参与产品创意的讨论。这家公司甚至把实践社区的成员资格限制在 1 年内以便持续地刺激新创意。

因为实践社区是以相互关系为基础的，所以社区成员能建立信任和相互理解，这对通过观点碰撞以创造丰富而有用的观点来说是很有现实意义的。他们创造了一个容器，在这个容器里混合观点可以创造新知识。

## 实践社区如何工作

大部分实践社区，甚至是那些在地理位置上分散的实践社区，都强调人与人之间基于文件和数据库的接触沟通。通常，实践社区有 7 种沟通方式：电子邮件，电子公告板或论坛，一对一的电话会议，小组电话会议，面对面的会议，负责人联系存在问题的成员和富有观点、想法的人，文档库。在最常用的实践社区互动形式中，一名成员在电子公告板上提出一个问题，然后就会有一些人回复。有时候他们会贴上数据或报告，但是更常见的回复形式是电子邮件或小组电话会议。壳牌石油公司的一个实践社区发现平均每个问题在最初的 48 小时内会收到 4.5 个回复，但是大部分的后续知识共享都是私下里发生的。社区领导常常负责的是"诱导"成员去提出问题、回答问题、联系其他成员、发现新成员、发现与拥有外部资源团队联系的机会，以及管理好社区与组织之间的接口。因为实践社区参与常常是自发的，社区领导的积极主动参与被证实是整个实践社区成功的关键。

## 关键成功要素

建立一个实践社区有四大类共计十个关键成功要素。

### 管理挑战

- 关注对公司和社区成员来说重要的主题。如果一个实践社区对公司没有价值,那么它将无法获得可以使其存续下来的支持。
- 寻找一名很受尊敬的社区成员来担任协调者。实践社区是由关心实践社区的人一起建立起来的,对于一个大的实践社区来说,协调者应是全职的。就像麦克德莫特指出的,当协调者用于协调的时间不少于其工作时间的25%时,团队领导的领导角色常常会被协调者分担。同时我们发现,最好的领导是一个资深实践者而不是公司的专家。领导的首要职责是把人们联系在一起,而不是提供问题的答案,而专家常常更善于解决后者而不是前者。
- 确保人们有参与的时间并得到鼓励。人们需要充足的时间与鼓励来参与社区活动。至少,他们不会因参与社区活动而受到惩罚。
- 建立在组织核心价值观上。确保社区的组织框架符合组织文化。试图在实践社区内创造一种不同于组织文化的小文化区将导致实践社区的失败。

### 社区的挑战

- 思想领袖的参与。让受尊敬的思想领袖参与进来会使实践社区获得生存所需的能量。一旦社区运行起来,思想领袖的参与就不再重要了。
- 创建思维论坛。文件汇报、小型讨论会、两月一次的电话会议都会在实践社区内提供分享知识的机会。
- 保持社区成员间的私人联系。实践社区持续成功的关键在于维持社交。"人们并不是因为对公司有利而对实践社区做出贡献,他们这样做是因为……协调者……要求他们这么做"。
- 建立一个积极的、富有热情的核心小组。要想生存,实践社区需要有一个由充满热情的成员组成的小组,实践社区里经常会潜伏着充满热情的人。

### 技术挑战

- 让人们更容易接触,更易于贡献于社区和进入社区。方便与社区其他成员接触交流是实践社区成功的重要标准。实践社区应该选择对社区成员来说能够无缝连接的交流平台,但使用的方便性与软件功能无关。例如,壳牌石油公司的一个实践社区选择的软件并不理想,只是因为大多数社区已经在使用它。

个人挑战
- 进行关于前沿问题的真实对话。社区成员间的相互关系是通过对话和社交建立的,而不是在最佳实践的报告上建立的。

### 案例:斯伦贝谢公司的技术团队

斯伦贝谢(Schlumberger)公司是一家大型跨国公司,它建立了生产和存储工程社区。这个社区有 536 名分散于世界各地的成员,他们的领域都集中在斯伦贝谢公司在生产和存储工程的核心竞争力上。该社区的目标是更好地优化每一口气井的价值。特别的是,他们已经开始在一个公共网站上建立历史案例,以解释不同气井的产量是如何得到优化的。此外,社区成员已经开始把行业内的最佳实践归类为 3 个领域:好的创意、本地最佳实践和斯伦贝谢公司最佳实践。总的来说,这个社区为斯伦贝谢公司在该领域的技术专家提供了一个支持网络,并且使公司的知识分享和创造潜能最大化。

## 绘制实践社区的竞争力/能力图

竞争优势常常是一个公司在拥有独特的核心竞争力和能力时取得的,这些核心竞争力和能力是有价值的(Valuable)、稀有的(Rare)、永恒的(Immutable)并且不可替代的(Non-Substitualbe),即所谓的 VRIN。建立基于技术的实践社区的成本必然非常昂贵,因为他们需要进行管理并会占用较多的人力资源。核心竞争力图定义了核心竞争力、能力及组织与实践社区之间的差距,以推动实践社区的建立。公司需要新的能力和竞争力时,就应建立新的实践社区。坚守一种对消费者不再重要的竞争力或能力(核心竞争力)可能是此前成功的公司之后失败的原因。以宝丽来(Polaroid)公司为例,它一直坚持维持胶片在化学方面的竞争力,而没有选择去开发数码摄像方面的新功能。数码摄像提供给客户同样甚至更便利的体验,但却与宝丽来公司的相机胶片的化学竞争力无关。

### 建立基于竞争力的实践社区最有效的方法、工具和技术

基于竞争力的实践社区通过提供分享隐性知识的良好环境,允许技术发现发生在主题边界之内或之外。在公司内不存在跨越公司不同职能来分享知识的相似结构。此外,一个功能良好的实践社区内的交流模式大都是基于社交的——这是分享隐性知识的首要模式。实践社区的关键成功因素如下:

- 关注对企业和社区成员来说重要的主题。
- 确保实践社区处于一个全职的、受人尊敬的社区成员的领导下——不必一定是专家。
- 确保社区成员参与社区活动可以受到鼓励,而不是会受到惩罚。
- 确保实践社区是建立在组织文化即组织核心价值观基础上的。
- 确保至少在起步阶段,有思想领袖的参与。
- 为思考问题建立论坛。注意,实践社区不能变成另一个项目团队。
- 保持社区成员间的私人接触。
- 建立一个积极的、富有热情的核心小组。注意,实践社区是一个自愿性的群体,因此实践社区本身需要创造激情。
- 为社区成员联系创造便利。
- 进行关于前沿问题的真实对话。

如何实现

接下来参考温格的理论进行更详细的讨论。一旦选定了竞争领域,就要开始建立基于竞争力的实践社区。基本步骤如下。

- 通过界定范围,建立行动案例,以及识别潜在的协调人员、思想领袖和成员等方式来规划社区。
- 为社区进行初步设计,包括对社区的结构、热门话题、知识分享措施和主要成员的设计和布局。
- 任命一位协调员,他应是全职的并应承诺为社区协调奉献至少25%的时间。
- 一旦社区组建完成就要传递早期价值,因为在起步的时候社区比较脆弱。
- 定期举办社区活动来巩固社区。
- 在社区开始融合时应推动公司管理者和干系人积极参与社区活动,以保证社区对企业的长期重要性。

下面是一种分3步获得公司核心竞争力和能力共识的方法论,其结果是建立公司的竞争力/能力图。

第1步:识别使能竞争力或能力。一个包括研发、运营和营销的跨职能团队可以识别公司的使能竞争力或能力。这些就是目前和未来的产品所需要的使能竞争力或能力。之所以用"使能"这个词,是因为它能驱动产品开发。使能竞争力或能力可能是核心竞争力或能力,也可能不是。例如,一家市值30亿美元的食品公司起初有一个超过 45 项使能竞争力或能力的清单。经过一致讨论，在剔除那些定义不同但是实质一样的部分之后，这一清单减少到了 16 项。事实上，团队面临的最大挑战就是为每一项使能竞争力或能力做出清晰而简洁的描述和明确边界条件。此外，这个团队也会去确定本行业内的唯一竞争对手，这一竞争对手经过评估后被确定为具有"最强"的竞争力或能力。通常，每一项竞争力或能力都会有一个不同的竞争对手。因此，竞争力或能力的稀有性和程度应是稳定而且可以评估的，竞争力或能力的稀有性和程度也是两项 VRIN 标准。

第 2 步：绘制竞争力或能力和需求的对应图。跨职能团队一般由 20～30 个代表公司所有分部门（研发、营销、运营、财务）的员工组成，他们通过一场远程会议组织在一起。会议的第一天，小组要为第 1 步识别的所有使能竞争力或能力绘制一幅竞争力/能力图。如图 4-2 所示，比较了 PDMA 的新产品开发（NPD）的竞争力与项目管理协会（PMI）的竞争力。公司会针对每一项竞争力或能力来制定相对于目标竞争对手的技术水平。此外，公司还会决定技术水平对公司的重要性，技术水平由所有参与者无记名投票决定。通常，大家对公司与竞争对手之间存在的差距都有共识，但对它的重要性的看法往往存在差异。这些差异代表了一个讨论的重点，这通常要通过会议之后的进一步研究来评估。

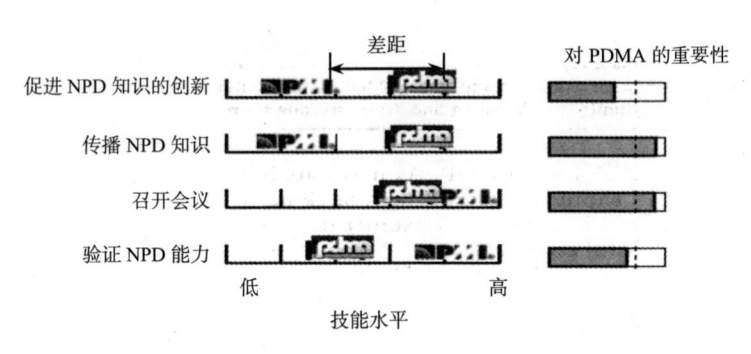

图 4-2　用于比较 PDMA 的 NPD 与 PMI 的竞争力/能力图

第 3 步：创建竞争力/能力图。从第 2 步中可以看出，一幅竞争力/能力图是通过对数据进行重新组合制定的。图 4-3 是一幅具有 16 项竞争力/能力的竞争力图例，其中，纵坐标是重要性，横坐标则是差距，该图来自一家市值 30 亿美元的食品公司。这家公司没有核心竞争力或能力（参见图 4-3 右上角）。此外，这家公司具有一项相对竞争对手有优势的竞争力/能力（参见图 4-3 右下角)，但其呈现的重要性较低，可见其在公司未受重视，这代表了一种应该加以利用的竞争力/能力，但是，从其他方面讲，它也可能是一种公司应该放弃的核心能力。进一步来说，

# 第 4 章 加强组织知识创造的工具和技术

公司也有一些在竞争上存在相当大风险的竞争力和能力（参见图 4-3 左上角）。

决定核心竞争力或能力的关键成功要素如下。

（1）明确描述使能竞争力或能力。最终，人们需要对竞争力进行投票，确定公司与竞争对手的差距和竞争力的相对重要性。如果团队不能就使能竞争力或能力是什么达成一致，那么围绕竞争力展开的讨论将是没有价值的。

（2）确定单一的竞争对手以衡量差距。当竞争力达到 VRIN 标准的时候就变成了核心竞争力。常常存在多个竞争对手，用单一的竞争对手来衡量差距可能形成相当高的沟通障碍，因此，单一竞争对手需要获得大家的一致确定与认可。可以在后续的分析评估中引入更多的竞争对手。

（3）校验结果。公司与竞争对手之间的一系列差距最初是基于假设和某种共识确定的。很多情况下，它们都需要用实际测试、市场研究和逆向工程来校验。

（4）定期重复分析。随着公司引入新技能，竞争对手优势的兴衰，以及相对重要性的变化，竞争力或能力也会随时间发生变化。竞争力／能力图应该至少每 2 年重新绘制一次。

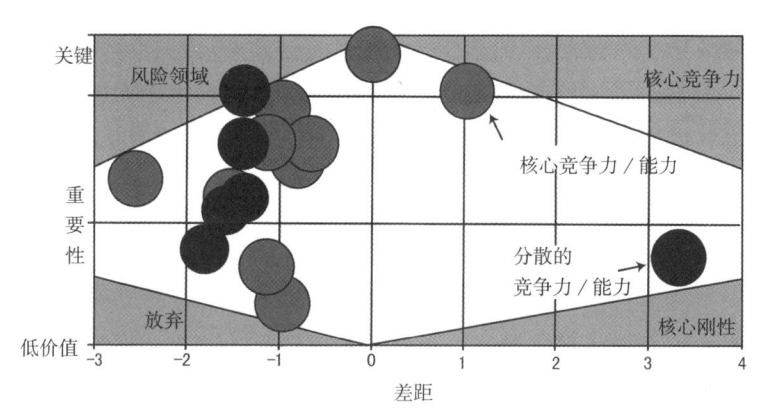

图 4-3　一家市值 30 亿美元食品公司的竞争力／能力图

## 确定核心竞争力或能力最有效的方法、工具和技术

应确定核心竞争力或能力，以决定在什么领域建立实践社区。

**如何实现核心竞争力或能力**

达成共识的 3 步方法论。

- 利用公司的跨职能团队识别使能竞争力或能力。使能竞争力使得产品开发得以进行，不管他们在第 3 步中是否会被确定为核心竞争力或能力。

> - 绘制竞争力／能力图。跨职能团队可凭此图确定公司与目标竞争对手之间的相对差距及每一项使能竞争力或能力的相对重要性。
> - 确定核心竞争力。要根据第 2 步绘制的竞争力／能力图来确定核心竞争力或能力。如果本公司的使能竞争力相对于竞争对手的能力存在较大的正偏差并被评定为重要，则该使能竞争力即本公司的核心竞争力。

或许最大的陷阱是不通过绘制竞争力／能力图就去假设"每个人"都知道什么是核心竞争力或能力。因为长期以来有关核心竞争力的假设都会受到挑战，所以执行关于核心竞争力的分析通常都是对组织的考验。公司经常意识到许多竞争力并不是核心的——因为竞争对手很快就掌握了相应的技能。

## 建立创新网络

在公司中，谁知道什么，谁在做什么，什么已经完成了，学习什么可以激发创新，做什么有助于解决技术难题和避免重复劳动等信息是很重要的。但是在大型组织内共享这些信息存在困难。整个公司内部的人员都会生成有价值的信息和专门技术，但他们无法通过传统的交流足够细致地了解组织里的所有成员、彼此的技能，以及彼此的工作，并在彼此的工作中对有价值的信息和专门技术加以利用。进一步来说，地理位置上的分散和组织上的分立是信息共享的最大阻碍。

大型组织内的学科、地理位置等的跨越意味着一个组织的人员将给另一个组织的人员提供对其来说完全陌生的重要信息，如技术学科、亟待解决的问题等。有效地利用集体信息和技能是困难的，但不是不可能。本部分重点描述的是一些已被证明了的建立创新网络的原则、模型和案例，这些方法在宝洁（P&G）公司得到应用，同样也应用到了其他一些大型企业中。它们被用来加强人与人之间及人与信息之间的联系。创新网络是信息和应用的集合，它在宝洁公司被用来促进技术创新的成功。

### 宝洁创新网络的应用

团队空间。这里是指电子协作工具，它为项目团队提供共享文件、讨论问题和规划活动的能力。当项目团队成员不能同时都在同一地点时，团队空间可以帮助他们解决问题、分享知识和做出决定，使他们更有效率。如 Intraspect 公司、Lotus 公司和 EDS 公司的团队空间。

成功的团队空间应该包括以下功能。

- 如果是团队期望的，那么仅限于团队成员访问。这是团队成功地在一个中心位置使用电子技术分享信息所需要的信任和沟通的重要保证。
- 以习惯格式发布文件和数据。
- 将新信息发送给团队成员，如通过电子邮件。
- 有效集成个人和小组的调度工具。
- 使信息发布过程极其简单，要求使用尽可能少的点击次数和手动数据输入。
- 利用无处不在的网络浏览器传播信息。

团队空间得到了广泛应用，如宝洁公司在任何时刻都有超过 3 500 个活动的团队空间。团队成员高度重视能够促使项目更快推进的能力，并有效地运用这一工具。

**周期性的报告。**如果公司经常发布和分享信息，周期性的报告（包括状态报告、出差报告、试验总结、技术报告）就是强有力的信息和技能分享工具。确认什么已经记录下来，然后有效地周期性地从存储中心获取和分享这些信息和技能，是一条利用现有的工作程序和组织文化开始或扩大信息共享的快捷途径。由于周期性的报告中分享有各类信息，这类存储便可看作联系人与信息的工具，也可以看作联系人与人的工具。因为一个人写的所有报告可以看作一个大的履历表，通过这些履历表，其他人便可以知道在某一个具体的科目上该与谁联系。

**实践社区的网站。**宝洁公司的每一个实践社区都有一个网站。信息同样通过实践社区集中到社区网站这个"知识中心"。实践社区管理层可依托这种网站开展研讨会和培训，也可以从中获取在这些活动中分享信息的应用。在线问答工具（也就是 AskMe）同样也在实践社区的网站中有所应用。

**专门设置的提问和回复工具。**这些工具为人们提供了发现谁了解什么和快速地向有关资源提出问题或需求以获取解决方案的能力。通过提供一个存储中心及把具备特殊技能和丰富经验的组织成员联系在一起，能快速有效地扩大个人网络，还能使所有成员及时获得组织充分共享的信息。AskMe 就是这种应用的一个典型。

## 成功的原则

消费者需要驱动是重要的成功原则（可以为之建立专用网络，但人们不一定使用）。仔细研究目标群体的需要，然后持续验证你的信息分享成果以确保这些成果能够满足目标群体的需要，这是成功的最重要因素。这类消费者需要需要评估，而验证应该跨越从创意提出到开发产品和最终交付产品的整个过程。应用于新产品开发领域的消费者理解和评估工具也应该应用到内部信息共享项目的开发中来。一些重要的理解领域包括现有的和期待的经历（也就是需求差距）、对创意和概念相对于需求的评估、用法和态度及特定工具的可用性测试。

**所有重要干系人间的合作伙伴关系。** 参与信息共享项目的主要干系人间保持有效合作伙伴关系是成功的关键。共同的愿景、目标和成功标准有助于确保共享信息和专门技术的努力最终取得成功。

**信息共享**

- 扩大、加强或简化当前工作流程以获取信息。每个人都太忙,那些被认为对处理日常工作来说并不重要的任务就存在被忽视或被拖延的风险,这包括那些获取和分享信息的渐进性工作。解决这类问题的一种有效方法就是以简化或强化工作流程的方式,使信息的获取和分享成为个人日常工作或现有工作流程的正常部分。例如,通过更为简单易用的电子化方法发布报告,创新网络在获取和分享来自研发部门成员的例行报告方面已经非常成功。这些电子化报告比旧的纸质报告更易于被个人使用。
- 将积极地进行知识和经验分享作为组织文化。所有组织都有一些现有的已经成为组织文化一部分的信息分享方式。研究这些方式,识别发起人和思想领袖,将信息共享建立在这些积极的文化元素上,对扩大信息获取和共享项目来说将是一种非常有效的策略。相反,如果我们在信息共享过程中不能始终秉持组织的文化传统的话,将会出现项目偏离目标、冒失和考虑不周的现象,并将导致项目最终失败。

**有效分享信息并帮助个体管理信息流**

- 尽量开放。通过尽可能广泛地分享信息,汇聚而成的集体信息的价值也增加了。尽量开放是组织的一项重要目标,但在具有信息保密目标的大型组织里,两个目标可能发生冲突。信息分享和信息保密将通过讨论和妥协来平衡,但是信息分享的总体趋势是扩大获取多重价值信息的途径。随着组织成员习惯了更广泛地分享信息,周期性地回顾过去达成的协议可以使信息分享的广度平稳上升,进而增加信息的价值。
- 有效地总结,避免工具数量激增。在很多大型企业中,人们感到了电子工具和网站的泛滥。以一种对目标受众有意义的方式来归纳总结信息共享和专门技术的集合体,有助于减少人们浏览时的时间与精力的浪费,并将使最终用户感到满意。
- 提供多种找到所需信息的方法。人们以不同的方法处理信息,因而需要一个工具集合来帮助他们发现所需信息。以下工具可供使用。
  - 搜索。根据我们的经验,搜索工具应具有在所有的公共存储里进行全文

# 第4章　加强组织知识创造的工具和技术

搜索的能力。这在一定程度上是受互联网经验驱动的（人们的一般经验是，所有网络都有搜索功能，人们习惯于使用像 Google 一样的综合搜索工具）。换句话说，来自互联网的搜索工具是组织内部搜索信息和知识的最好参照标准。

— 浏览。提供一套可以有序地组织信息分类的术语，帮助人们通过点击这些有序的术语直到他们找到想要找的信息。但分类术语并不一定对组织内的每个人都有鲜明的意义。

— 专家引导概览。指某一领域的某位专家或专家团队汇总的信息集合或概览。这类信息集合或概览对那些搜索信息的人来说非常有用，但是它们完全要靠人工来建立和维护。

— 订阅。靠记忆去寻找信息不如让计算机为你带来你感兴趣的领域的新信息那样有效。通过在计算机中输入你感兴趣或需要的订阅术语，你就可以自动地获取你感兴趣的领域的信息，并且保持持久关注。

- 建立联系人资料。与之前提到过的"个人简介"相一致的是，把每个信息目标或文件与一个或多个联系人或作者联系到一起很重要。所有在组织中分享的信息都应该有联系姓名，以便人们直接与作者/专家联系，并鼓励和促成人与人之间的联系与沟通。

## 结　　论

突破式创新涉及个体间的隐性知识共享。然而这类知识不能通过语言来分享而且本身就比较脆弱。组织可以通过设立恰当的组织条件，并使用一些信息交换工具来促进人们对突破性的隐性知识的共享。

组织条件既需要有一个创新愿景也需要有一种合作性文化。创新愿景为所有活动提供整体指导。由于我们无法预测一个项目是否会有突破性的前景，因此需要有一个创新愿景来引导，授权和激励发明者进入对公司具有战略价值的领域。知识创造的速度和活力依赖于组织的合作性文化。关心个体的合作环境能够加强隐性知识的共享。从概念上讲，隐性知识的交流速度取决于环境的合作程度。在一个缺乏关怀的环境中，隐性知识将隐藏起来而无法得到共享。

### 建立创新网络的最有效的方法、工具和技术

一个最有效的加强人与人之间和人与信息之间联系的网络应包含以下部分。

- 团队空间。

- 周期性的报告和稳定的存储中心。
- 实践社区的网站。
- 专门设置的提问和回复工具。

要取得创新内部网络的成功必须做到以下几点。

- 用户驱动。
- 所有重要干系人间的合作伙伴关系。
- 内部网络功能与商业战略保持一致。
- 信息共享（用户不用执行额外的步骤来共享信息）。
- 有效分享信息，并帮助个体管理信息流。

### 如何实现创新网络

实现创新网络的要求如下。

- 将精力集中在满足消费者（比如使用该网络的研发人员）获取和分享知识与信息的需要上，这将帮助他们提高创新工作的效率。
- 增加可以促进人与人和人与信息之间联系的系列工具和设计内容。人们会发现这对他们的创新工作很有用。
- 充足的人员。这将需要大量来自IT部门（构建工具）和研发部门（提供需求和使用工具）的人员，以及其他从事研发类工作的技术职能部门人员。
- 确保所有干系人之间保持紧密联系，包括最终用户、内容所有者和管理者。
- 基于大量的消费者调查开发创新网络。通过定量和定性的消费者调查来识别未满足的消费者需要，并定期追踪实现消费者需要的进展。
- 确保人们易于通过对所有类型的文件和网址进行全文搜索，能找到他们在特定的技术领域需要的人、内容和工具。
- 通过个性化工具使网络个性化。例如，使用一种推送技术，当用户感兴趣的领域有新公告贴出来时，就可以加亮显示将推荐给用户阅读的部分。
- 利用外部的IT平台。这些平台能最好地满足网络用户的需要，而且成本低，还能灵活地满足未来需要。
- 通过与高级管理者、思想领袖和早期使用者一起工作，不断地增进了解和提升人们的使用熟练度，人们用它处理重大事件，为新用户提供培训及对新工具及其内容进行培训。
- 平衡信息共享与信息保密之间的关系。

# 第 4 章 加强组织知识创造的工具和技术

当拥有很好的、明确的创新愿景且存在合作性文化时,实践社区和创新网络就提供了一套隐性知识共享的机制。实践社区利用公司的集体智慧强化了公司的核心竞争力。竞争力/能力图可以用来确定实践社区应该关注的领域。例如,隐性知识共享的环境可以通过实践社区来加强。知识共享过程可以通过创新网络来强化。创新网络是这样一个组织工具,它可以用来获取组织当前和过去的知识并为个人交流显性知识提供一个论坛,而且能建立和加强他们相互间的关系。

那些具有优秀的实践社区和创新网络的公司,将不断地收获突破式创新的回报。构建这些组织工具需要相当大的投资。只有当清晰的、得到广泛认可并且稳定的创新愿景与合作性文化结合在一起时,这些组织工具的执行和价值的可持续性才能实现。

## 作者简介

### 彼得·凯恩（Peter Koen）

彼得·凯恩博士,NPDP,是美国新泽西州史蒂文斯理工学院 Hoboken 分院 Wesley J. Howe 技术管理学院的副教授。他是公司创业联合会（CCE）Stevens 分部主任,该联合会的使命是通过提供创新流程的"模糊前端"咨询获利。彼得一直在研究针对"模糊前端"的最佳实践,确定在一个大型公司内如何组织突破式创新,他还从事知识创造和知识流的研究。他有 19 年以上在大型和小型企业工作的经历。他在德雷塞尔大学获得生物化学博士学位,是一位注册专业工程师。

### 理查德·麦克德莫特（Richard. McDermott）

麦克德莫特咨询公司总裁,美国领先的思想家、作家,以及组织设计和社区建设的实践者。他从事工程专业服务与销售工作的顾问达 20 年以上,帮助制造企业最大限度地提高员工生产力。理查德是研究两种最佳实践方法领域的专家——建立知识共享文化和制度化实践社区,同时也是国际会议的演讲人。他的客户包括许多的《财富》500 强公司。

### 罗布·奥尔森（Robb Olsen）

罗布·奥尔森是宝洁（P&G）公司的研发部经理。罗布有 22 年以上的产品研究经验。他的专业领域包括创新流程、知识共享以获得竞争优势、上游产品设计及与消费者沟通。罗布是宝洁公司内部研发网的领导,为宝洁公司最大的内部网（创新网）提供战略方向。他曾在若干会议上就"通过网络促进研发和创新"的主题做过演讲,并在宝洁公司内部讲授知识管理、消费者调查技术和创新方法论。

### 查尔斯·普拉瑟（Charles Prather）

查尔斯·普拉瑟博士是波士顿航线创新有限公司的董事长，该公司帮助企业将创新作为企业的一个核心竞争力。《财富》100 强中的许多企业是该公司的客户，包括化工、造纸、消费品、高新技术产品、政府、金融服务和其他行业中的典型企业。查尔斯在杜邦工作过 20 多年，任职于数个研发和领导岗位。他也是马里兰大学的罗伯特·史密斯商学院的教师，讲授 EMBA 课程。查尔斯还是杜邦大学的赖安创造中心的理事会成员，并且是经常性的会议演讲人。他写过多篇文章，美国管理学会发表过他的著作《创新的蓝图》(*Blueprints for Innovation*)。查尔斯在北卡罗来纳州立大学获得生物化学博士学位。

# 第 5 章

# 打造创造性的新产品开发虚拟团队

罗杰·利恩德斯（Roger Leenders）
简·克拉策（Jan Kratzer） 乔·范·英格兰（Jo van Engelen）

本章为新产品开发（NPD）项目经理们提供一种有助于管理新产品开发团队（NPD 团队）提升创造性的简便工具。在 NPD 团队中，创造性被摆在第一位。很多新产品开发项目仅仅是从一个最终产品应该像什么的模糊概念开始，项目的创新性越强，起点就越模糊。要填补空白，创造性必不可少。此外，无论是从功能角度还是技术角度来看，一家公司的 NPD 活动能否在市场获得成功都与产品的独特性和重要性呈强烈正相关。这就要求 NPD 专业人员提升其创造性水平。此外，新产品的创新性越强，就越难有成规和惯例可循。新产品开发往往被认为是缺乏常规的一个缩影，如相互竞争的目标、不稳定的环境、较长的时间跨度、不完备的操作规则，以及过去经验的不可借鉴性等。但是创造性从何而来呢？该如何管理创造性呢？更具体地说，一名经理该如何控制和指导 NPD 团队达到应达到的创造性水平？很多 NPD 经理不知道如何去做。有时，他们试图通过引入"有创造性的人"来提升团队创造性，但是这很少能帮助团队持续地维持高水平的创造性。更糟的是，当需要由一个虚拟的 NPD 团队进行新产品开发时，创造性管理工作就更加困难了。实际上，NPD 团队的成员遍布世界各地，这一现实使得管理团队要实现卓越的创造性活动成为一项艰巨的任务。

本章将通过如下措施来帮助 NPD 项目经理完成这一任务。首先，我们要说明的是并不存在"虚拟"NPD 团队这一事物。虚拟性无所不在，每个团队都或多或少有点虚拟性质。问题的关键是要理解虚拟性是如何塑造团队的。我们将团队中的虚拟因素称为团队的"虚拟特性"。然后，我们将描述这一虚拟特性如何促进或阻碍 NPD 团队创造性水平的提升。无论团队里有多少具备创造性的人，某些特性仍会使团队维持持续高水平的创造性的努力变得不可能。相反，通过使人们按照人们需要的理想特性来工作，团队便可以做到在无须增加有创造性但难以管理的个人的同时，强化团队的创新表现。

　　本章的工具对 NPD 项目的管理人员来说有较大价值。这些工具可以用来以一种能够提升团队创造性的方式创建新的产品开发团队（从团队结构、工作地点和团队任务方面）。更重要的是，在团队需要更高或较低创造性水平时，该工具能够告诉我们团队该如何变革。有了这些知识，项目经理就可以使用这些工具来预测未来的创造性需求，并采取相应措施。更重要的是，项目的创造性需求很少是稳定的，因为项目的性质和组织对项目的要求都会随时间的变化而变化。通常，在 NPD 项目的早期阶段，新产品及其功能设计是其中心任务，需要的创造性水平和灵活性比 NPD 流程的最后阶段要高得多。本章介绍的工具深入讲解了在项目全过程中如何管理 NPD 团队的创造性。因此，该工具对 NPD 的团队经理和项目经理都非常有用。我们介绍的工具和提出的建议是在广泛的科学研究及各行各业新产品开发长达 75 年以上的实际操作经验基础上得出的。

## 真实的团队

　　我们可以放松下来，思考一个真实的团队该怎么定义。可能你认为一个真实的团队就是一群人在一起工作，他们能够意识到彼此的存在，相互依存并共同提出问题的解决方案。当要求经理们为我们举出一个真实团队的例子时，他们常常会举出体育运动的例子，如冰球队或篮球队，他们的队员并肩作战获得胜利，他们更加关注团队的胜利而不是自己的得分。我们喜爱的电视剧里常常也有这样的例子，某个团队遇到了最极端的情况并相互依靠，最终克服困难。在任何时候，4077 M.A.S.H. 公司部门的成员和 Starship 公司的员工都是真实成功团队的典型。有时，我们可以用本杰明·富兰克林的话来解释"真实的团队"："我们必须团结在一起，否则我们必将被分别绞死。"另外的一个例子就是伊拉克战争，在这场战争中，一小队高度专业化和训练有素的士兵除了共同努力拯救同伴和完成他们的任务，别无选择。

　　但是 NPD 团队又是怎样的呢？在新产品开发中"真实的"团队的概念是，团队成员一起工作，彼此所在地点较近，频繁地面对面交流，共同完成手头的设计任务，以及协调所有团队成员的工作量。然而，NPD 经理常常会急于指出：随着商业环境发生的巨大变化，这样的团队越来越少。这些变化已经在影响着 NPD 项目执行的方式了。大多数新产品开发所需要的知识已经变得更加专业和具体。鉴于知识过时（和世界上新知识产生）的速度越来越快，我们在新产品开发领域更加需要深入掌握专业知识。考虑到技术发展的速度，我们想要在某个领域成为专家需要付出比过去更多的努力。与几十年前相比，现在哪怕是某个产品发生的一个小小的变化，都蕴含着大量的高深知识和专门技术。产品开发所需的专业技能和才干通常属于（或开发于）公司周边甚至全球范围内的优秀人才。因此，公司除了把新产品单元分散化以获得分散的知识和技能外，别无选择。无论这些技能和才干是在公司外获得，还是通过合作开发或联盟获得，结果都一样，即很多 NPD 项目是由位于不同地点的人组成的。

此外，一些诸如日渐复杂的产品、逐渐缩短的产品生命周期、更快的竞争响应趋势等因素，都使得产品设计工作更加复杂。进一步增加产品的功能常常需要某个新领域中另外的专门技术。例如，要使剃须刀适于在淋浴中使用就需要一些另外的专门技术，比如需要使用新材料、新机械结构以及使用剃刮乳液，这些知识往往是那些在干燥环境下使用剃须刀的开发团队所缺乏的，开发团队缺乏某些知识便会影响电池和其他配件的设计。还有模块化的产品设计趋势——这使得新产品开发人员需要考虑各种各样的由不同知识支撑的潜在产品功能。NPD 环境已经发生了极大的变化，以上这些解释再好不过了，当然，NPD 项目的管理就变得日渐困难和更富挑战性。事实上，如果通信技术没有得到如此迅猛的发展，那么管理如此复杂的工作往往是不可能的。有了计算机推动的通信技术的帮助，分散在世界各地的知识可以很方便地发生传播，分布在城市、国家或世界各个地方的NPD 团队成员的沟通也变得更加方便了。

"真实的"团队的理想看上去仅仅是一种理想。大多数 NPD 团队不再是由位于同一个地点的成员组成，他们现在常常分布于世界各地。他们不再主要依靠个人面对面的接触，相反，他们主要通过电子方式沟通。最终，现代 NPD 团队要处理高度分解的设计任务，已经不再是共同解决所有的问题，而团队结构是根据总体设计任务的结构而定的。

很多公司意识到，NPD 团队的设计和管理对新产品开发的成功来说至关重要。他们知道，那些自生自灭的团队很少能真正成功，而且难以在他们存在的整个过程中控制他们的创造性。因此，一些公司设立了专职经理，他们的任务是协助团队管理者，如皇家飞利浦电子（Royal Philips Electronics）公司设置了全职的团队启动经理和全职的项目推进经理。在大多数公司，无论是其规模多大、资历怎样、利润多少还是处在哪个行业，如何使 NPD 团队更好地运行都是一个重要话题。

## 虚拟团队

对 NPD 团队来说，"虚拟"是一个神奇的新词。在继续阅读本章之前，我们可以再次放松下来思考，注意当想到虚拟团队时你的第一印象是什么。它是什么样子？它如何运行？你可能想到这样一个团队，其成员遍布世界，在不同的时区生活和工作，彼此之间很少见面或不见面。你还可以想象某个团队，其市场营销人员遍布美国（当然分布在各个地点），软件工程师在印度，机械工程师在欧洲，生产联络人在中国台湾。在你的想象中，虚拟团队的成员可能主要通过 E-mail 进行沟通。实际上，新产品设计工作是高度结构化的，因为组织不可能让每个人都私下通过电子沟通方式与他人合作。

虚拟团队是一种相对较新的现象。虚拟团队是一群协作执行特定项目的人，他们在地理上可能分散在母公司之内（或之外）的任何地方，而且常常是临时的。虚拟团队主要通过非同步交流方式（如今天发出一封 E-mail，可能明天才被看到和回复）和非个人化（如发出 E-mail 的团队成员既不能根据视觉上的也不能根据声音上的线索来判断接收者是如何解读邮件的）的方式来跨越时空界限进行工作。尽管虚拟团队在大多数商业领域中已经变得越来越普遍，但它在新产品开发中依然很重要。

与传统的团队相比，虚拟团队有很大的不同。在传统团队中，成员工作地点彼此相邻；而在虚拟团队中，成员在不同的地点工作。传统团队任务中，任务的协调很容易，并且由全体成员一起完成；在虚拟团队中，任务高度结构化。虚拟团队依托于电子沟通方式，这与传统团队的面对面沟通正好相反。表 5-1 总结了这两种团队形式的不同点。我们需要注意到的是，单一的团队形式是很少见的，大多数团队同时具有传统团队和虚拟团队两者的特征。

表 5-1 传统团队与虚拟团队的比较

| 比较因素 | 传统团队 | 虚拟团队 |
| --- | --- | --- |
| 团队成员距离 | 团队成员都驻扎在同一地点 | 团队成员分布在不同地点 |
| 沟通方式 | 团队成员仅仅通过面对面的方式沟通（同步的和个人化的） | 团队成员仅仅通过非同步交流方式和非个人化的方式沟通 |
| 团队任务结构 | 团队成员共同协调任务，共同调整 | 因团队任务高度结构化以致团队成员间的协作很少 |

## 团队的虚拟特性

讨论虚拟团队对人们来说已变得很平常，似乎团队要么是虚拟的要么不是虚拟的。然而，尽管虚拟化在新产品开发中已变得很重要，但纯粹的虚拟团队是相

## 第5章 打造创造性的新产品开发虚拟团队

当少的。在纯粹的虚拟团队中，成员在地理上完全分散且团队是临时的，通信靠单独的非个人化方式和非同步交流方式。但是这种结构难以产生于新产品开发环境中：即便在大型项目中，这些项目有分散在世界各地的专家，项目本身也会面向世界各地进行咨询，但该项目中的大量工作仍然要由处于同一个建筑或同样环境下工作的人完成，如在新飞机或新卫星的开发项目中就是这样。一个分散团队的成员代表（有时候是全体成员）常常穿梭于世界各地并面对面沟通。尽管新产品开发的虚拟性大大地增加了，并且似乎还将持续增加，完全虚拟化的NPD团队却仍然罕见。即使是Linux的开发（宣传虚拟团队力量的人最常用的例子），在整个项目开发过程中个人的面对面交流也是必要的。另一种最常见的极端情况是人员完全集中且面对面交流的NPD团队，在这种团队里，所有的专业人员都在同一个屋檐下工作，所有的沟通都是个人化的和同步交流的，这种极端情况也正逐渐消失。在现实中，大多数NPD团队至少在某种程度上要从世界各地雇用专家，并通过电子沟通方式沟通。

由于在任何现代NPD团队中发生的虚拟表象和虚拟特性是连续的，按照虚拟团队或传统团队的方式管理团队就显得没有意义。通过考虑实际上的虚拟程度，而不是单纯地把团队看作虚拟的或非虚拟的，能使人们获得更深刻的关于如何管理一个NPD团队的见解。为此，本章介绍一种叫作团队虚拟特性的工具。团队的虚拟特性包括了表5-1总结的3个因素：团队成员距离、沟通方式和团队任务结构。这些因素和厄本等人提出的模型大致相同，该模型近些年来在关于虚拟团队设计的学术文献中很有影响力。找到一个团队的虚拟特性很容易。图5-1分3个模块对NPD团队的虚拟特性进行了简单的描述和简介。对每一个模块，在每个最适合你的团队的描述旁做上记号。现有的模型已经为每个模块的"虚拟点"设定了"虚拟分"，范围是从1分到5分（暂时不考虑灵活性得分）。这些得分用于填写表5-2，以备后用。

得分越高，团队的虚拟特性越强。根据我们的经验，在评估了团队的虚拟特性之后，大多数团队经理发现虚拟团队不是虚拟的。更重要的是，他们发现自己的团队可能在一两个虚拟特性上得分高，但在其他方面得分低。相反，虚拟特性的评估常常使非虚拟团队的经理们意识到他们的团队也并非真的那样"非虚拟"。例如，团队成员可能聚集在同一座建筑里工作，但是仍然主要通过电子沟通方式来相互联系。这样，"非虚拟"团队就具有了相当的虚拟特性。评估一个团队的虚拟特性很容易，仅仅需要几分钟，但相当有效，因为它能够帮助我们解释为什么某个虚拟团队运行得不是很好。在本章的剩余部分，我们将关注一个团队的虚拟特性如何影响NPD团队的创造性表现。（请参阅标题为"什么是团队创造性"侧栏，以便进行简要的概念性讨论。）

下面是为你的产品开发项目列出的 3 个因素的特性描述（简介）。在每一个模块中，请在最适合你的项目选项处进行标记。最后，在虚拟金字塔相应的位置旁标记分数，以实时诊断你的项目。

**模块 1：团队成员距离**

☐ NPD 团队的所有成员位于同一地理位置。而且，他们能够且几乎会在每个工作日直接见面。他们甚至可以位于同一个房间或实验室。（虚拟特性 1 分；灵活性 1 分）

☐ NPD 团队的大多数成员位于同一地理位置，在那里他们可以直接见面。并且，团队成员难以离开他们的位置，因而不能亲自参加大部分在团队总部举行的全体会议及实验室研究。（虚拟特性 2 分；灵活性 2 分）

☐ 所有的 NPD 团队成员都有自己舒适的大本营，但他们可以在任何需要的时候改变他们的地理位置。无论任何时间、任何地点，这些团队成员可以灵活地在任何办公室及实验室见面。（虚拟特性 3 分；灵活性 3 分）

☐ NPD 团队的部分成员位于同一工作地点，其他成员则位于不同地点。团队成员难以出差和难以在办公室或实验室直接见面，但也不是不可能。（虚拟特性 4 分；灵活性 2 分）

☐ 所有的团队成员均位于不同的地理位置。他们可以或永远不改变位置，因而从来不会在距离上相互接近。由于这一原因，团队成员从不会彼此直接见面。（虚拟特性 5 分；灵活性 1 分）

**模块 2：沟通方式**

☐ NPD 团队的成员主要以面对面的交流作为主要的沟通方式，超过 80%的沟通是面对面的。其特点是，这是一种可视的、同步的交流。（虚拟特性 1 分；灵活性 1 分）

☐ 主要是面对面及电话交流，有时也使用电子邮件。NPD 团队注重同步的、可视的及有声的交流。（虚拟特性 2 分；灵活性 2 分）

☐ 团队所有成员都会使用各种交流方式，如面对面的交流、电子邮件、传真、信件、群组软件系统、电话及类似的方式等。沟通形式可以灵活选择，当需要时，所有成员可以使用任何一种沟通方式。这种灵活的沟通方式均衡了同步及非同步沟通，也均衡了可视化及非可视化沟通。（虚拟特性 3 分；灵活性 3 分）

☐ 重点是信件、传真、电子公告板及电子邮件沟通。NPD 团队注重非同步的、非个人化（不可视、不可听）的交流。（虚拟特性 4 分；灵活性 2 分）

☐ NPD 团队成员将信件服务作为最主要的沟通方式。这种联系的特点是仅仅使用非个人化的、非同步的交流方式。（虚拟特性 5 分；灵活性 1 分）

**模块 3：团队任务结构**

☐ 团队任务分配很明确——新产品定义清晰，并且考虑了所有的相关方面。相对简单的任务来自任务分配，并且在团队领导者严格的协调下执行。（虚拟特性 1 分；灵活性 1 分）

☐ 团队的大部分任务分配是明确的。然而，新产品的某些方面还没能被详细界定。这使得在团队领导者相对严格的监督下，团队成员执行的是一些相对简单的任务。团队成员间会产生一些互动以处理 NPD 项目中的紧急情况。（虚拟特性 2 分；灵活性 2 分）

☐ 团队任务的分配有一部分得到了明确分配，一部分带有紧急性。其结果就导致了相对简单任务与更为复杂任务的混合。这种相关的任务通过灵活的方式得以协调——对一部分团队成员施以严格的分配，而赋予另外一部分团队成员更大的自主性。团队领导者依据 NPD 项目的需要及基于团队成员的促进与支持，在任何必要的时候调整项目结构和进度计划。（虚拟特性 3 分；灵活性 3 分）

☐ 团队的大部分任务都带有紧急性——新产品没有完全定义。相对复杂的任务属于团队成员。团队成员的自主性相对较高，团队成员以互动的方式处理 NPD 项目中的紧急情况。（虚拟特性 4 分；灵活性 2 分）

☐ 团队任务分配具有紧急性——新产品的定义不完整，因为此时很难具体定义所有的相关行动。任务分配导致了极度复杂的任务，这些任务由自主性很强的团队成员执行完成。团队成员主要通过横向沟通来协调任务。（虚拟特性 5 分；灵活性 1 分）

图 5-1　NPD 团队的虚拟特性

表 5-2　团队的虚拟特性得分

| 日期： | | | | |
|---|---|---|---|---|
| 团队名称： | | | | |
| 团队成员的距离： | | | | |
| 沟通方式： | | | | |
| 团队任务结构： | | | | |

# 团队的虚拟特性对创造性的影响

本部分将讨论虚拟特性的 3 个因素怎样分别影响 NPD 团队的创造性，并就该领域的最新发现进行了简要概述。（有关创意研究的一些参考资料，请参阅标题为"个人和团队创造性"侧栏）。本部分将重点介绍一个人该如何确定一个团队能够产生多少创造性，以及团队维持该水平的创造性需要多大程度的虚拟特性。

首先，我们讨论虚拟特性的 3 个因素是如何影响 NPD 团队的创造性的。要讨论的因素已经再三地在科学研究中被证实对团队层面的创造性有着强烈影响。同样，还存在着其他影响团队层面的创造性因素，我们对其进行了相关论述。然后，我们详细讨论了在不同情景下，3 个因素中哪个属于最重要的因素，并且和 NPD 团队的虚拟特性相关。

### 团队成员的距离和 NPD 团队的创造性

大多数管理者认为，如果 NPD 团队想要产生高水平的创造性，团队成员就要距离比较近。这是对的，至少从某种程度上说是。基本的依据是，团队成员越接近则相互之间交流的机会就越多。这为他们提供了相互了解和发现共同爱好的机会。更重要的是，相互接近带来信任。新产品开发的专业人员通常更倾向于向他们信任并且相处融洽的人咨询问题。事实上，成员的接近会增加团队整体的沟通。沟通可以培养团队创造性，因为，团队成员沟通越多，就越能促进创意和信息的传播。换句话说，多学科的团队成员彼此距离越近，他们之间就越能够并且越愿意交换创意与知识，因此能产生更多新颖的创意与知识。

> **什么是团队创造性**
>
> 最常见的组织环境中的创造性定义是阿马布勒提出的。他认为，对公司而言，当提出一种既新颖又实用的产品或服务时，就展示出了创造性。对于团队来说，创造性指的是团队创造新的创意、方法、途径、发明或应用的能

> 力。虽然阿马布勒的定义已被广泛接受并被相关领域的研究人员采用，但是新颖性和实用性的实际衡量方式仍然存在着很大争议。在关于虚拟性如何影响 NPD 团队创造性的研究中，我们使用利恩德斯、范·英格兰和克拉策提出的办法，他们使用由外部的团队领导者和内部的团队成员提供的主观性团队创造性指标来衡量 NPD 团队的创造性，即在多大程度上该团队比同一行业或公司的其他团队更能提出新的创意、方法、途径、发明或应用。

虽然这种论证言之凿凿，但仍然很容易被反驳，很多情况下，团队成员距离对团队创造性水平并无积极影响。首先，多人在场可能导致注意力分散。有研究表明：科学家需要独自工作，而且他们的社交活动会分散他们对工作的注意力。因此，频繁的相互交流会降低团队创造性。许多心理学家在他们关于创造性团队的研究中（既包括新产品开发环境，也包括其他环境）经常会注意并描述这种影响。更重要的是，注意力分散的成员也可能开始分散其他成员的注意力，从而也降低其他成员的注意力。因此，当团队成员开始分散他人注意力时，团队创造性便开始总体呈螺旋状下降，直至最低水平，因为注意力分散的影响将会在成员的相互影响中增强。这种影响在许多开放的办公室中都会发生，并且通常是在被管理者意识到之前就已经发生了。

> **个人和团队创造性**
>
> 在这一章里，我们说明了团队的虚拟特性是如何影响团队创造性水平的。当然，其他因素也影响着团队创造性。对创造性的研究大部分都集中在个人的创造性方面，数以千计的书籍和学术文献都对这个主题进行了阐述。由于实证研究的复杂性，现在对团队层面的创造性水平的研究是相当新的。即便如此，团队创造性研究已发现的内容和理论非常相似，而且与个人创造性研究的差别非常小。最近关于团队层面创造性的研究（还有其他一些关于群体层面创造性的研究）表明，团队创造性的决定性因素在于团队成员间的相互交流，而不在于个人创造性水平等。NPD 团队的创造性需要多种 NPD 团队成员成果的集成和组合。通过有效的沟通，基于其他团队成员的知识，团队成员交流信息并创造新的知识和观点。为达到创新的目的，团队必须要有创意，并且这些创意最好是最初出现在团队成员中的。除非找到能够令这些创新落地生根、获得发展的地方，否则一个新的创意就会消失。通常地，这些创意应经历提出、精炼、测试的环节并最后通过团队成员间的相互交流得到进一步落实。创造性在人的交流中产生而不是在人的大脑里产生。

其次，NPD 团队成员越是频繁地一起讨论新创意及潜在的解决方案，就越能刺激团队的创新热情，这可能淡化成员对创意实际价值的清晰理解。因为这可能减少批判性思维，并且可能引导成员形成共同的观点，这样就降低了 NPD 团队作为一个整体提出问题解决方案的数量和质量。总之，团队成员距离过近可能在 NPD 团队中引起群体思维，这种思维模式会大大地减少团队的创造性。群体思维变成问题之前所需的时间通常取决于团队跨职能化的程度。非跨职能（或几乎不跨职能）团队可能比高度跨职能的团队受群体思维之害的时间要早得多。但即便是跨职能化程度很高的团队，在共同工作于一个新产品项目的时间足够长之后，也会趋于群体思维。这和欧文·贾尼斯（第一个提出"群体思维"术语的心理学家）的想法一致，他的大多数分析基于对跨职能团队的研究，这绝不是巧合。他认为，如果一群专家聚集在一起做出决定，形成了一个团队，同时团队有高度凝聚力，团队成员亦出现了相互合作的热情，这样的团队就潜藏着群体思维。群体思维的出现要比团队及其经理预期的快得多。事实上，在团队自身意识到（或自己愿意承认）出现群体思维之前，群体思维的影响已经出现数周甚至数月了。

依据以上理论，并结合实际经验，可以得出：坚持哪种单一形式（团队成员要么始终高度集中要么长期高度分散）都会阻碍 NPD 团队创造性的发展。然而，当一个 NPD 团队可以使团队成员在集中和分散之间灵活的转变，并且能够吸收两种团队形式的好处时，它就可以使自身的团队创造性的潜能最大化。在这样的 NPD 团队中，团队成员间的沟通足够频繁，能一起讨论创意并及时传播知识与信息，成员们的注意力不会从个人任务上转移，这些都能大大地降低团队及团队成员产生群体思维的风险。在这种情况下，集中与分散两种形式的应用以一种灵活的方式得到了平衡，这对维系和提升团队创造性极为有益（参见图 5-2 中的 a）。

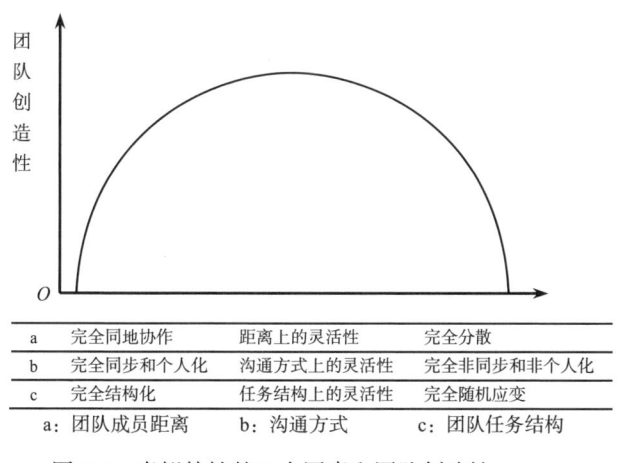

| | | |
|---|---|---|
| a | 完全同地协作 | 距离上的灵活性 | 完全分散 |
| b | 完全同步和个人化 | 沟通方式上的灵活性 | 完全非同步和非个人化 |
| c | 完全结构化 | 任务结构上的灵活性 | 完全随机应变 |
| a：团队成员距离 | b：沟通方式 | c：团队任务结构 |

图 5-2　虚拟特性的 3 个因素和团队创造性

## 沟通形式和 NPD 团队的创造性

面对面的沟通是最古老的沟通方式。这种沟通方式有很多优势。一方面，消息在被告知的同时就能收到，并且立刻就能回应。因此，这种沟通是完全同步的。另一方面，沟通双方都可以利用声音和视觉提示的线索判断对方是否理解消息，是否同意观点，还是是否有其他值得注意的回应。因而，这种交流完全是个人化的。同时它还有助于创造团队成员间的相互信任，这种信任有助于提升 NPD 团队的创造性。更重要的是，因为团队成员彼此间能够积极直接地互动，面对面交流使他们能够探讨复杂性的话题。如果组织需要用创造性的方案来解决复杂问题，那么使用这种沟通方式是有效的。

遗憾的是，面对面交流也要花费很多时间，特别是当参与的成员数量很大时。通过面对面交流的形式组织会议或协调大规模的团队，可能要花费极多的时间，正如有关研究表明的一样，这样做一般都会降低 NPD 团队的整体创造性。

随着团队虚拟特性的逐渐增长，团队成员更多地趋向于使用电子沟通方式。这可以减少或改变沟通过程中团队成员受到的时间、物质及社会条件的制约。在一定程度上，这对 NPD 团队的创造性而言是有益的，因为大量的信息可以通过一种相对快捷和可靠的方式得到传播。这确保了每个人都能够收到同样的信息。另一方面，它也确实不能保证每个人都能按照信息的本来意图进行解读。而且，它也不能保证每个人都能在同一时间收到信息并阅读信息，时间的滞后性有时会很明显。这将使 NPD 团队的创造性过程陷于停顿，因为人们需要等待信息反馈。此外，研究人员发现，网络交流团队在完成复杂问题时会花费更多的时间。通过电子邮件或其他非同步、非个人化的方式探讨复杂问题通常都会延长任务的完成时间。总的来说，在努力通过创造性的方案完成团队任务时，完全依赖于使用非同步、非个人化方式的 NPD 团队，同那些仅仅依靠面对面会议来解决这些问题的 NPD 团队做得一样不好。研究显示，两种单一形式的团队都需要更长的时间发现解决方案，而且这些解决方案通常不具有创造性。

最高水平的创造性通常存在于那些在各种沟通方式间灵活转换的 NPD 团队中。这些 NPD 团队使用定期见面或利用信息技术来模拟面对面交流的沟通方式，或者两者皆用，此外这些 NPD 团队一旦在最需要的时候也可以使用各种非同步、非个人化的沟通方式。换句话说，最具创造性的团队是那些拥有一系列沟通方式并能够灵活选用的 NPD 团队。在这样的 NPD 团队中，当有复杂的、多学科的问题需要解决或不得不做出决定时，团队成员就聚集在一起进行面对面的讨论；但是当他们需要解决更为独立的问题时，或问题相对简单时，他们就会使用电子的甚至信件的方式进行讨论（见图 5-2 中的 b 部分）。

## 团队任务结构性和 NPD 团队的创造性

团队任务结构性决定了相互作用的性质，这些相互作用是为了 NPD 团队完成团队任务而依次发生的。NPD 团队内的任务的相互依赖程度对成员之间的沟通有着直接影响。如果 NPD 团队的任务并不是相互依赖的，就没有必要让成员在一起工作和交流。因为没有相互依赖关系的工作和交流对 NPD 团队的创造性常常是不利的。同时，如果在每个人都依赖别人的情况下还能达成一个解决方案，那简直就是一个奇迹——实际上根本不可能，因为这将导致高度复杂的任务变得实际上无法管理。如果这个解决方案还很有创造性，那就更是奇迹了——实际上更不可能。

通过积极地塑造或重新塑造成员间的相互依赖关系，团队经理能够决定谁与谁沟通，谁与谁分享信息、创意和知识。这对团队能够保持的创造性水平有着直接而深远的影响。总的来说，把团队任务高度分解为独立程度很高的子任务，不仅会延长产品的上市时间，还会降低总体方案的创造性。另外，一点也不对团队任务进行分解会使得每个人之间都产生依赖关系，对团队的创造性同样不利。此外，团队需要恪守的产品规格规定得越清楚、越深入，任务就越容易被分解，任务的挑战性就越小——这往往会降低团队的创造性。另一方面，不对产品或项目做任何定义能给团队带来最大的创造自由，但是指导和规则的缺乏将使得整个团队任务变得复杂和不可控，更不能期待提升团队的创造性了。

在解决这些问题的尝试中，团队经理常常会在以下两种方案中任选一种：在团队中充分扮演中心角色，或置身外围。要增强团队创造性，这两种方法都不可取。把自己放在团队中心，成为所有活动中心的经理们是一切行动的中心，他们自己决定每项任务和工作，这样做的结果在很大程度上破坏了 NPD 团队的创造过程，导致大部分 NPD 团队的创造性被破坏。类似地，当团队经理总是置身外围，一点也不干预团队活动时，NPD 团队的运作就没有任何规则可以遵循，也缺乏有序的引导，这样的 NPD 团队很可能提出不符合公司战略的解决方案或不可行的方案。这些 NPD 团队很少能提出真正有创造性的想法。

研究和实践表明，如果团队任务是预先定义和构造好的，同时也留有足够的创造性空间，这时的团队最有创造力。当团队领导者清晰地出现在团队中且能够有效地促进团队积极性时，团队最有创造力。事物之间是存在边界的，所有人都很清楚这一点，但这个边界应足够宽阔和灵活以支持团队中的创新过程。事实上，创造性的 NPD 团队在定义其项目时都留有相当大的余地，无论是在产品开发方面，还是他们构建方法的方式。换句话说，当其能遵循"团队任务结构"并以一种灵活的方式在两种单一形式之间变动时，NPD 团队的创造性就会增强（见图 5-2 中的 c）。

## 论据汇总

如前文所述，单一形式对创造性是不利的。通过灵活的形式可以获得两种团队形式的好处（通过使用两者的有利因素）并能避免两者的弊端（不过于偏向某种单一形式），而且对 NPD 团队的创造性最为有益。图 5-2 以图示的形式说明了这一点。灵活的团队能够积极地、动态地、有目标地获得全部虚拟因素的好处。例如，当复杂的多学科问题需要讨论且不得不做出最终决定的时候，聪明的 NPD 团队会使用完全同步化的、个人化的沟通方式，同时又能尽可能快地从这种单一形式中转移。同样，当团队成员处理一些相对简单和专业化的问题时，NPD 团队会使用完全非同步和非个人化的沟通方式。在需要的时候，能灵活地在两种单一形式之间游走的 NPD 团队会大胆地选择某一种单一形式，在目的达成后又能果断地结束单一形式的使用，这样的团队具有最高的创造性潜能。欠缺灵活性而又固守两种单一形式之一的团队很少能有真正且可持续的创造性表现。

在需要高创造性时赋予团队较高的灵活性，而在需要较低创造性时赋予团队较低的灵活性，这绝不是一项简单的任务，它的实现需要技能熟练的领导者。只有少数团队领导者能够在管理团队创造性方面获得持续成功，似乎很大程度上出于两个原因：第一，大多数团队领导者不知道是什么使一个团队变得富有创造性。因此，在团队需要更高或较低创造性时，他们没有系统的措施可以使用。本章提供的工具将有助于解决这一问题。第二，应用这些工具和实施这些建议需要领导才能。要做到这一点，团队领导者既要知道要做什么（本章提供了要做什么的选项）又要知道如何在他的公司中实现。这些能力要求是 NPD 团队领导者走向成熟和成功的重要决定因素。

接下来，我们将讨论如何评估 NPD 团队的潜在创造性。

## 虚拟金字塔

明白了虚拟特性的不同因素是如何影响团队的创造性水平之后，我们将评估一个特定的团队能具备多少创造性。某些虚拟特性支持很多创造性方案，使团队有可能具有深刻的创造性。然而，另外一些虚拟特性则会使团队几乎不可能获得真正的创造性方案，更不能在项目长期过程中保持这样的创造性。基于 NPD 项目所需的创造性水平，我们可以分析某个团队是否创造性不足或创造性过剩，从而预测可能导致的效率低下或无效。可以设计一个虚拟金字塔,使团队领导者知道他们的 NPD 团队能够具备和保持多少创造性。该方法将团队的虚拟特性作为起点。

第一步是将团队的虚拟特性转化为"灵活性得分"。这些得分可以从图 5-1 的说明中获得。团队虚拟特性得分和它的灵活性得分之间的关系是直观的:1 分代表任何一个单一情形,3 分代表适中情形。在前文中,我们可知灵活性与一个团队能够积极地、动态地、有目标地沿着某个模块运行的程度密切相关。把这些灵活性得分填在表 5-3 的相应的 3 个栏里,以备后用。

表 5-3　团队灵活性得分

| 日期: | | | | |
|---|---|---|---|---|
| 团队名称: | | | | |
| 团队成员距离: | | | | |
| 沟通方式: | | | | |
| 团队任务结构: | | | | |
| 所需的创造性: | | | | |

现在设想有一个三角形,每一边代表灵活性得分的 3 个因素中的任意一个(见图 5-3)。如果每个因素都是 3 分,三角形最大且等边(见图 5-3 中的 A)。如果每个因素的得分都是 2 分,三角形也等边,但是面积较小(见图 5-3 中的 B)。对于某个特定因素来说灵活性越高,越有利于团队的创造性,那么三角形就越大,团队就越有创造性。因此 3-3-3 团队比 2-2-2 团队更具创造性并更利于维持创造性。

A
平衡的金字塔
3-3-3

B
平衡的金字塔
2-2-2

C
不平衡的金字塔
1-3-3

图 5-3　3 种灵活性结构

如果某个团队在某一因素上得 1 分,而在另两个因素上得 3 分,三角形就是不平衡的(见图 5-3 中的 C)。如果不是受一个因素的阻碍,这一团队会很有创造性。例如,如果一个团队是半集中半分散的,有优秀的差旅设施,则它的团队成员距离的灵活性得分是 3 分。假设该团队也具有广泛的沟通方式并能够灵活地使用它们，则其沟通方式的灵活性得分也是 3 分。然而，如果团队领导者很严格地协调团队的各项工作，坚持纵向沟通，严格地预先界定 NPD 团队的产出，不给 NPD 团队留有自己开发流程和安排自己工作的空间，则其团队任务结构的灵活性得分就是 1。很明显，这样的 NPD 团队无法表现出高创造性。它在团队任务结构灵活性上的欠缺扼杀了大部分的创造潜能。在这样的 NPD 团队中，差旅预算再多也无法使之产生更新颖的方案。

创造性和灵活性的关系可以这样形象化：将三角形看作底，创造性水平看作由底支撑的桅。在图 5-4 中，我们已经为 3 个三角形中的每一个都增加了一个桅，它们的高度代表这种结构能支撑的创造性水平。3-3-3 三角形能够轻而易举地撑起高桅，这类团队能支持高水平的创造性；这种水平的创造性对 2-2-2 三角形所代表的团队来说太高，因此 2-2-2 三角形适宜支撑稍短的桅，这样可以获得稳定的结构；如果不得不支撑这样高的桅，1-3-3 三角形结构将倾覆，它所代表的团队只能稳定地支持一个较低水平的创造性。

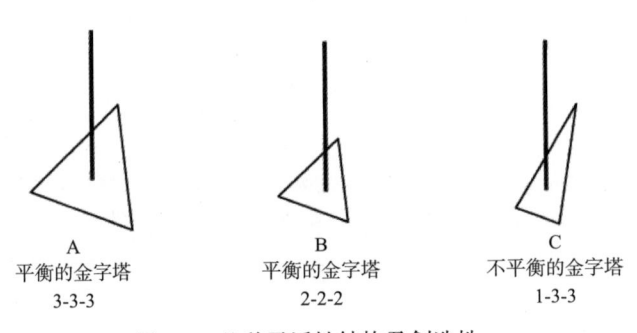

A
平衡的金字塔
3-3-3

B
平衡的金字塔
2-2-2

C
不平衡的金字塔
1-3-3

图 5-4　几种灵活性结构及创造性

这种叫作虚拟金字塔的工具集成了有关灵活性与创造性的知识。虚拟金字塔说明了 NPD 团队在 3 个虚拟因素上的灵活性程度能不能产生团队所需的创造性。虚拟金字塔如图 5-5 所示。金字塔以一个等边三角形为底。金字塔的高度代表了 NPD 团队的创造性水平，表现为穿过底面中心的桅。除了构成金字塔底的三角形，你还可以看到两个小一些的三角形。顶端的三角形代表了 1-1-1 团队，中间的三角形代表了 2-2-2 团队，底部的金字塔代表了 3-3-3 团队。虚拟金字塔的应用步骤如下：首先，参看图 5-6"创造性简介"及下文描述团队所需创造性水平的内容，在最符合团队情况的简介处做上记号。每一个简介都有一些相应的分数，从 1 分到 3 分。把这些得分记录在表 5-3 的底行，以备后用。

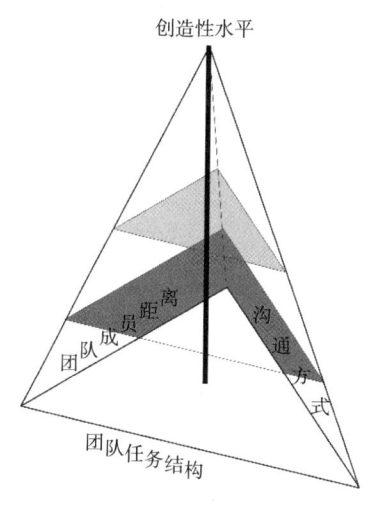

# 第5章 打造创造性的新产品开发虚拟团队

图 5-5 虚拟金字塔

---

以下模块介绍了 NPD 项目所要求的创造性描述。请在最适合你的项目的方框上做记号。

**模块：创造性要求**

☐ NPD 团队的设计任务很简单，并且基于现有的和众所周知的技术。所有的设计目标都是完全明确的，并且任务不确定性极低。实际上，新产品（新版本）是对市场上某个现有的和知名的产品的再设计。（1 分）

☐ NPD 团队的设计任务书很有雄心，但仅仅是已有产品系列（或产品线）的延伸。新产品的子系统可能需要新的技术，但产品主要基于已有的技术。新产品属性提供给对基本产品非常熟悉的客户。（2 分）

☐ 设计任务书对公司或 NPD 团队来说是一项全新的挑战。必须开发一些全新的技术，并用来创造新产品。很多知识和能力都需要创新。新产品需要的市场和客户都开始出现。设计任务有挑战性，但很笼统。（3 分）

---

图 5-6 创造性简介

如果发现团队所需的创造性分数是 1，这意味着 1-1-1 的灵活性结构，最适合该 NPD 团队的创造性需要。该结构是稳定的，成本低廉并且能够保持 NPD 团队的创造性。毕竟，该 NPD 团队仅仅需要有限的创造性。如果团队所需的创造性分数是 2，那么最适合的灵活性结构是 2-2-2。这种结构是培育 NPD 团队创造性的最理想结构。如果灵活性不够，NPD 团队就不能产生足够的创造性；如果灵活性过高，NPD 团队将会花费过量的时间与精力开发全新的、高度的创造性技术，这样不符合企业的战略。如果 3 分是最适合的，那么在所有因素上具有充分的灵活性（3-3-3 结构）便是 NPD 产生足够的创造性的必要条件。如果有任何因素的灵活性不够，团队就不能持续获得高创造性的方案。

遗憾的是，NPD 团队很少是完全均衡的。更可能的情况是，你的 NPD 团队在一个或两个因素上的得分过高或过低，只是在另一个或两个因素上正好。我们建议你把你的三角形放入金字塔。这个三角形可能是等腰的，也可能是不规则的，随着创造性轴线穿过它的重心，我们可以很直观地观察到它是不是容易倾覆。

在使用图 5-1 和图 5-6 确定团队的虚拟特性和能产生的创造性水平之后，你需要问自己两个问题。

这种三角形稳定吗？换句话说，团队的每个因素的灵活性得分一样吗？

该三角形的大小足够支撑团队所需的创造性水平吗？

很可能，对这两个问题中的至少一个来说答案是"否"。大多数的团队领导者发现他们的答案是两个"否"。接下来，我们将简要讨论如何解决这个问题。

## 管理团队创造性

如果一个 NPD 团队没有形成创造性需求为 3 的 3-3-3 结构，或创造性需求为 1 的 1-1-1 结构，那么解决办法是，收缩或伸展弱势因素。换句话说，根据 NPD 团队所需的创造性水平，减少或提升弱势因素的灵活性，使之符合团队创造性的要求。如何才能做到这一点，很大程度上取决于具体的情况。贵公司可能有若干合适的选择，或者在你的处理方案中可能仅有非常有限的替代方案可供选择。本节将会提供一些建议。当然，每位经理都可以参照他自己的公司/情况来调整这些建议。

下面我们简要介绍一些选项。我们分别为每个因素进行相应的介绍。图 5-7a、图 5-7b 和图 5-7c 总结归纳了这些因素。在这些图中，虚拟特性的 5 个得分标在一条倒 U 形曲线上（你可以用灵活性得分代替它们，如果这样做更简单的话）。在两个数字之间是一些关于怎样做才能从一个得分移动到下一个得分的要点介绍。在倒 U 形曲线上方，从左到右，虚拟水平逐渐增高。在倒 U 形曲线的下方，从右到左，虚拟水平逐渐降低。

我们所提供的这些选择是非常普通的，旨在激发读者去思考适合自己所处特定情况的替代方案。在提供这些选择之前，我们先说明两点。首先，我们不讨论任何需要改变团队成员的选择。当然，如果你有权这么做的话，这种选择在某些情况下可能是有效的。然而，这些后续的选择在不改变团队成员的情况下也可以奏效。其次，你可以以粗略或精细的方式来执行我们的建议，如当一个团队领导者可能没有权力或预算改变成员间的距离的时候，他仍然可以通过把一些团队成员调动到同一个大楼的不同地方、不同楼层的方式，或重新安排办公桌的方式，

# 第 5 章 打造创造性的新产品开发虚拟团队

来有效地调整团队成员的距离。在团队经理的权力和预算中，这些措施通常是可行的。因此，我们建议，你应当思考这些选择如何才能适用于你的具体情况；所有的这些都需要一些创造性！我们在标题为"距离管理""沟通方式""管理任务结构"和"管理 NPD 团队虚拟特性"的侧栏部分列举了一些例子。

> **距离管理（举例）**
>
> 在家电行业，某个为开发新产品线而建立起来的团队以自然的方式进行距离管理。NPD 团队的很多人在项目开始阶段时完全处在相同的环境中（尽管不在相同的建筑里）。在项目的开始阶段，他们一起在医院里、研究实验室里、会议上和当地的酒吧里花了很多时间。他们在一种不太正式的环境下一起讨论和提出创意，使得他们相互之间变得非常了解（刚开始时他们中的很大一部分人彼此都不认识），也使得他们可以提出一些有关将要开发产品的新创意。依照公司严格制定的产品指导方针，团队通过召开面对面的会议来设计产品轮廓和拟定潜在的发展方向。然后，团队分解任务（并不仅仅基于对团队成员的判断）并且组织团队成员开始进行若干产品构成的功能设计工作。在这之后，很多工作要在不同的部门里完成，一些参与进来的科学家会在家里工作，另一些则被安排到该公司位于世界不同地方的部门。团队的绩效依旧非常好，但是距离管理成本大幅下降且趋于稳定。当然，在项目的不同时期，一些团队成员仍会外出和其他成员面对面交流，这种交流有时甚至会持续几个星期，当不再需要这种面对面交流时再各自返回。开始时，团队成员具有很近的距离，有时会适当拉远距离，但是在需要时可再次拉近距离，这样团队就能够在整个"团队生命周期"中保持很高的创造性。有趣的是，同一家公司中的另一个 NPD 团队在完成了相关的项目后被解散了。原因如下：据公司管理层的意见是该团队工作的创造性不够。管理层不明白这是为什么，因为他们已经把最好的经理分配到了这个项目中，并且把大部分相关的研究人员都安排在了一座大楼的同一层里。

## 团队成员的距离

参照图 5-7a，注意以下几点。

1→2. 团队成员完全集中在同一地点。由 1 至 2 表示为距离灵活性维度上升一个刻度，使团队的部分人员落脚于其他地方。随着团队成员在一定程度上变得较为分散，团队也需要增加一些差旅预算，但是不需要增加太多。

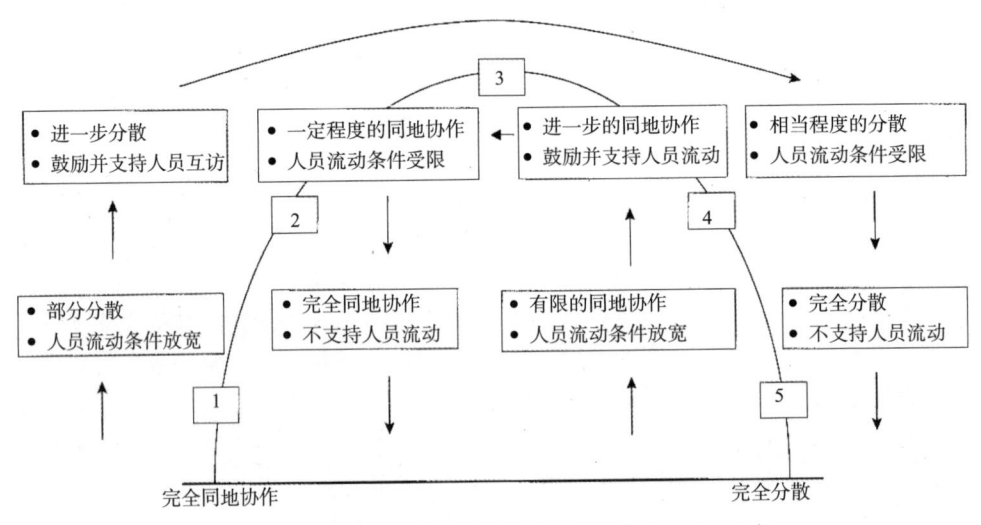

```
┌─────────────────┐   ┌─────────────────┐  ┌─────────────────┐  ┌─────────────────┐
│ • 进一步分散     │   │ • 一定程度的同地 │←─│ • 进一步的同地协作│  │ • 相当程度的分散 │
│ • 鼓励并支持人员 │   │   协作          │  │ • 鼓励并支持人员  │  │ • 人员流动条件受限│
│   互访          │   │ • 人员流动条件受限│  │   流动          │  │                 │
└─────────────────┘   └─────────────────┘  └─────────────────┘  └─────────────────┘
```

图 5-7a 管理 NPD 团队的虚拟特性：团队成员的距离

2→3. 进一步分散团队成员。NPD 团队由一些分散的部分组成；各部分的成员大部分都驻扎在同一地点。这种集中主要取决于各部分的能力和团队的子任务。团队需要提供良好的差旅条件（在预算和后勤支持方面），为团队成员在各地之间的互访提供支持和鼓励。争取使集中和分散的团队成员都能达到最佳状态。

3→4. NPD 团队主要处于分散状态。同时，团队需要减少差旅支出（在预算和后勤支持方面）。成员出差应该只限于特别必要的访问。

4→5. 使 NPD 团队处于完全分散状态，只有在万不得已时才将团队成员集中起来。团队要求团队成员始终留在自己的工作地点，并取消出差。多数时间团队成员应当原地不动。

5→4. 团队成员已经完全分散。这时，团队领导者可以将 NPD 团队里的一小部分人集中起来，但只能在做依赖度很高的任务时才可以这样做。另外，团队需要提供一些差旅支出，但是不多。

4→3. 进一步集中团队成员。这时候的 NPD 团队由一些分散的部分组成；每一部分中的成员主要是集中的。这种集中主要基于各部分的能力和团队的子任务。同时，团队需要提供优越的差旅条件（在预算和后勤支持方面），并且对团队成员在各地之间的互访提供支持和鼓励。争取使集中和分散的团队成员都能达到最佳状态。

3→2. NPD 团队主要处于集中状态。同时，团队需要减少差旅支出（在预算和后勤支持方面）。成员出差一般是在特别必要的时候。

## 第 5 章 打造创造性的新产品开发虚拟团队

2→1. NPD 团队完全集中,只有在万不得已的时候才允许成员分散。因为团队成员都在同一地方办公,团队可以取消所有的差旅支出。

> **沟通方式(举例)**
>
> 欧洲一家大型印刷机开发商的一个 NPD 团队要开发一种新的打印机机芯。为了管理团队的创造性,开发商对 NPD 团队的沟通方式进行了如下管理。在概念构建阶段,创造性需求可能是最高的,来自不同学科领域(研发、营销、生产、服务、销售、控制等)的专家参与打印机机芯的概念设计。尽管专家们可以通过电子沟通方式沟通,但通过面对面的沟通来交换草图和模拟结果会更有成效。全体成员也可以使用高度可视化技术来沟通。这就是"短、平、快",大量知识和信息能快速而可靠地实现传递。通过这种方法,NPD 团队可以构建起清晰而明确的产品概念。另外,在细节设计阶段,面对面的沟通会过于分散专家的注意力而影响效率,这无益于提升团队的创造性,甚至可能降低团队的创造性。这种情况下,我们推荐使用电子沟通方式和快递(公司内或城市内)来进行团队内部沟通。当不得不做出决策时——尤其是关乎分解任务之间接口的设计决策时,我们又要采用更加个人化和同步的沟通方式,这种情况下推荐使用面对面沟通和视频会议的沟通方式。

## 沟通方式

参见图 5-7b,注意以下几点。

1→2. 团队领导者可以引进和采用电话与电子邮件的沟通方式。不过,还是应该规定大部分的沟通要采用面对面的形式。

2→3. 引入新的沟通方式——特别是电子沟通方式(包括使用各种群组软件)。在引入这些新的沟通方式之后,团队领导者要向成员们推荐使用多种不同的沟通方式,确保这些沟通方式的使用灵活而均衡。但电子沟通方式的使用不能取代面对面交流及其他个人化的互动形式。这个阶段坚持可视和非可视、同步和非同步沟通方式相结合。

3→4. 强调非同步的、非个人化沟通方式的使用。团队领导者敦促团队成员发送电子邮件、发送传真及采用其他的电子沟通方式,并且坚决要求他们用这些方式代替大部分的面对面交流和电话联络。

4→5. 禁用大部分同步沟通方式。强调使用邮件和其他纯粹的非个人化的和非同步的沟通方式——因为在这个阶段,采用同步和直接的个人沟通方式是不必要的并且是一种资源浪费。

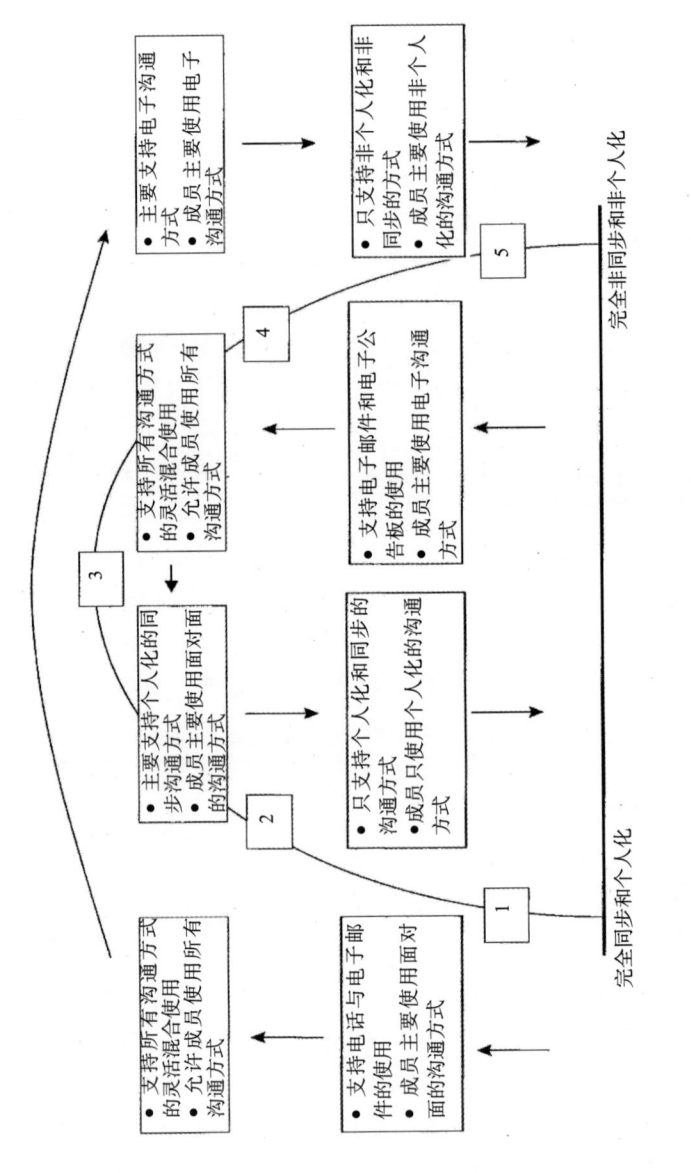

图 5-7b 管理 NPD 团队的虚拟特性：沟通方式

5→4. 团队领导者可以引入和支持电子邮件和电子公告板的使用。这样能略微降低团队沟通的非同步特征。尽管如此，团队仍旧规定成员要以邮件的、非个人化的和非同步的沟通方式为主。

4→3. 规定采用面对面交流和电话联系方式，以提倡多种沟通方式的灵活组合。这一阶段强调个人化的和同步的沟通方式与非个人化的和非同步的沟通方式同等重要。

## 第5章 打造创造性的新产品开发虚拟团队

3→2. 强调使用个人化的和同步的沟通方式以提供可视的和有声的线索。特别需要注意的是，团队领导者应该敦促团队成员主要以面对面或电话的形式进行交流，坚持要求他们以此取代大多数的电子沟通方式。

2→1. 禁用大多数非个人化的和非同步的沟通方式。强调团队成员只能采用面对面的沟通方式。

> **管理任务结构（举例）**
>
> 一家制药公司决心找到一种冠心病的新疗法。这是一种逐步创新的形式，要求该团队整合生物化学、医学和生产（如：用于生产活性成分）等高度专业化的知识。在本例中，任务相互依存度很高，团队任务很难结构化，并且十分复杂。在为药物整合各有效成分之后，公司还要建立一些并行的子项目，包括产品的升级，验证药物效果的动物实验，并启动为新疗法申请FDA认证的流程。这些子任务很繁重，但是复杂程度比较低。任务中的很大一部分都能够按照已有的流程执行，任务分解的方式事先就计划好了。任务可以分解给一些小组，每个小组可以在很大程度上不依赖其他小组而工作。团队领导者追踪这些子任务的进度，并整合结果。高度结构化使得团队工作取得不断进展。注意，在项目的这个阶段，任务结构很大程度上保持不变。这样做的原因是，在该阶段追求高水平的创造性是没有价值的。

> **管理NPD团队虚拟特性（举例）**
>
> 在过去的几十年里，美国国家航空航天局（NASA）及欧洲航天局（ESA）的项目结构发生了巨大的变化。为了能够提供高端仪器——这些仪器具有顶尖水准的性能指标，它们成立了大型的研究机构联盟。但是，开发这些仪器需要的专业技术知识越广泛，要求联盟里参与的研究机构就越多。之后，ESA的研究机构联盟发展为15个国家的25个研究机构的联盟。然而，这个项目并非一开始就是有研究机构参与的。最初，一小群具有丰富经验的科学家和工程师聚集在一个研究所里建立起产品概念和项目所需联盟的总体架构。这些项目早期成员相互之间变得非常了解。在开始阶段，他们根据专业技术要求建立了大型的研究机构联盟。完成仪器的产品结构分解后，一个由25个研究机构组成的联盟就形成了。任务结构就这样建立起来了，并且由于这些研究机构在地理上相隔很远，它们大多数的沟通都是通过电子沟通方式完成的。然而，成员们很快就发现，项目并没有达到预期的进展，正如管理层后来判断的——缺乏创造性。由于大多数的太空技术都处于人类航天科技的最前沿，

开发它们需要高水平的创造性。为了提升整个联盟的创造性，项目经理从以下几个方面做出改变。首先，建立联盟会议，让来自各个研究机构的所有成员可以进行面对面的交流。并且，研究机构间的视频会议要比以前多得多。其次，可以临时调遣某些研究机构的科学家和工程师们到其他研究机构中去，特别是当不同研究机构之间的沟通出现问题时。最后，可以调整（部分）任务结构以满足临时需求。有时候，因为一种特定材料或一项特定测试设计的协议，一个机构需要临时和其他机构合作。这种变化的任务结构现在已经得到了明确的管理。总之，使所有虚拟性因素更具灵活性的投资终究是会有回报的。

## 团队任务结构

参见图 5-7c，注意以下几点。

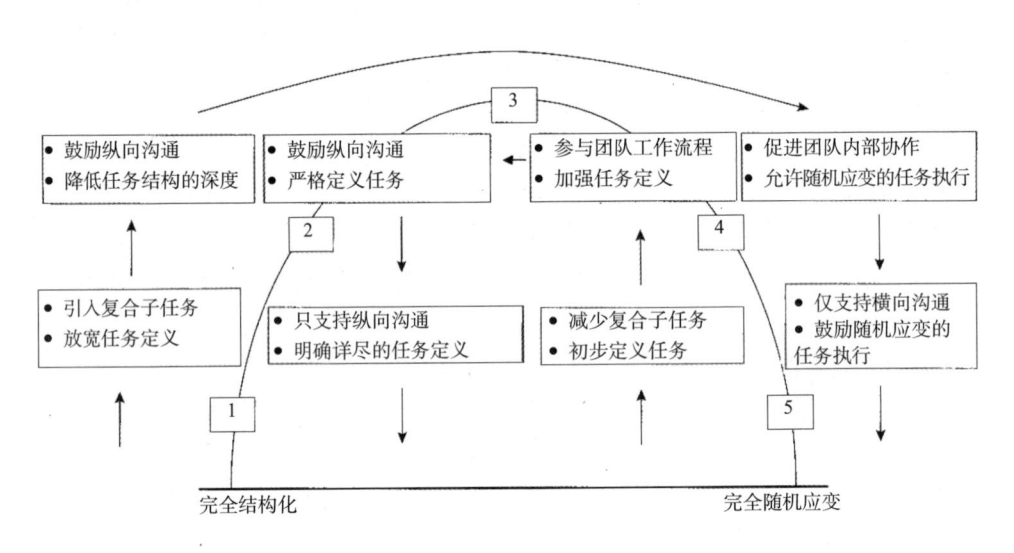

图 5-7c 管理 NPD 团队的虚拟特性：团队任务结构

1→2. 向 NPD 团队引入一些复合子任务。给予团队成员定义小部分团队任务的自由。团队任务的某些方面定义得较为宽泛。

2→3. 无论何时何地，只要团队领导者认为可以的话，允许 NPD 团队拥有自主权。尽管团队领导者保持着对团队的控制，他也应当欣然地接受成员的意见，同时在 NPD 团队中确立和培养纵向和横向相结合的沟通和协调机制。团队任务结构的定义可以适当放宽。尽管如此，团队领导者还是应该时刻关注团队是否在正轨上。他们应该确保团队的任务是结构化的，并且把它们分解成连贯但不完全独立的子任务。

3→4. 团队成员在任务执行过程中的投入是非常重要的。对此，团队领导者应该给予帮助和支持。他们应该确保重要的任务是明确的，确保不干预团队的工作进程，除非事情明显失控。这样可以逐渐给团队分配复杂的任务。

4→5. 团队领导者不提前明确产品和任务，而是完全放手给团队去做。团队领导者授予团队成员做所有决定的权利，鼓励团队成员相互协调。协调完全是横向的，团队领导者并不干涉。

5→4. 尽管很大一部分任务都交给了团队成员处理，团队领导者还是提前明确了团队安排工作的部分方式。同时，他们也为团队提供了一些任务的初步定义。这样就减少了需要由团队完成的复合子任务数量，也降低了团队成员重新定义任务的自由度。

4→3. 团队领导者越来越多地提前定义团队的任务。同时也开始积极地参与团队的工作。然而，团队成员对工作任务和过程的投入也是很重要的，团队领导者应对此给予鼓励和支持。团队领导者应确保在 NPD 团队中确立和培养纵向和横向相结合的沟通和协调机制。这样，团队任务结构的定义在很大程度上得到了加强，其深度也得到了提升。

3→2. 团队领导者加强自己对 NPD 团队的控制，但仍旧接受团队成员的一些意见。纵向沟通逐渐变得重要。严格定义团队任务，构建团队的工作流程，并确保任务分派到团队成员，整个流程都逐渐变得简单和清晰。

2→1. 确保团队任务得到了很好的定义。在团队的整个生命周期中，团队任务都是清晰和不变的。其余的任务相对简单和透明。团队领导者处理任何必要的协调工作，因而，和任务相关的沟通几乎完全是纵向的。

**注意事项**

虚拟金字塔直接指明了一个虚拟团队不像管理层期望的那样具有创造性的原因。经常使用虚拟金字塔可以帮助团队领导者判断团队的创造性潜力并且跟踪团队创造性的发展轨迹。如果需要巩固团队的创造性成果，即便只是暂时的，团队领导者也需要使团队虚拟设计的灵活性最优化，至少是暂时最优化。和项目流程一样，NPD 团队的创造潜能也可以通过使团队沿着虚拟性的 3 个因素逐渐虚拟化或趋于虚拟化管理。

在任何情况下，一个人都不能期望事情会永远朝着正确的方向发展。高创造性也不是突然就能获得的，它们需要一个培育创造性的环境。最适合创造这种环境的是 3-3-3 灵活性结构。应用虚拟金字塔更为便捷和方便。最优秀的团队也可能一路坎坷，那么我们的任务就是及时发现路上的障碍并且解决它们。

同样地，糟糕的团队也有可能通过有效的管理回到正轨。因此，我们建议团队或团队领导者在项目的整个生命周期内积极应用虚拟金字塔。这样做可以及时发现事情的发展趋势，从而迅速衡量管理行为的有效性。为了切实了解每项干预措施的效果，我们强烈建议每次只采取一项干预措施。考虑到可以采用的多种选项和时间紧迫的环境，人们可能尝试同时采取多项干预措施。这也许会奏效，然而，同时采取多项干预措施将会同时引发一系列变化。这可能导致我们无法单独衡量每项干预措施的效果，因为某项干预的效果可能被另外一项干预政策的效果削弱。即使结果是有益的，你仍然确实不知道下一步将要做什么。因此，我们建议读者要有耐心，每次只采取一项干预措施，做好记录，同其他NPD团队经理一起讨论其效果，然后预留出时间，让干预措施的效果表现出来。然后，如果有必要，可以采取第二项干预措施。当然，如果时间的限制较大，确实可以同时采取多项干预措施。但是，如果可能，我们强烈建议按顺序进行干预。这将使团队工作更有效并且使你成为一名更出色的领导者。

## 结　论

近几十年来，团队领导者们已经不得不去改变他们采用的新产品开发的组织方式。市场的发展已经推动新产品开发在日益虚拟化的环境中完成。这就带来了一个新的挑战：如何管理团队的创造性成果——团队中成员面对面沟通较少，讨论主要以非同步方式发生，任务结构在很大程度上是不规律的。许多团队领导者告诉我们，他们最初不相信能够在虚拟环境中很好地管理和激励创造性。本章已经说明了这种想法在某种程度上是正确的：完全虚拟的团队很难具有高创造性。

然而，本章中最重要的观点就是团队的虚拟性特指某种程度的虚拟性。把一个NPD团队当作"虚拟"来讨论是没有意义的，同样地，谈论非虚拟性团队也没有意义。所有NPD团队在一定程度上都是虚拟的，管理NPD团队的关键是确定一个特定团队的虚拟程度。虚拟特性正是为这一目的而设计的，它揭示了一个特定团队的虚拟程度究竟是多少及衡量创造性的因素是什么。一个NPD团队可能在某一方面更具虚拟性而在另一方面虚拟性少一些。

本章帮助你管理NPD团队的第二条途径就是阐述影响NPD团队创造性的3个虚拟特性。有了这些知识，团队领导者就可以判断团队的创造潜能。另外，这种方法为团队和项目领导者提供了如何提升（或降低）团队创造性的方法。由于创新可能是NPD成功最重要的因素，了解如何管理NPD团队的创造性对NPD团队的成功及团队或项目领导者来说至关重要。

虚拟特性对创造性本身没有坏处。事实上，大大地增加非虚拟团队的虚拟特性能很大地提升团队的创造性潜力，但也不是越高越好。如果NPD团队变得高度虚拟化，就存在失去创造性潜力的风险，虚拟特性的灵活性对创造性的适应性调整而言是至关重要的。

本章提供的工具来源于广泛的调研和丰富的实践经验。工具使用简便且作用很大。这些工具表明，在虚拟环境中提升创造性是一定可以实现的。更重要的是，NPD团队的创造性是可以管理的，而本章阐述了如何管理。

# 作者简介

### 罗杰·利恩德斯（Roger Leenders）

罗杰·利恩德斯博士是荷兰格罗宁根大学（Groningen University）管理与组织系的商业开发专业副教授。他的研究集中于社会网络对组织的一般性和创新活动方面的正负面影响。罗杰的主要研究兴趣在于社会网络如何支持或妨碍创新团队及其成员的绩效。他撰写过一部著作《结构和影响》（*Structure and Influence*），主编（与S. M. Gabbay）过两本书《共同的社会资本和责任》（*Corporate Social Capital and Liability*）和《组织的社会资本》（*Social Capital of Organization*）。罗杰的研究成果发表在《社会网络》（*Social Networks*）、《数理社会学》（*Journal of Mathematical Sociology*）、《组织社会学研究》（*Research in the Sociology of Organizations*）和《产品创新管理期刊》（*Journal of Product Innovation Management*）等刊物上。罗杰拥有社会科学博士学位。

### 简·克拉策（Jan Kratzer）

简·克拉策博士是荷兰格罗宁根大学管理与组织系的助理教授。他的主要研究兴趣涉及产品开发流程中的人力资源和沟通网络，特别是虚拟团队的开发。他在格罗宁根大学获得博士学位，研究领域是创新团队中的沟通与绩效。

### 乔·范·英格兰（Jo van Engelen）

英格兰博士是荷兰格罗宁根大学的商业开发和调查方法学教授。他在荷兰屯特大学（Twente University）获得市场管理信息技术博士。英格兰博士还在荷兰的几家成功的公司任咨询顾问和董事会成员。

# 第6章

# 构建更强大的合作伙伴关系以提高合作开发绩效水平

马克·J. 德克（Mark J. Deck）

在各行业中，通过跨公司的协作来合作开发产品和寻找解决方案正逐渐成为产品开发的一个重要趋势。通过利用价值链合作伙伴的专门技术，公司能够专注于自己的核心竞争力，以更好地利用其研发资源，开发更具创新性和更完善的产品，并且能够更快地将产品投放市场。技术上的进步已经使有效的合作开发及其所需的整合变得切实可行。但是很多公司虽然选择了合作开发，却并没有从战略的角度深入思考与谁合作，怎样去利用关键能力，以及致力于得到怎样的结果。这一章将着重讲解合作开发的误区，并且对合作伙伴的选择和管理过程做一个概述。

那些处于合作开发最前沿的公司将与开发链上其他公司的紧密合作看作它们商业模式的基础。这样的公司会构建一种战略和合作伙伴关系来支持合作开发。它们希望利用它们自身的内部优势，同时也利用合作伙伴的核心竞争力。它们分析了它们所经营的业务的价值链，瞄准那些能够为它们带来最大收益的领域，寻找合作伙伴帮助开发完整的解决方案，并且积极地管理与这些合作伙伴的关系。

成立于1993年的千禧制药（Millennium Pharmaceutical）公司是这种合作开发的典型代表。通过自身的技术和研发平台，公司确定了几十种有潜力的新型治疗药物和预防药物。在早期开发阶段，该公司有很多有前途的项目，这些项目都是瞄准这些新型药物的。然而，实施一个制药项目，从概念产生到项目批准是一个漫长而耗资巨大的计划。从一开始，千禧制药公司集中精力搞药物发明，同时和固定的制药公司（有合适的资格评估的公司）合作，以推动自己公司的药物开发过程。如果千禧制药公司试图依靠自身力量去实施其开发链上的所有行动，那么只能有一小部分项目能进行到开发链的最后阶段。"协作对我们解除早期开发阶段

## 第 6 章 构建更强大的合作伙伴关系以提高合作开发绩效水平

的管道束缚来说十分重要。"千禧制药公司技术部的时任副总经理基思·迪翁这样说道。

思科公司在经营的几乎每个方面都强调协作。该公司在利用其合作伙伴提供的优势方面具有明确的战略,这使得其在更短时间内就为公司产品赢得了更大的市场份额。思科公司技术中心的副经理迈克尔·弗伦多指出:"协作的最终好处是使我们更快地得到更多的利益。通过与其他合作伙伴合作,我们能够提高开发一种新技术或新服务的速度;而且如果我们能更快地进入市场,我们将总能得到更大的市场份额。"

在 2003 年 PDMA 的合作开发系列会议中,由美国产品开发与管理协会(PDMA)和管理圆桌会议(MRT)联合进行的一项合作开发实践调研进一步反映了这种新兴的合作开发趋势。超过一半的被访问者声称,他们至少有 20% 的项目都涉及一个合作开发的合作伙伴。更为重要的是,他们中几乎一半的人认为在未来的两年内,这个比例将会翻一番。在所有的行业细分研究中,相对较小的公司(收入低于 5 亿美元的公司),给出需要合作伙伴的最重要的原因是:更快地投入市场;对大的公司来说,合作的首要动力是创新。但是几乎 70% 的被访问者表示,他们对自己的合作开发成果并不满意,最重要的两个原因是:协作基础薄弱和领导力不足。协作基础和领导力其实就是建立牢固合作伙伴关系的两个重要组成部分。

有效的合作开发毫无疑问是一个巨大的挑战。很多公司很努力地为他们的合作伙伴关系确定目标和指导方针。接下来讲到的定义和特征提供了一个很好的出发点。

在一个合作开发伙伴关系中,两家或更多独立的公司为了共同的利益一起工作,设计开发和发布一种新的产品、服务或技术。这样的合作伙伴关系有如下特征:

- 各方将在一段时间内密切互动。
- 各方都愿意为了它们共同的目标,相互投入时间、精力和金钱。
- 各方将在它们成功的合作中受益。

显然,并非所有的合作伙伴关系都具有战略意义或者需要这样的投资。举例来说,与商品的供应商做生意,就不可能保证其是否与一家密切参与新产品开发或解决方案概念设计的公司也具有相同的合作伙伴关系。

最优的合作开发来源于公司在 3 个方面的卓越处理:战略制定(到哪里寻求合作、为什么合作)、项目执行(如何与合作伙伴共同执行项目),以及合作伙伴的选择和管理(如何建立和培育富有成效的合作伙伴关系)。本章将重点介绍最后一方面,因为它是相对较新的一种企业能力,同时也是大多数公司在进行有效处理时所面临的挑战。你将会看到选择和管理合作伙伴的流程及这一流程能带来的好处，并且你将会得到如何使之运行的有用的建议。你还将得到关于合作伙伴选择标准、合作开发协议、合作伙伴关系管理、合作伙伴绩效度量方法，以及合作伙伴组合管理等问题的探究。

## 一个合作开发的模型

根据之前的研究，PRTM 公司已经确定了成功的合作开发需要具有 3 个关键要素：战略，包括开发链设计及合作伙伴选择与管理；执行，包括治理和绩效度量、团队和流程；基础设施，包括实现有效合作开发的 IT 系统。它们构成了一个合作开发的模型，如图 6-1 所示。

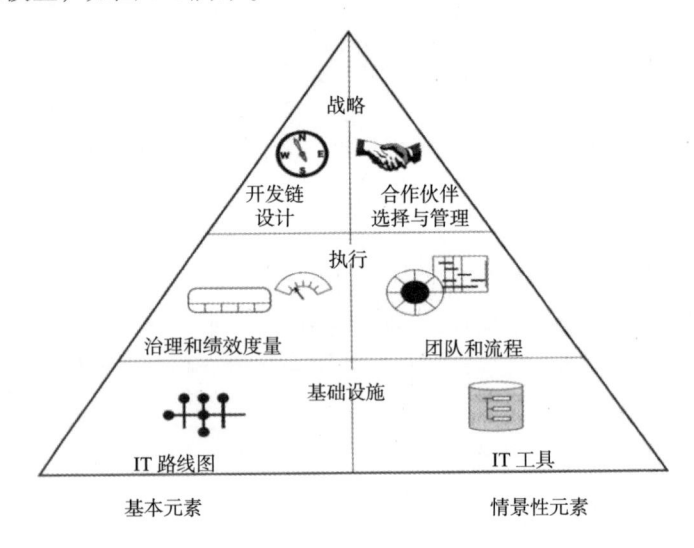

图 6-1 合作开发的模型

合作开发系列会议的研究证实了这个模型。正如表 6-1 中所示，在参与合作的公司使用最多的 7 条实践经验中，2 个着重于项目执行，3 个与合作伙伴选择与管理有关，2 个关注于绩效度量方法和战略。尽管所有的这些方法都被看作很重要，它们仍然没有被大多数参与者广泛采用。

表 6-1 成功合作开发的 7 条实践经验

| 合作开发实践 | 重要性<br>最高百分比 | 实践<br>最高百分比 |
|---|---|---|
| 用共同的交付成果和定义将整体流程向合作伙伴延伸 | 85% | 22% |
| 项目团队中纳入了主要合作伙伴，并且有明确的角色定义 | 82% | 18% |

## 第 6 章 构建更强大的合作伙伴关系以提高合作开发绩效水平

续表

| 合作开发实践 | 重要性<br>最高百分比 | 实践<br>最高百分比 |
|---|---|---|
| 任命高级管理者来管理合作伙伴和处理问题 | 70% | 16% |
| 合作伙伴管理是一个用标准的协议和模型定义好的过程 | 65% | 18% |
| 定义用于合作伙伴选择和评估的流程和标准 | 65% | 15% |
| 定义用于评估项目和合作伙伴关系的绩效度量方法 | 62% | 8% |
| 与合作伙伴联合制定产品和技术路线图 | 58% | 11% |

其他研究显示，合作伙伴管理可以提升合作开发绩效。戴尔、卡尔和辛研究了 200 家公司中超过 1500 个协作组织，发现有专门合作伙伴管理职能和流程的公司拥有更多的联盟（大约 50%），以及更成功的联盟（成功比例提高 39%）。

## 一个结构化的流程

对很多公司来说，合作的需要是偶然的，通常受特定项目或特殊市场环境驱动。因此，很多公司是在项目层面上建立起合作开发技能的。尽管当仅仅只有几个项目待处理时，将合作伙伴的选择与管理交给负责个别项目的合作开发团队来处理也能行得通，但是当涉及需要多个合作伙伴的众多产品时，这种方式就会阻碍合作开发最大价值的实现。接下来是一些普遍的问题。

- 尽管项目层面的问题可能清晰可见，但与合作相关的绩效度量问题往往容易被忽视。
- 公司在建立新合作伙伴关系上浪费时间和精力，却没有很好地利用已经存在的合作伙伴关系。
- 在合同雷区前进的时候，公司一直"重新发明轮子"，从头开始启动每一项合作开发。
- 错过利用其他项目的协同效应的机会。
- 不断变化的合作伙伴关系会导致之前的战略合作伙伴关系紧张。
- 在混乱的活动中，公司既不能识别最好的合作伙伴也无法淘汰最差的合作伙伴。

避免这些问题的关键是创建合作伙伴选择与管理的可重复流程，这一流程明确定义战略性资源投入、流程步骤、每一流程步骤的输入和输出、决策、治理和流程责任人、组织方法，以及绩效度量。本书将介绍一个 3 阶段的流程，此处先进行概述，随后举例进行详细说明。

### 合作伙伴的评估和选择
- 基于产品和合作开发战略,识别合作开发机会。
- 确定合作伙伴的选择标准和合作伙伴的相对重要性以及恰当的评分方法。
- 通过拜访和访问,依据选择标准评估合作伙伴。
- 根据选择标准,通过定量和定性的评估开始初步选择,并为合同谈判做好准备,提前找出不利因素。
- 识别所需的基础设施。

### 合作伙伴关系的建立
- 评估合作伙伴的能力。
- 达成正式的协议(合同期限、知识产权的处理方式等)。
- 确定合作伙伴关系将如何运作,制定合作开发协议(Joint Development Agreement,JDA)。
- 开发配套的基础设施。

### 合作伙伴关系的管理
- 管理所有项目内的合作伙伴关系。
- 管理合作伙伴关系的组合。
- 解决不断出现的问题。
- 建立考评、反馈和持续改进的方法。

这3个阶段能够确保合作伙伴选择与管理流程能带来最佳的合作开发项目成果。接下来的章节描述了每个阶段的重要方面,同时提供了参与合作开发公司的例子。这里的目的不是提供处理办法,而是阐述当我们在创建合作伙伴选择与管理流程时需要处理的重要问题。

## 合作伙伴的评估和选择

在合伙伙伴评估和选择流程的需要清单中,最重要的是清晰的合作开发战略,支持该战略的合作伙伴选择标准的清晰定义,以及关于谁来选择合作伙伴并与之谈判的决策。合作开发战略需要回答以下几个重要问题。
- 这一机会是否适合应用于合作开发伙伴关系?
- 什么类型的合作伙伴关系适合这样的形势?
- 还有其他的机会和合作伙伴可以考虑吗?
- 通过合作我们希望获得什么?每个参与方能够获得多少利益?

## 第6章 构建更强大的合作伙伴关系以提高合作开发绩效水平

如果没有一个指导性的合作开发战略，合作伙伴的评估和选择就变成了交易练习，而不是建立持久价值的基础。合作伙伴选择标准需要平等地适用于所有的合作伙伴，让它们与合作开发战略保持一致。例如，无论是选择主要渠道的合作伙伴关系、还是评估与制造商的关系，或是评估与小软件开发商的联盟，思科公司都使用如下4个标准：为双方公司带来短期回报，明确定义的双方公司的长期潜力，技术和市场开发的共同愿景，合作（而不是竞争）的共同命运。

思科公司和每一个潜在的合作伙伴讨论这些标准，除非双方对此达成了共识，否则不会启动合作开发项目。正如思科公司的弗伦多解释的那样："我们渴望实现共赢，在开始的9个月或6个月甚至更短的时间内，能够与其他公司形成更为紧密的合作伙伴关系。尽早获利很重要。如果一开始我们就好高骛远地创造一个多年才能见效的解决方案，这样双方都将偏离最初的目标而且会对项目失去兴趣。"

如果短期的成功看上去是可能的，那么就可以评估成为长期合作伙伴关系的潜力。思科公司不会仅仅以短期成功为基础开展重大的合作开发工作。弗伦多认为，合作伙伴应该就哪个市场能带来成功的合作达成一致。如他所说："把所有的一切都融合在一起，使我们的文化相一致，为两个团队的共同工作做好铺垫，如果我们在心里不想有一个长期的合作伙伴关系，那么这个过程的代价就太大了。所以，我们既追求短期也追求长期的共赢。"

我们在观察的时候，怎样知道合作双方的共同的愿景呢？弗伦多说道："我们的定义是竞争技术和运营模式等问题的协调融合。"共同命运的概念是极其重要的，因为它允许合作双方分享真正合作所需要的知识产权，共同命运也正是真正合作努力取得成功所必需的。"我们需要的命运是共享，而非竞争"，弗伦多说，"如果开始时公司间相互努力学习，但1年后它们就计划着相互竞争，这就毁灭了合作伙伴关系。"

如图6-2所示，我建议从两个维度去考虑合作伙伴关系吸引力：战术上和战略上。同时，基于PRTM公司的研究和客户体验，PRTM公司对合作伙伴的评估和选择阶段推荐了如下方法。

- 确保执行团队同意该战略，并且充分支持对合作机会的初步评估。
- 创建一套清晰明确的核心选择标准。另外，特殊情况下也可以根据需要增加其他标准。如：
  — 管理人员的水准。
  — 技术和管理上的技能要求。
  — 满足合作伙伴关系的财务能力（包括资金和费用的需求）。
  — IT支持设施。
  — 合作伙伴与竞争对手合作的程度。

|  | 短期 | 长期 |
|---|---|---|
| 战术上 | 项目着手实施时，当前项目是否符合既定的期望 | 项目实施时，合作伙伴关系能否满足既定期望 |
| 战略上 | 当前合作伙伴关系的意图和目标对所有的参与方来说是否都是清晰的 | 每一个合作伙伴的战略规划将如何影响合作伙伴关系的未来发展方向 |

图 6-2　合作伙伴关系管理的维度

- 在接近潜在的合作伙伴之前，拟定一个相互有利的价值主张。
- 指派能力强的合作伙伴关系建设者主持候选人会议和最初合同的讨论，这需要有一定权威且经验丰富的人。
- 利用可获得的公共信息，如候选者的财务报表、分析报告和已发表的文章等筛选候选者，并且一定要评估其合作开发记录。从它们以前如何对待其他合作伙伴及那些合作伙伴关系有多成功，你可以知道很多它们的"合作文化"。如果可以的话，拜访它们现在及过去的合作伙伴是一种极为有力的评估方法。
- 获得广泛的、跨职能的合作建议。另外，建立一个跨职能的决策团队审核最终选择，并做出项目继续／终止的决定。

一旦你找到一个具有战略意义的合作开发机会和一个合适的合作伙伴，就该考虑管理和合同问题了，这将决定合作伙伴的评估和选择的成败：公司将为哪些方面支付费用（人员、设备、运行费用等）？合作双方拥有哪些资源？合作伙伴关系是排外的吗？谁将对资源、时间等做出承诺？如何做出决定和解决冲突？合作双方在项目中怎样共同工作？如何衡量和评估绩效？（见图 6-3）

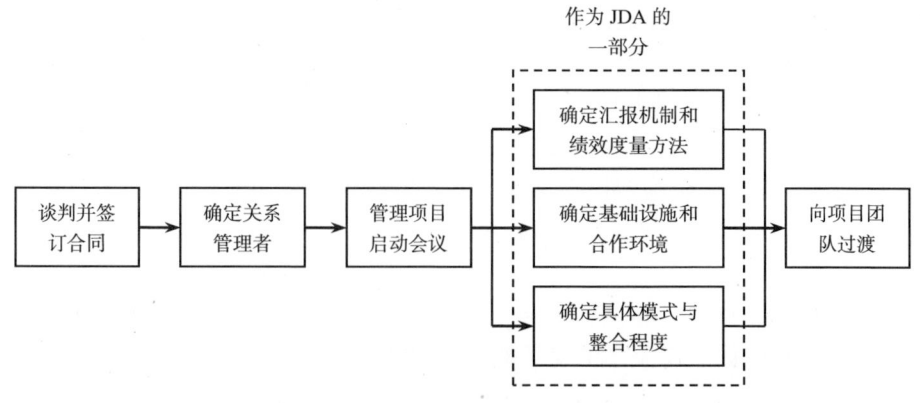

图 6-3　建立合作伙伴关系的步骤

# 第6章 构建更强大的合作伙伴关系以提高合作开发绩效水平

## 合作伙伴关系的建立

合作伙伴关系的建立阶段的目标是建立一个平衡财务、法律和风险要求的管理结构，而又不使任何一方感觉受条款约束。建立这种合作环境的有效方法就是将合同分成两部分：正式的商业合同和较不正式的不具备法律约束力的合作开发协议（JDA）。

商业合同如合作开发合同是有法律约束力的，一般用于处理财务责任、所有权及重要的绩效参数问题，图6-4的合作开发合同内容范例，可供参考。其目的是管控商业风险并保护每个成员的利益。因为商业合同的制订及其修正通常需要长时间的磋商，所以它们应该限定在"极少数"与法律相关的问题上。包含在商业合同里的候选问题包括知识产权（IP）、所有权、保密措施、资金、付款方式和购买承诺、奖励与惩罚措施、独家经营与转包，以及合同终止后的事项。

**合作开发合同内容范例**

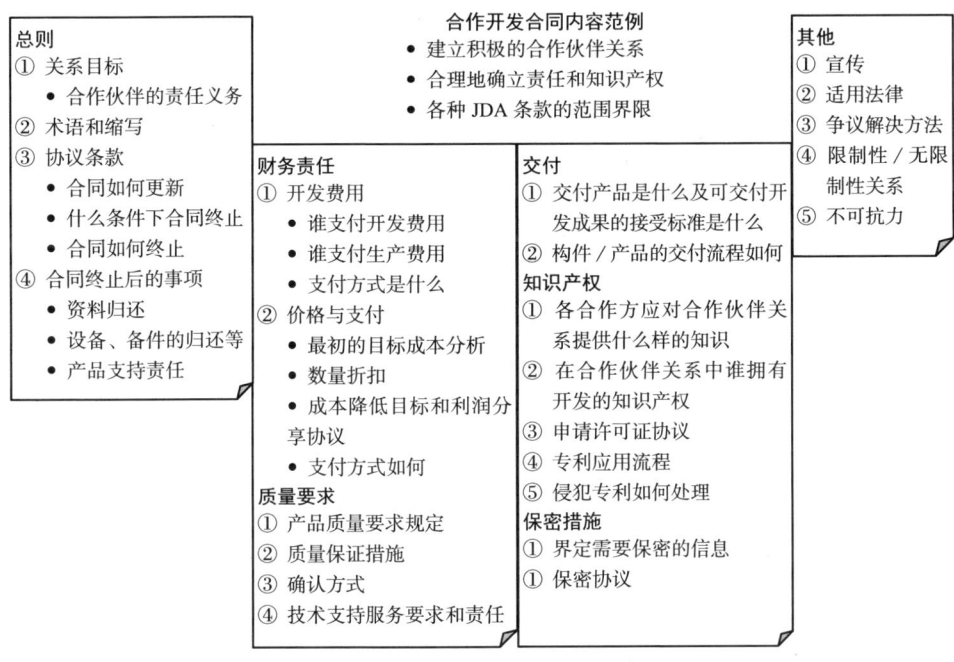

**总则**
① 关系目标
  • 合作伙伴的责任义务
② 术语和缩写
③ 协议条款
  • 合同如何更新
  • 什么条件下合同终止
  • 合同如何终止
④ 合同终止后的事项
  • 资料归还
  • 设备、备件的归还等
  • 产品支持责任

- 建立积极的合作伙伴关系
- 合理地确立责任和知识产权
- 各种JDA条款的范围界限

**财务责任**
① 开发费用
  • 谁支付开发费用
  • 谁支付生产费用
  • 支付方式是什么
② 价格与支付
  • 最初的目标成本分析
  • 数量折扣
  • 成本降低目标和利润分享协议
  • 支付方式如何

**质量要求**
① 产品质量要求规定
② 质量保证措施
③ 确认方式
④ 技术支持服务要求和责任

**交付**
① 交付产品是什么及可交付开发成果的接受标准是什么
② 构件/产品的交付流程如何

**知识产权**
① 各合作方应对合作伙伴关系提供什么样的知识
② 在合作伙伴关系中谁拥有开发的知识产权
③ 申请许可证协议
④ 专利应用流程
⑤ 侵犯专利如何处理

**保密措施**
① 界定需要保密的信息
② 保密协议

**其他**
① 宣传
② 适用法律
③ 争议解决方法
④ 限制性/无限制性关系
⑤ 不可抗力

图6-4 合作开发合同内容范例

与商业合同不同的是，JDA为合作伙伴之间日常的密切联系提供指导方针，主要集中于项目的后勤而非关系结构，图6-5给出了一个JDA主要内容范例，可供参考。JDA 描述了契约规则，包括组织、沟通、问题解决方案和评估的指导方针。典型的 JDA 主要内容包括：项目目标和范围；项目期限和重要的里程碑／可交付成果；启动后的支持要求；流程管理，包括项目管理，问题解决方案，变更控制，JDA 的维持和流程的一体化；团队的组织和决策制定；评估体系和目标；沟通技术和信息技术的利用；术语和标准等。

### JDA 主要内容范例

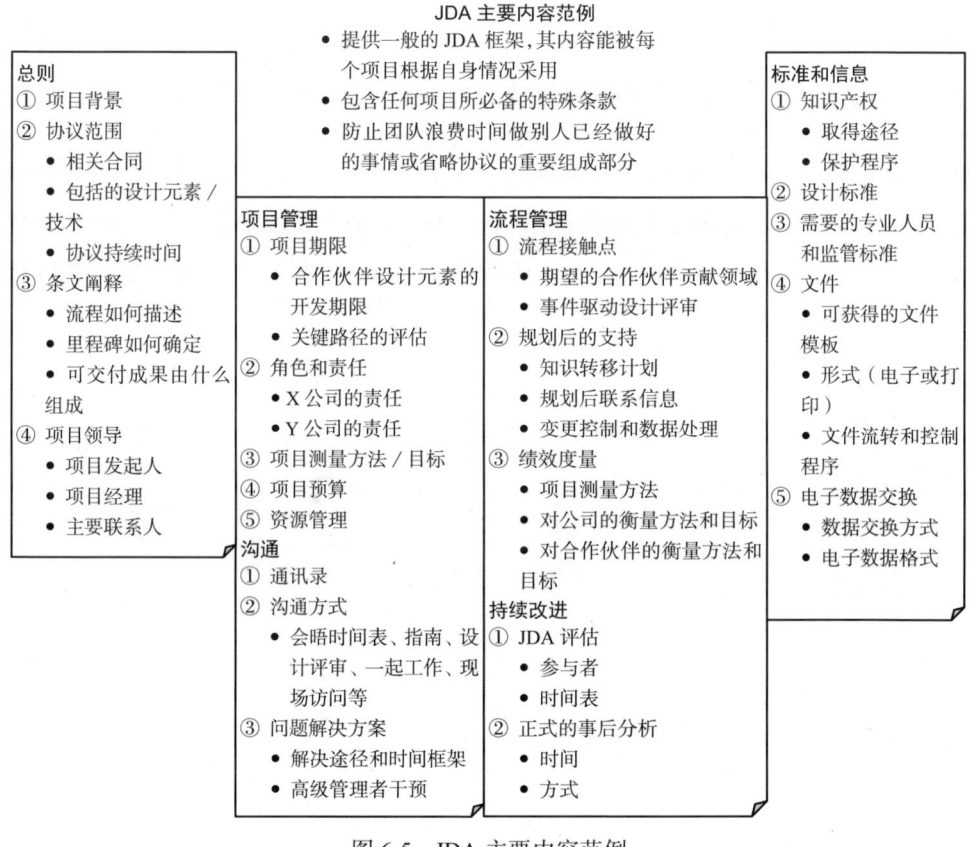

- 提供一般的 JDA 框架，其内容能被每个项目根据自身情况采用
- 包含任何项目所必备的特殊条款
- 防止团队浪费时间做别人已经做好的事情或省略协议的重要组成部分

**总则**
① 项目背景
② 协议范围
  - 相关合同
  - 包括的设计元素／技术
  - 协议持续时间
③ 条文阐释
  - 流程如何描述
  - 里程碑如何确定
  - 可交付成果由什么组成
④ 项目领导
  - 项目发起人
  - 项目经理
  - 主要联系人

**项目管理**
① 项目期限
  - 合作伙伴设计元素的开发期限
  - 关键路径的评估
② 角色和责任
  - X 公司的责任
  - Y 公司的责任
③ 项目测量方法／目标
④ 项目预算
⑤ 资源管理

**沟通**
① 通讯录
② 沟通方式
  - 会晤时间表、指南、设计评审、一起工作、现场访问等
③ 问题解决方案
  - 解决途径和时间框架
  - 高级管理者干预

**流程管理**
① 流程接触点
  - 期望的合作伙伴贡献领域
  - 事件驱动设计评审
② 规划后的支持
  - 知识转移计划
  - 规划后联系信息
  - 变更控制和数据处理
③ 绩效度量
  - 项目测量方法
  - 对公司的衡量方法和目标
  - 对合作伙伴的衡量方法和目标

**持续改进**
① JDA 评估
  - 参与者
  - 时间表
② 正式的事后分析
  - 时间
  - 方式

**标准和信息**
① 知识产权
  - 取得途径
  - 保护程序
② 设计标准
③ 需要的专业人员和监管标准
④ 文件
  - 可获得的文件模板
  - 形式（电子或打印）
  - 文件流转和控制程序
⑤ 电子数据交换
  - 数据交换方式
  - 电子数据格式

图 6-5　JDA 主要内容范例

除了这两个部分，在建立合作伙伴关系时，还有很多其他因素需要考虑。
- 在关系建立阶段，确认你对合作伙伴能力的初始评估。
- 使合同与 JDA 清晰而不烦琐。如果试图防范一切意外情况而使之过于烦琐，反而会危害合作伙伴关系。
- 确保 JDA 能够解释如何管理、评估和终结项目。
- 支持合作伙伴关系的组织和 IT 基础设施应尽早落实。

# 第 6 章　构建更强大的合作伙伴关系以提高合作开发绩效水平

## 合作伙伴关系的管理

如果没有有效的合作伙伴关系的管理，任何合作开发成果都会受到时间、影响力和生产率的影响。事实上，在寻找新的合作伙伴之前，我们应该重新审视已经存在的合作伙伴关系。公司必须问自己如下这些关键问题：我们是否已经充分地利用了当前合作伙伴的能力？为了共同利益，我们是否已经寻求了新的方式来延伸合作伙伴关系？为了共同利益，我们是否已经最大限度地充分整合了我们的业务？这样的合作伙伴关系是否有效，还是应该终止？

如图 6-6 所示，合作伙伴关系需要两个层面的管理：合作伙伴组合管理和合作伙伴关系管理。当前的合作伙伴组合能够符合公司的战略合作目标吗？除了战略适应性，我们还需要从平衡和混合的角度去检验合作伙伴组合。我们是否有机会以不同的方式配置合作伙伴关系，以更好地利用合作伙伴独特的能力和实现规模经济的效应？最后，相关绩效必须与目标相比较，以决定合作伙伴关系是否需要改变或终结。

合作伙伴组合管理

审查愿景和路线图　修订合作伙伴战略　分析合作伙伴组合　调整合作伙伴组合

合作伙伴关系管理

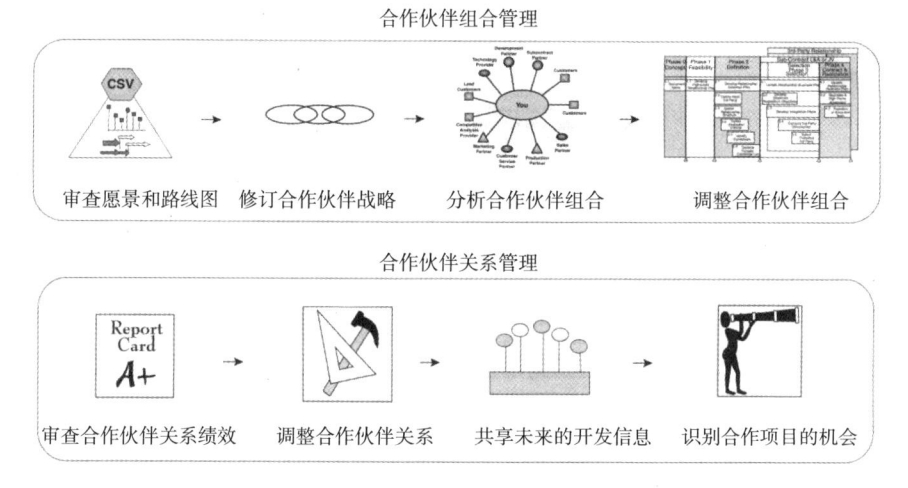

审查合作伙伴关系绩效　调整合作伙伴关系　共享未来的开发信息　识别合作项目的机会

图 6-6　合作伙伴组合管理和合作伙伴关系管理

伊莱·利莱创建了一个联盟管理办公室来达到这些目的。她启动的一项特别新颖的尝试是周期性地调查合作伙伴关系与 3 个关键参数的适应性，即文化、运营和战略（见图 6-7）。

正如利莱做的那样，用严谨的方式去衡量合作伙伴关系绩效是非常重要的。建立自己的合作伙伴管理流程可以考虑以下方法。

- 开始时简单，然后依据绩效表现加深合作伙伴关系。
- 定期举行上级主管会议，监控合作伙伴关系，在问题变得严重之前予以解决。
- 通过定期、广泛的联合沟通建立组织间的信任和理解。
- 筹备和管理开发计划，提升组织的合作伙伴关系管理技能。
- 从多个层次培育合作伙伴关系——执行者对执行者、领导者对领导者、团队对团队。

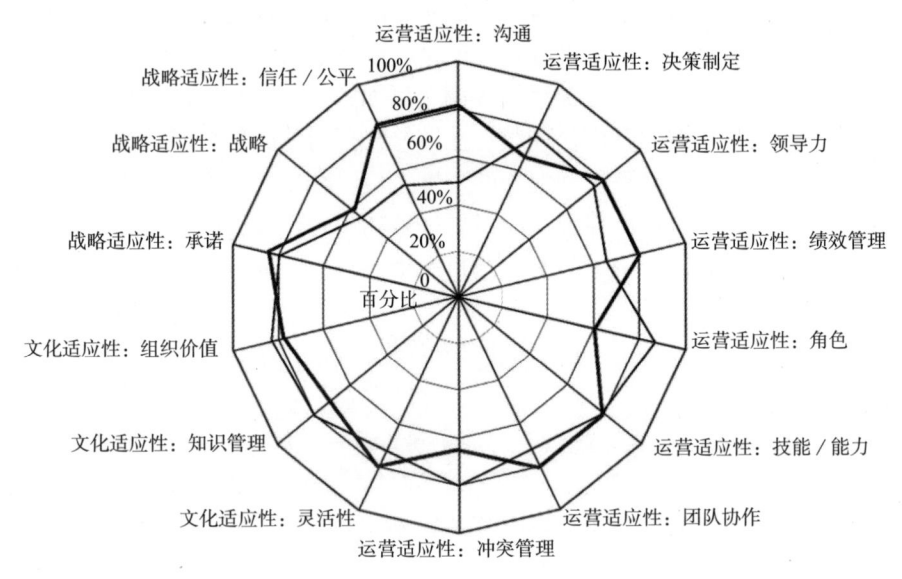

图 6-7 伊莱·利莱的合作伙伴管理

# 结　论

将合作伙伴选择与管理流程落实到位，需要合作各方给予合作开发广泛的承诺。如果我们的公司不仅仅是在少数项目上与合作伙伴共同工作，那么提高合作开发项目绩效表现的潜能很大。本章概括了有关构建更强大的合作伙伴关系的流程结构、关键概念和已被证明的实践方法。

取得成功同样也需要组织里的一些实体对管理这一流程负责。对一些公司来说，这可能是业务开发方面的职责。其他公司则建立了合作伙伴管理办公室，以建立通用的合同模板和选择标准，执行合作伙伴关系管理和合作伙伴组合管理流程。当项目团队与新的合作伙伴或现有的合作伙伴有新项目上马时，合作伙伴管理办公室便适时地给予协助，参与合作伙伴谈判，支持合作伙伴关系的建立。

最后，在合作伙伴关系中我们追求的是绩效，但要记住，绩效是一把双刃剑。合作伙伴关系的牢固依赖于每个合作伙伴的能力和公司对合作伙伴关系的有效管理。要做好合作开发是困难的，但合作开发的好处使得它值得我们付出努力。通过执行本章概括的指导方针，我们的公司能够将对合作开发的承诺转变成真正的可持续的发展成果。

## 作者简介

**马克·J. 德克（Mark J. Deck）**

马克·J. 德克，NPDP，是 PRTM 公司的董事，领导 "the Product And Cycle-time Excellence®"（产品及周期优化法®）的实践。马克有 25 年以上的咨询经验，主要集中于管理和开发新产品和服务。马克的实践集中于提升公司的研发创新和开发能力，具体工作包括修改前端流程、更好地管理项目组合和所有项目的资源、选择合作开发的合作者、规划和管理产品平台和产品族，以及实施产品开发信息系统等。马克是 PDMA 的前任主席之一。他在《研究技术管理》（*Research-Technology Management*）、《PDMA 新产品开发工具手册 1》（*The PDMA ToolBook 1 for New Product Development*）和《在产品开发中设定 PACE》（*Setting the PACE in Product Development*）等书刊中发表过多篇有关产品开发的文章。

# 第 2 部分

# 改善 NPD 流程模糊前端的工具

第 2 部分提供了应用于模糊前端（FFE）的工具。许多 NPD 团队都已经深刻地认识到，仅有创新的技术并不能确保新产品的成功。市场机会和客户需要必须以某种方式根植于 FFE 活动，以提升商业化成功的概率。NPD 流程可能被误认为是一个以 FFE 活动开始、以商业化结束的线性流程。或许，一张展示了市场和 FFE 之间联系的循环的图片更有价值。第 2 部分中的各章主要介绍如何构建或强化这种联系。

第 7 章介绍另一种经常使用的词语，即"客户心声"。这是一种用于确定采访哪些客户以及如何将他们详细阐述的需求转化为产品技术特性的方法指南。它指导 NPD 专业人士创建采访指南以及处理客户数据。数据处理包括亲和图和优先级排序。

第 8 章继续介绍确定客户需要的最佳实践。激烈的竞争使得我们要更好地理解客户需要。人种学工具也开始在 NPD 中应用。这一章提供了应用人种学的清晰流程，并给出了这个流程每个步骤的举例和说明。

第 9 章继续讨论客户需要的主题，并提供了超越理解客户需要以揭示客户愿望的工具。客户愿望是从客户视角确定理想的产品特性的工具。该章介绍了客户理想化设计（Customer Idealized Design，CID）流程，重点在于进行 CID 数据收集会议和数据的迭代处理以产生新的产品设计。本章还包括两个案例分析，以帮助理解和支持本章介绍的工具的使用。

第 10 章研究了被广泛使用的头脑风暴工具中存在的共同缺点。头脑风暴是一种普遍使用的 NPD 工具，许多新奇的观点和创意都来自头脑风暴会议。但是，最后的 NPD 成果经常是令人失望的。头脑风暴技术的缺陷是它的成果怎样才能收敛或聚焦，以形成能够管理的创意数量。本章的作者介绍了一种加强型头脑风暴技术 SWIFT，即优势"S"、缺陷"W"、个性化"I"、修正"F"和转变"T"。SWIFT

是一种有效的实践方法，有助于确保在设计聚焦活动中不丢失那些新奇的设想。尽管本章介绍的工具是专为 FFE 活动设计的,但是该工具也可以广泛地应用于 NPD 的所有流程。

# 第7章
# 客户心声

杰拉尔德·M. 卡茨（Gerald M. Katz）

本章介绍的是收集客户心声（Voice of the Customer，VOC）的最佳实践方法。拟定一个面向新产品开发专业人员——跨职能核心团队的操作指南十分必要，典型的跨职能核心团队由以下人员组成：科学家、工程师、营销经理、销售人员、客服经理、财务经理、IT 专业人员，或组织里任何一个对客户需要评估负有责任的人。客户需要评估是新产品和服务设计的基础。虽然 VOC 已经不再是新事物，但本章可能是第一次试图为如何做好客户心声提供一种精练的、有说服力的、实用的方法论。

## 背 景

直到大约 1980 年，新产品开发还被视为完全是科学家和工程师的专属领域——尤其是组织中的技术型研发人员，他们的工作是提出能引发客户兴奋和好奇的新技术创新。然后他们就"将其抛过墙头"交给组织内的其他职能部门——工程、制造、营销、销售等，这些部门的工作就是把这些技术创新推向市场。

但是随后在日本发生了一些戏剧性的事情。20 世纪 80 年代早期，日本已经成为新产品开发的主力，在各种行业中都占领了很大的市场份额，如汽车业、消费电子产品和重工业。有很多有关如何在具体行业获得成功方法的文章，但是其中大部分文章又将人们带回到正在形成的对质量的关注上。日本人根据从威廉·爱德华兹·戴明那里学到的基本原理，拓展了质量的定义，他们把质量过程向前扩展到包含产品的最初设计阶段的全部过程。这一系列过程的开始几乎都是狂热地关注客户研究，将其作为任何新产品开发启动的第一步，然后将所有后续的决策都建立在对客户想要和需要的清晰理解上，这超越了质量只是简单地减少生产缺陷的定义。

为了达到这一目的,日本人发明了一种被称作质量功能展开(Quality Function Deployment,QFD)[或质量屋(House of Quality)]的技术。QFD 是 20 世纪 70 年代早期由日本的一家造船公司开发出来的,该公司将其作为一种展现和组织客户想要和需要,以及权衡客户想要和需要在所有的潜在设计参数中的权重的一种方法。QFD 以一个关于客户想要和需要的详细清单开始,随着时间的延续,这一需要清单及后来的过程逐渐被称作"VOC"。

在 QFD 早期,产品开发团队仅仅是列出一份他们自认为对他们的客户重要的清单。但是,他们很快就发现这个清单存在很大的偏差,一项更彻底的工作实际上可以通过观察和倾听客户来完成。对于一个新产品开发的新手来说,这可能就是走出去拜访几个主要的客户。实际上,有关这一学科的全部知识已经日益完善——最好地观察和倾听客户,以及将学到的知识加工成对产品和服务设计有用的 VOC。首先,也是最重要的一点,格里芬和豪斯已经在他们的 1993 年的论文 The Voice of the Customer 中报告了这个领域的研究成果。自那时起,世界上陆续出现了很多其他的重要且有用的相关工作。

VOC 技术最初都是被用在加工制造业的,注意到这一点也很重要。然而,随着服务经济的发展,这些技术现在正频繁地应用于服务业中。需要注意的是,几乎所有的物质产品都有一项重要的服务内容,开发人员在和客户交谈时很难将技术和服务分开。正如随后要讨论的,这些服务呈现出一些额外的挑战。但是,已经有迹象表明,一些 VOC 基本技术对于服务业和加工制造业同样适用。

## 开发团队的困境

如果一个人接受了这样一个前提,即以询问客户的需求作为新产品开发的开端,那么其中的困难是什么?遗憾的是,一个开发团队的真正需求与传统市场研究提供的信息通常大不相同。传统市场研究方法倾向于将精力更多地集中在对现有创意和方案的评估上,而不是提供那些可以用来做进一步创新的基础的信息。除了有关如何收集需求的所有后勤问题,对面临着将那些需求转化为新的产品特性和解决方案的团队来说,还有一个更为微妙的问题。他们需要做的是提出创造性的解决方案,并在详细的性能规格方面做出权衡,因为没有哪个公司能够为每个人做好所有的事。

问题是,客户使用的是模糊的消费者语言,产品开发人员必须将这些语言转换成明确的、技术性的和可量化的设计参数。例如,如果一个客户需要一台功能更强大的计算机,产品开发人员首先必须决定应为客户突出哪种技术性能。这种性能应该是 MIPS、RAM、储存能力，还是下载速度？如果客户要求飞机航班具有优良的准点率，开发人员应如何设计？如果客户需要一个好的、符合人体工学的座椅，开发人员又该如何设计？在上述每一个例子中，设计规格的拟定将对最终的设计产生巨大的影响。并且，为了拟定正确的设计规格，产品开发人员有必要真正深入地理解客户是怎样定义功能更加强大的计算机、优良的航班准点率或一把好的、符合人体工学的座椅的。

VOC 与那些工程师或产品规划人员用来定义新产品或改进具体服务的词语有很大的不同。例如，汽车客户可能说他们需要"宽敞的前座"，但是工程师必须用腿部空间、肩部空间、臀部空间和头部空间尺寸，以及很多其他的尺寸来处理"前座空间问题"，这些数据中没有一个可以标记为"宽敞"。对于一种洗发水来说，"健康且飘逸的头发"是什么意思？对于一家保险公司来说，什么是"无忧服务"？对于一家银行来说，什么是"便利"？这些内容又该如何衡量呢？

对客户的意愿做出假设是充满风险的。例如，公司为了满足客户对好的、符合人体工学的座椅的需求做出了 3 种可选设计，那么如何才能确定哪一种设计最受客户青睐呢？公司不可能为每一个问题承担制作产品原型和对客户做产品测试的费用。这样，工程师和产品设计人员就非常需要真正地理解客户是如何定义这些需求的。

很多新产品开发人员对这个领域存在着根本性的质疑，很多工程师则坚持认为客户无法告诉他们客户想要什么，或直到客户看到了产品才知道客户自己想要的是什么。例如，似乎没有客户告诉过我们他们想要微波炉。但是这些说法混淆了需求和需求的解决方案。一般地，按照 QFD 和新产品开发的说法，微波炉不是客户的需求，它是满足一组具体需求的一项技术解决方案。例如，客户早就表明他们需要这样一个烤炉：① 预热更快；② 重新加热剩饭剩菜时不会使之被烘干；③ 在炎热的夏季不会使厨房的温度升高；④ 快速地将食物热透而不将其表面烤焦。这些关于加热食品的具体需求永远都存在，而微波炉的发明仅仅是满足这些需求的一种新的更好的技术方案。绝大多数的客户并不擅长描述他们想要的、确切的产品特性和方案，但是他们非常善于表达他们的基本的欲望和需求，以及他们发现的现有产品和服务存在的问题。正如我们即将看到的，一个好的 VOC 能够明确地区别需求和需求的解决方案。在此基础上，新产品开发人员就更有可能深入思考满足客户需要的新方法。

## 关于 VOC 的 9 个误区

本章明确地介绍了大量关于 VOC 的做法和信念。

（1）VOC 主要是一个定性的市场研究过程，而不是一个量化过程。
（2）VOC 访问主要针对我们现有的最重要的客户，即我们的关键客户。
（3）非客户将不愿意与我们交谈。
（4）明确客户想要和需要的最好方法是直接询问客户想要和需要什么。
（5）客户并不能真正告诉我们他们想要什么，直到他们看到了产品才知道他们想要的是什么。
（6）单独安排一个笔录员是记录需求的最好方法。
（7）客户将不允许我们对谈话录音。
（8）系统化或亲和需求的过程最好由产品开发团队自己完成。
（9）客户需要的优先级排序最好也由产品开发团队自己完成。

正如你在阅读本章时将看到的：这些关于 VOC 的想法是错误的。如果照此执行，我们将不能完整地理解 VOC。本章为产品开发团队以一种更真实地反映客户真实想要和需要的方式获取 VOC 提供了必要的信息。这些错误的想法将在本章末再次提及。

## 定义客户心声

我们以一个正式的定义作为开始。VOC 是：

- 一套完整的客户想要和需要的集合；
- 用客户自己的语言表达；
- 以客户的思考模式组织产品，即以客户思考、使用，以及与产品或服务的交互作用的方式进行产品组织；
- 由客户做优先级排序，即由客户按照重要性和性能决定产品的优先级顺序，换句话来说，即客户对现有备选产品的当前满意程度。

### 一套完整的客户需要

一套完整的客户需要被定义为"产品或服务能够带来的好处的描述"。通常可以用一个短语的形式来表述，该短语描述客户在产品、服务或流程中想要、需要、要求或希望（无论是有意的还是无意的）得到的任何东西，以更好地获得收益。这样做将使客户更好、更快、更低成本或更容易地获取他们想要的结果。在已经仔细研究过的绝大多数产品和服务类型中，保守估计也都存在 75~150 种独特的、详细的客户需要。优秀的产品开发团队要求尽可能彻底地、完整地将客户需要提炼出来。

## 用客户自己的语言表达

在产品开发人员将客户语言转换成他们所在公司的专业术语时，会流失很多有价值且细致入微的含义。如航空公司用"登机"（Emplaning）和"离机"（Deplaning）这样的词来描述上飞机和下飞机的过程。有趣的是，客户几乎从不使用这些词，甚至根本不知道这些词是什么意思。为了能最好地了解客户需要，我们应尽量使用客户自己的语言表达。

## 以客户的思考模式组织产品

对一个产品开发团队来说，100 条需求陈述实在太多。他们需要重新组织这些需求，使之成为高度集成的需求集合体。研究显示，客户组织需求的方式通常不同于公司内部的人可能采用的方式。因此，以客户的思考模式组织产品显得很重要。

## 由客户做优先级排序

同样地，同时发生的大量案例显示，客户对需求进行的优先级排序和产品开发团队有很大的不同，所以，让客户来执行这一步同样很重要。这里主要有两种市场研究方式：定性和定量。定性的市场研究是以语言的形式来表达的，如原因、感受、利益和动机。定量的市场研究涉及事物的数量，因此是以数字的形式表达的——客户都是谁，他们需要的产品有多少？我们对 VOC 最大的误解之一是，认为它仅仅是一个定性过程。事实上，VOC 既涉及定性的，也涉及定量的市场研究。但大多时候我们都是重视前者而忽视了后者。

# 客户心声计划

## 确定项目范围

收集 VOC 的第一个决策是确定访问谁。遗憾的是，我们如果没有认真地做好这一点，那么日后在这一方面将遭遇最大的困难。没有经验的人往往会有一种下意识的反应，在开始的时候仅仅是访问一些关键的知名客户，而没有做通盘考虑。此外，有时还会有另一种问询的方法，即向销售人员询问一些好客户的名字，以便去访问他们。通常，公司倾向于重点访问他们最大的、最愉快的、最忠诚的客户。然而，这可能是一个潜在的陷阱，这些人的意见可能存在比较片面的问题，因为他们是对当前产品感到满意的人。通常，与竞争对手的客户、你的非客户或你原来的客户交谈能收集到更多的东西，因为他们很有可能告诉你一些你还没有很好地满足他们或你的竞争者已经满足了他们的更好的需求。

为了能够选择"正确"的客户群体进行访问，率先确定清晰明确的项目范围变得非常重要。例如，公司为了满足客户对好的、符合人体工学的座椅的需求而成立了一个新产品开发项目。那么，这个项目将要包含什么内容？公司新产品开发项目的目标是要研究所有的办公座椅，还是仅仅是其中的一部分，如一些高级的、符合人体工学的桌椅或会议室座椅？同样地，公司是把重点放在了那些将要使用这些座椅的最终客户身上，还是放在了其他一些在公司决策过程中也发挥关键作用的人身上？如设备经理、财务决策者、建筑设计师和办公室家具分销商等。

还需要考虑的是，要找到这些人并招募他们参加活动有多难。一般来说，消费类产品的开发项目比 B2B 产品的开发项目更加容易招募人，因为符合前者要求的人数要多得多。例如，几乎每个人都适合作为长途电话服务 VOC 研究或电气设施 VOC 研究的消费者。但是在全世界仅仅有几百人适合参加"每年至少做 600 例心内直视手术的大型医疗中心的心外科主任"项目（一个曾经完成的真实项目）的 VOC 研究。当然，也有很多例外情况。有些消费类产品的开发项目的人才需求率很低，如兰花养殖业余爱好者或室内音乐爱好者，他们的消费行为常常是自主的。而有些 B2B 产品的开发项目的人才需求率又很高，如传真机或复印机使用者，他们的需求常常是刚性的，因而抬升了相关产品开发项目的人才需求率。这些都是例外情况，但我们在规划 VOC 时仍然需要考虑这些问题。

## 访问哪些客户

一旦我们围绕项目定义建立了一些明确的边界，就可以思考在所有相关人员中，谁将会参与 VOC 的收集。对于这个问题，我们应该考虑地理差异、不同行业或类型的客户、各种客户和决策者中的不同角色，以及不同的人口统计学特征等因素。这个流程一直是靠主观判断，并且经常需要很大程度的妥协，因为我们永远不能访问到足够的人以如我们所期望的那样全面地覆盖每一个子群体。我们的目标是试图把所有的基本人群都覆盖一些，或至少让我们觉得我们已经了解那个特殊子群体的信息了。需要强调的是，在所有这些问题中，关键的决策不是该访问哪一个人，而是该访问哪一类人。一旦访问已经开始，相关决定总可以根据你至今为止的所见所闻来修改。例如，如果对一种类型的受访者的访问被证明不是很有成效，那么这一群体内剩下的一些访问便可以取消，并为访问那些有更多有价值的内容要表达的人群安排日程。举例而言，在一项关于医院使用的血液分析仪的研究中，采购经理几乎不了解设备的实际功能，其应把决策权交给内科医生、护士和那些有实际操作经验的实验室技术人员。采购经理的职能仅仅是商定最低价格和可能的最优惠条件。因此，在该研究中，我们决定取消对采购经理更进一步的访问，取而代之的是访问一些内科医生、护士和实验室技术人员，从理解性能需求方面来看，他们被证明是一些更有价值的访问对象。

选择访问什么类型的客户的一个好的经验法则就是：问问我们自己，谁真正地与产品或服务发生有功能性的联系，谁对将要购买的产品有实质决策权或影响力。此外，我们还应该考虑产品所在的整个供应链——换句话说，就是访问那些分销产品的人。

根据这些样本做出的设计决策通常是一种主观判断，但是它们对 VOC 流程的成功而言确实非常关键。它们很普通，且通常值得来自组织内不同职能部门的人们进行一次深入讨论，甚至是在安排一个单独访问之前，它们也值得进行一次跨部门的深入讨论。

## 如何进行对客户的访问

收集 VOC 要解决的第一个问题是选择单独访问还是集体访问。市场研究者称之为一对一访问和焦点小组访问。尽管在每一种方式中都明显存在一些关键的有利有弊的因素（见图 7-1），格里芬和豪斯从经验的角度明确地支持一对一访问。他们的一部分依据是财务方面的：焦点小组访问花费太大，尤其是那些层次较高的客户群体，很难请到他们，如内科医生、高管或富有人士。

```
焦点小组访问
• 优势
    — 群体动力——某一成员的意见会触发其他成员的意见
    — 省时——在一个一对一访问所需的时间里，可以访问多个客户
    — 观察者会更愉快
• 劣势
    — 一名或两名受访者可能主导讨论
    — 每个参与者的访问时间受限
    — 会产生"群体思维"现象
    — 邀请到多个高级客户和（或）竞争者同时出席更难
一对一访问
• 优势
    — 每位受访者都有 30~60 分钟的访问时间
    — 与焦点小组访问相比，能收集到更多关于每位受访者的数据
    — 更容易协调日程安排
• 劣势
    — 对观察者来说不是很有趣
    — 更耗费时间
    — 访谈者/主持人要做更多的工作
    — 分析需要更多时间
```

图 7-1 焦点小组访问与一对一访问

对客户的访问也存在很多实际问题。其中最重要的是访谈者凭经验发现，无论采取哪一种方式，平均每小时的访问时间产生的需求数量是一样的。也就是说，尽管现场有更多受访者，但每小时焦点小组访问产生的需求数量并不显著地比一对一访问多。这绝不是对焦点小组访问本身的吹毛求疵。当调研的目的是寻求广泛共识时，焦点小组访问通常是首选。这就是为什么焦点小组访问经常被用在概念测试和政治研究中的原因。但是 VOC 调研的目的是尽可能广泛地收集客户的详细需要清单，这就需要访谈者有转换话题的能力。很多人都以为一种需求被经常提及就意味着它的重要性更高。但是，研究表明，高频率并不是重要性的必然反映。一种需求无论是被提及了很多次还是仅仅一次，它最终也只能成为一个大型潜在需要说明数据库中的一个需要说明（优先级排序和衡量需求的相对重要性，将在后文说明）。

因此，如果访谈者的目标是得出一个尽可能广泛而详细的需要清单，他就要有转换话题的能力。在一对一访问中做到这一点要比在焦点小组访问中做到这一点容易得多，因为在焦点小组访问中，当访谈者突然转变话题时，可能除了那个已经表达了自己需求的人，其他受访者都会感到被忽视。

因此，人们普遍认为 VOC 的访问应该采用一对一访问的形式。一个很普遍的问题是，以小组进行访问是否可行，如两名访谈者和一名受访者。通常这种方法是可行的，只要仅仅是其中一个人主持访问，而另一个人只是偶尔对问题做出跟进。事实上，当主访谈者需要停下来重新组织他的思路时，这种方法在保证访问连续性方面确实有用。但是，对于受访者来说，被两个及两个以上的人访问会感觉像被审判一样，这样的情况应该避免。

一般地，安排受访者应该以 1 小时为间隔，平均每段访谈的时间维持在 45 分钟左右，这样的效果最好。这就让访谈者在两次访问之间得到了休息；同时，如果某个受访者非常有价值而且对访问非常有兴趣，访谈者可以灵活地延长一点时间。

## 在哪里访问客户

另一个广泛争论的问题是在哪里访问最好，是现场访问（在客户实际使用产品的地点），还是定点访问，如在市场研究机构、酒店会议室或在企业中。同样地，以上每种方式也都有明显的优势和劣势（见图 7-2）。现场访问的主要好处是，我们能在其使用产品或享受服务的真实环境中观察客户。如果可用性是关键因素，那么现场访问就非常重要了。但是现场访问花费很大而且很耗时，这是因为，现场访问通常会产生很多差旅费并存在日程安排上的困难。

第三个可选的方法是在大型会议或集会期间进行访问,这时,很多领域的目标客户都会出席,这对 B2B 市场的 VOC 调研来说有时是个好办法。这种访问通常能节省很多差旅费和时间。

大部分团队在实施 VOC 计划时,都简单地假定他们不得不前往受访者那里。事实上,爱德华·麦夸里的书 Customer Visits 甚至在标题上就给出了这样的假设。但是,事实证明,对很多产品和服务来说,现场访问的观点并不重要或完全不实际。例如,为了收集客户对仅仅用于紧急情况的医疗设备的需求进行现场访问就非常困难(访谈者必须等上很长一段时间)。类似地,对于大多数保险产品来说,很少有现场访问。对于这些类型的产品,甚至对于可用性问题比较突出的产品,定点访问往往效果更好。大多数人都能记住大的主题并能够清晰地谈论它们,即使没有触摸实际的产品。最后,需要注意的是,有时候现场访问和定点访问相结合是一个很好的折中办法。但是,如果我们选择这种折中办法,建议首先用现场访问的方式更好地理解访问内容和使用产品的物理环境。

---

**现场访问**
- 优势
  - 能观察客户真实地使用产品或享受服务的情况
    - "情景式调查"——对"可用性"问题尤其有效
  - 有利于访谈者更深刻地了解客户的需求和客户所处的环境
  - 让客户感觉他们非常重要
- 劣势
  - 由于差旅和日程的要求,访谈者的时间安排更密集
  - 要寻找那些愿意接受访问并允许你在他们的工作场所访问他们的客户——保密性和隐私权问题

**定点访问**
- 优势
  - 能非常有效地利用时间
  - 可容纳许多观察者——通过一个单向镜或闭路电视
  - 可以很方便地通过语音和(或)视频记录访问过程
- 劣势
  - 没有客户的实际环境

图 7-2 现场访问与定点访问

---

另一个普遍的问题是,电话访问是否能代替现场访问或定点访问。一般地,大部分 VOC 实践者认为,面对面的方法更好,它能让访谈者更清楚地观察受访者的面部表情、肢体语言和产品功能上的可用性。然而,用电话来访问某个关键客户也是一种十分合理的方法,假如这个客户离得太远使得访问差旅费偏高,或者虽然客户离得近,但是客户或访谈者任意一方恰巧没有时间,或者抽样方案在最

后阶段需要填补一些内容,这些情况下都可以采用电话访问。

最后,需要注意的是:如果我们计划在客户所在位置实施访问,建议事前告知他们我们至少会用一点时间熟悉产品所在的地理位置。如果我们将在会议室进行所有的访问,那么会议室要尽可能地选在任何方便的地方。我们曾经不远万里去参观一所世界著名的医疗机构,但是在到达目的地的时候突然被告知:为了保护病人的秘密和隐私,我们甚至不能进入主要的护理机构。

### 应访问多少客户

在访问的客户数量上,学术界和实践界确实有一个很好的共识。另外,格里芬和豪斯从实证的角度考察了这个问题。首先,请记住,最初的一对一访问是一个定性研究步骤,在这里,显著性检验的概念没有意义。因此,我们可以暂时撇开这一观点:要有足够多的样本容量以使我们要了解的东西在一个可接受的误差范围之内。格里芬和豪斯的方法是考察这样的问题:在从数量足够多的客户访问中收集到的所有需求中,有多少百分比的需求是从 $n$ 个随机选择的受访者那里收集到的?他们得出的结论是:每一次访问持续约45分钟,30次访问就能接近100%地收集到所有这些需求,而20次访问能收集到所有这些需求中的近90%。而且,实践经验似乎也证实了这一点。在大多数种类的访问中,访谈者一般认为访问在经过15~20次时就开始变得多余。即使在更复杂的、涉及很多不同领域和客户类型的访问中,也很少有超出30~40次访问的必要。

## 实施访问

### 制定访问指南

尽管一次好的访问应该是一次自然的、即兴的交流,但也绝不是很随意的。开始访问时准备好一份关于访问内容的详细计划很重要。制定一份好的访问指南就是要解决这一问题。

一份访问指南应该是一个访问大纲,而不是访问手稿。在某种意义上,它是关于访问需要注意问题的明细列表。开始时,应该是一些概括性的问题,然后逐渐转向一些具体的问题。一份好的访问指南能使访谈者做好访问准备,并使受访者感到轻松。访问介绍在一开始就说明如下几点很重要:① 研究的目的;② 怎样选择受访者;③ 其他受访者是哪些类型的人;④ 受访者的身份应最大限度地保密(见图7-3)。

很多客户最初都对访问的目的有所误解，认为它要么是一次隐含的销售拜访，要么对他们来说是一次机会——他们可以见缝插针地要求访谈者增加一些他们需要的独特的产品功能，或帮助他们解决一些已经困扰他们多时的产品问题。因此，访谈者在一开始就要用恰当的引言来解释访问的目的以避免客户产生这些误解，这一点很重要。访谈者必须向他们清楚地说明访问并不是在向他们推销任何东西，而且访谈者也没有能力负责为客户做出任何形式的时间承诺和维修承诺。访问的重点应集中于"下一代"新产品上。

---

我是_____，我和_____位于_____。首先，我要感谢您同意和我见面。

让我告诉您一些我们在这里试图要完成的事情。我是一个产品开发团队的成员，我们专门从事办公室里通常与桌子配套使用的下一代座椅产品的开发。接下来，我们以一对一的访问作为开始，这就是我们今天所要完成的任务。我们会谈 45 分钟左右，而且今天的讨论将是十分自由开放的。我们真正想要了解的是关于您过去实际使用或在任何其他地方看到的使用座椅的经验——您喜欢的，不喜欢的，想要和需要的——任何能使您的座椅更好和让您的工作时间变得更轻松的东西。

我们一直在全国各地采访您这样的客户——来自不同类型的公司，每天的大部分时间都在办公桌或计算机前度过。

我这里有一份关于我们所要谈论问题的大致提纲，但我们可以自由地谈论任何您认为重要的东西。所以，答案没有正确或错误之分。我们的首要目标仅仅是听取一些人们描述他们使用的办公座椅的实话。并且，有些时候，我可能会问您一些看似平淡无奇的后续问题，在出现这种情况时还请您谅解。

在我们开始以前，我想请您允许我对我们的谈话录音。因为完整地记录下谈话内容或在采访结束后回忆谈话内容很难。因此我们发现，用磁带来记录一切，然后再来做分析将使访问简单得多。我不想问您一些敏感的问题，但如果在任何时候您想说"不要做记录"，只需要让我知道，我一定很乐意停止录音。

我也希望借此机会向您保证，我们今天不是要在这里向您推销任何东西，今天您所说的任何内容都不会用于任何直接销售或营销目的——也就是说，您下周不会接到任何来自我们销售人员的电话。另外，我想明确表示，我不能做出关于我们任何现有产品的时间承诺和维修承诺。我的重点完全是针对我们的下一代产品。

在我们开始之前，您还有什么疑问吗？

图 7-3 访问介绍样本

## 向客户提哪些问题

虽然这看起来可能有些讽刺，获得客户想要和需要的最糟糕的方法是直接问他们"你想要和需要的是什么"；更为糟糕的是问客户"你的要求是什么"；"想要"和"需要"是经常使用的同义词。为什么会这样？

如果访谈者仅简单地问客户"你想要和需要的是什么？"必然发生的情况是，客户马上会进入解决方案模式，立刻回答他/她所认为的现如今最好的解决方案，如"它应该装一个杯架"（用于汽车的），"一个 10 分钟的小睡闹铃"（用于带闹钟的收音机），或"一个10秒钟的增量计费器"（用于一个长途电话）。此外，"要求"这个词蕴涵着客户的"必备的"需求，而访谈者真正想要收集到的是那些客户"希望"的并且还没有人能很好满足的需求。因此，举例来说，如果访谈者就复印机来询问客户的需求，客户很有可能会一直告诉访谈者他们想要更方便地实现双面复印、一台好的校对机、更方便地实现放大和缩小的功能等。访谈者仅仅着眼于这些内容可能只能生产出与别人相似的产品。

  相反地，访问应该聚焦于客户体验和他们想要的结果。访谈者要了解客户是怎样使用产品或服务的，他们想要完成什么及他们目前的障碍是什么，这很重要。访谈者想要用这一产品完成的最困难的任务是什么？问题最大的是哪些领域？在问客户关于喜欢还是不喜欢，最好还是最坏，以及其他一些极端性的问题时，访问经常得出有价值的结果。如果问客户希望在商务酒店看到什么，绝大多数人会回答一张舒适的床、一台好电视机，一间整洁的盥洗室等。但是，如果访谈者问他们在酒店中曾经历过的最好的和最糟的事情时，他们可能提到从隔壁房间传来的噪声，必须弯下身子或趴下身子为计算机找听筒插口，坏掉的淋浴喷头，或发出噪声的热水器/空调。客户反映的这些内容都可能成为一个公司改善产品和服务的最佳领域（见图7-4）。

---

（1）首先，请向我们介绍一些关于您自己的情况——您在这里是做什么的？已经在这家公司工作了多久？等等。

（2）现在，请告诉我您的办公室在哪里？尤其是您的办公座椅，感觉它怎么样，有什么特点？

（3）您喜欢它什么地方？不喜欢它什么地方？为什么？

（4）跟您以前用过的或是您在别人办公室看到的座椅比较，它怎么样？什么地方要好一些？什么地方要差一些？

（5）请您回想一下您用过的其他类型的座椅，或您坐过的其他地方，哪怕这些座椅不在您的办公桌旁，甚至不在您的办公室。您的办公座椅和它们相比，怎么样？其他类型的座椅产品有什么地方是您希望自己的办公座椅也有的吗？

（6）请告诉我办公座椅曾给您带来的最愉快的经历，它是怎样让您的一天更轻松或让您的效率更高的？也请告诉我它给您带来的最糟糕的经历，它是怎样妨碍您工作，让您的一天很累或效率不高的？

（7）您工作中都要完成一些什么任务和事情呢？您的办公座椅让您感觉更轻松还是更困难地完成工作任务？为什么？

（8）是什么使得一把座椅比另一把坐起来更舒适？更符合人体工学？是用途更广泛？更美观？还是任何其他因素让一把座椅比其他座椅更令人喜爱？

（9）如果您可以改变您座椅上的一两个地方，将是哪些地方？为什么这样会更好？

（10）关于办公座椅产品，您还有什么想告诉我的吗？或其他什么您认为我要问您但我没问的？

谢谢！

---

图7-4 访问指南样本

市场研究人员（访谈者）经常会问一些辅助性和非辅助性问题。非辅助性问题如"请描述一下您对这个产品的使用情况"。这可能激发来自受访者的多种回答，有意料之中的也有意料之外的。另外，辅助性问题更具有针对性，如"您在保养该产品时有过问题吗？"访谈者应该以更加非辅助性的基调开始客户访问，然后逐渐沿着更为辅助性的基调深入访谈者特别感兴趣的领域——假如受访者还没有从非辅助性的基调中走出来的话。

访问的目标是摆脱泛泛而论并深入每个独立访问主题的细节层面。因此，好的访问技术需要提出很多具有探索性和后续性的问题。例如，任何时候受访者使用非特指的形容词，访谈者都应该问一个后续问题以揭示该词的具体含义。所以，当客户说某产品"质量好"时，我们要了解他们是如何界定"质量好"的，同样的字眼，还有"柔韧的""始终如一的""便利的""有吸引力的"等。那么是什么使得一个产品或服务"人性化""可靠""复杂"或"有吸引力"？如果我们简单地以为我们知道这句话的意思，反倒可能遗漏很多重要信息。

一般来说，开放式的、间接的问题效果最好。直接的问题往往会产生一个字的回答：是、否、好、坏、行。这些回答对于产品开发者来说不是很有价值。或许唯一的、最佳的试探性问题就是"为什么……"

- 您为什么那样说？
- 为什么您会那样觉得？
- 您为什么更喜欢那一个？
- 为什么那对您来说很重要？
- 为什么那样更好？

访谈者不应该期望有很多客户能够参加关于最新技术的讨论——更不用说引导我们的实际决策了。客户可能都不知道这些新技术，毕竟这不是他们的责任——这是我们的！客户的任务仅仅是阐明他们想要的、需要的、喜欢的、不喜欢的事物，以及他们如今所面临的问题。这些"为什么"式的问题有利于引出这些有价值的话题，能更具创造性地融合当前客户的需求和新技术方案。

## 建立需要清单

### 如何获取客户需要

以往，绝大多数的 VOC 访问活动都会用到"笔录员"（技术熟练的记录员）。

但是，我强烈地建议对 VOC 访问进行录音。对于消费性产品和服务的 VOC 访问来说，这很少引起人们的质疑或担忧。但是，对于商业性或工业产品和服务的 VOC 访问来说，很多人都会担心他们的客户不允许他们这样做。但是事实上并非如此。如果我们做出了诚恳认真的解释，绝大多数的受访客户／受访者就不会对访问录音产生异议，几乎所有人在访问开始几分钟之后都会忘了有录音这回事。如果受访者确实表达了任何质疑或担忧，或者他们有任何想说而不希望录音的事情，那么最好的方法就是真诚地让受访者告诉我们停止录音。一次成功的 VOC 访问不应是一次商业间谍演练。任何开始让人听起来感觉像在试图挖掘竞争情报的问题都会导致受访者马上停止接受访问，或可能降低他们坦率回答的意愿。所以，我们不要问任何可能使受访者对我们的访问目的产生怀疑的问题，这一点至关重要。需要强调的是，VOC 访问的目的仅仅是为了获取客户需要来建立需要清单，以支持下一代产品的开发。允许受访者拥有开／关录音机的选择权，我们会从一开始就获得他们的信任。

为什么建议录音呢？因为笔录存在一些问题，第一，受访者说话很快，要写下他们所说的每一个字几乎是不可能的。第二，笔录存在一种把受访者的话转化为公司语言的趋势，在此过程中访谈者会丢失很多有价值的信息。第三，如果访谈者就是笔录员，这意味着又为这个已经是多任务处理的过程增加了一种几乎不可能完成的任务。录音能对 VOC 访问进行完整记录（每次花费 50～70 美元）并且随后能帮助我们更细致地分析访问过程——这是一个更彻底、更清晰地获取客户需要的方法。此外，录音能够使组织内部的其他人员在将来的任何时候得以方便快捷地获取完成的访问内容。

用彩色马克笔来标记访问记录是一个费力但极具启发性的过程（见图 7-5）。我们应在任何暗示某种客户需要的地方做好标记，随后可以通过文字提炼成需要清单，且尽可能地保留客户的语言基调（见图 7-6）。每一份访问记录还应该配有两个或两个以上的分析师。麻省理工学院（MIT）的研究表明，单独一个分析师可能只能识别出一套给定访问记录中蕴含的 40% 的属性。所以，识别足够高比例的属性，需要多个分析师。此外，因为来自不同职能领域的人通常会从不同的角度来解读客户需要，所以让来自不同职能领域的人都参与访问记录的解读也是一种可取的方法。

- 请告诉我一点关于您现在的办公座椅的情况。它是什么样子？有些什么特性？

好的，它已经很旧了，但我习惯用它。它是浅褐色的，有一个低靠背。有一些烦人的小绒球，有时会粘在我的休闲裤或裙子上。但大多数时候坐起来都很舒服。

- 是什么使它坐起来很舒服？

活动空间很大，你知道，当你保持一个姿势时间太长后要变换姿势，尤其是我在使用计算机长时间工作时。我可能会一会儿向前倾，一会儿向后靠，然后回到侧面，等等。它看起来很适合我做一些变换姿势的活动。

- 它是布制的还是皮革的？

是布制的，而且可惜的是扶手上已经有点破损了。这可能是我自己使用造成的，也可能是清洁工总是在他们打扫卫生后把座椅挤到桌子下面造成的，所以扶手每天都会磕磕碰碰。我已经千百次地告诉他们不要那样做了，但是你知道结果会是怎样的……

- 皮革座椅也会发生类似的情况吗？

在我以前工作的公司，我曾用过皮革座椅，我不记得扶手有没有破损。但我讨厌那把座椅。

- 为什么？

因为在天气暖和的日子，如果我出汗，有时皮肤就会粘在座椅上，而且站起来时会痛。

- 这样的话，我可以认为您更喜欢布制的吗？

哦，是，肯定是的。

- 为什么？

因为它透气性更好。我不会汗流浃背而且当我想站起来时皮肤也不会粘在座椅上。

- 您认为您现在的座椅在其他方面怎么样？

它很容易调节，至少在上下方向。尽管我已经使用这把座椅1年多了，当别人为我演示后靠时怎样调整倾斜的角度时，我甚至还不知道能这样。

- 因为那样不方便？

是的，你不得不阅读使用手册或让别人为你演示。但我是个不爱读使用手册的人。实际上，我甚至不知道使用手册在哪里！我想我从没看过它。

- 您说上下调整很方便。是什么使得它容易调整呢？

仅仅是因为在侧面下方有一个小开关，你往上提座椅就能升高，或你坐上去时就会下降。我曾经用过那种调节按钮在前后方的座椅，当我弯下腰去调整它时，总感觉有失女性风度。

- 您的座椅有什么地方是您特别不喜欢的？

嗯，有。当我移动的时候会很痛苦，比如从办公桌移到电脑桌。

- 您说的"痛苦"是什么意思？

你明白的，就是因为有4个脚，轮子很不灵活，我不得不做一件事——你知道的，重重地、重重地、重重地挪过去。我只是希望在我工作的范围内能够迅速地移动。

图 7-5　办公座椅产品访问记录和标记样本

资料来源：梅利莎·爱德华兹，产品营销主管，XYZ公司

---

- 表面没有任何会粘到我衣服上的东西。
- 在座椅里有更大的活动空间。
- 在座椅里能轻松地变换姿势——向前倾，向后靠，或任何一边。
- 扶手不会破损，即使是当被撞击或被压在桌子下面的时候。
- 一张透气性能好的座椅——当我出汗的时候，皮肤也不会粘在座椅上。
- 方便和直观地把座椅调整成任何一种我想要的姿势。
- 如有需要，随时能够查阅怎样调整座椅的说明。
- 为了调整座椅，我再也不必做出令自己难堪的姿势了。
- 在我的工作空间内，能方便地、快速地移动。

图 7-6　需要清单样本

## 怎样结束访问

在 VOC 访问过程中有一个最棘手的问题来自这样一个事实，即大多数客户难以用合适的、清楚的语言来陈述他们的需求。一个有技巧的访谈者往往能引导受访者向清晰陈述需求的方向转变，但仍有很多需求隐藏在那些不清晰的需要说明的语句中。

它们中的很多都属于以下几种情况之一，近似需求但不完全是真的需求。

- 工程特性或解决方案。很多客户会提供一种工程特性、一个解决方案或一个可以在实验室中衡量的技术规格，他们认为这些可以很好地满足他们的需求。举例来说，有的客户会提出"外墙应是一种铝钛合金"的解决方案。在这种情况下，一种好的访问技巧是询问他们为什么认为这是一个好的解决方案。这往往能激发客户说明其真正的隐含需求："他需要真正轻便并坚固的外墙。"同样地，如果客户说"我的计算机应该配有不间断电源"或"软件应该包含自动保存文件功能"，在这种情况下，尤其重要的是访谈者不要把这些错认为是需求，因为它们只是客户建议的当前的一个好的解决方案。如果访谈者为了更深入地研究问了这样的问题："为什么您认为这是一个很好的解决方案？"客户可能会这样说："是的，我绝不想丢失文件。"这是客户真正的隐含需求，并且将来很有希望会产生更好的技术解决方案。

- 目标值或规格。很多客户不仅会谈到工程特性，事实上，还会陈述一些他们认为对某些技术规格来说合理的数值形式的目标值。举例来说，"在这一点上，金属薄板的厚度应不超过 5 微米"。或者，"在电影院，我们买票的排队等待时间不应超过 10 分钟"等陈述，对访谈者了解客户认为什么是一个合理期望来说显然是有价值的信息，5 分钟显然会更好，而 2 分钟将会更快捷。访谈者应探明的是客户为什么认为 10 分钟是合适的，客户可能会说："这个时间可以让我们在电影开始之前有足够的时间去买一些爆米花和找到座位坐下来。"这就是客户真正的需求。例如，有人在排队买票的时候可以点他们想要的茶点，在付款时拿到茶点和电影票！或者，他们可以通过网络在订票的同时订购茶点，用他们的信用卡在一次交易过程中同时支付。

- 意见。在论及某些事情应该是怎样的时候，很多客户会陈述他们的意见。同时，这些意见和需求也不是一回事，访谈者应坦率地问他们事情为什么应该那样。因此，如果客户说："我讨厌给这个设备做保养。"那么访谈者恰当的后续问题是问客户"为什么"，以及询问他们希望的维修过程是什么样的。这样通常能引出适当的潜在需要说明。

这种区别是微妙却又关键的。如果访谈者接受受访客户／受访者所有关于什么是最好的解决方案、工程特性、目标值或规格以及意见的观点，那么接下来产品开发团队要开发的很可能是一些跟风产品。VOC 访问的目标是彻底地了解客户潜在需求的微小细节，然后让团队努力找出新的、有创意的办法来满足这些竞争对手还没有发现的需求。这需要大量的实践积累，但如果做到了这一点，那将会使我们的 VOC 访问拥有无限丰富的内容。

虽然有经验的访谈者往往可以将这些工程特性、解决方案、目标值和意见转化成更为清晰的需要说明，但事实上很多时候，访谈者会忘记这样做；甚至即使他们做了，客户也未能给出那种有用的说明。在这种情况下，那些为访问记录做标记的分析师将不得不灵活一点。虽然这不能完全令人满意，人们也不应该否定这样做。这样做的规则很简单，重点是努力保持客户的语言基调和小心地避免断章取义。通常，在一大段话里，几句话和句子片段可以"提炼"为更清晰的需要说明。有时，访谈者的提炼作为需要说明比任何客户所说的都清楚。同样，访谈者完全可以记下一个否定形式的句子并将其转换为肯定形式。例如，"我们需要一个不如此沉重和难于搬运的机器"，可以被转换成"一台易于搬运的机器"。最后，重要的是，在脱离访问背景时，独立呈现的需要清单应清晰并且容易理解。根本的检验方法就是，能让那些没有读过整个访问记录的人确切地知道客户的需求。

一旦所有的访问记录已经被加亮处理以及那些不合标准的短句被提炼为好的短语，这些短语将会被输入一个简单的短语数据库。在这个过程中我们可以使用几乎所有的文本格式类型、文字处理软件或电子数据表——结果是以真正的客户需要清单的形式创建一个存放收集的短语的数据库。

## 如何编辑客户需要

每份访问记录由两个或更多的人解读，从 20~30 次这样的访问中产生的短语数据库似乎太大了。如果做得细致一点，一个数据库含有 750~1 500 个句子的情况并不少见。在这样一个数据库里，肯定有很多重复的内容。很多需求可能被多名不同的受访者记录了下来，而且，很有可能每一份记录的若干分析师都加亮了相同的短语。因此，VOC 过程的下一步就是要把这些需要说明编辑成一套最终的、独特的短语。这主要是一个判断过程，最好首先由某个有很好的记忆力并且能够同时在其脑海中容纳大量定性信息的人来完成。如果一个需要说明重复了 5~10 次，他们可以选择保留哪句话的标准作为措辞最清晰、最易于理解的需求描述。"筛选"短语的过程可能花掉 1~3 天的时间，直到数据库下降到约 150~200 个独特的短语。

此时，将短语抄写在卡片或便利贴上通常很实用。团队现在可以移除重复的内容，整理措辞使之清晰，并搜索任何遗漏的需求。最后生成的需要清单的说明通常为 70~140 个，中值约为 100 个。

## 系统化客户需要

### 亲和图

尽管大多数的产品和服务类别有大约 100 个这样的需要说明，但这对产品开发团队的高效工作来说，仍然过于细致。所以，对需要清单进行进一步整合就显得很必要。要做到这一点，我们经常使用的工具就是所谓的亲和图（见图 7-7）。在使用这一工具的过程中，我们需要按照一定的组织逻辑方式将需求组成若干组。通常由产品开发团队自己完成这个对需求进行亲和的过程。

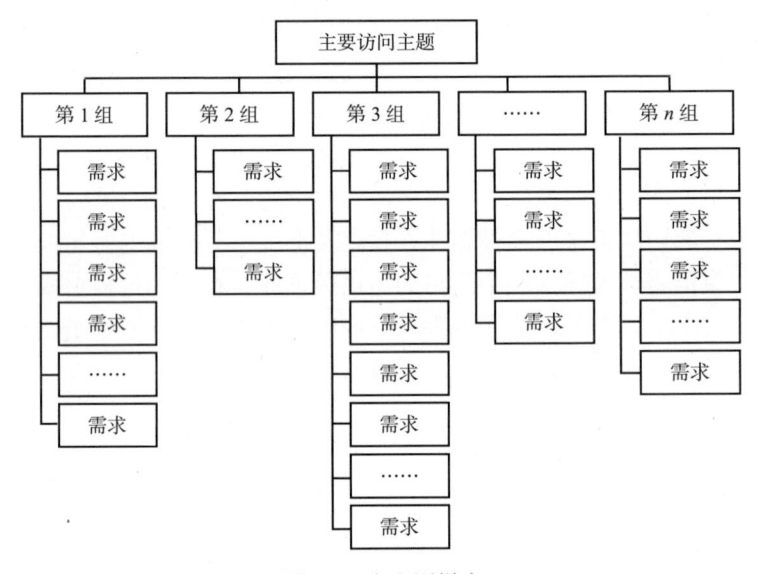

图 7-7　亲和图样本

要做到这一点，所有的需要说明都要抄写到卡片或便利贴上，置于一张大桌子或墙上。然后，团队成员根据他们采用的逻辑结构，开始通过移动卡片将需要说明组成若干小组。起初团队成员是完全独立地做这件事，但是过了一阵子，很快会有不同的团队成员认为可以用不同的结构或方式来组织这些需求。某些需求被参与者在各个小组间来回移动的情况并不少见，而且这可能揭示关于人们是如何看待产品或服务的不同的见解。一旦所有的需求都被分到不同的小组，这种状态就被打破了，然后团队开始讨论他们生成的亲和图，给每组确定标题，并试图解决余下的任何含糊不清的内容或分歧。

然而，格里芬和豪斯说明了一个有趣现象，这一现象被很多实际案例所验证，就是客户可能采用与公司内部产品开发团队略有不同的方式来组织他们的需求。格里芬和豪斯的解释是，公司内部人员倾向于按照组织结构图来组织需求，组织结构图反映了产品生产和交付的方式。另外，客户不了解组织结构图，更可能根据他们购置、使用和体验产品的方式进行需求分类。这种差别会对一些下游产品开发的决策起到重大影响。例如，在大量涉及计算机系统的案例中，内部分类者（公司内部人员）总是对与硬件相关的和与软件相关的需求做出明确区分，但是外部分类者（客户）几乎未做如此的区分。

所以，最好的方法是让客户参与亲和图的编制过程。这可以采取多种方式。最简单的是把3～6个客户组成一个小组，让他们作为一个整体来做这件事。随后可以进行焦点小组式的讨论，他们会被问到是如何进行需求分类并为小组命名的。如果小组包含的需要说明还是偏多，客户就要被迫再将它们分成若干小组。在理想的情况下，他们应该以15～25个亲和的经过细致分类的小组来结束任务。大多数产品开发团队报告说，这正是持续进行的产品开发所需要的"粒度"水平。

## 系统化统计方法

一种建立亲和图的更好的方法是采用多元数理系统化统计方法。格里芬和豪斯列举了一个由一大群客户（通常为50～100位）分别在家里或他们的办公室完成这一任务的过程。在此方法中，参与者都是以电话或电子邮件方式被预约的并被询问他们是否愿意参与一个将以邮件通知的练习活动。同时，他们将被赠予现金或实质性的礼物作为他们参与这项活动的回报。如果他们同意，他们将收到一个装有材料、说明文件和一些预付费的回邮信封。该材料包括一个卡片组，每张卡片上都有一个需要说明，要求参与者将其整理成他们自己的亲和图。接着，他们被要求在每一组里选一张卡片，要求此卡片能最好地概括这一组的内容（这被称为"范例"），并把它放在每一组的顶部。这些范例的选择有利于各个小组的命名，当所有这些独立的亲和图以统计的方式与彼此融合在一起的时候，这些小组就产生了。（他们被要求对他们完成的每个组进行优先级排序，或指出它们的相对重要性，接下来将对此展开讨论。）

两个不同属性的卡片被放在同一组中的次数的比例可以被看作衡量它们同义性的一种方法。然后建立一个矩阵，每一行和每一列交叉的地方表示了每两张卡片被整理到一起的频率。举例来说，如果57个受访者把卡3和卡4放在同一组里，则矩阵将把"57"放在第3行第4列（行3，列4）。然后用聚类分析法将那些最相似的短语划分成组形成一个属性层次结构，并以树形图来表示（从技术上讲是系统树图），这表明了聚集的不同程度。那些经常被划分在一起的需求在这个树形图中将出现在更接近的地方，即出现在相同或附近的一个分支。而那些不经常被划分在一起的需求，在树形图上将相距甚远，完全是不同的分支。这个聚类分析过程提供了一个更具代表性的客户需要亲和图，不受内部核心团队分类人员强加的结构或偏见的影响。

尽管有些复杂和昂贵，但这一方法解决了一个重要问题。在任何特定的产品类别的项目中都几乎有无限多的对需求进行分类的方法，从表面上来看，这些方法都是相当符合逻辑的。所以，当由核心团队自己或由几个小型客户群体进行这项工作时，我们永远无法确定他们的亲和图是否能反映整个群体的真实情况。多元数理系统化统计方法解决了这一问题。

组织这些需求的最后一步是为每个小组创建标签。虽然用一两个字来为每一组创建标签是件很容易的工作，但创建一个本质上概括了该组卡片主题的完整的需要说明，则更加实用。举例来说，可能有一个与客户服务或易用性相关的分组，我们完全可以从该组的个人需要说明中借用一些措辞，并创建类似"当我需要时提供良好的、便利的客户服务"或"一种易于学习和使用的产品"的标签。

## 对客户需要做优先级排序

我们直觉上认为不是所有的客户需要都一样重要。所以，VOC 的最后一步是对需要说明进行优先级排序。这一优先级排序最好由两个不同的维度来决定：重要性，每一种需求簇相对其他需求簇有多重要；性能或满意度，人们对于产品、服务或他们现在使用的替代品的满意度如何。

### 获得数据

过去，这种工作通常由产品开发团队来做，由他们根据自己的判断为客户需要划分优先级。但是，这里存在一个潜在的巨大风险，因为大量事实已经证明：客户划分的需求优先级通常跟公司内部人员划分的需求优先级有很大不同。公司内部人员往往认为最重要的属性就是公司已经优于同行的那些。同样地，存在一种强烈的业务倾向，公司对竞争对手的很多属性做出的性能估计比客户做出的实际估计高得多，这可能是因为竞争对手看起来总是比它们的实际规模更大、更有竞争力和更加保守商业秘密。

幸运的是，这个问题可以很容易地通过一个简单的问卷调查来解决，此调查可通过电子邮件、电话、传真或网络来进行（见图 7-8）。问卷简单地列出了 15～

25 个需要说明，同时附有一份量表——通常是 5 分、7 分、10 分或 100 分的得分范围。然后要求客户对每个组代指的需求簇在购买决策中的重要性进行评估，其次是评价他们对目前使用的任何产品或服务的满意度。最后是一些分类数据，如关于公司和个人的人口统计数据，可以用来在分析中细分优先级数据。这种调查在任何单个客户身上都不能超过 10 分钟，50~100 个客户的总体样本规模通常就足够了，除非有必要进行更复杂、更精确的细分。如果情况是后者并且这样做的成本并不是很高，我们可以考虑一个大得多的样本规模——每个区段 30~50 个，总体数量从几百个到几千个不等。

| 这个调查将花费您不到 10 分钟的时间完成 | | | | | | | | |
|---|---|---|---|---|---|---|---|---|
| **重要性** | | | | | | | | |
| 下表包含一些客户告诉我们的对他们使用办公座椅而言很重要的条目。请按 1~7 分的分值为每个条目打分，不重要的打 1 分或 2 分，非常重要的打 6 分或 7 分。如果有不适合你的短语，请在 "N/A" 上打圈。 | | | | | | | | |
| | 不重要 | | 一般重要 | | | 非常重要 | | |
| 在工作中是否舒适 | 1 | 2 | 3 | 4 | 5 | 6 | 7 | N/A |
| 易于在工作空间内快速移动 | 1 | 2 | 3 | 4 | 5 | 6 | 7 | N/A |
| 调整简单而直观 | 1 | 2 | 3 | 4 | 5 | 6 | 7 | N/A |
| 看起来漂亮；和我的办公室装饰很相配 | 1 | 2 | 3 | 4 | 5 | 6 | 7 | N/A |
| 坚固、耐用的外罩（纤维、皮革等） | 1 | 2 | 3 | 4 | 5 | 6 | 7 | N/A |
| 能给我足够的活动空间 | 1 | 2 | 3 | 4 | 5 | 6 | 7 | N/A |
| 能使我轻松地向后靠并把脚抬起来 | 1 | 2 | 3 | 4 | 5 | 6 | 7 | N/A |
| 扶手的高度和宽度适合我的肘关节 | 1 | 2 | 3 | 4 | 5 | 6 | 7 | N/A |
| 看起来不显脏 | 1 | 2 | 3 | 4 | 5 | 6 | 7 | N/A |
| 让我感觉我在组织中很重要 | 1 | 2 | 3 | 4 | 5 | 6 | 7 | N/A |
| 底部足够坚固，能经受住"敲打" | 1 | 2 | 3 | 4 | 5 | 6 | 7 | N/A |
| 对于非常高的、矮的、胖的、瘦的人同样适用 | 1 | 2 | 3 | 4 | 5 | 6 | 7 | N/A |
| 能简单并且快速地修理 | 1 | 2 | 3 | 4 | 5 | 6 | 7 | N/A |
| **性能** | | | | | | | | |
| 有针对性地考虑一下您现在的办公座椅，请为座椅在下面每一项上的表现打分。请按 1~7 分的分值为每个属性打分，差的打 1 分，优秀的打 7 分。如果有不适合你的短语，请在 "N/A" 上打圈。 | | | | | | | | |
| | 差 | | | | | 优秀 | | |
| 在工作中是否舒适 | 1 | 2 | 3 | 4 | 5 | 6 | 7 | N/A |
| 易于在工作空间内快速移动 | 1 | 2 | 3 | 4 | 5 | 6 | 7 | N/A |
| 调整简单而直观 | 1 | 2 | 3 | 4 | 5 | 6 | 7 | N/A |
| 看起来漂亮；和我的办公室装饰很相配 | 1 | 2 | 3 | 4 | 5 | 6 | 7 | N/A |
| 坚固、耐用的外罩（纤维、皮革等） | 1 | 2 | 3 | 4 | 5 | 6 | 7 | N/A |
| 能给我足够的活动空间 | 1 | 2 | 3 | 4 | 5 | 6 | 7 | N/A |
| 能使我轻松地向后靠并把脚抬起来 | 1 | 2 | 3 | 4 | 5 | 6 | 7 | N/A |
| 扶手的高度和宽度适合我的肘关节 | 1 | 2 | 3 | 4 | 5 | 6 | 7 | N/A |
| 看起来不显脏 | 1 | 2 | 3 | 4 | 5 | 6 | 7 | N/A |
| 让我感觉我在组织中很重要 | 1 | 2 | 3 | 4 | 5 | 6 | 7 | N/A |

图 7-8 办公座椅问卷调查样本

| | | | | | | | |
|---|---|---|---|---|---|---|---|
| 底部足够坚固，能经受住"敲打" | 1 | 2 | 3 | 4 | 5 | 6 | 7 | N/A |
| 对于非常高的、矮的、胖的、瘦的人同样适用 | 1 | 2 | 3 | 4 | 5 | 6 | 7 | N/A |
| 能简单并且快速地修理 | 1 | 2 | 3 | 4 | 5 | 6 | 7 | N/A |

总体来说，您对于现有的办公座椅的满意度如何？
（请在下面的数字上画圈）

| 非常不满意 | | | | | | | | 非常满意 |
|---|---|---|---|---|---|---|---|---|
| 1 | 2 | 3 | 4 | 5 | 6 | 7 | 8 | 9 |

请您花几分钟回答下列分类问题。它们将帮助我们更好地理解您的需求。请放心，您所提供的所有资料是绝对保密的。

| 您的年龄？（在对应的框内画"√"） | 性别（在对应的框内画"√"） |
|---|---|
| □ 18 岁以下<br>□ 18～24 岁<br>□ 25～34 岁<br>□ 35～44 岁<br>□ 45～54 岁<br>□ 55～64 岁<br>□ 65～74 岁<br>□ 75 岁或以上 | □ 女<br>□ 男 |

您怎样恰当地描述您所在公司的行业？（在对应的框内画"√"）
□ 通信
□ 教育
□ 金融/保险
□ 百货
□ 保健
□ 房屋租赁
□ 加工工业
□ 房地产
□ 零售
□ 餐馆
□ 其他（注明）

有多少人受雇于此公司？关于这个问题，我们指的是每周工作至少 30 小时的全职员工。（在对应的框内画"√"）
□ 少于 100 名全职员工
□ 100～250 名全职员工
□ 251～500 名全职员工
□ 501～1 000 名全职员工
□ 1 001 名或以上全职员工

下列哪一个选项能最贴切地描述您的公司每年的大体收入总额？（在适当的框内画"√"）
□ 50 万美元以下
□ 50 万美元或以上，但少于 100 万美元
□ 100 万美元或以上，但少于 500 万美元
□ 500 万美元或以上，但少于 1 000 万美元
□ 1 000 万美元或以上，但少于 2 500 万美元
□ 2 500 万美元或以上，但少于 5 000 万美元
□ 5 000 万美元或以上

感谢您参与本次调查

图 7-8　办公座椅问卷调查样本（续）

**理解数据**

分析数据的一个有效方法就是计算每一种个体需求簇的平均数并将其绘制在一个二维散点图上，一个维度是重要性，另一个维度是当前性能（见图7-9）。如果需求簇落入右上方的象限，这意味着客户在告诉我们此需求簇的重要性和当前性能都很高。这是一些必须保持在新产品中的属性，但在不断发展的产品开发中通常不应是最值得关注的。另外，那些出现在左上方象限的需求簇（高重要性和低性能）显然是我们应最大限度地努力的焦点。这意味着客户在告诉我们此需求簇的重要性较高，但当前性能还相对滞后。如果公司具有围绕这些需求展开创新并提出更好的解决方案的能力，那么它将会对客户具有很高的吸引力，并且易于开发出成功的新产品。那些落入右下方象限的需求簇是客户觉得已经不重要的需求，因为客户已经通过他们所拥有的产品得到了合理的满足。这些属性一般不值得任何额外投资或产品开发努力，并可能是新产品开发过程中可以节约成本的地方。最后，那些在左下方象限的需求簇是客户告诉我们重要性和他们目前的满意度都很低的需求簇，我们不应该过早地考虑。有时这些属性在重要性方面评分较低，仅仅是因为客户认为没有人可以做得更好；从某种意义上来说，他们在这些属性方面给了我们一个"及格"。然而，有时它们代表着有利可图的隐藏机遇。联想著名的卡诺模型，所谓的"惊喜"往往来自这个象限，因为总会有人提出一些聪明的办法来创新，而客户的反应是兴奋的——一种类似于"哇"的惊奇反应。并且，随着时间的推移，这些需求可能变得更加重要，并会进入上方的象限。

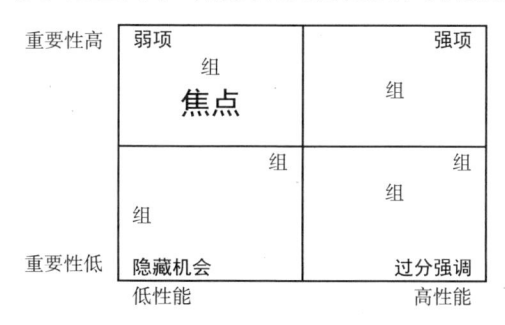

| | 重要性高 | |
|---|---|---|
| | 弱项<br>组<br>**焦点** | 强项<br>组 |
| | 组<br>组 | 组<br>组 |
| 重要性低 | 隐藏机会 | 过分强调 |
| | 低性能 | 高性能 |

图7-9 二维散点图：重要性和当前性能

**需求时间和资源**

一般来说，全面地实施VOC项目需要2~3个月的时间，虽然有些项目做得快，而有些则长得多（6个月甚至更长）。一个典型的VOC项目实施时间表如表7-1所示。

表 7-1  VOC 项目实施时间表

| 行　动 | 周　数 |
|---|---|
| 项目和样本设计 | 1 |
| 寻找受访者 | 2 |
| 访问 | 1～4 |
| 抄录和标记 | 2 |
| 编辑 | 1 |
| 创建等级体系 | 1 |
| 优先级排序（调查） | 2 |
| 总计 | 10～13 |

在此过程中，小组成员的时间安排会因周数不同，因人而异。在大多数团队中，一个或两个人"主要负责"，他们在 VOC 项目上花费自己 30%～50%的时间，而其他人则会花费自己 10%～25%的时间。

如果是团队亲力亲为，实施一个 VOC 项目的花费在 1 万～2 万美元，一个国际级的 VOC 案例的花费为 6 万～7.5 万美元。（此外，在一开始有一些培训和辅导是必要的）在各种会议上发表的一些报告显示，平均费用约为 4 万美元。如果我们选择将 VOC 项目中的一些任务外包给专业的市场研究人员，对于一个复杂的国际案例来说，其花费为 7 万美元到 20 万美元不等。外包的平均费用通常为 10 万美元左右。

## 额外考虑因素

### "新新"产品（New-new Products）怎样做

在 VOC 市场研究领域，已经存在的大量工作都涉及相对明确的现有产品种类。一个常见的问题是：当这样一个产品类别并不存在的时候该怎么做，即那些通常被称为"新新"产品的类别。很显然，这是一种更为复杂的情况，但它是可以做到的。首先，即使此类别的产品还不存在，人们通常也有可以用来完成相同类型任务的替代品。这里有一个很好的例子：一家公司正在试图开发一项技术，意在使用明亮的光线来解决飞行时差对人的影响。该公司试图使产品商业化——一种可以产生某种经过仔细测量的明亮光线的产品，因为有研究表明，这种光线可以帮助人们在跨越多个时区时更快地调整生物钟。在此之前，虽然并不存在这样的产品或技术，但是频繁进行国际旅行的旅行者仍然能够很容易地谈论各种他们当前用来对抗时差反应的工具和技术——饮食、服药、第一天的锻炼，等等。

然而，该公司需要更进一步。虽然人们能很容易地描述他们目前解决时差反应的方法，但为了了解他们对新技术的期望和需求，该公司还是需要展示一些初步的概念设计来打开客户讨论的空间。虽然概念的展示通常不是 VOC 研究的一部分，但对于"新新"产品来说可能是必要的。除了以上的内容，VOC 访问的本质是相当典型的。前半部分流程涵盖了公司处理目前问题的现行方法，接下来是产品概念的提出，以及让人们表达自己喜欢的、不喜欢的需求，并提出问题和质疑。显然，比起现有的产品类别，这是一个更为复杂的任务。但它通常是最好的方法，而且其生成的 VOC 数据还有着巨大的价值。我们不必那么强调他们是喜欢还是不喜欢这些产品概念，而是要更强调在这些产品概念中他们喜欢什么和不喜欢什么，这样通常能产生相同水平的需要清单。

### 工业产品和服务是怎样的

在整个讨论过程中，我一直在论述工业产品和服务方面的 VOC 收集。但因为这些技术的产生更多的是与实物产品联系在一起的，而且由于已经发表的内容大部分也是关于产品的，因此它们是否适用于解释"服务"就存在一些疑虑。

这样的争论很大程度上是没有根据的。首先要记住，即使是工业产品，通常也总有一个有关的服务要素是客户经常想谈论的，服务与产品几乎不可能分开。其次，许多产品其实就是服务。举例来说，电信产品、能源产品和金融产品，银行、保险、贷款和信用卡等。这里所描述的技术对服务和产品同样有效。唯一值得注意的区别是，由此产生的需求和绩效度量在本质上通常有点"软"。对于产品，我们会把客户需要转化为（大部分）实验室可衡量的规格，如质量、厚度或所需要的力；而对于服务，这些衡量规格通常指向一些事实，如礼貌程度、采取某种行动的百分比或为完成某任务而努力的困难/时间/次数等。这些东西衡量起来往往比较难，但是如果这些就是满足客户需要的关键衡量规格的话，我们便不能逃避做这些事情的义务。

我们不应该拒绝使用 VOC 来提供服务的方式。当运用于工业产品时，我们也不应避开讨论其中的服务因素。

### 全球化的产品和服务是怎样的

目前，许多产品和服务是面向全球市场进行设计的，这产生了一个全新的挑战——公司必须在全球范围内收集 VOC。这几乎总是导致更高程度的复杂性和成本的产生，但这也许是完全必要的。对因跨越国界和文化而存在的不可避免的差异的忽视，将招致我们都听说过的某种灾难，例如，汽车方向盘被安装在了对当地而言是错误的一侧。认为在本土市场上受欢迎的产品在其他地区也自然受欢迎，这个假设本身就很愚蠢。

有时候，在每个市场上的潜在客户需要也是不同的。而其他时候，公司的"权力"关系和战略发展会要求公司要在一些国外市场进行市场研究以获得海外管理层的支持。但最常见的（也是最好的）使得 VOC 国际化的原因，是为了更好地理解以下几点。

- 客户对产品的态度如何因地理位置的不同而不同？
- 在不同地域的客户，是怎样权衡产品的各种属性的？
- 产品的使用在各个不同国家的客户中有什么不同？
- 气候、市场状况、监管问题以及其他环境因素是怎样影响人们对产品的偏好的？

这样做的目的是要确定为拓展国际市场创造一种完全独立的产品或市场战略的最佳时机，以及明确产品应有些什么必要的改变。

本章前面描述的大部分研究方法同样适用于国际环境，只有轻微的程序上的不同。不过，有些特性可能需要特殊考虑。

- 研究礼仪可能因国而异。举例来说，在某些国家，研究材料可能需要亲手交付给客户而不是通过邮寄。
- 虽然为感谢人们参与而赠予礼物在某些国家可能是适当的甚至是被提倡的，但在某些国家是不可行的（甚至是违法的）。
- 当访问不是以受访者的母语进行时，访问结果可能显著不同。我们应该设法用受访者本国的语言进行访问，以确保访问的话语和语义能被受访者正确理解。
- 为确保客户表达的语句能被正确理解，所有材料——访问指南、需要清单、需要说明本身，以及优先级调查——都应进行两次翻译，先从语言 A 翻译成语言 B，然后独立地从语言 B 翻译成语言 A。

在每一个单独的国外市场上都进行如此详细的分析可能是不现实的。但很多公司的 VOC 活动都会涉及额外的 3~10 个国家（本土市场除外）。

## 重新审视误区

我们通过回顾 9 种误区来总结这一章，并重温所学内容。

（1）**VOC 主要是一个定性的市场研究过程，而不是一个量化过程**。显然，这是不正确的。虽然访问和需求提取是一个定性的过程，但是如果运用统计来做的话，把需求系统化为亲和图的过程是高度定量的，而且需求的优先级排序过程也完全是量化的。

（2）**VOC 访问主要针对我们现有的最重要的客户，即我们的关键客户**。这是 VOC 过程出现大量错误的一个来源。在这个过程中，应该包括一些我们自己的和我们竞争对手的普通客户。通常，从我们的非客户那里能比从我们最好的客户那里了解到更多的信息。这并不意味着我们应该将我们的关键客户排除在外，只是他们应该是样本的一部分而非全部。

（3）**客户并不能真正告诉我们他们想要什么，直到他们看到了产品才知道他们想要的是什么**。这混淆了需求和解决方案。事实上，客户很擅长阐明各自的需求，他们只是无法预知所有能够满足这些需求的新的技术解决方案。但是，需要强调的是，拿出良好的技术解决方案是我们的工作，而不是他们的工作。

（4）**明确客户想要和需要的最好方法是直接询问客户想要和需要的是什么**。遗憾的是，这种直接形式的提问通常会诱导客户提出那些他们认为目前最好的解决方案。相反，我们应该请客户谈谈他们想要的结果，他们正试图完成的任务以及他们是喜欢还是不喜欢当前的产品和解决方案。这将利于我们获取更全面的客户需要。

（5）**非客户将不愿意与我们交谈**。虽然非客户最初会有些怀疑我们的动机，但只要我们诚实地向他们解释我们正在试图做什么，并且贯彻这个精神，最后大多数非客户都会非常愿意坐下来与我们交谈，特别是在我们给他们一些激励或礼物作为鼓励时。

（6）**单独安排一个笔录员是记录需求的最好方法**。录音记录及逐字转录能够建立一套更为全面的、详细的需要清单，较少受到一些笔录员的主观臆断和解释需求时产生的偏差的影响。

（7）**客户将不允许我们对谈话录音**。事实根本不是这样。如果我们向客户做出清楚而仔细的解释，并且当客户想说不允许做录音时，给予他们对录音的控制权。事实上，大多数客户会允许我们对谈话内容录音。当访问是在一个中立立场甚至是在客户的地方进行时更是如此。

（8）**系统化或亲和需求的过程最好由产品开发团队自己完成**。研究表明，客户认为的亲和关系是不同的，因此，让客户参与亲和图的编制过程显得非常重要。

（9）**客户需要的优先级排序最好也由产品开发团队自己完成**。在很多情况下，对客户评分和公司内部评分进行比较，我们会发现结果几乎总是大不相同。因此，用一种简单的调研工具来让客户进行客户需要的优先级排序很有必要。否则，团队将处于将重点放在错误需求上的危险境地。

# 结 论

在处理 VOC 过程的最后，我们应该认识到 VOC 应具备以下特性。
- 包含 70～140 个详细的、独特的客户需要说明的详细清单（来自 20～40 次一对一访问）。
- 将短语系统化/亲和成（最好是由客户参与）15～25 个需求簇或亲和组。
- 根据其相对重要性和绩效对需求簇优先排序。

显然，这不是一个容易的过程。它需要的远不是针对少数的重点客户的几次访问。但是，如果 VOC 运用得当，内容丰富的数据和蕴含其中的海量知识将会让你惊奇不已。几乎所有经历了这个过程的人都会说：它使人大开眼界，甚至令人激动，显然值得我们付出努力。它能带来更好的新产品及服务，更高的客户满意度和更长远的盈利能力。

# 作者简介

### 杰拉尔德·M. 卡茨（Gerald M. Katz）

杰拉尔德·M. 卡茨，NPDP，是一位在新产品开发、新服务和市场研究设计领域公认的权威，具有 30 年以上的咨询经验。在"应用市场营销科学公司"，他采用客户意见、质量功能展开（QFD）和大量的市场营销科学实用方法，领导了 100 多个主要的客户参与项目。杰拉尔德服务于 PDMA 理事会，是《展望》杂志的撰稿人之一，发表过若干篇获奖论文。他经常就新产品开发和市场调查等主题在主要的商学院讲授课程。

# 第 8 章

# 创造客户联系：人种学的需要发现

巴巴拉·佩里（Barbara Perry） 加拉·L. 伍德兰（Cara L. Woodland）
克里斯托弗·W. 米勒（Christopher W. Miller）

> 真正的发现之旅不在于寻找新的风景，而在于有了新的视野。
> 
> ——莫雷尔·普鲁斯特

　　这些年来，日益激烈的竞争促进了人们对客户需要的更深理解。越来越多的人意识到了解客户的传统方法无法为真正的创新产品开发提供深刻见解。为了应对这一现实，用更直接的、移情的（它们大部分来源于人种学）理解客户的方法来扩充传统的市场研究，已经成为一种趋势。这些方法有很多名称，如人种学、现场研究、沉浸体验和观察研究等。

　　在人种学方面有许多优秀的模型和变体都是建立在一套共同的原则之上的。随着人种学应用的增加，关于人种学的商业应用存在着陈词滥调、假设和误解。一些例子包括："它太贵了""它耗时太长了""它很难提取可行性的发现""它净是一些趣闻，上面的管理层不会'倾听'""样本容量太小，没有说服力"等。

　　这一章的目的是揭开人种学实践的神秘面纱，并以一种有用的方法阐述它是什么、怎样实行它，以及如何应用它。我们的希望是提升现有的实践并提供最新的流程，使得这种研究方法更易于被客户掌握、更流畅、更实际、更易于应用、更容易"自己动手实现"，最后产生更好的结果。这一章以人种学的定义和人种学从商业到产品开发环境的应用作为开始，然后研讨了人种学应用的 5 个步骤。这 5 个步骤如下。

　　第 1 步：计划项目。
　　第 2 步：开始项目。
　　第 3 步：实施现场研究。

第 4 步：分析数据。

第 5 步：使用研究成果。

## 人种学的定义

人种学是人类学家在一定背景下研究人类行为的方法。现今，它被广泛地应用到了非学术的场景，包括企业营销、产品开发、政府机构和非营利性组织。人种学的目的是发展并传达一种非常全面的关于人的价值观、习俗、信仰、行为和动机的"内行"看法。人种学的过程是创造性思维的催化剂。人种学的成果是一些具有可操作性的见解，是有能力"用新的眼光看问题"之后发出的感悟，是重新充满能量的感觉，是对听众的承诺。

企业家已经意识到，虽然他们通常掌握了有关客户的大量的数据，但是真正重要的（且仍然难以捉摸的）问题是理解客户的能力。在我们的听众形成观点和选择的过程中，复杂的流程是什么？

人种学在一些基本方法上不同于其他的定性研究。

- 第一，这是一种用于理解问题的归纳方法。该研究以假设结束，而不是以假设开始。通过使用一个开放式的、面向发现的方法去研究课题，人种学让知识显现出来，而不是把它分成预定的类别。人种学最可能导致完全新的和意外的知识的产生，因为它对真实世界开放，而不被已知或假定相关的东西所约束。正如著名的人类学家克利福德·格尔茨所说的："关键是要弄清楚他们到底想要什么。"

- 第二，它聚焦于场景。学习过程在行为发生的环境中产生，而不是在实验室或"玻璃墙"后产生。仔细的现场观察发现了深刻的问题，这些问题提供了更深层次的理解和行动的新方向，意义就隐藏在它们出现的场景中。举例来说，一家餐具制造联合企业想知道餐具对人们的真正意义。这家企业不是聚焦于实物（产品），而是聚焦于过去和现在人们在家里吃饭的经历。这方面的一个例子被称为"母亲角色缺位"（Mother Role Void，MRV）。考虑到母亲的传统角色正在发生变化，人们怎样才能知道这些事情，如如何选择餐具、布置餐桌、用适当的方式摆放餐桌，以及烹调食谱？研究小组发现，在玛莎·斯图尔特（美国女性财富人物）和其他人所填补的知识空白中，男性和女性都在热心地寻找创意。他们由此推定他们行业可以满足这种需要。他们的发现揭示了大量之前从未出现过的象征性连接。

- 第三，它是整体的。相比于其他方法，开始是广泛的探究，然后聚焦到特定的焦点。从现场访问开始，通过分析和解读就会发现问题，并带来可被测试的数据。在分析数据时，主题和关系显现出来，一个可操作的框架就可以构建出来。这种合成，或"以新的眼光看待旧的风景"的方式，将内行人的视角与研究者的见解结合起来。

虽然人种学是一种定性的方法，下面的定义还是说明了定量研究与定性研究的区别。

> **定义**
>
> **定量研究**：回答"是什么""多频繁"和"多少"这类问题，并使用问卷、民意测验和统计分析等工具。当它能够快速地覆盖很多人群时，研究者往往会对它的全部含义进行研究。
>
> **定性研究**：回答"为什么""有什么影响"和"如何"这类问题，并使用更少的、更开放的和更深入的访问等工具提供一个附加的维度，以发现隐藏在人们活动背后的意义和动机。

作为一个定性的工具，人种学使我们能够从一个内行的视角理解问题。人种学家试图得到关于客户经验的最完整和最准确的看法，以及了解它如何影响和受影响于客户的信念和态度。其目的是更好地了解和把握客户的感受、客户做出某种行为的原因、客户做出选择的方式，以及客户的选择在其更广泛的目标和需要的背景中所表达的含义（见图8-1）。

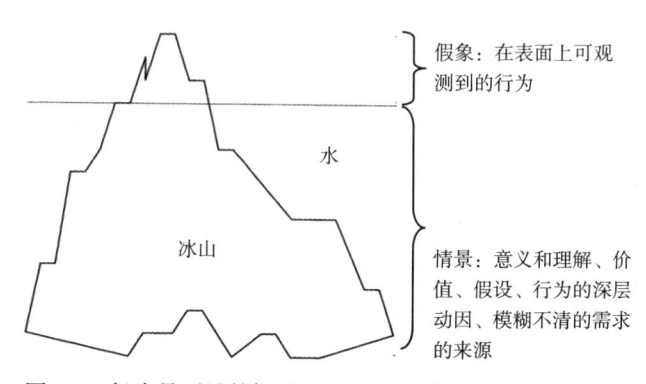

图8-1 行为是可见的提示：90%的洞察是在表面以下

正如人类学家迈克·阿格尔所说的："明确地指出问题的本质是人种学家的闪

光之处。这种创造力来源于少量的数据的多轮迭代、大量的思考、一闪而过的思想型直觉和意外发现珍宝的运气等。人种学强调少量案例中的互相关联的细节，而不是大量案例的常见命题。"（见图8-2）。

```
                    演绎式的市场调查
    理论 ──┐
          └──→ 假设 ──┐
                      └──→ 观察 ──┐
                                  └──→ 证实

    理论 ──┐
          └──→ 假设 ←──┐
                      └── 模式 ←──┐
                                  └── 观察
                    归纳式的人种学调查
```

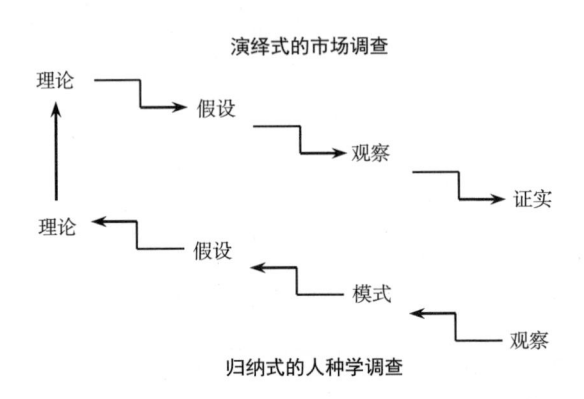

图8-2 演绎式的市场调查和归纳式的人种学调查

资料来源：Perry，2002

## 人种学从商业到产品开发环境的应用

人种学方法被积极应用于直接的产品开发以及解决更广泛的问题。创新产生创新。随着每一款新产品的推出，它将提高所有与同类产品相关的产品的门槛。以团队为基础的人种学在产品开发过程中，从模糊前端到投放市场后，应用于洞察客户的想法都是行之有效的，包括以下几个方面。

- 发现可实现的未阐明的需要。
- 了解产品特性的感性化功能。
- 开发新产品，品牌延伸，并改进现有产品。
- 建立假设的客户需要。
- 当这些问题不明确，或被嵌入一个复杂的多系统结构中时，确定"实际的"问题。
- 围绕客户需要建立一个跨职能的团队。
- 在团队内激发团队成员洞察力、创新力、创造力和信心。

需要注意的是，人种学不会取代新产品开发过程中的研究和其他部分。最好是用其建立开始的假设，即将要在整个研究中重复的关于市场的主题。如果没有进一步的定量测试，人种学并不适用于更大的人群（见图8-3和图8-4）。

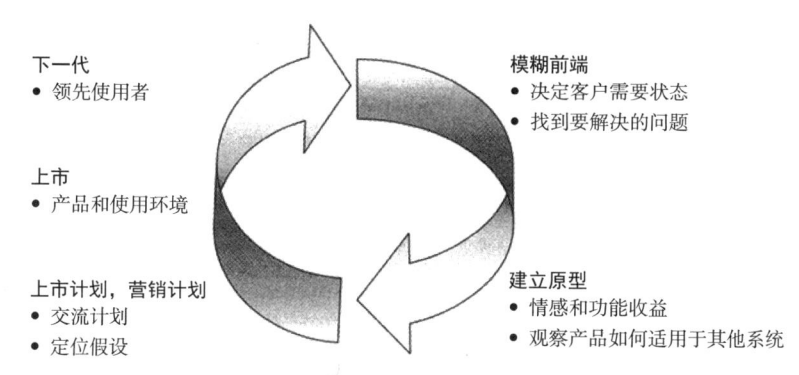

# 第8章 创造客户联系：人种学的需要发现

**下一代**
- 领先使用者

**上市**
- 产品和使用环境

**上市计划，营销计划**
- 交流计划
- 定位假设

**模糊前端**
- 决定客户需要状态
- 找到要解决的问题

**建立原型**
- 情感和功能收益
- 观察产品如何适用于其他系统

图 8-3　人种学在新产品开发中的应用

| 目标 | 一对一 | 焦点小组讨论 | 人种学 |
|---|---|---|---|
| 创意生成 |  |  | ■ |
| 概念开发和审查 | ▨ | ▨ | ■ |
| 清晰度和理解力的评估 |  | ■ |  |
| 意见主导/主导客户小组 | ■ |  | ■ |
| 一般性营销教育和融入 | ■ | ■ | ■ |
| 假设生成 | ■ |  | ■ |
| 研究设计 | ■ |  | ■ |
| 构造问卷 |  | ■ |  |
| 定量测试中反应的说明 | ▨ | ▨ | ▨ |
| 调和不同研究中发现的不同 |  |  | ■ |

黑=关键优势　　灰=一般优势　　白=不重要

图 8-4　人种学应用时机

# 人种学应用的第1步：计划项目

对于任何研究项目来说，设定有关我们对项目收益的期望和决定我们希望从项目中获得什么是十分重要的。这里将人种学研究的学习分为3个部分，它们组成了研究规则要素，正如下文的内容所述。

## 第1部分　确定研究目标

目标必须足够具体以提供方向，但也应该足够广泛以放宽发现的过程。目标确定了关于一个研究团队将在哪里探索或在哪里不会探索的相关参数和产品使用背景。举例来说，要研究化妆品，研究团队首先要明白"美丽"的含义；要了解玩具，首先要了解"玩"的含义；要了解抵押贷款，首先要明白"住宅"的含义。

研究的目标确定之后，就应该选择研究方法了。

> **案例研究：研究目标——口红**
>
> 　　一家口红公司需要保持和提升自己的产品地位和组合，想扩展到世界口红市场，发现并开发新口红产品，并进行品牌扩张。该公司决定使用人种学方法，以便能够更好地了解口红产品的使用环境。确定了研究目标之后，该公司决定把重点放在女性使用口红方面。该公司的研究目标分为以下两个方面。
> - 了解如何、何时、在哪里（具体口红使用情景）。
> - 了解女性使用口红的需求和驱动力（情景行为）。
>
> 　　这些目标有助于形成研究的设计、观察的方式和在现场访问时所要问的问题。

## 第 2 部分　确定研究设计

　　请记住，我们的目标是获得建立假设的洞察力，而不是创造出具有统计意义的数字。在研究的目标已经确定之后，研究的第 2 个最重要的部分是要确定研究设计，即确定客户类型、确定招募方法、确定研究方法以及确定数据收集方法。

　　（1）确定客户类型。在大多数企业中，80%的销售来自 20%的客户。在人种学研究中，研究的目标是确定哪种类型的客户作为研究对象。如果研究目的是为了更好地了解当前的客户，选择目标市场是合适的。但是，如果研究目的是为了更好地了解新兴客户或新客户的需要，客户类型将相当不同。由于人种学的目的是更好地了解更广泛的背景，因此，理解所有那些对产品的使用有影响的人是很重要的，无论他们使用与否。利用下面的练习可以帮助我们确定我们将要访问的是哪类人或场所。

> **练习：谁是我们的客户？**
>
> 　　列出从产品的构想到落地的过程中，与我们的产品有接触或联系的人。
> 　　列出在"真实"世界中，我们在哪里可以联系到他们。

> **案例研究：使用口红的客户种类**
>
> 　　为了维持目前的份额，以抵御新的竞品的冲击，并进一步培养和扩大需求，宝洁公司的封面女郎品牌决定采用以团队为基础的人种学方法细分客户

## 第8章 创造客户联系：人种学的需要发现

种类。他们选择的细分目标女性如下：
- 口红的忠实客户。
- 偶尔使用口红的客户。
- 那些拒绝使用口红的客户。
- 知道口红，但不使用口红的客户。

（2）确定招募方法。预计高达20%的现场访问将不成功，其中的原因可能有：错误的招募、不善于表达的客户、不恰当的时机，以及无法找到访问的地点。我们应该把大部分注意力放在确定适合的招募目标上，然后再来确认招募的客户对研究来说是否合适。由于采用的样本容量小，因此要特别注意招募的过程。

同大多数招募方法一样，初始流程是筛选，以确定此人对研究来说是否是一个合格的客户。一个筛选工具中包括一些问题，以筛选研究中需要的合适的演示图片以及客户的心理档案。以下是一些筛选时的提示。
- 以开放式的问题开始，逐渐改变为具体的问题。
- 问一些非导向性的、多选型的选择题。
- 为了节省招募时间，在筛选阶段，问一些可判断客户具不具备资格的问题。
- 选择那些之前参与过市场研究或竞争的人。
- 保留一些个人问题，如收入规模和有多少孩子，直到最后的筛选。

招募方法如下。
- 有经验的招募者。这是一些有针对人种学研究招募经历的招募者。对招募者需要加以仔细甄别和指导，特别是在招募客户、管理和后勤工作人员的时候。初期的招募工作完成之后，该研究团队应对已招募的客户进行不限名额的二次筛选。
- 已知客户/朋友的朋友。根据研究的本质，围绕这种类型的人进行研究会很顺利。他们有亲密的关系，并且信任研究人员，但是需要考虑的是如何减少来自客户的偏差。
- 客户来自过去的焦点小组。感兴趣并能清楚表述的访问小组参与者是做人种学研究项目很好的人选。他们已被筛选出来，并且知道如何清楚地表达，他们更容易成为积极响应的参与者。
- 在报纸、时事通信、信件及网上公告版上登广告。此方法是最具风险的方法。因此，仔细甄别潜在客户是至关重要的。有些人寻找这些类型的广告只是将其当作了一个赚钱机会，可能并不是研究项目要找的那类人。
- 协会、俱乐部和支持团体。即到目标客户可能出现的地方招募。许多组织会作为一个资金筹集人来参与研究。再次强调，仔细甄别潜在客户是非常重要的。

（3）确定研究方法。人种学的基本做法是参与者观察（见图8-5）。这包含了指导性访问和观察的有效结合，以了解客户的行为。

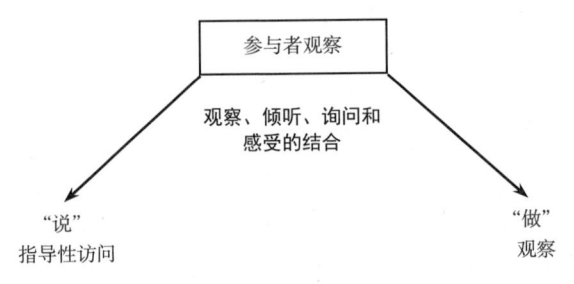

```
              参与者观察
         观察、倾听、询问和
           感受的结合
        ↙                    ↘
     "说"                    "做"
   指导性访问                 观察
```

图8-5　人种学工具包

---

**客户对隐私和安全的关注**

招募的时候，客户并不总是清楚地了解研究的主办组织，客户可能产生顾虑，害怕这一研究会侵犯个人安全及隐私。以下一些方法可以减少客户在这方面的担忧。

- 对于任何数据收集方法，除了期刊（如音频、视频），需要得到被招募客户的许可。
- 向客户保证他们向研究团队提供的资料将被保密，不会被公开使用。
- 提前告诉客户将要访问他们的研究团队成员的姓名，并让研究团队成员在进门采访前出示身份证明。
- 研究团队成员应该在采访前先用电话联系受访者，以再次确认研究方向，然后开始个人联系。
- 鼓励客户有一个朋友、配偶或家庭成员在进行现场访问的时候在场。
- 为客户设定期望。告诉他们在访问期间将会发生什么，以及研究团队为什么在那里。同时，正式介绍研究团队，并描述他们的角色（如观察、做笔记），以及访问的时长。

---

参与者观察是一种沉浸于产品行为发生的环境中的过程。为了获得理解，观察和经历整个环境是必要的。详细观察将带领研究团队发现新的联系、模式和洞见。

访问是参与者观察的另一个方面。研究团队通过访问能够对客户行为和信念进行实时的探索和试探,这使得研究团队可以检验他们的假设,从而得到新的、强有力的解释。访问通常是一对一且深入的,但如果合适,访问有时也会分组进行,如针对一个十几岁孩子的最好朋友、家庭或由朋友们组成一个成年人小组,他们之间互相分享激情并互相影响。采访都是开放性的,客户可以用自己的方式看世界,可使客户能够谈及所有相关的议题。随后的访问通常会更有条理,因为知识和相关的问题会根据所需测试得到发展。

> **案例研究:使用口红的客户的招募方法**
>
> 宝洁公司为了更好地了解使用口红的女性,采用了多种招募方法。使用步骤如下。
>
> 第1步,委派一位有经验的招募者来筛选潜在客户。
>
> 第2步,招募朋友、家人、社团、俱乐部和支持小组,为现场访问寻找潜在的客户。
>
> 第3步,使用焦点小组来筛选那些符合条件的客户。
>
> 第4步,征得客户的许可,使用数据收集方法。

我们在每个客户上花费的时长和访问次数很大程度上依赖于研究目标,一般规则如下。

- 长期研究与短期研究比较。长期研究是指多于一个周期的现场研究,而短期研究是指仅有一个周期的现场研究。如果目标主题是关于隐私或具有私人性的,如女性卫生或经济状况,则适合采用长期研究。在这种情况下,重要的是随着时间的推移我们要建立起与客户的融洽关系,这样才能深入研究更多的个人话题,因此,我们需要对一个地点进行多次访问。短期研究适用于对那些不具有私人属性的日常产品,且并不需要很多的认知思考的产品研究。

- 现场访问或访问的次数。人种学的取样方法与定量研究中的取样方法有很大的不同。人种学的样本相当小,仅仅是几个客户代表,这样做的目的是理解和获得洞察力,而不是那种通过更多的定量分析和较大的样本得到的概况。人种学就像一个侦探,寻找更贴近现实的模式和线索。随着访问花在客户身上的时间越来越多,我们会获得更多的洞察力。从经验上看,需要展开9~20次的深入现场访问,才能从客户那里取得深层次的信息。现场访问次数的变化取决于花费在客户身上的时间。通常,现场访问涉及价值链的几个部分或家庭单元（如子女、兄弟和监护人）。

> **案例研究：关于口红的短期研究与长期研究**
>
> 口红本身就是大部分女性都可以谈的话题，所以可以用短期人种学研究。虽然不需要长期研究，但是现场访问焦点小组会与大多数受访者在多个地点互动，如在她们自己的家里、零售店及社交场所，小组可能问一些悬而未决的问题，持续地观察新行为或探寻从其他地方访问发现的新主题。

> **案例研究：金百利克拉克成人护理中心对口红所做的长期研究**
>
> 金百利克拉克成人护理中心发现，很难定位某位客户位置并与其沟通。而人种学的研究实施恰是为了在不同的情景下更充分地了解它们的客户、语言、产品使用情况及未满足的需要。
>
> 成人护理研究者多次进入目标客户的家庭，并进行为期8个月的访问。多次访问让研究团队与客户建立了融洽的关系，减少了在谈论私人问题，如成人失禁问题时的尴尬，随之弄清楚了在访问的早期没有涉及的问题。研究者使用更加直观的一些数据收集方法，如视频和拍照，还参加了一些室外的活动，如购物和就医。长期研究让研究团队的技能得到了提升，因为他们要在必要的时候改变研究过程，同时提升他们对客户的理解。该调查结果已直接应用到了产品的开发、测试、包装和营销中。

（4）确定数据收集方法。在适当的数据收集方法确定后，在侵扰和建立档案记录访问之间存在一个平衡。数据收集的方法应该是尽可能不引人注目的，但也要让客户感受到。此外，应为那些没有参加现场访问的客户提供场所。有些客户会适应任何数据收集方法，但其他人会改变自己的行为，并给出不自然的回应。无论哪种方式，研究团队都需要向客户征得使用每种方法的许可。

数据收集方法的选择被用于许多不同类型的环境，这些环境可能在现场访问中遇到。举例来说，该方法的应用需要一个插头、电池或一个可以休息的平地吗？装备的不合理使用会增加客户和研究团队的压力，并让客户感觉到被打扰。为此，研究团队应该在现场访问之前测试一下装备。

不要让记录过程抑制我们的理解能力。人种学最重要的是经验。如果我们发现我们隐藏在摄像头后面，便要考虑一种侵入性更小的技术。知晓为何一个数据收集方法会被选中，以及它给项目带来的价值，永远是重要的。5种原始数据收集方法如下。

## 第8章 创造客户联系：人种学的需要发现

- 现场日志。现场日志是对现场访问的书面记录。在现场访问时，研究团队进行了逐字速记，然后，回顾这些记录，填补两者存在差距的地方，并突出最重要的点。日志是团队能力的关键，团队要在现场访问之后汇报，并建立一个档案记录。这种方法应该被应用在绝大多数人种学的研究上。
- 音频记录。现场访问的录音记录。选择高品质的设备，尽量不引人注目。尽管这种方法不允许其他人出现在物理环境之中，但它确实允许研究团队对内容进行深入的客观审查。
- 拍照。拍照是进行现场访问环境的视觉记录，这种方法结合其他方法，提供了一个可视化的环境，并允许其他人拥有对整个采访背景的实时认知。使用这种方法的好处是，这种方法具有实时性且相对便宜，但仍然提供了现场访问环境的视觉记录。数码相机的普遍使用提供了一种向其他人展示研究的简单方法。
- 视频。视频是对谈话、行为，以及现场访问的环境的视觉记录。视频提供了视觉和口头记录的谈话，并为那些没有参与这项研究的人提供了最真实的视角。这种方法可以更高调和开放，也可能更昂贵，而且需要权衡研究目标和消费者的舒适度。编码、编辑和转录录音带是耗时的，但如果操作得当，可以提供一个很好的研究数据。
- 现场访问之前的家庭功课。它可以采用图片日志、日志目录或拼贴画的形式。事前工作往往有助于让客户提前开始思考话题。在某些情况下，家庭功课是在两次访问之间进行的。对客户的关照应该与整体的研究设计相权衡。

在所有案例中，重要的是由一位经验丰富的人种学家来审查研究设计，以确保使用的方法是合法的、符合道德标准的，并且是有效的。

---

### 案例研究：使用口红的客户数据收集方法

口红使用地点 3/4 集中在如浴室或汽车这样的地方，这就限制了合适的数据收集方法。这家口红公司选择使用现场访问之前的家庭功课、现场日志、拍照的方法作为数据收集方法，原因如下。

- 现场访问之前的家庭功课。家庭功课包含口红日志，在现场访问之前就已经被送往客户处，因为该团队花在客户身上的时间有限，而客户全天使用口红的时间也很分散。该口红日志委托客户回答使用什么样的口红，以及何时、何地、为什么使用它们。
- 现场日志。它是任何人种学研究中一个标准的、必要的数据收集方法。

- 拍照。口红的使用是一个非常直观的课题，它需要录制视觉影像来显示此过程的步骤，拍照有助于控制录制过程中的偏差。

## 第3部分　确定发起人的级别

第一手的经验总是比二手信息更有力。发起人是那些向项目提供经费的人，他们的早期参与是项目成功的关键。发起人的角色是将研究结果与企业发展的创新目标和商业战略联系起来，并保证其有效性和可靠性。发起人还能在项目过程状态不佳时凝聚团队的士气。典型的不佳状态，包括过量的数据、产品线战略的改变或公司重组等与项目不相关的活动。发起人也可以将这些工作定位为战略层面，并且对花费的时间有批准权。参与项目的关键的发起人及研究团队不仅对过程负有责任，对结果也负有责任。他们帮助我们确定目标，确定花费在客户身上的时间，并解释和运用研究结果。这样一来，客户的声音就转化为发起人和团队的声音，这样就使发起人和团队更好地结合在一起，更能代表客户了。

参与的形式如下。

- 概要参与。专业人士负责带领发起人代表进行参观和访问。发起人代表的责任是观察研究、收集数据，并提出有关客户的一两个问题。
- 进一步参与。发起人代表在现场访问中担负着与专业人士同等的责任。专业人士扮演的是教练的角色，与该团队进行研究。
- 全程参与。发起人代表引导研究。专业人士可能只涉及在整个过程中训练团队。如果使用这种方法，团队要有足够的准备进入客户的世界，并从他们的体验中获得最多信息，这一点显得非常重要。

**案例研究：发起人的参与程度**

为了让发起人认同研究结果，一个由产品开发专家、品牌专家和客户内部专家，以及人种学家组成的跨职能团队共同进行口红研究。这使发起人能够在现场访问之后直接参与数据分析和解释。

我们要仔细思考团队情况，以确定哪种团队更适合做现场研究（见表8-1）。

表8-1　现场研究应选择什么样的团队

| 情　形 | 理想的 | 第二选择 |
|---|---|---|
| 我们有预算但是没有时间 | 使用一个由内部和外部专家组成的混合团队来做研究，并让独立的专家负责管理 | 使用一个独立的专业人员 |

## 第8章 创造客户联系：人种学的需要发现

续表

| 情 形 | 理 想 的 | 第二选择 |
|---|---|---|
| 我们有时间但是没有预算 | 使用专家来指导我们的团队工作 | 使用一个由内部专家以及独立的专业人士组成的混合团队 |

> **计划项目的指导技巧**
> - 这项研究只会和研究目标一样好。
> - 当需要解决隐私和安全问题时，对客户采取直截了当的方式。
> - 不要指望客户会刚好属于我们所划分的细分市场，绝大部分客户都是同时属于多个细分市场的。
> - 对现场访问采取灵活的方式。平衡研究便利性与项目目标。
> - 设想如果在现场花费1小时，在准备、管理及后续工作上则将需要花费10小时。

## 人种学应用的第2步：开始项目

### 第1部分　发展现场研究团队

我们偏向于让人种学家作为研究的设计者、教练员、训练人员和辅导员。经验告诉我们，最有效地利用人种学的方法是让那些必须对结果采取行动的人直接参与进来。在许多组织中，客户知识的看门人是市场研究部门和客户洞察部门。获得客户信息的方式就是市场研究和对客户的洞察。有一些产品开发者犯了一个错误，就是他们自己退出了市场研究的过程，随后他们便不能在数据分析和解读时投入其中。创新的生命线是"粗糙"的现场知识。对于客户需要和渴望的第一手现场知识的研究将形成解决问题的洞察力。

通过人种学过程在现场得到的知识非常丰富，只有一小部分可以用来和不在该领域的人们交流。如果情况允许，产品开发团队应该参与到现场研究和数据分析中。这个过程帮助团队从渐进式学习中脱离出来，并通过让团队重新聚焦于客户所经历的问题，从而获得新的思考。

当一个研究团队的成员被安排在一起工作时，这个团队应该是一个跨职能的团队，成员能在整个项目中携手合作。研究团队在建立后，重要的是平衡人口统计资料、工作职能、人种学经验。在研究团队选定之后，应该分解成几个更小的现场研究团队。团队组成人数不超过3人，由他们进行现场访问。超过3人的团队会使客户不舒服。选择现场研究团队的规则应该遵循和选择研究团队相同的规则。例如，一个研究十几岁女孩皮肤护理的项目中，每个团队不超过3人，且每个团队至少有一名女性成员，并且是有客户洞察力和产品开发背景的人。

> **如何让销售团队参与基于团队的人种学研究**
>
> 　　往往会产生这样的问题，"有销售人员在这个领域的话，他们能否做研究？"具有讽刺意味的是，销售团队进行研究的地方往往到后来被认为是最重要的。在许多情况下，地方代表在本土市场有很好的基础，如客户关系、引导和解释技能，且他们会将倾听客户的声音看作他们的本职工作。例如，如果和亨利·福特共处1个小时，你想购买什么颜色的车呢？1个小时后，就得出一个明确的结论："黑色"。这个颜色暗示了某类人肯为社会负责，同时也是个不错的颜色。这些非凡的销售人员可能在人种学的过程中发现价值，但要做到不偏不倚确实是个挑战。偏见是一种对相关情况先入为主的观念或信仰，可能影响或限制感知真相的能力。关于现有现场销售和服务团队的规则分别如下。
>
> - 要把现场研究团队看作价值链的一个重要部分。把他们当作一个独特类型的客户来观察和采访。
> - 在参与之前，引导他们对研究的对象、目的和过程做了解。
> - 委派给他们任务，一台数码相机和图片日志都是不错的选择。
>
> 　　通过适当的指导，现场专家将有能力成为现有客户的"发言人"、一个有见地的研究员，以及一项功能强大的公司资产，因为他们在组织里成了客户代表。

　　人种学投入时间的多少取决于团队愿意投入时间的多少，但必须要求每个现场研究团队的成员至少有两次或三次现场访问的经验。和团队的其他成员经验相比，仅仅参加一次现场访问的经验是不够的。同样地，多次的访问会让一个现场研究团队的成员有很大概率发现新兴模式和主题。

## 第2部分　训练和指导现场研究团队

　　对那些参加人种学研究的人来说，由一名受过训练的人种学家指导他们知道什么是现场研究的期望，这一点是十分必要的。一个体验式学习形式是训练现场研究团队成员进行人种学研究最好的方法。关键技能包括以下几个方面。

- 人种学研究方法的基本理论和技术。
- 如何去观察和聆听。
- 如何产生开放式的、故事性的、非引导性的问题和探测。
- 如何做笔记,如何用其他方法收集数据,如何建立一个现场记录并汇报。
- 如何维持纪律和主观性,以管理个人和集体的偏差。

**案例研究:乐百美办公产品**

乐百美办公产品,如铅笔架、可堆叠的信件托盘、档案夹、分拣机等,这些在很多人的办公桌上都可以找到。乐百美的一个产品开发团队想要通过人种学研究拓展自己产品的用途。

该团队决定自己来做这项工作以得到最大的价值。一个人种学家花了大量时间来训练和指导团队,因为人种学对于他们来说是一个新的研究方法。所有队员与他们的客户一起参加了现场访问实践练习。这次访问被用来让他们练习采访、观察、研究之前的记录技能。实践使团队能够更熟悉现场访问过程中的工作,并克服在方法和工具选择方面的任何挑战。它让团队更好地理解薄弱环节,并找出任何之前未获得的客户的偏爱,如客户们期望如何布置他们的办公室,如何在家里管理他们的工作,以及如何设计他们的个人空间。除了现场访问实践练习,现场访问其他指导包括人种学的基础知识、观察、访问、数据收集和汇报方法。

**案例研究:企业对企业(B2B)的耐用消费品**

一个研究团队在德国进行一项关于农用设备的研究,团队进行了 3 个部分的程序:① 与经销商销售代表、管理者和服务人员见面;② 与被邀请的农民组成一个焦点小组;③ 在农场进行现场研究,让团队深入了解价值链需求。

在一个讨论小组中,一个农民说:"拖拉机是完美的,在下一代产品模型中不要改变任何一点。"在他的厨房里,他妻子的陈述和上面的观点一样。"这是我见过最好的了,请不要改变任何一点。"随着他们进入存放设备的大棚,这位农民向设计小组提出可使设备使用更方便的 20 处修改。他对拖拉机的看法始终前后一致:即使他提出了额外的修改意见,但他仍然称赞现有产品。以下哪项结论,我们的团队应该吸取?

- 我们已经找到了一个"领先客户"。这里有下一代产品模型的 20 个可能的设计修改。

- 对终端客户来说，定制能力是一个重要的产品需求。
- "孩子，他相信保修无效，是这样吗？"

正确答案是前两个，因为在第1个结论中有设计修改的想法，而在第2个结论中，潜在的需求能让客户能够定制自己的设备，而不是事先把设计特性放在该产品上。

**开始前的指导提示**

- 成员少的研究团队要优于成员多的。重要的是有许多"眼睛"正在盯着研究，而这些"眼睛"需要多次参与和客户的现场访问，用来比较、对照研究结果。
- 在指导一个新的研究团队时，可使用体验式学习的方法。把一些在现场会遇到的经历加到团队试验中。

## 第3部分　建立观察和讨论指导书

这里的关键词是"指导书"，而不是采访或访问的手稿。它是一个参照点，当团队遇到阻碍时可以回到这个点重新开始。我们通常把它当作一种"指导性访问"的路线图。在整个研究中，随着新发现和假设的出现，这种指导书将会被调整和改变。

大多数指导书使用一种半结构化的格式，利用各种可能的探究，但并不要求严格遵守。在创建观察和讨论指导书时，牢记要收集的信息类型。对于新产品的开发，人种学家会在以下4种类别中寻找洞察。

- 系统模式的不连续性。一些东西打破了传统的模式，如和祖父母生活在一起的孩子，他的亲生父母就成了看望他的人。
- 系统中的非均衡性或缺少平衡。在价值链中，当一个成员看起来比其他成员获得更多的价值时，例如客户对看起来过度收取服务费的信用卡公司的员工会很不满。
- 非中介化的机会。在内部完成流程的能力，例如那些在没有联系经销商或零售商的情况下在线做大量研究的客户。
- 补偿性的行为。它是一个系统成员在等待一个市场创新的同时，要对产品进行体验的信号，如绑在操作台前的风扇。

指导书的创新需要确保该领域调查的广泛性和全局性。经验性的规则是要使话题上升到最普遍和抽象的认识水平。例如，如果要了解化妆品，就必须理解"美丽"的含义；要了解人们如何看待抵押贷款的过程，就要知道"住宅"的含义。

# 第8章 创造客户联系：人种学的需要发现

一旦理解了背景，接下来就可以进行深入的研究了。除了展开讨论指导，还要营造一个侧重于团队寻求目标或着眼点的观察指导。为此，我们需要明白在某个领域里会有很多可能存在的观察要素这一点，是十分有益的（见图8-6）。

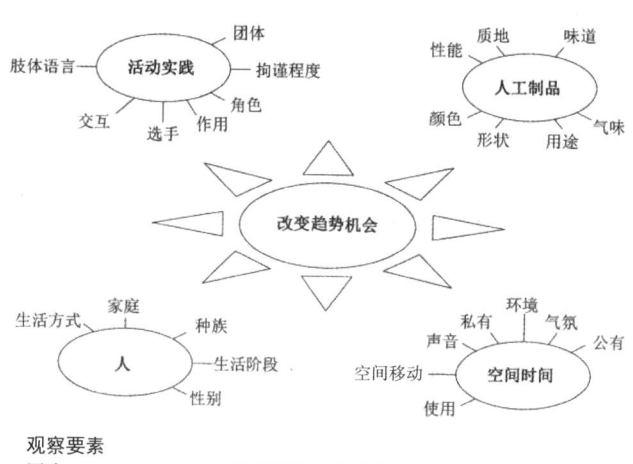

```
         团体                        性能  质地  味道
肢体语言─活动实践─拘谨程度                人工制品
       交互  选手  角色              颜色   形状  用途  气味
                 作用

              ◁  △  ▷
                改变趋势机会
              ◁  ▽  ▷

      家庭                        私有  环境  气氛
生活方式─ 人 ─种族              声音         公有
       ─生活阶段─           空间移动─空间时间
         性别                        使用
```

观察要素
因为：                通过镜头过滤观察
我们必须：            把实际的观察从我们的主观认知中分离出来
我们必须完成这些：    特别注意细节
                    尊重个人判断
                    了解我们的镜头

图 8-6 观察要素

当观察和讨论指导书建立起来的时候，我们需要遵循如下的一些经验法则。

- 在谈话的开始就给出时间用来设置现场访问的期望。介绍现场访问团队成员和他们的角色；回顾研究的目的，现场访问将持续多长时间、将要求客户做些什么，以及开始与客户建立融洽的关系。
- 以参观整个现场、家、办公室或工厂作为开始。
- 以广泛性的主题开始，然后转入更具体的主题。把一些敏感的、个人性的话题留到访问的最后。
- 问一些开放性的问题，让客户尽可能多地说出他们想要说的细节，并且给研究者提出更具体的或试探性跟进问题的机会。
- 不要问那些导致或直接指向特殊答案的问题。问一些引导性的问题，往往以"做""是""可以""会"和"将"这些词开头。
- 在现场访问结束的时候,留出时间让客户向现场访问团队提出问题。这时,一个访问团队可以在行为上停止做笔记,但是在精神上需要特别注意。至于时间,可以选在访问团队停止记录,但思想上需要整理归纳的时候。对客户来说，这是访问结束的一个暗示，大多情况下客户会主动了解一些他们关心的问题。
- 在快结束的时候，要感谢客户，告诉他们对收集到的资料将有什么样的计划，并为他们花费的时间支付报酬。
- 在指导书中要有样品和图片说明，使它们不致被遗忘。
- 在指导书创建之后，回顾所有偏差。问问自己，在我们心目中究竟有哪些关于研究成果的假设和筛选方法。然后对指导书进行修改，使之更客观。

## 人种学应用的第 3 步：实施现场研究

### 第 1 部分　为现场研究做准备

研究团队的期望应该在实施现场研究前就准备好。规则如下。
- 每次计划访问的时间至少为 2 个或 3 个小时。
- 如果进行一个公司对公司的现场访问，在得到相应部门的许可后才能进行访问。
- 在团队成员进行访问前确定他们的角色。典型的角色是重要的主持人、观察员或记录员，以及设备操作人员。研究团队的每个人都应该尝试所有的角色。
- 使客户尽可能舒适。
  — 使用客户熟悉的词语，而不是公司的内部用语或缩略词。
  — 着装要和场合搭配。例如，一个研究团队进行一个关于地板安装工人的研究时，应该穿牛仔裤、长筒靴和 T 恤衫等。
- 本章的作者们更倾向于全面公开公司及其研究目的。在某些情况下，科研活动能引起人们对一个组织的关注。在这种情况下，客户可以签署一份保密协议，研究团队也可以使研究的目的更加公开化。
- 无条件地主动关注要研究的个人和群体。把参与和建立关系看作实现理解的途径，必须对该领域的客户和参与者进行非批判性的观察练习。
- 练习低调地从现场和社区进入、测量和退出。自然主义者的座右铭："除了照片什么也不带走，除了脚印什么也不留下"是一个很好的指导原则。

> **案例研究：关于口红发展的讨论和现场研究**
>
> **简介**
> 介绍现场研究团队的成员，并且感谢被采访者；陈述为什么你会在这里，

说明现场研究团队每个成员扮演的角色，详细说明你将在这里待多久，保证其机密性（见表8-2）。

表8-2 现场研究的问题与观察列表

| 问题 | 观察 |
| --- | --- |
| **建立和谐关系**<br>• 检查口红记录<br>• 你第一次使用口红的感觉是怎样的<br>• 你最好的/最坏的口红使用经历<br>• 定义唇部护理和口红<br>• 你为什么要使用口红 | 口红的使用频率<br>记录下讲述故事时的感受 |
| **场合**<br>• 什么场合你会/不会使用口红，为什么<br>• 什么会影响你的决定<br>• 你怎么来确定选什么形状<br>• 你觉得它看起来怎么样<br>• 某一形状对你有何意义 | |
| **使用**<br>• 你是怎么学会使用它的<br>• 描述口红的使用<br>• 什么时候用它<br>• 什么地方用它<br>• 多少就足够了<br>• 描述一些使用的窍门和惯例<br>• 如何卸妆 | 这个过程在哪些地方可以完成<br>描述环境。那里有限制吗（如空间很小，没有镜子，周围人太多）<br>要使用什么工具<br>要用在身体的哪些部位<br>要做哪些准备<br>整个过程从哪里开始<br>什么类型的包装<br>口红的形状是什么样的 |
| **存放**<br>• 它被存放在哪里<br>• 有多少种口红 | 记录存放地点、温度、有多少支，还有哪些其他的口红被存放在那里 |
| **概括**<br>• 描述你理想中的口红<br>• 你喜欢/不喜欢口红的哪些地方<br>• 口红还有什么其他用途 | |

续表

| 结束 |
| --- |
| • 询问现场研究团队还有没有其他的问题 |
| • 感谢他们,并支付给他们报酬,告诉他们关于研究结果的下一步处理 |
| • 收集家庭功课,协商保密事宜,拍照 |

## 第2部分　如何汇报

在练习2个小时后,一名成员保存了99%的无关的信息;在练习2天后,还有71%的无关材料;最后,无关的信息剩余减少到了不到14%。在现场访问结束之后,研究团队应该马上着手处理他们获得的信息,形成初始的假设,并对从现场访问收集到的信息做第一轮的分析。汇报期间应该由可以理解讨论内容的人来引导,以便有一个谈话的永久性记录。创建档案或永久记录存储信息的能力对于研究的质量和完整性而言是至关重要的。与其他研究方法一样,档案提供了一个长期的参考资源和核查和验证研究的能力。据估计,对于一个团队或更大一些的组群来说,每在现场研究中花费1个小时,相应地就要花费至少一半的时间用在做汇报上。用三管齐下的方法来制定工作任务书可以有效地提取在现场研究中获得的信息(见图8-7)。

| 时间 | 工作内容 / 关键词 |
| --- | --- |
| 上午8时 | 开始会议 |
| 上午9时 | 前往目的地 |
| 上午10时 | 进行现场访问,家中,零售经历 |
| 下午12时30分 | 汇报,午餐 |
| 下午3时 | 前往目的地 |
| 下午3时30分 | 进行现场访问,家中,零售经历 |
| 下午6时 | 汇报,晚餐 |

图8-7　人种学研究工作日程样本(工作任务书)

(1)每次会见后立即独立工作。这给了个人时间来填补日志上的空白,当他的记忆最清晰的时候,应该在短期记忆丢失之前记录信息。团队的每名成员也可以分类、强调和开始处理研究中最重要的地方,并且不受到其他成员观察因素的影响。

# 第8章 创造客户联系：人种学的需要发现

（2）作为一个研究团队展开工作。这使得每个人都能描述、构建每名成员的观点、知识和经验。档案记录应建立在整个团队的最高研究结果、问题和见解上，并与研究相连接（见图8-8）。听取汇报的大量时间应该被花费在检测和确认数据的显著性上。

（3）如果该领域有多个研究团队，就应该召开更大的团队汇报。这个汇报给所有的研究成员提供了一个机会：在进行下一轮现场访问之前，了解所有其他人遇到的最新问题和获得的见解。这是一个伟大的时刻，通过与其他有不同或相似经历的人交换知识和见解来应用人种学。

```
团队：_____
日期：_____ 地点：_____ 时间：_____
最好的引述、故事、观察：


学到了什么：主题、惊喜、遗漏？


有什么影响和见解？


新问题：
```

图8-8 见解表单（档案记录）

这里有很多作为一个团队汇报的方法。选择什么样的技术手段最适合，这取决于听众、团队规模，以及汇报的目的，如是否通知、探索、分析、评估或提出结果。汇报的常用方法如下。

- 现场访问概况表。每个现场团队填写了一份一页长的现场访问概况表，它给出了现场访问的总体概况，其主要研究结果针对的是那些还没有参加过研究的人（见图8-9）。
- 讲故事。每一个现场团队选择一个故事或一连串的故事，用来交换从每个团队成员处得来的关键见解。故事应该对客户有感染力，以在客户环境、个性、需求方面影响他们的感受。这可以成为一种有效的方法，可以让其他人了解更多的背景，并逐步灌输客户心声。
- 观察、洞察力和联系。每场团队汇报的重点是他们观察到的和听到的，他们对观察内容的解释（洞察力），以及每个现场研究发掘的关键需求（联系）。这给了团队的其他成员一个发表自己观点和增加其他联系、并建立研究团队的想法的机会。这种方法很好地被用作一个开始阶段的分析工具，并且可以用形成的任务报告建立一个客户洞察的数据库（见图 8-10）。

对艾米·布朗的现场访问<br>2002年6月14日，星期五<br>上午6时45分

**片段描述：**
- 已婚，中产阶层，专业人士
- 全职工作，每日上下班往返
- ××年龄阶层一代
- 悠闲，但是为了家庭、房产和孩子们的人生目标而忙碌

**简短的个人描述：** 艾米住在兰开斯特市中心的一所房子中。她已婚，并有全职工作。她对她购买的商品很有成本意识，包括口红。她每天都要化妆，使人感觉她必须在她的唇上涂些什么。在这一周里，她在开车上班的路上用口红化妆（在红灯的时候或周围的车不是很多的时候）。

**关键引述：** "我想象不出我不用口红会是什么样子。我觉得它使我脸上焕发光彩，它使我感觉自己是完美的。口红是最重要的。我用口红使自己精神，它使我感到自己经过装饰并且完美。"

**其他观察/引述：** "我不知道口红是否有保质期。""口红像一种会让人上瘾的东西。""我最讨厌我的唇上什么都没有的时候。""我不买很多新的色彩，因为尝试它们的成本太大。"

**引人注意的需要：** 成本和时间意识、色彩意识、便携性。唇部产品停留持久性并使嘴唇湿润。

图 8-9 案例研究：口红样本的现场访问概况表

| 观　　察<br>（原始事实或引述） | 洞察力<br>（基于观察的观点和发现） | 联　　系<br>（客户需要的理解和观察） |
| --- | --- | --- |
| （1）"理想的口红可以长效高度地保湿，并不会被吻掉。"<br>（2）她用她的手指来涂唇彩，但是清洗起来很麻烦 | （1）时间长的口红容易成块，而且味道糟糕。这会使人不再性感。<br>（2）当使用唇彩时，把手指搭在嘴里，使得唇彩更加个性化。<br>（2）当使用唇彩时，把手指搭在嘴里，感觉产品没有满足她们的需求 | （2）手指上有唇彩的时候，怎么进行其他化妆？ |

图 8-10 案例研究：口红（1）与唇彩（2）观察、洞察力和联系的任务报告

## 案例研究：爆米花的故事

一个由杰纳勒尔·米尔斯发起的人种学的研究团队，目的是对吃零食行为进行研究，他们意识到爆米花跟其他的零食相比，具有其独特的含义、记忆和礼仪。在经过深入探索之后，团队以故事的形式做了如下的回顾。

当他们坐在厨房的餐桌前时，与一位母亲和她的女儿谈论爆米花，当然，很难忽视父亲，因为他在房间里进进出出——可能出于激动或愤怒。最后，他再也控制不住自己了，他去了厨房里远一些的角落，在后面的橱柜附近发火，板着脸，并且敲着一个旧铝锅。这个旧铝锅伴随着他走进了婚姻的殿堂，并且他的父亲曾经用它做过爆米花。他曾经把它看作扮演父亲角色的一部分。现在，杰纳勒尔·米尔斯和其他人，用微波产品替代了他的角色，他的锅变得没用了。

团队仔细讨论了这个故事，意识到当他们重视了爆米花的功能性作用时，却忽视了情感上的作用。最终，出于这种"核心"洞察，充满家庭情感的爆米花成功诞生了。

如果团队没有出现在厨房，这样成功的情况就不会发生。这个故事是最有说服力的案例之一，这说明了要用新的方法来看待一个机会。

- 抄录。每个现场团队对研究情况进行记录，尽可能多地记录细节和背景。团队成员要突出记录中的重点叙述或环境线索，展示生动直观的图像和客户心声，要讨论、提炼每个关键叙述，去除偏激的言辞，然后进行改写，保留有意义的地方。团队成员应该是使用这种方法的人，因为他们了解情景的背景。这种方法可以作为一个开始阶段的分析工具，以突出重点。
- 正式演讲。以故事、引证和视频剪辑的形式作为最终见解的陈述和题目的开始，可以拥有更为广泛的听众。演讲不包括任何的数据分析或结果的定义，而是对研究过程的介绍。

## 人种学应用的第4步：分析数据

人种学的研究工作正在进行，并且数据已被编码和分类。现在，要对数据进行深层次的分析。离开了分析，在现场所花的时间和努力只能获得有限的价值。

> **对现场工作进行指导**
>
> - 在进入现场之前与研究团队设定期望。一项研究启动会议将有助于团队从总体进程上把握研究的内容。回顾现场访问的概况,研究时间表、数据收集方法,以及情况汇报方法。把握建立观察和讨论指导书的诀窍,以及完成所有后勤工作。
> - 研究进行时保持灵活性。团队成员应该遵循和适应客户的时间表,并且明白所有研究工作不能发生在客户的正常工作时间之内。团队要在研究的完整性和便利性之间寻求平衡。团队的时间是有价值的,所以如果一个受访者没空,应该有一个备份的计划来规划如何使用时间,以得到有价值的客户信息。例如,备份的计划可以包括对零售环境的非正式访问。
> - 在现场工作中不要妄下结论。初始假设或重复性的主题可以记录下来,但重要的是在现场工作中必须保持开放和理性的头脑。
> - 感觉被大量的数据压倒,这是正常的。我们应相信队友们的研究、对过程的汇报,以及下一步的分析。

现场研究团队必须参与分析,这对主要干系人是个机会,他们对项目的投入和支持决定了项目的成功,他们可以成为项目的发起人。项目的发起人也可以成为另一个实体。他们以新的视角和思考角度来提出一些有见地的问题,并提供急需的支持来推进研究向应用层次发展。人种学数据转换的3个部分如下。

## 第1部分 描述

人种学注重描述的质量。故事和具体的细节是这类分析的中心。我们选择的故事必须是对客户世界的生动描述,并且囊括了全部的情形。这部分分析要回答的问题是:发生了什么?这里实际发生了什么?原始的事实、观察和直接引用是很重要的,但最重要的是要超越表面层次。

## 第2部分 分析

主题分析将数据按意义分组并回答"事物在一起时如何工作"的问题。在分析数据阶段创建的主题被编织在一起成为一个可操作的框架,以显示模型和关系。3种形式的分析如下。

- 定性聚类分析。参与者把数据收集到一起,并从数据堆中抽取黏性信息。

黏性信息是在团队成员对话中不可避免的、从数据中出现的组。随着这些核心组的出现，洞察得以连接，并被归类到一起，形成一个定性的集合。关键的信息片段被识别出来，数据点不断被添加以增加当前集合和形成新的集合，直到所有数据都被考虑。集合被授予标题，以将集合连接在一起的关键元素命名。这些标题通常称为关键的主题领域。集合通过故事和插图得以连接和强化。

- 语言处理。在现场访问转录后（见图 8-11），首先，选定和净化客户引述，清除偏见或没有事实根据的资料，之后基于一个共同的主题或思路来分组。其次，继续分类引述，直到每个集合像一个独立的、有价值的洞察。再次，确定每个集合的标题，该标题描述了把集合连接在一起的思路。如果集合标题之间有联系，就要给出一个更为概要性的标题来描述它们之间的关系。最后，标出标题之间的联系，以显示它们的关系和内在联系。现在，基于集合和它们之间的关系，就可以提出主题了。
- 价值金字塔。这种方法假定对于收集的信息可以获得更高层次的收益。现场访问的信息被映射到客户受益的层次上——从基础到情感层次到更高等的需要层次。金字塔层次如下。
  — 产品基本的属性。一个产品的物理特性和特点。
  — 功能收益。由产品的属性决定。
  — 情感收益。客户对使用产品和服务的感受如何。
  — 高层次收益。这是"更重要的事情"。尽管客户很难表述清楚，但是对于很多产品而言和在传播人类基本价值观方面，它们都是非常真实且强大的。

案例研究：口红的定性聚类分析

图 8-11 定性聚类分析：现场访问转录成果

对于任何层次的结构而言，在到达下一个更高层次时，当前层次的利益必须得到满足。金字塔的两个最高层次，是品牌差异性的战场。随着类别成熟和市场复杂性的增强，建立并传递高层次收益的能力变得非常关键。价值金字塔可以用来更好地了解客户、产品、技术、工艺及全球平台，但它是建立在对象、目标和研究成果上的（见图8-12）。

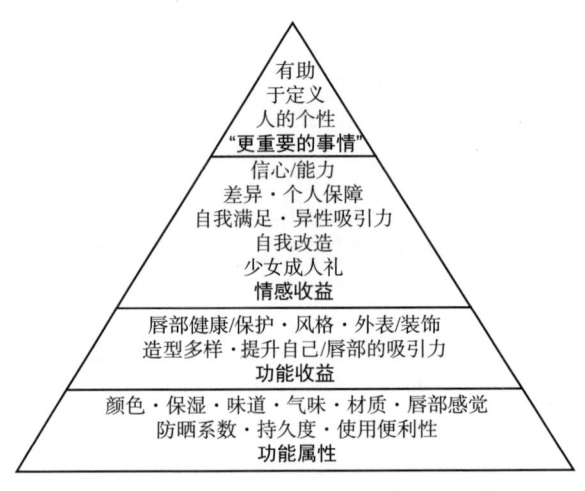

```
              有助
             于定义
            人的个性
          "更重要的事情"
           信心/能力
         差异·个人保障
        自我满足·异性吸引力
            自我改造
           少女成人礼
            情感收益
    唇部健康/保护·风格·外表/装饰
    造型多样·提升自己/唇部的吸引力
            功能收益
  颜色·保湿·味道·气味·材质·唇部感觉
       防晒系数·持久度·使用便利性
            功能属性
```

图8-12　案例研究：口红，价值金字塔

资料来源：Ward，2002

## 第3部分　解释

过程的解释要求团队合作，就像施乐帕洛阿尔托研究中心主管约翰·西立·布朗说的："分享故事或分享资料，不如分享使人们集合起来的解释。"解释性分析是一个综合的过程，此过程回答了"那又怎么样"的问题。研究团队超越了实际的数据层次，并在相关的方向实现了创造性的飞跃。每个人对于信息的视角和经验都在考虑之列。

综合不同观点是一种博学的技能，涉及对话、倾听的能力，以及把实际的研究数据转化为现实结果的能力。提出充满活力的主题，以确定客户的洞察力、需求和值得解决的问题。一个主题可以概括如下。

**主题名称**（标题要能概括地描述这个主题）

- 值得解决的问题。这包括在研究中发现的对客户洞察力和（或）需求的描述；也包括对于问题是什么以及为什么它对于客户很重要的解释说明。
- 支持性的观察、引述和从现场访问得出的事实。根据所有收集到的数据和

## 第 8 章 创造客户联系：人种学的需要发现

提出的一系列主题，挑选最能代表这一主题的数据。它们可以是引述、观察或个人见解。
- 支持客户故事。这个故事可以是一个从现场访问听来的真实故事，或描绘主题需要的、结合多个故事要素的结合体。这有助于给出主题的上下文。
- 主题图片。在视觉上描述主题的图片或图表。
- 好处和顾虑。当它直接关系到发起组织时，提出这个主题会有什么好处和需要注意的地方？

图 8-13 展示了一个主题描述表。

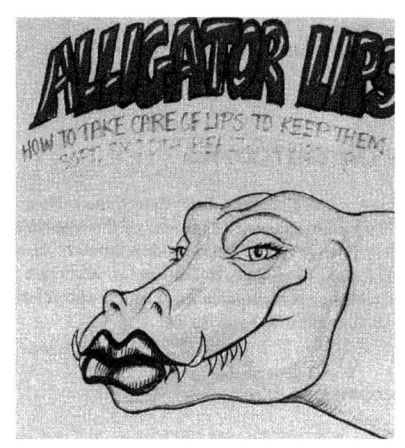

**主题描述表**

**主题名称：** 鳄鱼嘴唇
**值得解决的问题：** 如何护理嘴唇，使它们柔软、光滑、健康和润湿
**支持性的引述、观察、见解，联系和应用**
- 客户正试着通过使用唇部药膏、润唇膏和润唇油来保持唇部健康，因为口红使她的嘴唇变得干燥。
- 唇部护理就是保养嘴唇，使之保持柔软，并保护其免受太阳的侵害。
- 她用牙刷来刷她的嘴唇，以去掉死皮。
- 每个口袋里都有润唇膏和润唇油。
- "我使用药膏来处理我的嘴唇，解决冬天深度皲裂的问题。"
- 唇部保养和修护，从早到晚都要进行。

**这里有一个理想的客户市场和有说服力的故事，作为主题案例：**
丽贝卡刚刚意识到，从上个星期滑雪归来以后她的唇部非常干燥。她用的这款口红似乎使她的嘴唇变得干燥，并且这个问题越来越严重。最近，她一直带着唇膏，以便她在重新涂上口红的时候能够再涂上一层唇膏。她真的希望有一种产品能够同时做到以上两点，不用再分两次涂了。

**好处：**
- 满足客户需要
- 跨越不愿意使用口红的用户的界限

**顾虑：**
如何使保湿效果更好和提升产品的可信性

图 8-13　主题描述表

# 人种学应用的第 5 步：使用研究成果

研究完成之后确定了研究成果。现在我们要怎么使用它，怎样把它传达给组织的其他部门？用于产品的模糊前端的人种学提供了使用个人、团队和组织级成果的思路。它对企业的战略和文化层面有着深远的影响：它激发团队团结，又帮其塑造职业和个人的愿望。

## 个人成果

为了有所作为，个人必须获得授权。人种学能够给团队成员授权，因为他们更加了解客户的需要和使用的背景。这使得他们的直觉更精确并得到更精确的解释。这里还有一个让个人成长的良机，去观察和思考大局的机会。正如一个产品开发者提出的："和信息同等重要的是，对我们而言，那些我们为其服务的人们突然间变得更加真实。产品成形的时候，我们可以继续思考并且谈及他们的名字。"

## 团队成果

执行研究并做分析的团队应该在发现和洞察的过程中感到精力充沛。共享团队的人种学经验有利于团队的建立。它如同黏合剂，将帮助团队在不同的背景和经历中找到共同点。它将同样提供有效的方法激发团队的活力和激情。客户正处于创新过程的中心位置，而不只是职能议程的一部分。团队将会感受到成果是归属于他们的，这将在执行过程中得到回报。

## 组织级成果

通过人种学，该组织将学到一种新的方法来倾听客户心声。人种学真正的天分是能够获得两种相互联系的知识："在那边"的数据或客户对世界的看法，同时也是"在这边"的数据或组织对世界的看法，以及有局限性的偏见或混淆的观点。许多组织基于便利性和历史惯性，而不是客户需要来建立和运营业务部门。这些人为的界限，使得在部门之间的空白区域很难看到机会。例如，客户不在意橙汁是冰冻的还是浓缩的；他们只知道他们想要它，并且购买它。人种学提供了一个全面的视角，使一个组织透过客户的视角去了解并倾听客户心声，然后他们才能通过他们的知识为客户创造令人注目的价值。他们可以提出更好的问题，并创造更多、更有针对性并有价值的理论。

> **指导数据分析的提示**
> - 许多组织都有一种量化的思维模式，而人种学则在有效性构成方面，超越了他们的舒适区。务必把这个研究融入更为广泛的学习过程中。
> - 尽早把主要利益相关方囊括进来。为他们提供直接的原始数据，如音频、照片、视频，然后让他们参与讲解。
> - 提防"承诺的间断"。有时，那些参加了现场访问的人之后因为太忙而没有足够的时间来分析数据。他们的投入是必要的，因此要确保他们承诺的长期性和连续性。
> - 为综合、分析及支持客户故事分配时间。

## 对大型组织来说，如何对研究成果进行重组和交流

将人种学的研究成果呈现给更大的组织的方式将强化人种学作为一种研究工具的有效性、接受度和实现性。作为一个组织，确定其想要获得人种学的哪种影响，然后仔细地选择交流的方法。以下是向大型组织传达研究成果的一些常见的工具和技巧。

- 跳板故事。讲述使组织行动起来的故事。密歇根大学的著名管理学教授诺埃尔·蒂奇说："领导并不是要改变，而是把人们放到他们应该去的地方。让人们去未知领域冒险的最好方法，是把它描述成为他们想象中的那个地方——讲故事。"好的故事是精力的来源，因为它们会使人们产生动力，推进人们的理解，这比统计资料更具可信性和更有说服力；并且它们是令人难忘的，通过组织非常容易产生作用。
- 创新周期。发展新的主题，使之可以成为未来新产品开发的头脑风暴和产生概念部分的焦点，然后可以围绕一个主题构建一个平台。
- 醒目的视频。建立一个醒目的访问视频，配上背景音乐，并且在一个交通量大的地点播放。
- 引述和拼贴板。在我们的工作空间创造一个主题区域。把从客户那里获得的现场日志、图片、家庭功课和研究期间的任何与现场访问有关的引述粘贴起来，然后为那些为了开发潜在新产品记录数据和主题的人留下空间。

> **案例研究：西联国际汇款公司——公司转换之路**
>
> 西联，一个很出名的电子汇兑公司，选择了人种学作为一种与它们最终客户互动的方法。它们希望能深入了解自己的客户，这将有助于带领它们产

生具有突破性的新产品概念，制定营销战略，并使西联与它们的客户联系在一起。

在现场调查之后，西联的新产品开发团队体验到了来自客户沉浸式体验的变化，并希望把这方面的体验样本交给更大的组织。要做到这一点，参与现场研究的客户将被邀请就产品组合的作用向执行委员会做出陈述。每个终端客户不仅可以同委员会有效地讨论他的故事、需求及利益，还可以写一封信给该公司。正如一个客户所说的："……记住像我们这样的普通人和我们的需求，因为其他公司做不到！"

由于这项研究的成果和为执行委员会做的报告，故事访问的客户在组织里形成了一个声音。研究团队的思维定式和客户观点的变化都波及了公司。其中一个研究团队的成员把对客户访问描述为"公司做过的最有效益的'两小时'投资"。当现场调查团队分布在组织各处的时候，与客户交流的火花仍然是他们工作的重心。因此，该团队得到了关于研究成果使用的压倒性支持，而西联团队获得了专注于新产品开发路径的许可。

## 结 论

"我们变成了人口统计数据、市场研究、焦点小组的奴隶。我们按照数字告诉我们的信息来生产产品，在这场令人目眩的追逐中，我们的感官失去了知觉，我们的本能变得模糊，被安全行动腐蚀。"福克斯广播的创办者和新闻集团董事长兼首席执行官巴里·狄勒说。人种学是关于如何收集和解释客户给我们的信息的，这些信息基于客户自身的观点而来。这些定量的和评估的数据虽然宝贵，但不能帮组织洞察到客户在什么地方，以及客户为什么那么做。对于任何想要创造一个成功新产品的公司，最重要的前提是必须了解客户和他们的世界，目标是创造有意义的创新，这只能有一个来源，那就是客户。

沃尔玛在奉献客户方面，树立了一个很好的典范。《财富》杂志的杰里·尤辛解释得很好，他说："所以，你看，这些天有两种类型的经理人，一些已经学会遵守沃尔玛的规则，还有一些仍然没有领悟到'公司'闭幕会上的问题：'谁最重要？''客户！永远！'"

**案例研究：口红，创新周期**

通过口红人种学分析，该团队召开了开发潜在新产品的创意会议。这些

> 会议的研究成果最终促成了为 Outlast 公司、P&G（宝洁）公司封面女郎品牌开发的轻便大衣、时尚大衣、亮彩眼影、全新彩妆，以及全新结婚照的上市。

# 作者简介

### 巴巴拉·佩里（Barbara Perry）

巴巴拉·佩里是巴巴拉·佩里合伙公司的文化人类学家。在她25年的为《财富》500强各类企业的咨询经历中，焦点集中在支持企业作为一个团队不仅要看到新的机遇，还要能够注重抓住机遇的效果。她的研究重点是促进客户关注的焦点的开发和创新组织的文化。她所拥有的方法被广泛地用于不同的目的，包括新产品设计和开发。

### 加拉·L. 伍德兰（Cara L. Woodland）

加拉·L. 伍德兰是创新焦点公司的客户洞察副总裁。她还是市场调查协会费城分会的主席，发表了大量的有关人种学和观测调查方法方面的文章。她的研究重点是教给团队如何执行他们自己的客户意见研究。加拉曾经非常努力地工作以鼓励在产品开发和产品生命周期管理的任何阶段都同时应用定性和定量的调研工具。

### 克里斯托弗·W. 米勒（Christopher W. Miller）

克里斯托弗·W. 米勒，NPDP，是创新焦点公司的创始人。他是 PDMA 的前任主席，并且是安永（Ernst & Young）公司2003年企业家年度奖的获得者。克里斯托弗发表了大量的内容广泛的、涉及产品开发与管理中存在的问题的文章。他曾经由于在《展望》杂志上发表的"成长论坛"系列文章而受到赞誉。他是一位心理学家，在凯斯西储大学（Case Western Reserve University）获得博士学位，研究领域是工程师终身学习模式。

# 第9章

# 通过愿望模式生成新产品创意和突破的工具

贾森·马吉德松（Jason Magidson）

> 如果你不知道要去哪里，就请小心，因为你可能到不了那里。
> ——约吉·贝拉

这一章为 NPD 团队提供了一个应用新产品开发方法的指南，该方法通过将客户带入一个叫作"愿望模式"（Wish Mode）的思维框架来产生新产品和服务的创意和突破。这里讨论的愿望模式工具有助于团队产生对客户需要和渴望更好的理解，有助于提高新产品的成功率。愿望模式的方法包括：① 创造一种环境，在该环境中，用户可以被激励去持续地提出他们理想的产品和服务的愿望；② 获取这些愿望；③ 把这些愿望转化成产品或服务的设计。

愿望模式的方法在使新产品开发（NPD）的模糊前端变得清晰方面特别有用，"模糊前端"是先于实物开发的。虽然早期使用这个方法可以使 NPD 项目的收益更多，但是实际上愿望模式对新产品开发的后续过程，甚至是对某些特定产品或服务的整个生命周期都是很有价值的。

本章的路线图如下。

- 愿望模式方法概述。
- 客户理想化设计（CID）——有计划的创意生成并由用户设计。
- CID 的应用
- 计划、举行和主持 CID 会议。
- CID 会议后的迭代设计过程。
- "日常使用"创意的产生和收集过程。
- 愿望模式的资源需求。

# 第9章 通过愿望模式生成新产品创意和突破的工具

## 愿望模式方法概述

### 与用户联系

让客户进入愿望模式,并了解他们怎样才能完美地喜欢一个产品、服务或操作一个系统,这样做可以为 NPD 团队提供巨大的商机。微软公司提供了一个很好的愿望模式的案例。在 20 世纪 80—90 年代,这个软件巨头利用多种渠道从用户处收集新产品创意。微软公司设立了一条"愿望专线",通过该专线,用户表达他们对新软件特性的创意。微软公司还用 Microsoft Word 创造了一个"愿望传真"模板,人们可以填写、打印和传真。微软公司甚至还在商业杂志上刊登广告,要求读者提交他们对未来投放的新版本主要特性的愿望。所有这些愿望都被收集到中央数据库。随后,NPD 团队和已有的产品团队评审这些宝贵的创意,并在后续版本发布中实现新颖、突破性的功能。

不仅仅是微软将用户的创意作为了新产品和服务创意,以及持续改善现有产品创意的有效源泉。跨行业的研究已经表明,用户不仅是最好的新产品和服务创意的来源,而且还对大多数的实际创新产生了重要作用。为了说明这一点,麻省理工学院的教授埃里克·范·希普尔追溯了半导体行业的商业创新项目的起源,他发现主要功能改进项目的 63% 来源于用户。

遗憾的是,许多新产品方案未能与用户建立联系。有关新产品成功与失败研究的两位著名学者罗伯特·库珀和埃尔科·克兰施米特指出,在失败的 NPD 项目中,团队只投入了很少比例的时间和资源(3.4%)去获得对用户和市场的详细了解。此外,新产品失败的首要原因是对用户和市场缺乏充分的了解,在所有失败的项目中,这一原因造成的失败占了 24%。

甚至当新产品开发团队确实尝试联系用户时,他们接触用户的方式对结果也有很大影响。有三种模式可以说明用户在新产品开发中的作用:为用户设计、与用户一起设计,以及由用户进行设计。

- 对为用户设计而言,NPD 团队成员通常相信他们最清楚用户需要什么。他们设计某种产品,然后仅在经理或主管组成的小圈子里测试,通常只参考很少的来自实际用户的信息。这种做法往往因为 NDP 团队的成果不能满足那些使用该产品的人们最重要的需要和渴望而失败。一般来说,那些提供产品或服务的人,自身并没有充分意识到用户需要的细微差别,以及他们使用产品的方式,也不知道他们希望如何满足需要。此外,由于各种组织因素，包括现有的技术水平、企业文化、对现有产品的假设，以及企业基础设施等，使得那些提供产品的企业通常受到自身的制约。

- 与用户一起设计，NPD团队访问用户，并在什么对用户最重要的问题上听取他们的意见。但是团队只能得到高层次的需求，而不是用户想要的产品如何工作、外观、感觉等方面的细节。然后，成员们回到自己的圈子里提取和合成这些高层次需求，评估各种因素的相对重要性，并进行设计。在这种模式下，如果团队最终还是有去寻求用户的反馈，也经常是以草率的方式。
- 由用户进行设计，用户才是他们的理想产品或服务的真正设计者。用户不仅指明了他们所希望的理想特性，而且他们也会设计（至少是在概念上）产品看起来的样子（它的结构）以及他们使用它的方式（流程）。用户最初的设计选择揭示了用户价值的优先级顺序和机会。随后，NPD团队和用户会密切合作，以建立一个原型，再以更广泛群体的反馈为基础进行迭代修改，然后再执行用户设计。通过这种办法，NPD团队获取了客户更多的"声音"——他抓住了客户的"设计"。

如果NPD团队要获取潜在的突破性创意，并深入了解用户的需要，最好的选择是后者——由用户进行设计。

有两种联系用户的方式：① 有计划地规划创意产生的会话或会议；② 收集非预见的或在产品服务的"日常使用"中偶然产生的创意。对愿望模式方法来说，这两种方式都很重要，并且将会得到详细介绍，它们也是相互关联的。图9-1显示了定期举行"计划创意"会议，创建一个持续的流程以获取"计划的"和"日常使用的"创意，以及它们之间的互补性和周期性的关系。通常情况下，一个NPD团队将为某一特定产品定期（如每12～24个月）举行一系列的CID会议，在会议之间维持一个稳健的流程以持续激励和获取用户"计划的"和"日常使用的"创意。

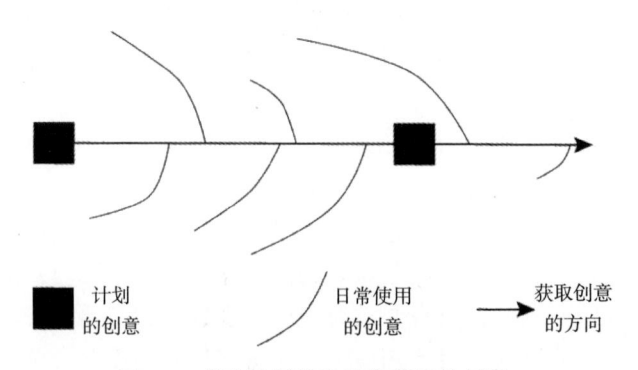

图9-1 获取计划的和日常使用的创意

# 第 9 章 通过愿望模式生成新产品创意和突破的工具

## 客户理想化设计（CID）——有计划的创意生成并由用户设计

客户理想化设计（CID）是一个愿望模式方法，即把有计划的创意生成与用户设计结合起来。在管理教育家拉塞尔·阿柯夫提出的 CID 中，用户其实是在设计产品、服务或系统。当用户假装产品或服务在前一天晚上被破坏时，就会生成突破的机遇。他们被要求从零开始设计他们想要的，假定他们想要什么就有什么。这种方法与从现有产品开始发现缺陷或进行改进有很大区别。

图 9-2 说明了为什么从零开始设计一个理想的产品（理想化设计）比从现有产品开始设计要有效得多。如果从现有产品开始改善，能产生一些小改进和附加功能。比较起来，理想化的设计大大扩展了用户对产品或服务的原有观念，因为用户是从零开始的，并着重于他们自己的创意理想。这使实现重大的突破成为可能。

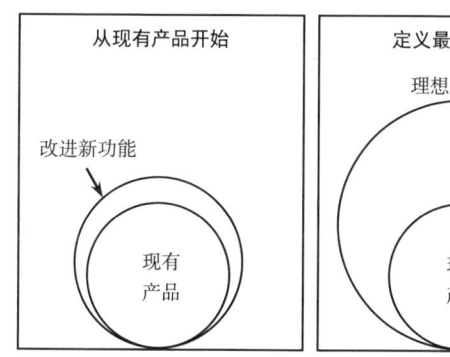

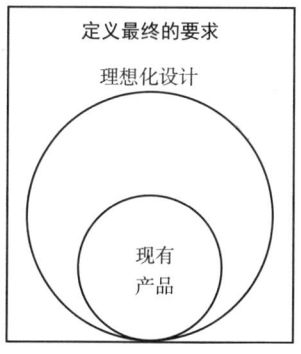

图 9-2 理想化设计扩大实现突破可能性

CID 通常被用作小群体定性研究，但有一些方法可以应用于较大的群体。乍看之下，CID 很像一个焦点小组，因为最初举办的半天会议包括每个团队 10～12 名"参与者"，并为此增加一些与会人员作为观察员。但是，与要求用户对预定义的概念/设计提出建议相比，其过程是迥异的，因为主要的活动是从零开始、由用户进行的的产品或服务设计。

在一次的 CID 会议上，与会者开展了两项主要活动。

- 生成"规格"。规格是对功能、过程或输入的期望属性或特性的声明。例如，当使用电梯时，如果我按了一个错误的楼层，我可以取消它，所以电梯不会因此"停在那里"。这是一个期望实现的功能的规格描述。

- 开发一个"设计"。设计是一种结构和过程，它将带来一个或一个以上的期望的规格。继续前面的例子，为了实现在电梯上取消错误楼层的操作，一种实现此预期规格的设计可能是开发一个"取消"按钮，这些按钮将放在每个楼层按钮的旁边。

除了产生突破性的创意，召开 CID 会议还有很多其他的成果。举例来说，它帮助 NPD 团队消除其强加给自己的约束或"头脑的桎梏"。这个创意的产生可以打开可选选项和解决方案，在此之前它们还没有被考虑过，但实际上都是可行的。NPD 团队往往很惊讶，原来他们可以实现这么多的愿望。

## CID 的应用

### 宜家的 CID 及愿望模式的使用过程

20 世纪 90 年代中期，宜家的北美行政总裁戈兰·卡斯泰德希望通过构建一个对购物者更深刻的了解和联系，来寻求家居装饰业务的发展，他希望能有助于产生产品和服务突破性的创意。为达到这一目的，宜家举行了 CID 会议。9 个相对独立的客户小组负责设计自己的"理想宜家购物体验"。他们首先假设现有的店面、产品、服务等在前一天晚上已被破坏。在每一天的半天时间里，每个客户小组成为"设计团队"，这样他们就可以从零开始设计自己的理想购物体验了。

与会者从构建理想购物体验的规格清单开始。他们的一些规格如下。
- "我可以快速、轻松地找到我要找的东西。"
- "我不会迷失方向——我总是能确切地知道我在商店的哪个方位，其他的东西在哪里，在哪里结账，等等。"
- "如果我正在购买一件商品，和它相关的其他商品也应该摆在一起，这样我就不用在商店里四处寻找它们了。"
- "举例来说，如果我买沙发，那么枕头、窗帘、地毯、灯具、画框就应该在附近。"
- "结账应该总是迅速的，而且应该有自助结账的功能。"
- "在宜家购物将是一个轻松、愉快的体验。"

在团队制定了规格之后，他们接下来的任务是制定一个符合规格的设计。他们被要求在白板纸上绘制他们的设计。参与者表示，他们希望在商店里建立一个"家庭基地"，使他们能够面对大量系列化的产品和部门，而不受信息过载或迷失方向的影响。他们设计了一个八角形的建筑，如图 9-3 所示，开放式布局，通风的中心区有一个教堂式屋顶很好地满足了规格的要求。他们描述并勾画他们希望的附加功能。
- 中心区应该是开放且多层的，可以让消费者向上看或向下看，进入或离开该中心区，并看到其他部门在哪里。
- 围绕中心区外侧的部门应该明确标记。
- 应该有一个古根海姆博物馆般的圆形中心区和一个自然光天花板。
- 顶部应该是餐厅，是购物者休憩的"绿洲"，购物者可以在此休息，吃东西、交谈，并想想他们需要买什么。
- 人们可以用位于中心区的传送电梯在各层之间走动。

图 9-3 显示了随后建造的新宜家的八角形建筑。

图 9-3　新宜家建筑设计

1998年，宜家在芝加哥开设分店，它是在用户的设计基础上建造的（见图9-4），建筑面积约 38 183 平方米（大约 7 个足球场）。这家分店很快获得了比预期多两倍的营业额，宜家在 2001 年又将这家分店扩建了约 4645 平方米。

图 9-4　新宜家大楼照片

CID 会议上的很多特性都被付诸实施了。
（1）购物者能很快地找到要找的东西，不会迷失方向。
- 商店具有独特的八角形建筑和 3 个楼层的设计。
- 中心区，圆形的教堂式天花板、各部门位于中心区的 8 个方位。在中心区，购物者就能很容易地看到并确定各部门的位置，如站在一楼的购物者可以很容易看到二楼的 8 个部门。
- 要到另一部门，购物者既可以回到中心区，也可以沿着环绕中心区的圆形楼梯走。
- 6 个特别设计的自动扶梯可以承载购物者和他们的购物车，并确保没有任何一个人走远路或等待更换楼层。
- 许多大型窗户能帮助购物者确定他们的所在位置，并找到回停车场的路。

（2）购物者能快速结账。
- 为了减少结账时的等待时间，商店提升了可以从自助服务仓库中提取大型商品的购物者的百分比（已达 85%）。

（3）相关产品就在附近。
- 相关产品在同一区域。举例来说，在床的附近，购物者可以找到床单和枕头。在沙发的附近，购物者可以买灯具、靠垫、窗帘、地毯、相框和 CD 架。在餐厅橱柜附近，购物者可以找到炊具、餐具、盘子、玻璃制品等。

（4）轻松购物体验。
- 顶层中心区的餐厅营造了轻松的氛围。
- 大型窗户可以获取舒缓自然的光照和消除客户的幽闭恐惧感。

由宜家进行的、对客户的大样本抽样调查很好地反映了客户在芝加哥分店的购物体验。
- 有 85%的购物者认为购物体验"极好或很好"，15%认为"良好"。没有人认为"一般或糟糕"。
- 有 93%的购物者说他们将"一定或可能回到宜家再次购物"。
- 芝加哥分店的回头客高于其他宜家分店。
- 在商店开业仅 5 个月后，25%的客户访问了商店 6 次甚至更多次。
- 购物者在这家店购物所花费的平均时间比其他宜家店多出 1 个小时。

在后来的扩建过程中，宜家把重新设计宜家购物体验作为一个整体，针对购物体验的各组成部分举行了 CID 会议。如关于沙发部，宜家围绕沙发本身、设计服务（厨房等）、安装和组装服务、订购方式、解决问题过程和送货服务等展开了有益的重新设计。

宜家沙发部的重新设计就是个很好的例子。会议期间，与会者表示他们希望能够"借用"大尺寸织物（1.5 米×2.1 米），这点与传统的选择小样品的做法相反，他们把它带回家，并且放在现有的沙发上，帮助他们判断新沙发款式和颜色与房间周围的其他东西是否搭配。与会者解释说，这将有助于避免当他们在房间里订购一种不合适的定制沙发时产生失望和愚蠢的感觉。针对每个沙发的送货服务，用户设计了多项创新，包括制造和订单状态的快速更新方法、灵活的、可定制化的交货时间、日期和流程。改进包括能做到的以下几点。

- 打电话就能确定更精确的运送时间。
- 安排工作时间呼叫，以满足卡车运送。
- 把地址和电话号码交给一个可以代为签收的邻居。

## CID 在 GSK 公司的应用

葛兰素史克（Glaxo Smith Kline，GSK）公司是一家全球领先的制药公司，它每年的销售额约为 300 亿美元，自 2000 年实施 CID 以来，它举行了超过 100 次的 CID 会议。宜家的例子代表了新产品开发针对"外部"用户/客户应用 CID 的例子，而 GSK 公司的例子，代表新产品开发在全球范围内针对"内部"用户/客户应用 CID 的例子，其中大多数是 GSK 公司的员工。

GSK 公司将 CID 应用在其他方面，开发员工可以利用它来完成自己工作的软件产品。软件产品有许多功能，包括采购、研发、应付账款、销售和市场、金融、制造、商务出差活动的管理。例如，一个用 CID 创建的称作 ConTrak 的合同管理系统被用来给采购部门的用户使用。几次 CID 会议都侧重于建立一个全球性的、基于 Web 的系统，用来管理 GSK 公司与供应商的合同。用户规格包括下列内容。

- 每份合同的标准实施概要，以避免花较长时间与精力去阅读 30 页的内容来了解关键的合同条款（例如，定价、开始日期和截止日期）。
- 为创建新合同准备的预先核准的模板。
- 对即将到期的合同自动报警或自动续期。
- 专注地搜寻具体领域的能力——供应商、产品/服务、合约经理、合同金额、到期时间等。

由此产生的合同管理软件产品将把所有前述规格整合在一起。该产品提供了以下具体的好处。

- 很容易找到并了解已签订的合同。
- 合同模板能够使合同的法律审查更快捷。
- 越多的合同在一起，合同范围的可视性就越好。
- 更少的折扣合同的使用——合同经理每次根据不断更新的模板从头开始核准，这有助于保护 GSK 公司。
- 临近合同到期时自动报警，有助于确保合同范围内的连续性，以确保业务不被中断。

# 计划、举行和主持 CID 会议

这一部分为 NPD 项目负责人和他们的团队提供了详细的指导,告诉他们如何安排和主持 CID 会议。它包括以下内容。
- CID 和"日常使用"的愿望模式适合 NPD 流程的哪些方面。
- 计划并举行 CID 会议。
- 主持 CID 会议。

## CID 和"日常使用"的愿望模式适合 NPD 流程的哪些方面

在计划、举行、主持一个 CID 会议之前,我们必须首先提供给 NPD 团队一些观点,如关于 CID 和"日常使用"的创意如何生成和收集适合 NPD 流程的哪些方面。在 NPD 的初期阶段(模糊前端),CID 是最有利的,因为在这段时间我们可能有更多的机会能够在突破性的创意和设计上采取行动。在这一点上,NPD 团队通常拥有可用资源,他们也不太可能只关注某一特定的方法或解决方案。

除了确定在 NPD 项目中何时进行愿望模式,CID 同样也有助于确定愿望模式是如何与传统的客户研究活动联系起来的,包括时机和它们对产生洞察力的贡献。图 9-5 显示了这些类型的活动和与愿望模式进程相关的建议排序。

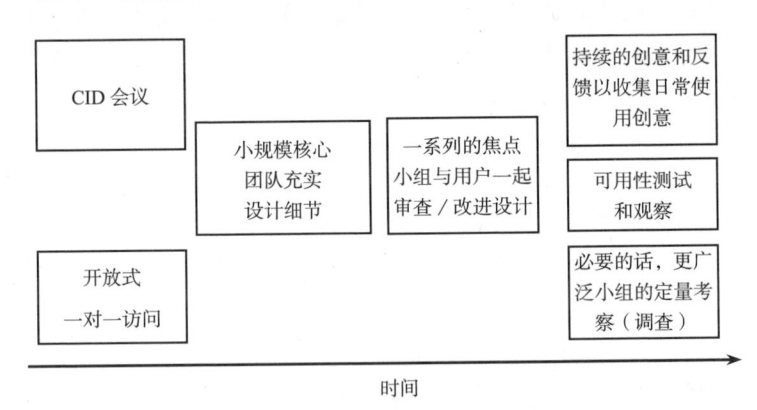

图 9-5 研究活动的顺序

如果是开放式的,一对一访问可以配合 CID 会议同步举行。开放式的访问是探索性的,目的是了解"你不知道你不知道的东西"。这种类型的访问没有什么问题。访谈者通过与受访者面谈获得了他们的见解:"告诉我关于____。"访谈者仔

# 第9章 通过愿望模式生成新产品创意和突破的工具

细听取回答,然后再进一步征求用户的见解,接着他说:"再说一些关于_____。"一个开放式的访问与非开放式的访问形成了鲜明的对比,后者已经预先确定了希望被回答的具体问题。遗憾的是,预先确定的问题往往使最好的见解难以被发掘出来,因为是它们"引导"用户,而不是让用户拥有自己发表见解的机会。

焦点小组非常有用,但最好在 CID 会议之后应用。焦点小组通常向用户征求对于内部团队提出的概念的反馈。这在 CID 会议中一般不会产生突破,因为用户仅是对该组织的概念或设计产生反应,而不会产生他们的理想化的创意。基于这个原因,当团队的目的是为了提高和修正已拟定的、基于用户的创意的设计的时候,焦点小组显得更加有用。他们提供了一个去确认、否定或调整正在进行的设计的机会。更重要的是,他们可以用来为产品或服务的设计理念做持续迭代优化的工作,所以直到开发工作开始之后的一段时间,产品设计都是恰当的。

以用户和团队成员日常活动为基础,对"日常使用"愿望(创意和反馈)的收集应该持续下去,并贯穿产品开发的全过程,甚至在它上市以后(稍后会详细讨论这个过程)。

如果使用大规模调查的定量研究,那么就应该在 CID 和随后定量研究的反馈之后对设计文档做相应的优化。调查在方案优选、确认/否定阶段发挥的效用,比在产生创意/愿望和收集需求的最初阶段发挥的效用更大。

## 计划、举行 CID 会议

计划、举行 CID 会议的过程包括以下主要因素。

**CID 会议的次数**。NPD 团队应该尝试至少举行两次前期会议。虽然受时间和资源的限制,这样的会议可能只能举行一次,但是多次会议为产生创意、突破和对成果的广泛认可提供了更多的机会。多次会议还允许涉及包括更多类型或细分的用户或市场,在 NPD 团队已经确定了用户类型之间的显著差异时,或者针对他们想要了解和吸引的特定类型的用户类型时,多次会议是很有帮助的。多次会议的另一个潜在的好处是,它可以通过初次会议,拥有一个更广泛的关注焦点,这样就使得后续的会议可以深入到更详细、更具体地被用户确定为优先事项的内容中去。鉴于上述原因,一个 NPD 团队可能考虑当开始执行这一过程的时候,为某一特定产品或服务举行 2~6 次 CID 会议。

**设定 CID 会议的范围**。在规划一个或更多的 CID 会议时,NPD 团队需要确定会议的范围。这是一个简短的陈述——一个或两个句子——关于用户将被要求设计什么。获得正确的范围是很重要的,但可能很棘手,需要一些思考。这是多次会议可以实现的地方。多次会议将更有意义,初次会议可以更广泛些,而后续的会议可以更详细并集中于用户认为重要的方面。在 GSK 公司的初次会议中，用户勾画了一整套他们想要的软件产品，且在后续的会议中，他们设计了具体的模块。表 9-1 提供了一些说明 CID 会议范围的例子。

表 9-1　CID 会议范围的例子

| 例子 | 关于 CID 范围的说明 |
| --- | --- |
| "设计你理想中的通宵航班体验"和"设计你理想中的通宵航班机舱" | 在初次会议里，航空公司或飞机制造商应该以更为广泛的"飞行体验"作为开端，而不是"机舱"，因为经验的很多方面对于设计单独的机舱而言并不清晰（如服务、事物和睡眠条件）。"机舱"设计适合后续的会议，如果用户认为这个很重要，其设计实现的可能性会更大 |
| "设计你理想中的宜家购物体验"和"设计你理想中的宜家商店" | 关于宜家的例子，在初次会议中，用户曾经被要求"设计他们自己理想的商店"，这样做会限制他们在以下方面的思路：设计服务、装配服务、在线服务、餐厅、产品及客服等 |
| "设计你理想中的住宅屋顶"和"设计你理想中的住宅屋顶板" | 如果屋顶材料公司想要发现更多机会以实现业务突破，那么在初次会议中，进行第一个选择（"住宅屋顶"）的研讨便更为合适。如果公司的目标仅停留在屋顶板上，而不考虑其他选择或已经在预先的会议中讨论过的其他选择，现在只需要一个详细的设计，那么后一种选择更适合 |

CID 会议范围的另外一个例子说明了这样一个情形，NPD 团队设置一些范围参数/假设，这会强迫与会者把重点放在对他们来说不是很重要的事情上：一个 NPD 团队需要用户对产品设置退休存款目标的看法。他们的最初计划是要求参与者设计理想的信用卡大小的计算器，他们可以带着它们，把每个月的花费信息输入进去。CID 引导者建议团队要让用户轻松设计自己的理想产品，而不局限于一个计算器，团队采纳了这项意见。在会议结束时，团队询问用户是否可能用到计算器。用户完全拒绝了这一创意，表示他们已经有太多的东西要随身携带。

总的来说，在 CID 会议开始前要求与会者为一个特定活动设计理想的产品和（或）流程，这是一种开放的方式。赋予他们在产品和流程上的灵活性，使他们能够从他们自己的角度来做设计。

**设施**。一个单一的 CID 会议需要一个会议室、一些食物和饮料，以及 12 名与会者（用户）和尽可能多的供应商（那些提供产品或服务的厂商）。供应商将在那里旁听。组织可以使用自己的大型会议室。在另一种情况下，它可以在酒店或商业市场研究机构租用一间会议室。会议室内应包括两个白板纸、一个大屏幕和

## 第 9 章　通过愿望模式生成新产品创意和突破的工具

一个液晶投影机，用于过程介绍和显示收集到的规格信息。与会者在设计阶段可以利用挂纸白板记录图表和（或）文字。座位的安排应该让与会者及引导者尽可能地在一起，以便他们可以易于看到对方。通常，引导者站或坐在桌子的前部或 U 形桌的顶部。

**CID 会议的便利性**。NPD 团队应该为 CID 会议确定一名引导者。可以用一名内部引导者，若需要也可以找一名外部引导者。有几个技能可以帮助引导者成功。引导者需要是一个很好的倾听者，他应能快速地、准确地、完整地和不引人注意地记录与会者的陈述。引导者还需要能够放下自己的观点，能够和说话的人"在一起"，并且不带批判的态度。如果他能使人们放松，为过程增添乐趣，就更有意义了。为了做到这一点，他可以建立一个舞台，让与会者成为设计者，而他安静地捕捉他们说的内容，只有在需要使他们遵循过程指南的时候他才会进行干预。引导者负责的活动将在后面做详细的讨论。

**筛选和招募**。第一步就是要确定期望的与会者的种类。最重要的标准是，与会者应包括那些真正使用这类产品或享受服务乐趣的人（如那些开跑车的人、使用手术器械的用户、经常旅行的人，或使用电视节目指南的人）。一旦产品用途被确定，NPD 团队可能希望把用户分类，以举行单独的 CID 会议来分析不同的用户群的需要和愿望是不是不同的。举例来说，可能存在一些"领先客户"，他们的经验非常丰富，比如在使用产品方面阅历深厚，或有更高的需求和特殊的应用领域。为他们和那些没有更高需求的用户单独举行会议将受益匪浅。这可以识别建立一个满足两者需求的产品或服务的机会。不过，如果资源有限，同一个会议上包含这两种用户也是可以接受的。因为这可以抓住两者的需求，并有助于确保更多用户的需求得到满足。

另一个重要的考虑因素是客户（购买者）和消费者（实际用户）并不一定是同一批人，所以他们的需要和愿望可能有所不同。如果购买者不是实际用户，应该考虑让他们参加，可能的话安排单独的会议。在有些情况下，处于生产组织和用户之间的"链条"中的一方（如分销商、零售商和第三方支付者）应该考虑作为与会者。不过，如果我们必须在让他们参与还是让实际用户参与中做出抉择的话，那么通常应该选择的是实际用户，因为他们是最终用户，而其他人很少能识别出他们理想中想要的是什么。

还应该考虑人口结构特征（如年龄分组、性别、家庭收入、种族、受教育程度）。这些特征与用户在 CID 会议中的成功表现是不相关的，但是与 NPD 团队希望吸引更多的目标用户相关。然后，依赖可以利用的时间和资金，很多 CID 会议被分成不同的部分召开，或一小部分的会议可以由混合型与会者参加。

下一步是要确定怎样招募与会者。NPD 团队可以根据活跃的客户名单、老客户名单、第三方供应商名单识别和筛选，或者不那么正式的，从组织内部人员所接触的人群中招募。

NPD 团队可以自己做招募，或外包给外部的公司做。在招募中，"筛选"问题用来筛选候选人进入或退出，以获得某一特定的年龄分组、性别、产品的使用水平及家庭收入等资料。为了寻求"活跃"的与会者，一些组织会选用一些"筛选问题"，试图招募有这样潜质的与会者：他们通常喜欢表达意见，被视为领袖，口头表达清楚等。这样的筛选是非常有益的，因为那些愿意表达的比那些不愿意表达的与会者更有利于 CID 会议的推进。关于判断人们创造力的"筛选问题"，对 CID 过程则没那么重要，因为 CID 过程本身就产生了一个高层次的团队创造力。

当组织与用户的关系是 B2B，而不是 B2C 时，它有时会使招募更加容易。它有可能会安排好应该在哪个用户身上投入更容易获得交易契机，从而影响供应商对一项产品或服务的计划。在那些已经建立了商业关系的地方，会议有时可以在客户一方召开，因为这样能更方便和廉价地聚集用户。在这些情况下，不需要付给客户报酬。同样地，类似的招募安排可以在一个混合组织的用户组使用，这些用户组可以被招募为与会者。在 NPD 团队不能通过商业途径来招募他们的用户时，可以简单地直接招募用户，并且给他们报酬。用户可能需要请假，但在某些情况下可以获得许可，作为一种工作相关的活动来参加。

还有一个因素需要考虑，当组织关系是 B2B 或用户是一个制造企业的一部分时，正如前面提到的，应了解工业企业中的用户在客户和用户"链条"中处于什么位置，以及处于链条其他部位的用户是不是被包含在内了。例如，一个工业企业的用户用一台机器制造最终产品，如果把重点放在加强机器的可用性方面，则未必需要最终产品的消费者参加。不过，NPD 团队应明确确定是否需要这样做。

**参加人数。** NPD 团队需要每组招聘 12 名与会者（根据激励的水平，这可能超过标准人数大约 4 人）。最好是每 10～12 名与会者有一名引导者。在一个有 12 名以上与会者的会议中，人们可能觉得他们必须等待很久才能发言；在少于 6 名与会者的会议中，引导者的风险是，与会者基于其他人的创意贡献自己创意的动力会不足。创意 CID 会议的设计是以群体为单位的，而不是一对一的会议，因为人们在其他人的创意上更愿意贡献他们个人的创意，并在思考一些他们不可能自己得出的结论上更加积极。在一些与会者仅能提出几点创意的情况下，拥有 10～12 名与会者便提供了额外的保证。

每 10～12 名与会者拥有一名引导者的好处还在于，他们可以共同制定规格，然后分成两个组在设计阶段独立地从事设计工作。使用两个小组为设计创意的产

# 第9章 通过愿望模式生成新产品创意和突破的工具

生创造了更多的机会。每一个突破设计小组拥有5名或5名以上的成员可能运行得更好。少于5名与会者，会使小组在彼此设计创意的基础上进行设计变得困难。顺便说一下，当有一个以上的突破设计小组的时候，如果时间允许，在会议结束部分让成员们把他们各自的设计展现给彼此是有益的，但并非必须。这使得团队能交换各自的设计创意并产生一些乐趣和良性竞争。

依靠任用多名引导者可以一次雇用30名、40名、50名或更多的与会者。在这种情况下，主要引导者可以向全体成员介绍此过程，然后，在讨论规格的时候，所有的引导者都将各自带领突破设计小组。

**观察员。** 邀请多名供应商出席会议，使他们能够体验"现场"。供应商参与的范围越广，那些参加的人就越不需要去"把"成果"卖"给其他人。当然，NPD团队成员或现有产品/服务的团队成员都应该尽可能多地参加。一个或一个以上的高级别的、且支持该项目团队的赞助商和个人/团体的参加，将使他们能够接触这些创意。需要注意的是，组织应注重倾听用户创意是如何拓宽了观察员对于机遇的思考以及他们对优先级的看法。在邀请观察员的时候，起码要提前一个月通知，以便实现更好的出席效果。

这样做也是可以的，即让供应商单独坐在一个房间内（在单向镜子的后面），这样他们与与会者之间便不会互相分散注意力，供应商也会更专注于用户在说什么。供应商应坐在会议室的周边做笔记，会前规定他们只是倾听，直到会议接近尾声。经验表明，观察员在会议现场通常并不会使与会者分心，因为与会者如此地专注并为了他们的理想化设计而兴奋，以至于他们会忽略自己周围的情形。但如果需要，还是可以使用焦点小组方式和单向镜子。

**匿名。** 有些组织可能有特定的原因而不透露他们的身份。无论一个公司是不是匿名的，经验表明，效果都十分不错。

## 主持 CID 会议

在CID会议刚开始时，引导者欢迎与会者并告诉他们，他们将会继续参加一个被称作CID的有趣过程。在这个过程中，与会者会成为他们理想产品或服务的设计师。在这一点上，引导者应该简要地回顾一下他们设计的范围[谈论和（或）陈述一两句话的范围描述]。接着，与会者简要介绍自己。然后，引导者再介绍CID的过程，包括CID会议的指南（将在后面的内容中被讨论）。CID会议还应包括一个应用理想化设计的案例（如宜家设计）。这些过程是为了使与会者对在接下来的会议中，他们要做什么有一个清晰的概念。一个案例也有利于人们明白规格阶段是怎样的，以及设计是如何从这些规格中派生出来的。

## CID 会议指导方针

很多创意或实际的创新从来没有被考虑或执行过，因为组织没有创造出适当的环境，或人们因为约束自己而失去了创造思维。有时团队或个人默认自己没有得到权限或权力，并因此不给自己理由或勇气去探索各种可能性。

在介绍 CID 会议的过程中，引导者通过要求与会者遵循与此相关的指导方针，创造了适当的环境。

- "现有的系统已经在昨晚坏掉了。"这个假设非常重要，因为这会使用户回想起什么是他们真正需要的。他们的头脑往往被现有的系统所制约，他们不允许自己有超越现有系统以外的创意，这是对突破最常见的约束。
- "把重点放在你想要的东西上，如果你能够得到任何你想要的东西：把它作为你的理想；设计保持在从零开始的模式。"这样的创意会让与会者追求完美，不会退缩。引导者可以告诉他们，"我们明天都可以回到现实"。
- "不要关注不想要的东西。"侧重于消极方面，不仅削弱了人们的积极性和相互作用，还减少了人们关注焦点的时间。
- "不要担心资源是否可用，甚至担心是否可能实现愿望/理想。"畏首畏尾的思维是危险的，因为担心或怀疑设计是否会被执行，经常会让人脱离"应该是什么"的思维方式，所以人们应只专注于发挥自己的想象力。此外，突破性思维常能拓展现有的可用资源，因为决策者会看到更多的值得投资并且有吸引力的领域。
- "如果你不同意别人的规格，那么简单地设置替代性的规格。"引导者不能允许与会者批评彼此的规格，因为这将破坏具有建设性和创造性的氛围。他应该告诉他们，评估和确定优先级顺序应该在会议之后。引导者可能需要在会议期间提醒与会者这一方针。
- "产品较大的包含环境仍然有效。"这个"包含环境"包括产品或服务的背景、过程和设置。这个假设鼓励与会者把他们的大部分精力重点放在他们已经被要求设计的产品上，而花费较少的时间——少至 10% 到 20%，作为经验法则——用在不属于 NPD 团队（供应商）的关注点的变量上。之所以这样做，一方面是为了确保与会者不要在那些供应商不能执行的设计上花费大量的时间，因为不能执行的设计等于是要求供应商去改变那些他们无法控制的许多事情。举例来说，如果与会者的重点是设计一个开瓶器，而 NPD 团队并没有计划参与到软木塞的制造中，与会者就不应花费他们的大部分时间来重新设计软木塞。另一方面，允许 10% 到 20% 的时间用于探索其他方面，有时可以找出很多重要的、可以由 NPD 团队有选择性地进行探

## 第9章 通过愿望模式生成新产品创意和突破的工具

究的机会。
- "供应商必须同意继续保持只倾听的模式。"直到结束，供应商必须保持听众的身份，因为在这个过程中他们可能想发问，让他们保持只倾听的模式，便可以防止供应商打断用户的思路，从而避免了让用户脱离谈论他们的理想化设计。这也避免了一些常见的问题，如供应商开始对现有产品产生消极态度，或者打断用户并告诉用户他们已经提供了正在讨论的特性。这条方针也避免了供应商倾向于说："我们不能那样做，因为这样或那样的原因"或"我们的技术就是这样，所以我们不能这样做。"这些类型的反应，抑制了用户的创造性思维，并阻止了他们的愿望表达。

有时，供应商要确保他们所关注的问题会出现在会议中，同时他们想听听与会者对他们认为是很重要的话题的反应。最好把介绍供应商的话题推迟到会议的后半部分，甚至是最后，这样就保证了用户创意创新思路的流畅而不被打断。在某些情况下，引导者可以拿到来自供应商的话题清单，在规格阶段的后期或最后让与会者给出有关供应商的、还未被提及的议题的各自创意（可能还有规格）。在 CID 会议后的设计文档（后面将会涉及）中应该指出，这些话题是由供应商提出的，这样可以与用户提出的相区别。同样地，在条件允许的情况下，在会议快结束的时候，组织应及时建立供应商和与会者讨论感兴趣话题的提问和回答环节。

引导者在完成了对 CID 过程的介绍后，把指导清单分发给与会者和观察员是十分有必要的，这有助于提醒人们遵守它。此外，当规格阶段刚开始的时候，引导者还有助于让与会者创造性的创意流畅起来，通过提醒他们对即将设计的东西要"瞄准星星射击"（追求完美），以便组织能够"在落实阶段击中月亮"（实现既定目标）。

### 规格

引导者应该在会议开始讨论规格的时候，要求与会者给出关于他们所希望的理想观点的陈述。引导者应该做到以下几点。
- 要求与会者的规格说明应该以这些短语开头，如"应该有……"或"我想要……"这有利于保持会议研讨的积极性。如果与会者开始谈论他们不想要什么，应该要求他们将其转化成"应该是……"的规格。
- 记录所有规格，以便大家都可以看到规格被实时记录（如通过液晶投影仪、屏幕或白板纸）。这不仅记录了所有的东西，也表明了与会者的投入正受到重视，这对于促进充分的参与和让他们真正感觉到他们所说的并未被置若罔闻是非常重要的。在开始时，当发现有东西没有被准确地收集的时候，引导者应当要求与会者说出来。
- 提醒与会者，重要的是他们停留在从零开始设计的模式。如果与会者谈及现有的系统或就目前的问题发出抱怨，引导者应提醒他们，该系统已被破坏，不存在任何可抱怨的问题。引导者应要求与会者把他们的陈述转化成和他们的理想有关的陈述。这样将使该组织保持积极性和创造性。

这其中的一个方面看起来很微妙，但却是非常重要的。很多时候，人们陈述那些值得跟进的规格，以更多地了解他们想要的和（或）他们为什么想要。理解为什么人们想要某件东西（如了解一个产品特性将要解决的他们生活中的一个困难或令人沮丧的场景），这一点非常宝贵。它可以指向突破性的设计，甚至是战略定位的机会。进一步探索将使规格获得潜在的情感和理性的内涵。引导者可以说："关于那个，请告诉我更多"或"关于那个，请多说一些。"这些话使讨论具有开放性，并鼓励人们扩展他们的规格。这种做法远远要好于问"为什么"——这可以被理解为对陈述的价值的判断，可能引发不完整或不准确的回答。对"为什么"问题的回答往往会导致理性的回应代替了直觉和情感反应（直觉和情感反应在确定产品或服务的使用方面，发挥了巨大作用），另一个微妙但重要的一点是，引导者不应该说"你想要那样是因为……"说"告诉我更多有关的东西"可以引导用户以用户的视角将其中的缘由展现出来，而不是引导者的"一言堂"。

什么时候说"告诉我更多有关的东西"是要看时机的，但是在一些场景下是必要的。一个场景是，要实施这个人所说的，很明显地需要更多的细节或说明。举例来说，有人可能说："这种产品应该方便用户。"如果引导者没有跟进，NPD团队将永远不知道用户的创意。另一个场景是，当有人的措辞富有感情的时候，在这里进行深入探究可以清楚地显示出可能是非常重要的产品或服务的特点和（或）情感上的收益。探究行为还表明引导者对于此人说的内容感兴趣，让其他与会者可以更安心地提出他们个人可能觉得很离谱但在实际上可能是重大突破的创意。在某些情况下，引导者可以揭示一个陈述中的深刻见解——通过多次跟踪与会者对他的探究行为的反应。

引导者应谨慎，不要去对创意做判断——无论是负面的或正面的——因为这将阻止与会者继续提供自己的创意，或将他们导向引导者想要他们去的方向。相反，他应该只是简单地将创意写下来。在会议结束之后会有很多评估这些创意的机会。引导者需要"走"到与会者的设计中想带他去的方向。同样地，引导者不该问一些问题（如"你想要……"），这将"引导"与会者单调地回答问题，而不是让他们引领设计的方向。

引导者创造一种使人们不担心有任何风险的环境是十分重要的。他们需要空

## 第9章 通过愿望模式生成新产品创意和突破的工具

间来提出有可能带来突破的大胆创意。有时会有人提供一个狂热的创意,甚至其他一些与会者会嘲笑或做出负面的肢体语言。这种反应表明他们对其中一个或所有创意的接受度的不确定性。在这种情况下,引导者必须支持提供了这一创意的人。否则,这个人与其他人将会在后续创意的陈述上退缩。为了提供支持,引导者应该重视那个人,并热情地请他讲述关于这一创意的更多内容。可能需要再次跟进来表明那个狂热的创意是被渴望的。创意引导者也应该让全部与会者知道,听取大胆的创意是十分重要的,因为他们往往产生了突破性进展。

如果在提供规格的过程中有停滞,引导者有时会说:"还有什么其他的看法吗?"在进行这项工作时,引导者与每个人进行目光接触,以便发出一个明确的信号,表明他渴望听到与会者可能隐藏起来的创意。引导者必须耐心地在冷场时等待,这很重要,因为最终总有人会提出看法。很多时候,伟大的新创意和(或)全新的讨论领域是在某人犹豫要不要发言之后产生的。值得注意的是,他说"还有什么其他的看法吗?"要远胜于说"还有别的事情吗?"后者回答"没有"时,这可能提前结束规格阶段,而把可能富有成果的创意遗漏了。

很多时候,规格阶段将进行约两小时,但时间的设置不是一成不变的。当团队已经不能再提供新的规格时,引导者便可以开始会议的设计阶段了。

### 设计

在设计阶段,与会者创造(或描绘)结构和进程,这些将引出规格。举例来说,宜家的八角形建筑设计实现了规格,从而能够使客户很容易地找到各部门和产品等。设计实质上是关于实现规格的可能方法。

引导者可以做几件事使设计过程的运行效率更高。一种做法是,让与会者一开始就思考那些对他们而言重要的规格。没有必要通过回顾规格来看讨论了什么或为讨论的内容划定等级,经验表明,这占用了本来可以用于设计的时间。在设计阶段,即使与会者不能全部记住陈述的内容也并不重要,重要的是必须引导与会者以陈述他们共同的感受作为开始。为了确定这一点,有时团队将有一个简短的讨论,并对他们可能进行的候选事项做一个简短的列表,然后选择一个或一个以上进行设计。团队以协商一致的方式做出自己的选择(每个人都可以接受的选择),要比表决的方式好,因为那些表决的少数派可能并没有参与这一阶段。

设计是一个创造性的过程,所以没有人知道会出现什么或团队具体将如何运行。有些团队"茅塞顿开",马上拿出了设计。其他的团队则努力了一会,最后在结束的时候拿出了设计。设计阶段是整个过程中最困难的一部分,一些团队踌躇一会儿是很平常的事。令人欣慰的是,有很多针对规格的好创意,因此,我们并不缺少发展的机遇。

在设计阶段，拥有10~12名与会者可以使该团队组成两个突破小组。很多时候，引导者站在一边并让与会者自己带领突破小组是很有成效的。当有足够多的人去组建一个以上的突破小组时，引导者能在突破小组间自由活动，并重新解释过程，如有必要，回答问题并观察进展。让与会者推动设计阶段，也有利于巩固突破小组的主人翁意识，这将有助于促进与会者的充分参与和提升他们的领导力，而不是被动的"跟随"。其中一个确定可担任引导者的与会者的方法是寻找能通过下列测试的志愿者：那些无论是在工作还是在其他地方，都愿意为此付出时间的人，告诉他们，他们都需要善于领导、倾听，能准确地获取并重申别人的创意。

最后，引导者应该告诉团队，他们应该尝试在白板纸上获取尽可能多的东西，以便能使所有创意都保存下来——不管是不是写了下来或丢失了。在团队已经进入工作状态后，通常也很有必要提醒他们注意这一点。

通常情况下，在最初的CID会议上，与会者将花费1至2个小时的工作时间用在他们的设计上（如果可以多半天，那么可以把这段时间用在让与会者进入更详细的描述中，这将更有成效）。引导者应告诉与会者他们应该在自己的设计上花费多少时间，当会议要结束的时候再进行考虑。如果突破小组想要将他们的设计报告反馈给整个团队，那么每个小组可以有大约10分钟的时间。如果供应商在结束的时候想要向用户提问，可以有大约15分钟的时间。显而易见的是，报告及问答程序占用了设计的时间，所以我们应该在正在考虑是否要包括这些环节的时候，考虑并做好这种权衡。

CID会议的结束是相当直接的。引导者和其他出席的供应商应该对与会者表示感谢，因为他们付出了时间、精力和创意。他们应该对他们的创意做出高度评价，并表示他们将回顾并考虑实施他们的创意。有趣的是，有些团队的与会者希望一直把设计进行到会议结束，这一点也不奇怪。他们已经拥有了这么多的激情，他们不希望停止。在这种情况下，引导者让他们继续做下去将卓有成效，但是引导者应该意识到他们已经超过了预先规划的时间，如果有人需要离开的话是完全可以的。在给予与会者某种形式的补偿时，引导者就要告诉他们，他们将如何得到补偿（如在离开的时候拿走一个信封）。

如果会议没有产生许多新的思路和见解，NPD团队也不用为本次会议"惨败"而着急。这可能只是一个迹象，表明了NPD团队的概念已经上了正轨，而会议给予了证明。除此之外，将不会有任何的尴尬，因为与会者乐于对询问他们的问题提出意见。无论有什么产出，都应以优雅的方式结束，引导者应对与会者花费时间来分享他们的创意和设计表示感谢。

# 第9章 通过愿望模式生成新产品创意和突破的工具

## CID 会议后的迭代设计过程

### 设计文档的准备

CID 会议的下一步是制作一份设计文档，设计文档被用来划分各类用户的规格或愿望，以及启动能带来规格的设计过程。设计文档是为了促进工作进程，并有助于向其他没有出席会议的人分享成果。它应当是书面的形式，这样那些当时不在场的人便可以轻松获得设计文档并很容易看懂。它也是随后的一个迭代开发设计的过程的起点。

准备设计文档的人应先做好两件事：① 仔细检查规格说明，并且用完整的句子清楚地表述（在会议期间的目标是快速获取与会者的发言，却没有足够的时间组织完整的句子和具有较高清晰度/效率的措辞）；② 将规格分类，使读者能够更加容易地找到并了解感兴趣的话题。

将规格分类需要判断力，但一些指导已经被证明是有用的。

- 分类最好由出席了会议的与会者来做。这是因为，分类应该反映在会议针对每个规格的谈话的兴趣和水平上，在场的比没在场的人更具有这方面的意识。
- 文档编写者可以从全局关注点出发，按次序仔细检查每一个规格，并决定每个规格是否是一个有益于分类的主题的一部分，它是否应该进入一个已经存在的分类，还是属于"杂项"。
- 每类一般应当有 8 个或更少的关注点，这是一个人能够一次记忆项目个数的大致上限。
- 一旦分类确定了,它们应该按照字母排列,使它们能够较为容易地被找到。
- 每类的标题应该被复制到首页，用来创建一个"快速索引"。
- 把不同会议的设计文档连接起来是不现实的，因为这将会使一个方案包含了太多可以且需要追踪的点。

设计阶段的成果也应该包含图纸和（或）文字，并应放在已被分类的规格的下面。这种材料可以简单地从会议的成果中转化过来。

设计文档应当抄送给其他参与或影响 NPD 项目的赞助商，使他们有机会审查、评论，并拥有过程和成果的所有权。贯穿整个 NPD 过程的其他部分，设计文档可以作为设计团队可借鉴的参考。

## 迭代开发设计

随着设计进程在 CID 会议之后的深入，在某些情况下，引导者可能已经意识到，设计替代方案有助于 NPD 团队实现用户的规格。在这种情况下，引导者应该针对这些设计替代方案，担任一个潜在教育者的角色。

下一步就是要建立一个相对较小的设计"核心团队"（通常由 3～5 人组成），这将使得设计以迭代的方式充实和推进。可能有一个较大的群体，但是组织管理起来难度更大，因此，明确地指派一个人担任领导并负责过程的推进更为重要。如果团队已经形成，核心团队往往包括部分或全部的 NPD 项目团队成员。每位团队成员需要做出的时间承诺会因 NPD 初始方案的范围、复杂性、优先级、时间线等具体情况而有很大的不同，但是大部分或者全部成员将在设计的迭代上贡献他们时间的一部分。

用来考察核心团队成员资格的准则如下。

- 每位成员都要有"上得了台面的东西"，如一门技术、知识或一项领导能力，并能使过程更加有趣味。
- 成员要有让用户持续参与的理念。
- 有使设计最终被实施的关键组织职能（部门）的参与。

核心团队将会利用临时性的投入，以及一个扩展团队的周期性参与，同时不断地重新与用户连接，以迭代的方式优化设计。核心团队对设计的可能性建立模型，并与用户和其他供应商合作，在接下来的几周或几个月里精炼和增强设计。产品越复杂，用户基础越多元化，过程就越长。

经验表明，核心团队首先在大型白板纸上草绘创意是很有效的。在早期阶段，许多的创意和设计均需要经过很多改进，纸能够快速获取并能够适应节奏的频繁变化。图 9-6 展示了一个例子，一张"记录纸"被分成若干"页"，让一个小团队看一次就可以描绘最初的设计创意。这项技术对可视化的表述特别有用。在某些情况下，设计理念还伴随着相关流程的文字描述（如服务业）。手工绘制的草图最终要转化成电子格式。当设计开始成形时，电子格式允许设计易于与他人共享以获得额外的投入。

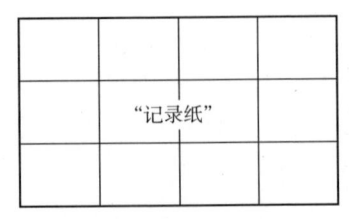

图 9-6 "记录纸"

## 第9章　通过愿望模式生成新产品创意和突破的工具

在 GSK 公司的软件产品开发过程中，NPD 团队把各种迭代版本的电子设计模拟称作 Powerpointware。图 9-7 提供了一个例子，两个模拟界面表现的是 GSK 公司的合同管理产品。左侧粗略的"搜索"特性已经被早期的 CID 会议勾画出来。右边显示的是 Powerpointware 的 10 次迭代中的第 5 次。

这样的可视化的表示能够帮助团队生成清晰的和认知一致的基本设计，在获得用户反应/建议方面也很重要。视觉描述常常由一个文本的"需求"文件进行补充，随着发展和反馈过程的持续，该文件被反复精炼。这份文件包括有关模拟背后正在发生的事情的信息。

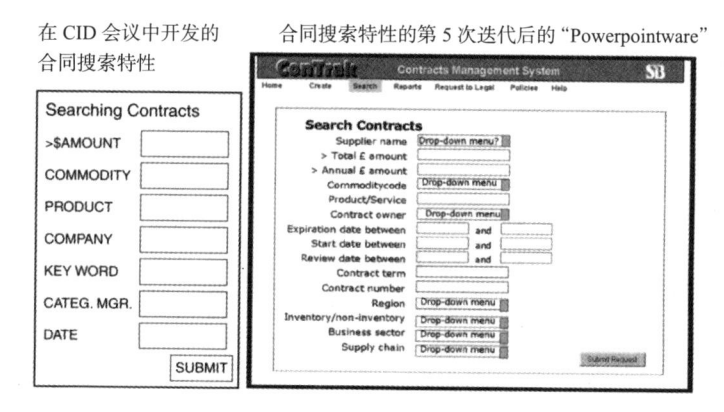

图 9-7　Powerpointware

在设计被有效地充实之前，设计的模拟通常要经过大约 10 次或更多次的迭代，迭代的内容包括添加、优化、提升以及增删。在某些情况下，模拟是二维的（对软件来说），而在其他方面，使用电子的或者实体的三维模型更加有用。例如，一家建筑材料公司的 CID 能使用户亲历给屋顶材料装配三维物理模型的过程。

这次模拟过程不仅包括设计核心团队成员及 NPD 项目团队中其他成员的不断的设计的充实，而且还包括一些用户、高级管理者、主管和其他相关主体在设计中的定期投入。NPD 项目团队应确保获得的方案不只是来自那些直接受到设计影响的人，还有那些可能影响新产品推出的人。这使得相关人员可以塑造新产品，反过来又可以促成认同的产生。

彻底的、迭代的原型可以带来的额外的值得一提的收益包括以下几个方面：

- 它允许团队在产品、服务或系统的实体设计之前犯错误和改正错误。这就降低了产品重做的发生概率。
- 它有助于揭示针对所需解决方案的假设的潜在缺陷，有助于确认需求的细节，并指出解决方案怎样在实践中发挥效用。

- 它显示 NPD 团队正在取得进步，这使得他们感到满足和充满动力。它还能进一步提升团队内部的认同感，增强成员信心，并且使得产品或服务将符合用户的需求。

## 迭代式实施

除了在客户理想化设计里做迭代开发设计，对许多种类的产品和服务来说，迭代式实施也很重要。虽然 CID 是"立志做大事"，但"速赢"的机会同样在长周期的初始方案中存在。对于许多但并非所有的产品和服务来说，"大处着眼，小处着手"常常是有益的。换句话来说，在许多行业，尝试实施一项宏伟设计将需要花上几个月甚至几年的时间才能产生效益，这可能意味着在相当长的一段时间内什么都没有被落实。这种方法的支持者被称作"想入非非"。因此，分阶段实施很有必要，因为实际的好处可以不断地交付到客户手中。作为开发的第 1 阶段，创意可以不断地被收集起来并为下一阶段提供产品考虑。也就是说，在陆续的、接近总体理想设计的背景下，许多特性与功能可以被识别和追踪。

迭代式的设计和实施也有利于避免出现如产品过度设计、提供过多的特性、功能和复杂度甚至于超过了大多数用户想要的水平等问题。这个过程使组织对设计文档实时的检查和完善得以持续进行。

GSK 公司的合同管理软件说明了双方分阶段实施和反复提高的过程。在几个阶段的产品中，它经历了一些关键的改进。在 CID 会议结束后，设计还很粗略。最终，NPD 团队决定在阶段 1 推出只由法律部门准备的合同范本，这将使采购部门的代表能够利用合同范例快速创建高品质的合同。NPD 团队认为他们需要与客户速赢，这些客户能够在 5 个月内获得这些有用的功能。而在第 1 阶段还在准备发布的时候，他们就已经开始进行几个月后第 2 阶段产品发布的工作了。

## 避免潜在的 CID 陷阱

以下警告可以帮助人们避免潜在的 CID 陷阱，并规避在应用中的失败。

- 如果用户只参与创建规格，而不参与将其转化为设计的环节，那完成的产品或服务会差得很远。应该让用户画出他们要的东西、建立模型、指明它将如何运行、确定应采取的步骤、显示他们要如何互动，等等。
- CID 会议产生的创意和设计就像一个很大的愿望清单。它并不意味着整个设计都应该得到实施，因为在设计过程中已经要求用户不要担心资源需求。仅实现用户愿望和开发成本可控的重要性是不能被夸大的。所实施的最终设计必须在财务上是可行的。NPD 团队确定在财务上是可行的流程，将被

# 第 9 章 通过愿望模式生成新产品创意和突破的工具

加入后续 CID 会议的设计过程中。
- 有一些产品功能，客户其实是想要的，但在实际中，很多客户并不使用它们。在某些情况下，他们不愿意把时间花费在学习如何使用一个新特性上（如计算机的各种特性）。在决定要落实什么的时候，理解人的行为、人的环境、人的其他职责和承诺，以及对他们的激励机制是非常重要的——简而言之，即要了解人员和组织的动态。应判断人们是否会像功能设计一样实际地使用产品或服务，或对特性进行进一步精炼或消除。
- 在理想化过程中，用户扩展需要观念。这拓展了供应商在确定用户将使用什么、愿意和能够支付什么样的特性时可以利用的一些创意。但是，微软公司有句很有智慧的话："做人们需要的，而不是他们想要的。"因此，供应商要小心辨别哪些是人们会真正使用或做的，并在决定做什么时考虑到这一点。
- 在某些情况下，CID 是不合适的，如当 NPD 团队明显没有机会得到需要的资源或当产品或服务肯定不会实施的时候。这些情况只会使参与各方产生挫折感。

## "日常使用"创意的产生和收集过程

"有计划的创新"会议不是唯一的从用户那里产生创意和见解的方式。许多机会在持久的日常使用的基础上呈现，特别是当一个人正在使用一种产品或服务的时候。举例来说，3M 公司的亚瑟·佛莱在去教堂的时候，一些书签从他的赞美诗集中掉落出来，诱发他发明了即时贴。佛莱先生在脑海里进行了"日常使用"的构想。佛莱先生联想到一种黏合剂，这是由他在 3M 的同事斯潘塞·西尔夫发现的，他意识到这个东西可以被用来固定纸张。

就像 3M 的例子一样，NPD 团队应该创造一种环境，在这个环境里用户非计划的日常使用创意和愿望可以涌现，用户被鼓励提交这些创意和愿望，提交和捕获创意的过程非常简单。这方面有一个很好的例子，就是 USAA，其从事保险、基金、银行业务及服务业。它们严格训练有礼貌的手机代理人去倾听那些未被满足的客户需要，一旦他们听到这些需要，就把它们输入数据库，这个数据库是由产品经理负责审查的。基于此过程，USAA 多年来开发了许多成功的新产品并产生了大量的新业务。这种倾听客户的做法减少了昂贵的市场调查研究的需求，因为员工能与使用者进行近距离的接触。

有关 NPD 团队和现有的产品团队如何为获取日常使用的创意和愿望创造一

个合适的环境，这里有一些建议。

- 频繁询问用户产品应该是怎样的。甚至可以说："如果你可以拥有任何你想要的东西，它应该是什么样的？"使用个人访问、电话、会议、电子邮件、在线提问／反馈等。
- 每当有人提出一个愿望，都要表示出热情和赞赏。这样做有利于产生进一步的创意。
- 当人们在线提出创意时，系统应让他们知道创意已经被收到了，同时感谢他们给予的创意，并把有关感谢的反馈呈现给他们。创意网站页面，应该明确地说明，用户是改进创意的最佳来源。它们也应该让提交者知道所有创意都将储存在一个数据库，将被用来作为新版本设计的基础，而且一些创意比其他的创意可能需要更长的时间来实现。
- 根据用户的数量，所有电子化的创意和样本也应通过电子邮件向一名或多名团队成员发送。这有助于团队成员对之产生更深的认识和抓取自我承诺的机会。随着时间的推移，更多 NPD 团队成员将更紧密地联系用户的愿望，并成为他们的创意的拥护者，而不是受 NPD 领导者的督促。此外，用户意见模式将会出现，并将有助于优先级顺序的转换，以更贴近用户的意愿。
- 尽可能拥抱所有的创意，不要马上对任何创意做出判断。不要说："我们不能这样做，因为……"而应该说："非常感谢你们，我们将把这补充到关于我们正寻找的新版本、新思路的数据库中。"
- 有时一个"日常使用"创意已经被经理认为是可用的了。有些人一边思考着一边写下"我们已经有那个了"，有些人则在责备用户。他们错过了仔细观察他们如何改变、重新设计其功能、程序等的机会，而使问题"得不到解决"。当听到他们认为某种东西已经存在时，经理应该假设在目前设计／解决方案中有些东西遗失了或者是错误的，并寻求改进的方法。也就是说，要确定听众是否处于愿望模式，并且要以开放的心态认为产品或服务始终存在着改进的余地。

作为一个鼓励用户处于愿望模式电子表格的例子，图 9-8 的创意和反馈表显示了一种在 GSK 公司收集"日常使用"创意的方法。这就是有关 GSK 公司合同管理产品电子化"创意和反馈"的有效形式。界面表格中是在感谢和陈述用户愿望对改进产品的重要性，并且在真诚地征求用户的反馈信息、创意或问题。

图 9-9 显示了该数据库自动获取到的已提交的创意，且很容易被 NPD 团队审查。NPD 团队频繁审查愿望和创意，根据产品的不同，这可能是每天、每周、每月。通常情况下，NPD 团队有一个人被安排为负责管理审查创意、寻找明显机会

## 第 9 章 通过愿望模式生成新产品创意和突破的工具

并与其他团队成员确定优先级排序。

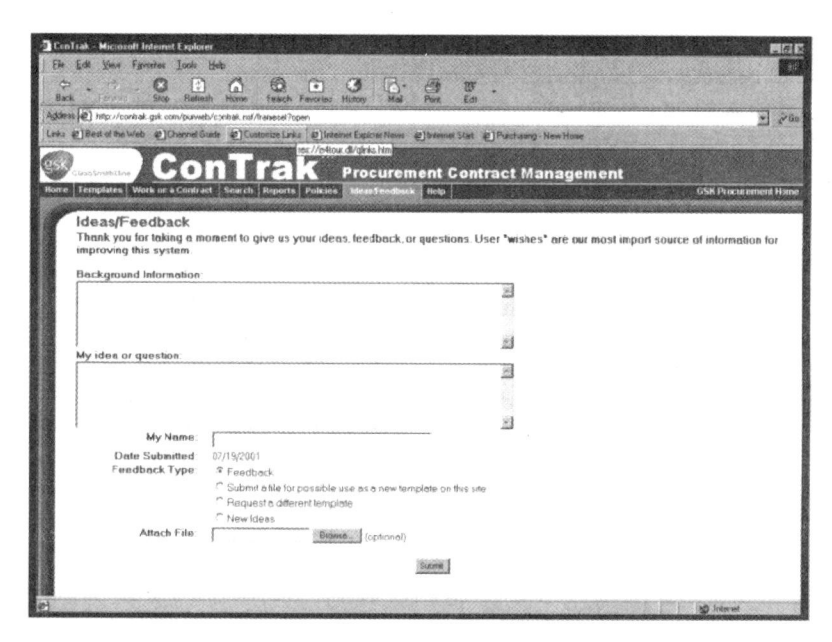

图 9-8 创意和反馈表

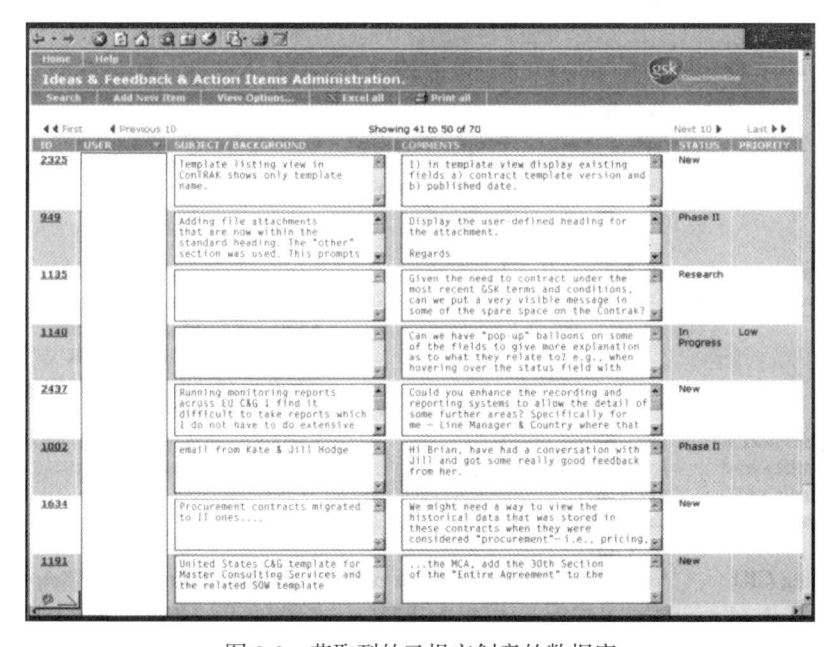

图 9-9 获取到的已提交创意的数据库

## 观察和可用性测试

另一种不断地了解用户需要和愿望的来源是：观察一组产品或服务的使用状况。许多观察的过程和"可用性测试"透露了新产品和现有产品模型／原型的改进和突破的机会。在某些情况下，NPD成员仅仅简单地观察人们在现有自然环境下使用现有产品或服务的情况。而在另一些情况下，当用户正在使用产品或服务时，他们从用户那里收集创意。这里关键的一点就是，NPD团队在观察用户使用产品或服务，并鼓励他们陈述自己愿望的时候可以大大受益。

微软公司实施了广泛的可用性测试，通过观察人们如何使用产品以产生强有力的创意，这提供了一个很好的案例。举例来说，公司代表发现保存或打印一份文件要多次点击鼠标和菜单选项。他们通过在工具栏创建"保存"和"打印"图标，减少了若干步骤。

在观察用户使用产品或服务时，应该做到以下几点。
- 注意他们在哪里被困住了。
- 观察他们在哪里感到无所适从。
- 鼓励他们说出自己在使用产品或服务时的感受。
- 感知可以减少的步骤、所需的时间和精力等的机会。
- 想想可能出现的新特性。

为了保证效果，观察与用户交流的个人或团队，必须本能地有"应该怎样"的心态，并应鼓励用户说出自己的理想是什么样的。观察者也应该乐于倾听，否则，他们便不会抓住潜在的创意、问题，以及用户呈现的机会。因为访问主要是以听的方式，这就意味着观察者要尽量少说，与此同时，在用户使用产品或服务的时候，又要鼓励他们说出来。

## 愿望模式的资源需求

表9-2表明了NPD团队应该将多少时间和资源投入愿望模式中。这些资源需求当然可以有很大的不同，这受多项因素的影响，如产品的复杂性、组织文化，以及客户的种类。

# 第9章 通过愿望模式生成新产品创意和突破的工具

表9-2 NPD资源需求的实例

| 活 动 | 花费时间 | 人员需求 | 成 本 |
|---|---|---|---|
| 计划CID会议 | 1/2天 | 2人（NPD团队领导者和引导者） | 变量 |
| CID会议启动<br>• 安排设备 | 1/2天 | 1人 | 设备成本——如果内部本来就有会议室，仅需250~500美元准备饮食。如果要租用外部的酒店或市场上的研究设备，包括饮食需要1 000~3 000美元 |
| CID会议启动<br>• 确认并招募与会者 | 根据选择性和候选者的利益，1~4天 | 1人 | 变量。如果是内部安排，可能没有成本变动 |
| 前期CID会议 | 会议本身需要1/2天 | 每10~12个与会者拥有1个引导者。与会者的数量可变 | 变量。如果是内部的引导者，可能没有成本变动。一个外部的引导者会计划、主持会议，记录结果收费，成本会有很大的不同。一次会议所有活动的花费预计为3 000~8 000美元。这个宽泛的标准，取决于引导者要花多长时间与项目团队一起工作。如果由组织内部的成员来准备设计方案，成本可以降下来。当存在多个与会议的时候，会议的平均成本将降低 |
| 筛选和招募 | 2~4天 | 1~2人 | 使用内部员工来招募，可能产生零变动成本。用外部公司来招募的成本，会因为很多因素而不同。要看有多成功的与会者定义得有多宽。招募每个成功的与会者一般需要50~150美元 |
| 鼓励与会者 | 无 | 无 | 鼓励用户的参与取决于本地市场条件和招募到的与会者类型。例如，一个从晚上6:00到9:30的会议，对用户金钱的激励可能在每位50美元（广泛有效）到300美元（专家／稀有的）之间 |
| 差旅费 | 变量 | 变量 | 如果CID会议在多个城市举行，那么差旅费就需要被计算在内 |

续表

| 活动 | 花费时间 | 人员需求 | 成本 |
|---|---|---|---|
| 完成设计方案 | 1~2天 | 1人 | 变量。如果是内部的引导者，那么就可能没有边际成本；如果是外部的引导者，则花费预计为1 000~3 000美元 |
| 迭代设计过程<br>• 模型开发<br>• 和用户一起反复审查 | 2~5个月，但也许不同 | 核心团队为4人时,每人投入其1/4~1/3的时间; 扩展团队为6人时，每人投入其1/20的时间; 用户—2~6人的小组时每次花费2~4小时,或"一对一"时每次花费1小时 | 变量 |
| 可用性测试<br>• 上市之前<br>• 上市之后 | 从最初的原型到最终的产品进行中 | 每个产品0.1个团队成员; 用户—1小时×用户数 | 变量 |
| 用户的想法和反馈管理（上市后） | 进行中 | 每个产品0.1个团队成员 | 变量 |

# 第9章 通过愿望模式生成新产品创意和突破的工具

## 结 论

客户理想化设计（CID）及"日常使用"创意的捕捉方法几乎是万能的，因为它们几乎可以适用于任何种类的产品或服务。以愿望模式流程作为开端会容易一些，而且有很多好处，回顾起来有以下几条。

- 愿望模式有助于联系用户，并更好地理解他们的需要，从而提升新产品成功的可能性。
- 愿望模式创建并打开了一个创意的金矿，有助于使组织产生最前沿的竞争力。
- 使得供应商会更多地放弃陈旧的假设、自我约束以及僵化的立场。
- 客户的满意度大幅提高。

本章提供了一个基本的愿望模式过程指导"模板"，NPD团队可以使用它来适应具体的情况。当一个NPD团队实施这些过程时，它会生成大量的新产品创意并实现突破。

## 作者简介

**贾森·马吉德松（Jason Magidson）**

贾森·马吉德松博士是葛兰素史克（Glaxo Smith Kline，GSK）公司的一个全球化小组的主任，他们和用户一起工作，为公司中所有职能部门的员工开发解决方案。他还是"productWish.com"的创始人。贾森用了18年以上的时间领导客户调查、新产品设计和涉及内外部用户的产品改善等项目，服务对象包括《财富》1000强企业和许多政府部门、面向社区的组织和网络创业者等。贾森在美国联合学院大学（The Union Institute & University）获得博士学位。

# 第 10 章

# 创新性的诞生：确保新创意得到竞争的机会

K. 布雷恩·多瓦尔（K. Brian Dorval） 肯尼斯·J. 劳尔（Kenneth J. Lauer）

　　开发成功的新产品和服务是当今业界公认的行业领导者的生命线。这种开发使他们能够将新方法商业化，从而创造或满足客户的需要，同时为组织带来收入和财务增长。然而，市场条件和消费者行为以多种方式改变，产生意想不到的机会，最后再消失；在这种情况下，保持一个动态的产品和服务组合并不是一件容易的事。今天的成功需要企业在生产新产品和服务的时候，以更快的节奏、更高的质量，利用越来越少的资源来创造和满足机会。它同样需要公司在 NPD 流程中，尝试比以往拥有更多的创意，并成功地应用这些创意。

　　当涉及新产品开发时，全世界行业领导者的最佳实践就是提供一些什么可行与什么不可行的见解。这些组织中的新产品开发，在筹划和管理新创意的筛选、分析、测试和商业化的过程、步骤和阶段中是最强的。这些业界的领导者使用传统的门径管理方法来管理 NPD 流程。这已帮助他们减少了将创意推向市场的时间和成本，它也进一步提升了产品或服务创意的整体质量。

　　当提出的创意被引入 NPD 流程中时，它们会得到圆满的执行，但是，这些"新的""好的"或"有创造性的"的创意来自哪里呢？今天大部分的业界领导者的答案是：这些创意有很多来源，如从组织的内部（如创意建议系统、研发实验室、"臭鼬工厂"或客户调查）和外部（如购买概念、专利、产品或整个工厂）而来。

　　创造和开发这些内部创意，使其能应用到 NPD 流程中去的方法各异，难以管理，并经常表现得一团糟，它的特点就是"模糊"。NPD 团队一直在探究这种模糊性，现在它作为一个阶段，甚至是一个独立的名为模糊前端的模型被包含在许多 NPD 模型中。这些模型和流程有助于使创意开发成概念的过程更加具有可管理性

# 第10章 创新性的诞生：确保新创意得到竞争的机会

和可重复性。许多这种模糊的前端方法也促进了尝试接近消费者并理解是什么驱动他们的行为的创意，以便于新的创意可被发现并被开发成消费者更加需要（和想获取）的产品和服务。

对模糊前端的管理能够产生机会来开发整套新的概念和产品，以创造或满足客户的需要并产生财务收益。客户的见解能引起NPD团队对新创意和概念的新思考。然而，与产生新创意一样重要的是，组织需要知道，用标准的分析方法来评估产生的创意时，客户见解和产生创意的努力就白费了。通常在 NPD 流程后期使用的创意筛选方法（如评判标准，商业论证等），在用于管理模糊前端的创意时就会收效甚微。这些方法会彻底地将新颖性从概念中剥离，使新创意成为裹着新包装的旧创意。这是模糊前端中的一个关键问题，因为如果旧创意进入 NPD 流程，组织就会在那些看起来非常类似于他们的产品组合中已有的产品和服务上花费时间、精力和金钱。虽然在模糊前端中用标准的分析方法来评估新的创意效果并不好，但是，相对于依赖他们的判断力和直觉来说，许多人视这种标准的分析方法为更好的选择。

本章旨在描述和说明一种名为 SWIFT 的模糊前端方法。SWIFT 是 NPD 团队用来帮助他们确认新创意并能通过模糊前端筛选活动的一种方法。SWIFT 被设计为在许多变化的、不同创意的产生，或客户洞察被识别，以及创意被初步筛选之后来使用。它帮助团队以一种保持新颖性的方式详细地讨论有希望的创意，并使团队在后面更正式的 NPD 流程中更有效地支持新创意。

## 模糊前端评估创意时的一般活动

为了了解正式的创意开发和评估过程，我们要考虑模糊前端中概念开发时的典型活动。这个过程一般包括：了解客户、需满足的客户需要。它包括由团队产生的或通过头脑风暴方法产生的许多不同的、独特的、可以满足客户需要的创意。产生的创意会得到评审，更加有希望的创意会被识别并分离出来。最有希望的创意会被组织压缩成分组或单独成为一个主题。然后，在被放到组织的正式 NPD 流程之前，这些主题群被描述成有希望或潜在的概念描述与评估。这听起来是一个简单而又直接的过程，不是吗？

现在，我们来考虑我们在现实生活中的经验。回想最后一次新产品开发的会议，我们的目标是产生高新颖性的概念。在形成许多多样新创意的阶段，我们花费了多少时间？在评估和开发新创意的阶段，我们花费了多少时间？形成新创意和专注于新创意之间的平衡是什么？从头脑风暴的列表选取的新创意中，我们能觉察到什么？这些创意是非常新颖的，原创的，还是稍微有点荒唐的？又或者，这些新创意是否与标准相近，是否只有一点相似，或它是否安全？那些没被选中的创意会怎么样？

这些问题的一些普遍性回答如下。

- 在概念开发阶段，我们花费了大部分时间来形成新创意。
- 我们提出了许多疯狂、有趣的创意——这些创意虽然有趣，但我们实际上还是回归到了原来的日程上去，最后还是不得不用很"实际的"创意工作。
- 我们几乎是在这些会议的最后，花费很少的时间去选择我们要开发的创意。
- 在落后于进度，并感到疲惫之后，我们最终要从白板纸中选择创意，因为它们与我们为会议提出的概念非常相近。
- 我们没有时间去思考、讨论，或评估所有的创意。
- 很多时候，我们提出的有趣创意都被留在了白板纸中。
- 实际上，我们不会去选择一个荒谬的创意，因为我们没有时间开发它们。
- 我想知道我们没有选择的创意会发生什么，因为我们不希望错过任何好的创意。

如果我们有相似的经验，那么现在我们便有机会采用白板纸中的有趣创意，并将它放入开发过程中去，通过有效地推动来影响我们的 NPD 工作。

把创意从白板纸上转移到这个过程中，就需要 NPD 团队全力以赴地去处理他们在创意中创造的新概念，以理解它的意义，因为这个创意的意义可能在一开始的时候不太明显。团队需要有意识地考虑团队、工作和组织追求创新概念的风险和回报。他们需要被给予一些结构和语言来帮助他们从思考"是什么"变成思考"应该是什么"，以避免将新概念退回到目前可接受的或正常的状态。SWIFT 能帮助我们达到这些目标。

## SWIFT 的定义

SWIFT 是一种创新性的思维方法，它能帮助 NPD 团队评估、开发和强化在 NPD 流程的模糊前端中产生的高度创新性概念。SWIFT 是优势（Strengths）、缺陷（Weaknesses）、个性化（Individuality）、修正（Fixes）和转变（Transformation）的缩写。因为它是一种规范行为的架构，所以，它也会帮助团队规划他们的时间以便更有效地评估创新概念，并把这些概念转化成有用的东西。这建立在创造性的个人自然地对他们的创意寻求反馈的基础上。当被问及他们想要从别人那里得到什么时，人们通常会说他们想要知道这个创意好在哪里（创意的优势）。但是，他们也需要去思考创意的问题所在（创意的缺陷）。他们还需要在如何让创意运行

# 第10章 创新性的诞生：确保新创意得到竞争的机会

方面进行投入（怎么修正它）。

SWIFT 会帮助 NPD 团队完成 3 项非常重要的活动。第一，它帮助团队明确地了解他们提出的概念的新颖之处。这种方法中的个性化步骤迫使团队明确地在一个创意中识别和拥抱新的思考。这一点非常重要，因为它通常是一个概念中新奇的部分，在实现它的时候可能使人们半途而废。第二，在团队评估新创意和新概念时，SWIFT 鼓励人们要有前瞻性。SWIFT 帮助 NPD 团队成员消除不得不使用过去的经验来评估新概念的意图。SWIFT 为团队成员提供了一种架构，让他们去考虑如果团队成员成功地修正了它（它的转变），概念在以后将会变成什么样。第三，它帮助团队成员更好地做出决定，并支持他们选择的概念，来让它通过 NPD 流程。模糊前端中所做的决定影响着 NPD 流程后续阶段中的投资。因此，在团队选择投入更多的资源去开发新概念的时候，SWIFT 可帮助团队做出更好的选择。

## SWIFT 的工作方式

要想从 SWIFT 中获取更多帮助，需要团队在系统性评估和开发高度创新性概念的活动中，遵循明确的一步步的活动顺序。步骤的顺序是很重要的，因为它意味着创新性的差异得到了竞争的机会，或者是在白板纸上保存了下来，然后储存在一些壁橱里。本章将给出活动的顺序，但在着手使用 SWIFT 前，有很多实际的事情要考虑。

### 使用 SWIFT 前的准备

SWIFT 结构在模糊前端中，为单一或多个团队从事创造性思考提供了机会。当我们准备使用 SWIFT 时，为了能够成功，要考虑以下几点。

- 都涉及什么人？为了提升创新概念在日后的开发中被接受的可能性，组织中需要有不同的人和职能分工。同样，需要有项目相关的关键决策者，这样他们的投入才能得到关注，才能在现场做出关于创意的决策。还需要一名引导者来管理 SWIFT 的应用。这就使团队成员都专注在这一阶段的内容上。但是，团队的一名成员也能管理和整理以及讨论白板纸。
- 团队需要多少成员？SWIFT 中最理想的团队规模是 5~7 人。当少于 5 人时，团队就缺少用来激发创造力的多样化的投入。当多于 7 人时，就会产生小集团和怠慢现象，个人就很少有说话机会来分享他们的创意。对于更大的组织，如果将其分解成 5~7 人的小组，就能将 SWIFT 有效地应用到其中，得到的结果则可以在整个组织中共享。

- 角色和职责是什么？要确保会议中的所有人都了解他们的角色和职责。
  - 委托人。委托人是主导会议或对会议成果负责的人。委托人要对会议的内容做关键的选择和决定。但是，如果是这个小组或团队为会议的主题或结果负责，那么所有人都要履行委托人的职责，所有人都要提出创意，并为创意的选择做出决策。
  - 记录员。在使用 SWIFT 时，需要共享许多创意。确定谁来记录共享的创意、观点和建议。记录员需要将共享的选项准确地写在白板纸上。这可能需要至少一名记录员。记录员可以是团队的成员。因为有效记录的工作量很大，所以让组织以外的人来充当这个角色会更好。
  - 计时员。团队中应该有一个人来负责监控时间并告知小组何时切换到下一个话题。SWIFT 应用的总议事日程和时间框架会在稍后提出。
  - 团队成员。NPD 团队成员负责概念开发阶段的工作，并且在会议中分享他们的创意和观点。
- 需要何种设施？要想提出创新概念，最好超越组织日复一日的日常现实。当人们离开现场，不大可能受限制和分心的时候，SWIFT 的效果最好。房间应该宽敞并有足够悬挂白板纸的墙面。在评估一个创新概念时，整个团队应该同时看到所有讨论和记录的信息。这使人们不用离开座位，通过观察就能浏览所有信息。最好的方案就是，房间里有可以开关的遮罩或窗帘，具体取决于团队需要。
- 团队规范是什么？在他们参加会议时，为团队建立一套可以遵循的规范。创新性的、模棱两可的或过度复杂的话题都会带来更深层次的讨论。为了有助于管理这样的讨论，我们需要设立运行的规范。这里列举了一些有效的规范：保证众人一直关注会议的主题，给予每个人表达的机会（每次一个人），认真听取每个人讨论，试图理解不同的观点，诚实、思想开放、遵守时间安排、要与讨论信息同步，并支持已做出的决策。
- 会议的时间框架和议事日程是什么？一个 5～7 人的团队，为了一个概念，要计划用 1～2 个小时来完成 SWIFT。这样会给团队留下冗余时间来应用方法并解释它的成果。如果你计划用多于 7 人的团队，则需要更多的时间。下面的议事日程和时间框架是 2 小时的样式。

活动（时间）

- 选择和准备概念（15 分钟）。
  - 选择初始概念。

## 第 10 章 创新性的诞生：确保新创意得到竞争的机会

- ── 定义概念。
- 识别概念优势（15 分钟）。
- 识别概念缺陷（15 分钟）。
- 识别概念的个性化因素（15 分钟）。
- 生成修正关键缺陷的方法（30 分钟）。
  - ── 识别最高优先级的缺陷。
  - ── 生成针对每一个缺陷的方法。
- 转变初始概念（30 分钟）。
  - ── 选择关键的信息写进新概念的描述中。
  - ── 开发更新的概念描述。

- 需要什么物资？除了有关待评估的概念信息，为了更有效地在团队设置上应用 SWIFT，我们需要这些工具：挂纸白板和很多纸，以及白板马克笔，12 个中点记号笔，12 张 7.62 厘米 × 12.70 厘米的即时贴和遮蔽胶带。当在墙上张贴白板纸时，要确保它们没有互相遮挡，并在每页的上方表明其所含的信息。如果团队成员在 10 人以上，我们应该按比例增加工具。

## 使用 SWIFT 的实际案例

通过实际案例可以更好地学习如何使用 SWIFT。因此，本章插入一个 SWIFT 应用的例子，可以使概念更加具体、实用。这个例子来自 SWIFT 概念的实际应用。

### 使用中的 SWIFT：背景和内容

一家全球性的出版公司致力于新产品的开发活动，致力于开发和推出能够改变其经营方式的新产品。它的核心业务聚焦于开发大规模的知识卡片。公司需要的产品建立在其核心业务的效率上，但这种产品要能够给市场提供不一样的东西。

组织的一个部门想要进入一个新的、竞争性的儿童市场。NPD 团队的成员对 3 组消费者进行了研究，这 3 组消费者包括带着小孩的年轻母亲。研究提出的一个观点是，母亲需要知识卡片能满足她们用新的、令人兴奋的方式，一天接一天地陪孩子玩耍。

团队举行了一个两天的会议，开发能够满足消费者需要的概念。之所以选择两天的时间框架，是因为团队需要：① 倾听消费者研究的结果；② 识别观点和关键的消费者需要；③ 生成针对核心需要的创意。所有这些都需要在准备应用 SWIFT 之前完成。

房间设在办公室里，并且能够在墙上悬挂白板纸（这样可以看到已经出现的思路）。但是，选择这样的房间也会面临一些挑战，因为它位于主要的办公区，团队成员会受到日常事务的打扰而分散精力。

事业部编辑主任是客户，团队成员也是来自美国、英国、法国和德国的编辑群体（因为他们想要的最终概念是能够在多个文化中使用的）。在会议开始时，分配职责，并建立运行的规则。

### 选择和定义概念

准备使用 SWIFT 就意味着已经有了具体的活动。为了配合环境，最好将 SWIFT 应用在模糊前端的主要活动中。在图 10-1 中可以看到，一个 NPD 团队致力于运用一般的工具进行创意的开发，如头脑风暴。在墙上，有大量的记录有很多创意的白板纸。这个创意生成过程受到企业外部和内部的关于客户的信息或业务的激发。接下来，团队会选择最有前景的创意，并把它转化成初始概念。将头脑风暴的创意简单地陈述给团队成员，然后让他们投票。使用的工具可以是多票制，每一名团队成员都有一定数额的投票（这个数额是基于创意的数量和团队成员的数量来决定的）。获得投票最多的创意会被归入特定的主题中。每个主题都有一小段陈述，来阐述所有个体的创意汇聚到一起的概念的本质。这段陈述阐述了初始概念。

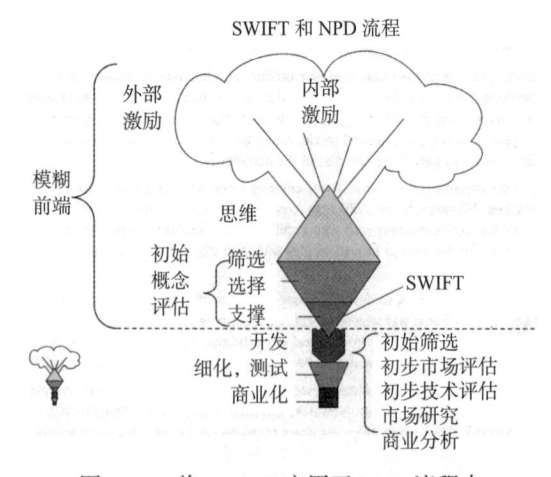

图 10-1　将 SWIFT 应用于 NPD 流程中

## 第10章 创新性的诞生：确保新创意得到竞争的机会

这些初选和选择的步骤很重要，因为它们对成功使用 SWIFT 有深远的影响。如前面讨论的，它们帮助团队识别和开发存在于概念中的创新性，而不是设计将创新性放入常规的概念中去。因此，只有团队选出了创新性的概念，才能从 SWIFT 提供的机会中受益。

在团队为 SWIFT 选择和准备概念时，需要考虑许多问题。在评审和筛选阶段使用多票制，能够有效地帮助小组在选择将什么样的创意加入概念中时达成共识。但是，并不用去确保一定要选择那些创新的创意。你可以通过每组成员的"创新性选票"，让每个人从头脑风暴列表中选择新的或不寻常的创意，这些创意能自动提交到评审和筛选流程中去，不管它得到了多少投票。新的或不寻常的创意可以引导组织产生新的产品或引起已有产品或服务的重要重建。此时，团队不需要使用清晰的评定量表，因为此时还没有对创意进行全面的分析。为了确保创新性的投票能通过汇总和专题活动实现概念陈述，在书写初始概念陈述时，团队需要对创新性投票选出的新的或不寻常的创意使用独一无二的语言和句子。

下一活动是选择用于 SWIFT 的概念陈述。团队阅读每一个概念陈述，并使用多票制来决定选择哪些概念。

> **使用中的 SWIFT：选择和定义概念**
>
> 出版公司的 NPD 团队倾听了研究意见，并从中识别关键的客户观点和需要。他们也会为概念生成超过 200 个创意，去满足年轻母亲及其孩子的需要。他们使用头脑风暴法作为主要的创造性思维工具。他们也使用视觉确认关系法等为概念识别新的、令人兴奋的创意，这样，这些概念才能在新的市场中融入新产品。
>
> 客户（同样训练成创造性问题解决的促进者）能提醒团队想到他们提到的核心需要，让他们在列表中选出创新性的创意，使他们尽可能地看到创意中的潜能，而不是通过它能做到什么来进行判断。给每个人 8 张选票，并给定在具有很强组织文化的情况下，去选择可简单收集到的卡片创意，同样给团队的每名成员 2 张创新性的选票，用来确保可以选出具有潜能的创意。
>
> 团队面临的最大挑战是组织和合并投票。他们使用称作加强显示的工具将选票压缩成围绕主题的一组。这就使得每一组选票有一个粗略的概念陈述。通过强调每个概念中最重要的单词，并且是创新的单词和句子，为每一组选票起草概念陈述，使团队能够保持创新概念的活力。

> 成果是 7 个可选择的概念陈述。团队再使用多票制去选择哪个概念能够进一步开发和改进。重要的是，提醒团队记得那些现在没有被选择的概念会在稍后进行考虑。选择的初始概念是这样的：知识卡片能够平衡卡片对孩子的吸引力和卡片自身的材料和信息的价值方向，也能够平衡父母与孩子玩耍的方式。

一旦选定了一个新产品或新服务的概念陈述，团队就必须对概念的实际意义有共同的理解。如果不能清楚地理解，团队就会不清楚该去评估和开发什么。这种困惑将给团队带来不必要的紧张并造成产出的下降。为了确保小组对概念陈述有共同的理解，最好的方法就是进行关键词的定义。虽然这听起来很简单，但令人惊讶的是，人们经常会对一个日常使用的词做出不同的定义。

要开始关键词的定义，就要将概念陈述写在白板纸上，然后由团队来辨识陈述中的关键词。提出陈述中的每个关键词，将它写在另一张白板纸上。这个时候，我们要和团队的其他人定义每一个词。首先，团队成员提出第一个单词的初始定义。给出的定义会被记录到白板纸上。一旦团队完成了定义，让团队成员检查所有给出的定义，然后为单词选择最合适的定义。团队可以用这个定义帮助他们更好地理解概念陈述。要知道，当团队成员试图拥有共同的思想和达成共识时，团队可能要求并需要讨论和更改定义。

> **使用中的 SWIFT：定义概念**
>
> 在单词定义活动中，团队对它产生的模糊概念有了更好的理解。关键单词和它们的定义如下。
> - **材料**。任何比卡片更适合装在运输集装箱里的东西。
> - **平衡**。每张卡片都应是与父母和孩子都有关的东西。
> - **吸引力**。信息和材料与最佳育儿实践以及儿童发展的科学有关。
> - **游戏的方式**。不局限于亲子交流互动。

当团队在每个单词的意思上达成共识时，返回到最初的概念陈述，询问团队成员是如何理解的。我们一般会发现，团队成员会在概念陈述后，对其意义有更加清晰和共同的理解。如果仍有些不同，那就需要召集团队，调整概念陈述，直到达成共识为止。一旦团队了解了概念陈述，那么团队就做好了应用 SWIFT 的准备。在当前项目及接下来的项目中，必须将所有单词的定义记录在白板纸上，并张贴出来作为参考。

## 第 10 章　创新性的诞生：确保新创意得到竞争的机会

### 第 1 步：优势——识别概念中的优势或优点

SWIFT 的第 1 步是花时间识别概念中的优势或优点。从优势开始，可以帮助人们认识到概念可能具备某些优点。同样地，要去识别概念中的优势或好的建议，我们必须相信这个概念可以转化成为客户提供的产品或服务。转向对可能性的思考，可以减少人们对创新性的反面反应，并有助于人们展开更高层次的思考过程。这样能得到更高质量的评估。

以下的问题有助于激发团队去思考优势的问题，并记录每个答案。
- 你喜欢这个概念的什么？
- 这个概念的优势在哪里？
- 怎样做能使它更有优势？
- 为什么其他人会喜欢它？
- 是什么使这个概念能通过我们之后的 NPD 各阶段的考验？

邀请人们使用这样的句子"因为……所以它可能……"来做回答的开始。这能帮助他们以一种有效的和积极的方式构建他们的思考。我们用"可能"一词，因为我们要创建的是人们对不确定的可能性的理解。使用"因为……所以它将会……"这样的句子需要一种人们可能还不具备的理解水平。

> **使用 SWIFT：概念的优势**
>
> 团队识别概念中的一些明显的优势包括以下方面。
> - 因为它满足了父母对游戏说明的需要，所以它可行。
> - 因为潜在消费者迅速地理解了概念，所以它可行。它很容易用营销工具传递创意。
> - 因为它能够快速地进入市场，并且是低风险的产品，所以它可行。
> - 因为它增加了父母和孩子在一起的黄金时间，所以它可行。

### 第 2 步：缺陷——识别概念中的缺陷

SWIFT 的第 2 步是识别概念哪里不好，它的缺陷在哪。这一阶段辨识出概念哪里不好，这样就可以在以后解决。这是在为该方法之后的开发和强化做准备。识别缺陷也可以帮助团队指出当概念通过 NPD 流程时可能出现的问题或障碍。它也有助于指出其他人会反对该概念的原因，并为团队在稍后处理它时做准备。

缺陷是第二位的，因为人们希望谈论它们。如果他们找到了方向，大部分的团队会开始谈论是什么让工作无法进行下去。为了检验这个，我们要同团队分享一个新概念，看他们有何反应。一般地，他们会思考它不工作的原因。缺陷带来的危险在于，团队可能因为识别到概念中坏的地方而感到不安。太多的缺陷还会让团队对概念的潜在能力不抱任何希望或不愿去认知其中的创意。

以下问题有助于推动团队深入思考有关缺陷的问题。我们还是要记录每一次的答案。

- 你认为概念有什么问题？
- 这个概念的最大缺陷在哪里？
- 在稍后的 NPD 流程中会出现什么问题？
- 其他人会对这个概念提出什么问题？

让人们用"因为……所以它可能不……"来回答。同样的原因，我们用"可能"一词来帮助人们思考还不确定的地方和进行更深入的探究。

---

**使用中的 SWIFT：概念的缺陷**

团队成员识别新概念的潜在缺陷列表。一些关键的缺陷包括以下方面。

- 因为小孩会厌烦，所以它可能不行。
- 因为它不像一个集合，所以它可能不行。
- 因为父母不认为它值得去花钱，所以它可能不行。
- 因为卡片的长度不适合这个年龄的孩子，所以它可能不行。

---

### 第3步：个性化——指出概念的创新性或不同之处

个性化是 SWIFT 的一部分，有助于清楚地辨识概念的新颖或不同之处。个性化是概念应该积极保持、保留和美化的。个性化与优势不同的地方是，这些积极的方面也是概念的不同的或新的特征——它们仅包含在这个概念中。而优势不一定是唯一的。这是这个方法很重要的一部分，因为它识别了概念的其他方面，使它与其他待考虑的概念区别开来。它有助于在将来保证概念中的新颖性是可见的和可观察的。

以下的问题有助于激发团队去思考个性化问题，我们将每个答案记录下来。

- 这个概念同其他概念的不同之处是什么？
- 这个概念的新颖之处在哪里？
- 这个概念中不寻常的创意是什么？
- 这个概念拥有的什么是其他概念没有的？

请人们用"使概念与众不同的是……"来回答。

## 使用中的 SWIFT：概念的个性化

因为团队成员在概念中看到了大量的个性化内容，这使其在产品组合中不同于其他产品，所以团队成员对这样的概念很兴奋。这些个性化内容包括以下几个方面。

- 使概念与众不同的是，它足够简单，这样大一点的孩子能去教小一点的孩子。
- 使概念与众不同的是，它符合父母的需要，并可以让孩子来使用。
- 使概念与众不同的是，孩子在家里就可以玩它，不需要去商店。
- 使概念与众不同的是，它可以在任何时间、任何地点使用。

### 第4步：修正——找到修复概念中关键缺陷的方法

SWIFT 的前三步专注于评估新的概念，于是，第4步进入修正步骤（开发）。这一步骤特别重要，因为新概念不会考虑得那么全面，如其并不清楚用什么方法实现这些新概念。修正步骤提供了一个机会，让我们看清哪些能力或努力能实现新奇的新概念。它帮助团队了解需要做多少工作才能将创意的潜力提升到值得付出的层次。实际上，修正步骤有助于揭示特别新奇的概念的用途。修正某些事情能使其更加有用或更好地满足需要。正是高新颖性和实用性的结合，使得新概念具有创造性并更有可能被组织及其客户所接受。

首先，从列表中识别 3~5 个缺陷（最难克服的，也是最易使创意失败的缺陷）。对于那些貌似可行的概念，这些缺陷是需要着手处理的。团队中的全体成员用投票的方法选出一两个主要的缺陷，并处理 2~3 个首要的缺陷。然而，为使创意可行，团队可能需要着手解决尽可能多的缺陷。因此，不必在最优先的缺陷是什么上达成共识。使用下面的问题，帮助团队对优先的缺陷做出选择。

- 需要说明的首要的一个或两个缺陷是什么？
- 对成功来说最致命的缺陷是什么？
- 影响项目继续/停止的缺陷是什么？

接下来，我们需要从得票最多的缺陷开始，找到方法来处理或克服缺陷。使用头脑风暴法或发散思维工具可以得到一个列表，目的就是保证我们能有足够的创意来消除缺陷。重复这个行为，直到解决了所有优先的缺陷。可以使用以下问题征求不同的方法来解决每个缺陷。

- 我们怎样做可以消除这个缺陷？
- 我们怎样做可以将缺陷转化为强项？

- 我们知道虽然有用，但又不敢去做的是什么？

当团队认为已经有足够的方法来克服缺陷时，要将注意力转移到次优先缺陷上，并得出解决的方法。但是，我们并不非常确定已经有足够的创意来克服确定的缺陷。重要的是，我们要记住，在模糊前端的工作中，需要预感、直觉甚至猜测。因此，决策经常让人觉得具有不确定性，因为几乎没有数据可供考虑。当这个概念通过随后的 NPD 流程的不同阶段时，我们要用到更加严格的标准。因此，决定从一个缺陷转移到另一个缺陷最好的方法，是团队里的每个人浏览创意列表，对这个问题做出一个非正式的初步估计：如果我们应用每个创意，我们会去除这个特定的缺陷吗？尽量在答案上达成共识。如果在团队成员中有很大的不一致看法，那么就需要再花费 5～10 分钟的时间来找出更多解决限制条件的方法。

---

**使用中的 SWIFT：修正概念中的缺陷**

虽然团队对新概念感兴趣，但是他们意识到在产品组合中，新概念需要更多的创新性。因此，他们确实需要花费时间去识别改进关键缺陷的方法，这样能够使概念更有说服力，以阻止其他人可能提出的变更建议，因为这个变更建议可能消除此概念的独特性。然而，考虑到检查研究的时间，团队在会议中花费了所有时间去修正（发展和增强）他们生成的初始概念。这需要在后面的会议中完成。

从前面生成的列表中选出两个关键的修正，并产生针对每个创意的修正方法。修正依循他们的创意。团队用句子"我们需要……"作为开头，改写缺陷。

**修正 1：我们需要使产品感觉起来更像一个集合**
- 引进可以随时间收集的人物卡片。
- 为完成收集，在给父母的信中，要使用感性的和理性的证明理由——关注孩子的发展。
- 使用数字、季节和每周的工作日作为收集的话题。

**修复 2：我们需要确保收集是值得的**
- 在知识卡片中加入一些可供孩子使用的东西，如卡片中的颜色。
- 在孩子使用卡片时，提供孩子能够使用的额外工具，如粘纸。
- 使装运产品的信封由大部分"原材料"组成，这样父母和孩子可以在玩耍过程中使用。

## 第 5 步：转变——描述新概念

到目前为止，我们已经对概念做了很多分析和评估工作。团队了解概念的优势和缺陷，以及它的个性化之处。团队已经找到很多方法来改进、开发或强化概念。但如果团队此时结束工作，就存在很高的风险，团队成员在离开会议后对于这个概念是什么或如何去描述还有不同的理解。我们需要将团队中所有最好的思想整合在一起，并将它组织成新的、被改进的概念陈述。这就是转变步骤的目的。

SWIFT 的转变步骤被用来帮助我们将评估和开发工作中的关键见解和变更整合成新概念。这是 SWIFT 中有远见的一步，它鼓励团队看向未来，考虑如果所有改进都实施后的概念会是怎样的。因此，重要的是，团队不能把这个步骤看成是对更早步骤中提到的内容的简单重复。转变这个词就像它的意思一样：就是对概念的新思想和新创意的一个总的整合，将它转变成其他的东西。这些转变可能是对初始概念的增量构建，或是对初始概念的改变，或是对初始概念的基础变更。无论是哪一种情形，概念都会因为已经发生的思考而转变，而且在 SWIFT 的这个阶段，应该仔细而且清晰地认识这种转变。为了明确转变步骤，团队成员应该按照下面的规定去做。

- 检查 SWI（优势、缺陷、个性化）步骤中记录的信息，确保他们能够大体理解概念的关键创意。
- 使用多票制来辨识解决优先补救缺陷问题时产生的最重要的创意。得票最多的那些创意会被包含在最新的概念陈述中。
- 通过检查来确保他们建议的概念变更不会消除初始概念描述中的创新性。要做到这一点，就要让团队对照着个性化陈述检查每次的修改建议，以确保在实施变更的情况下保留独特性。如果建议的变更将带走个性化元素，就要从列表中选择另一个推荐的创意。这项活动尤其重要，因为团队会试图通过消除其个性化元素来提出修正概念的建议。如果他们这样做了，那么他们得到的概念会更强大，但不会非常独特。
- 通过对变更的集合重新定义概念描述。起草新概念描述时，先拿出一张白纸，这样，团队就不会局限在原来的创意中。完成这一工作最好的方法就是将团队分成 2~3 人的小组，每一小组在白板纸上写出概念描述草稿。用句子"这个概念是……"开头，每个小组通过团队先前的概念描述，用 5~7 句话给出概念描述，并将识别出的重要的准备放在最终概念陈述中的条目与最初的概念陈述交织在一起。这包括前面阶段中投票选出的创新性。小组之间共享他们的草稿，为将其整合成概念描述做准备。

- 一旦共享了草稿，团队会选择最能代表概念的描述，并将其作为工作的基础概念。然后，团队在其他的描述中识别出独特的句子和成分，将其编制成基础描述。这就要求小组像词语大师一样工作。这经常导致了小组要将时间浪费在对概念整体意义没有重要影响的词汇的争论上。其实，只要保证描述和语言90%的正确就可以——并不要求完美的描述。
- 一旦有了新的描述，对照个性化元素列表进行检查，确保留下来的概念新颖。如果因为一些原因，概念的创新性在新的描述中不复存在了，就要花时间向描述中添加内容，以使原来的概念更独特。

> **使用中的SWIFT：概念转变**
>
> 转变后的概念描述很明显，团队在初始概念描述中识别出关键的要素，从识别的SWI（优势、缺陷、个性化）和F（修正）中，将它们整合成更新的描述。尤其是通过修正缺陷产生的新创意，使团队进一步发展了这一概念。
>
> 一方面，设计可收集的人物卡片吸引孩子们；另一方面，提供给父母需要改进的方法。以交互式和消费型"待遇"的形式提供附加价值，为孩子们提供即时满足感，并为父母提供儿童发展信息。卡片和工具按季节话题（如冬天和夏天）来组织，每个话题包括可用的游戏和活动。

## 儿童剧本概念发生了什么变化

公司决定将概念推进到下一个层次。这包括通过小部分的客户来实际开发和测试产品。通过比较，用现在的标杆型产品来评估这个产品的表现，发现它显著地胜过了标杆企业的产品。事实上，产品的表现非常好以至于对产品分销产生了冲击，因为公司低估了来自测试市场的潜在的反应。

SWIFT是帮助这家全球性出版公司创造新产品、测试新市场的关键工具之一。如今，他们的产品组合中有一部分是专门面向儿童市场的。

## 试着将SWIFT用在自己身上

了解SWIFT是如何工作的一个最好的方法，就是试用。我们需要有一个关于某个新产品或新服务的创新构思或一个不寻常的概念。理想情况下，这个新概念听起来会有点荒唐或奇怪。同时，它需要是一种能引起人们兴趣的或看似合理的概念。为了论证这一方面，我们可以使用下文描述的关于一个新概念的案例。

# 第10章 创新性的诞生：确保新创意得到竞争的机会

## 初始概念

作为研发部门的一名科学家，假设你最近开发了一个"低黏性"的物质，它由非常小的小球制成，只有当它们与给定的表面相切时才会粘住，而不是平坦地贴着它。你想要一种一方面能在很长时间内使物体粘贴牢靠的物质，另一方面，用这种物质粘在一起的东西很轻易就能分开。这些几乎不可破坏的丙烯酸球体确实赋予了物质多次重新固定的能力。这种透明物质也可以通过各种手段展开应用，包括喷涂或滚涂工艺。

### 准备：选择和准备概念

在一张纸上写3~5个句子描述概念。描述要能说明这个概念是什么，并说明它如何工作。这种描述应该能激发人们对这个概念的强烈的心理印象。在这个活动中，用前面所描述的方式应用SWIFT。为了捕获创意，用两张纸来建立SWIFT的结构。图10-2提供了SWIFT工作表样例。

第1步：识别概念中的优势。思考这个概念可能是什么。识别出7~10个优势或有价值的地方。在标注优势的地方写下这些条目。记住，每个回答要以句子"因为……它可行"开始。

第2步：识别概念中的缺陷。如我们所说的，没有创意是完美的。从消极的方面来思考概念，识别它的主要缺陷。确保使用"因为……它不可行"的句子写出7~10个概念中的缺陷。

第3步：识别它的个性，是什么使概念不同或新颖。思考概念的描述和它的前景，识别概念中的不同或新颖之处。寻找概念中独特的成分或使它能脱颖而出的方面。在SWIFT工作表提供的空白处写出3~5句关于个性化的描述。

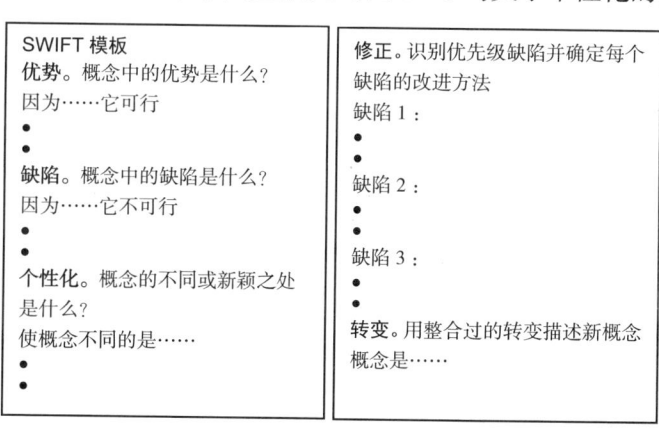

| SWIFT模板<br>**优势**。概念中的优势是什么？<br>因为……它可行<br>●<br>●<br>**缺陷**。概念中的缺陷是什么？<br>因为……它不可行<br>●<br>●<br>**个性化**。概念的不同或新颖之处是什么？<br>使概念不同的是……<br>●<br>● | **修正**。识别优先级缺陷并确定每个缺陷的改进方法<br>缺陷1：<br>●<br>●<br>缺陷2：<br>●<br>●<br>缺陷3：<br>●<br>●<br>**转变**。用整合过的转变描述新概念<br>概念是…… |
|---|---|

图10-2　SWIFT工作表样例

第 4 步：找到方法来修正概念的缺陷。回顾列表中的缺陷，选出对概念的潜在成功很关键的、最靠前的 3～5 条，用圆圈圈上它们。然后，按解决这些缺陷对概念成功可能性的影响程度由强到弱排序。

然后，专注于最有潜在影响的缺陷，想出 7～10 个解决的方法。当有足够多的解决方法来修正缺陷时，转到下一个缺陷，想出 7～10 个不同的解决方法。对每个识别出的缺陷，重复这一步。

第 5 步：转变概念。要转变概念，首先要识别可以整合进概念的关键改变或改进。这些可以来自 SWIFT 分类中的任何一个环节，但最可能来自修正环节。一旦识别出来，就圈上它们。

然后，在转变标题下的空白处写一段通过整合这些转变的方式描述概念的话。新的陈述应该有 3～5 句——如果需要的话，可以更长。记住，以"概念是……"开始描述。

最后，对照 SWIFT 工作表中的个性化部分标出的条目，检查新的描述。确保新的描述能够涵盖初始概念中新颖的方面。如果不能，重写描述，将这些新颖的概念成分加进去。

思考发生了什么。既然你有机会应用 SWIFT，那就再花几分钟来观察。例如，你从不知道的概念中学到了什么？概念的什么地方令你吃惊？既然你已经做过评估，在你同别人谈论这个概念时，你的见解与以往会有什么不同？

### 解释 SWIFT 的结果

对使用 SWFIT 所产生的概念可以做出一些解释。例如，使用 SWIFT 后，如果它有很多优势，几乎没有什么缺陷（或修正每一个缺陷的方法），还有一些关键的个性化元素，那么它可以告诉你有关概念的什么信息？如果你可以识别的缺陷比优势多，并且不易识别出个性化的项目，那么你对概念的解释一定会有相当的不同。前面的结果会告诉你，你的概念是坚实的，它由一些创新元素组成，它需要进一步改进。后面的结果会指出你的概念不新鲜或没有特殊性，因此，它不会给你的公司增加新的价值。

如果你在我们提供的初始概念上应用 SWIFT，你可能已经认识到它要描述什么。这就是用来做即时贴的初始概念。这种胶水超出了 3M 公司通常认为的黏合剂的标准。并且如果不是因为几个关键人物的开放性思维和坚持不懈，这种新型黏合剂的新颖性会被完全忽略。

## SWIFT 需要的技术

SWIFT 是一种多功能的方法，可以一个人使用，一对一地使用，或在团队或大型组织里使用。为了获得更好的使用效果，我们可以考虑下面的 4 种 SWIFT 技术（见图 10-3）。它们会帮助我们更成功地应用这种方法。

- 在应用 SWIFT 前，清晰化评估概念的参考信息框架
- 在应用 SWIFT 时，生成团队使用的模板
- 用 7~10 个句子组织回答
- 用即时贴识别优势、缺陷、个性化并修正

图 10-3　SWIFT 技术

## 在应用 SWIFT 前，清晰化评估概念的参考信息框架

模糊前端的概念经常会有创新性、复杂性和歧义——这 3 个特性使它很难有效地得到评估。当团队成员对评估概念的参考信息框架没有共同的理解时，他们就会在评估新概念时陷入困境。没有共同的参考点，就会在什么是优势或缺陷，什么是个性化，什么是需要修正的问题上产生争论。然而，这样的争论并不是由概念的观点不同引起的，而是源于不一致的参考点。例如，一个团队成员可能识别出概念中某个个性化元素，而另一个人却不认同这个元素是个性化的。这样的分歧可能是因为一个人的参考点是"对公司来说是新的"，而另一个人的参考点是"对市场来说是新的"。

确保团队对创新概念有效评估的一个方法，就是在使用 SWIFT 前，清晰化评估概念的参考信息框架，即要确保有一套共同的参考点。在选择和准备概念阶段，团队需要围绕概念讨论背景。讨论应该包括以下话题：组织战略或开发概念的原因，概念中需要提及的目标客户，概念中大概的质量问题（要基本上与已有产品或服务有不同的概念或改进之处），运行中总的时间框架。如果不能明确这些内容，那么团队就很难对概念有高水平的评估或对 SWIFT 提供的评估达成一致意见。

## 在使用 SWIFT 时，生成团队使用的模板

在工作进行中，新创意自然需要重新定义和改进，因为没有创意是完美的，尤其对于高创新性的创意。挑战可以确保初始概念中的创新性可以在开发和强化过程里持续存在的关键因子。如果团队不谨慎，修正概念的过程就会剥离概念的个性。这就是 SWIFT 工作方式的顺序之所以这样排列的原因。在团队找到一些创意来修正概念前，团队要识别概念中的个性元素。颠倒工作方式的顺序很容易使团队产生的修正创意将概念中的创新性剔除。如果是这样，人们就会失去对初始概念的探索热情，并带着同样的旧概念离开会议桌。

为了确保更好地使用 SWIFT，团队应该在先前标示好的白板纸上开发出不同种类的模板，并将它们悬挂在墙上。每个 SWIFT 类别应该有它自己的白板纸页面。然后，在填写模板时，用 S（优势）开头，直到 T（转变）。这会确保在团队开始修正缺陷前，个性化的部分得以显而易见。

模板也会帮助团队整理会议产生的信息。在 SWIFT 的一个 1~2 小时的使用过程中，5~7 人组成的团队会对概念产生大量的创意、观点和推荐意见。如果这些信息没有得到很好的整理，团队就会陷入困惑，无法从小细节中走出来，或者被他们产生的信息的数量所压倒。因此，重要的是，记录、整理并跟踪信息，这样可以让团队成员能够反复地查阅产生的信息，有助于新创意的评估和开发。模板使得信息在产生时就能得到很好的整理。

### 用 7~10 个句子组织回答

团队成员可以尝试在不同的层面和程度上详细说明优势与缺陷。有些人会用一个词来回答，而其他人会用一个小演讲来回答。这两种情况会降低 SWIFT 的效用。太少的信息会导致人们难以记住初始的创意。太多的信息就会在共享上花费太长的时间，并且可能使团队在不必要的细节上停滞不前。

为了能让 SWIFT 在团队环境中顺利地进行，团队成员应该分享他们的建议，这些建议要有 7~10 句话的长度。这就要求人们要清楚他们的创意，并能简要地概述他们的创意，同时，保持进展速度。在某些情况下，除非他或她"大声说上一会儿"，否则就不能说得那么简洁。只要没有变成"自言自语"，这个方法就会有价值。然而，一旦他或她结束了发言，团队便应该将这个创意总结为一段由 7 到 10 个词语组成的短语。如果人员安排有困难的话，团队成员可以提供建议来获取关键的创意。这会在保证提出的创意得到很好的记录时，确保 SWIFT 的及时使用。

### 用即时贴识别优势、缺陷、个性化并修正

前面提到过，SWIFT 最好是应用在 5~7 人的团队里，但是，它同样可以被应用到更大的团队中（10~15 人）。在大团队中，1~2 名团队记录员很难完成任务。因为要花费很多的时间来记录每个人的信息。同样地，一些创意可能在人们等着记录员完成记录的时候丢失。

因此，当在大团队里使用 SWIFT 时，让团队成员将他们自己的创意记录在即时贴上会很有意义。它的工作情况是这样的：团队成员在即时贴上记录他们的建议（一张纸一个建议）。然后，他们将它大声地读给团队成员，这样其他人可以听

# 第 10 章 创新性的诞生：确保新创意得到竞争的机会

到他们的创意，如果他们有一个建议，就在其上构建自己的创意。然后他们将即时贴交给记录员，记录员将它们贴在白板纸上。这能帮助团队更好地使用头脑风暴法中的 4 个准则（延迟判断、要求数量、随心所欲、寻求组合），并得出大量的优势、缺陷、个性化并修正。需要注意的是，在这些情况下，我们不需要大量的个性化描述，因为概念不需要很多独特的或不同的个性化成分。

## SWIFT 中应避免的错误

将 SWIFT 聚拢起来，可以让它使用起来更简单，同时保持应用性。但是，会出现很多的问题，对它的使用产生负面的影响。例如，在下面的情况下，SWIFT 就无法正常工作。

- 概念不够清楚或经不起分析。结果，团队没有明确的主题来应用其创造性思维或分析思维。这样就分散了团队的精力和注意力，导致思维不集中和低质量的产出。因此要确保清晰地将概念描述给团队。
- 在识别创新性前就到了修正的步骤。SWIFT 被用来帮助设计产生创新性的概念。SWIFT 中完成这一工作的一个关键因素就是个性化步骤，它的功能就是作为一个安全网确保创新性的识别和培养。然而，人是自然的问题解决者。NPD 团队成员可能试着不去花时间详尽地识别个性化，就从缺陷步骤跳到修正步骤。对团队来说，重要的是确保团队在试着修正它的局限性前完成"个性化"步骤。
- 因为概念有太多的缺陷，导致团队精力缩减。如果概念有太多的缺陷，它能直接分散团队的精力。如果发生这种情况，我们强调，重要的是要了解初始概念的问题数量的积极方面。它能够帮助团队对投资时间、精力和资源做出清醒的决策。使用 SWIFT 的强有力的作用是判定概念值不值得付出努力。
- 一张修正清单被用来克服概念的所有缺陷。团队可能想方设法修正一个概念，同时思考所有的缺陷。虽然这可能很快，但是它通常也会导致团队思维不集中、具体的产出更少，导致团队更难以开发一个概念转变说明。重要的是，团队要想出方法来克服缺陷，而且一次解决一个。

## 避免使用 SWIFT 的情况

SWIFT 是一个强有力的方法，但它并不是万能的。它需要一定的条件才能为 NPD 活动创造价值。为了从 SWIFT 中获取全部的价值，要避免在下列情况下使用它。

- 正在考虑的概念没有明确的责任人。在没有责任人的概念上使用SWIFT不仅浪费团队的时间和精力，也会挫伤成员的积极性，使他们不愿意加入未来的NPD流程。在召集团队成员研究概念之前，要确立明确的概念责任人。
- 概念没有提出清晰的需要。当概念要说明的问题不可知、不明确或不确定时，就很难去分析一个概念；概念就成为搜寻问题的一种创意，因此，当团队分析和开发概念时，就很难有一个有效的参考点。直到可以识别或阐明概念的需要，否则就要避免使用或推迟使用SWIFT。
- 团队氛围不支持创造性思考。SWIFT包括创造力的使用，创新需要人们的参与。如果参与的人们处于紧张、有挫败感或有某种情况的精神分散状况的状态，那么就要推迟使用SWIFT，直到这些问题得到解决或至少暂时得到缓解。或在应用SWIFT前，进行某种形式的冲突解决活动。
- 对于创新性没有实际的需求。SWIFT设计是用来帮助团队在模棱两可或复杂的情况下（就像NPD的模糊前端阶段）开发创新概念的。有些情况下，问题清楚、提出问题的概念清晰，并且应用方式明了。在这些情况下，没有做高水平创新的明显需要，也就没有必要使用SWIFT。

## 结　　论

实现创新可以是一个令人兴奋且有收益的过程。它也同样是一个具有挑战的过程。它应周密而清晰，并专注于管理我们对创新性的反应来给予新创意一个竞争机会。SWIFT对致力于模糊前端的NPD团队来说是一个有效的方法。除了图10-4所示的好处，SWIFT还可以用来为开发和强化新创意提供一个孵化器，因为它们在设想之初很脆弱，而且因为它们是创新概念，所以它们通常并不适合组织现存的结构和系统。它们需要时间去成长和成熟，因为它们可能在余下的过程中进展曲折。

- 提供快捷的方法去评估、开发和强化创新概念
- 处理通常会排除扼杀新创意的不成熟判断
- 提升新创意的接受度
- 帮助营造创新的环境
- 为人们提供共同的参考框架去评估团队中的概念
- 提升创新概念在通过不同NPD流程阶段时存活的可能性

图10-4　使用SWIFT的好处

# 第 10 章　创新性的诞生：确保新创意得到竞争的机会

SWIFT 可以阻止创意过早或在脆弱的阶段进入 NPD 流程，因为这个流程通常会删除概念中所有未完善的方面（正是它们具有的个性化）。对一些团队来说，这就像把一个方钉放入圆洞里一样。SWIFT 会确保方钉有足够的强度和完整性。

当创新概念得到强化和发展的动力，它们就开始了自己的生命周期。NPD 团队可能需要谨慎对待它们提出的要求，因为它们通过 NPD 流程时，真正的创新概念会传达给越来越多的人，吸引人们的兴趣及注意力。这是个令人激动的过程。人们会推迟他们退出的时间，以便留在高度创新性概念的开发流程中，因为他们想确保他们的新创意确实能够获得竞争机会。

# 作者简介

### K. 布雷恩 · 多瓦尔（K. Brain Dorval）

K. 布雷恩 · 多瓦尔是创造性问题解决集团公司（CPSB）中的客服部副总裁，他的职责是管理客户的可交付成果。他参与有关创造性、创造性的问题解决和心理意向的研究和开发，并且参与出版了 50 多篇文章和书籍，包括《解决问题的创造性方法》（*Creative Approaches to Problem Solving*）和《创造性解决问题工具箱：基本工具和资源》（*Toolbox for Creative Problem Solving: Basic Tool and Resources*）。布雷恩曾经参与过 350 个以上的培训项目、研讨会以及演讲报告，他还主持过许多公司的工作会议。

### 肯尼斯 · J. 劳尔（Kenneth J. Lauer）

肯尼斯 · J. 劳尔是创造性问题解决集团公司（CPSB）中的研发部副总裁，他负责数据管理、统计分析、信息恢复、撰写和编辑管理 CPSB 的新产品开发流程。他参加过 25 个以上的研究项目，在《心理学报告》（*Psychological Report*）和《欧洲工作和组织心理学》等广泛的杂志上发表了多篇文章。肯尼斯具有使用多种心理学评估手段的证书，包括"克顿适应—创新列表"（Kirton Adaption-Innovation Inventory）、迈尔斯—布里格斯类型指标（Myers-Briggs Type Indicator，MBTI）、情景观测问卷（Situational Outlook Questionnaire，SOQ）和对解决问题的风格研究（*A Measure of Problem Solving Style*）等证书。

# 第 3 部分

# 管理 NPD 流程的工具

《PDMA 新产品开发工具手册 2》为 NPD 团队或他们的领导提供了用于改进绩效和 NPD 项目最终成果的工具。这一部分提供了一整套不同的、有效的且实用的 NPD 工具：以能更好地量化产品和服务特性的经济价值的工具开始，介绍了能够更好地将需求流程整合到新产品开发中的有效的实践方法，之后是使客户能通过用户创新工具箱去设计他们自己的产品的工具。最后是论证了产品开发流程的 IT 化方面的成功的丰富的有效实践。

虽然有许多 NPD 文献聚焦于消费者市场，但是第 11 章聚焦于企业市场，企业市场通常明显要比消费者市场更加关注经济要素。这一章提供了一个按部就班的方法，为新产品构建了一个有逻辑的、令人信服的商业案例。

第 12 章提供了大量经过验证的技术，使得 NPD 团队能够准确地、更好地理解产品需求，并产生一个更专注的产品开发项目。从获取高级管理者的认同到确认客户需求，再到形成产品需求，然后测试产品需求，这个流程将指导团队穿过这个笨拙的、容易被误解的 NPD 流程。

新产品开发中的一个新兴技术，就是最终客户在 NPD 流程中积极地亲身参与的技术。第 13 章介绍了用户创新工具箱的概念，该工具箱使得新产品的实际最终客户能够设计他们自己的新产品。这不是一个没有意义的活动，因为一个组织必须以一种经济的方式提供一个通向它的能力的入口，而在同时还要保护它的专利资产。通过大量的案例研究，作者围绕着这种不断发展的 NPD 实践产生了极好的见解并提供了极好的建议。对那些已经参与这些活动的企业，本章提供了大量的有效实践案例。对那些还未尝试过该实践的企业，本章提供了足够的见解，以便这些企业开启 NPD 实践活动。

第 3 部分的最后一章介绍了一个正在进行的热门话题：产品开发流程的 IT 化。

第 14 章首先提供了一个定义和评估 IT 赋能的 NPD 解决方案的框架。然后，这一章提供了许多用于成功实施 IT 化的实用窍门。这一章强调了在评价潜在 IT 解决方案时，全面地考虑 NPD 流程的重要性和价值。针对子流程的 IT 解决方案很少能交付其承诺的价值，除非在事先就考虑了其对整个 NPD 流程的影响。这一章对于那些想要更好地管理 NPD 流程和该流程产生的所有数据的人们来说是必读的。

# 第11章

# 为产品和服务特性建立量化经济价值：一种客户案例分析方法

凯文·奥托（Kevin Otto）

维克多·唐（Victor Tang） 沃伦·西尔林（Warren Seering）

本章介绍了一种方法来为新产品特性和性能建立量化的经济价值，它可用来对决策进行排序、选择、权衡。该方法面向参与产品开发前端流程的产品开发经理和工程师。前端流程就是要做出许多关键的产品开发决策的阶段，这些决策关系到产品开发活动的相对重要性、先做什么、哪些可以权衡等。本章提出的方法是使用客户案例研究工具聚焦于客户的业务运作，本质上就是要为一个产品和工程努力建立一个针对其特性和性能水平的商业论证。该方法表明，这种工具对于高级技术服务同样有效。本章讨论了使用这种方法的原因、对这种方法的理解，以及这种方法的实施办法，并通过来自企业的两个案例来推动人们对这种方法的理解。这些案例有助于开发一个有关该方法的直觉知识和理解。本章的最后讨论了量化经济价值这种方法如何实施的问题。

## 使用这种方法的原因

第一，该方法是为面向企业市场而不是消费者市场的产品而设计的。这个区别很重要。消费者的购买行为受心理因素的影响。在企业市场中，交付一种产品或一种服务的基本标准是那些基于经济的因素。对于这些市场中的客户来说，问题是："这个产品或服务会帮助我们的企业或组织赚钱或省钱吗？"如果答案是肯定的，产品或服务就会被作为采购决策的一个候选对象来考虑。在这些市场中，公司有正式的程序和以评估产品或服务价值为使命的小组，这里所说的价值是用量化的货币值来衡量的。情感满足和冲动购买是消费者市场领域的特点，在企业实践中并不被广泛接受。本章的一个焦点是企业市场上的产品和服务的货币价值，因为这些货币价值会对工程决策产生强烈的影响。

第二，本章澄清了价格和经济价值的区别，这个区别对企业市场而言至关重要。本章提出的方法是，使用可用货币价值量化的经济价值作为产品开发决策的关键因素。价格和经济价值是不同的。某些低价的产品完全可能意味着高价值。而且高价格也可能意味着比低价格的产品有更高的价值。介绍一种能够通过可操作的流程将这些想法用于实践的方法是本章的一个关键贡献。这个方法的意义就是工程经理在价格或成本以外还可以将经济价值作为决策变量。因为经济价值是用货币值来表示的，所以本章提出的方法可以很容易地应用到适当的投资回报率（ROI）计算中去。现在，工程经理就有了另一种可用于开发决策的工具和评估办法。

第三，本章提出的方法既是工程经理的产品计划工具也是商业论证开发工具。这种方法能够很直接地将产品的特性、功能和性能同客户使用该产品所获得的经济价值联系起来。虽然许多新产品的商业论证分析方法提供了评估货币价值的工具，但这些工具聚焦于评估销售额、成本、费用和利润等，而不是经济价值。此外，大部分的方法都会与技术特征级别脱离。本章解决了这一问题。当前的理解客户心声的方法在量化新产品特性的效益方面还很弱。质量屋和 KJ 方法在识别客户要在产品中寻找的东西方面很有效，然而，这些方法不能评估这些需要的货币价值。联合分析的方法确实能提供量化的产品特性的价值，但是该方法对管理者而言又太复杂。我们已经选择聚焦于经济效益，这种经济效益是产品属性带给客户的，而不是带给生产者的。

第四，本章提出的方法还有助于识别空白机会。一个空白就是一个机会，也就是说，对一种新产品和（或）服务的需要不能由任何当前的产品来满足。本章提出的方法是很精细的，空白机会被分解成清晰且可操作的产品开发项目。本方法特别适合识别空白机会。本章在这个问题上会详细说明，尤其在评估方面。一旦识别出空白机会，如果没有内部和外部的组织变革来提供新的解决方法，即使在最好的情况下它也很难开发。大部分的研发组织没有能力创造需要的技术变革，大部分的企业也没有能力在服务中创造需要的变革。更加困难的是，你的客户为了提高效率要求组织变革，而效率的获得来自空白机会的解决方案。但是，受市场的驱动，所有这样的变革通常最终都是不可避免的。问题是如何比竞争对手更快地确定这些变革。本章提出的方法很适合早期识别和开发这些机会。

第五，本章提出的方法也是一个战略工具。除了在价格上进行竞争，公司还可以选择在价值上进行竞争。例如，英特尔公司通过提升处理器的功能和运算速度在价值上进行竞争，虽然其处理器的价格在持续走高。用货币价值衡量就是，

# 第11章 为产品和服务特性建立量化经济价值：一种客户案例分析方法

英特尔公司的客户因在应用上提高了效率而获得的价值大大超过了任何价格的增长。同样是"高价格的产品"，卡特彼勒公司因为它的产品比竞争对手的低价格产品为客户创造了更多的价值而取得了竞争的胜利。本章提出的方法告诉我们如何识别和量化客户愿意付费的好处。本章在客户应用部分用两个产品和服务的案例详细介绍了建立量化的客户价值主张的方法。因此，工程经理可以经受住在特性、功能或性能上支付研发经费的诱惑，这些诱惑可能在技术上非常讲究，但是当客户投入使用时却只有很低的经济价值空间。

第六，本章提出的方法对实物产品和服务（非实物产品）同样有效。本章证实了这个情况，并讨论了它的重要性。

## 价值和价格的关系

在执行工作的过程中，总是有客户会说：
"越贵的东西从长远来看越便宜。"
"为了获得更多，我们会支付更多。"
"我们总是想与出价最高的人会面，以理解是什么商业利益支撑了更高的价格。"
更贵的东西怎么才能更便宜？为什么客户受到鼓励要去会见最高出价人？因为客户看到了价值和价格中明显的区别。产品生产者设定价格，客户决定价值。价格对于生产者来说是产品成本和边际利润的总和，这些都可以用货币来表示。另一方面，客户价值是，由于客户使用了该产品，并且该产品的特性和性能帮助客户实现了效益流的货币价值。客户价值和价格之间的差别决定了客户的购买动机。给定两种竞争性产品，有更大激励性的产品就会胜出。

分析图11-1。产品A，给定它的特性，即可以带给客户价值 $V_a$。产品B将带给客户不同的价值 $V_b$。注意：$V_b > V_a$；购买产品B的激励超过了产品A，即使B的价格更高。尽管B的价格较高，但客户仍会倾向于购买产品B。这就符合了"贵就是便宜"及"为了获得更多，我们会支付更多"。给产品工程师的启示就是：①不要将价格和价值混淆；②为了特性和性能进行设计会产生降低货币价值的价值流；③客户价值必须用货币值来衡量，否则，它就是一个无意义的销售参数。

作为前面所提想法的说明，我们来分析一个卡特彼勒公司的案例。如图11-2所示。它的拖拉机的价格高于其主要竞争对手3万美元，但是它却有更大的购买动机。相对于它的竞争对手，卡特彼勒公司能够生产如图11-2所示的相对增加的价值。例如，它的耐用性，也就是更久的产品寿命为客户带来的较长的使用期，会节省1.5万美元。它的较好的设计和产品质量使其零件更换次数更少，在这方面会节省5 000美元。总体而言，如图11-2所示，相对增加的价值达到了4万美元。在竞争对手10万美元的基础价格上，卡特彼勒公司为客户提供了购买激励，有1万美元价值的增长。这就解释了卡特彼勒公司为什么能够持续获得市场竞争力的原因。

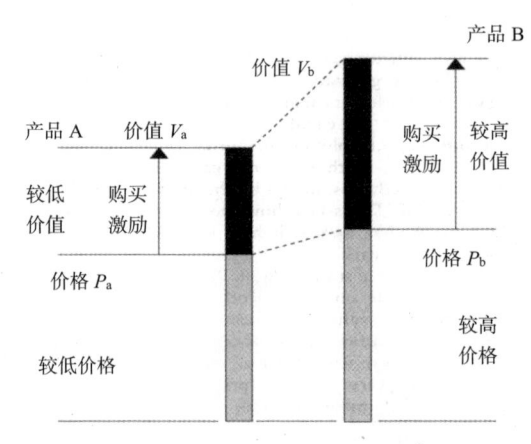

图11-1　价值和价格的关系[①]

| 卡特彼勒拖拉机 | 单位：万美元 |
|---|---|
| 相对价格 | |
| • 卡特彼勒公司 | 13 |
| • 竞争对手 | 10 |
| 差额 | 3 |
| 相对增加的价值 | |
| • 较长的使用期（耐用性） | 1.5 |
| • 较少的维护（较高的质量） | 1 |
| • 较少的故障时间（优良的质量） | 1 |
| • 较少的更换（优良的零件） | 0.5 |
| 差额 | 4 |

图11-2　卡特彼勒拖拉机的价值

## 电信服务供应商和IT服务供应商的实际案例

为了说明这个方法，这里举出了两个案例。一个是《财富》500强电信服务供应商，另一个是世界一流的IT服务供应商。

我们来分析电信服务供应商，该公司有很长的提供通信设备和网络基础设施

---

① 价格和价值的关系可以进行代数解释。购买产品B的激励大于购买产品A，表示出来就是：$V_b - P_b > V_a - P_a$。重新整理，得：$V_b - V_a > P_b - P_a$。它表达的主要的问题是要为客户设计价值差异大于价格差异的产品。

# 第 11 章　为产品和服务特性建立量化经济价值：一种客户案例分析方法

的历史，其曾作为硬件设备制造商和供应商。从历史上看，它们的技术性能和可靠性使它们有实力做到自己销售这些设备。后来公司围绕着技术硬件从小系统到大系统进行了扁平式组织。然后，这个战略逐步地将最终客户分离出了公司，中间商开始购买大量的设备。伴随着竞争的激烈，公司发现自己在市场中已经与客户脱节，并且缺乏创新的战略。

例如，企业不清楚可靠性对客户究竟有多重要。每个人都想要可靠性，但是，市场正在变得更加关注花费在可靠性上的价格。99.999%的可靠性确实很重要吗？在技术特性上也出现了同样的问题。呼叫者的 ID 重要吗？在企业中它究竟是怎样使用的？它能够怎样改进？无线数据传输能力重要吗？将互联网协议（IP）和语音电话服务集成是客户想要的吗？如果是，为什么？还有哪些其他的没有开发的研发机会，即在市场中还没有被关注的空白？研发投资应该达到什么水平？

再来分析提供 IT 顾问和实施服务的《财富》500 强供应商。有一个与本章提出的 IT 服务供应商相似的情况。这个公司在很长的一段时间内是计算机硬件产品最好的工程公司。认识到服务的重要性，该公司创立了一个 IT 服务部门。然而，在给定的这个公司的产品文化中，它形成了一种对硬件的安装、维护和修理服务的偏好。它获得了一个非常称职的"管道工"形象，但无法看到"良好的管道"和优秀的产品如何对客户的业务产生影响。如为什么组织中的新 IT 服务过程对于客户的核心业务是重要的？由于不能解释它们的服务对它们客户的业务价值，它们发现自己最终还是要在价格上竞争。它们日益与客户的高级管理者和决策者脱节。它们发现自己一直处于关键客户计划会议之外，这些会议对于解释卓越产品和服务的效益是很重要的，不仅要用到工程术语，还要用到货币术语。意识到有这些弱点，该公司随后学会了如何在技术和客户价值之间架设桥梁。它们与关键的业务执行经理建立了正式的沟通渠道，以便了解它们正在试图解决的业务痛点。它们使用了本章提出的经济评估方法。这一过程也为产品开发的重要性提供了额外的强化作用，使开发活动聚焦于那些直接产生客户价值的特性和性能。

本章的一个重要的主题是：无论研发投资是针对当前产品扩展还是空白机会，关键的是要对任何新特性将要提供给客户的价值进行量化，正如使用可测量的操作改进所展示的那样。这个方法对于确定细分市场中存在哪些空白机会是很有价值的。

## 方法和方法论

这种客户案例分析方法可以被总结成 6 步，如图 11-3 所示。第 1 步：客户优先级排序和选择，即为选择服务的客户识别市场。第 2 步：客户业务流程建模，即建立客户的业务流程详细模型，该流程包括它们的业务运作活动和有增加值的货物与信息流。第 3 步：识别业务痛点，即分析结果，识别出客户正在经历的业务困难及这些困难在客户组织各个层面上造成的问题。第 4 步：制订痛点减轻计划，即生成针对客户问题的一般解决方案，作为概念生成活动。第 5 步：量化商业价值，即分析这些解决方案对客户业务活动的影响，量化其商业价值。第 6 步：核实产品特性的价值，即由此开始，产生了客户的商业论证，建立了客户解决方案的价值。现在详细地介绍和解释每一个步骤。

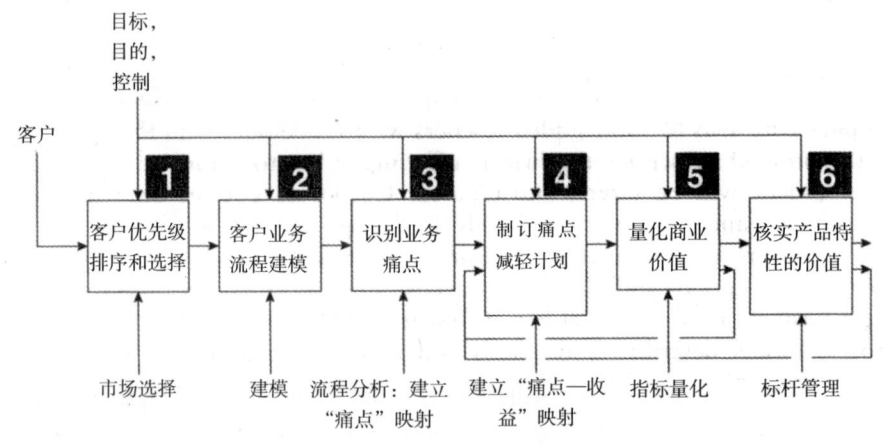

图 11-3 开发新产品和服务的价值

### 第 1 步：客户优先级排序和选择

这一步是市场选择中众所周知的过程——细分市场、确定目标群体和定位。产品开发组织中的市场组执行这一步骤。市场选择和细分的概念基础及步骤很早就被科特勒、厄本及豪斯提了出来。鲍尔、唐和科勒用 IBM 公司开发系列计算机的案例对如何瞄准业务市场的过程进行了论证。

这一步很重要，首先，不是所有的客户都会以价值为基础去购买；其次，我们的方法是面向可以获得产品在它们的使用环境下产生的利润和伴随价值的客户。市场会分成两种细分市场：一种是因为处于财务紧张的状况而必须根据价格购买的客户群，另一种是因为制造商必须在价格上竞争（其产品仅提供了感觉不到的或不显著的特性）而只能按价格购买的客户群。我们应该调查那些可以从更高价值的产品和服务中受益的客户基础。这些包括相对复杂或对操作性能敏感的客户。也就是说，他们可能需要快速的执行力，或集约能力、高可靠性或其产品相对于竞争对手具有的某些其他显著特点。这些客户能够理解和欣赏独特产品特性所能

# 第 11 章 为产品和服务特性建立量化经济价值：一种客户案例分析方法

提供的更高价值。

### 第 2 步：客户业务流程建模

第 2 步就是去了解客户业务及其运作过程。在价值上进行竞争是不可能的，除非在目标市场中，工程、市场和销售小组能够同客户紧密地联系起来。没有客户和市场导向，就几乎不可能洞察它们业务运作中的低效和无效的根源。一家企业在没有与为其提供产品或服务的最终客户联系的情况下，不可能在价值层面展开竞争，也不可能成为与增值分销商断开的供应商。在产品开发中优先考虑的内容在很大程度上是未经验证的。企业猜测客户想要什么，提供的价值也将很可能是错的。

为了了解客户业务，最好的方法是构建一个客户业务运作的货物和服务流程模型。在建立业务流程模型方面已经有人做了深入的研究。一个业务流程模型描述了货物和服务如何开发，以及如何通过组织内部的活动进行转变。IDEF（用于描述企业内部运作的一套建模方法）流程建模方法是普遍而有效的为企业流程建模的方法，虽然，对于流程改进来说，这个方法通常用来形成衡量标准或制定实践活动，如精益生产。

IDEF 建模的核心是构建所需任务的活动图表。在 IDEF 中，流程活动由单独的黑方框表示，方框有明确的可识别的输入、输出、控制和机制，这些用活动框之间的连接线进行表示。输出是活动价值增值的结果。输入是完成活动所需的东西。控制用来管理活动。最后，机制是将输入转化成输出时所需的工具（可参考图 11-18）。

要为企业运作构建一个活动图表，就要从整个流程的输出开始——它们为客户提供什么货物和服务？总体来说，它们是客户的信息流或材料流。比如《财富》500 强电信硬件供应商，其客户是连锁零售商店。零售商店的运作需要用 IDEF 活动图表进行建模。要构建这个模型，就要仔细检查零售商店的输出。输出就是零售商店的客户离开商店时手中的货物。从这些输出上看，我们可以沿着流程回溯到组织并检查转变这些流程需要完成什么活动。这个追踪完全可以回溯到客户组织的输入上。对每一个输出流都这样做。

例如，再次分析《财富》500 强电信硬件供应商及其连锁零售商店客户。目标设定为检查零售商店为了其 IT 硬件上的价值所做的连锁运营。为此，我们需要查看总部、仓库和零售商店之间的零售货物和信息流。在零售商店，商店的主要输出流是售给客户的货物及各种支付形式。这些流程可以回溯到零售商店，它链接了销售点、货架、补货、后勤操作以及从仓库出货等环节。结果就形成了把输入和输出链接在一起的活动链。例如，有一系列的活动和从运输至商店货架到购物客户之间的货物流相连接。同样，也有资金流和订货信息流。这些流中的每一个都作为独立的链进行构建。

下一步是检查目前为止构建的链条中的每一项活动，决定哪些作为机制来完成活动，哪些作为控制来开始、停止或管理活动。面向客户的销售点需要网络终端（一个机制），如当出现问题时，商店经理就是一个控制环节。

最后一步是将流程链合并成代表客户总体业务流程的相互关联的活动网络。独立的流程链会有未连接的输入、输出、控制和机制，在合并时会与其他流程链连接。缺少的活动或流程可能作为这一步的一部分被包含在内。结果就是形成客户商业运作的一个完整的流程图，从增值活动的输入到销售的输出。图 11-4 给出了一个简化的零售商店作业的 IDEF 模型。

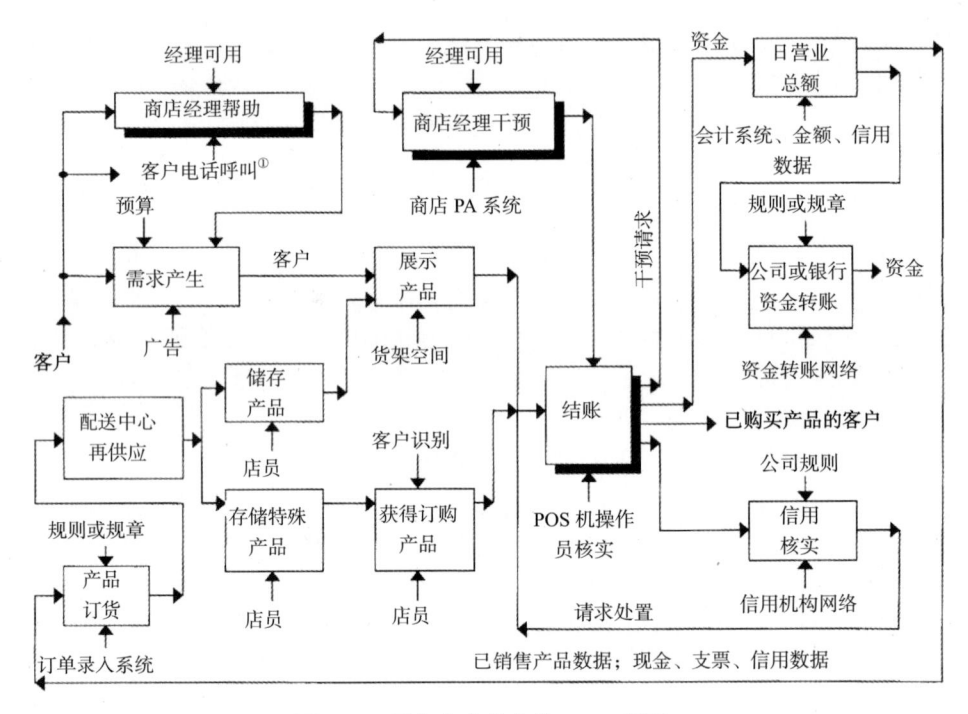

图 11-4 零售商店作业的 IDEF 模型

### 第 3 步：识别业务痛点

第 3 步是通过客户访问来了解客户业务流程中的问题。通过这些问题能够识

---

① 客户电话呼叫又叫作"前店电话"。许多时候，这些电话是客户的抱怨、购买询问或争论，这些都需要零售商店经理或管理员来解决。

# 第 11 章 为产品和服务特性建立量化经济价值：一种客户案例分析方法

别出业务痛点的来源,如图11-5第1列所示。揭露这些问题是前一步骤的一部分。这一阶段就是用系统的和结构化的方式为这些业务痛点建立一个工作文件。访问可以帮助指出业务痛点的确切来源及它的表现方式。业务的关键问题就是它的缓解办法必须可行。

对于每个痛点（问题点）来说，有必要估计它在减轻业务痛点方面的重要性。现在从为解决问题的方案建立一个有利的衡量标准开始，如图11-5第2列所示的"解决痛点的收益"。这是一个非货币的、定性的，但随后可量化的数据，用来在敏感的单元中评估每个痛点，以及直接测量其单元中的痛点。因为痛点是通过运作的机能障碍表述自己，它使用的利润衡量标准基本上是速度、容积或质量的单位。利润衡量标准必须被量化，这样它们才可以转化成货币进行评估。

| 痛　　点 | 解决痛点的收益 |
|---|---|
| 电子交易硬件故障 | 交易审核的速度和可靠性 |
| 电子交易软件不完善 | 交易审核的安全性 |
| 在结账出现紧急问题时，找不到经理 | 管理者访问的速度 |
| 结账拖延客户离开商店 | 结账时网络连接的可靠性 |
| 在高峰季节客户队伍过长，客户离开商店 | 高峰季节扩充结账能力的便利性和灵活性 |

图 11-5 零售商店业务流程的痛点和解决痛点的收益／痛点—收益表格

合乎逻辑的下一步是在个体活动之上、更高的抽象层次上检查已建模的业务系统。我们应该在整个业务系统的替代部分提出问题，而不是在孤立无援的背景下改进任何特定的内部活动。例如，在零售商店案例中，客户排队购买现象完全可以用家庭配送替代。然而，这将会是为零售商店提供的一个新服务，实际上商店可能能够也可能不能够提供这项服务。

完成这些任务的一个关键点，就是不要仅关注成本的削减。也就是说，利润总是分成两类：收入增加和成本削减。成本削减更容易理解，也更容易被客户接受，但是我们也应该想办法增加总的营业额，如在零售商店中，安装无线网络会减少终端布线的成本，网络语音电话服务将降低使客户连接到商店的成本。这些都是通过提供新的 IT 产品及特性来降低客户成本的所有具有吸引力的机会。然而，同样有提供IT产品通过收入来增加客户价值的机会，如向商店经理提供优先呼叫会提升公司应对危机的能力，从而减少不满顾客的数量。心烦意乱的客户越少就越意味着改进服务的成功，同样地，也就有更少的客户投奔到竞争对手那边，这都有助于增加零售商店的销售额。在接下来的一个案例中，我们演示了不同的产品特性为客户提供的货币价值的实质性差异，这些差异是不同产品的特性提供给客户的。

### 第 4 步：制订痛点减轻计划

为产品或产品特性开发新的想法，来提升这些利润衡量标准能够达到的水平，从而减轻客户的业务痛点，图 11-6 的第 2 列对利润衡量标准进行了说明。这通常是一个由客户组织的不同职能小组参与的内部概念产生活动，以尽量开发更多的概念。给定大量候选的概念，其挑选和淘汰应该遵循一个有纪律的过程，并有可重现的结果。技术研究和开发团队能够检查分析结果并产生新的产品概念。营销、销售和服务团队能够检查分析结果并产生新的服务计划和活动。描述要使传统的产品开发活动能够很容易被理解：客户需求很好地形成了利润衡量标准，利润衡量标准的背景形成了一个客户活动的痛点。作为一个例子，图 11-6 给出了电信服务供应商为改进零售商店的不同的利润衡量标准而对新产品特性做出的定义。若有被识别出来的空白机会，则在"空白机会"一列中标出。

这个图确定了产品开发团队可以将利润衡量标准转化为新产品特性。然而，在设计和管理部门设计和开发之前，有必要决定客户的经济价值和开发者的开发成本。管理部门能够决定是否要将资源用来开发新的特性和功能。对于客户来说，产品特性经济价值的量化是下一步的主题。

| 解决痛点的收益 | 利润衡量标准 | 新产品特性 | 空白机会 |
| --- | --- | --- | --- |
| 交易审核的速度和可靠性 | 增加的信用审核通道 | 高可靠性的外部网络 | — |
| 交易审核的安全性 | 由于系统故障而造成的交易损失 | 高安全性的软件 | 是 |
| | | 快速、便于更新的软件 | — |
| | | 服务团队和服务台 | — |
| 管理者访问的速度 | 为了减少时间而提升了 POS 机的处理能力——处理计划外事件 | 带有电话优先级排序软件的呼叫者识别码 | 是 |
| 结账时网络连接的可靠性 | 在连接失败时，利润收入的损失 | 高可靠性的内部网络 | — |
| 高峰季节扩充结账能力的便利性和灵活性 | 通过缩短排队来增加销售额 | 可现场升级的内部网络 | 是 |
| | | 无线 POS 机 | 是 |
| | | 服务团队和服务台 | — |
| 夜间银行转账的可靠性 | 在连接失败时导致的利息收入损失 | 高可靠性的外部网络 | — |
| 夜间银行转账的安全性 | 由于系统中断导致的利息收入损失 | 高安全性的软件 | 是 |
| | | 快速且容易升级的软件 | — |
| | | 服务团队和服务台 | — |
| 再储存订单处理联系的可靠性 | 由于系统故障导致缺货 | 高可靠性的外部网络 | — |
| 容易在不同系统上与供应商建立联系的便利 | 由于联系错误导致缺货和订单混乱 | 互用性标准 | — |

图 11-6  解决痛点的收益、利润衡量标准和新产品特性

第 11 章　为产品和服务特性建立量化经济价值：一种客户案例分析方法

### 第 5 步：量化商业价值（开发量化的价值主张）

有了痛点、利润衡量标准和创意的列表，我们就可以评估每个创意提供的利润价值了。正如企业客户可以做的一样，我们可以基于利润衡量标准判断产品或服务将要提供多大的改进。这种改进能够直接转化为客户业务运营的改进和提升，这些都可以用货币值衡量。

建立效益指标改进的货币值等通常并不简单和直接。需要来自真实客户运营的数据去确定所需的活动次数、系统的运作时间、客户和货物的流动率。这是供应商和客户之间共同的活动，由积极地证明其产品优越价值的产品供应商来主导这个活动。活动必须有活跃的客户参与，这样，数据和价值的来源才能是可信的、有说服力的。

如果一个新创意可以降低客户运作业务的成本，那么这就是客户想要产生的直接利润，并且它可以帮助我们制定更高的价格。更高的价格是因为有了增加的价值。一方面，如果一个新创意能够为客户带来更多的收益，如提供更高的业务流量或减少销售损失，那么它也同样提供了客户想要的利润。另一方面，这也让我们有能力为我们提供的、能让客户有更高收入的产品和服务报以更高的价格。

总体来说，成本降低给客户带来的收益比收入增加更有说服力。在提供同样的货物和服务时，客户可以直观地看到效率的提升，而在业务的提升方面他们很难直观地看到。因此，收入增加的数字在被实际证实之前通常会打折扣。

在电信设备供应商的案例中，公司正在为零售寻找新产品或服务的供应商。在电信行业中经常讨论的一个收益就是系统可靠性。许多设备供应商为它们的设备做广告，每年会有"五九"（99.999%）的可靠性，如它们在《商业周刊》上所做的那样。到目前为止，当我们检查零售商店的业务操作时，我们会发现这种可靠性几乎不能获取利润。事实上，"三九"（99.9%）的可靠性就已经足够了，考虑到技术能力的改进，电信设备需要进行更换，且通常会有 3 年的更换率。图 11-7 详述了增加零售商可靠性的价值主张的计算，每个商店中"五九"可靠性的价值只比"三九"可靠性的价值多 501 美元，增加的收入是 297 美元，减少的费用是 204 美元，成本利润率并不足够高。"五九"可靠性不能为零售商店所用。那些负责做出产品开发决策的人需要思考的关键问题是：相对于开发"五九"可靠性，是否能更有效地使用资源。

量化电信利润价值的另一个案例如图 11-8 所示。这个图表，考虑管理层介入增加的收入所带来的利润。商店经理是关键人物，他的工作主要是处理商店标准程序的所有例外情况。提升他的效率是消除影响商店运作效率和效果的例外情况的关键。

图 11-8 中对商店经理解决例外情况所带来的收益给出了详细的价值主张计算。更快地介入对于每个商店来说等同于 7 000 美元的量化客户价值，这个价值很容易支付移动电信设备和店内系统成本。

| 增加的收入= $C\times N\times f_1\times f_2\times(r_1-r_2)$ | | |
|---|---|---|
| $C$——客户平均交易额 | 美元 | 10.00 |
| $N$——每年客户交易次数 | 次数 | 500 000 |
| $f_1$——用电子方式支付的客户百分比 | 百分比 | 30% |
| $f_2$——用电子方式支付的客户在出现问题时离开商店的百分比 | 百分比 | 20% |
| $r_1$——使用高可靠性设备时，银行结账的系统可靠性 | 百分比 | 99.999% |
| $r_2$——使用低可靠性设备时，银行结账的系统可靠性 | 百分比 | 99.900% |
| | 美元 | **297** |
| 减少的费用= $(n_1-n_2)\times R\times t$ | | |
| $n_1$——由于使用低可靠性设备，每年的故障次数 | 次数 | 3 |
| $n_2$——由于使用高可靠性设备，每年的故障次数 | 次数 | 0 |
| $R$——人工费率 | 美元/时 | 17.00 |
| $t$——修理每次故障需要的时间 | 小时 | 4 |
| | 美元 | **204** |
| **总的量化的客户价值** | 美元 | **501** |

图 11-7 增加零售商可靠性的价值主张

| 增加的收入= $C\times N\times f_1\times f_2\times f_3$ | | |
|---|---|---|
| $C$ 客户平均交易额 | 美元 | 10.00 |
| $N$ 每年客户交易次数 | 次数 | 500 000 |
| $f_1$ 管理程序的客户交易百分比 | 百分比 | 2% |
| $f_2$ $f_1$ 中由于管理程序没有及时出现而未被处理的客户交易的百分比 | 百分比 | 35% |
| $f_3$ $f_2$ 中由于新设备加快了管理程序的访问速度而被处理的客户交易百分比 | 百分比 | 20% |
| | 美元 | **7 000** |
| 减少的费用 | | |
| 无 | 美元 | 0.00 |
| **总的量化的客户价值** | 美元 | **7 000** |

图 11-8 改进了管理介入的价值主张

但是，这种管理介入的收益的一个重要方面是用什么来实现它。仅仅依靠硬件解决方案例如移动电话或寻呼机是不能实现这个收益的。一套可定制的、内置于电信系统的优先级排序软件也是需要的，以允许店面的呼叫可以直接抵达商店经理。这个综合的需求包括了电信硬件和软件，由于供应商对硬件熟悉但是缺乏软件方面的经验，使得连锁零售商店客户的这种收益变得无法实现。事实上，这一收益甚至没有被电信公司考虑过，在零售商店的流程没有得到如前描述的检查之前，也没有被理解。这是一个市场未满足的空白机会。

虽然电信系统能够通过新的创新，如店内移动电话、来电显示、寻呼机或某

# 第 11 章　为产品和服务特性建立量化经济价值：一种客户案例分析方法

些技术形式来实现这种收益，但是，为什么空白机会没有被实现是有一个根本的理由的：通知必须是可定制的，并且是可划定优先级的，否则管理者将不会使用它们。也就是说，简单地提供通信硬件并不能满足要求，提供一套软件代码也不能满足要求。它们需要一个集成通信硬件和软件的新的解决方案。电信服务供应商需要扩展其研发能力，使其超越现有理解。这就是典型的空白机会。

但是，价值收益计算需要进行构建和计算。价值公式中有一些假设需要在客户现场进行校准。基本的方法是了解客户的业务流程，识别那些流程中的问题，开发更广泛的概念性方案，选出能够最有效地改进业务运作的方法，然后量化这些改进的商业价值。

### 第 6 步：核实产品特性的价值

构建这些价值主张后，客户需要在此领域进行核实。这里的核实有 4 种形式。我们需要将结果与已知的财务统计数据和客户领域的衡量标准进行比较，同样需要与行业标杆进行比较，如工业部门的特定衡量标准。

首先，检查总体数据的完整性。成本节省结果应该汇总为客户总花费中合理的一部分。收入的增加也要汇总为已有销售中合理的一部分。其次，对照客户运营检查输入的完整性。时间常数、失效率、设备和劳动力成本，以及类似的输入对实际的客户运营而言应该是现实可行的。再次，决定这些改进是否有足够的优势去打败主要的竞争对手。注意，要严谨细致以避免重复计算。

最后的核实就是完成一个原型样品的应用，并测量给客户带去的实际价值。这就需要构建一个可控的试验，去全面了解原因和效果。可是，因为超过实验控制之外的外部因素会导致收入的改变，所以这个核实可能是有问题的。尽管如此，这种原型验证的某种形式应该是客观的，并且由一个和客户在一起的团队最有效地执行。

## 电信服务供应商案例的总结

电信服务供应商在零售商店领域的研究说明了量化的方法是如何运作的。此处也介绍了价值量化方法的 6 个步骤，其中包括详细地描述如何为客户在其实际的使用环境下，形成产品特性和性能的货币价值。我们已经证明，通过对一系列的、以客户痛点为开端到形成相应的货币价值的连续分析，供应商获得了相应的价值。这种方法论也能够清楚地识别出空白机会，产品经理和工程师能从其中获取竞争的优势。

# 《财富》500 强服务性机构的实际案例

与实物产品不同的是，人们无法触摸或衡量服务。那么，如何说明这种你无法触摸或衡量而又必须亲自感受的可以使客户需求得到满足的服务的价值呢？本章的这一部分就会给出答案。对于下一个案例，我们使用的是一家金融领域的《财富》500 强服务性机构。这个案例说明了在前一节中描述的方式和方法可以同样应用到商业市场的服务中去。这并非简单地做个声明，重要的是要理解到，在产品开发和量化客户价值方面，服务所面临的独特挑战。

服务是一种独特的产品。服务除了不具有物理特性，也与实物产品有本质的不同。服务的独特性决定了它的不可触摸性、多样性、同步性、易消逝性和相关性。服务不像产品那样可以用物理特性进行描述，它必须要亲身体验。产品是可触摸的和物理的；服务是不可触摸的和体验式的，这就是服务的不可触摸性。产品的关键方面是可分离的，服务则是不可分割地融合在一起的。功能和交付的无法分离性是服务最显著的特性之一。服务不能储存，而产品可以，这是服务的易消逝性。与易消逝性紧密相关的是同步性，服务的生产和消费是同时进行的。在交付服务前，是不能对服务进行检查的。客户在购买服务时，也要购买它的交付，它们是不可分的。人是交付服务的。尽管尽了最大努力，个体间的技能和态度却各异，这就造成了服务的多样性。服务的效果也同样依赖于客户发挥其作用和承担其责任的程度。服务对于客户的依赖性即服务的相关性。

## 客户服务

### 第 1 步：优先级排序和选择客户

这个案例里的客户是一家大型金融机构中的证券交易商经营单位。证券交易商有大约 35 万个证券客户群体，并拥有 100 万个证券投资基金客户。本例中，当经营单位的执行官对销售额的增长及它的证券劳动力的产量明显下降表示不满时，客户会关注 IT 服务供应商。他们正在寻找改进的方法。考虑到证券行业的市场潜力，IT 服务供应商选择回应这些客户。

### 第 2 步：建立企业流程模型

交易人在他们的办公室接受证券交易订单。客户订单可以通过电话办理、预定记录，然后由连接主要证券交易的在线电子化系统进行处理。业务流程和操作由拥有大量证券行业经验的 IT 系统工程师进行详细的审核。证券交易业务流程的

# 第 11 章　为产品和服务特性建立量化经济价值：一种客户案例分析方法

简单 IDEF 模型如图 11-9 所示。同电信服务供应商案例描述的一样，要从流程的输出开始，如为一个股票下一个订单的交易。从输出向前推，追溯和识别所有的活动直到到达业务流程的输入——客户电话呼叫。接听客户电话、识别客户、归档订单、评估订单、完成订单，以及执行订单，形成业务流程的大体框架。每个活动有一个支持的"机制"——例如，客户 IT 系统（机制）对应识别客户（活动）。相应地，支持的"机制"由验证软件支持，这个软件由 PIN 码、ID 等（控制）进行管理。业务流程的另一个"输出"是客户结账（活动）生成的客户账单。客户结账的"机制"是计费 IT 系统，计费软件由规则 / 制度（控制）进行管理。

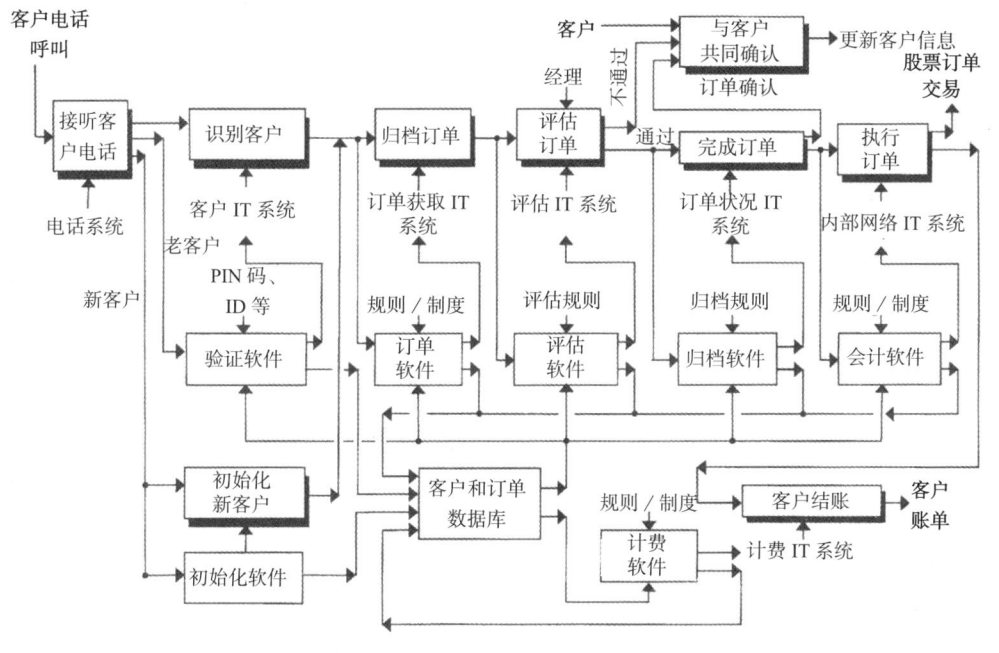

图 11-9　证券交易业务流程的 IDEF 模型

## 第 3 步和第 4 步：识别业务痛点并找到痛点减轻创意

回想一下，业务部门的高管们表示，业务痛点是他们对其证券从业人员的销售额增长和生产力的产量下降的不满。仔细地观察和测量业务流程的活动可以发现，它确实能满足生产力的目标。但是，人们也同时发现，总的生产力会因频繁的系统中断受到抑制。工作时间中的过度停机会降低工作人员的总体操作效率。在高峰作业时间，当需要执行和完成一个交易时，系统经常是不堪用的。不及时处理客户的订单，会使许多客户产生不满，随后投奔竞争对手。为了提高 IT 系统的有效性，一个建议的解决方法就是改进 IT 系统的关键硬件元素及它的维护和危机管理程序。

图 11-10 总结了痛点、解决痛点的收益和衡量标准以及新服务特性。需要注意的一点是,生产力的商业痛点被减少为可衡量和可用货币量化的可行活动上。

| 痛点 | 解决痛点的收益 | 衡量标准 | 新服务特性 | 空白机会 |
| --- | --- | --- | --- | --- |
| 系统崩溃过于频繁,影响销售额,增加成本 | 销售额、生产率和客户满意度的提升 | 通过提升系统的有效性,增加销售额 | IT 系统设计和重组 | — |
| | | | 用于逐条记录有效性的业务价值报告的软件 | 是 |
| 客户投奔竞争对手 | 提升客户忠诚度 | 较少的客户背叛,增加客户生命周期价值 | 监视客户忠诚度、分析和报告价值分析的软件 | 是 |
| 销售能力低于普通标准 | 通过减少死机时间增加有效的工作时间 | 减少无收入时区间成本 最终客户能力的改进 | 系统可靠性服务 | — |
| | | | 最终客户能力监控、分析和报告的软件 | 是 |
| IT 维护和服务费用超过行业标准 | 较少的高技能资源需求和较短的加班时间 | 用于产生收入(不是用于解决危机)的高技能资源 | 危机管理程序 | 是 |

图 11-10 客户业务流程的痛点和衡量标准

从系列的痛点、收益中引出的对运营指标进行量化的例子显示了如何从客户业务流程活动的认知中获取货币价值。图 11-11 描述了通过提升系统有效性,增加的销售额的计算。提升系统的有效性,能够使证券交易者在接到客户电话的同时,没有任何延迟地按需下订单并执行订单成为可能。

| 增加的销售额=$T \times S \times D \times P \times (m_2 - m_1) \times r$ | | |
| --- | --- | --- |
| $T$——平均每分钟交易次数 | 次数 | 4 |
| $S$——每次交易的证券数 | 单数 | 150 |
| $D$——每年的交易天数 | 天 | 200 |
| $P$——每只证券的平均价格 | 美元 | 35.00 |
| $m_1$——每天的固有可用时间 | 分钟 | $m_1$ |
| $m_2$——每天改进后的可用时间 | 分钟 | $m_1+10$ |
| $r$——费率=交易的美元价值的 4% | 百分比 | 4% |
| 总的量化的客户价值 | 美元 | 1 680 000 |

图 11-11 系统有效性的价值

另一个案例,是考虑客户流失的业务痛点。这家证券交易商进行的客户调查显示,它的 0.4%的客户选择去竞争对手那里,因为客户没办法接受在交易中不及时地处理订单。客户忠诚度的价值是什么?价值的计算如图 11-12 所示。

| 客户忠诚度价值= $C \times L \times r$ | | |
| --- | --- | --- |
| $C$——总的客户数量 | 人数 | 350 000 |
| $L$——客户的平均生命周期价值 | 美元 | 16 000 |
| $r$——客户背叛率 | 百分比 | 0.4% |
| 总的量化的客户价值 | 美元 | 22 400 000 |

图 11-12 客户忠诚度的价值

# 第 11 章 为产品和服务特性建立量化经济价值：一种客户案例分析方法

## 服务案例的总结

这个案例与电信供应商案例相反，因为它被应用到服务中去了，所以在量化上是不同的。客户案例分析方法核心的 6 个步骤已经对此进行了详细的说明。它包括在大型金融机构中，服务特性货币价值的由来。我们已经详细讨论了货币价值的由来。这个由来是在一系列连续的映射中获得的,这些定位以客户痛点开始，以量化的价值主张结束。如在电信服务供应商案例中所述，提出的方法论可以识别出代表新的服务提供的空白机会。

## 实施

在本节中将会展示"如何应用"的方法。"如何应用"的程序遵循图 11-13 中的模板进行，具体可参考电信服务供应商和《财富》500 强服务性机构的案例。无论如何应用，第 1 步都是准备。

| 流程名和流程说明 | |
|---|---|
| 流程目标 | 希望这个流程步骤做什么 |
| 由谁来做 | 谁来领导这个流程<br>谁在团队里 |
| 输入 | 该流程的输入 |
| 机制 | 影响该流程的工具 |
| 控制 | 引导该流程的参数和约束 |
| 输出 | 该流程的输出<br>这些输出是该流程的可交付成果 |

图 11-13 流程说明

准备的第 1 步是获得高级管理者和客户的认可。高级管理者必须检查并批准这项工作的结果和结论。高级管理者也要批准或进行筹资决策。高级管理者在这项工作上还要进行领导，这一点很重要。公司当前没有提出的新的潜在商业活动也会产生。它们需要一个商业管理决策。在开发流程模型、利润衡量标准、新的潜在解决办法和它们的经济价值时，高级管理者要设定合适的目标标准并暂停判断，这是最基本的要求。高级管理者要指派工作的执行领导者，执行领导者的权限会持续到这项工作结束。交叉职能团队包括工程、市场营销、服务、金融和销售，但并不局限于此。每一项职能应该有一名团队领导者，他的工作要遵循工作准则，并受工作执行领导者的监督。让组织的多个管理层面认可的客户参与工作，也是一项基本要求。同样关键的是总体工作计划，总体工作计划在开始工作前，由所有的团队建立、讨论和审核工作日程和检查点。

对于应用的每个步骤，图 11-13 可以用来详细说明流程目标是什么，要完成什么，由谁领导工作的步骤，以及什么是可交付成果。请注意，每一步的领导权的转手都基于功能强度和所需专业知识。然而，这项工作的总体领导地位始终掌握在执行领导者的手中。规范的结构化精神遵循 IDEF 流程定义的实践。

### 第 1 步：客户优先级排序和选择

这项工作的目的就是选择一同工作的客户。这些客户应该是产品目标市场的代表（见图 11-14）。

| 优先级排序和选择 | |
|---|---|
| 流程目标 | 识别能按价值购买的客户<br>选择那些能够获得收益，并能承认该产品在他们的使用下能给他们带来经济价值的客户 |
| 由谁来做 | 营销引导确定产品的目标市场<br>销售职能部门选择客户进行研究<br>工程部门审查和批准市场及客户选择<br>其他部门的参与和支持<br>客户相关小组的参与 |
| 输入 | 企业和市场机会研究<br>市场细分研究<br>产品定位研究 |
| 机制 | 市场细分、目标客户和产品定位过程<br>这是一个营销计划过程，是营销专业人员熟知的过程 |
| 控制 | 业务单元的目标和高级管理者明确表述的目标<br>客户期望和达成的协议 |
| 输出 | 目标客户列表 |

图 11-14　客户优先级排序和选择的流程说明

是什么使目标市场的客户成了一个很好的合作对象呢？在考虑客户优先级排序和选择的关键因素时，图 11-15 就像检查清单一样有用。检查清单揭示的不和谐的客户和企业应该规避。在一个商业市场中，"客户"就是一个组织，会分散在许多地方。我们的产品的最终用户是一个我们可以为他们提供更高效率服务的群体。然而，采购代理和他们对新产品收益的看法也很重要。高级管理者的观点同他们对产品的商业作用的观点一样，也是很重要的。他们对收益、度量和评估的所有看法都应该被考虑到流程模型和收益评估中。这对于客户也是玩家的行业也是一个考虑因素。该行业应该是该公司的重点目标之一。原因可能是因为潜在的增长，因为它要保护庞大的客户列表，因为它希望在新市场建立立足点，等等。原因会因公司不同而各异。

# 第 11 章　为产品和服务特性建立量化经济价值：一种客户案例分析方法

## 第 2 步：构建业务流程模型

这一步的目的就是理解客户业务流程，并让客户参与到工作中来（见图 11-16）。包含了工程、市场营销、销售等人员的产品开发团队在与客户一起进行现场工作的时候，要从客户处得到认可。

这个过程的应用要从整体的业务流程的大概念图开始。对于电信服务供应商案例来说，图 11-17 所示的简单图片说明了业务流程的概念。

| 考虑的因素 | 具体内涵 | 谁来负责 |
|---|---|---|
| 客户需要 | 客户对产品有清晰的需要。他们的业务问题和产品功能、特性和性能之间的配合是不言而喻的 | 销售和营销部门 |
| 你的义务 | 你的管理部门具有执行这个流程的预算和人员；它有意愿和不屈不挠的精神战胜竞争压力 | 受到高级管理者认可的工程部门 |
| 客户关系 | 要有信心并且信任客户，这样客户才会透露他的操作细节、缺乏效率的根源和其他关键的问题。信任和信心要贯彻在全部组织中 | 销售部门 |
| 客户状况 | 确定客户是否准备好接受产品能够做到的功能。还要确定问题是否会给客户带来重要的经济影响或现状是否能够允许某些影响的产生 | 销售部门 |
| 竞争强度 | 存在能够破坏研究的最小的竞争活动。在竞争活动加剧的情况下，有应急计划 | 销售部门 |
| 你的能力 | 你以前曾经做过，或准备学习并开始学习 | 工程部门 |
| 工作成果：客户报告 | 识别目标客户的报告。它为每个客户描述了前述的客户要素。附加在客户报告上的是销售部门的一个承诺 | 销售部门 |
| 工作成果：产品经理承诺 | 产品开发经理承诺为已识别的客户提供方法论支持 | 产品开发经理 |

图 11-15　客户优先级排序和选择的关键因素

| 构建业务流程模型 | |
|---|---|
| 流程目标 | 明晰客户业务流程和运作流程<br>开发业务流程和运作流程的主要功能流程<br>整合材料流和信息流 |
| 由谁来做 | 领导流程：销售部门<br>强制性的参与：工程、市场营销和财务运作<br>其他部门的支持和参与<br>客户相关小组的参与 |
| 输入 | 识别关键的客户业务流程或运作<br>在客户业务的背景下，提出业务流程，如这个流程植入后会是什么样子 |
| 机制 | IDEF 模型进程描述<br>工作团队由在客户现场的公司和客户组成 |
| 控制 | 项目范围的描述和客户的参与（问题是避免范围渐变） |
| 输出 | 业务流程或运作的一个 IDEF 模型 |

图 11-16　业务流程建模的说明

（1）识别整体流程的所有输出。在电信服务供应商的案例中，如图11-4所示，零售商店作业有2个输出：已购买产品的客户和日营业总额。在证券交易商的案例中，如图11-9所示，证券交易业务流程有3个输出：客户账单、股票订单交易和更新客户信息。注意每个输出都显示为一个指向右侧的箭头。

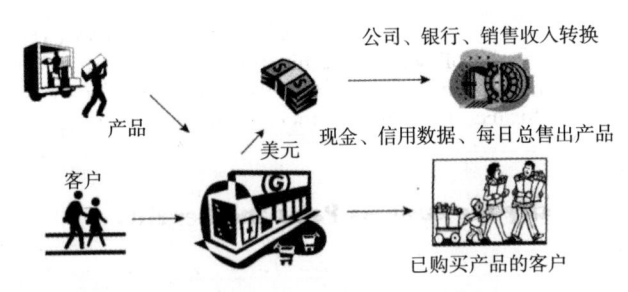

图11-17 零售商店的总体业务流程图解

（2）识别这个流程的所有输入。在电信服务供应商的案例中，图11-4有两个输入：产品订货和客户。在证券交易商的案例中，图11-9有两个输入：客户电话呼叫和客户。在图11-9中，每个输入显示为向右侧并指向方框的箭头。

（3）对于每个输出来说，应识别子流程。在电信服务供应商的案例（见图11-4）中，已购买产品的客户的输出是由结账子流程产生的。在证券交易商的案例中，股票订单交易的子流程是由执行订单子流程产生的。这些子流程都应该用方框展现出来。

（4）识别这些子流程中的每个输入、控制和机制。例如，在电信服务供应商的案例（见图11-4）中，结账子流程有3个输入：展示产品、获得订购产品和信用核实，它们都用箭头指向结账子流程的方框。结账子流程的控制用指向结账子流程方框的箭头来表示，这个控制是商店经理干预子流程。结账的机制显示为一个向上的指向流程的箭头，这个机制是POS机操作员核实。

（5）使用图11-18所示的基本模块画出所示图。

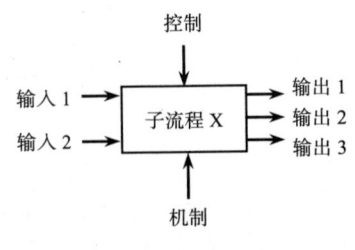

图11-18 一个业务流程的图解

# 第 11 章　为产品和服务特性建立量化经济价值：一种客户案例分析方法

（6）回溯完整的输入流和输出流。每个子流程的输入是另一个子流程的输出。重复步骤（2）、（3）和（4），直到回溯到整个流程总的输入为止。例如，对证券交易商的案例来说，整个流程的初始输入就是简单的客户电话呼叫。对于电信服务供应商的案例来说，如图 11-4 所示，整个流程的初始输入是运送到零售商店的产品订货和到达商店的客户。

（7）将所有子流程汇总形成一个实际有吸引力和可理解的图片。我们建议，在第一次使用这个流程时，控制和机制可以忽略，不需要考虑。在第二次使用时，要考虑子流程的机制，而不必考虑控制。只有已经完成了流程中机制的识别和定位后，则是时候去考虑控制了。完成这些迭代后，我们就得到了一个完整的图片化的流程说明。我们要确保图片说明仍旧有实际的吸引力，易于理解和遵循。

在执行这个算法时，我们将这个流程当作功能流、材料流或信息流进行考虑。业务运作可以简单地表示为一个动词，后面跟着一个功能、材料或信息。很明显，业务流程只是将函数、材料或信息的子进程组合在一起，以处理整个业务流程的输入，以便产生所需的输出。

### 第 3 步：识别业务痛点和收益

痛点就是任何高级管理者对其业务流程和业务操作的性能产生的不满（见图 11-19）。要产生如图 11-20 所示的痛点表格，那么流程的应用就要遵循算法的相关步骤。

| 识别业务痛点 | |
| --- | --- |
| 流程目标 | 找出那些妨碍客户开展业务或有效、高效竞争的低效率和失效的根源 |
| 由谁来做 | 领导流程：销售部门<br>强制性的参与：工程部门、营销部门和财务部门<br>其他部门的支持和参与<br>客户相关小组的参与 |
| 输入 | 描述整个业务流程的 IDEF 模型。可以从前一步骤中获得<br>在业务流程模型表述的过程中得到的记录，这些记录提示或指出（直接或间接地）了运作问题 |
| 机制 | 客户、组织中多层次操作人员的访问和调查<br>来自公司和客户的现场工作团队 |
| 控制 | 参与、审查及在上一步骤中同时进行的观察<br>公司和客户的管理审查 |
| 输出 | 痛点—收益表格（见图 11-5） |

图 11-19　识别业务痛点的流程规格

| 流程元素 | 描述 |
|---|---|
| 痛点 1 | 从调查和访问中得到的根本原因 |
| … | … |
| 痛点 i | … |

图 11-20　痛点表格

（1）准备。工作小组的所有成员（包括客户），检查所有关于观察到的操作功能障碍的说明。从客户组织的不同层次来检查这些说明和观察结果，并按需要做出适当的调整。

（2）输出和痛点表格的设计。一个"痛点"条目对应一个在业务运营中导致故障或功能失常的问题。如在电信服务供应商的案例中，支持采购交易的硬件一旦宕机，销售就无法完成。这是一个操作层面的问题：没有耐心的客户会离开零售商店，客户的购买经历会变得更加不愉快等。如何去识别这些痛点？我们可以从对执行者、经理和对操作有责任和看得到的人进行访问和问卷调查中获得想识别的这些痛点。为了全面获得痛点的详细情况，我们有必要在客户组织的不同位置采访不同等级的经理和操作人员。对这些痛点的认知也可以通过在现场和客户一起工作一段时间来获得。偶尔的访问和室内会议是不够的。问题总是可以在业务运营中追溯，并找到导致痛点的根本原因。请注意，受访者的职位越高，痛点就越抽象。通过多层的访问，抽象性会降低并使其更加具体（见图 11-21）。

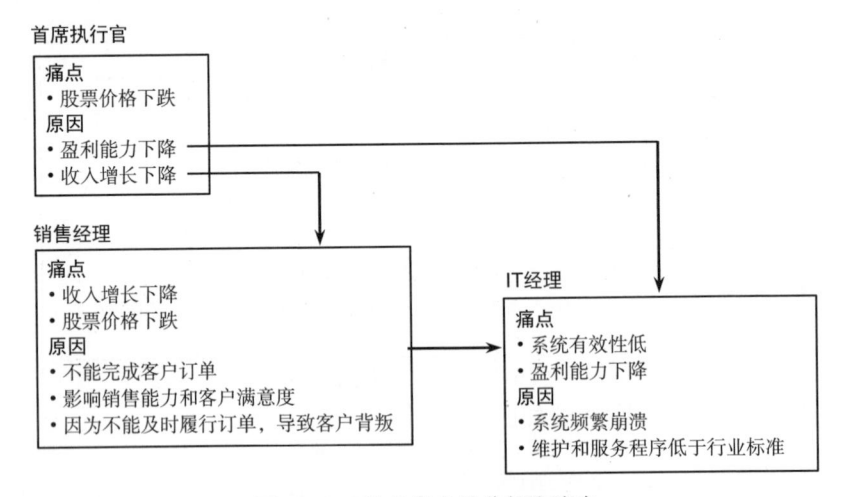

**首席执行官**
痛点
- 股票价格下跌

原因
- 盈利能力下降
- 收入增长下降

**销售经理**
痛点
- 收入增长下降
- 股票价格下跌

原因
- 不能完成客户订单
- 影响销售能力和客户满意度
- 因为不能及时履行订单，导致客户背叛

**IT经理**
痛点
- 系统有效性低
- 盈利能力下降

原因
- 系统频繁崩溃
- 维护和服务程序低于行业标准

图 11-21　业务痛点的分解和流向

（3）识别收益。在假设消除或减轻了特定问题的前提下，描述这些行为的收益。收益就是由于客户准备采取消除或减轻痛点带来的优势或改进。显然，"收益"

# 第 11 章　为产品和服务特性建立量化经济价值：一种客户案例分析方法

与"痛点链条"中特定的"原因"是相反的。例如，在链条的末端，原因之一是"产品经常不可用"。对应的收益就是"产品是可用的"。请注意，从根本原因的消除中获得的收益在"痛点链条"中是向上传播的。另外需要注意的是，痛点和收益之间的多对多映射并不少见。也就是说，一个收益可以对应多个痛点，反之亦然。收益识别是一个推导过程，需要对客户的业务运作有所了解和洞察。对于电信服务供应商的案例来说，其结果是生成一个如图 11-5 所示的表格。

## 第 4 步：开发解决业务痛点的计划

从工程的角度看，第 4 步及下一步是方法中技术密集性最高的部分（见图 11-22）。

| 解决业务痛点的计划 | |
| --- | --- |
| 流程目标 | 通过特性、功能、减少或消除客户问题的性能改进，识别产品的工程解决方法 |
| 由谁来做 | 领导流程：工程部门<br>强制性的参与：工程、市场营销和财务部门<br>其他部门的支持和参与<br>客户相关小组的参与 |
| 输入 | 上一步骤中的"痛点"表格 |
| 机制 | 产品设计方法、概念评估方法 |
| 控制 | 参与、审查及在之前步骤中同时进行的观察<br>创意的审查和相应指标的定性评估 |
| 输出 | 如图 11-23 所示的表格 |

图 11-22　解决业务痛点计划的流程说明

（1）识别衡量标准。使用之前的"痛点—收益"表格，在具体项目中衡量收益或识别问题衡量标准。

（2）详细说明新产品特性。这是一个工程设计活动。问题工程师应该询问自己：①产品的什么特性或功能能够消除识别的痛点或收益？②用来衡量已获得收益的衡量标准是什么？③是否有空白机会（是否需要新产品或可以设计到产品中的新的特性或功能）？

（3）构建产品解决方法指南表格。指南的纲要如图 11-23 所示。图 11-10 是一家《财富》500 强服务性机构的一个完整的表格示例。

## 第 5 步：量化产品新性能的价值

流程的这一步是方法的核心：在客户环境下对产品的性能进行价值量化（见图 11-24）。本流程的应用遵循图 11-25 中的流程图描述的应用算法，这个算法也会在接下来的步骤中叙述（见图 11-26）。

| 痛点 | 收益 | 衡量标准 | 新产品特性 | 空白机会 |
|---|---|---|---|---|
| 痛点是什么 | 通过解决痛点,利益是什么 | 衡量收益范围的标准是什么 | 产品需要的工程设计是什么 | 是或否:<br>• 需要产品改进<br>• 过度设计的功能或特性<br>• 需要一种新产品 |

图 11-23　产品解决方法指南

（1）建立操作衡量标准的基准价值。在当前的情形和条件下，建立衡量标准的基准价值。例如，在图 11-26 中，每行分别是变量 $C$，$N$，$f_1$，$f_2$ 和 $f_3$。接下来的两列是单位和基准价值。例如，$f_2$ 表示因为管理程序没有及时处理而未被处理的客户交易（即离开商店的那部分客户），用百分比衡量，它的价值是 35%。

| 价值量化 | |
|---|---|
| 流程目标 | 在客户环境下使用，获得工程价值的定量值 |
| 由谁来做 | 领导流程：工程部门<br>强制性的参与：市场营销、财务、销售部门<br>其他职能部门的支持和参与<br>客户相关小组的参与 |
| 输入 | 上一步骤输出的表格 |
| 机制 | 如这一步所示的业务流程分析和价值的量化 |
| 控制 | 客户目标及他们业务运作的目标 |
| 输出 | 产品特性、功能和能力量化的价值描述 |

图 11-24　价值量化的流程说明

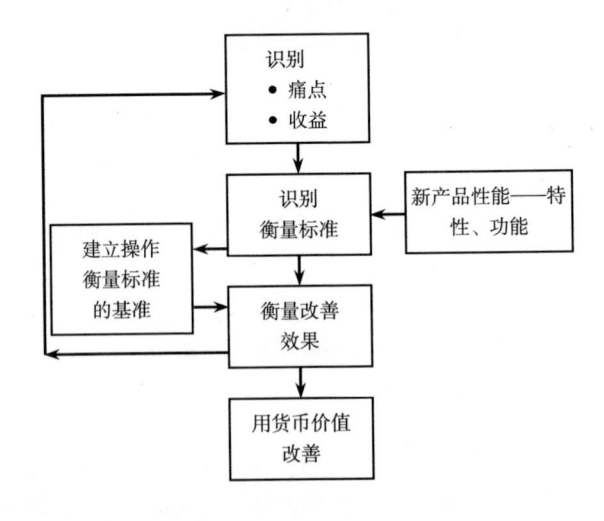

图 11-25　价值量化的应用算法

# 第 11 章 为产品和服务特性建立量化经济价值：一种客户案例分析方法

| 增加的销售额 = $C \times N \times f_1 \times f_2 \times f_3$ | | | |
|---|---|---|---|
| $C$ | 客户平均交易额 | 美元 | 10.00 |
| $N$ | 每年客户交易的次数 | 次数 | 500 000 |
| $f_1$ | 管理程序的客户交易百分比 | 百分比 | 2% |
| $f_2$ | $f_1$ 中由于管理程序没有及时处理而未被处理的客户交易的百分比 | 百分比 | 35% |
| $f_3$ | $f_2$ 中由于新设备加快了管理程序的访问速度而被处理的客户交易百分比 | 百分比 | 20% |
| | | 美元 | 7 000 |
| 减少的费用 | | | |
| 无 | | 美元 | 0.00 |
| 总的量化的客户价值 | | 美元 | 7 000 |

图 11-26 产品性能量化的价值

## 第 6 步：使结果生效

最后，使从前面的第 1 步开始产生的结果都得到持续地验证是很重要的（见图 11-27）。尤其是一旦建立了客户流程模型，我们就应该将它交给客户检查和批准。重要的是要持续地与客户调整衡量标准的收益。需要客户检查和批准的工作中最重要的一个结果，就是各种改进的货币价值。明确评价产品的新功能是工程团队提高其业务运营效率和效果的关键。

| 使结果生效 | |
|---|---|
| 流程目标 | 从企业和客户的高级管理者处得到调查结果、结论及潜在的工程解决方案 |
| 由谁来做 | 领导流程：工程部门<br>强制性的参与：工程、市场营销和财务部门<br>其他部门的支持和参与 |
| 输入 | 工程概念及产品新特性、功能的早期设计<br>目标市场中客户的量化价值效益 |
| 机制 | 高级管理者的决策会议 |
| 控制 | 回顾本项工作的原始目的和目标<br>客户向企业高级管理者介绍他们的观点描述 |
| 输出 | 高级管理者做出是否资助工程的决策 |

图 11-27 使结果生效的流程说明

# 结　　论

有一张客户需要清单是很好的，但是对许多开发决策来说却是不够的。为每一个需求建立一个可量化的货币价值非常有意义。这种方法要通过检查客户的实践及为我们的产品特性和性能水平建立基本的客户商业论证。这为新产品开发提供了更好的决策权衡。这种方法同样有助于识别空白机会。此外，因为方法论是缜密的，所有空白机会可以分解成清晰的、可操作的产品开发项目。最后，我们指出，尽管物理产品和专业服务有基本的不同，但是，我们的方法可以应用在产品上，也同样适用于服务。

# 作者简介

### 凯文·奥托（Kevin Otto）

凯文·奥托是产品创始公司的副总裁，该公司提供技术、市场营销和产品开发等领域的战略创新咨询服务。他重点关注产品平台、模块和"面向 6σ 的设计"。他在麻省理工学院讲授产品设计、体系结构和鲁棒工程方法等课程。他是《产品设计》(Product Design)的一位合作作者，《产品设计》是一本产品开发的教科书。他发表过内容广泛的有关产品结构、产品族、设计中的模糊理论和田口鲁棒设计方法。他获得过多个教学奖、国际会议的最佳论文奖和科研奖项，包括一项 RD-100 奖。奥托为各类《财富》100 强高技术企业做过咨询。他在加州理工学院获得博士学位。

### 维克多·唐（Victor Tang）

维克多·唐是麻省理工学院的博士生。他的研究包括复杂系统的产品开发方法、服务产品开发方法和战略决策模型。在进入麻省理工学院之前，他是 IBM 公司中国区副总裁，并在公司战略、产品开发和业务开发等领域拥有其他的高级管理职位。他还是 IBM 的 1998 年长野冬奥会的 IT 系统经理。他曾经向联合国、外国政府和《财富》500 强企业提供过咨询服务。他也是 3 本有关产品开发与管理类图书的合作作者。其中的《银湖项目》(The Siverlake Project)被翻译为俄语、中文和韩语。

### 沃伦·西尔林（Warren Seering）

沃伦·西尔林博士是麻省理工学院的机械工程和工程系统教授。他的研究集中于产品设计与开发、动态系统和机器人。他讲授过的课程包括产品开发、应用力学、系统动力学和计算机编程与数值方法。他是美国机械工程学会会员、设计协会理事和麻省理工学院工程学院的 Weber-Shaughness 首席教授。他与他的学生共同发表了 100 多篇论文，他和 NSF 认证组织共同创建了麻省理工学院的"产品开发创新中心"。他在斯坦福大学获得博士学位。

# 第12章

# 将需求流程整合到新产品开发流程中去

克里斯蒂娜·赫普纳·布罗迪（Christina Hepner Brodie）

以往的经验告诉我们，需求管理是一项挑战。太多的产品开发团队在贝塔测试（由产品的多个客户在实际使用环境下进行的测试）中惊奇地发现，他们的解决方案达不到要求或根本就没必要。开发团队可以通过整合需求以提高解决方案的成功率，然后在整个产品开发过程中跟踪那些需求的演变。

## 建立需求流程的典型挑战

虽然许多开发团队口头上承认展开需求管理，但问题仍旧存在。在某些情况下，产品开发经理不能将流程中重要的方面进行优先级排序。在其他情况下，开发人员不能完全了解他们正在试图解决的客户问题。他们可能认为客户想要的（解决方案或规格）就是需求。或者，他们认为让客户参与是没有意义的，因为客户不知道或不能告诉你他们到底需要什么。

在一些公司，只有销售部门去定义需求，但是研发部门却不相信它们甚至认为它们定义的需求太抽象所以没有意义。在高科技公司，尤其是那些由研发部门进行开发决策的公司，一些工程师和高级管理者认为产品失败只是因为营销活动和销售人员没能适当地实现它的利润。工程师和高级管理者不认为这种失败是由于开始时需求定义不明确而造成的。营销和研发的工作大部分是分开的，这更可能使公司产生对需求的误解，造成充满争议或责备的情况发生。

我们往往缺少一种综合性方法，由一个跨职能责任人来监控整个产品开发中的需求。通过定义或改进生成和追踪需求的流程，公司能够整合所有给定项目的需求阶段，并测量其在满足需求方面的总体有效性。本章帮助人们评估组织需求流程，如果需要的话，会为改进提供指导。

# 第1部分：创建我们的流程

如果我们确定我们的流程需要改进并且能够影响决策进行，我们就能找到一个先后步骤的概要，来帮助塑造和试行一个可行的流程。

## 1. 确保高层的支持

没有领导时，在需求管理流程和建立合规性方面投入时间和资源也许是没用的。强有力的需求流程的领导应来自监视产品开发流程的执行者或高级管理者。如果需求流程被认为能够增加价值，那么这个团队必须建立、激励和引导流程设计团队为他们的组织创建正确的方法。

设计团队能够建立一个系统，为每个项目创建、捕捉和追踪需求。这个系统能够促进流程，并能创建正确的方法来测量我们满足客户需求的程度，以及测量流程对产品成功的影响程度。

## 2. 为组织定义需求术语

在相关的术语上达成共识是最初的挑战。词典上把需求定义为必要的或强制性的东西。在产品开发中，需求并不总是这个意思。对于更加复杂的问题，许多公司使用"客户需求""产品需求"和"产品规格"等术语。有些公司则创建了自己特有的术语。本章以陈述目前定义和相关案例作为开始，然后我们可以按需要创建与我们的公司更加相关的案例。

## 3. 定义我们的流程

一旦执行总监批准了一个新的需求流程，关键的参与者在术语上也达成了共识，那么下一步就是创建一个跨职能的设计团队来提升组织的认同。设计团队的首要任务就是绘制和评估需求流程中的每一部分，识别改进区域。图12-1是一个简单的需求流程评估，它能帮助我们开始评估实践方案。我们团队的下一步是为创建需求的步骤生成一个草稿。接下来是说明性的、一套通用的步骤，提供给设计人员一个良好的开端。图12-2是一个典型的产品需求开发模型。

第1步：评估。监视产品开发的执行者（如产品审批委员会，PAC），评估产品开发计划和项目的组合，识别目标机会，并建立产品创新章程（PIC）。产品创新章程中包括了组织对项目的业务需求，也建立了组织感兴趣的领域或解决方案

# 第 12 章 将需求流程整合到新产品开发流程中去

空间。

---

对于下面的实践方案，请使用这样的评分标准来回答问题
N/A—实践方案不适用于我们的行业
0— 实践方案不明显
1— 实践方案合适，但没有实际用途
2— 实践方案有时会使用
3— 实践方案一直在使用

1. 我们拥有一个产品开发流程文件
2. 我们拥有适当的需求流程，它是我们产品开发流程文件的一部分
3. 需求流程适应产品开发挑战的复杂性
4. 跨职能团队收集客户需求
5. 跨职能团队清晰表述客户需求
6. 客户需求是创意产生和概念开发的一个关键促进因素
7. 客户需求的潜在实现是内部审查解决方案概念的一套标准
8. 一旦确定了新产品概念，产品需求就要清晰地记录成文件
9. 随着概念的开发，最终产品的（和功能的）需求会连接到相关客户需求上
10. 职能组织在产品/功能需求设置上达成共识
11. 清晰地写出产品/功能规格
12. 为每个规格建立清楚的运作目标和（或）范围
13. 产品/功能规格与其产品/功能需求要保持清楚的连接关系
14. 测试需求与其产品/功能需求保持明确的连接关系
15. 为贯穿产品生命周期的持续改进而收集需求信息

查看你个人项目的分数，会让你看到流程改进的机会

---

图 12-1 简单的需求流程评估

> **定义**
>
> **业务需求**：给定项目的一个清晰明确的边界条件。业务需求可能包括驱动项目的战略目标、潜在解决方案的目标市场、广泛的投资界限和财务需求等。

一旦给定项目的探索领域或潜在解决方案空间的范围定义出来了，那么负责交付的跨职能团队应该对客户输入需求的质量和数量进行评估。

（1）持续改进项目。如果对现有产品的持续改进是项目的目标，那么销售人员、客户服务人员或其他面向客户的人员可能是需求信息的最佳来源。

- 创意库、数据库和其他获取客户意见、想法和投诉的资源通常是需求的很好来源。
- 依赖项目范围（搜索到多少改变或改进），团队在客户身上花费时间直接了解他们的需求，也许会从中获益。

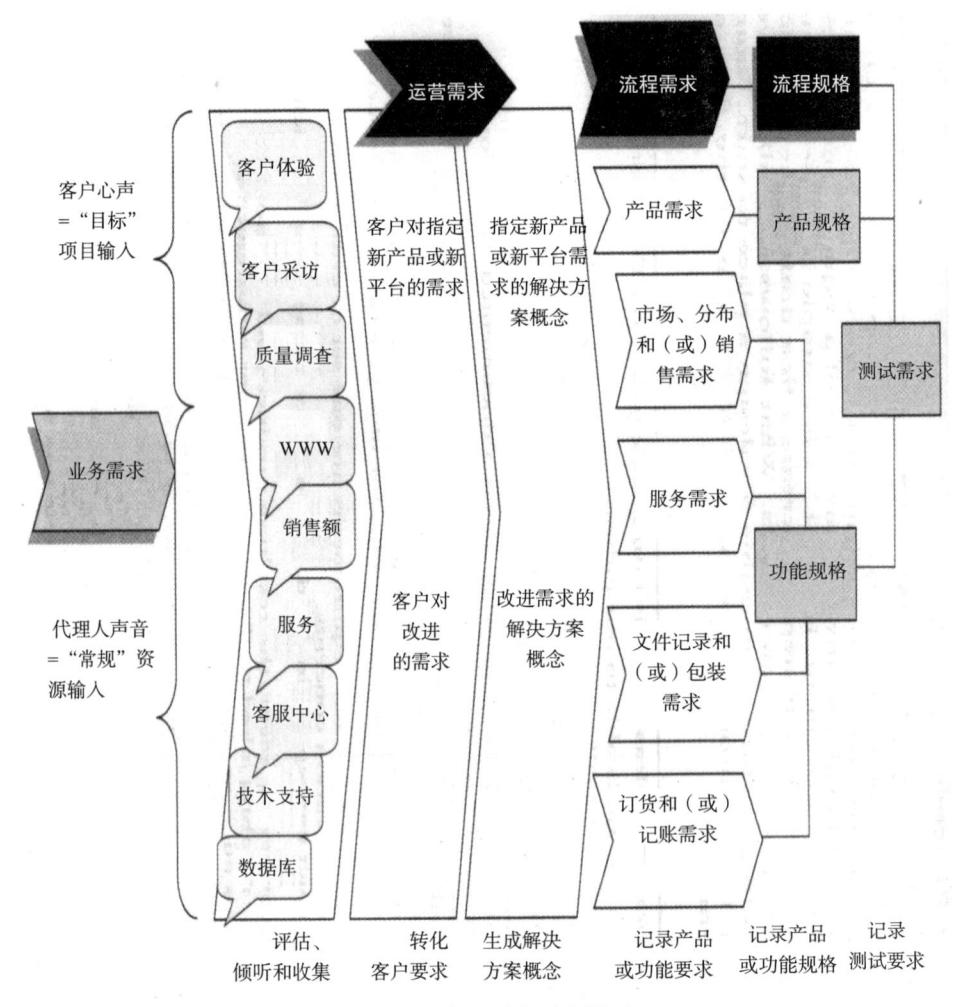

## 图 12-2 产品需求开发模型

（2）新产品或新平台项目。如果项目包括新产品或新平台的开发，那么团队应该首先从数据库或面向客户的人员处收集任何已有的信息，之后安排时间与相关解决方案的客户交流。站在客户的立场，有助于团队更好地了解需要解决的问题和争议。即使团队的任务是去创建新事物，他们也会从潜在解决方案指出的客户需求中获益。

# 第12章 将需求流程整合到新产品开发流程中去

> **案例：业务需求**
>
> 某医疗产品公司在仓促地推出一个平台后，因为昂贵的修正成本，它丢掉了市场份额而且没有投资回报。对于下一代的平台，执行管理者推出了一个跨职能团队来负责在创建新平台概念之前定义客户需求。业务需求包括如下内容。
>
> - 战略目标。用下一代的解决方案收回市场份额，并且预测相关的医疗应用在未来10年会如何。
> - 开发重点。下一代的平台。
> - 目标市场。在世界范围内，致力于亚洲、欧洲和北美洲的项目。

第2步：倾听。在产品或服务开发的最早阶段（阶段0，或机会阶段），跨职能团队成员收集数据，将它们转化成客户需求。不管是改进已有产品还是创建新产品或新平台，跨职能团队都要开始这项工作。拥有不同职能背景的团队成员相比单独职能背景的团队（如市场营销的团队），更可能发现全部的需求。

理解潜在需求的最好方法之一，是将有专业技能的团队成员放在客户环境中。通常，客户受到经验的限制，不能完全知道什么是可行的。例如，在电视机出现允许一次观看多个节目的分屏功能前，客户不太可能去要求这个功能。没有经历之前，他们不会知道它是可行的。然而，如果技术人员在客户家里花点时间，他们就可能注意到，一个房间里有两台电视机。为什么？因为有人想在同一时间看两个体育节目或家庭成员在观看什么节目上不可能总是达成一致，由于想看不同的节目而需要更换频道导致矛盾产生。这样的观察可能揭示客户未阐明的愿望："同时观看多个节目"。

第3步：识别心声。在完成客户访问或其他客户交流后，团队的首要任务就是逐字地仔细检查副本、记录或观察结果以识别有价值的客户或消费者心声。什么是心声？心声就是客户交流中的描述。

> **定义**
>
> 客户或消费者心声：客户交流中的描述，如访问、呼叫中心投诉、网站交流或服务电话描述。它可能是一个单词或一段话。

有价值的心声是任何能提供客户需求线索的一段话。它可能是投诉、见解、解决方案，或任何客户正在做的或尝试做的事情的描述。并不是所有收集的东西都有价值，所以，团队成员必须找出那些有助于他们识别或凭直觉把握客户的需求的内容，它们"存在于、伴随并受影响于"语言或观察。

> **案例：客户或消费者心声**
>
> （1）（医疗市场的案例）"我认为一个最大的麻烦是*筛选所有的数据，并确定哪个是重要的。今天，我们大部分的医疗设备显示了太多的数据，并且它们并不都有价值。在没有分析哪个数据重要的情况下，所有的数据都是一样的。*或许重要的数据应该最大化，而不重要的应该最小化或隐藏，直到有需求，或警报出现，甚至客户调用的时候再出现，然后它应该弹出一个窗口或类似的东西。所以我认为，设备需求更加清楚哪个数据是比较重要的。"
>
> （2）（金融服务市场的案例）"现在，短期目标有时不符合首要目标，例如，投资收益、扩展、利润，或只是你要动手处理它的想法。有时候，我们发现我们并没有给出公司想要的收益，而且，这里有部分原因是我们一直处于前一个层次。我们侧重于高的信誉，最终定价要低一些，因此，我们作为一个公司并未获利。所以，从短期的视角来看，现在我们正试图指出如何在不牺牲质量的情况下，提高我们的利润。信誉度是公司的名誉和品质证明，它现在也是这样的公司中争论的焦点。"
>
> （3）（食品市场的案例）"有时，我甚至不喜欢吃晚餐，我就想要一个三明治或汤和沙拉之类的东西。但有时，我什么都想要，比如牛排以及所有的菜。这有时会让我很为难，因为有时候，我想要做一顿大餐，但他们不想要。他们想要吃大餐的时候，我却不想去做饭。所以，我们有点不合拍。"

在这些案例中，上下文中形象化的"心声"用斜体字标出，可能是自身需求根源的"心声"用下画线标出。上下文的比喻重点是客户现在或曾经如何，而不是他们想要它未来如何。有些比喻也会有客户需求的线索。其他的"心声"有需求的线索（如抱怨、愿望、建议的解决方案），但没有描述的语境。

第4步：转化。一旦识别了关键心声，团队成员就能够将这些心声转化成清晰的客户需求。使用跨职能团队完成这项工作的好处之一就是它提升了把握客户需求范围的可能性。客户可能对有关问题或挑战的开放式提问做出反应，这些问题或挑战超出产品设计和开发人员解决能力之外——其中包含的需求可以由销售或营销战略、记录、包装、服务或监管策略来解决。

## 第 12 章 将需求流程整合到新产品开发流程中去

> **定义**
>
> **客户或消费者需求**：描述了客户或消费者需要解决或更高效地解决的需求 / 争议 / 问题。其他相似意思的术语可能是"市场需求"或"客户需要"。
> - 清晰的客户需求，描述在客户"心声"中能够很容易识别出来的明显的客户需求。
> - 潜在的客户需求，描述未表明的客户需求，这种客户需求可以从客户"心声"中获知或凭直觉从观察、客户经验知识或（潜在的）产品 / 服务使用内容的深入了解中获知。

例如，前面的医疗产品项目团队正在开发一种新的医疗设备。团队与医生、护士、生物医学技术人员、开发人员、维护人员和采购人员进行了访问——不同的人和该医疗设备有着一定方式的联系。在拜访过三大洲的许多医院以后，团队惊奇地发现，在一些地区，他们访问的有些人并没有花时间学习如何正确地使用这种关键的、能够挽救生命的医疗设备。团队也发现，即使人们学会如何使用设备之后，他们也很难根据显示器上看到的内容迅速明白什么才是重要的。

创建客户需求有两个方面：① 尽可能恰当地明确和具体地写出它们；② 深入思考能从客户情景和经验中了解到什么。在需求生成中，客户情景的重要性日益明显。例如，设计师被告知下一代商务包（如公文包、电脑包、背包或某种新解决方案）必须"轻量化"，但设计师自身并没有足够的信息。为什么它应该是轻量级的？情景细节可以帮助设计者理解需要解决哪些功能问题来使商务包轻量化（例如，商务人士有背部问题，或存在频繁提举和举高存放、存储过重东西等功能性问题）。情景知识有助于设计师确定需要解决的真正功能性问题——轻量级是解决方案的一个方面，可以满足客户需求。

对于重要的项目，团队将清晰的和潜在的客户需求结合起来。清晰的需求通常是捕获的那些还没有完全解决的问题，如因为解决方案在技术上不可行或在过去不划算，或因为缺乏吸引力和创新等。如果团队能够提出比已有产品更好的解决方案，那么产品就更有机会成功。在成熟产品类别中，识别潜在的问题变得更加重要，因为解决那些问题能够为产品差异化提供更大的机会。

> **案例：写一份清晰的客户需求**
>
> 客户心声："筛选所有的数据，并且确定哪个是重要的。"

客户需求通常被写成一句话,是从客户的利益点描述的需要解决的问题。在这个案例中,关键的问题是"理解""确定"或"认为"。下一步,转化者(客户"心声"的转化者)必须说出谁应该去完成这个任务。此处,这句话明显的主语应该是"医疗人员"。所以,第一次制定的清晰的客户需求如下。

清晰的客户需求:医疗人员决定哪个信息是重要的。

这只是一个相对明确的需求,还应有更多思考。团队成员可以通过证明医疗人员的专业技能和(或)通过定义信息的本质,来使信息更加明确。因为,许多类型的专家也许会使用该设备。但是团队成员不能确定的是,医疗人员能不能确定哪个信息是重要的,如通过团队成员对需求的思考,意识到医疗人员现在应该熟练地知道什么是重要的,而且,通过考虑客户心声的内容,团队成员会进一步考虑该问题。

客户心声的内容:"我们大部分的医疗设备显示了太多的数据,并且,它们并不都有价值,在没有分析哪个数据重要的情况下,所有的数据都是一样的。"

清晰的客户需求:医疗人员能够很容易确定哪个信息是重要的。

通过增加"容易"这个词,团队成员现在已经生成了多价值的需求,并且能够用一个标准进行衡量。

第 5 步:挑选。一个彻底探索了各种来源的团队可能识别出比实际可以解决的需求更多的需求。团队必须做某些相关的思考。前一案例中的医疗设备团队选择了设备自身能够解决的 28 个需求,另外 20 个需求来源于营销战略和服务,还有 25 个需求与在医院环境下产品的适应度相关。

### 案例:写一份潜在的客户需求

细节在说明不清楚的或潜在的问题时起到关键的作用。如果设备团队以前提过他们对识别潜在的客户需求感兴趣,那么直觉和技术知识能够为他们提供帮助。了解上下文有助于这些直觉上的关联。在这个案例中,客户心声如"操作过程中,我需要 3 个人——1 人负责病人,2 人负责设备",可以理解为"联合使用旋钮和杠杆来控制操作流程",加上可能的技术知识,更加细致的思考可以发展为以下方面。

潜在的客户需求:医疗人员控制"×流程"去服务病人,可以安全地自动操作。

## 第12章 将需求流程整合到新产品开发流程中去

> 在这种情况下，接受访问的当前设备的用户可能不建议自动操作，因为他们可能没有意识到这样的需求可以得到满足。但是，通过思考前后的客户"心声"（当前阶段对应的知识解释为什么需要"3个人"），团队能够靠直觉了解潜在的需求。词语"×流程"暗示了解决方案的一个方面。如果团队知道他们能推荐一个优于已有实践的解决方案，那么他们就会很小心。因为他们知道，解决方案需要适应已有的实践和医院的基础设施。如果他们可以安全地解决在这个操作节点进行自动操作的需求，将是很有意义的，即使是在几年以后，新的科学知识可能使医疗人员不再需要任何设备。

管理质量中心开发了一种挑选的方法，在这个方法里，团队成员作为拜访客户的代理人。他们将每个需求和需求来源抄写在即时贴上。然后，他们将需求贴在挂在墙上的白板纸上的逻辑分类中进行挑选。挑选步骤按以下内容进行。

- 根据客户的意见，每名团队成员拿一支红笔，在他认为最关键的需求上画圆点。
- 在每一轮，一个需求只需要一个圆点，如果已经有一个圆点了，就不能再增加了（这是个选择的过程，不是投票过程）。
- 在这一轮结束时，团队将没有圆点的需求去掉。
- 团队成员在第二轮中重复这个步骤，为他们认为应该得到审批的需求增加第二个圆点，在循环结束时，去掉只有一个圆点的需求。
- 团队成员在步骤开始时和每一轮结束时统计需求的总数。
- 重复这个过程，直到需求的数量在目标数量的30%之内。

当团队挑选的需求的数量到达那个临界点后，改变方法。

- 团队成员按照参与的团队成员的数量分割需求的目标数量（25~35个），这就生成了每个人拥有的最后选择的数量。
- 每个人轮流公布他的第一个选择，解释它为什么是重要的需求。倾听选择，确保团队覆盖了所有的重要问题。
- 团队继续新一轮选择，直到选出需求的目标数量。

第6步：准备测试和度量。为了衡量我们的产品或服务满足客户需求的程度，在生成需求之后但在开发概念之前，建立客户衡量标准。将这些衡量标准作为以客户为中心的测试的组成部分，在产品开发之后客观地评估最终概念、模型或解决方案。要包括要使用的测试和度量的描述，以及目前已知的有关每个客户需求的性能目标。这样，通常能够帮助团队更加清晰地阐明需求，有时还能够帮助团队精炼需求的语言。在验证需求之前做这项工作，我们能够收集额外的目标绩效信息。

第 7 步：验证客户需求。尽管定性技术加深了对客户需求的了解，但在做出重大投资决策前，通过量化的客户样本来验证这些数据至关重要。"自我重要性调查"是验证客户需求并确定优先级的常用工具。一些团队构建相对"满意度"问题，以确定客户对当前产品满足特定客户需求的满意程度。这使得团队能够分析相对于需求重要性的满意度差距。为了识别潜在的需求，团队可以单独使用 Kano 调查，也可以与重要性调查一起使用。Kano 调查关注 4 种需求："必需的""增值的""欣喜的"或"冷漠的"。客户很少提到他们"必需的"需求，因为他们假设那些需求是显而易见的，可以解决的。此外，因为"欣喜"是潜在的，不能用他们的想法清晰地表达出来，所以客户也很少提到它们。潜在的重要的且可以被解决的需求为产品差异化提供了一个重要机会。

第 8 步：开发解决方案概念。这一步就是为挑选的客户需求产生创意和开发概念。关注客户问题的创造性思维提升了产品或服务概念真正响应客户需求的可能性。如之前提到的，团队的多功能性在这里至关重要，因为客户需求可能由非产品的解决方案解决，如营销、服务、包装、销售战略和（或）文档。

第 9 步：建立运营需求。在确定最终规格之前，团队将很好地服务于收集运营需求，即将产品投放市场所需的内部因素。

---

**定义**

**运营需求**：从内部客户的角度描述更有效地解决问题的需求。

---

定义潜在的开发约束很重要。（例如，我们是否有能力去实际开发我们已定义的功能？）潜在的市场或销售约束（例如，我们是否有资源去完成在稍后的开发环节中需要的市场调查，为上市做好有效的准备？我们的销售组织在着手处理新渠道方面能否做好足够的准备？）和潜在的制造挑战（例如，我们是否有能力扩大生产规模和有能力按需求扩大生产规模？我们是否有我们需要的供应商和其他供应链搭档？时间安排是否与我们提出的日程安排相符？）也很重要。如果我们的团队和团队的发起人不能满足这些内部的运营需求，我们就不得不改变战略，使我们的最终概念与之相适应，或创造性地解决内部的需求。如果我们的公司生产了自己的产品，一些运营需求可能导致流程需求的产生。

第 10 步：在内部筛选概念。下一步是对照所有 3 组需求——业务需求、客户需求和运营需求来评估团队概念。通过对客户需求和运营需求进行跨职能协调，加上来自团队章程的业务需求信息，我们会在如何最好地满足 3 组需求的程度上有一个基本的标准。用于重点筛选讨论的常用工具包括 Pugh 公司的概念选择过

# 第 12 章 将需求流程整合到新产品开发流程中去

程和 PRTM 公司的简化的质量功能展开（S-QFD）。

> **案例：将内部声音转化成运营需求**
>
> 　　内部声音："我们的发展战略应该通过产品的性能而与众不同，但是，要利用我们已有的制造流程。"可以将其转化成如下内容。
>
> 　　运营需求：① 将图像的色饱和度校准建立到标准的产品质量测试（PQ）中。② 使用标准流程。
>
> 　　流程需求：使用大量低成本流程对设备进行消毒。
>
> 　　流程规格：使用 100%纯度的环氧乙烷（Eto）循环消毒（标准操作程序为：ST-010 温度 125℉，在小于 3 个标准大气压条件下持续 4 小时）。

　　第 11 步：生成产品/功能需求。在概念筛选和选择之后，测试概念是重要的，至少对关键客户来说是重要的。必要的话，我们可以在开发之前完善概念。这一步通常发生在阶段 1 中，或产品开发流程的定义阶段。一旦跨职能团队在最终概念上达成了共识，那么产品（或其他功能）需求就可以记录下来。在解决方案中，一个客户的需求可以转化成多个产品或功能需求。客户需求描述需要解决什么问题，产品需求描述如何去解决问题。依次地，在下面的复述中，这些"如何"变成"什么"——这是一个典型的"质量功能展开"（Quality Function Deployment，QFD）关于一个阶段与下一个阶段关系的思考方式。

> **定义**
>
> 　　产品/功能需求：解决客户问题的解决方案的功能描述。这个功能可以由产品设计或其他功能方案，如营销、包装、销售战略、客户服务、文档等来解决。

> **案例：写出产品/功能需求**
>
> 　　客户需求：医疗人员容易确定哪个信息重要。
> 　　产品需求：团队决定，部分解决方案将使用图形化设计和底层软件算法自动区分不同类型的数据。
> - 多个屏幕上使用一致的颜色和字体去区分关键的信息。
> - 对于相似类型的数据，数据的显示在多个屏幕上使用一致的背景。
>
> 　　功能需求：

- 宣传资料清晰地定义了重要数据相对于每个关键监测功能的区别。
- 销售流程包括特性的示范，专业人员可以通过特性来快速理解重要的数据。
- 销售流程邀请专业人员去体验轻松使用典型设备的情景，鼓励对重要的决策进行评估。

在这一步中，团队将记录从解决方案流向客户需求的附加产品需求。例如，如前所述，客户很少承认他们"必需的"需求。但是，这些需求对于总体概念来说是基本的。如果解决方案是新的或激进的，它可能无法解决任何"必需的"需求，因为，它正在以完全不同的方式解决需求。

第12步：生成产品／功能规格。在开发的开始（阶段2，或产品开发流程中的开发阶段），要为每一个产品或功能需求设定产品或功能规格。这些是解决方案中各个方面如何执行的技术细节，以及相关功能的性能目标。如果我们的团队早前创建了客户衡量标准，我们可能已经识别了一些绩效目标，甚至在定量的调查中和客户一起确认了它们。

### 定义

**产品／功能规格**：对特定产品或功能需求的特定技术解决方案和相关性能目标的描述。

第13步：开发测试需求。在阶段3或测试阶段，客户、产品和运营需求可能被考虑到最终的测试需求中。这些会在评估开发人员满足他们的需求和性能目标的接近程度中使用。初始需求的性质决定了实验室测试是否充分或客户和（或）现场测试是否必要。为了保证产品原型或早期产品有效，以及为了识别解决方案的必要改进，要进行实验室测试和现场测试。跨职能团队再一次基于本步骤之前的所有需求确定测试需求。

### 案例：产品／功能规格

**产品需求**：为了在多个显示器中区分关键的信息，数据显示应使用一致的颜色和字体。

**产品规格**：
- 关键信息区域的颜色亮度至少要比非关键区域亮50%。

- 关键信息的字体至少要比非关键数据大 6 个字号。
- 关键信息至少使用两种指示方式（如颜色+纹理）来防止颜色不易区别。

功能规格：

市场研究确定这些是对医疗人员最重要的需求（如容易找到关键数据），在销售流程中的医疗人员至少会以 3 种不同的方法（包括视觉、听觉和经验）知道这些需求的解决方案。

**案例：测试需求**

客户需求：医疗人员决定哪个信息重要。

产品需求：为了在多个显示器中区分关键的信息，数据显示应使用一致的颜色和字体。

产品规格：

- 关键信息区域的颜色亮度至少要比非关键区域亮 50%。
- 关键信息的字体至少要比非关键数据大 6 个字号。
- 关键信息至少使用两种指示方式（如颜色+纹理）来防止颜色不易区别。

实验室测试：

- 系统地检查产品原型中每个字段的关键数据。

测量：

- 亮度。
- 考虑其他方法区分目标数据。

贝塔试验：

- 邀请一个非色盲客户来识别关键的数据。

测量：

- 识别关键数据的时间。
- 成功地使用其他颜色识别数据（是或否）。
- 关键时刻能在给定范围内识别关键数据的满意度。

**定义**

**测试需求**：是对测试、测量和性能目标的描述，可用来客观评估解决方案满足特定需求的程度。

## 4. 建立追踪需求演变的方法

在需求流程中成功的关键就是能够跟踪从一个阶段到下一个阶段需求的演变，以及追踪在这个进展中任何改变的影响。对于有形的解决方案（需要生产的产品），项目开发得越深入，改变产品需求或规格的代价越高。但是有时，有必要做出改变。某些确定的技术方案可能不像假设的那样可行，或太昂贵，竞争对手可能推出意想不到的产品来改变局面，或市场可能以其他方式改变。关键就是能看到改变并理解其中所有的含义。

第 1 步：建立需求管理规定。基于组织中开发范围的多样性，一致的管理规定可以起作用。然而，在一些公司中，规定可能需要对项目范围进行调整（如新平台和新产品及已有产品的改进）。规定澄清职责和义务——谁来制定每一阶段的需求、谁来维护它们，以及谁有权改变它们。即使是"谁"的问题也可能改变。例如，被授权的人可能管理高风险的产品需求或规格，或管理解决方案中的关键因素，而别人管理不关键的需求。

虽然开发解决方案中的所有团队成员需要了解需求，并且很可能在创建这些需求时发挥了作用，但规定为更改这些参数、如何让一个更改获得认同以及如何进行更改设置了参数。相比于它们更抽象的前身，更具体的需求在早期开发中更加有灵活性。管理规定也要清楚明了地阐明什么时候需求会冻结在所有的层面上。

第 2 步：创建识别需求和需求的相关子集的独特方法。为了查看每个需求阶段之间的关系，我们需要一个方法将接下来的需求与它们前面的需求联系起来。一般地，我们可以建立一个编号系统或其他的编码协议来指明这些关系。

除了独特地识别每个个体的需求，创建这样一个系统，使团队能按逻辑和相关类别在更抽象的层次上把需求分类，使它们之间的连接更加明显。以这种方式管理需求的代价可能是昂贵的，但却是值得的。投入时间和资源可以降低风险。在开发过程中任何时间的变更，都可能对其他的因素或解决方案的其他方面产生连锁反应，带来潜在昂贵的结果。这就解释了为什么要清晰地识别变更的联系和影响。拥有良好的需求管理的另一个好处是我们的团队可以清楚地看到我们在流程中的位置，以及明确我们的开发何时完成。

第 3 步：建立需求文档。组织经常用电子表格或其他定制的工具来追踪需求的演变。除了强调的写成文档形式的需求，需求的初始根源也应该记录下来。给定这一信息的意义、组织和联系的需要，数据库解决方案或系统方法可以使文档更加有效。现在的软件能够帮助捕捉和监视需求——尤其是在开发和流程的测试阶段。在撰写本文时，公司发现现成的解决方案并不理想，但可以进行调整。

> **案例：识别的唯一需求**
>
> 1. 医疗人员容易决定哪个信息更重要。
> 1）为了在多个显示器中区分关键的信息，数据显示应使用一致的颜色和字体。
> （1）关键信息区域的颜色亮度至少要比非关键区域亮 50%。
> - 设计细节一。
> - 设计细节二。
> （2）关键信息的字体至少要比非关键数据大 6 个字号。
> （3）等等。
> 2）对于相似类型的数据，数据的显示在多个屏幕上应使用一致的背景。
> （1）关键信息至少使用两种指示方式（如颜色+纹理）来防止颜色不易区别。
> （2）等等。
> 3）等等。

## 5. 制定职责和义务

监督。一旦我们已经为需求工作和可交付成果建立了明确的期望，审查委员会或产品审批委员会（PAC）在阶段审查或设计审查时必须向开发团队成员提出在阶段审查或设计审查中流程需求相关的问题。这会确保团队圆满地完成需求工作。如果团队没有书写清晰的需求，审查委员会的执行者可能需要适应这个方面并且进行训练。

审查委员会追踪每个项目需求的演变，可以最大限度地减少属性蔓延的可能性，属性蔓延会影响产品在开发过程中的有效性。此外，当审查委员会的管理者能追踪需求变更的决策过程时，他们能更好地了解其对流程循环周期的作用。

文档编制。指定一个团队成员用文档记录产品开发每个阶段的需求演变。如前面提到的，规定可能建立文档编制的责任，它可能是团队领导者职责的一部分，或根据团队正在开发的需求阶段进行责任轮换可能更合适。例如，产品营销团队可能为客户和产品需求提供文档，而研发团队提供规格。相应地，在高度技术性的项目中，产品营销团队成员可能为客户需求提供文档；每名职能成员可能负责为产品需求和功能需求提供文档，以及依次地编制详细规格和测试需求。提问的关键问题是：在开发的每个阶段，正确和彻底地为需求准备文档的最好方法是什么？

追踪。一旦我们为变更需求建立了规则，便需要进行控制，确保遵守规则。可以让某个成员负责追踪需求的状况及任何变更。如前面提到的，变更需求有时候是必要的（如应对市场变化、技术突破或失败的实验），使变更最小化，能使我们的流程更有效率，让产品和服务更快地上市。

6. 在产品生命周期中，通过流程改进产品

一旦推出了新产品（阶段 4，或上市和维护阶段），基于产品和服务的客户满意度就是满足需求情况的最终衡量指标。这些衡量标准和客户的反馈也是持续改进、提高或变更的创意来源。因此，循环又开始了。

## 第 2 部分：试用我们的流程

在与所有开发团队说出需求流程前，试用新的需求流程和测试其交付的价值。试用的范围会依据项目的组合和我们开始新项目的频率而不同。如果我们的组织很少开发新的产品且每个产品要用几年的时间开发，那么我们可能无法进行全面的试用。我们的目标就是识别 3 个即将启动的项目。让团队遵循新的步骤和准则，提供什么步骤清晰、什么步骤有效等反馈信息。如果试用团队可以着手改进他们需求的详细规格，我们必须对其有足够的了解，才能在公布它之前改进我们的流程。

## 第 3 部分：改进我们的流程

试用团队的反馈信息和对项目足够的了解对改进我们的流程很有价值。我们的流程必须按照自身情况进行修改。例如，如果我们的公司已经创建了一个产品的许多代，我们可能预先设置了产品需求，并在产品需求的步骤把它写入了我们的文档中（需求与耐用性、安全性或法规问题相关）。正如前面提到的，对于给定的概念，我们可能也同样有特定文档中"必需"的需求。我们的流程必须定义何时及如何整合新产品或功能需求。

复杂解决方案的规则可能与那些不太复杂的解决方案不同。对于许多产品或服务，30 个客户需求足以定义一个新的机会。但是，在复杂的产品中，团队可能从解决方案各维度的多组客户需求开始。例如，一个微电路系统（SOC）、电路测试设备团队认为客户需求中一套由硬件解决，另一套由软件解决，这是很重要的。团队会在它的"关键客户需求"满意之前，确定出约 40 个。

# 第 12 章　将需求流程整合到新产品开发流程中去

服务和软件解决方案提出了另一个问题。一个解决方案可以有无数选择，即使已经建立，也要随时改变。在解决方案空间中的排列越多，就越难追踪它们。一个有经验的研发软件工程师指出："软件很难管理，因为很难看出它是成功了还是失败了。代码变得越来越复杂，导致人们没有办法理解。解决方案的组成部分有太多变化，以至于一个变化能在解决空间中带来无数的组合——在客户详细说明中，如何在如此多变的情况下测量成功呢？失败一般容易被发现，成功却难以被发现。"

## 第 4 部分：将我们的需求流程集成到产品开发中

一旦完善了我们的需求流程，它必须"硬连线"到我们的整个产品开发流程中去。相关的步骤和工作必须制定到流程文档和准则中去。这意味着，应在产品开发流程的多个水平上建立清晰的联系，包括职责和责任、工作流、模板、决策标准、测量标准、相关的信息系统和奖赏。一些团队可能需要在如何收集客户信息、如何将信息转化成清晰的需求、如何将那些需求文档化等方面进行培训。项目监视委员会必须在阶段审查中提出有关需求工作的问题并且辨认表现出色的地方，或什么时候工作完成得不好。他们必须适应糟糕的工作，并要求项目团队回去改进或完成需求工作。对于进行定义需求工作的整个组织来说，这样的行为模式对于整个产品的成功很重要。

正视文化。在大部分的文化中，人们很少渴望去改变或再整合"一个流程"。在这里，我们要求人们准确地展示他们在做什么。一个共同的流程可以降低独立性并提升责任感。当人们感到他们正在放弃控制权时，他们可能拒绝接受更加审慎的积极的过程。

希捷公司意识到需要更好地管理需求。系统工程师兼公司流程设计团队的领导者斯科特·沃姆卡解释道："对于全球部署，我们受需求的推动，我们正在越来越多地使用统计学来衡量满足需求的有效性。我们不仅要确保有效地满足给定的需求，而且也要能够衡量我们的成功。因为我们的组织在地理上是分开的，我们需要能够全球通用的需求语言。俄克拉何马州的设计师应该能谈论新加坡的项目需求，并且能够清楚理解项目需求。"沃姆卡遇到过这样的组织挑战："现在，我们专注于基础设施，我们正在建立关键的组织联系。对于我们来说，管理我们的需求流程同样意味着文化上的根本性变革——这样的改变总是需要时间的。"

衡量结果。制定一个标准，我们的组织使用这个标准来衡量绩效。例如，定性的：团队成员在需求定义上的共识达成的如何，他们对满足需求的预期如何？

或定量的：工程变更通知（ECN）的数量减少了多少？提出之前，要进行的修改工作减少了多少？最后，在市场中，解决方案有多成功？

一项工作要被衡量过才算是完成。

## 关心客户需求

### 为什么我们应该关心客户需求

一家公司为什么要关心客户需求？当产品开发团队在概念开发前进行清晰表达客户需求的工作时，他们更可能提出满足客户需求的产品或服务概念。研究表明"在开发之前，成功的产品有更精确的定义"。按照库珀所说的，成功的项目有这些精确的定义：

- 比一般项目高出 3.3 倍的成功概率。
- 有更高的市场份额（平均是 38%）。
- 盈利能力评分为 7.6（定义不明的项目评分为 3.1）。

进一步支持客户输入产品需求的重要性来自 1997 年的一项研究，这项研究发现："在 80% 的成功产品中，开发人员要么具有高于平均水平的先前市场知识，要么收集高于平均水平的市场信息，并使用高于平均水平的努力来建立产品规格。

"相似地，在 75% 的（产品）失败中，开发人员知道的市场信息低于平均水平，或在建立产品详细规格时忽略了市场信息。这种从 75% 的失败中区别成功的能力表明：市场信息流程虽然不能保证成功，但它大大提高了成功的可能性。"

在新产品推出的需求加速的情况下，一些公司的领导者也迫切需要改变。某电子元器件公司的一名经理指出："当我们只有几个产品时，正式地管理我们的需求就不是那么关键了。既然我们产品的数量和复杂度正在增加，以及我们正在进入新的市场，那么我们必须找到一种有效的方式来跟踪它们。"

2003 年 1 月推出新产品后，惠普公司的 AlphaServer 受到客户和分析员的好评。它甚至吸引了大量新的客户，尽管 AlphaServer 是惠普公司线上的最后一代产品，但它的收入计划高达数十亿美元。当被问及这个产品为什么如此成功的时候（尽管开发团队是在项目期间的两次公司合并中幸存下来的），项目经理苏比哈什回答道："我们在收集客户'心声'和将客户'心声'转化成客户需求的工作与我们的团队是一致的。这种一致保证了我们的团队在面对外部困惑时，能够保持动力和凝聚力。我们在整个开发的 5 年时间里，在墙上用文字保存了整套需求。我们能够准时提供客户的确喜欢的解决方案，并且成本只是先前平台开发成本的一半！"

# 第 12 章 将需求流程整合到新产品开发流程中去

要求认真管理需求的公司能够更好地跟踪决策的制定，并且衡量其他关键的循环时间要素。但是，响应需求的解决方案产生之前所完成的坚实的需求工作，在市场投放新产品后，将会迎来一个严峻的考验。一个可靠的需求流程会使能满足或超越关键产品开发目标的产品在市场成功和盈利能力方面有一个可测量的增长。

## 作者简介

**克里斯蒂娜·赫普纳·布罗迪（Christina Hepner Brodie）**

克里斯蒂娜·赫普纳·布罗迪，NPDP，是 Pittiglio Rabin Todd & McGrath（PRTM）公司的主要负责人之一，她有 13 年以上的在公司从事新产品和服务开发与通过预先明晰定义改善绩效的工作经历。她是《结合客户意见选择：根据客户意见行动》(*Voices into Choices: Acting on the Voice of the Customer*)的作者之一，克里斯蒂娜在促使商业战略和新产品开发团队理解市场的动态性和一手客户需求方面有很好的声望。她将客户意见收集方法论介绍给 80 多家公司的高级管理者、经理和新产品开发者。在加盟 PRTM 公司之前，克里斯蒂娜领导着 CHB 咨询公司，并与"管理质量中心"合作工作过若干年，她在"管理质量中心"参与客户意见收集方法论、概念工程®、FOCUS 方法和"语言过程®"方法的开发。

# 第 13 章

# 用户创新工具箱

埃里克·范·希普尔（Eric von Hippel）

"认真听取客户想要的，交付能够满足或者超出他们需要的产品。"这句口头禅指导着很多商业活动，按照这句话来做毫无疑问会带来不错的产品，甚至这句话决定了整个行业的发展。但是，盲目追随这个普遍认同的商业原则的做法也会威胁到公司的竞争能力。困难之处在于，完全理解客户的需要是一个代价很高而且很难把握的过程。甚至当客户很明确地知道自己想要什么时，他们有时也无法清楚和全面地把信息传达给制造商。如今，随着许多市场的变化步伐加快，一些非服务行业转向服务市场，理解和响应客户需要的费用很容易失控。

幸运的是，一个基于涉及高科技领域模式的全新方法正在被开发出来。在这个新方法中，制造商真正摒弃了为了准确且详细理解用户的需要而做出的日益增加的令人沮丧的努力。取而代之的是，他们将需要相关的创新任务外包给了拥有合适创新工具箱的用户。

用户创新工具箱是一套完整的、为指定产品或服务类型和指定生产系统量身定制的产品和服务设计的工具集。它的用户友好性使得客户通过少量的培训就能够使用。客户使用该工具箱连同他们对自身需要的丰富理解来设计真正适合他们的产品。将客户开发的设计通过工具箱付诸实施是可以投入生产的，也就是说，它们可以直接交给制造商进行生产。

用户创新工具箱赋予用户真正的创新自由，允许他们通过反复的试错来开发他们自己的产品。也就是说，用户可以创建初步的设计、模拟和产品原型，在自己的使用环境下进行功能评估，然后反复改进直到满意为止。随着这个概念的发展，工具箱将指导用户确保整个设计能够在无须改变的情况下被生产系统生产出来。

各种各样的行业率先使用了创新工具箱的方法，并展示了它的价值。国际香精香料（IFF）公司是一家专门给如雀巢和联合利华这样的公司提供调味料的全球供应商，它开发了一个工具箱，使它的客户能够开发自己的调味料，然后公司来进行生产。

在材料领域，通用电气（GE）公司为客户提供了一个基于网页的工具来设计更好的塑料产品。在计算机软件领域，许多消费产品公司提供工具，使人们可以在他们的标准产品中添加客户设计的模块。例如，Westwood Studios 公司给它的视频游戏客户提供工具箱，使他们可以设计他们自己游戏里重要的元素，如游戏场景地图。许多用户参加这项活动并在线提供给其他玩家。Westwood Studios 公司将其中最好的设计添加到所售游戏当中。开源软件允许用户设计、开发、发布并支持他们自己的程序，不需要制造商。事实上，将客户作为创新者的趋势有能力彻底改变工业产业。到目前为止，定制半导体领域的数据结果表明，通过使用工具箱，同等复杂度的产品开发时间可以减少 2/3 或者更多，同时开发成本也会显著减少。如今，每年都有由用户设计，由生产硅芯片的定制集成电路工厂（如 LSI 公司）生产的数十亿美元的定制集成电路被卖出。

虽然用户创新工具箱现在只适用于少量的产品和服务的开发，但是这种用户工具箱进行产品设计的方法有可能扩展到很多生产领域，为包含多种用户需要的工业和消费品市场提供定制的产品和服务。工具箱也将提供给用户和大规模定制产品生产商所缺乏的设计方面的工具。实际上，用户创新工具箱将给用户的设计提供真正的自由，而不仅仅是从大批量定制产品生产商[1]提供的选项列表中进行选择。

这一章首先解释将需要相关的设计活动转移给用户的好处，然后阐述如何通过用户创新工具箱实现这种转移，同时阐述了这样一个用户创新工具箱内部元素的细节，最后将讨论何时和如何向用户展开工具箱。我们需要记住建立一个工具箱是一个重要的工作，这一章的内容并非只是让我们简单地将一些点连接起来并最终得到一个工具箱。我们对工具箱将会有很好的了解，并且获得信息，来评定哪种工具箱对我们的组织是一个可行的选择。

## 将设计活动转移给用户的好处

为什么把需要相关的工作由生产者转移到用户，能够促进新产品的开发和服务的改进呢？乍一看，这个问题似乎没有多大意义。毕竟，两种情况下做的事情是同样的。然而，事实上这样做有很大的好处：一是更好地获取用户需要信息；二是在实践的过程中实现了更快、更好和更低成本的学习。

实际上，产品开发常常很困难，因为提出要求的需要信息是客户提供的，而有关如何最好地为该需要提供解决方案的信息却在制造商一边。传统上，通过包括市场调查和相关领域信息收集等各种手段来收集客户需要信息，给制造商增加了负担（见第7～9章）。收集信息的过程成本高且费时，因为客户需要常常很复杂、细微并且变化得非常快。客户经常直到产品原型做好了，并且准确知道什么起作用、什么不起作用的时候才完全理解自己的需要，这个过程叫作"干中学"。

毫不奇怪，传统的产品开发是一个不断试错的冗长过程，常常一会儿在制造商一边，一会儿在客户一边。开始，制造商根据从客户那里得来的不完全的和仅仅部分正确的信息开发了一个产品原型。然后，客户试用产品，发现缺陷，提出改进要求。反复进行这个过程，直到得到一个满意的解决方案，经常需要花费很多的费用与时间。

为了充分描述传统开发困难的程度，我们可以考察一下国际香精香料公司的产品开发过程。在食品行业中，因为生产技术的原因，加工食品本来的味道被削弱了，所以几乎所有的加工食品都需要添加特殊的调味料来维持或增强味道。这些调味料的开发需要高度定制化和专门的技术，这种做法更多的是一门艺术而不是科学。

在国际香精香料公司，传统的产品开发项目可能是按以下方式进行的：一位客户需要用于大豆制品的肉香风味的调味品，样品必须在一周内送到。公司的市场专家和食品调香师立刻行动，样品在6天内送出。接下来便是令人沮丧的3周，客户的回应是"产品不错，但是我们需要少一点烟熏味并且味道更有劲儿一些。"客户很清楚他们想要的味道，但是公司的食品调香师却发现要求很难理解，结果是更疯狂的行动，公司在几天里努力调整口味。围绕着产品，公司和客户这样来来回回很多次。这反映了一个很大的问题，因为客户常常希望公司第一次或只是两三次的反复之后就把口味做对。

国际香精香料公司通过创建一个基于互联网的创新工具箱来解决这个问题，把与需要相关的创新活动转移给了客户。工具箱包含一个庞大的调味料资料的数据库，还包括把这些调味料调和成全新的或改进的调味料所需要的设计规则。为了保护公司的知识产权，工具箱里不包括特殊的化学配方。客户可以在计算机屏幕上设计一个自定义的调味料并直接把他们的设计发送给一个全自动机器，在几分钟之内就可以生产出一个样品。品尝样品之后，客户可以做任何必要的调整，例如，调味料太咸，他们可以很容易地调整一下资料上的参数，机器就可以立刻生产出另一个样品（见图13-1）。

需要注意的是，将产品开发交给客户，不应当排除"干中学"。使用用户创新工具箱使得传统的产品开发更好、更快捷，这里有三个原因。第一，公司可以避免为了详细了解客户需要带来的昂贵的开销和容易出错的尝试。工具箱非常好地满足了客户需要的细微部分，因为客户比制造商更清楚自己需要什么。第二，因为迭代过程单独由客户来进行，在产品开发过程中不可或缺的试错周期会进行得更快。第三，如果客户按照工具箱内的规则来做（并且假设工具箱里的所有技术缺陷已经被解决），那么客户发给制造商的设计在第一时间就可以进行生产了。

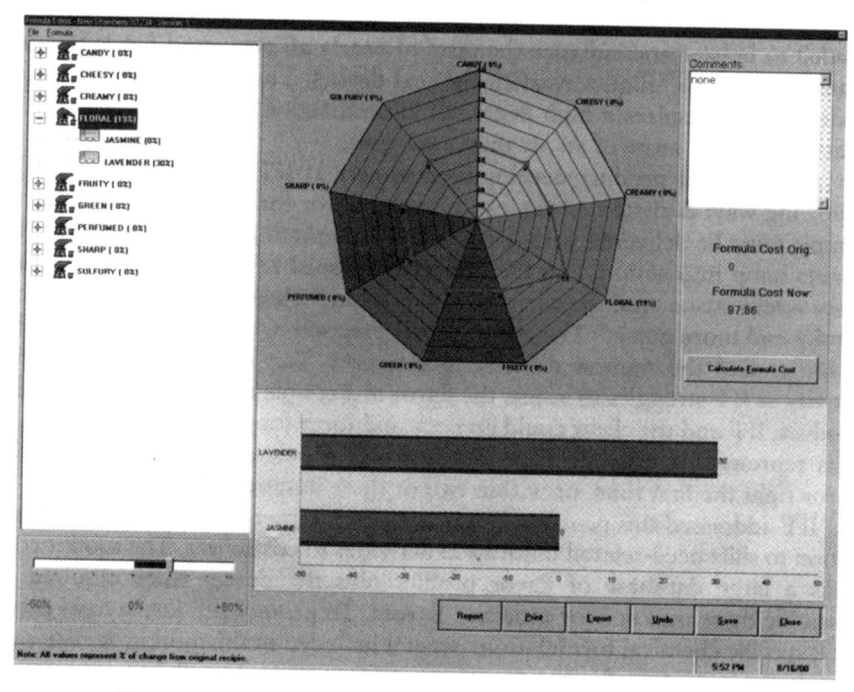

图 13-1　IFF 公司用于设计定制调味料工具箱的客户接口界面

用户创新工具箱也给公司提供了其他几种主要的好处。例如，向客户提供用户创新工具箱，可以帮助公司保留那些之前与之合作开销很大的小客户，而这会极大拓展公司可争取的市场，同时转化这样一些潜在的客户（他们因为得不到服务而沮丧，进而转向竞争对手或转向市场的新成员）。工具箱也会使公司向大的贵宾客户提供更好的服务。这是多数供应商意料之外的好处，因为他们总认为大客户更喜欢已经习惯的传统的手控方式。然而，经验表明大客户往往更渴望使用一种工具箱，尤其是在快速的产品周转非常关键的时候。

可以用 GE 公司的案例来说明这些好处。GE 公司并不设计或生产塑料产品，而是将树脂卖给设计和生产塑料产品的公司。这些树脂的属性必须精确匹配最终产品（如手机），同时还要匹配该产品的生产过程的要求。随着 GE 公司 1998 年 Polymerland 部门的成立，GE 公司提供给客户公司数据表访问、工程专业知识和模拟软件，以帮助客户设计塑料部件和设计准确制造这些部件的模具。客户使用这些知识和模拟软件在设计过程中进行不断摸索的实验。例如，客户可以使用 GE 模拟软件来模仿具有一定数量一定级别的强化塑料如何注入他们设计的模具中。如此尖端的在线工具的成本大概是 500 万美元。

当然，GE 公司并不只是简单地进行了慷慨的投资。通过网站，公司辨别并追踪那些可能变成客户的人，然后这些信息传达给网络营销人员。现在，网站每年吸引大约 100 万的访问者，对他们进行自动筛选以获得潜在销售机会；这些信息占所有新客户的将近 1/3，因此刺激了 GE 公司的成长。同时因为获得新业务所需成本的降低，GE 公司现在也去寻找过去可能被忽视的小客户。值得一提的是，潜在客户能被公司现场营销所吸引的销售门槛现在已经降低了将近 60%。

在线工具同样使得 GE 公司以较低成本提高了客户的满意度。在建立网站之前，GE 公司每年会接到大约 50 万个客户的电话。如今，在线工具的可用性让这个数字减少了一半。实际上，客户每周使用这个工具超过 2000 次。为鼓励客户快速适应工具箱，GE 公司 1 年进行大约 400 次电子专题研讨，使大约 8000 名左右的客户对学习工具和产品产生了兴趣。公司希望这些努力将会激励产品工程师使用塑料和 GE 公司的树脂来设计由塑料和 GE 树脂制成的部件，否则他们可能使用金属或其他材料。

## 如何设计一个用户创新工具箱

就像我们看到的，当需要相关的设计任务分配给了用户以后，时间和成本都压缩了，基于棘手的、转移成本高的用户信息的"干中学"可以被无缝地、有效地集成在设计流程中。但是用户不是制造产品和服务领域的设计专家，用户创新工具箱怎样才能有效地让用户创建出成熟的、可生产的设计？进入这个领域的先驱制造商采用两个主要的步骤来解决这个问题：第一，他们将其传统的产品或服务开发任务重新划分，以便将与需要相关的问题解决方案集中在很少的几个任务上，然后将这些任务分配给用户；第二，他们开发出恰当的用户创新工具箱，给需要完成这些分配任务的用户。

**用户创新工具箱对我们的公司有意义吗？**

有 3 个主要的迹象表明我们的公司将会从以客户为创新者的方法中受益。

（1）我们的市场细分在紧缩，客户不断要求定制产品。当我们努力去响应这些要求时，我们的开销开始增加，而我们又很难将这部分开销转移给客户。

（2）在我们满足客户的需要之前，我们和我们的客户常常要反复很多次。一些客户开始抱怨我们生产的产品弄错了或我们的响应速度太慢。我们试图限制产品能定制的程度，我们的小客户必须使用标准产品或到别处寻找更合适的解决方案。结果是，客户的忠诚度开始下降。

（3）我们或我们的竞争对手在内部使用高质量的计算机模拟软件和快速原型工具来开发新产品。我们也通过计算机来调整生产过程以便制造定制产品（这些技术构成了工具箱的基础，使客户可以使用工具箱来开发他们自己的设计）。

## 重新划分开发任务

在常规的产品和服务开发范例中，大量地依靠需要相关信息来解决问题是很多产品和服务开发任务的典型要素。毕竟，如果任何情况下都是制造商去解决所有问题，那么从信息传递成本的观点来看，需要用到需要相关信息的任务或多或少都显得没有必要。然而，如果目标是仅把需要相关的设计任务交给用户，使这些任务尽可能少和简单，那么制造商就必须重新考虑新产品和服务开发任务划分的方法。

这种重新考虑可能导致产品或服务的基本结构从根本上发生改变。想象一下，半导体制造商进行了任务的重新分配，他们改用了一个新的工具箱范例进行定制芯片的开发。以前，半导体制造商只凭用户需要的规格，由自己完成所有的芯片设计任务，并且，因为制造商的开发工程师从事所有的设计任务，这些工程师通常把需要相关的信息融入设计中，这些设计包括电路基本元件如晶体管，也包括把这些基本愿景连接为功能电路的走线。

重新思考客户设计问题，电路元件就应该做成符合所有定制电路设计的标准件，所有有关芯片功能的客户相关信息应该集中在设计芯片电路板的布线配置上。一种叫作门阵列的全新架构的芯片被创建，以允许对任务的重新划分，布线设计任务交给用户，再加上一个工具箱，帮助和指导他们来完成这些任务。

相同的基本原则可以用更少的技术背景来说明，如食品设计。在这个领域，制造商的设计师通常承担开发一个新型食品所有的活动，所以他们可以随意地把特定需要的设计与任意一个或所有的食品配方设计元素相结合，只要是方便就可以。例如，制造商的开发人员可能发现，他们可以简单地通过为糕点本身设计新的口味或采用新材料来设计一种新糕点，或者通过为糕点上的覆盖物设计新的口味和采用新材料来设计一种新糕点。但是，我们可以将这些相似的任务重新划分，这样只有一部分任务利用了需要相关信息，并且这些任务可以比较容易地传递给用户。

比萨饼的制作可以说明上述问题。比萨饼的许多设计方面，如面团、调料等，都是标准化的。用户的选择就变得只能局限在一个任务上：比萨面饼上馅料的设计。换句话说，对于一个给定用户来说是独特的、全部的需要相关的信息，只与馅料设计任务有关。将这个单一的任务转交给用户，也可能给具有创造力的个体提供了很大的设计空间（虽然比萨店往往对此严格限制）。任何可以食用的成分，从水果到可食用的花，都可能成为馅料的组成成分。但是，需要相关信息只集中在单一生产设计任务上这一事实，使得将自由设计权赋予用户变得更为简单。

## 用户创新工具箱元素

工具箱作为一个一般性的概念并不是新提出来的，任何制造商都会为他们自己的工程师配置一套适用于开发要生产的产品和服务的工具。用户工具箱也不是新概念，很多用户拥有个人收集的工具集合，可以帮助他们发明新的物品或者对标准件进行改良。例如，一些用户拥有木工工具，包括从锯子到木工胶水，这些工具可以用来制造或改良家具——或者用非常新颖的方法，或者用传统的方法。其他人可能拥有创建或修改软件所需的一套软件工具。然而,这里的新概念是指，集成的工具箱能够使用户对定制产品和服务的设计进行反复创建和测试，然后可以由制造商原样生产出来。

有效的用户创新工具箱满足 5 个重要的目标：第一，它让用户能够进行完整的试错学习循环；第二，它提供给用户包含所要建立的设计的解决方案空间；第三，客户能使用他们习惯的设计语言和技巧来使用工具箱，他们不需要很多的附加培训就可以使用工具箱；第四，工具箱包含通用模型库，用户可以把这些库加入自己的设计之中，这样用户就可以集中精力设计那些设计中独特的元素；第五，设计合理的工具箱能确保客户产品和服务的设计能够通过制造商生产设备生产出来，而不需要制造商的工程师去修改。

> **练习：找出我们的"需要密集"产品设计任务**
>
> 列出我们公司的产品开发团队设计一个定制产品的基本解决方案步骤。是不是有些步骤需要大量的用户需要信息，而另一些步骤不需要？如果不需要，这些步骤能不能被重新划分，以找到我们需要的用户需要信息？在进行"需要密集"产品设计任务中，没有了产品设计工程师的帮助，客户必须需要哪些工具才能完成设计？

## 第13章　用户创新工具箱

**两个案例**

（1）3M 公司某部门为电信公司制造外护套，用在安装设备的支撑杆上或其他地方。

- 旧任务顺序。像 Verizon 公司这样的电信公司的客户提供了一份他们打算安装新的定制的外护套的设备清单。3M 公司的工程师使用一个计算机辅助设计（CAD）程序来设计合适的外护套和安装点。客户检查 3M 公司的外护套设计产品原型，发现这个产品原型需要改动设备清单或规格的其他方面。3M 公司反复重新设计，直到客户满意为止。
- 新任务顺序。3M 公司提供给客户一个他们的设计外护套的 CAD 程序的一个用户友好的版本（为了保护 3M 公司的知识产权，工具箱只是公开一些客户接口）。客户把需要使用外护套的设备清单和需要规格输入用户创新工具箱，工具箱就会创建一个产品原型，客户来评估这个原型，看看是不是需要更换，并相应地修改设计。满意以后，客户把整个设计发送给 3M 公司来进行生产。

（2）一个塑料制造商生产食品包装薄膜。不同的食品生产者需要定制的薄膜"结构"来提供不同形式的食品保护，这种"结构"是将几层不同性能的塑料碾压成薄膜，这一结构中的特定层可以阻隔氧气进入包装内部的食品，而其他层可以用来阻挡紫外线。

- 旧任务顺序。食品包装行业的客户把一组性能指标和目标价格交给塑料制造商。制造商的工程师使用 CAD 程序，再加上工程经验，设计一款接近客户要求的、性能指标又在技术上可行的薄膜。客户修改性能指标，在他们的需求和刚刚知道的技术限制之间找到更合适的产品。塑料制造商反复重新设计，直到客户满意为止。
- 新任务顺序。制造商的工程师将相关的工程经验转移到一个增强版的 CAD 程序中，这个程序包括塑料薄膜所有层的成分，以及一些结构上的规则，如需要考虑的各层之间的兼容性。把这个 CAD 程序包加上一个新的用户友好的程序接口，作为一个用户创新工具箱提供给客户。为了保护公司的知识产权，程序里只包括每种薄膜类型中每层的功能特性，每层的化学成分由公司保密。客户把他们要求的规格输入程序中，程序就会立刻给出尽可能匹配客户规格的塑料薄膜结构的性能特征，还有对应的价格信息。客户来评估这个原型，看看是否需要更换，并相应地修改设计。满意以后，客户把整个设计发送给生产者。

## 通过试错实现"干中学"

用户创新工具箱的关键在于使用户在创建他们的设计时能经历完整的试错周期,这也就是"干中学"所做的事情。例如,假设某用户正在给公司设计一个新的电话应答系统,他采用厂商提供的一种基于计算机软件的计算机电话集成(CTI)设计工具箱。同时假设该用户打算在设计中加入一条新规则"将所有 X 类型的呼叫转移给乔"。妥善设计的工具箱将会允许他暂时把新规则加到电话系统软件中,这样他可以实际试一试,通过现实的测试或模拟实验来看看会发生什么。他可能发现这个方案状况良好,或者,他也可能发现新规则引起了一些意想不到的麻烦,如乔也许会收到太多的呼叫,这种情况下,他可以返回,进行另外的设计或另外的实验。

同样,在半导体设计领域的用户创新工具箱也允许用户设计满足自身需求的电路,然后,通过计算机模拟来"运行"电路以检测设计。这能够快速地发现差错所在,用户也能够使用工具箱提供的诊断和设计工具快速而低成本地进行错误修复。例如,用户通过对电路设计的模拟实验,发现他忘记了一个用来调整电路的开关,这种发现只需要进行一次必要的电路调整就可以完成。用户随后就可以快捷而便宜地设计出这个开关,不需要什么成本或时间延误。

考虑到如果没有工具箱可能带来的结果,我们应该感激工具箱中提供给用户的试错和"干中学"的能力。如果没有为用户提供用户工具箱,让他们能够利用关于需要和使用环境的本地信息并进行试错学习,他们就必须去订购产品来独立地研究设计的错误,这将是一个昂贵和不会令人满意的方式。例如,很多定制计算机的制造商提供网站,让用户"在线设计自己的计算机"。然而,这些产品配置网站不允许用户进行试错设计。取而代之的是他们只是简单地让用户从可供选择的清单中选择一些计算机配件,如处理器芯片、磁盘驱动器等。一旦选好配件,设计也就完成了,计算机就会组装并发货。用户无法在购买和第一次使用之前测试他所选的计算机的性能,使用之后可能满意也可能不满意。用客户成本来说是,不可预料的认知来得太晚:"我选择的高价内存原来看起来很好。但是现在计算机运行以后,我没看出性能上有多少不同。"

相比之下,用户创新工具箱允许用户进行试错测试,以评价最初的选择以便加以改善。例如,计算机设计网站应该加上这样的功能,用户在购买之前,可以实际指定使用自己的程序和计算任务来测试和评估一下计算机的硬件配置。要做到这一点,网站应该提供远程计算机的访问权,模拟用户指定的计算机操作,提供性能分析和对用户有意义的一些相关选项及有意义的反馈。例如,如果我们用

$y$ 价格增加 $x$ 选项，完成我们任务的时间将会减少 $z$ 秒。然后，用户可以根据设计、偏好和经过权衡只有他或她知道的信息，修改或确认最初的设计选择。

## 一个合适的"解决方案空间"

只有当定制设计正好在特定制造商生产系统的已有能力和自由限度内时，定制产品和服务的经济性生产才有可能实现，我们把这个称为系统提供的解决方案空间。一个解决方案空间范围可大可小，如果工具箱的输出和特定的生产系统绑定在一起，工具箱提供给用户的设计自由度也会相应地有大有小。例如，定制集成电路制造商生产工艺的问题解决空间可以提供给用户非常大的问题解决空间，它可以生产用户可能设计出的以各种方式连接的逻辑元件组合，因此用户可以在这个空间范围内发明任意的产品，包括从新型的计算机处理器到新型的硅片。但是请注意，半导体生产流程对此仍然有严格的限制，它只能用于以半导体逻辑表示的产品设计，无法应用于自行车或住宅的设计。而且，即使是在半导体领域，它也只能生产在一定的尺寸和其他特征范围内的半导体。另外一个关于生产系统通过工具箱为用户设计者提供很大的问题解决空间的例子是自动化加工中心，这种设备，通过各种基本的机械操作，如钻孔、铣削的组合，可以用任意一种可机器加工的材料制作出任意的模型。这样，旨在创造可在自动化加工中心上生产的设计的用户创新工具箱就可以为客户提供非常大的问题解决空间。

正如之前的案例，当生产系统和相应的工具箱允许用户操作和组合一些相对基本和通用的组件和工序时，用户设计师往往能得到较大的问题解决空间。相反，当用户只被允许组合相对较少的特殊用途选项时，问题解决空间往往较小。因此，那些希望设计自己的定制汽车的用户被限制在相对较小的问题解决空间中：他们只能在引擎、变速器、喷漆色彩等选择单上做一些选择。同样，通过大批量定制方式生产的眼镜的购买者被局限于只能对已设计好的"镜框清单中的任意一个"和已设计好的"镜片清单中的任意一个"进行组合，等等。

定制产品或服务的制造商限制用户设计师可能用到的问题解决空间，其原因是，只有在定制的用户设计只需要对现有的生产工艺进行简单的低成本调整的情况下，定制产品才能以比较合理的价格加以生产。当需求超出这个范围，成本将会急剧上升。例如，如果客户对大型芯片的需求超越了相应于现有生产设备的问题解决空间，那么集成电路制造商可能需要投资几百万美元，并且对整个生产线进行修改。

向客户提供用于用户创新的工具箱的制造商不再需要了解客户对新产品和服务的需要细节。另外，制造商又必须提供客户能设计他们所需新颖产品和服务的解决方案空间。例如，国际香精香料公司必须清楚将哪些成品加入调味料设计工具箱里，即使公司不必知道任何有关客户的需要或者任何有关客户希望做出来的调味料的属性。

幸运的是，确定一个工具箱必须提供的解决方案的规模不需要制造专家的超人洞察力。基于制造商的开发者，可以通过简单分析现有的客户产品建立第一代工具箱，并决定设计这些产品所需的解决方案的规模，或者他们也可以发布现有的设计工具集作为第一代用户创新工具箱，定制集成电路制造商 LSI 公司就是这样做的。然后，用户创新工具箱可以根据客户反馈不断进行完善。

> **练习：为我们的客户设计一个"合适的解决方案空间"**
>
> 收集过去一年为我们的客户开发的定制产品清单。涉及什么样的"设计规模"？使用了什么样的"设计元素"？如果很多不同的客户在定制设计的类别上差异很大，我们或许很希望这个练习只集中在一部分客户上。
>
> 例如：
> - 集成电路的定制设计中关于连线宽度、放在芯片上的元件的密度的设计规模具有很多不同的要求。对过去一年开发出来的设计的调查结果显示这些规模在 X 和 Y 之间变化。
> - 定制的集成电路将先前设计的单元和宏单元加入总体设计中。在过去一年里，我们在定制设计中使用的这种类型的设计元件的完整清单包含 X、Y 和 Z。

## 用户友好的工具箱

当用户创新工具箱是"用户友好的"，用户只需要已有的技能就可以使用，并且可以采用用户习惯的、有过亲身实践的设计语言来进行工作时，用户创新工具箱最有效、最成功。这意味着用户不需要学习制造商设计师们使用的设计技术和语言习惯，这些学习过程通常是很难的，因此他们几乎不需要经过培训就可以有效地使用工具箱。

例如，在定制的集成电路（IC）设计中，工具箱的用户通常是电气工程师，他们设计包含了定制集成电路的电子系统。电气工程师们常用的数字 IC 设计语言是布尔代数。因此，定制 IC 设计的用户友好工具箱允许用户用这种语言进行设计。这样，用户可以使用他们自己的、熟悉的语言来开发设计、检测它的运行情况并加以改善。

当然，用户必须在对一些合适的、比较完善的语言、技术或者工具比较熟悉的情况下，才可能基于用户熟悉的语言、技术或者工具建立设计工具箱。有趣的是，这种情况比人们最初假设的要多，至少从用户希望一个产品或服务所能完成的功能这个角度讲是这样的，因为功能是产品和服务展示给用户的正面部分。事实上，一个产品或服务的专业用户可能比制造商的专家更熟悉这些功能。因此，定制半导体的用户，在定制芯片应具备的功能方面是个专家，并且对从熟悉的功能元件到希望实现的性能之间的复杂的权衡比较有经验："如果我增加芯片的时钟速度，我就能减小缓冲存储器的大小……"

另一个技术含量不太高的案例是发型的设计。在这个领域，发型师了解的信息中，有大量的对于即便很内行的用户来说，也不可能了解的信息，例如，如何通过层层的修剪使得头发有特定的形状，或者通过有选择地对几缕头发进行染色，使得头发具有特定的条纹状色彩。但是，一个有经验的用户通常非常清楚如何通过照镜子查看自己的脸形和发型是否匹配，观察发型的卷曲、形状、颜色等细节上的改善是否如预期的那样满意。此外，用户对每天梳理头发所使用的工具，如剪刀、梳子的性质和功能非常熟悉。

一个用户友好的发型创新工具箱就可以建立在这些熟悉的技能和工具的基础上。例如，用户可以被邀请坐在计算机屏幕前，通过视频摄像机拍摄的图片来分析自己的脸形和发型。然后，她可以从计算机屏幕上选择色彩，在她现有的发型上观看效果，仔细观察发型，通过试错学习反复修改。同样，用户可以选择和操作熟悉的工具，如梳子和剪刀的图标，来改变计算机屏幕所显示的自己发型的长度和形状，能够对得到的结果进行研究并做进一步改进，等等。注意，用户的新设计和构想都可能是全新的，因为这种工具箱使得用户可以使用最基本的发型元素和工具，如色彩和剪刀。当客户满意时，这种设计就可以用发型师的语言翻译成技术性的设计发型指令，在这个案例中，这就是预期的生产系统。过去，这样一个系统也许实现起来成本很高，如今，个体发廊都可以给用户提供运行在中端个人计算机上的发型设计工具箱。

总体而言，计算机软件和硬件的不断进步使得工具箱设计师可以以越来越方便用户的方式为用户提供信息。以前，信息通常以说明表或者说明书的形式向用户提供。当用户开发项目需要了解相关特定信息时，经常要拿出说明书，在里面翻找。如今，大量潜在的需要信息被包含在计算机化的工具箱中，当开发工作需要相关信息时，程序就会提供给用户相应的信息条目。

## 模块库

定制设计很少在所有的部件方面都是新的。因此，在定制设计中频繁使用的标准模块库对用户创新工具箱来说是很有价值的部分。通过这样的模块库，用户可以将他们的创造性工作集中在那些真正新颖的方面。例如，设计定制办公大楼的建筑师团队发现标准建筑元素库非常好用，如有大量标准的支撑建筑的支柱，并且附有结构特征分析，这些可以用于他们对新建筑物的设计中。同样，定制集成电路的设计师发现使用预先设计好的元件库非常便利，这些元件从简单的运算放大器到完整的微处理器，即单元和宏单元，可以很简单地插入定制电路设计中。甚至，想要发型相当与众不同的用户发现从工具箱的资料库中选择一个发型开始进行发型设计也非常有效。其目的是能选择具有所需外观的某些元素的发型，这样用户就能以此为基础进行增添或修剪来完成他们自己所希望的发型设计。

## 将用户设计转化到生产过程

最后，用户创新工具箱的语言必须在用户设计工作完成后被正确无误地转换成目标生产系统的语言。如果不行，那么工具箱就失去了所有意义，因为收到用户设计的制造商必须"重新设计一遍"。无误的转换不一定是最主要的问题，例如，集成电路设计工具箱开发过程中，它就从来不是一个主要的问题，因为芯片设计师和集成电路部件生产者已经使用了一种基于数字逻辑的语言。另一方面，在有些领域，从用户喜欢的设计语言转换成目标生产系统所需要的语言可能正是工具箱设计的问题。作为例证，我们来解读雀巢公司美国餐饮部食品开发主管 Erine Gum 曾经负责过的一个工具箱测试项目。

雀巢公司餐饮的一个主要业务是生产定制的诸如墨西哥调味酱这样的食品，提供给大型餐馆和外卖食品连锁店。这种类型的定制食品通常是这些连锁店的主厨开发或者改善过的，他们利用烹饪学校所教的有效的设计和制作工具箱来完成开发或改良：配方开发过程是在个人和餐馆所能提供的食品原料基础上，使用餐馆的厨具设备而进行的。当他们采用传统的工具箱开发或改良一款菜品的配方后，主厨会请雀巢公司餐饮或其他定制食品生产者生产他们设计的产品，这里就是语言翻译问题出现的地方。

将用传统的餐馆烹饪语言来表达的食物配方转换成食品制造厂所需要的语言，还没有万无一失的方法。食品工厂只能使用他们可获取的一定数量且质量一致的配料成分，他们和主厨在配方开发过程中使用的原料不一样，并且味道也不一样。而且，食品工厂使用的是用于大量生产的设备，如大型蒸汽锅，这种设备与餐馆

## 第 13 章 用户创新工具箱

使用的焙烧炉、圆底深锅和平底浅锅很不一样,通常无法再现主厨们在炉子前的烹饪条件,如快速加热。因此,食品工厂无法简单地在工厂条件下生产出主厨们开发的食物配方,味道也就完全不一样了。

这就导致了,即使主厨用传统的厨师工具箱发明了食物的产品原型,食品工厂掌握了关于原料和加工条件的信息也没有什么用,因为不能直接转换成工厂相关的术语。唯一还可以用的信息是保留在产品原型上的口味和材质的信息。于是,工厂厨师要小心地检查和品尝客户定制的食品原型,然后试图用工厂的原料和方法制作出味道相同的食品。但是主厨的味蕾与工厂厨师的味蕾不一定相同,所以工厂最初生产出来的食品,甚至第二次、第三次生产出来的食品通常不是客户所要的。所以生产商必须不断修改再修改,直到客户最终满意。在雀巢公司的案例中,这种艰辛的转换过程意味着一个新的定制食品从主厨的产品原型转换为一个工厂产品要花费 26 周的时间。

为了解决"翻译"问题,Erine Gum 创造了一种新奇的将食物"预处理"为若干成分的工具箱,以便于厨师在食品开发时使用。工具箱中的每种原料都由雀巢公司提供,以供主厨们在配方开发过程中使用,也就是说,它是雀巢公司可以从市场上买到的一种原料,已经用雀巢公司工厂的设备加工成独立的成分。这样,为开发墨西哥调味酱开发的工具箱中包括了在工业设备上进行加工的辣椒酱成分,它与用于商业化批量生产的成分相同(每个预处理成分也包括追踪生产过程中各种材料相互作用的情况,例如,追踪在辣椒酱中加入番茄的情况,以便把这种相互作用后的味觉效果加到预处理成分中去)。

有兴趣使用雀巢公司工具箱开发诸如新的墨西哥调味酱这样的产品原型的厨师们,可以收到 20~30 种预处理配料,每一种都放在单独的配料袋中(见图 13-2),他们同时可以收到有关正确使用的说明书。

图 13-2 雀巢公司美国餐饮部使用的现场实验的"预处理"配料袋

厨师们发现这些配料每一个都与他们使用的新鲜材料略有不同。但这些不同可以通过"干中学"立刻被找出来，厨师们接下来马上通过在已经开发出来的配方的成分和比例中进行试错调整，使之适应或接近他们最终希望得到的口味和特色。当基于预处理成分的配方完成后，它能够迅速而准确地被雀巢公司生产出来，因为这个时候，用户开发商在设计工作中使用的是与工厂相同的语言。在雀巢公司的这个案例中，食品开发部门研究者的现场实验表明，无误翻译的特性加到用户基于工具箱的设计中，可以减少雀巢公司和它的定制食品购买者之间的重复设计和修改互动，从而将定制食品开发时间从 26 周减少到 3 周。

> **高效的用户友好的工具箱具备的要素**
>
> 我们的工具箱应该做到下面几点：
> - 让我们的客户能够重复运行自己的试错实验和快速有效的测试。
> - 为我们的客户的设计兴趣提供合适的解决方案空间。
> - 允许客户使用熟悉的设计语言。
> - 包含一个通用设计模型库，使客户快速生成复杂的定制设计。
> - 包含特性信息和生产过程限制，使客户的设计能直接交给制造者，不需要大量的改动。

## 何时和如何为用户部署工具箱

用户创新工具箱可以应用在基本所有类型的工业和消费类产品和服务上，只要是对用户来说定制是有价值的地方。这一章已经阐述了这个观点，通过使用工具箱的案例，如帮助用户设计定制集成电路、定制通话服务、定制视频游戏模块、定制发型和定制食品，范围很广。工具箱可以应用于大规模生产相关的定制产品上，如定制集成电路，或者是为单件生产的产品，如通过批量定制生产方式生产出来的产品。就后者而言，用户创新工具箱提供当今大规模定制实践缺少的"设计侧"。注意用户创新工具箱可以应用于实体商品，也可以应用于信息商品和相关服务，比如定制通话软件和由它产生的服务。同样，工具箱可以用来设计定制的实体和信息产品或者服务，然后由生产商去生产，或在用户侧产生。例如，现场可编程逻辑设备可以直接在用户侧把程序编写到全功能的、用户设计的定制集成电路中去。与之类似，计算机软件或基于软件的服务工具箱可以使用户直接在用户侧开发定制最终形式的软件，不需要把它发给生产商去生产。

## 工具箱不是面向所有用户或所有应用的

用户创新工具箱所提供的设计自由空间可能并不能让所有用户甚至不能让大部分用户感兴趣。用户必须对某个与众不同的东西有足够大的需要，才能够抵消使用工具箱的成本。因此工具箱只能提供给需要它的那部分用户。在软件领域，工具箱可以和标准的默认的产品或服务版本一起提供给所有用户，因为交付这种额外软件的成本几乎为零。在这种案例中，工具箱的能力在后台闲置，直到用户有足够的动机来唤起和应用它。

并且，工具箱方法不能用来满足所有定制应用。例如，工具箱不能使客户像一个在生产商中有经验的工程师那样，用常规的方法开发出技术成熟的产品，在熟练的工程师头脑里的设计规则比起编码到如今的工具箱里的规则要精细得多。所以生产商也许要不断地设计有技术难度要求的产品，客户接手的是那些需要快速周转或者需要细致准确理解客户需要的其他产品。

最终使用工具箱的用户通常会成为领先用户，他们目前的强烈需要预示着市场的普遍需要。生产商如果能识别并且获得这些领先用户所做的具有广泛实用性的改善，然后将它推向一般市场，他们便会发现这是非常有价值的。例如，泰尔康公司的有关临床化学自动分析仪产品就采用了这样的模式。公司积极收集了临床用户所做出的改进信息，并且在市场上普遍销售的分析仪中吸收了对很多用户所做的有价值的创新。在如 Apache 服务器这样的开源软件中也可以看到这种模式，在这里会对用户做出的改进以某种方式进行筛选，最好的会被引入接下来要正式发布的"官方"版本的软件中。

## 面向制造商的工具箱的竞争优势

用户创新工具箱给那些最早使用工具箱的制造商带来竞争优势。最先利用工具箱进入市场的领先者会在制定用户语言标准方面获得先发优势，该语言有机会在该市场用户群中被广泛采用。同时，制造商定制工具箱，使之很容易且无误地将用户设计转换成自己的生产能力。即使工具箱语言本身变成一个开放的标准，首创者仍有竞争优势。例如，在定制食品生产领域，用户常常通过要求大量公司对他们设计的产品原型的生产费用进行报价来得到更合理的价格。如果设计是基于雀巢公司开发的"预处理"配方语言开发的，那么这些配方在雀巢公司的工厂设备中生产便最好，很明显，雀巢公司在竞争中具有很大的优势。

工具箱能影响现场现有的业务模式，可能影响也可能不影响制造商长期的竞争优势。例如，假设许多产品或服务的生产商可以同时从他们的设计能力和生产能力中获利，通过工具箱向用户定制的转变会长期影响这方面的能力。因此，较早将工具箱应用于产品或服务的定制，可以通过将工具箱和他们的特定生产设备绑定来获取早期优势。然而，当很多工具箱可被客户设计者获得时，这种绑定通常会随着时间变化而减弱。客户和独立的工具开发者最终会设计兼容多家生产商工艺的工具箱。事实上，在定制集成电路（ASIC）领域中就确实发生过这样的事例。最早的由 LSI 公司和其他竞争性的 ASIC 厂商向用户公开的工具箱都是针对特定产品的。然而时间长了以后，如 Cadence 这样的专业工具设计公司开发了能用来设计大多数生产商都可以生产的产品的设计工具箱。最后的结果是，那些最初能通过销售他们的产品设计能力和生产能力获利的制造企业，最后不得不通过工具箱将设计任务转移给客户，而他们自己也只能通过他们的生产能力获利。

那些认为向用户创新工具箱的转变会导致长期不利的制造企业，不一定会有兴趣推出工具箱。但如果有制造商推出非常好用的工具箱，用户就会往那个产品的方向移动，这就迫使竞争对手跟随。因此，处在适合引入工具箱的领域中的公司真正要做的选择，可能就是成为领先者还是成为追随者。

## 如何开始工具箱的开发

开发并把工具箱推介给我们的客户需要一个团队来进行，其成员要非常熟悉以下 3 个重要的因素：第一，设计"语言"和我们公司客户的设计能力；第二，适合客户使用的产品或服务设计工具套件；第三，我们的公司定制生产系统。有了对这 3 个要素很好的理解，工具箱的设计就不像看起来那么难了，因为可以使用循序渐进的方法去逐步完善。我们的第一代工具箱提供足够的功能，相对于其他现有选项，感兴趣的用户认为工具箱更有价值，这是最初的成功所需要的所有东西。然而，要注意工具箱的开发不是不重要的练习。国际香精香料公司和雀巢公司都为了开发符合最初的现场测试的工具箱，而让一个专业团队花了几个月的全职的努力。

考虑到这一点，我们的团队应该遵循下面的关键步骤：

（1）工具箱开发团队应该先开始调查研究和充分理解客户原来的解决问题的语言，以及他们围绕他们的需要达成共识所使用的方法。客户很自然使用相同的工具去进行解决方案的开发，工具箱应该帮助他们做这个事情。例如，使用集成电路的工程师在设计时要考虑电路的性能，并运用像网络分析这样的数学技术。他们不关心最终的电路是用硅片还是用鲜乳酪制作的，只要它能实现他们设计的功能就行。相反，当食品设计师（厨师）设计并对各种原料进行物理上的配备和混合以实现他们脑海中的构想而进行试错实验的时候，考虑的是调味料和天然食品配料品质的理想的组合。

（2）接下来，检查设计工具和公司内部工程师使用的解决方案设计语言，看看是否适合输入的要求和生产过程的限制。例如，国际香精香料公司的调味料设计师知道了他们开发和生产的调味料中产生一定味道的配料的化学成分，就可以在生产过程中根据设计精确地按一定量混合这些相同的化学成分。

（3）在整个产品设计过程中找出需要密集型的任务，这些并且只有这些才是我们想让客户通过工具箱来执行的任务。设计一个问题解决流程，可以明确地把包含需要信息的任务从仅仅是生产相关信息的任务中区分出来。参考本章中关于定制半导体制造商如何做这件事的案例，他们发明了一个基于门阵列的开发进程来取代完全定制开发过程。

（4）开发一个最初的工具箱，使客户能够用他们的产品开发语言对需要密集型的任务进行产品开发试错，根据我们的流程输入需要，把整个设计转换成生产语言。

（5）在商业的基础上谨慎选择最初的客户开始首次展示。最好的潜在客户是那些对快速且频繁地开发定制产品有强烈需要并拥有熟练工程师员工的客户。这些客户既有动机在不可避免的实验期里坚持和我们在一起，又有能力和我们一起修正新系统中的漏洞。当这些客户开始在他们的项目中应用我们最初的工具箱时，他们会在问题解决空间和提供的工具范围中"撞到边缘"，然后就会请求（强烈要求！）额外的部分和能力来实现他们的新设计。我们对明确的要求改进请求的回应就会使工具箱得到改进。我们可以把这些没有耐心的最初客户列为合作开发者，他们会实际开发、测试和使用工具箱以改善他们的需要。

（6）持续快速完善我们的工具箱来满足我们的领先客户。站在技术前沿的客户总会最早发现我们工具箱的局限处，并且推动它的改进。为这种改进做出投资很可能使大家共同获益，因为我们很多的客户会在未来需要今天这些领先客户渴望的东西。

（7）适应我们的业务实践。工具箱的商业意义远在产品开发部门之外。例如，把我们的产品开发过程中需要密集型的部分转移给客户，会使首次为那些低产量的小客户制定生产定制产品方面的解决方案在经济上更加可行。

## 结　　论

本章用提议作为总结，就像在本章开始时做的那样，在客户需要五花八门的市场中，用户创新工具箱会逐渐被大多数或者所有的生产创造性定制产品和服务的生产者所接受。随着工具箱更广泛地被采纳，特别是在定制集成电路开发领域，今天见到的与创新任务相关的组织会越来越多。公司可以通过辅助客户亲自设计，帮助他们得到他们需要的精确的产品和服务。

---

[1] 大规模定制生产系统是计算机化工艺设备组成的系统，可以即时和以低成本进行调整。这种设备可以生产小批量的产品，甚至可以以接近大规模生产的成本生产那些每种只有一个的产品。现在，提供大规模定制产品生产的生产商通常只允许客户根据预先设计的选项列表进行混合和匹配。因此，对于那些想要设计自己的定制眼镜的客户，他们只有把生产商预先设计好的"来自该列表的任何框架"与"来自该列表的任何铰链"进行组合的选择，等等。那些想要超越所提供选项的客户通常会被告知："对不起，我们无法提供那个。任何新选项在通过大规模定制生产方法制造之前都需要经过精心设计。"换句话说，在如今的实践中，通过大规模定制生产独特产品的成本已经下降，但设计独特产品的成本（这些产品不是由先前存在的设计模块组装而成）没有下降。用户创新工具箱通过向用户设计人员提供显著的设计自由度，为大规模定制提供了设计侧支持，同时确保他们创建的设计可以在预期的生产系统上生产。

## 作者简介

### 埃里克·范·希普尔（Eric von Hippel）

埃里克·范·希普尔博士是麻省理工学院斯隆管理学院教授，同时担任创新与企业家小组组长。他研究创新源泉和创新经济学，特别聚焦于创新开发流程中的用户扮演的重要角色。希普尔发掘如何最好地获得接近"领先用户"创新机会的方法，开发者需要这些方法以系统地创造"突破性的"新产品和服务。他还开发了企业可以用于开发用户创新工具箱的方法，以系统地和客户分享新产品开发工作。他的方法正在世界范围内的企业中得到应用。

# 第 14 章
# 产品开发流程的 IT 化

亨利·迪特默（Henry Dittmer） 帕特里克·戈登（Patrick Gordon）

在过去的很多年里，我们见证了产品开发绩效中的一个明显的变化，即企业采用了最佳实践，并改善了它们的决策方法。这个变化曾经主要表现在速度和质量两个维度上。这些绩效的持续改善已经增加了企业对及时准确的信息的需求，这些信息是决策的基础。历史上，那些已经用于支持这些转变和进步的信息技术（IT）系统就是支撑单项子业务流程（如项目成本、资源跟踪等）的软件（SW）应用程序，而这些应用程序不能方便地与其他应用程序分享产品和项目信息。

IT 化是基于纸张系统或手工系统的一个改进，但是，由于缺乏信息共享，它只是局部最优的。这导致了系统重复、数据不一致、信息不可获取和数据丢失等许多问题的产生。其结果是：当一个组织认识到其不能依靠数据（或维护这些数据太难）时，该组织就学会了在工作中绕过正式的 IT 解决方案。而一旦这样，重新建立人们依赖于正式系统所必须遵守的纪律就会非常困难。

随着近些年来新的企业软件和中间软件的出现，通过利用完整的项目管理，以及整个企业产品与跨产品开发子流程的数据，企业有可能再次实现性能上的提升。集成系统是一个便于产品开发子流程之间的产品和项目信息交流的电子交换系统。产品开发流程 IT 化的理想成果是使企业能够制度化它们来之不易的流程改善行为，并生成新的能提高生产率、加快开发速度并提升创新能力的能力。

本章的前半部分主要探究了新产品开发（NPD）中的 IT 战略，并聚焦于 NPD 项目经理或流程经理可用来定义、划分和分析产品开发流程 IT 化机会的框架和工具包。本章的后半部分提供了 IT 化的实施方法和有效使用该方法的诀窍和技术。

# 在 IT 化之前确定新产品开发流程

一个有效的新产品开发流程包括一些相互关联的子流程。我们已经发现，关键的信息密集型的 NPD 子流程和最重要的项目管理最佳实践可以分为两个维度：NPD 业务维度（产品开发的管理或项目层）和 NPD 运营维度（产品开发的运营或产品层）。图 14-1 显示了每个维度中的重要子流程。每个子流程都有工作流、组织角色和职责、数据需求和绩效度量。

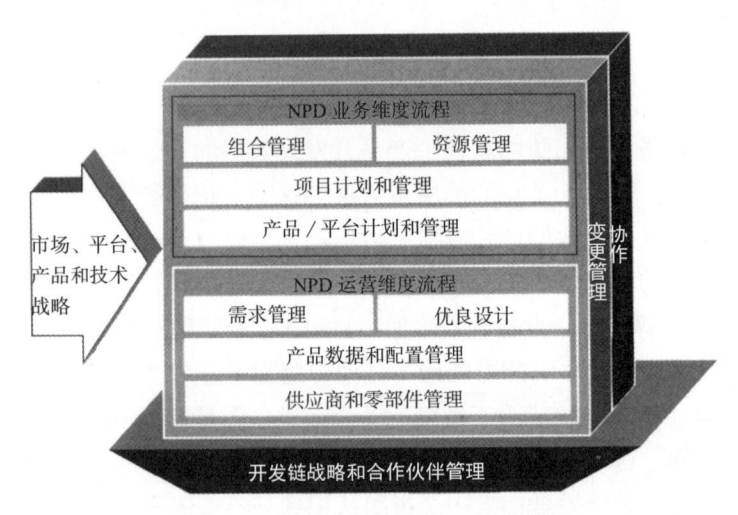

图 14-1 高信息密集度的 NPD 子流程

在 NPD 业务维度流程方面，组合管理包括编制计划和制定决策、组织结构和信息系统，以确保产品开发组合成功。资源管理保证项目基于现有的技能和能力配备适当水平的资源和资源组合。项目计划和管理是项目管理最佳实践在每个开发项目中的具体执行。产品／平台计划和管理确保建立和维护路线图。这些流程都依赖于项目数据信息。业务维度中的关键绩效度量指标包括上市时间、新产品（创新）的收入和生产率。

在 NPD 运营维度流程方面，需求管理收集客户需求，将它们转化成产品需求，再将产品需求转化成产品规格。优良设计确保产品设计满足产品规格，提升它的重复使用性，确保能在高质量水平上低成本地将产品生产出来（或交付服务）。产品数据和配置管理包括物料清单（BOM）信息的创建和管理，以及关键的产品设计应用、供应商、开发伙伴之间的联系。供应商和零部件管理确保能设计出稳健的、低成本的和可重复使用的零件用于产品。运营中的关键绩效指标是产品质量、生产率和成本。这些流程依赖于制定设计决策、采购决策、生产决策以及产品交付和服务决策的工程信息。这类工程信息通常包括以下内容。

- 文件〔如需求、成本目标、产品规格、组件／软件（SW）规格、CAD文件、检测路线〕。
- 绘图、印刷品和模型。
- 物料清单（BOM）、产品结构和规则。
- 制造工艺信息。
- 工程变更通知和工程变更指令（生成、取消、批准和实施）。

协作和变更管理跨越两个维度。为简便起见，在本章的后半部分，我们用NPD业务和NPD运营来代替这两个维度。注意，支撑NPD业务和NPD运营的系统可以包括若干个应用程序。

任何一个进行产品开发的公司都能够使用这个框架来理解哪些流程是合适的，哪些流程具备相对于行业最佳实践的成熟度、信息密集度，以及满足流程的需求的属性。由于业务的复杂性、组合的外延性、大量的项目和产品信息，以及开发流程的成熟度和规则的存在，使得潜在的影响将根据业务的复杂性、产品组合的范围、项目和产品信息的数量，以及该开发流程的成熟度和纪律性而发生变化。如果业务绩效能够通过实时评估或管理信息的能力更有效（促成更好、更快的信息交换和决策）地得到改善，则该流程就可以成为IT化的一个备选流程。尽管一个拥有简单产品的公司可能认为IT化的环境还尚未准备好，但是实际上，即使是小公司也能从这种IT化中获益。IT化通常需要一个或多个支持图14-1中所示的一个或多个子流程应用程序的实施。有关IT化的思考的出发点是要搞清楚哪些绩效的提升是可能的和业务的需求是什么。需要实现IT化的潜在迹象包括以下两个方面。

- 打印一个系统输出的信息，用于另外一个系统的输入，如将工程图纸中的变更信息发送给供应商。
- 支持业务决策所需的信息并不是现成的，如职能部门的高级管理者试图了解并调拨资源去帮助一个遇到问题的项目的影响。

## IT化的路线图

企业不缺少管理市场调查和客户需求分析、自动化和加速设计流程、管理产品需求和规格、管理资源、管理产品组合、维护项目进度和计划、组织项目工作流程，以及管理文件和信息清单的应用程序。大部分企业所缺少的是思考怎样使它们的主要流程IT化和建立IT化的路线图。图14-2a和图14-2b结合，给出了一个简化的 IT 化路线图。业务流程的需求如此关键的原因是一些系统不能简单地共享信息，所以，企业在系统选择之前就要知道信息共享的需求（基于流程）。

基于业务需要和条件，一家公司可以选择子流程（如资源管理）的 IT 化或做些更全面的事情，如一个"完整的"产品生命周期管理，或管理产品和项目信息的解决方案（PLM）。要注意 IT 化能涵盖从 Excel 电子表格到基于微软的项目管理软件 Project，再到数百万美元的企业系统的整个领域。IT 化面临的挑战是优化每个子流程并保持这些主要子流程的连接。

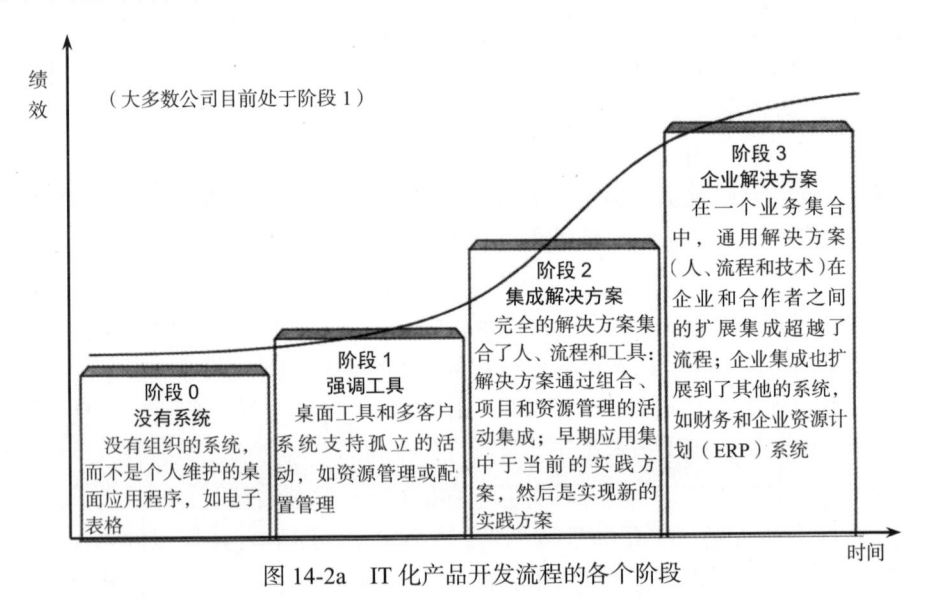

图 14-2a　IT 化产品开发流程的各个阶段

| 阶段<br>立足点 | 没有系统 | 强调工具 | 集成解决方案 | 企业解决方案 |
|---|---|---|---|---|
| 项目管理 | 功能管理，桌面规划应用程序（如微软 Project） | 跨职能项目管理，通过网络的有限手工集成的桌面规划 | 企业项目计划与控制，网络化团队使用通用的、共享的企业工具 | 企业中，连接了财务和资源管理的、先进的、集成的项目计划和控制 |
| 资源管理 | 资源管理、电子表格、自组网络和手工数据收集 | 侧重效用的资源管理，强调跟踪分配 | 能力与需求相平衡的资源管理与项目计划系统集成 | 细化资源需求计划、财务和 ERP 系统集成 |
| 组合管理 | 专门组合管理，电子表格，自组网络和手工数据收集 | 周期性组合管理，解决方案和持续的手工数据收集 | 动态组合管理，通过项目系统集成的连续数据收集 | 企业广度组合管理，与财务系统的集成贯穿多方位组合 |
| 运营管理 | 不如产品开发管理、文件管理和产品设计工具（如 CAD）简单 | 多类型、独立应用程序、手工接口，管理从需求到物料清单（BOM）的产品具体数据 | 与 ERP 系统的集成，贯穿整个业务的关键产品数据应用 | 贯穿产品生命周期的产品数据的企业广度集成和与产品开发（PD）管理系统的集成 |

图 14-2b　各成熟阶段的实践方案和工具

当企业根据图 14-1 的框架来评估它们的产品开发流程和需求，以及它们现在的 IT 阶段时，它会排定改进活动的优先级顺序。例如，强生公司出于它的流程成熟度和其产品组合管理流程中信息的战略重要性，选择聚焦于首先将该产品组合管理领域 IT 化。北方电讯（Nortel）公司首先聚焦于资源和技能管理，以使它们稀缺的开发资源得到更好的利用和实现更高的生产效率。亚美亚（Avaya）公司应用了这个整体的 IT 化路线图，并且分析与竞争对手最佳实践的差距，选择首先聚焦于项目管理和资源管理。面对日益增长的合作开发的需要，太阳（Sun）微系统公司聚焦于改进企业之间和企业内部的产品和零部件数据的管理和合作，以提高流程效率和效益、缩短产品上市时间和降低产品成本，并提高产品质量。惠普公司则聚焦于变更管理的 IT 化，使用全球范围可用的集成信息存储系统来实现一体的、通用的变更管理系统和流程。

渐渐地，领先软件供应商的产品线路线图开始关注所有的子流程。尽管如此，仍然没有一家供应商能够提供 IT 化所有流程的功能，所以，人们似乎需要某种程度的公司特定的系统集成。这就要求系统集成商具有一定的水平。

## IT 化的实施

许多企业没有实现 IT 化的目标效益的回报，是因为它们投资回报率（ROI）的预测和时间表不切实际，或者它们缺乏总体的路线图。再者，它们也许没有能够展开部署系统的流程基础架构，它们甚至没有关注将效益制度化所需要的行为变化（这不仅仅只是培训能达到的）。如果图 14-1 和图 14-2a、图 14-2b 提供了一个用来讨论关键业务流程 IT 化的通用框架，那么产品开发领导者需要的下一个关键工具就是新产品开发的最佳实践方法，可用来抓住机会并成功实施。

制定和执行、开发和维护贯穿于所有职能部门，甚至整个企业的相关信息所需要的标准和规定都不是简单的事情。一旦人们不再信赖这些系统内的数据，他们将不再去努力维护必要的完整性。

尽管到目前为止提到的企业中都有一个略微不同的方法，但是仍然有一个共同的产品开发 IT 化的实施方法，该方法可以从它们各自方法的成功要素中提炼出来。图 14-3 概括了 IT 化产品开发的简单分步方法。

一个重要的观点就是 IT 化流程的实施应该像一个分阶段的产品开发项目一样管理，从一开始就有跨职能部门的积极参与。这意味着许多好的治理方法、项目集管理，以及测量方法的最佳实践都可适用于 IT 化流程之中。除了资源计划，这个流程还包括详细的管理项目范围，拥有一个问题解决流程以及具有可交付成果和里程碑（阶段成果）的资源计划等。选择和实施的团队层次不能太低，他们中应该有一名强有力的公司高级管理者。从多个角度、数据问题的归属以及根深蒂固的文化来看，发起人的参与是非常必要的。图 14-3 给出了两个正在进行的持续沟通与持续项目管理和治理的简单分步方法，它们是 IT 化流程实施成功的关键需求。

| 第 1 阶段<br>产品开发能力规划 | 第 2 阶段<br>产品开发能力定义 | 第 3 阶段<br>试点实施 | 第 4 阶段<br>推广和培训 |
|---|---|---|---|
| （1）当前阶段评估 | （1）需求和高水平设计 | （1）流程、系统和组织设计/实施 | （1）推广和改进 |
| （2）产品开发战略和前景 | （2）产品开发能力路径 | （2）IT 供应商选择 | （2）培训 |
|  | （3）业务案例 | （3）导向解决方案 |  |
|  |  | （4）内部培训 |  |
| 持续项目管理和治理 ||||
| 持续沟通 ||||

图 14-3　IT 化产品开发的简单分步方法

## 第 1 阶段：产品开发能力规划

在第 1 阶段，企业执行对其当前的产品开发能力规划的评估（包括定性和定量两个方面）（见表 14-1）。定性的审查是用来了解当前的实践水平和主流实践与最佳实践之间差距的评估流程框架。这要求一个基于事实的对流程和业务规则、组织角色和责任、现有的 IT 系统，以及度量指标等方面的评估。定量的审查必须着眼于在创新、速度、成本、质量和生产率等领域的可测量绩效，并基于竞争和市场成功的需要分析这些绩效水平是否与组织的要求一致。

表 14-1　第 1 阶段：产品开发能力规划

| 序　号 | 第 1 阶段：产品开发能力规划 |
|---|---|
| 1 | 为产品开发能力建立一个一致的、跨职能的愿景 |
| 2 | 理解当前的流程和系统成熟度，以及实现愿景需要做什么改进 |

这个阶段的另一个关键步骤是制定产品开发的战略需求。相对于一个"快速跟随者"，一个正在试图首先进入市场的公司对其产品开发流程和 IT 系统的能力可能有不同的需求。战略愿景应该是跨职能部门的，并且在高层领导中应该是一致同意的、大家都承诺的和经过沟通后得到的。战略愿景应该清晰地表明提升能

力的广泛的目标。例如，确保缩短产品上市时间和在最佳的市场窗口"按照计划交付"、简化和实现项目计划及管理最佳实践的应用，并且有效地计划和利用项目资源，有效地管理变更和协调整个项目中参与者之间复杂的相互依赖关系。

这个阶段的输出也是产品开发的当前能力和战略需求之间的差距分析（见图14-4）。

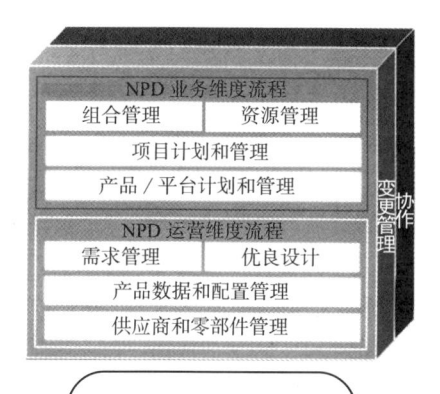

```
┌─────────────────────────────────┐
│    NPD 业务维度流程              │
│  ┌──────────┬──────────┐        │
│  │ 组合管理  │ 资源管理  │       │
│  ├──────────┴──────────┤        │
│  │   项目计划和管理      │   变  │
│  ├─────────────────────┤   更协 │
│  │ 产品/平台计划和管理   │   管作 │
│  └─────────────────────┘   理   │
│    NPD 运营维度流程              │
│  ┌──────────┬──────────┐        │
│  │ 需求管理  │ 优良设计  │       │
│  ├──────────┴──────────┤        │
│  │  产品数据和配置管理   │        │
│  ├─────────────────────┤        │
│  │  供应商和零部件管理   │        │
│  └─────────────────────┘        │
└─────────────────────────────────┘
```

将客户需求转化为产品需求再到产品规格的条件
- 没有使用观念、工程、质量功能展开（QFD）或其他正式需求的转化方法

"需求"的定义仅限于客户驱动的需求
- 很少考虑到内部需求（生产成本、盈利能力、资源使用等）
- 设计目标的建立与单位产品成本不一致、不可追踪，以及不能用于管理设计权衡

"门户"需求管理系统没有与其他的产品开发系统集成
- 与产品数据管理系统没有连接，这就阻碍了需求与工程物料清单的系统整合
- 没有进入供应链组织的门户

需求审查/设计审查缺乏严格和必要的标准，难以有效
- 审查的广度和质量随项目和标准而变
- 对违反纪律没有惩罚

> 按照要求，我们丢掉了全部的产品成本的跟踪。我们可能建立一个资源成本目标，但是，随着所有变动活动的进行，当你有机会再返回来，你还会这样做。

图14-4　差距分析范例/需求管理子流程

## 第2阶段：产品开发能力定义

在第2阶段，该愿景将转化为一个时间分段的路线图，以说明该能力在三年或更长的时间框架内将如何演变。在几家公司中，愿景和路线图都是在单一工作流中完成的，但为了清晰起见，我们在此将其分开。这是需要公司或部门的高级管理者批准并指导的地方。在亚美亚公司，因为历史原因，部门之间相互独立或依存，IT化的指导性原则是：解决方案越少越好（如全球性的产品数据管理系统）。这并不是要排除最佳的IT方案，而是应根据实际应用的需要进行IT化，否则，多个部门会提出大量关于为什么不能这样做的原因或障碍，最终结果将是太多的应用、太少的集成、太多的支出和不好的绩效。虽然指导性原则可能要花费很多年来完成，但如果它们不是流程的一部分的话，它们根本就不能被建立。

当一个跨职能业务团队评估组织内需要改进的流程和子流程的当前水平，以及时间安排的时候（见图 14-3 中的第 2 阶段），就会出现"需求和概要设计"组件，并阐述哪些领域需要改进以及应限定在什么时间范围内（使用行业最佳实践作为参考）。这是团队认同的地方。业务需求，例如系统应该实现跨企业开发的需求，支持 ISO 9001 或软件工程协会能力成熟度模型（CMMI）认证的需求，或者符合行业标准，如来自配置管理协会（ICM）的 CMII 标准。"概要设计"组件包括流程架构、应用软件程序搭建、数据架构和 IT 标准。

在图 14-5 的流程架构范例中，我们定义了基于使用场景的每个子流程的目标。这个"流程架构"组件由"应用架构"支持——这是基于时间分段的业务应用和它们之间关系的视图。

| 场景：管理资源信息 | | |
|---|---|---|
| 子流程：资源管理 | IT 化的最佳实践 | 优先级和时机 |
| 诺玛·加西亚是一名研发职能经理，他刚刚聘用了一名新员工。诺玛想要将这个人的信息追加到他的资源表上——姓名、资源类别、部门等 | 系统将使职能经理在任何时间都能动态地追加、调整或改变资源需求（计划） | 与人力资源管理同步 |
| | 系统将使职能经理在他的团队内改变任何资源的分派，系统会自动地向适当的核心团队领导发送一个通知 | 抓住高价值 |
| 基于一个对规模和项目管道（关系）复杂程度的预测，要求诺玛识别支持未来的管道所需要的所有附加技能，诺玛需要在他的部门内创建和跟踪一个新的资源类别 | 该系统将能够对资源分层管理。系统还能使每一名管理者管理他所控制的所有资源 | 抓住高价值 |
| | 系统将为同一项活动安排一组（多种）资源提供方便，如为同一项培训任务或会议在同一时间安排 10 种资源 | 抓住高价值 |
| | 在将长期需求与资源的可获得供应相比较时，职能经理将有能力使用图形化的"如果—怎样"分析，来评估扩展可获得资源库对其他的职能和部门的影响 | 抓住高价值 |

图 14-5　概要设计——流程架构范例

鉴于相关流程的跨职能和跨企业性质，"数据架构"为跨职能或多企业流程的数据生成、使用、维护和分发设立了标准。数据架构由企业信息技术标准支撑，它包括环境中的所有（正使用和将要使用的）技术。具体表现为服务器平台、操作系统、数据库管理系统、网络协议、集成标准、认证标准等。在许多情况下，这是迭代的，因为 IT 工具支持新的方法。一个有代表性的例子是资源管理领域。

"概要设计"经常被忽视的元素是在流程设计中对业务职能、活动和流程的归属权的识别。它必须包括可能暂时不能正式地分配到任何部门或团队的新活动（如将由中央 IT 组织管理的活动）。

伟创力公司，一个原始设备制造商，在将愿景和路线图转化成需求和概要设计方面做得很出色。这需要给出在全球和不同行业企业中的制造和开发伙伴的商业模式。伟创力公司所有的设施都使用相同的产品开发系统。因此，它的所有全球分公司都可以共享产品数据；它们能够在不同分公司之间快速地移动产品；它们也拥有集成它们的客户和合作伙伴的标准。

商业论证或价值主张是对这个阶段的工作的整合。这一综合文件必须清楚地表达出改变（流程和IT）对于业务的价值，包括实施方案和全部收益（如ROI），以及过渡时期的收获（运营改进）。这个方案应该是实际的：成本和过渡时期的收益应该定义清晰。有案例表明，不切实际的收益和进度要求导致了项目的失败。这个计划应该识别平衡计分卡的关键衡量指标（定义、当前价值、目标、收集责任），而这些指标将在业务实施和滚动中进行跟踪。

在第2阶段，亚美亚公司围绕阶段模型建立了它的开发路线图。它大量记录了4个业务部门的绩效，发现了它们正在职能条块分割下运作，缺乏关键的跨职能行动以及相应的运营绩效。为开发出基于指标的价值主张以求改进运营绩效，亚美亚公司以3年内全面的、跨职能的产品开发能力为目标，并定义了关键的运营目标。这些都经过了CEO的审视、批准和大力支持。

这个阶段中经常使人却步的步骤是选择新的应用程序或系统来满足功能和技术要求，以支持更高的能力。这个选择有时是一个非常短的过程（基于过去经验选择偏好或很少的供应商），而在其他情况下，它可能要走一个相对比较大的程序（很可能是2~3个月）。此外，它可能包括企业对供应商的多方面的评估（长名单、短名单、应用演示、报价请求），图14-6提供了一个系统选择流程的简化描述。这个流程也是由利益相关人的一个跨职能团队执行的，主要干系人包括财务、市场、开发和IT人员。

选择应用软件的第一个任务是创建功能需求或解决方案需求的文件（见图14-6）。业务需求是开始的良好基础。一旦需求被创建，这个步骤的最后任务就是选择应用程序供应商。此任务期间的第一步是通过网络、杂志与其他公司沟通等来寻找满足大部分需求的方案，来自加特纳公司或美国制造研究协会（AMR）的分析信息也可能是一个比较好的来源（见表14-2）。这个行动的目的是收集可能满足需求和需要被评估的应用程序供应商和承包商的全面但并非详尽的清单。这有助于确保团队避免忽略一个明显的候选者。

表14-2 第2阶段：产品开发能力定义

| 序 号 | 第2阶段：产品开发能力定义 |
|---|---|
| 1 | 定义业务需求和构建必要的流程、模块、基础架构 |
| 2 | 定义和度量合适的改进目标，并把它们集成到所有的业务案例/价值主张中 |

续表

| 序号 | 第2阶段：产品开发能力定义 |
| --- | --- |
| 3 | 基于详细开发的场景，应用结构化的系统选择流程：<br>• 跨职能团队帮助创建业务需求；<br>• 确保适当的供应商和最终客户参与。<br>使用分析人员的报告和相关资料来帮助筛选现有的潜在供应商 |

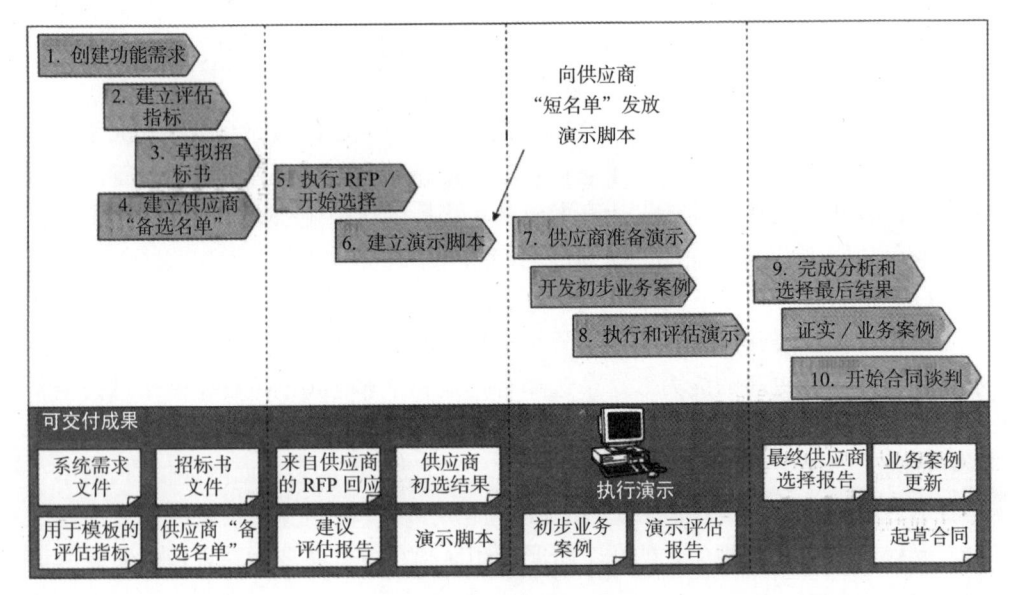

图 14-6 系统选择流程

一旦供应商长名单被确定，就需要应用一个淘汰流程来建立应用程序供应商的短名单。其中包括对长名单实行初步的、高层级的评估，寻找排除一些供应商的明显原因。例如，特定产品可能不适合技术架构，一些产品可能太新或太贵。在一定情况下，可能有一个明显被需要却不可获得的特征。基于短名单，小组能够从业务需求方面评估供应商。招标书（RFP）将提交给商定的名单中的软件供应商，以提供一个客观的、可比较的和可重复的方法，基于需求对应用程序供应商进行评分。这将避免出现提议与实际系统特性回答的偏差，它提供了一个方法来量化 RFP 及评估供应商初选方案的能力和商务条款。

接下来，演示脚本将被用于应用工具如何满足业务流程的需求。演示脚本使供应商有机会展示如何解决有代表性的业务问题。它为评估小组提供了进行最终选择的必要信息。演示脚本包括演示真实的业务处理情况的样例数据。供应商必须使用提供给它们的数据来证明它们能够提供流程化公司需要的数据架构。

最终的应用程序选择流程有时是最困难的任务。该应用程序的特性必须与需求建立映射，然后通过加权因子判断哪一个解决方案最能够满足所有的需求。基于这个流程产出的结果，需要内部一致认可，来分辨满足大部分需求的应用程序供应商。在做出决策之后，流程就转到正式的采购组织进行合同和法律细节的谈判。

### 第3阶段：试点实施

在本阶段，公司提出未来业务流程和组织的细节设计。早期阶段的概要设计流程文件成为这个阶段中的初始文件，概要设计流程图将得到进一步的细化。在这个阶段中发展了业务流程（不管在哪里应用）的绩效度量。任何关于业务流程的实践和政策也被开发出来并形成文件。同时，企业设计出细节性的组织结构来支持定义的业务流程。也是在这个阶段中，确定工作描述和角色及相关的职责并形成文件。薪酬和激励制度、招聘和就业政策、绩效评估和管理规章、职业发展计划，以及影响的范围是可能在这个步骤中开发出来的其他要素。

当详细的组织结构，工作职能（描述、角色和职责）和其他组织设计的相关文件（薪酬、激励等）都被设计和开发完成时，此阶段就完成了。亚美亚公司利用一个行业标准的责任分配矩阵工具RACI（负责、批准、咨询和告知）来开发每个关键流程活动的关键角色和职责。实施组合管理流程的RACI分析的案例如图14-7所示。

最后，建立了应用的配置/集成环境，基础应用被安装和稳定下来。接下来，就要基于解决方案设计开发功能范围（原型开发）、技术范围和高层次配置计划。在这一点上，团队应该知道哪个模型是需要的，以及通过它们能得到什么。应用程序应该被配置的目的是为了建立仿真环境和接口，数据需要识别、收集和导入，此时，配置程序已经做好为解决方案做关键功能的演示的准备。

在整合前序活动、细化需求和确保可用性方面，一个有用的工具是使用场景（有时称为"使用案例"）和会议室模拟。因为产品开发系统的使用是自愿的，复杂的系统也不能简单地被应用，使得企业只要采纳就必须安装。使用场景（见图14-8）提供了模拟流程、系统和组织的有效方式。为了定义使用场景，由图14-2开始，系统把产品开发环境分成了逻辑工作流。每个工作流都包括一个或更多的使用场景。解决方案使用场景代表完整逻辑的业务（如给项目分配资源）的任务组合。任何给定的使用场景都包含了用于逻辑完整的业务事件的多个设计元素：

- 建议的实践方案和政策。
- 流程设计。

- 角色和职责。
- IT 需求和 IT 系统配置要素。
- 主数据建立规则。

组合管理流程

| 注：解释参见附录 → | 监控和探测 | | | 分析 | | 战略定义 | | |
|---|---|---|---|---|---|---|---|---|
| 批准（A）<br>负责（R）<br>咨询（C）<br>告知（I） | 市场细分 | 内部监控 | 外部监控和探测 | 内部分析 | 外部分析 | | | |
| 产品/服务空间 1 | C | C | A | A | A | A | A | A |
| 产品/服务空间 2 | | A | A | A | A | A | A | A |
| 产品/服务空间 3 | A | C | C | A | A | A | A | A |
| 产品/服务市场 1 | I | I | R | I | R | R | I | C |
| 产品/服务市场 2 | I | I | I | A | A | C | C | C |
| 产品/服务市场 | I | I | | I | I | I | I | C |
| 市场运营 | I | I | I | I | I | C | C | C |
| 市场调查 | | | R | | R | C | C | C |
| | | | | | | | | |
| 战略规划 | I | I | R | R | R | | | |

没有明确的 A，不需要 R　　与假设的责任不一致

- 负责（R）——确定安排执行特定活动的职能。负责的程度由负有责任的人决定。R 可被分享。
- 批准（A）——指定最终对完成活动"负有责任"的职能，其有能力说"是"或"不是"。对一项决定或活动可以只有一个"A"，并且责任不能委托他人。
- 咨询（C）——确定要在决策和行动定案之前必须接收"咨询"的职能。这是双向的交流。
- 告知（I）——确定必须要接收有关决策或活动完成情况通知的职能。这是单向的交流。

图 14-7　组合管理流程的 RACI 分析

场景清单应该尽可能地完备，并且覆盖工作流中 80%～90%的情况。开始时，应避免关注太多的例外事件和占用太多设计精力的流程。设计之初致力于设计准则、实践方案和政策，如流程进度和 IT 需求。

会议室模拟允许我们使用脚本"使用案例"来模拟一个业务环境来调查和修正流程及系统的能力。经验表明，迭代的解决方案设计、开发和监测是使风险和时间最小化的最有效方式。这些多次迭代的目的如下：

- 确定使用场景。
- 开发定制和界面。
- 开发和监测数据转变路线。

# 第 14 章 产品开发流程的 IT 化

- 转化／产生静态的数据。
- 设计安全组件。
- 建立用户程序和培训资料。
- 计划试运行。

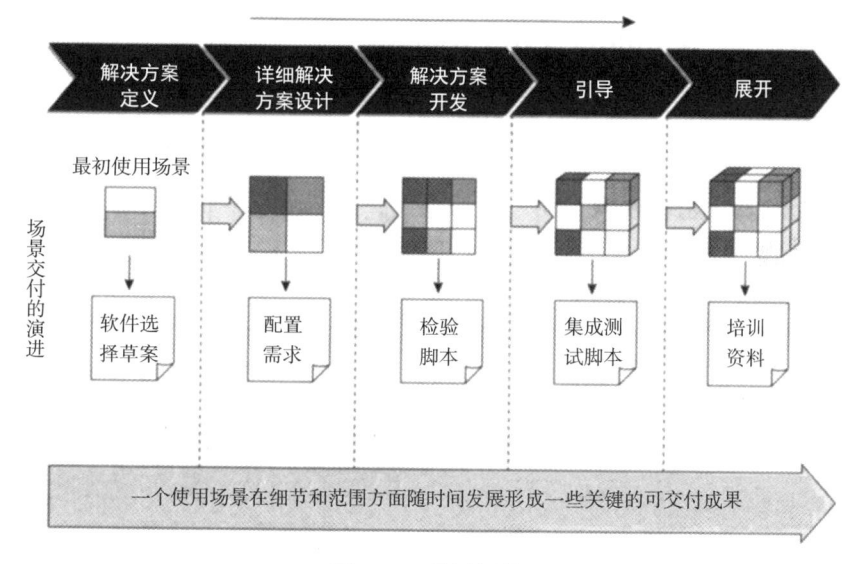

图 14-8 使用场景

在亚美亚公司，这些会议室模拟帮助建立实施时真正需要的功能。例如，它选择的系统通过分层的方式跟踪资源。以下是一个层次结构示例：

级别 1：开发工程师。

级别 2：软件开发人员。

级别 3：Java，C++，Legacy。

级别 4：操作系统、实时软件、设备驱动。

来自会议室模拟的反馈是，即使系统有能力进行精细化的管理，但实际上业务需求做到级别 3 的程度就足够了。

基于反馈和来自试运行的经验，然后收集、结构化、整理和导入应用。因为大部分的企业应用需要很多配置来实现各种业务功能，所以配置将是一个耗时的任务。应通过测试来保证配置后的程序能够达到功能的目标和实现数据的完整性。这在试点实施阶段达到了顶点，实时数据和最终用户现在可以使用新流程和 IT 来执行业务流程。

这个阶段最后的关键活动是开发培训组件来指导用户的使用，包括用户指南、系统管理员指南和业务流程操作手册，目标是开发描述应用软件的功能和特征的文件，从用户的角度来看，这是解决方案的一部分（但是没有包含在 IT 应用中）。用户指南应该根据用户的需求和水平，以应用软件实际工作的方式来描述有关的文件和细节，为用户提供登录、导航和使用的细节信息，它通常是按功能组织的，这样信息的呈现方式与应用程序的实际工作方式相同。这有助于用户了解菜单和选项的流程，以访问应用程序所需的功能。用户的需要，也是他们的成熟水平，决定了文件的呈现方式和细节层次。系统管理员指南本质上更有技术含量，并且致力于提供类似安装、安全、数据库管理，以及错误控制和其他应用维护问题的详细说明。这个文件的主要目的是被系统管理员作为相关指导（安装、维护、升级）来使用。业务流程操作手册是用来指导作为解决方案的一部分以及在没有使用应用软件的情况下的业务流程。有时，用户指南和业务流程操作手册可能合并成一部手册。

下一步行动是展开用户的培训计划和培训资料，以便在下一阶段（推广和培训阶段）对用户进行培训。团队应该识别和记录培训对象，以及培训对象的培训需要和任何限制因素，如教室、时间和交通等。然后，团队开发培训流程和方法及决定培训环境要求。团队确定课程目标、创建课程大纲、确定教材标准、辅导材料、宣传资料、练习、小测验和案例研究。

当所有的系统运作文件，如用户指南、系统管理员指南和业务流程操作手册与所有的培训计划和所有要求的培训资料都完成后，整个阶段的任务才算结束。表 14-3 概括了试点实施（第 3 阶段）的技巧。

表 14-3　第 3 阶段：试点实施

| 序号 | 第 3 阶段：试点实施 |
| --- | --- |
| 1 | 把 IT 化作为一个项目来对待，使用相同的最佳实践项目管理和程序管理技术<br>• 通过清楚的决策和绩效标准来管理<br>• 按最高收益进行优先排序实施<br>• 用户／客户心声激发设计和实施<br>• 跨职能的重量级团队直接面对"市场窗口"<br>用最小的复杂度来获得早期最大的收益 |
| 2 | 使用类似于使用案例场景和会议室模拟那样的工具来聚焦流程、信息技术和变更管理的集成<br>• 强大的流程基础产生了很大的不同<br>• 从客户的视角理解系统和流程的不同<br>最小化定制的数量<br>• 经常会出现新的管理流程 |

续表

| 序号 | 第3阶段：试点实施 |
|---|---|
| 3 | 进行广泛的数据整理和集成测试 |
| 4 | 不要低估集成的复杂度：它可能需要先进的集成开发能力 |

## 第4阶段：推广和培训

这个阶段的目的是根据推广计划部署解决方案。在这个阶段，解决方案已经通过试验并修正过了，现在它已经准备做组织级推广。这个推广计划通常是波浪形的：每一次波动代表着完成了一定范围的成功发布和推广。及时培训和简要总结支持每一次波动。由于很难避免基层方法的产生，因此执行和职能经理的支持至关重要。试点实施团队应该总结经验教训，然后切换到维护模式上来，这里有子团队监视着系统的接受和使用情况，同时收集任何改进行动建议（见表14-4）。

表14-4 第4阶段：推广和培训

| 序号 | 第4阶段：推广和培训 |
|---|---|
| 1 | 向所有的干系人传达试验的成功和收益（"对我而言意味着什么"） |
| 2 | "及时"提供培训，确保该培训覆盖了流程和工具 |
| 3 | 确定基础设施已经准备好支持推广（服务器、存取控制等） |
| 4 | 确保有效的"地点／时间利用"上对终端用户的好处 |

# 结 论

系统能力的改进意味着 IT 化将快速成为公司开展高效新产品开发的方法之一，为了避免走过去 IT 化的弯路，要求公司在实施 IT 化时明确 IT 实施的可重复和结构化的流程框架。这一章为产品开发实践者提供了一些框架和线索来主导或积极参与 IT 化的工作。效益是明显的：公司将提高资源使用率的 50%，提高项目产出率、减少非增值的活动和管理性工作，更好地管理知识产权和信息，更好地与供应商和开发合作伙伴一起工作。

# 作者简介

**亨利·迪特默（Henry Dittmer）**

亨利·迪特默是亚美亚（Avaya）公司"流程管理和质量管理解决方案"部主

任。他首次提出和实施了用于管理不同事业部的产品组合的产品开发流程。该新产品开发流程包括产品组合计划、产品开发流程和生命周期管理方法论。该系统的关键是利用信息技术实现产品开发流程工具的信息化。此外，亨利还负责亚美亚公司的质量管理系统和所有模块的开发和实施，包括亚美亚公司的 ISO 9001—2000 注册。

### 帕特里克·戈登（Patrick Gordon）

帕特里克·戈登是全球化的咨询公司 Pittiglio Rabin Todd & McGrath（PRTM）的"世界范围产品开发实践"部主任。他曾是 PRTM 公司的"卓越产品和周期时间"[*Product And Cycle-time Excellence®*（*PACE®*）]框架的开发和改进的参与人。帕特里克曾经领导过多家企业的新产品开发流程改善项目的启动，在企业的创新、周期时间、降低成本和提高生产率方面为企业带来了显著的改善。他开发了几家公司的产品开发管理的信息化系统，在产品生命周期管理的新兴领域有所建树。帕特里克曾经为许多不同行业的企业提供咨询，这些企业包括电话通信、数据通信和消费电子产品企业。

# 第 4 部分

# 管理 NPD 项目组合和管道的工具

《PDMA 新产品开发工具手册 2》的最后一部分介绍应用于 NPD 项目组合管理和管道管理的工具。项目组合包括成熟度（寿命）的各个阶段，从尚未进入模糊前端（FFE）的项目到那些正在更新换代和改善以延长其在市场上寿命的产品。管理 NPD 项目组合是有关选择的工作：哪些项目保留、哪些项目删除、各个项目配置的资源水平，以及所有的项目如何根据企业的能力和战略结合在一起等。这是一项非常复杂的管理工作，这一部分介绍的工具提供了改善企业 NPD 绩效的观点和指导原则。

第 15 章主要解决制定技术映射图的问题。尽管制定技术映射图是一项似乎更适于边干边学的技术，但是，该章作者还是以一种易于理解和实施的方式介绍了这个非常有价值的 NPD 技术。制定技术映射图是一种可视化的工具，以一种清晰和简单的方式展示技术和市场的时间演化。它允许项目按照技术和市场迭代进行排序和组织。因此，该工具有助于帮助高级管理者抓住个体项目之间的重要关联，并有助于指导项目选择和投资决策。

第 16 章提供了将技术开发与产品开发紧密相连的工具。本章介绍了确保投资于技术的企业能够获得卓越的新产品所需的工具。许多决策支持工具将帮助 NPD 组织确保技术开发是按照符合产品开发最终要求的时间阶段来划分的。

最后，第 17 章介绍了一种具有成熟度模型的组织的组合流程。大多数企业已经实施了 NPD 组合排序流程。在这一章中，我们提供了一些主要的工具，可使组织能够评估其组合管理流程的成熟度；我们还提供了一种有效的实用技术来改善流程并逐步提升组织的组合管理流程成熟度水平。该章介绍了许多用于改善组合优先级排序绩效的暗示和技巧。

# 第 15 章

## 用于计划和产品组合决策的产品和技术映射工具

理查德·E. 奥尔布赖特（Richard E. Albright） 毕比·内尔森（Beebe Nelson）

## 映射图在新产品计划和战略中的作用

燃料技术正在发生变化。美国的交通文化和监管环境也是如此。我们设想一个案例：Acme Motors 公司（以下简称 AM 公司）是汽车业的领军企业，它的产品开发人员面临着他们产品的市场定位问题。他们应该和丰田这样的技术领先者联合吗？他们应该作为闪充燃料电池的追随者进入市场吗？他们是否采取另一种策略，例如使内燃发动机变得效率更高，发展电动／内燃混合的发动机，或只是将内燃发动机本身发展到能具有和燃料电池竞争的实力？当他们更好地了解了这些问题后，他们会做出更加具体的计划。他们是聚焦于混合动力，还是跳过混合动力直接进入燃料电池领域？他们是专注于成为提升内燃发动机效率方面的领军企业，还是满足于做追随行业的领先者呢？在项目层，需要启动什么产品和技术项目？开发团队的实际目标是什么？

在本章，我们将介绍 AM 公司案例中映射图的使用和它的后几代轿车产品线的计划。为了取得成功，AM 公司必须考虑变化中的市场、法规以及竞争环境，还有技术创新和不断变化的客户需要。

本章列举了产品开发需要关注的很多工具和映射图，并且整理了像 AM 那样的公司的产品开发者会面临的一些类似问题。这些映射图有一些是高层级的和战略性的。尽管它们可以解读为很多细节内容，但是我们叫它们"简化的"映射图，因为它们的逻辑很清晰，且信息量很少。一家企业一个好的开端是从这些高层级映射图开始的。我们在本章介绍了其中几种映射图，包括事件映射图、技术映射图、产品线映射图和价值链图。越是战术层面，基于团队的映射图，其逻辑就越复杂，并且通常就包含越多的细节。我们解释了 AM 公司的产品团队是怎样使用这些战术映射图的，包括经验曲线、产品和市场体系架构、产品—技术路线图。这些映射图扩展了《PDMA 新产品开发工具手册 1》中描述的映射工具。

当映射图完全集成在公司的计划和交付流程中的时候，战略性的和战术层的映射图就会被捆绑在一起以提供一个连接了战略到执行的线索。图 15-1 展示了一组连接在一起的映射图。在本章的结尾，我们还会看到这些映射图是怎样单独地构建并结合在一起，从而提供一个全面的包括市场、客户、产品和技术空间的全景图像的。在这里，团队严格执行，企业亦致力于提升自身竞争力。

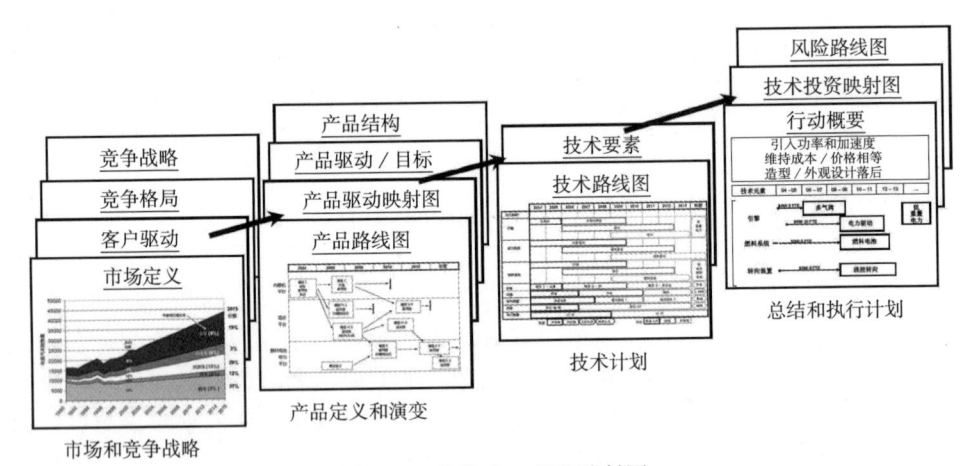

```
竞争战略      产品结构              风险路线图
竞争格局      产品驱动/目标   技术要素    技术投资映射图
客户驱动      产品驱动映射图  技术路线图  行动概要
市场定义      产品路线图                  总结和执行计划
市场和竞争战略 产品定义和演变  技术计划
```

图 15-1　连接在一起的映射图

图 15-1 中的缩略图展示了企业如何生成市场、产品和技术的单独映射，然后将它们连接在一起，从而制订一个职能部门或一个团队的行动计划。另一方面，部门或团队自己建立的简化的映射图特别有利于组合成路线图信息。例如，市场、产品和技术信息可以在一个映射图中一起展示出来，该映射图将特定的市场需求和现有或规划的产品和技术连接起来。最有用的路线图之一，产品—技术路线图会在后面的"建立详细映射关系"部分中详细讨论。

这一章还将介绍在战略和项目决策中映射图的位置。映射图能使一个公司了解其资源并将这些资源与市场需求联系起来的能力发生极大的变化。映射图能帮助 AM 公司解决如下问题：你的市场和技术在怎样演化？如果你能够及时得到一个快照，你现在能见到什么？在 5 年或 10 年以后你还会有竞争力吗？你的基本技术和产品线是什么？你的产品和技术是相互支撑的吗？它们是否像被公司的防火墙隔离的那样是冲突的、重叠的，或就是简单分离的存在状态？映射图向企业提供了一种识别其资产的方法，包括识别它们拥有什么、知道什么、擅长什么，以及其社会资本是什么（渠道、品牌等）。

> **路线图的好处**
> - 路线图是很好的规划。
> - 路线图包含明确的时间元素。
> - 路线图将经营战略和市场数据与产品和技术决策连接起来。
> - 路线图揭示了产品和技术规划中的差距。
> - 路线图显示了投资的优先级顺序。
> - 路线图有助于制定更具竞争力和可行性的目标。
> - 路线图提供指导，使团队有能力认识到需要改变方向的事件并采取行动。
> - 共享路线图允许跨产品线战略性地使用技术。
> - 路线图将业务、技术和产品规划传达给团队成员、管理者、客户和供应商。
> - 路线图构建团队。

## 映射图的定义及其工作原理

产品—技术映射图提供了内容丰富的企业的产品和技术资产目录，这些资产可以按时间顺序排列，并与其他资产关联起来。在最佳情况下，这些映射图可以把市场、技术、能力，以及产品/服务信息联系到一起，这样就能实时地做出分配企业资源的决策，并指导企业的工作以实现短期和长期的目标。映射图的本质在于实现信息的图形化，这些信息经常是由存在于不同职能领域中的隐性信息构建的。映射图不仅创造了一个能使不同职能部门之间进行交流的句式和词汇表，还提供了市场—产品—技术关联的演变图。好的映射图能把它们的要素连接起来，帮助映射图的制作者和阅读者理解为什么、是什么、怎样做产品和技术计划等。

映射图本身就是跨职能部门的工作。它们可以由产品团队执行，也可以由产品管理团队执行，或由战略业务部门（SBU）或一名公司的职能经理执行。它们本质上是不规则的。当数据足够充分时，并且当映射图很好地连接时，映射图能使团队和管理者将复杂度和细化度放大或缩小至适当的水平。团队层次的信息向上传递给最高决策层，较高业务层的战略映射图指引团队层的映射结构和决策。映射图在产品组合的决策中扮演了至关重要的角色，它把项目、价值和资产等信息联系起来以生成产品组合决策所需的相关信息，这是其他通常使用的产品组合管理工具（如气泡图、战略桶或财务度量等）做不到的。

映射图可以由少数几个聚在一起来确定核心优点的人或由将维护该映射作为长期工作的团队来制定。映射图可以作为企业决策者的指南，作为战略的重要输入，也可以作为技术和产品开发的规划工具。

> **映射图的语言**
>
> 　　映射图的词汇指的是如何表示元素、映射图的标志和符号。如果我们在映射图 A 上用实心矩形表示平台，那它们在映射图 B 上也应该用相同的方式表示。如果在图 A 中"O"表示"先进开发项目"，"□"表示"重点开发项目"，那么在图 B 中也应该使用同样的图形。图上不要有业务单位、职能部门或团队的标记。
>
> 　　映射图的句式指的是与要素相关的规则和规范。它包括映射图的结构。举例来说，我们通常从左（早）向右（晚）看时间。虽然我们认为某些人从右向左来表示时间是完全错误的，事实上，这只是一个根深蒂固的内部习惯。如果我们的公司能够嵌入其他的惯例，映射图的阅读者就可以轻松地将一个映射图和另一个映射图加以比较。我们会发现这些映射图在决策制定的战略层面会越来越有用。例如，一些公司用从左到右的箭头表示产品线，很多公司使用 BCG 网格或 S 曲线表示生命周期。采用或发明有用的结构，并重复使用它们。
>
> 　　绘制映射图的人会使用其他的映射图惯例去表示和传达意图，如使用颜色和空白。然而，一定要明智而审慎地一致性地使用它们，绝不要只是装饰性地使用它们。最低限度使用标签——如果我们的句式和词汇足够明确，标签就没有必要。建立公司标签规范，包括字形大小／字体和标签位置（如置于 $y$ 轴左侧和 $x$ 轴下方）。

在这一章里我们回顾一下非正式的映射流程和较正式和细致的流程。重要的是要记住，在工作中使用正确的工具，以使映射的精细度和复杂度与其应用的环境相匹配。一个产品团队可能需要更加具体的细节来映射一个产品平台的要素，然而，一个高层决策团队可能会发现，非正式的映射图不仅已经足够了，而且比一个详细的聚焦于项目的映射图更有意义。如果企业使用了一种一致性的句式和词汇，并且，如果该映射图在职能部门间和不同层次间是共享的，那么这家企业就能随着时间的进展构建一个有价值的知识资源库，其中，非正式的映射图作为具有更多细节的映射图的基础，可以在总体战略重要性背景下帮助我们读懂较正式和细致的映射图。

成功的产品整合和技术映射有下面 3 个有用的规则。

- 使用跨职能部门的团队或小组来制定和维护映射图。产品—技术映射图中的信息之间的关系为制订计划和决策提供了市场和技术背景。通过从企业的不同领域搜集数据，确定映射关系的人员可以在技术资产不足的背景下显示市场信息，在市场需要的背景下展示产品线信息，等等。
- 跨小组且不断地迭代。第一个映射是第一个草图。随着业务中的人们对流程越来越熟悉，他们会发现并整合更多的细节，并对第一次的映射草图编辑分类。甚至在映射流程已经变得很成熟时，映射图也依然需要维护，因为信息会随着时间的变化而发生变化（如会受在不断变化的内部和外部环境、不断生成的新信息，以及映射图在使用中不断产生的复杂度等的影响）。
- 创建一致性的句式和词汇表。映射图作为一个有用的工具，体现各部分之间关系的句式和确定映射图中要素的词汇表必须保持不变，或仅仅是为了适应环境的变化而发生演变。如果句式和词汇表任意变化或跟不上演变步伐，映射图就失去了它们作为沟通工具的作用，并且，组织中一个部门内编制映射图的人员就不能使用来自其他部门的信息。

好的映射图的使用能使企业识别并保护它们的核心资产，同时认识到与产品计划和市场需求的关键差距。映射图给出了合理的、可以讨论的产品和技术工作的时间计划，并提出了有关保留什么、开发什么、放弃什么、外包什么等难以决策的能够引人注意的问题格式。好的映射图的使用可以使团队层、管理层，以及企业的高管层构成意见一致的决策。

## 实施前的警示

图片可以推动知识管理、决策制定、计划编制，以及工作跟进等流程。在实施市场、技术和产品映射中，重要的是要认识到数据呈现的形式是其效用的重要部分。这里的实施前的警示是要警告那些实践者，将映射图做到某种细微程度将有助于他们从实践中得到最大的收益。关于这个主题的更多信息，我们推荐大家读爱德华·塔夫特的有关定量信息的可视化显示的书。

- 例如，在一个电子数据表或清单中采用线性方法展示的数据，可能导致我们孤立地考虑这些数据并产生单个指标之间的冲突，而不是引导我们去比较和调查组合选择的潜在可能性。那些展示出来的数据是相互关联的，甚至会引发关联性思考。此外，建议采用展示数据的方式思考问题，并进行模式化的探索，解释所展示数据的"运动场"是整体的一部分。这里包含两个重要的含义：一个是关于建立映射图的，一个是关于使用映射图的。映射图建立者设定使用和解释映射图的分类。这样，映射图建立者就可以根据计划和战略思考的时间框架做出决定。例如，电子仪器的路线图通常有一个短的时间展望期，医药产品的路线图就会有一个长得多的时间展望期。目标市场会在映射图中表述出来：谁在细分市场上做决策？谁在众多的销售点中选择关键客户和市场需求？如果不是每一种技术或产品都会展示出来，那么如何决定选择哪些来展示，以及如何分组展示？映射图建立者就是模式搜寻者和类别制定者，他们提供了基础性的特征，许多关键的决策是据此制定出来的。企业需要认真地获取映射框架的构建思路、提出搜索问题、考察分类，这样，分类才能成为开发最好和最有用的映射图的迭代流程中的一部分。

在实践中，映射图定义了要解释的领域和相关思考之间的关系，这样的映射图阻碍了任何人试图证明如何由一个显著的数据得到一个结论的愿望。例如，如果一个产品开发项目预期的投资回报率最高，该回报率只是与所有其他部分相关的整体回报的一部分，而不是在它自身的基础上做出的预期，那么在这种情况下，映射图便不利于通过行政影响力或权力地位形成决策，并且，在自上而下地制定决策或高级管理者凭直觉制定决策占主导地位的文化中，映射图建立很难实施。

- 映射到视觉化区域的数据非常适合开发小组用来检查、讨论和做决策。因为这些映射图都向开发小组的决策提供了支持，决策者必须同意那些可获得的数据就是所有的相关数据。在使用路线图的时候，如果出现数据缺陷或曲解，就需要进行讨论，以在决策制定之前确定是继续进行还是先改进这些数据。出现缺陷或曲解的数据可能出现，但是必须和其他数据一起出现在映射图的正确位置上，而不是作为推翻或歪曲集体决策的理由。

建立映射图不是交给一个无事可做的人去做的工作，映射图本身也不是在开会之前匆忙凑在一起画出来的，也不是为了说服干系人。应该认真地开发建立映射图的技巧和技术，并嵌入那些从最佳实践中得到的规则，如塔夫特在工作中发现的那些规则。在塔夫特《定量信息的可视化显示》(*The Visual Display of Quantitative Information*)一书中，他回顾了相关图表的不同方法。他说，最好的方法是产生有因果联系的思维，利用最显著的数据，而不是把握单纯的演示方法。

## 产品—技术映射图

AM 公司的一个高层战略团队已经建立了一个跨职能的团队——新技术团队，

# 第15章 用于计划和产品组合决策的产品和技术映射工具

用来探索汽车燃料资源的发展趋势,以便公司可以解决其如何将自身定位于新兴技术的战略问题。显然,这个团队需要在宏观层面懂得大量的技术演变、法规、市场驱动的知识,并清楚这种演变是怎样被其他经济、社会、技术因素影响或相互影响的。团队需要知道什么时候技术会变得有足够的竞争力、最有效益,以及发展替代性燃料面临的压力有多大。同时也要知道交通运输系统可能发生的变化,以及其他的政策、市场及竞争可能发生的变化。

映射图1:事件映射图——映射战略布局。一般来说,映射是从高层级开始的,对团队所知道的信息进行分类,提供信息的差异,我们称之为事件映射图——一个映射"战略布局"的简单网格。AM公司会获得其他职能部门(包括市场部门)的帮助,出示必要的数据,用来预测未来市场的油价增幅和内燃发动机的发展趋势。团队同样会对SUV的市场感兴趣。市场会不会有另外的变化趋势,如从20世纪70年代起汽车从耗油车变为节能车,这对燃料电池产生了多大的影响?如果交通堵塞激增,会对城市和郊区的公共交通产生什么影响?预测可能的市场变化趋势,对技术演变做出明智的猜测,这样团队才能发现潜在的陷阱和机遇,才能确定哪里需要更加正确和详细的信息。图15-2中表示了AM公司乘用车环境事件映射图。

| 市场 | ↑使用SUV<br>↑安全问题 | 汽车公司出售旧车 | 更小型的汽车?<br>"绿色"变为重要的市场驱动 | "如果更方便,我宁愿坐火车" | |
| --- | --- | --- | --- | --- | --- |
| 经济<br>政治<br>社会动态 | ↑交通/阻塞<br>↑能源价格<br>↑中东动荡 | 电动车基础设施 | 政府对燃料电池开发的支持 | ↑公共交通<br>↓能源价格 | 公路系统的完善使得市内汽车变得更方便 |
| 法规 | 更严格的排放控制 | 退税鼓励混合动力汽车 | 鼓励混合动力 | 所有城区零排放政策 | |
| 技术 | x加仑/千米的内燃机<br>↑内燃机高效混合动力 | 短程全电力汽车<br>福特推出混合动力SUV | 每个汽车制造商有多种选择 | | 高效的集成电路使得人们对燃料电池的关注度降低? |
| 年份/<br>预期年份 | 2000 | 2005 | 2010 | 2015 | 2020 |
| 事件映射图——最好的推测:表明信心,列出假设情况 | | | | | |
| 最好由跨职能小组经过一段时间进行构造。每个映射图会议类似于"头脑风暴法",小组成员使用便条或图片来添加创意和信息。讨论中间经常休息,以保持成员的反应速度;记录下知识差异,在下次会议前给成员指派研究任务 | | | | | |

图15-2 AM公司乘用车环境事件映射图

事件映射图列举了好几个会相互影响的趋势,其中燃料电池代替矿物燃料发动机(内燃机)是很明显的一个。然而,几十年来一直保持相当水平的内燃机的效率在过去几年中又得到了很大的提升。在未来的20年中,燃料电池和内燃机又要展开怎样的竞争呢?这个映射提出了下一级的映射会面临的一些问题,团队将不得不在每千米费用上尽可能精确地进行预测和估计。例如，客户会继续偏爱大型的 SUV，但是 AM 公司必须同时发展小型车的技术。团队决定对市场变化和客户偏好展开调研，也许能发现潜在的需求以便未来扩展市场。

映射图 2：产品线映射图——识别产品系列。AM 公司的新技术团队认识到，必须理解过去和现在的环境，才能绘制现在和未来的技术映射图，为下一步做好准备。新技术团队召开了一次会议，讨论产品的范围，规划公司的小型车、中型车、大型车的比例，而不是规划货车、SUV、轻型卡车。半个小时后，他们得出的结论是：终端用户在意的是车辆大小、款式/设计、内饰和附加功能，而不是 AM 公司的团队所关心的参数。新技术团队把着眼点放在了映射发动机和燃料技术上，规划了发动机系列而不是产品系列。

开启产品—技术路线映射图是势不可当的。有非常多的信息被收集的同时也有非常多的信息缺失。制作好的映射图需要时间，需要其他的计划和开发资源。开启映射图最好的办法就是搞清楚我们想知道的问题，决定我们想决定的事情，这会引导我们具体地怎样组织数据、组织哪些数据，以及让哪些人参与。

**案例研究**

一家在市场占领先地位的摄影公司，其摄影成像业务部门意识到，每次新的相机或媒体项目启动、重新发明或设计的趋势不是尽可能地少，而是尽可能地多。他们召集了跨职能小组并提出问题：我们的产品平台是什么？如何定义一个产品线？他们的产品路线图如图 15-3 所示。他们开始映射客户最初决定购买的产品——照相机，但是公司的收入来自内容，照相机可以说只是一个盒子式的东西，它的功能是使客户能够使用这些内容。将媒体内容映射到产品线中带来了需要澄清的新问题：应该开发什么产品？什么时候开发？该摄影公司还强调了产品线的连续性问题，例如，它的"600 产品线"在亚洲有一个长期的销售渠道，即使它没有新颖和有趣的地方，却仍然鼓励业务单位支持该产品线。

虽然没有新的信息，但是在映射项目之前，我们经常会发现，一个新相机项目需要围绕内容做出乎意料的改变，这样就增加了项目的复杂度和成本，并产生了各种供应链和分销/物流问题。在产品线映射图中，这些问题会被提前确定。产品线映射图支持组合决策，支持、删除或巩固某些线，也支持、删除或巩固某些个别项目级别的决策。

团队最先需要搞清楚的就是，是什么决定了产品线和平台映射的基本分类。事实上，内容是利润来源，但公司过去总是花费更多的时间关注硬件，

# 第 15 章　用于计划和产品组合决策的产品和技术映射工具

特别是关注一个全新的微型照相机。团队也可以选择将产品映射到过去某个时间，回顾历史可以将过去的成功产品线看得更清楚。如果映射到接近现在的时间，他们可能已经错过了一些重要的点，"600 产品线"已经并且仍然是一个成功的产品，特别是在远东地区。

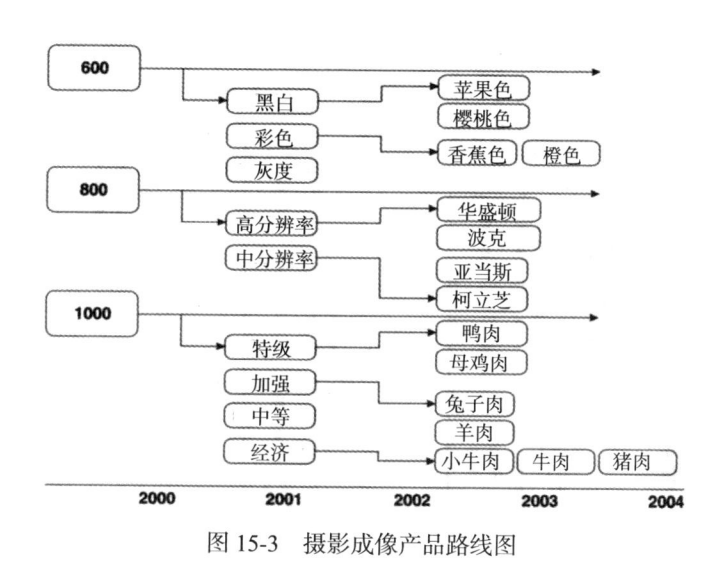

图 15-3　摄影成像产品路线图

## 案例研究

一家空调产品制造商想梳理其技术资产，并将其与市场和产品需求相结合，为此已经启动了一个叫"货架化"的项目推动这个项目。公司的技术项目是基于产品开发项目的需求进行指派的，包括有长期影响的项目。技术小组很少在一起探讨不同的项目该如何重叠或相互支持。技术项目已经启动，随后便是业务或产品问题的确定，但是，产品功能没有自己的技术类别，所以制造商的第一个问题就是：我们技术项目的基本类别是什么？

引导者建议采用一种自下而上或归纳的方法来定义其技术类别。首先，规划者在即时贴上写下所有的技术项目并把它们按大致的逻辑顺序排列。然后，将这些归纳成所谓的"技术模块"，再使用亲和图进行排列。最后，把它们做成项目组织映射图，以便可以发现重叠内容、彼此关系和协同作用。这个映射图如图 15-4 所示。

图 15-4 项目组织映射图

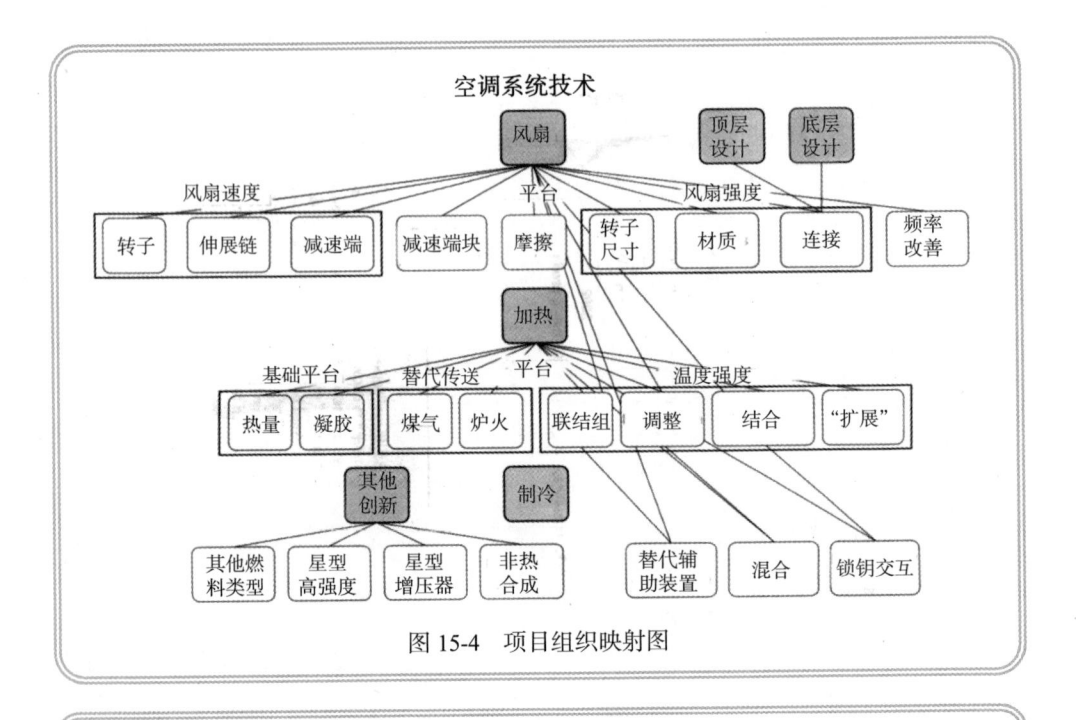

## 案例研究

一家化工企业想将它的产品融入更大的价值链。它对从原材料到批发商和零售商的价值链进行了划分，并利用图形分析法来发现它可以最大化增加价值的地方（如图 15-5 所示）。快速的跨职能映射图帮助公司意识到传统的增值部分不能带来核心能力的提升。它开始探讨它的能力如何能更具吸引力和为公司带来更多的利润。

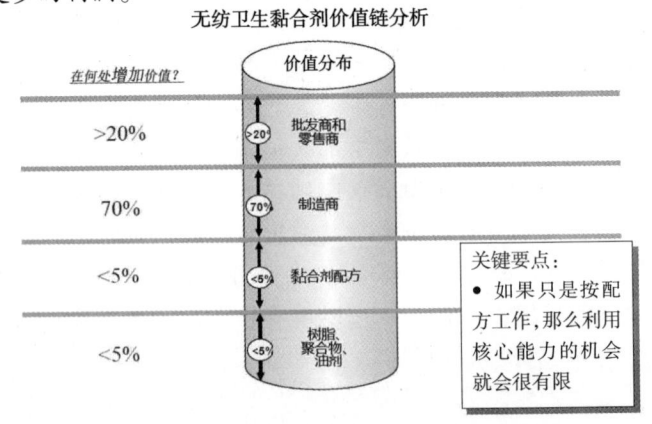

关键要点：
- 如果只是按配方工作，那么利用核心能力的机会就会很限。

图 15-5 化学配方设计公司价值链分析

新技术团队要想知道现有的能力，有时候要关注竞争对手的技术，以及技术发展的趋势。但是现在只需要列出公司现有的技术清单即可（不管是历史的、现在的，还是计划中的）。这将为团队提供一个良好的基线，以确定可能的调查领域，继而填写战略图。

AM公司团队的下一个问题就是公司的发动机怎样和客户的价值链匹配。为了完成这个映射图，公司组织了包括销售、市场、采购、生产、订单、渠道和服务等在内的跨职能团队。例如，公司将重点放在乘用车发动机上，团队使用信息流程映射在价值链上分配制造商，以及分配原材料、发动机配件供应商，并布置发动机装配和安装，发动机的使用、维护和维修等要素。

所有这些例子都展示了描绘战略映射图的关键事务。人们将少量的信息进行分类以帮助理解。有时候，经常性交流使他们的预测更加精确，也使他们能够得到更多的信息。

这些映射图可以在流程成熟度级别相对较低的企业使用，同时企业也可以跨企业、产品线和职能部门使用，并将映射图使用在项目和组合级别中。在详述映射的成熟、复杂的功能前，我们先要讨论一下企业的流程成熟度和映射工具选择之间的关系。

## 实施中的警示

规划受组织结构的指导。这部分讲述了4个关键维度的映射图，以及映射图应该怎样和组织及规划的成熟度相匹配。职能部门和事业部之间存在的障碍是决定创建和维护规划类型和映射图的主要因素。

当相互关系固定并被良好定义时，在结构范围内进行映射图的设计会非常容易。大部分组织的结构是按照职能矩阵（市场营销、研究与开发、制造等）或业务模块（如产品线或利润中心）组织而成的。图15-6表示了一个组织规划的简单视图、职能模块的水平分布和产品线或业务模块的垂直分布。图中显示了规划和映射的4个基本维度：①内部职能；②时间演变；③跨市场／产品／技术（跨职能）；④跨产品线。

在每个业务单元或产品线中，市场、产品管理、研发等部门对各自领域的规划和实施负有责任。每个职能小组按时间制订自己的规划，然后根据职能部门针对市场、产品、技术的规划制订产品线的规划以及技术。每个职能创建映射并且规划的某些部分可能会与时俱进，如市场会怎么发展，企业需要达到的成本目标是什么。在每个职能里，需要建立结构化的映射图，如市场是怎样分割的、产品的部件和子系统是怎样的、产品如何根据生命周期 S 曲线演进等。这种随时间变化的映射图架构，是针对职能部门和产品线创建的，代表了映射图复杂度的最基本级别。

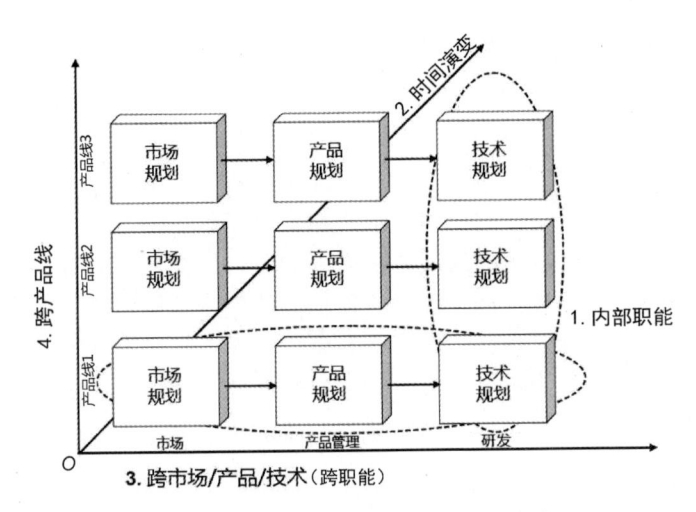

图 15-6　映射图的 4 个维度

在下一个复杂的层次，对于已经实施跨职能的产品团队和门径管理流程的企业，映射图便需要表示出各个职能之间的关系了，如客户的需求决定了主打产品的类型，主打产品的类型决定了立足市场的最重要的技术。例如，综合了结构、时间、职能和（或）业务关系的产品—技术路线图能提供有效的产品线规划。这些路线图将信息很好地传达给了各个部门，帮助开发和市场部门设定工作的优先级顺序，并在开发过程中引导整个团队。这些映射图的水平维度（在水平的虚线椭圆中）将功能要素和时间联系到一起。例如，图 15-1 中的产品路线图和技术路线图反映了规划所涉及的功能要素。

最后，一个良好的组合管理流程要反映产品线之间的联系。例如，映射图显示了两个或三个产品线要在哪里处理常见的细分市场部分，哪些是产品线共享的关键技术，或者一个产品线需要的技术正好是另外一个产品线已经发展好的技术。这些映射图连接垂直维度中的规划（在垂直的虚线椭圆中），也连接跨产品线或事业部的职能和职能组。这个级别的映射图有助于为组合决策提供决策支撑。

综上所述，映射图的 4 个维度涵盖了内部职能、时间演变、跨职能和跨产品线的信息。随着这些维度范围的合并，映射流程的复杂度就会提高。将映射图的复杂度和周围环境的成熟度匹配是很重要的，如战略规划、市场、组合管理、门

# 第15章 用于计划和产品组合决策的产品和技术映射工具

径管理、生命周期等。开发和使用映射图的目的就是帮助企业决策,企业应该利用所能利用的数据,但不应是夸大的数据和不适当的数据。

产品开发和计划的成熟度可以用各种功能的整合程度、产品管理和发展、跨产品线管理(包括组合管理流程)等来度量。图 15-7 表示了映射图和产品开发成熟度。在成熟度级别 1 中,有限的内部职能规划经常是有问题的或欠考虑的。在成熟度级别 2 中,内部职能结构化在一定程度上考虑到了时间问题,跨职能的整合是受监管的,但它取决于个体而非系统性的规划。这种系统化的映射图具备了用来规划产品演变的特点。在成熟度级别 3 中,规划和映射图充分考虑了时间问题,也进行了一些跨职能的系统性的整合。成熟度级别 3 的映射图考虑到了时间演变并架起了不同职能之间的桥梁。在成熟度级别 4 中,在产品线和事业部内,职能的良好整合产生了综合的市场、产品和技术规划。这种图完全使用了图 15-1 中的产品路线图和技术路线图。最后,最成熟的级别 5,规划是在产品线和事业部的整合下产生的。在这个级别,映射图是标准的格式,为规划的各个方面进行了系统化对照,是组合管理的基础。

| 映射图和产品开发成熟度 | 内部职能 | 时间演变 | 跨职能 | 跨产品线 |
| --- | --- | --- | --- | --- |
| 1. 有限的内部职能规划。<br>仅实现了初始的、临时的整合 | ◐ | ○ | ○ | ○ |
| 2. 内部职能结构化,但是没有整合。<br>依靠个体进行管理和整合 | ● | ◐ | ○ | ○ |
| 3. 根据时间演变进行了规划,实现了一定程度的整合。<br>已定义 | ● | ● | ◐ | ○ |
| 4. 随着时间的演变,产生了整合市场、产品、技术规划的产品规划。<br>实现了定量管理 | ● | ● | ● | ◐ |
| 5. 产生了跨生产线的集成规划,驱动投资组合决策。<br>最优化 | ● | ● | ● | ● |

图 15-7 映射图和产品开发成熟度

企业中的团队应该管理映射图细节的级别,以与规划过程的成熟度或决策制定所需的详细程度一致。规划的开始阶段,应该选择高级别的映射图为所得的信息映射画出概貌。随着发展和规划的进行,映射图应该更加详细。决策制定的时候涉及很多投资因素(如项目、产品等),映射图应该和决策一致。例如,在企业产品组合过程中,映射图应侧重于决策标准,如价值创造、契合战略,以及组合的平衡，而不是详细的特性演变或目标设定。我们已经强调，一个好的方法是把映射图分层到一个共同的结构中，以便决策者可以从高层次的信息开始，根据需要进行更深入的细节挖掘。

## 建立详细映射关系

随着企业内组合和管理流程的成熟，企业就能支持更加复杂的用来制作经过整合的产品和技术路线图的映射工具。本节以 AM 公司为例讲述了一些工具和方法。

AM 公司乘用车环境事件映射图（见图 15-2）列出了行业和未来几代汽车的演变中可能会出现的关键事件。高级管理者已经了解了这项工作的战略和战术意义，AM 公司给产品团队分配了新的挑战，为新一代汽车开发和整合新技术。这个团队需要建立新的结构，设计新的动力系统、燃料来源、转向装置、刹车系统、车身等。同时，这个团队要密切关注竞争对手和竞争对手的技术，以保证 AM 公司的产品是有竞争力的并且是独特的。这个团队还要保证乘用车产品线和其他产品的产品线联合起来，通过合作和共享提高效率。（备注：AM 公司的团队可以为每个功能规划流程开发映射图；同时，AM 公司的决策过程是很成熟的，所以跨职能团队能建立集成路线图。）

基于映射图的信息和决策，AM 公司的战略委员会定义了其乘用车产品线的愿景："AM 公司将生产和出售高效和有竞争力的燃料电池驱动的汽车，具有引人注目的款式和高度集成且高效的乘客舒适性和安全性子系统。"这一愿景是多年来几代产品演化出的产物。AM 公司的乘用车产品线要不断演变以适应不同的动力系统配置，相应的子系统也要不断调整，以出品有竞争力的、高效的、高性价比的汽车。这些产品和技术的演变必须协调一致，以产生一个能够达成愿景的全套产品，同时保持竞争力。随着映射图和计划的发展，战略映射图会不断地更新，以便高级管理者和整个组织可以继续参与这个具有战略重要性和有风险的投资项目。

由于其章程的范围很广，团队要决定创建如下的映射图来指导他们的工作：① 功能结构映射图；② 设定时间目标的映射图；③ 把市场驱动和产品驱动、技术驱动连接起来的映射图；④ 显示产品和技术演变的映射图；⑤ 把结构、目标、计划全程联系起来，实现产品线整合和技术策略的映射图；⑥ 跨产品线映射图。映射图①、②和映射图④可以先由职能部门内的团队画出，然后连接在一起，就像映射图③和映射图⑤由跨职能的团队画出那样。最后，该团队将他们的工作成果和其他产品团队的成果整合起来画出映射图⑥。

## 第 15 章  用于计划和产品组合决策的产品和技术映射工具

### （1）功能结构映射图

这些映射图定义了产品或服务的所有部分是怎样协调和相互作用的。它们可以很简单，只是列出产品的部件；也可以很复杂，列出产品子系统之间的相互影响。俗话说"一图道千言"，映射图能有效快速地表示出部件之间的关系，让读者很快理解问题的各个部分。

功能结构映射图的结构采用图画的形式，展示产品的物理组装结构，比如剖视图，或者采用逻辑形式，展示产品分层的装配结构或产品的分层结构图。物理产品的结构最好的表示方法就是图和子系统。很多软件和服务产品都可以以分层视图的形式指出模块或功能之间是怎样连接和交换信息的。流程化生产的产品，如化工制品，它们的结构已经包括制造步骤。构造产品结构的关键因素是，它必须包括所有决定产品价值的主要部件。

产品规划需要知道市场的层次。卢克·霍曼将其区分为 T 结构，即技术结构，以及 M 结构，即"包含整个业务模型，包括许可和销售模型、价值主张、与客户相关的技术细节、数据表、竞争差异、品牌因素，以及市场试图给客户带来的心智模型"。

AM 公司跨职能团队的第一个映射图是描述子系统或汽车产品线上的技术因素的产品结构剖视图（见图 15-8a）。剖视图详细地展示了发动机箱体和传动系统部分。车的第一级视图是很难展现更多部分的，更详细的视图会包括子系统的子部分，如动力系统图能显示燃料来源、发动机、动力转换系统和排放系统。

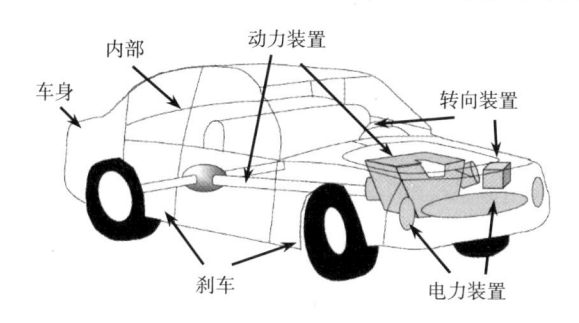

图 15-8a  AM 公司的产品结构剖视图

图 15-8b 展示了 AM 公司的另外一种形式的汽车层次结构。子系统被更加详细地定义。这个图划分了六个主要层次，然后还分出了更多的层次，以便详细讨论和分析。这个结构图可以用来评价子系统、定义标准和目标、构建设计过程，它使团队把注意力放在关键的市场问题上，有助于团队思考产品的子系统如何配合。

一个关于结构的问题是这个结构应该多大，即其应该包括什么。为了理解把汽车成功推向市场的问题，AM 公司的汽车结构图可能需要超越汽车产品本身而包括加油基础设施，因为它的燃料已经从汽油转化为了替代燃料，如氢气和甲醇。它也可能扩展到营销计划和服务基础结构。AM 公司的产品线团队决定发展 T 结构，用于推行汽车的第一个规划。紧随其后的步骤就是建立范围更广的 M 结构，包括市场和分销问题，也包括燃料和维护基础设施、供应链事务和监管事务。

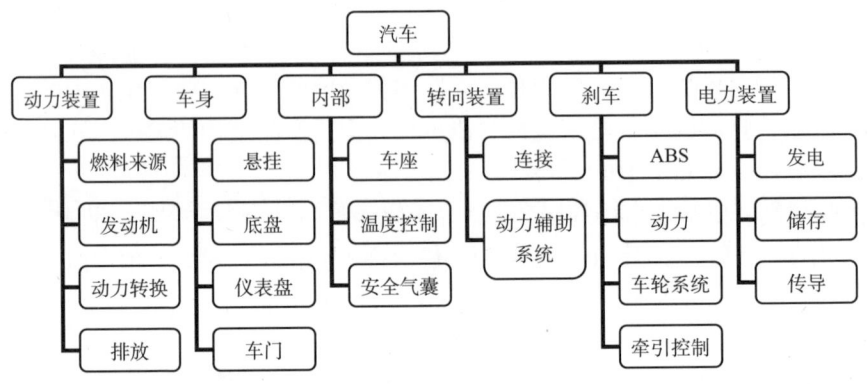

```
                            汽车
    ┌──────┬──────┬──────┼──────┬──────┐
  动力装置  车身   内部  转向装置  刹车  电力装置
    │      │      │      │       │      │
  燃料来源 悬挂   车座   连接    ABS    发电
    │      │      │      │       │      │
  发动机  底盘  温度控制 动力辅助 动力   储存
    │      │      │    系统      │      │
  动力转换 仪表盘 安全气囊       车轮系统 传导
    │      │
   排放   车门                  牵引控制
```

图 15-8b　汽车层次结构

　　图 15-8a 和图 15-8b 展示的结构图是静态的。对于很多有单一主导结构的产品，如传统的由内燃机组成的汽车，这已经足够了。但是，很多系统的结构是不断变化的，这便引入了时间维度。AM 公司的最终目标是完全不同的、由燃料电池驱动的汽车结构。团队已经决定采用渐进式方法来达到这个目标，他们已经定义了传动系统的结构演变，见图 15-8c。以 AM 公司的乘用车为例，公司打算把内燃机后轮驱动变成汽油—电力混合动力前轮驱动，最后变成燃料电池四轮驱动。AM 公司当时的规划显示：混合动力前轮驱动阶段将于 2006 年开始实施，将随着电动机技术的进步和发展而获得进展，同时成本降到相对内燃机技术有足够竞争力的程度。最后，燃料电池阶段将在 2009 年开始实施，其他的结构就会被逐步淘汰。

　　映射图在描述其他功能区的计划进展的时候也可以使用。例如，团队可以制定市场细分、市场规模和客户需要的优先级的映射图。图 15-9 的市场细分/结构图展示了美国轻型汽车市场的演变。AM 公司的市场部门已经研究了历史数据来帮助自己定位和预测。AM 公司的市场部门在研究了轻型汽车的市场情况后，确定了乘用车的市场目标，也通过使用 20 世纪 90 年代的"最佳拟合曲线"预测了未来的市场规模。当时，市场部门预测汽车市场将以每年 3% 的速度增长，当然有些系列车的增幅很大，如 SUV 的增幅是 29%。预测显示汽车系列的增幅会从 2001 年的 36% 下降到 2015 年的 20% 以下。

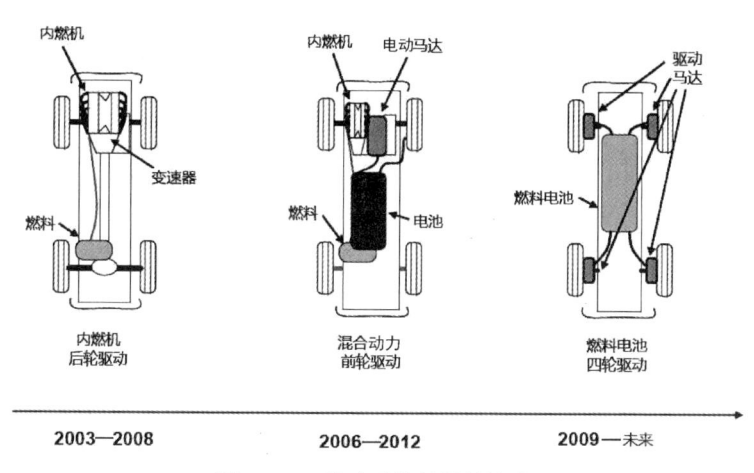

图 15-8c　传动系统的结构演变

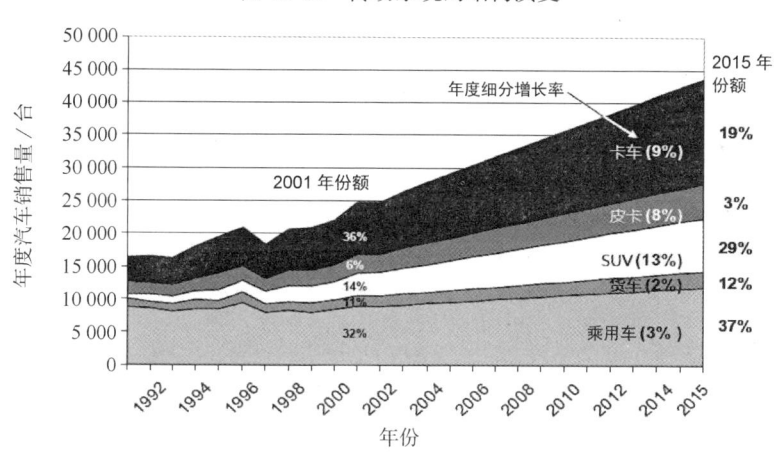

图 15-9　市场细分/结构

受经济状况和人们品位的影响，市场历来每年都是很不相同的，所以对计划部门的预测和对销售增减的估计会有很多争议。这些争议包括预测是太保守还是太乐观，每个产品系列的增长是否会保持现有的速度，经济或社会情况是否会使客户的喜好在乘用车、SUV、皮卡车之间发生转变。客户甚至会质疑公司的重点系列汽车是不是正确的。所以有时候公司会设计多套方案，每套方案都有自己的映射图，并使用不同的预测方案来预测增幅和客户喜好。

市场映射图也可以确定一条产品线最重要的客户需要。AM 公司的市场部门已经对乘用车市场定义了两个最重要的客户细分市场：家用轿车细分市场和性能至上的细分市场。这两个细分市场有相似的需求，又有不同的需要优先考虑的问题。市场部门已经独立研究了客户购买时优先考虑的因素，这体现在图 15-10 中。这个图列出了关键的客户购买驱动力，并将访问结果按优先顺序排列。驱动系统、操纵系统和性能是最重要的方面，占了近 70% 的潜在客户，然后是舒适度、款式/外观设计和安全性。团队可以利用这个图来决定产品线发展的重点。最主要的还是要提升汽车本身，像售后服务和良好的购买体验就排在了后面。所以，公司首先要为汽车本身制定路线图，然后再扩展到更大的 M 结构。

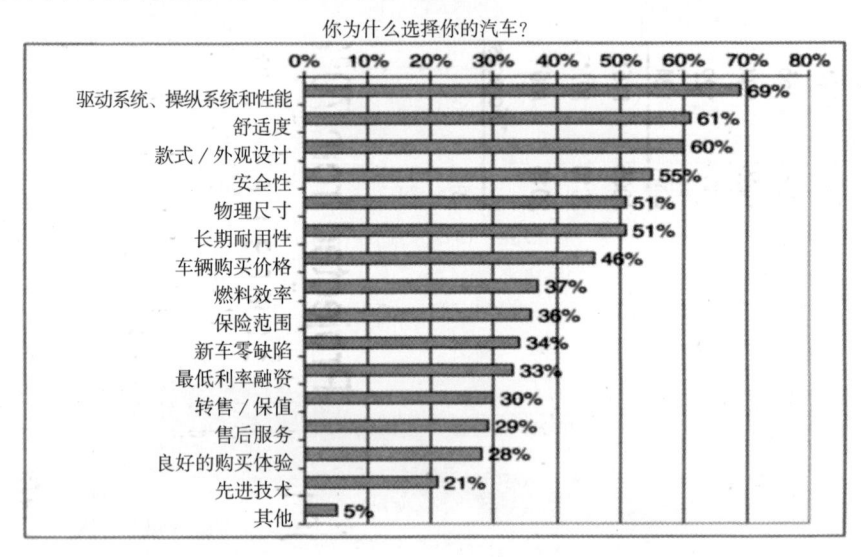

你为什么选择你的汽车？

| 项目 | 比例 |
|---|---|
| 驱动系统、操纵系统和性能 | 69% |
| 舒适度 | 61% |
| 款式/外观设计 | 60% |
| 安全性 | 55% |
| 物理尺寸 | 51% |
| 长期耐用性 | 51% |
| 车辆购买价格 | 46% |
| 燃料效率 | 37% |
| 保险范围 | 36% |
| 新车零缺陷 | 34% |
| 最低利率融资 | 33% |
| 转售/保值 | 30% |
| 售后服务 | 29% |
| 良好的购买体验 | 28% |
| 先进技术 | 21% |
| 其他 | 5% |

图 15-10　客户购买驱动力

### （2）设定时间目标的映射图

映射图对产品线开发尤其重要。几乎所有产品线战略的最主要因素都是价格和成本，行业的学习和经验曲线能够帮助企业制定边界和竞争目标。当年的 AM 公司的团队必须给他们乘用车的价格和成本制订直到 2015 年的计划。为了这些项目，AM 公司利用了历史成本单价的经验曲线，以及美国自 1975 年以来的汽车累计销售额，如图 15-11 所示。这个经验曲线是由 AM 公司的产品经理们通过官方数据和市场调查得到的，以帮助团队在竞争背景下决定价格和成本目标。为了有助于制定汽车的价格目标，产品经理们使用行业学习速度和市场部门关于市场产量的假设，基于历史数据进行推测。

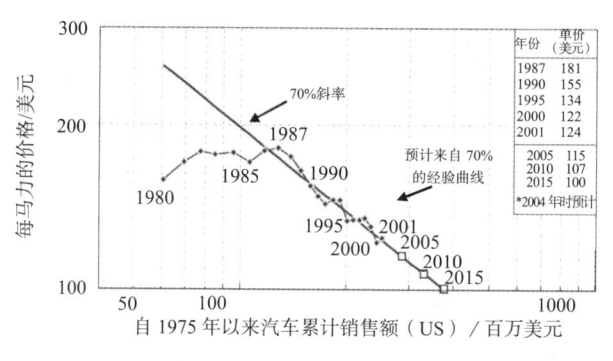

## 第 15 章 用于计划和产品组合决策的产品和技术映射工具

图 15-11 汽车每马力价格经验曲线

由于引入了可供选择的动力系统，AM 公司的团队必须确保这种新结构和发动机技术的发展相对而言是有竞争力的。经验曲线显示了 20 世纪 80 年代每马力的价格整体是小幅上涨略有回落的，行业学习过程比较慢；90 年代学习过程发展得很快，价格继续下降，这主要受由计算机控制的多阀的、燃料喷射的发动机技术，以及激烈的全球竞争的推动。这个过程使行业经验曲线产生了 70% 的斜率。按照当时的行情，如果根据这个经验曲线推断的话，每马力的价格会从 2001 年的 124 美元降到 2015 年的 100 美元。

经验曲线捕捉到很多会影响价格和成本的因素。它反映了技术创新的发展、行业竞争和文化（共享和交换所学知识）的情况，还有市场需求的驱动。利用经验曲线的斜率进行的预测，是基于很多会随着对目标的影响力大小而不断变化的要素的具体情况估计的。例如，预期的市场需求通过市场将沿着预测路径走的具体状况来影响目标。

经验曲线还能用来评估竞争技术的生存能力——从成本的角度讲，哪个技术是最有可能胜出的。如果一个新技术成本的斜率比现有的主导技术的斜率陡峭很多，那么经验曲线就能帮助我们找出哪个点上的新技术会在市场上超过现有技术。例如，每马力价格的经验曲线会告诉 AM 公司为了在未来保持竞争力，公司应该在传动系统的哪部分设定成本目标。2003 年，一个燃料电池的成本价格是每马力 1 300 美元，如果整辆汽车的价格在 2015 年是每马力 100 美元，那么制造者必须把燃料电池的价格降低到每马力 20~30 美元的范围内才能保证燃料电池有竞争力。这给公司愿景带来了很大的压力。团队必须为每个子系统设定积极的绩效目标，从而为最重要的产品驱动因素（公司产品线的关键绩效特征）制定竞争目标。这也标志着 AM 公司的研发部门把注意力放在了降低燃料电池的成本上。

到现在为止，映射图已经把注意力放在产品开发链中的一个职能上了。跨职能映射通过连接和整合职能创建更完整的产品线故事。

### （3）把市场驱动和产品驱动、技术驱动连接起来的映射图

将职能计划连接起来是将开发重点放在服务于最高优先级需求的最重要特性上的一种有利方法。这个连接把最重要的产品特性和实现这些特性的架构要素连接起来。连接起来的映射图确保产品的重点放在对客户来说重要的事情上，并且能够提供差异化。

图 15-12 是 AM 公司制作的跨职能的汽车驱动映射图，表示了公司乘用车业务的客户驱动、产品驱动和技术要素之间的关联。客户驱动可以被称为"知道为什么"，客户的偏好告诉 AM 公司为什么他们需要特别发展一些科目和产品特点。产品驱动可以称为"知道是什么"，定义了关键的产品特点。技术要素可以称为"知道做什么"，表示为了实现愿景应该有怎样的技术。驱动之间的联系能帮助开发团队按照客户的需求循迹他们的设计和决策。这个连接还能帮助建立优先级顺序和时间表，如和高优先级的产品驱动有联系的技术要素往往是执行时的重点。在绘制关系图的时候，团队从客户驱动开始，然后是关键的产品驱动和技术要素，最后建立连接，在每个类别中排列驱动优先级顺序。AM 公司的团队发现动力、加速度、框架刚度、悬挂特性、转向装置是影响操作和性能的最关键的客户驱动。该团队的分析将继续进行，直到确定了少量的关键驱动因素，并将为它们确定绩效目标。该团队还确定了一些特征，这些特征与行业平均水平相当或者落后于行业，AM 公司将寻求领先。最后，团队把产品驱动和技术要素连接起来，确定为了实现目标，在结构中的哪个部分需要新技术的引进。AM 公司的团队确定了传动系统是结构的中心，将传动系统作为开始着手的技术进行关注。

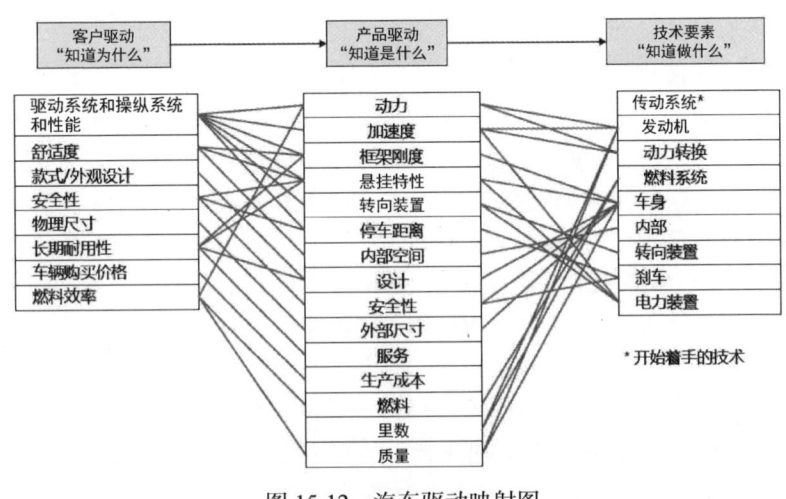

图 15-12 汽车驱动映射图

## 第 15 章 用于计划和产品组合决策的产品和技术映射工具

### （4）显示产品和技术演变的映射图

AM 公司下一组映射图展示了产品和技术随着时间演变的过程。这种映射图经常被叫作路线图，因为它为产品和技术的发展指明了方向，记载了在面临很多条可选路线时团队的选择。

产品路线图展示了产品线如何演化，如何为了引入或发布新的模块而产生新的分支，以及某些模块和平台将在什么时候停止。图 15-13 表示了 AM 公司乘用车产品线的产品路线图。这个路线图表示了服务某个具体的区域和分支的新平台，包括针对特定细分市场的新模型。随着市场的演变，AM 公司的产品也要发展，包括以家用轿车细分市场和性能至上的细分市场为目标的产品。按照其当时的产品路线图所述，现有的内燃机后轮驱动平台会在 2004 年开始被新的模型 C 替代，主要面向家用轿车。后轮驱动平台会在 2006 年开始被替代然后被逐步淘汰，这时就会主要发展混合动力平台，使用模型 C 生产出低油耗、经济型轿车——模型 H-1。2006 年年末，运动型轿车——模型 H-S 会被推出，具有更快的加速度［6 秒钟加速到 60 英里/时（约 97 千米/时）］。H-S 使用与 H-1 相同的车体和部件。同时，AM 公司还会继续研究燃料电池电力平台，并会于 2006 年推出概念车。如果概念车具有市场吸引力并且在技术上是可行的，那么 2009 年就会推出模型 E。模型 E 是后续的家用和运动系列产品线的基础，被视为"愿景"。为了巩固产品线，模型 C 会在 2010 年开始被逐步淘汰，模型 H 平台会在 2012 年停产。

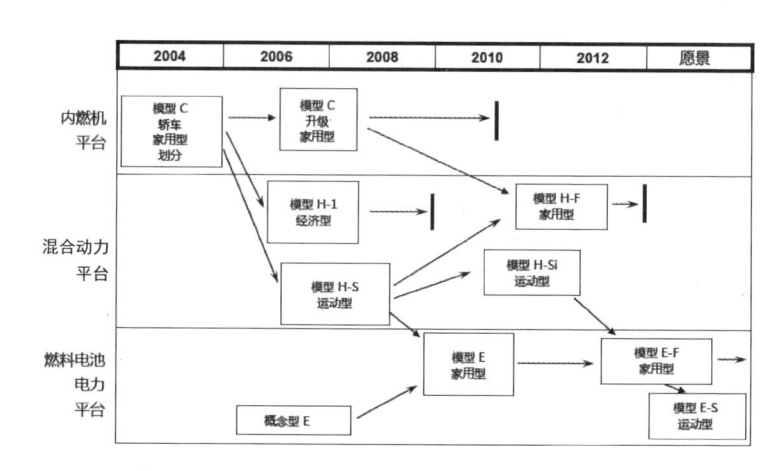

图 15-13 AM 公司乘用车产品线的产品路线图

产品路线图表示了产品线的当前计划。显然这些计划还是会变化的，所以，路线图必须是一份动态文件，定期刷新（如每年一次或每年两次），或在市场有很大变化的时候刷新。

AM 公司的产品路线图包括最后的愿景，这使团队能描述产品线的最终目标。AM 公司的燃料电池汽车就是公司产品线的最终目标。

AM 公司的产品路线图主要是由传动系统平台决定的。在可供选择的规划中，产品性能的关键维度可能会被添加进去。例如，计算机行业，连续几代计算机的路线图通常使用时钟速度或其他一些处理措施，通过与时间对比来展示预期的演变。在一个市场驱动的企业里，产品路线图就是由商场上的差异化特性决定的。

当产品路线图、关键驱动和目标确定后，AM 公司的团队就要着手发展技术路线图，建立将在产品线上一直使用的技术框架。技术路线图是建立在产品结构的基础上的，有助于 AM 公司在需要的时候有正确的技术、资源和能力。图 15-14 表示了 AM 公司乘用车技术路线图。团队是根据研发部门提供的几个选项来制定技术路线图的，技术路线图要和产品路线图保持一致。

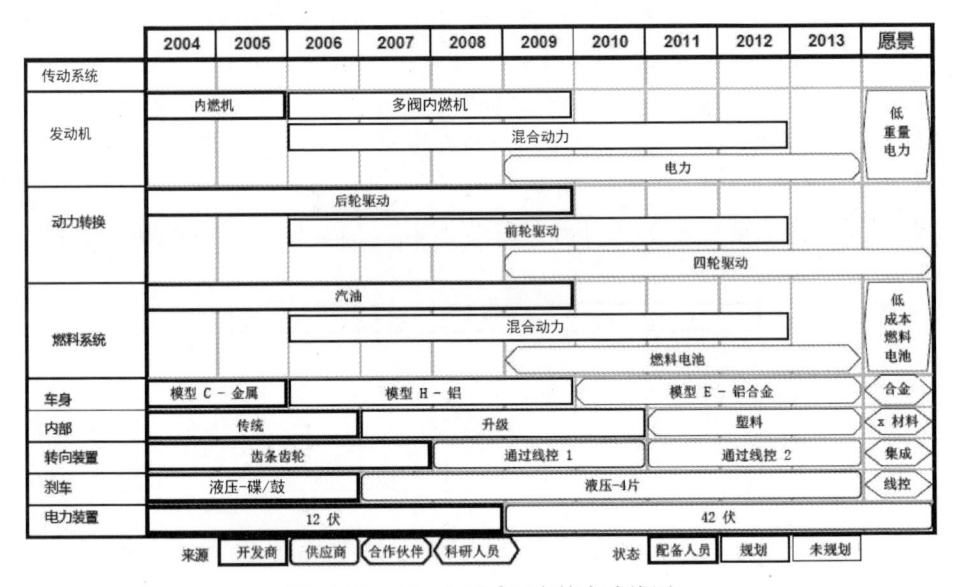

图 15-14　AM 公司乘用车技术路线图

AM 公司乘用车系列的技术路线图显示，技术的演变和产品路线图表示的平台是匹配的。路线图中的每一列显示了结构的一个要素，定义了每年计划中会用到的技术。现有的内燃机设计会在 2004—2005 年之间使用，然后升级的多阀内燃机会在 2006 年开始使用直到模型 C 会被淘汰的 2010 年前。模型 H 使用的混合动力发动机会在 2006—2012 年之间使用，模型 E 使用的电力发动机会在 2009—2013 年之间使用。技术路线图的每一行包括愿景的空间。对于发动机来说，AM 公司的愿景是设计出很轻的电力驱动系统。每个技术的资源在技术路线图中用矩形表示。AM 公司的研发部门将发展内燃机系统和混合动力发动机,针对电力驱动的汽车要同合作伙伴一起研发。愿景里的轻型电力汽车是 AM 公司研究的一个项目。矩形的轮廓厚度表示了每个技术的状态。内燃机系统的发展人员已经配备齐全,混合动力发动机开发还没有人员,但已经在规划之中,而电力驱动还没有规划好。

技术路线图的第 1 列表示乘用车系列的产品线上关键技术要素的演变。图 15-14 表示的是技术的第一层细节,每一列都是可以随着团队的发展而扩展的。最后,技术路线图会包括好几页信息。技术路线图需要实时记录,规划团队应该定期或在市场有重大变化的时候重新刷新。

### (5)把结构、目标、计划全程联系起来,实现产品线整合和技术策略的映射图

当职能映射被连接和整合到一起,形成一个产品线演进(产品—技术路线图)的完整视图的时候,建立映射的作用便很明显。图 15-15 表示了 AM 公司的完整的乘用车产品—技术路线图的概况。它用很小的示意图来描述先前提到过的映射,完整地表示了产品线路线图。

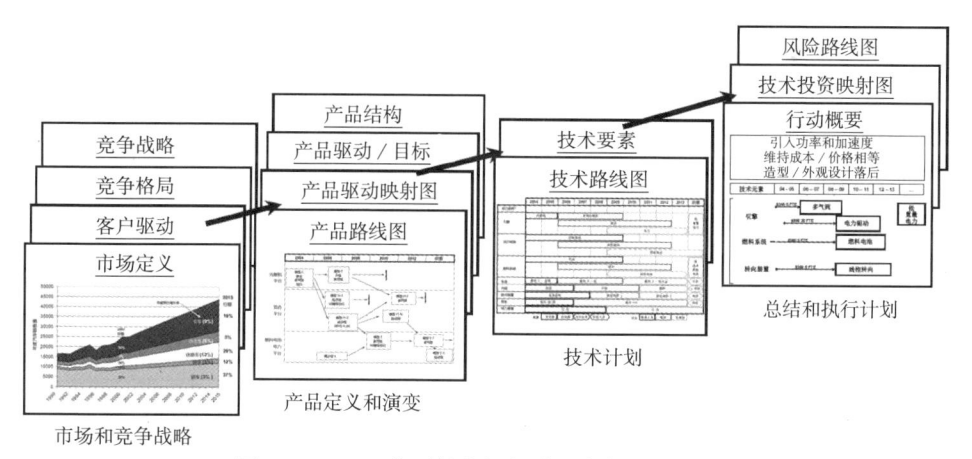

图 15-15　AM 公司的完整的乘用车产品—技术路线图

AM 公司的产品—技术路线图由 4 部分组成:市场和竞争战略、产品定义和演变、技术计划以及总结和执行计划。箭头把它们连在一起,指出驱动映射图的连接形式。产品—技术路线图中市场和竞争战略部分包括了对市场的描述(包括细分、增长率和关键问题)、客户喜好和市场驱动的定义和优先级,概括了竞争对手的优势、弱点和策略的竞争格局,以及 AM 公司竞争性市场策略的声明,描述

了AM公司计划怎样赢得市场地位。产品—技术路线图的第二部分（产品定义和演示）包括了产品路线图、产品结构、产品驱动/目标和产品驱动映射图。第三部分包括技术要素和技术路线图。

产品—技术路线图的前3个部分陈述了团队的产品线计划。这些信息被用来实施第四部分，总结和执行计划。这个部分定义了使计划实现的关键技术发展或并购。执行计划也概括了团队的主要决定。AM公司的团队已经决定在动力和加速度方面领先竞争对手，保持成本和价格不变，并且不再追求外观和造型的改进。为了实现动力和加速度的领先，AM公司将专注于发动机设计，会在内燃机系统中融入多阀技术，然后把注意力集中在燃料电池和能产生很大扭力加速度的电力驱动技术上。AM公司为了使成本和价格不变，要使用行业经验曲线确定价格点。AM公司的外观和造型一直都不是领先的，所以团队决定舍弃这个领域的领先地位，计划通过提升客户的驾驶激情体验来弥补外观和造型的不足。在这样的决定引导下，AM公司确定了几个必须实现的关键项目。当关键技术必须使用的时候，团队提供所需资源（预算和人员配备）的粗略估计。通过这种方式，行动概要呈现了关键行动的计划。

总结和执行计划部分还可能包括技术投资映射图，它通过竞争影响力来确定所有规划过的技术。通过识别技术的潜在竞争力（基础的、差异性的或破坏性的）和来源（开发、合作或并购），这个映射图能帮助公司管理技术组合。这个映射图的目标是确保AM公司的技术投资组合能够实现基础和差异化技术的组合，并确保资源得到正确的分配。组合管理者常常会发现资源主要是用于基础技术（广泛分布和成熟稳定的），而不是差异化和颠覆性的技术。映射图能帮助其平衡分配。

最后，这个行动概要还包括风险路线图。风险路线图标示出改变游戏规则的事件，这些事件可能需要改变计划。它们经常会被先前制定好的事件映射图影响，事件映射图定义了需要团队在发展阶段监督的关键的事件和状况。风险的分类可能包括市场的、技术的、进度的、经济的、政策的、资源的等多个方面。团队应该随着产品开发过程定期监管和更新风险路线图。

（6）跨产品线映射图

映射图的最后一种应用是跨产品线的推进产品和技术的组合。使用它的产品—技术路线图，AM公司的乘用车产品线能把它的战略、产品驱动目标、技术需求和AM公司的其他产品团队的路线图进行比较。通过一套共同市场或使用基础技术的路线图，该跨产品线映射图可以用来分析定义哪些领域能共享开发，哪些领域的技术可以复用，或哪些合作对公司有利。交叉路线图分析的一个特别有效的分析框架是使用了一个相对于市场细分的矩阵方式来表示。

# 第 15 章 用于计划和产品组合决策的产品和技术映射工具

图 15-16 表示了 AM 公司技术跨产品线映射图框架，矩阵定义了跨越多个产品线的通用技术，包括乘用车、货车、SUV、皮卡车、卡车等。横向列出了产品线，而架构要素是垂直列出的。在跨路线图评审中，每个产品线团队描述了各自的计划和关键技术，然后据此比较它们的共性，并在由架构要素组织的矩阵中进行汇总。除了卡车产品线，每个产品线都使用了多阀内燃机技术，所以可以在这些产品线之间共享这种技术。另外，只有乘用车和货车的产品线用到了前轮驱动技术，这两个团队就可以合作发展这种技术。其中一些产品线对燃料电池技术的需求相似，但略有不同，他们每个人都要求 AM 公司的小型燃料电池研究团队提供帮助。随着对多个产品线的需求的认可，AM 公司的首席技术官可能给研究团队制定一份章程，以开发能够满足多个单位需求的燃料电池。

| | 乘用车 | 货车 | SUV | 皮卡车 | 卡车 |
|---|---|---|---|---|---|
| 传动系统 | | | | | |
| 发动机 | 多阀内燃机 | 多阀内燃机 | 多阀内燃机 | 多阀内燃机 | |
| | | | 混合动力 | | |
| | 电力 | | | 电力 | |
| 动力转换 | | | | 后轮驱动 | |
| | 前轮驱动 | 前轮驱动 | | | |
| | | 四轮驱动 | 四轮驱动 | | |
| 燃料系统 | 燃料电池 | | | 燃料电池 | |
| 车身 | 统一车身 | 统一车身 | | | |
| | | | 框架车身 | 框架车身 | |
| 内部 | | | | | |
| 转向装置 | | | 齿条齿轮 | 齿条齿轮 | 齿条齿轮 |
| | | 线控 | | | |
| 刹车 | | 碟式 | | | |
| 电力装置 | | 42 伏 | | | |

图 15-16　AM 公司技术跨产品线映射图框架

企业中路线图的使用有很多目的。摩托罗拉公司在 20 世纪 80 年代最早使用路线图，随后路线图在很多企业中都得到了应用，并应用于工业规划和技术展望。

路线图是信息的高度概括。路线图的顶层视图可以为高层管理者提供一个简明的图形化总结，或者向客户传达产品战略和方向。随着研究的深入，路线图能展现更多细节的信息，以引导产品开发团队、产品生命周期管理团队、供应商和其他干系人。路线图是产品组合管理的关键资源，它提供了一种信息的通用格式，可供投资组合管理团队做评估权衡。路线图的关键成功因素包括开始过程、共享和保密过程、定义适于路线图的环境、正确的进度以及正确衡量路线图创建的价值。

## 结　论

在计划和产品组合管理中用到的映射图是信息的图形表示，可以快速和高效地传达计划、目标和预期的结果。但是和映射图讲述的内容同样重要的是，当映射图制作者在规划流程中构建、讨论并重新定义这些映射图的时候，学习所带来的收益。映射图传达给团队的是一种查明知识差距的方式和设定目标并用文件记录研究成果的方法。他们也很容易沟通团队层面和行政层面的工作，这样可以跨项目、市场、业务和时间范围制定战略决策。

彼特·圣吉多年前预测，大多数——也许是所有公司都有"学习障碍"。产品和技术映射的实践方案为公司提供了一种记录知识产权的方式，以便描述它们已经具备的和它们需要满足市场需求之间的差距，并将这些知识转化为产品和技术开发项目组合。映射促进跨系统边界的交流，而这些边界往往阻碍学习和交流。

映射图是会变化的，我们可以在一个非常适度的级别开始实施映射图，然后逐年加以完善。另一个同样重要的事情是绘制映射图确实需要集中精力和资源——它可以在某些时间被完成，但不是在我们的闲暇时间。

## 作者简介

### 毕比·内尔森（Beebe Nelson）

毕比·内尔森，NPDP，是工作论坛创始人和总经理，也是创新咨询师，主要聚焦于产品组合管理、产品生命周期管理、市场细分、技术映射图、产品定义，以及客户心声等领域。她擅长于公司间学习网络的设计和实施，亦擅长作为国际产品开发协会的协调者。她是PDMA2000年国际会议的项目主任，在2003年国际会议上主持"人类踪迹"分会，并是《产品创新管理期刊》（*Journal of Product Innovation Management*）的评审编辑。她是继续学习网络的教员。毕比在哈佛大学获得哲学博士学位。

### 理查德·E.奥尔布赖特（Richard E. Albright）

理查德·E.奥尔布赖特博士是Albright战略集团的主要负责人，为若干组织提供路线图、技术未来和集成化战略与技术计划等咨询。他是贝尔实验室的技术战略和评价部主任，他在那里负责通信技术的技术战略开发。他是美国西北大学技术与开发中心的成员，MATI（Management of Accelerated Technology Innovation）（一个识别和开发技术管理最佳实践的产业和学术社团）的路线图专门工作组主任。奥尔布赖特博士在纽约理工大学获博士学位。

# 第 16 章

# 高效的技术商业化决策支持工具

凯文·J. 施瓦茨（Kevin J. Schwartz）
埃德·K. 于（Ed K. Yu）　道格拉斯·N. 莫德林（Douglas N. Modlin）

在《PDMA 新产品开发工具手册 1》中，作者们介绍了管理新产品和技术开发的各种工具。在本章中，我们将通过提供一系列额外的工具来详细讨论这样一个问题：如何使得用于产品开发管理标准的门径管理流程适用于先进技术开发的不同需求？本章所讲的这些工具不仅用于有效管理单个技术项目（技术分级），还用于管理多个技术项目（技术组合管理）。本章的重点是确保技术开发工作不仅要满足预先定义的绩效标准，而且要最终转化为技术商业化决策支持工具。这种对技术商业化的关注对各组织来说已经变得更加重要，因为研究预算已受到更加严格的审查，以确定其最终价值和投资回报率（ROI）。

在这一章，首先探讨将技术开发和产品开发同步化的框架。然后，着眼于有效的技术组合管理决策工具，以使技术快速商业化。对工具的讨论以高效的技术组合管理开始。接下来，讨论高效的技术分级决策工具。

技术组合管理和技术分级是两类对新技术商业化成功的可能性产生重要影响的实践。原因很简单，就是这些实践旨在解决那些基于技术的企业都会面对的基本问题。这些问题主要包括以下几个方面。

- 我们怎样决定投资或关注哪些技术？
- 我们应该在异想天开的技术上和可持续发展的技术上各投资多少？
- 为什么如此多的技术努力只产生了如此少的实际产品？
- 为什么我们不能预先知道什么技术在什么时候可以用？

尽管这些问题看上去使人气馁，但是有效的技术组合管理和技术分级的潜力还是提供了惊人的回报。标杆研究表明，成功的技术领导者（那些在技术上投入巨资并在商业产品中成功利用这些技术的人）实现了比平均值高 80% 的利润率和比平均值高 40%的增长率。

这一光明前景对那些致力于把新技术商业化作为整个产品线的基础而工作的新企业和事业部尤为重要，但是，它对于那些想要通过不断创新以在竞争中保持领先地位的老牌实体企业同样非常重要。我们与几家依赖于新技术商业化的公司的合作，以及我们对表现最好的公司的研究表明，这两个关键实践在实现重大技术投资带来的效益过程中会产生成功与失败的差异。

## 技术开发和产品开发的特征差异

在更深入地研究管理技术商业化的工具之前，让我们首先明确区分产品开发和技术开发的含义。在《PDMA 新产品开发工具手册 1》中已经讨论过技术开发和产品开发之间的差异。它们各自的属性即特征差异总结在图 16-1 中。

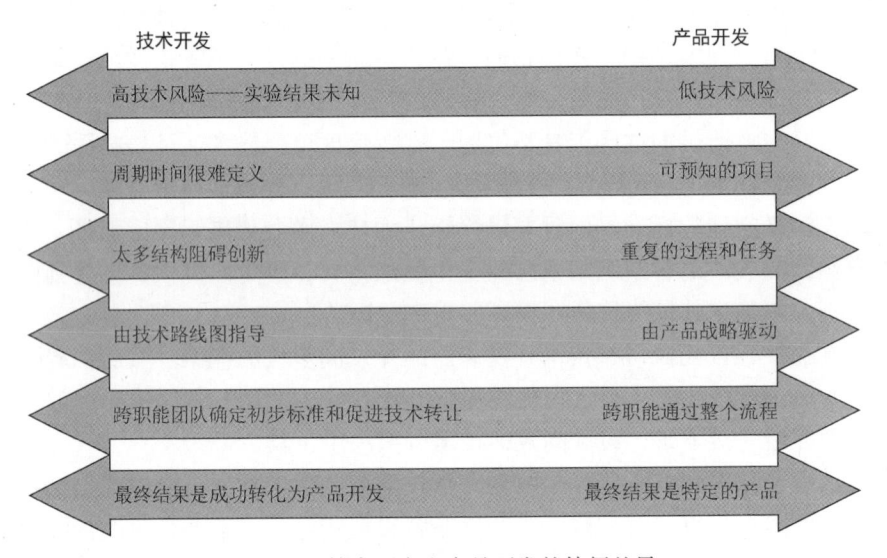

| 技术开发 | 产品开发 |
|---|---|
| 高技术风险——实验结果未知 | 低技术风险 |
| 周期时间很难定义 | 可预知的项目 |
| 太多结构阻碍创新 | 重复的过程和任务 |
| 由技术路线图指导 | 由产品战略驱动 |
| 跨职能团队确定初步标准和促进技术转让 | 跨职能通过整个流程 |
| 最终结果是成功转化为产品开发 | 最终结果是特定的产品 |

图 16-1　技术开发和产品开发的特征差异

虽然这种区分很直观，但是很难确切地知道一个基于技术的项目是应该通过一系列产品开发流程来管理，还是应该用低结构化的技术开发流程来管理。实际上，选择常常基于管理部门的判断而不是基于定量的评估。例如，一个由政府资助的航空航天承包商要开发一种躲避雷达的"隐形"飞行器的表面新材料。项目涉及未开发的技术，因而面临很高的技术风险。这也可能导致由于过分强调结构化而阻碍团队开发一种新材料所需的创造性。然而，我们应该考虑到，项目的最终结果是一种产品，该产品要出售给预期的特定客户。同样地，我们也可以发现

# 第 16 章　高效的技术商业化决策支持工具

一家半导体公司里的新产品线,也许是用于生产一家成熟的电信芯片制造商开发的第一款蓝牙芯片。第一个新产品的开发是一个高风险、技术驱动型的项目,比企业通常面临的可预测性项目的风险要高得多。然而,该项目的理想成果是一个特定的产品,由一个包括已确定的产品进度要求的产品路线图驱动。在任何一种情况下,是采用正式产品开发流程还是采用低结构化的技术开发流程管理这些项目,都将成为一个需要慎重考虑的管理决策。

为了把前面文字中描述的差异转化成管理部门权衡时要采用的实际标准集,我们首先要考虑基于技术的开发项目的管理目标。当我们在决定一个项目是作为一个技术开发项目还是产品开发项目来管理时,应该考虑如图 16-2 所示的 7 个维度。

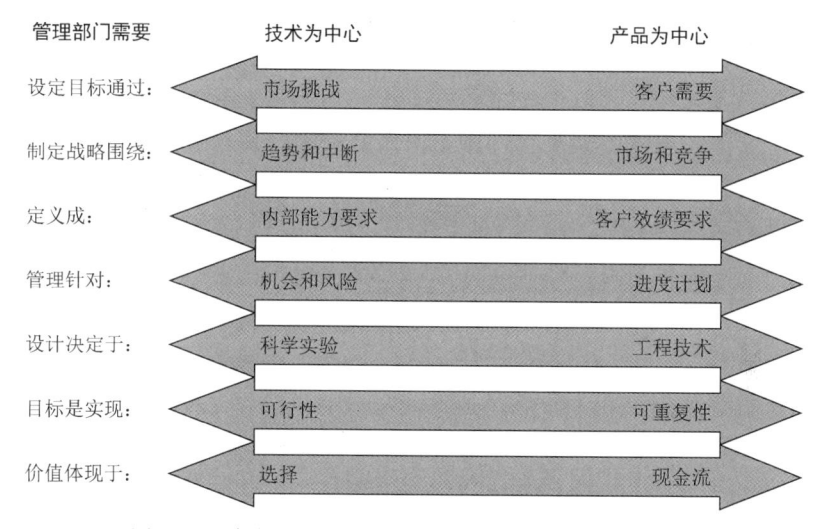

| 管理部门需要 | 技术为中心 | 产品为中心 |
|---|---|---|
| 设定目标通过: | 市场挑战 | 客户需要 |
| 制定战略围绕: | 趋势和中断 | 市场和竞争 |
| 定义成: | 内部能力要求 | 客户效绩要求 |
| 管理针对: | 机会和风险 | 进度计划 |
| 设计决定于: | 科学实验 | 工程技术 |
| 目标是实现: | 可行性 | 可重复性 |
| 价值体现于: | 选择 | 现金流 |

图 16-2　决定如何管理基于技术的开发项目的影响维度

这 7 个维度如下。

- 设定目标。如果项目目标是向一组明确限定的客户提供独立的服务或硬件,则最好将该项目作为产品开发的工作去管理。然而,如果项目目标是由形成或开辟一个市场的愿望所驱动的,那么该项目作为技术开发工作可以得到更好的管理。
- 制定战略。如果项目战略是根据其他产品或竞争形成的,则该项目作为产品开发的工作去管理会更成功。如果该项目的战略是根据技术趋势和不确定的颠覆性技术形成的,则该项目就是一项技术开发的工作。
- 定义。如果项目需求被明确定义为该领域(无论是针对客户还是针对市场)的性能标准,则该项目应作为产品开发项目来处理。如果项目需求由内部能力要求所决定，则该项目通常更适用技术开发项目管理方法。
- 管理。如果一个项目有清晰的、可以安排时间进度的最终目标，则使用产品开发流程。如果最终目标很难定义或是由临时里程碑决定的，则将其作为一项技术开发工作去管理。
- 设计。如果技术工作本质是科学发现，则该项目便是技术开发。如果技术工作是工程设计，则该项目更可能是产品开发。
- 目标。如果项目的目标是证明能够满足市场预期的可重复性，则该项目是产品开发。如果项目的目标是通过简单地寻求对技术基础的理解来证明可行性，则该项目是技术开发。
- 价值。如果该项目预计或承诺项目能实现正向收益或利润率，则该项目更可能是产品开发。如果项目的价值更广泛地集中在项目能够做到的产品选项上，则该项目是一项技术开发工作。

总之，选择应用哪个流程管理技术项目取决于管理目标。最终，这个选择仍将是由知情的管理者做出的主观选择，但是，前述的标准可以为做出这一选择提供一些客观的指导。本章后面的内容介绍了一些工具和技术，以帮助我们管理"以技术为中心"的项目组合，继而实现有效的总体商业化。

## 技术和产品开发的同步化

当研究人员讨论技术管理时，常会听到"你不能给创新安排日程"这样的话。即使最注重过程的技术组织经理，当要求获取有关产品开发团队日程或状况时，也会对这样的观点产生共鸣。尽管这样的观点有些道理，但它最终是错误的。虽然我们无法真正预测何时会找到创新突破或技术解决方案，但是我们可以管理技术开发项目所处的环境，在这个环境里培养创造力，确认结果，并在创新发生时迅速地加以利用。因此，"你不能给创新突破安排日程，但你可以给创新项目安排日程"。

技术管理和产品开发之间冲突的核心在于可预见性这一根本问题。如图16-3所示，大多数技术开发工作的最终意图是把新的功能或组成部分转移到产品开发工作流中。然而，产品开发倾向于在能够详细安排计划的环境中进行，新技术本身的不可预知性是计划中断的潜在因素。

同样，技术开发项目和产品开发项目通常对项目需求有根本不同的定义，这使它们极难实现平稳过渡。产品开发者通常倾向于在特定市场或在客户运营条件的范围内考虑不同的性能需求。另外，从本质上来说，专业技术人员必须更多地考虑高级别性能标准，并且允许技术和产品开发灵活地发生在各种环境中。技术开发和产品开发之间的术语也会存在不同。认识到这个差异并把它作为产品—技术转移的问题，而不是当作误解或技术不成熟的标志，这是技术开发和产品开发同步化工作的关键之一。

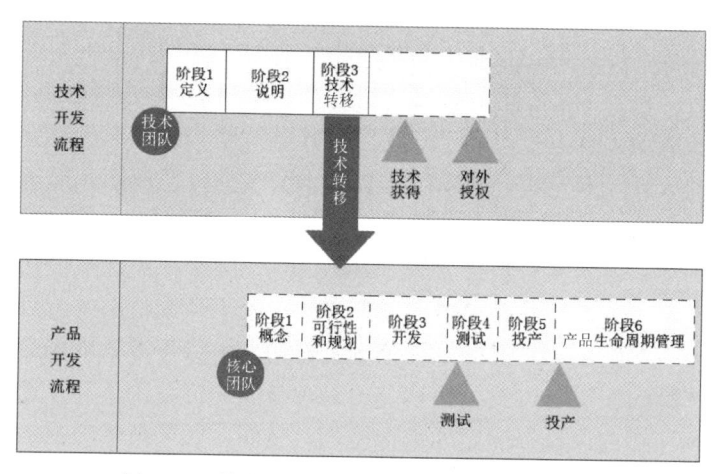

图 16-3 技术开发流程和产品开发流程的结合

本章提出的工具能够处理各种各样的同步问题，最终找到"你不能给创新安排日程"说法中错误的因素，所有这些工具，加上对商业化的一般管理意识和文化敏感性，有助于创造这样一种环境：促进创造力，并在创新发生时尽快利用这些创新。

如果我们不把知识产权（IP）管理的角色作为管理一个以特定技术为基础的项目所要考虑的重要因素，就有些失职了。高度重视专利的企业希望确保其技术项目推动专利备案，以实现该领域的领导地位。一旦产品开发项目到达了产品推出阶段，在开始出售以后就可能失去某些专利权。这时便需要咨询专利代理人，以了解具体情况。因此，在管理核心研究职能和技术与产品开发之间的过渡时期，公司必须意识到自己的知识产权战略和方法。虽然这个概念过于宽泛，无法在本章中充分讨论，但是很多文章会提供详细的阐述，例如"专利法要点"。

## 有效的技术组合管理决策工具

从根本上讲，技术组合管理的问题和产品组合管理的问题有细微差别。正如《PDMA 新产品开发工具手册 1》第 13 章里所述，问题在于，除了把项目做对，还要学习如何做对的项目。根本差别只是在于不确定性的程度上。

在产品开发中，许多决定新项目潜在价值的可变因素中有很多都可以被合理地解释和量化。尽管总有未知因素，但可以合理地运用标准的成本效益分析，如净现值（NPV）、预期商业价值（ECV）、生产力指数及评分矩阵，来评估单个项目的相对重要性。这些评估，加上气泡图和其他技术，支持围绕新产品开发工作中的逻辑组合决策。

然而，在技术管理中，很多工具都失去了有效性。尽管一个新产品收益可能带来的收入有一系列的潜在值，但技术开发项目的可能回报往往是一个二进制变量。项目要么成功，从大量产品中获得巨大收益；要么失败，没有完成目标，在产品开发前被放弃。假定我们成功了，新技术潜在的收益也如此遥远和不确定，因此很难应用传统的成本—效益工具进行分析。

尽管有困难，但公司对组合管理工具的需求仍然存在。很多公司都面临着新技术研发和投资机会。有些是简单的短期技术，用于降低目前的产品成本或改善生产流程。另一些则是革命性的，理论上可行的技术将开辟新市场或从根本上改变公司或其产品的性质。当然，很多公司只有有限的资源用于开发这些机会；因此，它们必须仔细选择最有前途的进行投资。然而，如果技术项目的估值十分不确定，我们该怎样决定把宝押在什么地方？幸运的是，已经有工具可以用来解决这个挑战。本节介绍的 3 种工具，提供了框架和分析方法，允许管理者在新技术不确定的情况下得出基于价值的投资组合管理权衡。

## 工具 1：组件技术和技术平台

当把传统的项目组合管理方法用于技术工作时，组织遇到的第一个需要解决的问题就是决定项目优先级。在产品开发环境中，公司倾向于开发一个算法或分析方法，以决定各个项目的优先级顺序，将其按顺序排列，作为权衡日常管理的指导。这也许对产品开发有效，却对技术开发无效。为什么会这样？首先，技术项目常常是分散的，难以对任何项目分配财务收益指标或最终收益。这些收益也是很模糊和不确定的，因此很难在分配单独项目的价值时达成共识。相反地，技术创新者常常依赖他们的首席研究人员——他们真正的远见者的"直觉"，这种依赖很难形式化为项目优先级顺序的定量模型。

解决方案之一是在组件技术层忽略优先级顺序。相反地，技术工作可以分为逻辑系列或技术平台，支持新产品线或产品流。一旦通过这种方式分组，就容易决定优先级顺序，而不需要复杂的优先级顺序算法。相反，可以将一些定量标准（如经济回报、风险水平）和平台与公司战略愿景的具体目标统一起来，做出合乎逻辑的优先决策。

# 第16章 高效的技术商业化决策支持工具

图 16-4 中的 3 种技术平台的每一种都构成了独特的领先产品的基础。领先产品是服务特定一组客户的潜在系列产品中的第一种产品（这些产品组有时称为产品平台，不在本章讨论的范围之内）。从商业战略的角度看，技术平台成为企业的支点，可以用来确保技术工作支持企业战略。这些平台可通过领先产品的需求来促进那些受技术诀窍和市场情报影响的基于技术成熟度的投资决策。

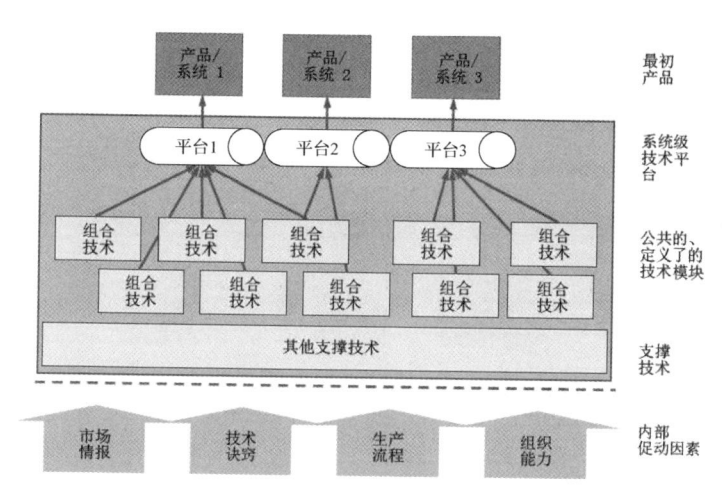

图 16-4 技术平台研究方法

总之，产品平台之下的大部分技术模块不可以跨平台使用；然而，它们有时也可以跨平台使用，这可以节省新产品开发的时间和资金。继续寻找这样的机会是有必要的。不可避免的是，一定数量的技术工作不属于任何平台。它们可能是支撑技术，帮助或改善公司全部产品；它们也可能是真的"异想天开/赌上全部家当"的科研工作，不会有用于短期产品的机会。在确定的资源或预算百分比中可以预留一些给这类工作。例如，一家公司可以选择总技术开发预算 30%的资金投入科研工作。这是一个评估长期商业化机会的投资。其余 70%的投资应该集中在短期、针对产品的技术开发上。实际比率在公司之间会有不同，但是最佳的比率是平衡公司长期和短期业务需求的比率。

附加技术工作可以把重点放在有针对性的技术上，这些技术不适用于任何平台，却是特定的产品所需要的。这些项目应该被独立审查并酌情决定优先级顺序。但通常应将它们保持在最低限度，以维护技术组合的平台视角。平台组合成为反映高级管理员远见卓识的投资选择计划。

图 16-5a 中，应用技术平台的方法展示了一家假设的烤面包机公司，它拥有低端、中端、高端 3 种技术平台。在这个案例里，恒温控制技术模块可用于 3 种

平台中的 2 种。这将减少最初的经典型和豪华型产品的成本和市场投放时间。

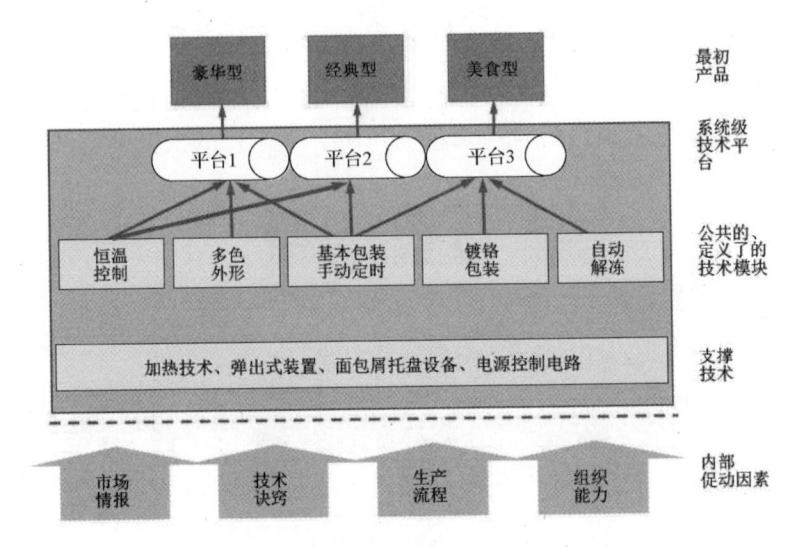

图 16-5a　技术平台举例：烤面包机公司

通过利用内部和外部技术、技能，可以开发新技术模块，使新产品能够在每一种技术平台上实现。每个模块的基础是支撑元素或功能，如具体设计概念和整合功能模块。在图 16-5b 中，我们首先看到的是零部件和分离的器件，然后是原材料，最下面是具体流程。对一个成功的商业机会而言，重要的是体现产品价值的客户技术要求都已经达到。最终，客户希望有解决方案以满足其需求，而不只是一个重新打包的技术模块。

以下是这个工具的几点提示。

- 平台的数量保持最低水平。平台的激增会冲淡它们推动优先级顺序决策的价值。
- 理智挑选技术平台。定义技术平台不只反映技术，也反映了战略决策，应该由一个跨职能管理团队进行审查。
- 利用内部和外部技术。公司不必提供平台或产品所需的所有要素；但重要的是所有要素要有可靠来源。
- 技术平台集中围绕公司的业务主题。这些主题包括产品使用模式、技术兼容性／结合度或成本点。
- 经常检查平台战略。商业战略的改变、技术革新或客户需求都可能改变公司的最佳平台结构。

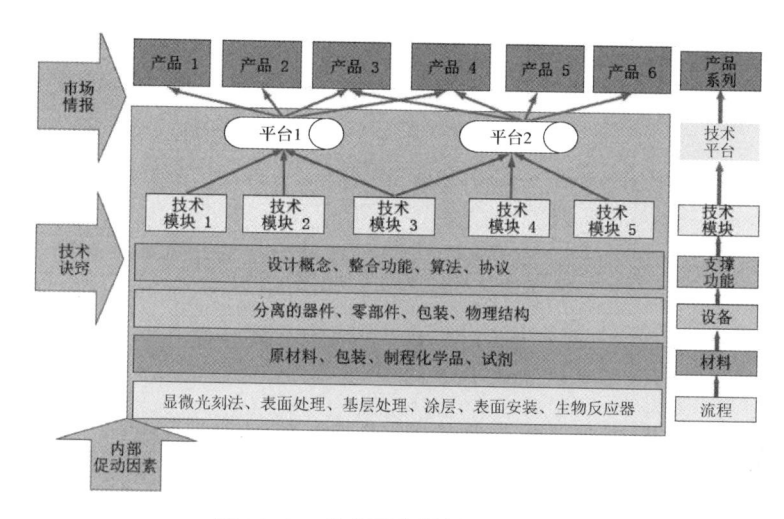

图 16-5b　技术平台举例：烤面包机公司

## 工具 2：利用实物期权理论帮助技术路线进行选择

平台技术本身是可取的，原则上，投资技术平台可以创建多种产品。微电子制造流程提供了很好的案例，这是因为，一旦流程开发出来，新产品就能在流程或平台上以相对较小的调整被制造出来。其他平台技术的例子包括计算机程序和操作系统。新一代平台利用上一代产品，许多上一代产品都可以在新一代平台中获得利用。在组织寻求使用平台技术开发多种产品时，必须回答如下的关键问题。

- 如何部署开发资源来获得最高的投资回报率？
- 应该并行开发多少种技术和产品？
- 如何有效地管理并行开发技术和产品项目带来的风险？

我们假设，虽然组织的开发资源有限，但通常它们可以同时支持开发管理一个以上的产品。在该模型中，产品开发流程的每个阶段都等同于购买期权，要等到下一阶段来看结果。这个想法非常像钻探油井。投资资金争取某块土地的石油开采权，如果没有石油，那么项目价值等于零；如果发现石油，那么项目相当有价值。这取决于发现了多少石油。在产品开发中，投资是为了探索新产品创意的可行性。根据可行性实验的结果，如果结果是明确的和确定的，那么产品可能没有价值或有很高的价值。如果资源被快速地重新部署到前景更好的项目，这种负面结果也会给组织增加价值，因为资源重新部署相比耗在原有项目，总体投资回报率将会提高。实现这种结构化决策流程价值的关键是提前建立项目绩效的具体指标，做出及时的决策，并快速重新部署被否决项目中的资源。

对比常规的净现值（NPV）和投资回报率（ROI）分析的局限性，期权方法的价值还是可观的。下面的内容说明投资组合和项目管理问题很难用传统的方法实现。

- NPV 对产品开发来说可能不是精确的模型，但是可以接受，因为所有项目都会有一定程度的系统误差。
- NPV 中的风险很难建模。风险有时是通过增加货币成本（如用折现率计算 NPV）或填补进度表来实现的。
- NPV 和内部收益率（IRR）方法并不能对先期决策点上资源重新部署的结果进行建模。
- 使用 NPV 或 IRR 方法并不是为了最大化项目集的价值，而使用期权方法往往试图这样做。
- 使用期权方法优化价值创造了获取流程优化中产生价值的机会。

表格模型很有价值，它是一种结构化决策流程的简单方法。表格模型可以结构化使用简单的数据表，其中项目的状态以单个单元格的形式表示为输入或输出（见图 16-6）。

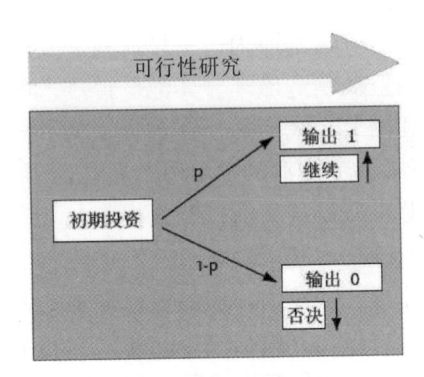

图 16-6　表格模型

如上所述，技术项目的可行性研究阶段可被视为"购买期权"以确定流程的可行性。如果可行性调查是成功的，就可以开发一个产品或技术；如果可行性调查失败，那么项目价值很低或为零；如果确定了可行性，价值增加，产品开发失败的风险降低。可行性研究成败的概率取决于具体项目，一些概率值取决于管理部门从技术和商业角度出发而形成的直觉和判断。

在图 16-7A 部分的案例分析中，可行性研究的费用是 20 万美元，成功的概率估计值是 0.5。这里，公司相信一旦完成可行性研究，就需要 2 000 万美元用于开发产品。在最好的情况下，管理部门相信项目可能给公司带来 1 亿美元的收入机

## 第 16 章 高效的技术商业化决策支持工具

会。这个情况假设产品投放市场是按期、符合预算、遵照所有市场规范，并且竞争很小。管理部门相信最好情况的发生概率为 70%。

另一方面，如果事情按照最坏的情况进行，结果只会有 2 500 万美元的收入机会。表格模型同时计算了两种情景的影响，并且预测项目在开始阶段有约 2 800 万美元的净值。一旦可行性研究成功完成，该模型预测的价值将达到 5 750 万美元。这个数值的计算是从概率加权期望收益中减去开发所需投资（2 000 万美元）：

$V = (-20\ 000\ 000) + 100\ 000\ 000 \times 0.7 + 25\ 000\ 000 \times 0.3 = 57\ 500\ 000$（美元）

类似地，先于可行性研究的项目原始期权价值计算如下：

$V = (-200\ 000) + 57\ 500\ 000 \times 0.5 + 0 \times 0.5 = 28\ 550\ 000$（美元）

这个模型吸引人的特点之一是在每一阶段结束时进行决策，通过将每个阶段中学到的所有知识都考虑在内，并将资金重新分配给高价值的项目，而不是默认情况下继续做低价值的项目，使组合的价值最优。图 16-7B 部分中阐明了这一观点，其中三项可行性研究同时进行，每项可行性研究费用均为 20 万美元，每一项成功的概率估计值均是 0.5。这个战略的明智之处在于，可行性研究通常比产品开发规划更便宜。即一个组织虽然只能负担一个产品开发计划，但它有可能负担更多的可行性研究。3 个案例模型包括高、中、低三种情况，并且它们可以构建一个平衡的项目组合。

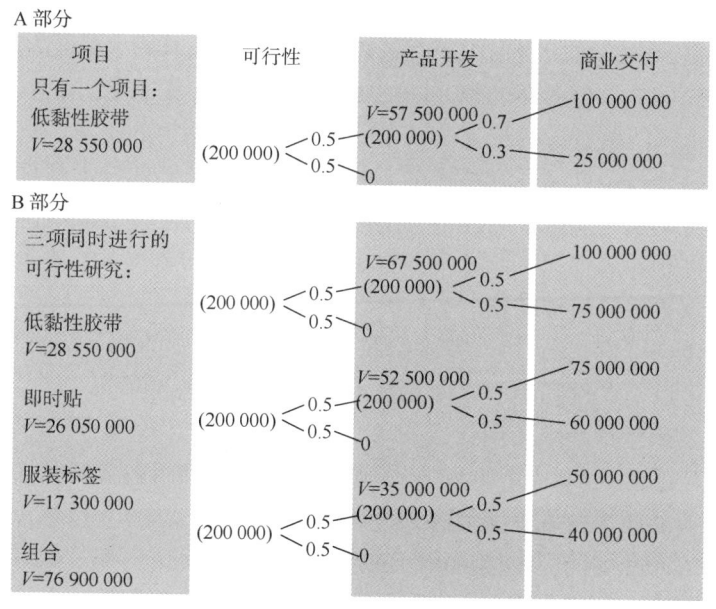

图 16-7 期权方法分析（单位：美元）

以下是这个工具的几点提示。

- 使模型简单化，简单的模型更加透明，更容易在整个组织中进行应用。使用期权理论的最大缺点在于复杂性会快速增长。尽量保持模块概念的简单化，并用它来理解和观察全局。鉴于现实世界的不确定性，让它处理太多细节可能没有什么意义。
- 不要试图用期权模型取代 NPV 和 ROI 模型。恰恰相反，将它作为一种补充方式来使用，我们会充分得到两种模型的好处。

### 工具 3：技术路线图和产品路线图的整合

工具 1 和工具 2 围绕创新工作的有机性和流动性提供了一些管理结构。通过建立组合平台，我们基本上已经创建了一个组织框架，阐明了所有技术项目的动机。然而，这个框架缺少的是时间因素。把规划好的组件和平台等的技术客观地通过时间框架图形化，就是技术路线图。技术路线图的概念服务于研究组织，其基本目的是识别在特定时间段内正在进行（或者计划进行）的各种项目。与产品路线图一样，这些信息可以帮助我们协调工作规划，避免组织混乱。然而，技术路线图与产品路线图结合起来的时候，才可以真正发挥出强大的力量。

从根本上来说，技术路线图和产品路线图的整合使技术开发和产品开发协调一致。这个整合提供了两种强有力的工具：沟通工具和项目组合管理工具。作为沟通工具，整合的路线图为组织正在进行的技术研究工作以及它们如何支持计划的产品工作提供了一个清晰的和共同的视图。作为项目组合管理工具，这些路线图有助于管理部门就资源的部署和新项目的授权做出明智的决策。例如，如果管理部门看到一家公司产品开发路线图上的项目需要一个新的技术组件，而在产品设计阶段即将结束之前这个组件不可能准备好，就会促使产品团队提前做出修正。这些修正也许意味着推迟产品开发项目，放弃项目中的新技术，或重新改变绩效期望，以实现更好的流程同步。

当管理者进行审查的时候，技术路线图和产品路线图的整合帮助组织思考（并有希望回答）以下关键问题，以便在技术投资中产生更多价值。

- 在开发未来产品中使用什么技术？它们在何处起作用？
- 在既定的时间内，能不能准备好某个产品开发项目需要的技术？
- 未来产品所需技术在哪里存在差距？
- 目前的产品如何应用接近可行的技术？
- 是否有机会利用成熟（或几乎成熟）的技术，提高我们的技术投资回报率？

图 16-8 显示了一个简化的技术路线图和产品路线图。这个图的主要特点是每

个路线或当前的技术和产品开发项目显示在一个时间表中，表明技术项目与那些将这些新技术推向市场的领先项目的产品开发工作之间的联系。图中还包括关键的里程碑、项目的启动和目标的完成等信息。

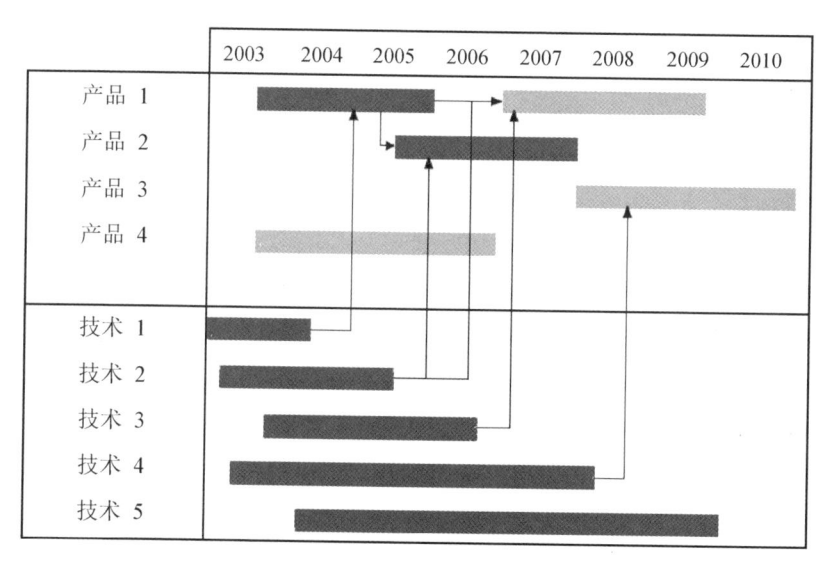

图 16-8　整合的技术路线图和产品路线图（简化）

在实际应用中，不可能在一个图中表示一家公司所有的技术工作和产品开发工作（以及适当的联系）。因此，通常明智的做法是由事业部、技术应用领域或其他适当的部门建立不同的图。

以下是几点提示。

- 让路线图简单直观。技术路线图的一个缺陷就是它们可能有复杂的结构，很难应用，所以要避免产生过于细致的路线图。保持简单直观的一个方法是创建纯平台表单（工具 1）而非技术模块的路线图。
- 根据本企业的组织结构将路线图分段。不要试图把这么多信息放在一张图里，那样会使其变得很零乱，进而阻碍有效的沟通。
- 保证以下两个方向的联系都很清晰。(a) 所有产品都计划利用特定的技术；(b) 所有技术都能支持计划的产品开发项目。
- 同步更新和维护产品路线图，以避免在评审过程中产生没有成效的争论。定期更新路线图，并进行例行审查，每季度一次或一年两次。定期审查必须紧密结合公司的年度规划，这样例行审查就可以与规划周期的开始阶段联系起来。很多对于发布和控制路线图而言行之有效的工具应在考虑之列。

# 高效的技术分级决策工具

在《PDMA 新产品开发工具手册 1》第 11 章，作者提出了技术门径管理（TechSG）流程，把基本的阶段控制技术应用于技术开发的框架。该框架勾画出新产品开发管理和先进技术开发的差异，并提出了解决这些差异的管理流程。然而，随着各个公司在 TechSG 框架要素方面获得的经验，人们一再需要更多的技术，这些技术不仅有助于推动成功的技术开发，也有助于确保这些技术被成功地商业化。本节介绍的建立在 TechSG 流程方法学基础之上的 3 种工具，已经被很多公司用来高效推动新技术的商业化。

## 工具 4：技术门径管理（TechSG）模型的实际应用

TechSG 流程指的是一个不确定数量的技术阶段（从 $TR_0$ 到 $TR_n$）。虽然这种方法同时还适用于研究人员级别，但是我们发现在管理级别使用多次门径管理评审会过于混乱并导致最终失效。

作为一种替代方法，公司建立了一套精简的高水准的标准化门径管理，从而对所有技术项目提供一致的管理框架。鉴于创新的不确定性和非结构化的特性，这些标准化门径管理必须考虑专业技术人员和创新流程的灵活性。鉴于科研人员和技术专家的方向常常与流程相反，流程结构也必须简单和直观化。

如图 16-9 所示的 3 个阶段的 TechSG 模型已经成功地用于解决这些问题。这个模型与基本的 TechSG 表述并不矛盾，其中，$TR_0$ 意为规划阶段（定义阶段），$TR_n$ 表示技术转移阶段，这个三阶段处理既为管理级别的讨论简化了门径管理方法，也把更多重点放在了对成功商业化至关重要的开始和最后阶段。

图 16-9 TechSG 模型

### 阶段 1：定义

定义阶段代表技术开发工作的开始。与产品开发不同，技术开发工作往往很难确定前期开发的技术正是我们要寻找的新技术。例如，性能标准，甚至"性能"的定义也许直到一些初步实验完成后才会清楚。因此，最好把新技术工作的开始阶段设想成一个非结构的实验阶段，目的是确定潜在的调查路线和假设可能的技术目标。

技术开发的开始阶段在提交给技术人员时应该看起来很明确。从本质上来讲，这就是研究人员长期以来一直认为的核心运作模式，非结构的实验旨在识别潜在的突破或能力。这种解释的问题在于，它给管理团队留下了长期的、不受监控的支出风险，而没有任何结果保证。为了解决这个问题，这一阶段在被研究团队报告给管理部门审查的时候，应该包括对最长期限和预算支出的结构化限制。

有些公司不能快速地从一个项目中撤出来，它们最终浪费了金钱，失去了把资源重新部署给更有价值的项目的机会。结构化的限制建立了一个在技术项目团队和高级管理层之间正式沟通和业务评审的机制。评审确保取得进展的技术项目与管理部门的预期以及公司优先级顺序之间保持同步。限制应该基于经营战略和预算情况，以及技术团队对预算需求的估计。同往常的门径管理模型一样，如果已经达到开始阶段的限制，项目团队认为需要进行更多的实验和规划工作，该阶段可以由管理团队自行决定是否要延长。

在退出这个阶段之前，基本的技术规划工作必须完成。目的是制定技术业绩矩阵（为技术项目确定目标），并为调查和成熟阶段（如期限、预算）建立基准界限。能够清楚地描述这个业绩矩阵（请参阅《PDMA 新产品开发工具手册 1》第 11 章的技术门径管理流程部分），是评估退出此阶段准备程度的决定性标准。从本质上讲，这意味着项目团队对其使用的技术有足够的了解，从而就成功完成技术开发工作的标准达成管理共识。

### 阶段 2：展示

展示阶段重点放在研究、分析、原型设计，以及阶段性成熟的技术或能力上，以达到前一阶段所规定的性能标准。正如 TechSG 流程中所讨论的，这个阶段可以通过过渡性技术审查（从 $TR_0$ 到 $TR_n$）分成多个成熟阶段，以管理技术开发的高风险。如图 16-10 所示，这个模型在技术调查和开发的核心周期内，仍然适用于项目层面。这里提出的方法并没有明显偏离 TechSG 流程，在该流程中描述的所有元素（项目章程、技术审查流程、技术开发团队、结构化规划和技术审查委员会）仍然适用。

### 阶段 3：技术转移

最后阶段表示的是一个知识转移的重要时期，实现了把技术提交给产品开发组织，并融入新产品。此期间需要高度的跨职能团队的参与，以验证绩效目标已经实现，并确保知识能够实现高效转移。一个高效的技术转移阶段确保技术技能转移到产品开发周期,为获得最终投资回报提供了机会。许多研究投资失败的例子就是由于技术无法转移至产品的结果。

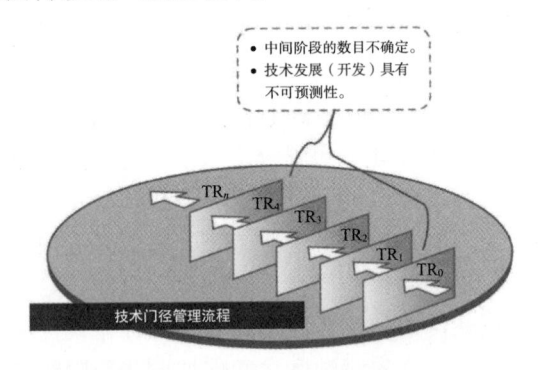

- 中间阶段的数目不确定。
- 技术发展(开发)具有不可预测性。

技术门径管理流程
$TR_0$ $TR_1$ $TR_2$ $TR_3$ $TR_4$ $TR_n$

图 16-10　采用 TechSG 模型进行技术审查

以下是这个工具的几点提示。
- 保持流程结构化和简单化。沿着管理人员和研究人员都接受的路线前进。
- 制定明确的阶段退出标准,对界定标准进行清楚的沟通。
- 对每个阶段的持续时间做适当的限制。尽量避免开放式循环试验或调查的经典缺陷,这些缺陷似乎永远不会产生结果,但是总能得到持续预算的批准。

### 工具 5:利用技术高峰会议指导技术走向成熟

在 TechSG 流程里,技术高峰会议对 TechSG 流程中讨论的标准门径管理审查起到了补充作用。它以事件驱动为基础,根据目标绩效标准和开发计划,集中审查单独技术开发工作。比起技术状态,它同样(甚至更加)偏重预期商业回报和时间计划这样的管理问题。门径管理审查是确保研究团队的努力和支出与管理部门的战略定位保持一致的重要元素。相反,技术高峰会议由事件驱动,当项目经理和管理者认为项目中的一些发现可用于其他地方,或者项目可能需要另一个项目或企业其他部门帮助的时候,技术高峰会议就可以举行。这可能包括团体之间的合作,如市场营销部门、业务开发部门和研发部门为了使项目开发符合市场需求而进行团体之间的合作。

技术高峰会议本质上具有很强的技术性,且涉及企业的高级人员,因为它不仅要看到当前的研究项目,而且要看到整个企业(甚至可能细化到企业内部多个部门)的战略要求。技术高峰会议的目标是要讨论各种研究工作的当前状况,并且寻找在早期技术工作中不可避免地发生的"革命性的意外事件"。正是对"革命性的意外事件"的识别，为企业提供了一种推动力，即当一个项目的开发可以满足另一个项目或市场中的需求时，来抓取并开拓这样的机遇。

此外，技术高峰会议中明确的项目间协同可以交换使能信息，这些信息可以最终缩短新产品进入市场的时间。因此，审查的目的是帮助技术尽可能快地实现商业化，不管它是否实现原定目标，或遵循技术项目 TechSG 流程的开发路线。从本质上说，重点是企业身体力行这个格言——"机会总爱乔装成麻烦"。

图 16-11 技术创新图说明了这一点。在传统的研究中心，从 $T_1$ 到 $T_3$ 作为技术组合或开发中的技术集。然而，在这个替代方式中，开发的技术集不仅包括这 3 个技术路线，也包括过程中（从 $A_1$ 到 $A_9$）随时出现的"革命性的意外事件"。

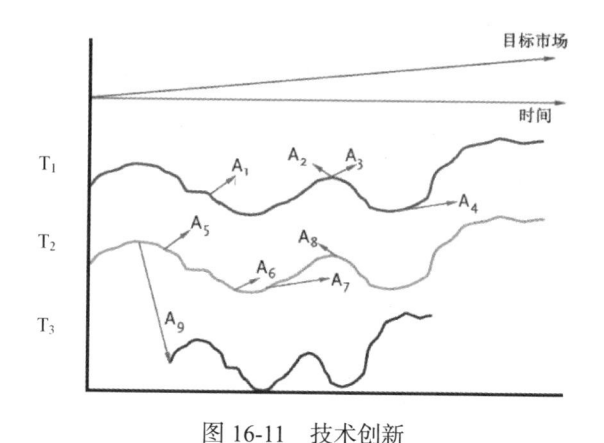

图 16-11　技术创新

这种思维方式代表了很多研究人员和研究机构主管的显著转变。这种思维让 3M 公司开发出了一个最成功的产品——即时贴。需要说明的是，这项技术开始便使产品得到了推出，本来是当时就开发了一种新型胶水产品，但是研究人员发现它的黏性不够，达不到最初的目标，当受到一点侧向力时，它就会变得很不牢靠。3M 公司的研究人员并没有放弃这项发明，而是将其转为另外一种应用。由此，"黏性便笺"诞生了。

与此相反，施乐（Xerox）公司可以说是 20 世纪一些最伟大电子产品的发源地，但它没有意识到这些创新的商业价值。在很多技术上，如以太网协议、图形用户界面（GUI）和个人计算机，施乐公司均有突破性进展；加上产品专利，使它在竞争中处于领先地位。然而，可能因为这些技术似乎并不支持施乐公司的核心产品线，所以这些技术从来没有被商业化。因此，施乐公司最终眼睁睁地看着竞争对手开发了这些市场。

现在，其他以技术为导向的或大或小的公司的问题是如何建立一个组织，以便在"革命性的意外事件"发生时进行商业价值识别并加以利用。人们可以总是依靠运气或个人技术专家的洞察力,但也有可能建立能使运气更多发生的一个结构(并推动相应的文化)。技术高峰会议就起到了这个作用。这个结构的好处最终表现为开发成本的降低或上市时间的缩减或产品质量的提高。技术高峰会议可以协调大型公司多个项目之间的协同互动,或者通过更少的项目和更集中的开发项目来提高小型公司的效率。另外,开箱即用的好处,如技术授权机会,也可能出现。

让我们暂时假设,一个公司打算发明一种在新开发的白板上使用的可擦除墨水。项目从一系列的试验开始,确定了一组有潜力的、能产生可擦除墨水这样令人振奋的化学品。因此,公司成立了一个专门的技术开发团队,建立了绩效标准,进入了开发的关键调查时期。几个星期后,团队展示了令人振奋的结果,并继续其初步的调查路径。最后,团队展示了一个满足所有可擦除功能标准的墨水。遗憾的是,墨水被证明有毒,任何人在会议室中与一个打开的笔待上几分钟,就会有中毒昏迷的危险。很显然,根据团队的章程,这是一个核心设计缺陷。因此,如果仍由他们自己决定,他们很可能会把有毒墨水当作一个不受欢迎的结果,并继续努力消除它的毒性,同时保持其他性能元素。

这里,技术高峰会议发挥了重要的作用。在这个案例里,让我们假定开发团队需要定期把调查和开发工作的结果汇报给一个独立的技术评审委员会。委员会知道开发团队的任务和目标绩效标准,也知道公司其他并行的技术工作,这些工作正在进行或具有今后所要追求的战略价值。所以,当可擦除墨水开发团队在技术高峰会议上报告有毒墨水的开发情况时,委员会可能产生想法,将这种化学物质转移给公司的杀虫剂部门。在杀虫剂部门,这个"不受欢迎的结果"可能作为一个有效益的产品或产品组成部分快速展示出它的可行性,如此快速的调整使最初的投资回报比可擦除墨水能得到的还要多。

可擦除墨水的开发可以同时进行,也可以由技术评审委员会酌情取消,这要看它自身的价值。但无论技术评审委员会如何决定,该技术在商业化过程中用了较短时间就超过了最初的预计。在一家小公司中,将有毒墨水对外授权可能是首选方法,开发团队按照管理委员会的指示进行工作重点调整。每种结果都展示了把问题或挑战视为机会而进行改变的力量。

以下是这个工具的几点提示。

- 让技术高峰会议作为门径管理审查的补充。它们有区别,也相互关联,服务于不同目的的事件。
- 技术高峰会议频率适中。他们需要经常召开会议来获取研究工作的中期成果，但是也不要太频繁，以免产生"开会负担"。一般来说，技术高峰会议在每个门径管理流程完成之前召开，也可以提前召开。其他活动也可能成为举行技术高峰会议的理由，如技术开发项目中出现有意义的新信息。

- 把会议重点集中在技术应用上。重点是无论团队研究结果提示了什么能力，都要寻找机会快速商业化，而不是纠缠于如何实现最初的项目目标（这也是技术阶段审查的目标）。
- 纳入跨职能部门的人员。能够识别潜在新产品机会的市场人员与能够解释研究成果或描绘未来发展道路的技术专家同等重要。
- 考虑商业策略，但是不要让它束缚我们。忽略战略要求会让研究工作出现太多方向，但是过分遵守既定路线可能错失机会（如"即时贴"的案例和施乐公司的教训）。

## 工具 6：利用技术转移团队推动成功的技术转移

TechSG 流程，特别是使用了上文提到的两个附加技术，为管理新技术的开发提供了一个有效的结构。此流程中最后一步通常指的就是技术转移。在这个开发阶段，技术开发工作的结果被记录下来或另外递交给一个新产品开发团队以完成商业化。遗憾的是，对许多公司而言，往往最难的地方就是这最后一步，它决定了一个真正有前途的技术和商业成功的区别。

领先技术组织在过去几年一直试图解决这个问题，这使得技术转移团队的概念变得更加完善。传统上，技术或研究机构通常与负责产品设计和发布的开发团队存在隔阂。我们过去普遍认为技术转移概念就是记录基本设计元素或性能特性的行为，以及周期性地把记录"抛过墙"一样地传递给一个产品团队的行为。这种方法的固有风险，以及产品团队反复意识到的风险是，在产品中使用某一新技术时，产品开发团队也许缺乏专业知识（或对所需的工作缺乏准备）来加以改进。最坏的情况下，产品的技术元素会直接从产品中删除或项目被取消。

针对这个问题，技术转移团队的概念被提出来。在实践中，它指的是关键产品开发团队成员（至少包括代表工程和市场的营销/销售人员）在技术项目最后阶段被添加到技术开发团队中。这些额外的成员对于确保技术已准备好进入产品开发环节是至关重要的。技术团队成员到一个新的工作领域，也为产品开发提供了连续性的可能。此外，核心技术开发团队的关键成员也可能被选中，暂时调到利用新技术的领先产品开发工作中去。

成功的技术转移阶段的另一个要素是持续时间。传统上，大多数组织把技术可行性视为技术转移发生的时间点。从这种传统观点出发，一旦技术团队证明技术在确定的条件下有效，并且已经充分记录了技术信息可供产品开发团队使用，那么技术开发工作就结束了。然而随着时间的推移，这种方法常常被发现会导致下游问题出现，从而推迟使用该新技术的第一款产品的发布时间。工程师常常会将这些问题归咎于"技术不成熟"并指向开发组织。作为回应，技术人员会指向工程师，并说又没有人给出技术工作所要求的特定操作条件或接口。

令人为难的是，事实上双方都是对的。实际上，在一项技术转移到产品开发之前，我们永远不可能指望在任何条件下都能充分证明这一项技术。如果我们这么做了，技术上的努力就会持续很长时间，那就没有意义了。同样地，工程师们从来不能预先完全确定在产品规格制定后所需的全套操作条件。这个令人左右为难的问题产生的结果是，当产品开发团队进行了一定数量的整合工作以后，有时甚至是从使用领域收集了最初客户的使用数据之后，一种新技术开发才可能达到一个合理的性能稳定水平。如图 16-12 所示，这个时间点代表了我们所说的真正转移点。

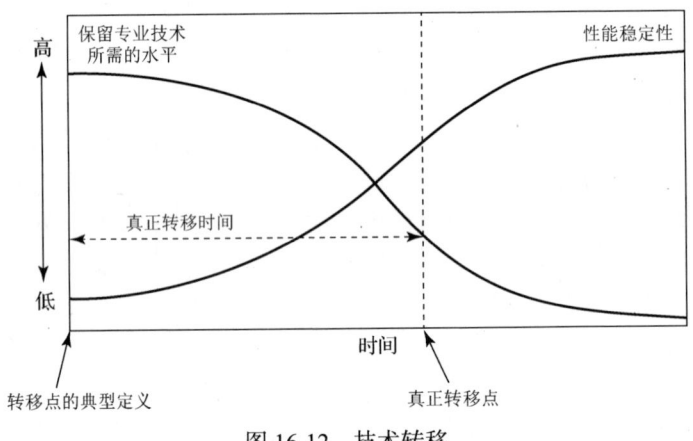

图 16-12　技术转移

这一真正转移时间（TTT）代表了转移团队需要集中他们的活动所需要的持续时间。它还表示了产品开发团队可以获得大量技术领域专门知识的时间。在实践中，这可能对应着技术开发团队一个或多个成员被转移到产品开发团队，成为产品开发团队的全职成员。或者，它可能仅仅意味着技术开发团队的关键成员将根据需要从任何其他一项工作中抽调出来，以迅速解决任何技术性能稳定性的问题。如果做得正确，就意味着团队对转移过程的大量资源承诺，而不仅是对"备用时间"的支持。

如果我们认为一旦新产品的组件技术元素达到了相对性能稳定点，它就可以发布或成功销售，那么上市时间可以被认为直接取决于真正转移时间。所以通过更快的产品上市，推动真正转移时间的缩减给产品开发组织提供了实实在在的好处。因此，一流组织已经认识到重视转移团队的价值。

以下是这个工具的几点提示。

- 去设计跨职能的转移团队，而不是纯粹的技术开发小组。这个团队应该能够灵活沟通技术开发团队和产品开发团队，并且成员能在团队之间灵活转移。
- 转移团队成员应该对技术和（或）产品整合需求有核心的理解。因此，组织挑选有经验的，而不是最初级的人员。
- 不要太早解散团队。保持产品开发团队获得技术专业知识的机会，直到团队的技术达到一个相对较高的性能稳定水平。
- 当转移开始时，转移时间是一个产品性能稳定性的函数。做出项目状态的实际评估，并使用如一段时间内"错误率"或单位时间内投诉数目这样的指标去检测稳定性，就能为每个项目设定合适的目标。
- 转移时间常常和产品开发工作的复杂性和规模相关：项目越大，转移时间越长。合理的期望值应该少于项目开发过程所需时间的一半。
- 最后，因为转移时间是生产流程复杂性的一个函数，我们建议生产流程应该尽可能简单。并且，建立和稳定关键流程应该有足够的时间。

## 结　论

这一章里提供的工具旨在为基于技术的企业提供更具体的工具，以利用组织的创新资产。这些工具将帮助管理团队围绕单一技术项目的方向以及整个技术组合的商业影响，建立一个有组织的对话。

- 工具1：组件技术和技术平台
- 工具2：利用实物期权理论帮助技术路线进行选择
- 工具3：技术路线图和产品路线图的整合
- 工具4：技术门径管理（TechSG）模型的实际应用
- 工具5：利用技术高峰会议指导技术走向成熟
- 工具6：利用技术转移团队推动成功的技术转移

我们已经提供了一些案例，每个工具都已经显示出管理价值。然而，一个管理团队不可能使用所有的工具。所以成功的关键在于判断使用哪个工具、什么时候、如何把它们应用到特定的组织文化范围中。这需要技术管理团队在技术管理实践中对这些工具加以灵活应用。

# 作者简介

## 埃德·K. 于（Ed K. Yu）

埃德·K. 于，NPDP，是 PRTM 公司（向技术驱动型企业提供管理咨询的占领先地位的咨询公司）在加利福尼亚州 Mountain View 的办公室主任。他有 20 年以上的在战略、产品开发和运营领域的经验，企业遍及以技术为基础的行业，包括药物开发、医疗仪器与设备、电子、航天和能源等行业。他的工作集中于公司现有产品开发能力的分析和项目管理中改善流程的实施、产品战略、组合和资源管理，以及技术管理等。埃德共同领导 PRTM 公司的产品开发实践，并致力于通过 PRTM 公司的 PACE® 框架的精炼持续提升产品开发管理最佳实践。埃德曾主持过 PDMA 大会，并在 ALSSA（Analytical Life Science Systems Association）大会上为研发高管做过专题演讲。

## 道格拉斯·N. 莫德林（Douglas N. Modlin）

道格拉斯·N. 莫德林博士有 20 年以上的在微电子、制药和生命科学行业的产品开发经验。他曾在许多创新的微电子、生物芯片和检测仪器产品的开发工作中担任领导者的角色，并且因为拥有美国 31 项专利而被列为发明家之一。莫德林博士在 LJL 生物系统公司、分子仪器公司和流达（Fluidigm）公司担任研发部门副总职务。

## 凯文·J. 施瓦茨（Kevin J. Schwartz）

凯文·J. 施瓦茨，NPDP，是 PRTM 公司的产品研发实践项目负责人。凯文有 10 年以上的为各类企业提供产品开发咨询的经历。在过去，他与那些新兴企业和《财富》100 强企业合作开发和实施新技术商业化的最佳实践，这些新技术包括燃料电池、新材料和通信仪器等。凯文是 PDMA 研讨会关于新产品开发的定期演讲人，他在《调研技术管理》(Research Technology Management) 和 PRTM 公司的《洞察力》(Insight) 上发表过文章。

# 第 17 章

# 循序渐进地实施 NPD 组合和管道管理

保罗·奥康纳（Paul O'Connor）

几乎所有的组织都已经从更快速地进行更多产品开发项目中获利。毋庸置疑，通过加快产品开发的速度能够得到更多。如今，对那些已经在加快新产品开发（NPD）速度方面取得明显成效的组织，显著的收益正在降低。大部分企业和它们的竞争对手一直试图加大它们开发的力度。但是，NPD 只能在不增加商业失败的可能性和降低项目预期回报的情况下才能发展得如此之快。但是从市场情况来看，高级管理者趋向"更多更快项目"的现象仍然较为普遍。

高效的组合和管道管理（PPM）将有助于克服这个挑战。关于 PPM，在文献中有很多讨论和描述。作为一个流程，它把项目选择、项目组合管理和资源分配管理整合到了一起。当被很好地执行后，PPM 能使组织不再局限于让项目更多更快的想法。它能使组织侧重于投向市场的速度、战略影响力和资源使用效率之间的平衡（见图 17-1）。一个有效的 PPM 的目标是同时优化这 3 个目标以获得最大经济收益。管理层需要的是经济收益，而不只是流程和上市速度。

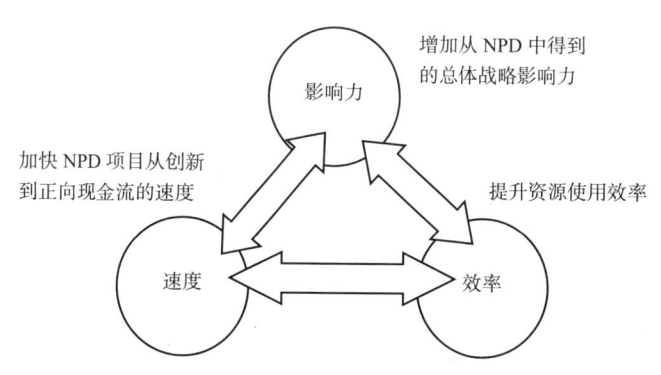

图 17-1 组合和管道管理的三方平衡

PPM作为一个流程来运行，因为市场、技术、竞争对手和开发项目本身从来不是静止不动的。动态地处理一个有活力的项目可使整个开发工作达到理想化。整合各种工具和实践的PPM流程就是一种主动的方法。当组织建立PPM与预先开发或前端流程之间的联系时，它也能促进项目组合，而不仅是做出反应。对一些组织来说，PPM在前端定义了项目。这个联系使PPM成为新产品开发的一个有力的工具。然而，了解PPM是什么和让组织实施得很好是两个完全不同的事情。本书的这一章仅处理实施PPM的事情，希望它能帮助组织建立一个完善的PPM流程，并且很快地从中获利。

## 实施中的挑战

即使是最先进的公司，实施良好的PPM实践也是一个显著的挑战，管理者当然希望能够基于可靠及准确的数据或测量标准做出PPM决策。但是，收集和更新信息是一个很高的挑战。PPM开始时，数据很少是可靠或及时的，有些与管理层沟通所需要的确切度量经常是未知的。有些管理者甚至认为一些看上去很好的数据会破坏当前的决策实践，并批评数据的质量低下。其他管理者可能不理解对PPM的需求，因此，他们可能忽视对数据的要求或忽视整个PPM的实施。

此外，很多其他因素也阻碍了PPM的实施，并减慢收益获得的速度。表17-1列出了文献和会议记录中陈述的或暗示的阻碍PPM实施的因素。一些问题深深地根植于组织中。可能暴露出的最大问题是新产品什么时候有一个明确和统一的对经营和产品线战略的理解。当管理者各自采用自身对产品开发战略的想法时，则对战略的统一的跨组织的理解就更难获得。在PPM实施中，实际上常常会发现一个明确的新产品战略并不存在，但这是良好PPM的基础。没有一个大家都认可的战略，就不可能记述最优的项目组合应该是什么样的，或哪个项目对资源配置有较高的优先级。

表17-1 文献和会议记录中陈述的或暗示的阻碍PPM实施的因素

- 没有明确表述和统一理解的战略
- 项目特性缺少数据/测量指标：它们要么太旧、不可靠，要么不能与决策匹配
- 缺乏项目最佳组合的指导决策标准
- 组织结构调整，关键人员离开
- 不充足或过时的资源分配和数据使用

续表

- 没有能力预见资源瓶颈
- 对建立准则没有历史数据
- 项目管理基础薄弱
- 项目和商业风险未知
- 项目任务不确定性（输出、工作量和持续时间）是未知的
- 财务预测不足
- 无单个项目决策机制
- 没有便捷的测量标准收集、分析和沟通的工具
- 没有集中式数据存储
- 缺乏管理层的介入
- 没有建立PPM的需求（没有PPM的价值主张）
- 开发流程（如门径管理流程、前端流程）不完善
- 没有实施团队，没有人员责任
- 组织的结构导致冲突产生

当一些阻碍因素结合在一起时，实施甚至可能带来不利影响。这特别容易发生在最高管理层的关注或兴趣减弱的时候。在这样的情形下，组织作为一个整体可能减少对PPM的支持和失去实施PPM的兴趣。没有能力理解阻碍因素使PPM实施具有很大的挑战性。

# 处理PPM问题的方法

改变一个组织如何进行工作和做决策从来都不是这么容易的。对于新产品开发而言，建立新实践方案可能带来一些非常特别的挑战。表17-2是管理者对实施PPM面临的首要挑战的陈述。注意这些陈述的多样性，用一个行动来处理所有这些挑战是不现实的，必须采用某种形式的广泛协调的做法。

表17-2 管理者对实施PPM面临的首要挑战的陈述

- 管理紧缺的资源，并且保持激进的发布时间不变
- 试图从战略上进行长久规划，但分季度管理
- 获得整体组织的认可
- 只关注速度和缺乏好的信息导致需要重新评估方案
- 系统地考虑战略性目标和资源库来理解怎样部署可用资源和设定优先级

续表

- 没有一致的测量标准来测量关键项目特性
- 缺乏充足时间来管理组合
- 我们在组合管理的很多方面做得很好。我们的挑战是把这些最佳实践运用到整个组织中
- 走弯路浪费了很多时间
- 得到和保持高级管理者的支持
- 针对不断变化的环境进行调整,随着竞争环境的不断变化,调整资源需求和可利用性
- 拥有更好的资源计划工具
- 在新产品开发机会中持续利用流程和数据评估
- 让产品管理者、市场营销管理者和最高管理层从日常救火工作中解脱出来,使他们完全转化到战略的工作上去
- 太多的新项目要求(很多来自客户)添加到已经很满的管道中
- 我们的文化是想要做所有事情
- 定义和获得度量的精确输入
- 把项目管理和组合管理整合到只有一个数据入口的无缝系统中
- 期望从组合管理中得到清晰的战略评估
- 拥有正确的 NPD 组合分析工具和资源管理工具

那么,什么是组织部署 PPM 的最好方法?什么样的实施方案将会使组织最快地得到最大的利益?组织应该在哪里开始?这些问题引发了组织对 PPM 实施的具体研究。大约有 175 家企业参与了这个研究,因此,其结果具有广泛的代表性(见图 17-2)。

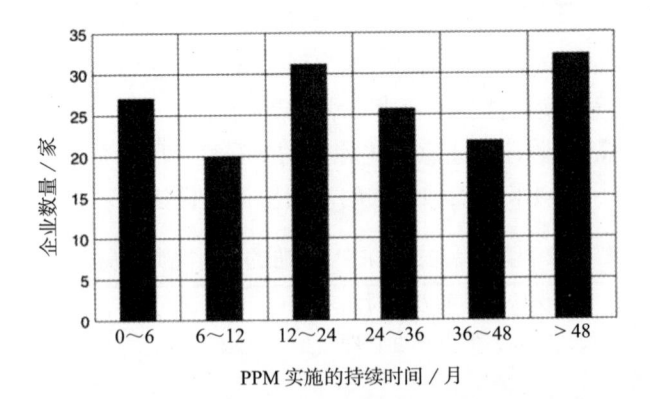

图 17-2 组织实施 PPM 持续时间的调查结果

很多学术论文、简报、会议及书籍已经阐述了"什么是"PPM 和某种程度上"如

何"实施 PPM。在这个实施研究中,第一步是对这些 PPM 进行汇总和分类。这个步骤形成了组成 PPM 的 7 个组合分组,其中又分为了 26 个组件(见表 17-3)。对组件内容的描述有助于详细解释它们是什么(见表 17-4)。

表 17-3　PPM 的组成

| 组合分组 | | 组件 |
|---|---|---|
| 主要 | 组合管理 | 项目选择标准 |
| | | 组合标准 |
| | | 战略桶 |
| | | 项目影响依赖度 |
| | | 组合优化分析 |
| | 全过程管理 | 项目管理基础 |
| | | 项目优先级 |
| | | 项目分配的资源 |
| | | 资源使用预测 |
| | | 关键链缓冲管理 |
| 辅助 | 措施/方法 | 测量标准 |
| | | 财务优先级列表 |
| | | 风险评估 |
| | | 项目复杂度 |
| | 软件/数据 | 数据采集和处理 |
| | | 视图生成软件 |
| | | 企业系统 |
| | NPD 流程 | 正在管理的组合要素 |
| | | 门径管理再设计 |
| | | 前端概念生成 |
| | | 产品线规划和映射图 |
| | 高级管理者 | 高级管理者的参与程度 |
| | | 高级管理者的熟练程度 |
| | | 高级管理者的重点 |
| | 实施重点 | 组织挑战 |
| | | 实施团队重点 |

表 17-4　PPM 组件的描述

| PPM 组件 | 描　　述 |
| --- | --- |
| 项目选择标准 | 选择或筛选项目的条件。通常作为门径管理或阶段评审流程的一部分。当 PPM 部署及前端流程建立时，这些条件可能需要进行改变 |
| 组合标准 | 组合应该如何做的标准。一些措施依据百分比制定，另外的则依据绝对值（如总数、风险、投资、持续时间）制定。时间周期也可能进行记录，如当前与 6 个月时进行对比，或与 24 个月时进行对比 |
| 战略桶 | 基于战略基本原理的项目分组 |
| 项目影响依赖度 | 一个项目可能消极或积极地影响另外一个项目。例如，积极影响可能是"项目 A 成功而使项目 B 成功"。消极影响是"如果项目 A 成功，项目 B 就不能成功" |
| 组合优化分析 | 深入审查项目组合如何与组合的目标匹配，以及怎样使组合方式最好地与目标相适应 |
| 项目管理基础 | NPD 项目所要求的项目管理的人员和技能 |
| 项目优先级 | 分配项目资源的具体级别次序，以达到组合目标的要求 |
| 项目分配的资源 | 资源分配及从事项目工作的方法 |
| 资源使用预测 | 预测什么时候将合适的资源使用在项目上和每一个项目的资源什么时候会下调或超标 |
| 关键链缓冲管理 | 项目管理的一种方法，考虑任务的不确定性和在特定资源上的具体任务之间的依赖度 |
| 测量标准 | 对 PPM 的测量 |
| 财务优先级列表 | 基于财务评估，如 IIR、NPV 或 EVA 排定项目的具体顺序 |
| 风险评估 | 设想输出发生的可能性。这可能是一个任务、一个测量标准，甚至一个项目的商业成功 |
| 项目复杂度 | 项目管理的一项重要内容，用来评估 NPD 项目的复杂程度 |
| 数据采集和处理 | 采集、存储和分析处理所需数据的方式或方法 |
| 视图生成软件 | 软件使管理者能够创建图形和图表来显示权衡，这是 PPM 决策制定的核心。权衡经常存在于多个 PPM 测量标准中 |
| 企业系统 | 将在整个组织中的数据采集、存储、分析和显示放在一起的一个软件包 |
| 正在管理的组合要素 | 包含在 PPM 里的项目："开发中的产品""市场中的产品""产品创新章程""产品映射项目""成本项目""特殊客户需求项目" |

## 第 17 章 循序渐进地实施 NPD 组合和管道管理

续表

| PPM 组件 | 描 述 |
|---|---|
| 门径管理再设计 | 当 PPM 和前端流程建立后，开发流程必须根据 NPD 的新情况进行改进 |
| 前端概念生成 | 连接着开发（门径管理）流程和紧随着产品线规划的流程。这个流程的输入是创新目标（产品创新章程）。这个流程的输出是一个可能开发为产品的概念（开发中产品） |
| 产品线规划和映射图 | 一个直观映射市场和技术对产品线影响的流程，这个流程遵循业务战略，并先于前端流程。这个流程的输入是目标市场细分和一个产品线。这个流程的输出是所谓产品创新许可证的具体创新目标 |
| 高级管理者的参与程度 | 一个企业高级管理者在 PPM 开发和使用上的实际参与时间 |
| 高级管理者的熟练程度 | 实施 PPM 决策制定和跟踪决策的高级管理者的能力和熟练程度 |
| 高级管理者的重点 | 一个企业高级管理者在 PPM 开发、使用和管理上的重点 |
| 组织挑战 | 组织因素导致的障碍 |
| 实施团队重点 | 实施团队在特定时间的具体侧重点 |

## PPM 的组成

7 个组合分组提供了对 PPM 的所有部分进行分类的一种方法。以下两个组合分组是 PPM 的基础和主要的部分。

- 组合管理。
- 全过程管理。

这两个分组的结合构成了 PPM 的本质：认清要进行的项目和决定分配给每部分的资源。另外 5 个分组是次要的或对主要分组是辅助性的。尽管如此，所有的分组都对获利有重大影响。看重这个关系的另一个方式是，组织希望通过组合管理和全过程管理获得收益。然而，为了实现这些收益，流程也必须考虑辅助分组中的组成部分。

实施研究中，很多组织很好地应用了一些组成部分，并实现了可观的收益。考虑每个不同的组成部分所起的作用，它能辨别单个的、具体的"最好的实践方案"，但不可能应用于所有组织。另外，最佳实践是业务和产品战略、企业文化和组织意愿结合的产物。

## PPM 的能力成熟度

在实施研究中，一个有趣的发现是关于 PPM 经验和收益的描述。在复杂的组织系统中，应该期待这样的发现。IBM 公司在软件开发时经历了这个发现过程。从中学到的就是软件(系统的输出)的质量取决于一个组织在开发软件方面的能力成熟度。更重要的是，它认识到一个软件开发组织为了改进输出而必须通过成熟度级别的提高。IBM 公司的工作产生了大家熟知的软件开发的"能力成熟度模型"(CMM)。Carnegie Mellon 软件工程组织后来把 CMM 推广到软件工业的实际工作之中。

比起寻求全面的最佳实践，CMM 建议，在复杂系统中，组织应该侧重于每次达到一个成熟度级别。所有规定的动作都必须被安排在适当的地点和正确的顺序，这样整个系统才能最有效率。CMM 发现具体实践方案依赖特定的其他实践方案。例如，这些是做起来比较困难的事情：①缺乏最初理解情况下的软件平台计划；②客户需求。在复杂的软件开发体系中只建立一些实践是远远不够的。

对于 PPM 实施也是这样。在特定 PPM 组件上采用一致实践以便使它们对其他组件也有效。在 PPM 中，在没有建立一个数据收集组件的情况下建立项目组合组件将不会为组织带来很多利益。这样的不同步的部署甚至可能打击创新。PPM 组件的实施必须协调，分析视图做到了这一点。经验表明，PPM 实施有 5 个重要的成熟度级别。表 17-5 详细地表明了每个成熟度级别下的每个组件。

把 CMM 应用到 PPM 实施中，会产生与传统其他研究不同的见解。在 PPM 中典型的研究方式是审查很多组织的 NPD 绩效，然后把企业分成 3 个层次：表现最佳者、表现平均者、表现最差者。这个分析比较了表现最佳者的实践和表现平均者与表现最差者的实践。这些发现很有意义，但是管理者在应用这些发现时有一个问题。研究表明，要提高绩效，组织必须从表现最差者的实践转变为表现最佳者的实践。但是介于两者间的道路却并不是畅通的。突破 PPM 实施障碍，并不是共同推动某一最佳实践的终点。一次性完成这些突破一定会影响 PPM 实施的主动性，并阻止累积收益。

## 循序渐进的实施方法

PPM 实施团队能够加快获得收益，并且每次达到一个 CMM 级别就能得到该级别的知识。这是为了：①执行所有组件部分；②促进组织学习各部分的知识；③在每个成熟度级别之间建立组件的一致性使用。一旦团队为当前成熟度级别建立组件，就能够前进到下一个成熟度级别。图 17-3 表明了 PPM 实施通过成熟度级别呈螺旋状上升。

# 第17章 循序渐进地实施 NPD 组合和管道管理

表17-5 成熟度级别——PPM 组件矩阵表①

| 组合分组 | PPM 组件 | 成熟度级别 1 | 成熟度级别 2 | 成熟度级别 3 | 成熟度级别 4 | 成熟度级别 5 |
|---|---|---|---|---|---|---|
| 组合管理 | 项目选择标准 | 与战略关联 | 熟练使用标准 | 改变标准然后与前端流程关联 | 改变标准然后与产品线流程关联 | 与由前至后的流程关联,以及与企业系统整合 |
| | 组合标准 | 试验,在高级管理部门中的行政一致性比较低 | 磨合,在高级管理部门中的行政一致性有所发展 | 明确的行政一致性,与战略关联 | 明确的行政一致性,与战略关联 | 与企业系统整合 |
| | 战略桶 | 试验战略(项目分组)的不同组合 | 建立战略桶的定义,建立历史标准/数据 | 为混合战略桶建立标准(规则)来反映预期的战略 | 开发新的、替代的战略桶;与数据处理视图关联 | 与企业系统整合 |
| | 项目影响依赖度 | 理解并确定正、负依赖度 | 探讨影响速度和战略的依赖度 | 考虑组合最优的依赖度 | 考虑组合最优的依赖度 | 考虑组合最优的依赖度 |
| | 组合优化分析 | 名义上的分组流程、分组选择 | 继续名义上的分组流程,试验"假设分析模型" | 结合分组流程和"假设分析模型" | 继续算法,试验先进的算法 | 继续算法研究选择;与企业系统整合 |
| 全过程管理 | 项目管理基础 | 培养项目管理规划和团队领导 | 项目管理软件开发、技能建设 | 很强的使用项目管理软件的团队技能;实现中央数据库 | 强大的中央数据库存储全部项目管理数据/建立中央控制链接 | 强大的中央数据库存储全部项目管理数据——链接到中央控制和企业 |
| | 项目优先级 | 定期的、名义上的分组流程 | 设定分组流程的频率、研究依赖度 | 设定频率、试验系统化方法 | 设定频率,建立系统化方法 | 与企业系统整合 |

393

续表

| 组合分组 | PPM组件 | 成熟度级别1 | 成熟度级别2 | 成熟度级别3 | 成熟度级别4 | 成熟度级别5 |
|---|---|---|---|---|---|---|
| 全过程管理 | 项目分配的资源 | 职能经理决策，每个资源项目下降率，任务持续时间和结果不确定性很高 | 使用项目管理软件，项目滚动和项目优先级进行决策，能决策，持续时间和结果依然不确定 | 任命跨职能决策制定人员，优先项目要求配置充分的人员，仍然存在大量不确定性，对瓶颈敏感 | 转移到关键链分配（离开项目管理软件），使用中央控制 | 与完全的企业系统整合 |
| | 资源使用预测 | "粗略估计"，期望反馈 | 实验、评估技术 | 使用预报预测来预测瓶颈 | 整合预测数据到中央数据库 | 与企业系统整合 |
| | 关键链缓冲管理 | 获得关键链项目管理的认识 | 学习关键链，建立价值案例 | 如果关键链项目管理合适，试验性地使用软件 | 如果关键链优化合适，进行部署 | 完全开发，与企业支撑系统整合 |
| | 测量标准 | 寻找正确的测量标准，决定影响的运行状态，与视图关联 | 了解一些测量标准，寻找精确的测量数据收集方法 | 多数适当的测量标准；联系运行状态，监视运行状态；选择关键视图 | 建立良好的测量标准，与隐性回报关联 | 建立良好的测量标准，但是要为新请求的运行状态寻求新的测量标准 |
| 措施/方法 | 财务优先级列表 | 定期地进行NPV类型的计算 | 持续升级，与优先级顺序关联，和管理者交流 | 使用单点解决方案（软件）财务模型进行试验，与测量标准和视图关联 | 部署和训练单点解决方案财务模型的使用 | 与企业系统整合 |
| | 风险评估 | 名义上的分组流程 | 继续分组流程，实验模型化评估 | 模型化项目和组合风险评估 | 项目已建立，单点解决方案风险评估软件 | 与企业系统整合 |
| 软件/数据 | 数据采集和处理 | 使用微软Office（Excel/Access） | 使用微软Office（Excel/Access） | 微软Office（Excel/Access）的在线形式/XML | SQL数据库的在线形式XML | 与企业系统整合 |

续表

| 组合分组 | PPM 组件 | 成熟度级别 1 | 成熟度级别 2 | 成熟度级别 3 | 成熟度级别 4 | 成熟度级别 5 |
|---|---|---|---|---|---|---|
| 软件/数据 | 视图生成软件 | 使用微软 Office (Excel、PowerPoint)；数据采集/处理困难 | 使用单点解决方案软件，在视图表示上达成一致 | 视图一致，单点解决方案软件与数据/测量标准关联 | 单点解决方案和数据采集/处理方法整合 | 与企业系统整合 |
| | 企业系统 | 观察谁提供什么，谁使用什么；理解为什么选择企业系统 | 学习可选择的有效的属性和特征，建立价值案例 | 选择系统，定制人员/部署/训练计划 | 引导系统/定制一个完全的企业系统 | 部署和训练企业系统的所有部分 |
| | 正在管理的组合要素 | PID（开发中产品——门径管理中）；SCRP（具体客户需求项目） | 增加 PIC（产品创新规程——在前端流程中的创新目标） | 增加 PIM（市场中产品——产品生命周期管理） | 增加平台，市场细分、技术组成模块 | 继续与企业系统整合 |
| NPD 流程 | 门径管理再设计 | 使用原样门径管理流程，门径和 PPM 决策流程整合 | 修订门径管理流程：反映 PPM 混合标准/资源决策制度 | 重建框架反映前端流程关联 | 建立支持所有系统/数据处理的新的框架 | 与企业系统整合 |
| | 前端概念生成 | 特定方法，为前端流程建立价值案例 | 设计和部署前端流程，与门径管理流程关联 | 实验前端的单点解决方案软件 | 训练选择单点解决方案支持软件的客户 | 与企业系统整合 |
| | 产品线规划和映射图 | 特定方法，为产品线规划建立价值案例 | 探究市场细分模式、技术路线图 | 实验底层工作；探究细分战略和 PIC 生成 | 设计和部署产品线规划流程 | 单点解决方案支持 PLM，包含 PIC、PID 和 PIM 的组合 |

续表

| 组合分组 | PPM组件 | 成熟度级别 1 | 成熟度级别 2 | 成熟度级别 3 | 成熟度级别 4 | 成熟度级别 5 |
|---|---|---|---|---|---|---|
| 高级管理者 | 高级管理者的参与程度 | 每月 4~8 小时，可将重点放在组合分类、测量标准定义上；注重需求视角 | 每月 2~6 小时，所有资源拥有者参与，集中考虑细节 | 每月 2~4 小时，测量标准一致，建立决策制定 | 每月 2~4 小时，将重点转移到使用 PPM 去影响战略结果 | 每月 2~4 小时，在战略层进行管理，不考虑细节；高级管理者负责 PPM |
| 高级管理者 | 高级管理者的熟练程度 | 学习并询问。低一致性，且关心 PPM 所有细节 | 学习和影响改变，初步具有一致性 | 完全理解整个 PPM 流程；点对点影响 | 使用和推动 PPM 作为实现战略的重要工具 | 高度信任／依赖 PPM |
| 高级管理者 | 高级管理者的重点 | 领导组织提高整个 NPD 生产力 | 开发管理熟度／NPD 组合管理技能 | 流线型决策制定并完成；逐步培养组织纪律 | 学习、使用自动化支持技术；定制企业系统 | 通过各种努力推动更大的战略影响，要求组织具有很高的熟度 |
| 实施重点 | 组织挑战 | 组织结构与分配资源授权；结束不再合适的项目 | 资源分配和正在进行的项目决策执行问题 | 测试战略、开发跨组织的 PPM 的理解、训练组织成员，根据测量标准磨合运行状态 | 训练系统和方法，训练系统自动化支持技术；包含纪律 | 提高训练系统，发现和评估新方法来提高生产力 |
| 实施重点 | 实施团队重点 | 建立价值案例，获得高级管理者的参与 | 决定重要的挑战；推动／承担实现过程 | 保证方法一致性／承担实现过程 | 自动化工作流程和决策制定／承担实现过程 | 与完全的企业／由当前至后的系统整合 |

注：①成熟度级别——PPM 组件矩阵表应包含"项目复杂度"组件，但原著未描述相关信息。

# 第 17 章 循序渐进地实施 NPD 组合和管道管理

循序渐进的实施能使组织更快地得到收益,并且在每个 PPM 组件中建立稳定的投资。表 17-6 是成熟度级别中的数据储存发展过程。对于大多数组织,数据储存从根本没有发展到了支持基于网络系统的集中储存库,在这之间的步骤非常重要。成熟度级别 2 和成熟度级别 3 中 Excel 和 Access 的使用使组织获得了很大的灵活性。这些工具是很容易使用的,也不要求 IT 部门的参与。事实上,过渡时期的实践方案帮助团队建立另外的组件,如特殊度量、战略桶和标准与指导原则。在了解和接受这些之前,将各种组件硬接入集中储存库将更加困难和费时。

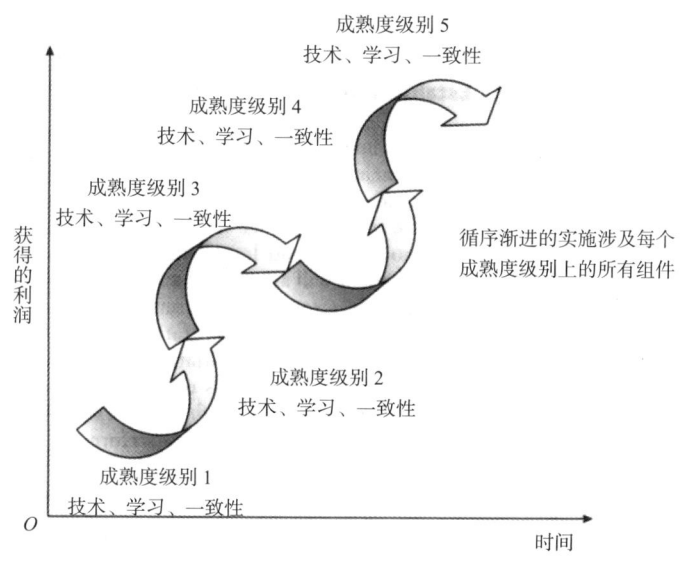

图 17-3 PPM 实施通过成熟度级别呈螺旋状上升

表 17-6 成熟度级别中的数据储存发展过程

| 成熟度级别 | 数据储存 |
| --- | --- |
| 成熟度级别 1 | 无数据储存 |
| 成熟度级别 2~3 | 在多个微软 Excel/Access 源中储存数据 |
| 成熟度级别 4 | 单个数据库中储存数据 |
| 成熟度级别 5 | 基于网络系统的集中储存库 |

一个组件的"使用一致性"是得到收益十分重要的因素。实施研究表明,组织一贯执行的组件总数与组织的利润密切相关。因此,循序渐进的实施的关键要素是使组织中的所有人员同步使用每个组件,同时要用在合适的频率和优质的方法中。

对于每个成熟度级别上的每个组件，循序渐进的实施的目标如下。
- 避免机械性地使用组件。
- 学习和理解组件的影响面，按需进行适应和改变。
- 提升组织使用组件的一致性。

事实上，这在很大程度上组成了所有成熟度级别上实施团队的工作。实现利润目标的关键是尽可能快地达到使用一致性。

## 成熟度级别

明白每个成熟度级别的定位对理解循序渐进的实施是很有帮助的。它把重点放在了组织和概念引导上。

### 成熟度级别1：建立基础

在第1阶段，PPM实施团队对不同的组件进行试验，这很少是固定的。团队工作的重点是致力于获得高级管理者和中层管理者对实施的完全支持。在最初阶段的主要挑战是避免投入太多的人力和时间而没有任何进展。因为在该成熟度上投入大量时间但收益很小时，很多组织的人员就会认为PPM是一种负债而不是资产。PPM实施团队应该设法让他们的管理团队在最初的时候预料到这个问题。

在这一点上，组织的NPD流程可能只包括一个阶段。所定义的前端或产品线规划流程可能并不存在。因此PPM只定位在开发流程（开发中产品）内的那些项目，没有扩展到市场上的产品，也不是前端流程中的项目。

高级管理者的参与不仅仅是一个形式，还是成熟度级别1中最重要的组件。他们为整个流程提供动力和支持。为了得到高级管理者的支持，团队必须确保PPM的价值主张（如本章后面所描述的"变更平衡"中所示）是实在的。如果高级管理者没有在PPM流程中感觉到明显的价值，他们将不会尽心地支持它。

### 成熟度级别2：建立决策

成熟度级别2使组织在从PPM中可以收获什么的问题上达成了一致。重点聚焦在建立战略集或战略桶、制定项目组合该是怎样、流程该怎么走的标准和指导原则。关键目的是要让所有参与的管理者和部门达成一致。若没有各部门的骨干人员的参与，项目是不可能通过该成熟度级别的。

循序渐进的实施团队也必须确保在该成熟度级别上建立项目管理和计划技能。这包括系统的使用、任务的细节，以及资源的分配与跟踪。这些技能将是管道吞吐管理的基础。

为了更快地获利，团队也应该探索和试验这个级别上的软件工具。他们应该通过使用"点解决方案"来开始——软件只有一个或两个功能（如图形化视图、度量信息收集或资源平衡）且集成度不高。团队面临的挑战是如何使用这些工具来帮助建立所有需要的组件。

### 成熟度级别 3：固化流程

这个成熟度级别在 PPM 实施中是最重要的。在这个成熟度级别上将对组合和管道吞吐组件进行固化，并且组织同时依据战略和项目组合进行资源分配。团队成员在实施活动时应该把大量的时间花在整合项目特征数据、资源使用及资源可用数据上。在这里组合管理和管道全局管理整合在一起。

在第 3 个级别上，关键目标应该是让组织认识到 PPM 是有利的。这是 PPM 的利益"盈亏平衡点"（如本章后面的图 17-5 所示）。关注点也必须移向另外的开发流程。PPM 现在应该开始包含前端流程的项目及产品线规划活动，包括将建立整个 PPM 最优化所需的完整方针。

### 成熟度级别 4：增大收益

PPM 的回报及其预期的收益在这个成熟度级别上应该跨组织来建立。完整的产品开发流程在这个时候建立，并且管理需要涉及项目的所有流程（产品计划、前端、门径管理和产品管理）。为了提升收益，团队需要探索组件中的高级实践。两个关键领域包括项目特征和资源的建模（如蒙特卡洛模拟）以及关键链缓冲管理。

这个成熟度级别上的关键目标是与数据处理相关的。这里的集中式的数据储存库变得非常有价值。此时的挑战是把项目和资源的所有数据和参数集成到单一数据库中。通常，这种集成还会暴露出必须做的数据和数据处理方面的不一致和不足。

### 成熟度级别 5：自动化流程

实时数据和信息的自动化是第 5 个成熟度级别的关键目标。团队面临的挑战则是如何构建这样的系统并持续地使用它。为了持续地获得收益，必须使 PPM 自动化，所以在这个成熟度级别上先前的缺陷将会变得很清楚。系统集成来自整个企业的数据、信息、所有项目管理组件，以及所有 NPD 流程管理组件。这样的系统需要把项目特征、任务状况和资源使用的真实数据放在一起。

## 螺旋式上升

实施 PPM 就像游览迷宫一样。但是这里有一些重要的里程碑，如组织中 PPM 流程的项目比例对获得的收益有重大影响。研究表明，这个比例目标值应该是 80%，这是开始得到稳定收益的突破点。这就要求项目数据必须是有意义的、即时更新的和高质量的。当比例低于 80%或项目数据匮乏时，组织获得的收益会大量减少。如果太多的项目脱离了组合管理，PPM 的作用将很小。事实上，80%是高效 PPM 一个重要的突破点。健全的螺旋式实践应该认识到并至少瞄准这个比例。

另外 3 个重要的转折点也稳定了收益。这些转折点中的 2 个与成熟度级别 3 中的组件有关。

（1）组合的组合标准和指导原则的建立和持续使用。

（2）资源和管道瓶颈预测的建立和持续使用。

这两点都在主要的组件中，它们是 PPM 的基础。

第 3 个重要的转折点来自成熟度级别 4，并且是 PPM 的无缝对接和自动化系统支持的基础。

（3）集中数据储存库的持续使用。

通过建立集中数据储存库，团队能够使他们的组织很容易地提交和检索信息。另外，组件能够更持续地执行，并且能够支持更快地制定决策。

当这 3 个组件组合在一起时，能够推进 PPM 向前迈进最大一步。同样地，也能促进 PPM 的实施，它们是螺旋式上升实施的关键里程碑。然而，尽管它们是必要的实践，但它们本身还不足以维持这些倡议。

## 逐步提升 PPM 收益

绘制 PPM 的收益进展是有意义的（见图 17-4）。在低成熟度级别中，管理者认为 PPM 会对进入市场的速度造成消极影响。这可能是因为管理者和他们的团队为了得到更适合的数据而要求转移重点。尽管如此，一旦一个组织进入成熟度级别 3，则这 3 个关键领域（上市速度、战略影响力和资源使用效率）的积极收益就极为显著。这是 PPM 实施的临界质量点。如果 PPM 没有了强大的支持，则组织对 PPM 的态度也会随之改变。这里，收益获得对于组织来说应该是足够大的。所以，管理者应该采取行动来支持 PPM。

另一个绘制时间和成熟度级别与 PPM 收益的比较的方法如图 17-5 所示。U

第 17 章　循序渐进地实施 NPD 组合和管道管理

形表明在获得净收益之前，PPM 收益在最初的两个成熟度级别之间低位徘徊。因此强有力的管理和领导支持（参与而不只是口头承诺）对于度过这个不盈利的时期而言非常必要。"盈亏平衡点"发生在成熟度级别 3 上。

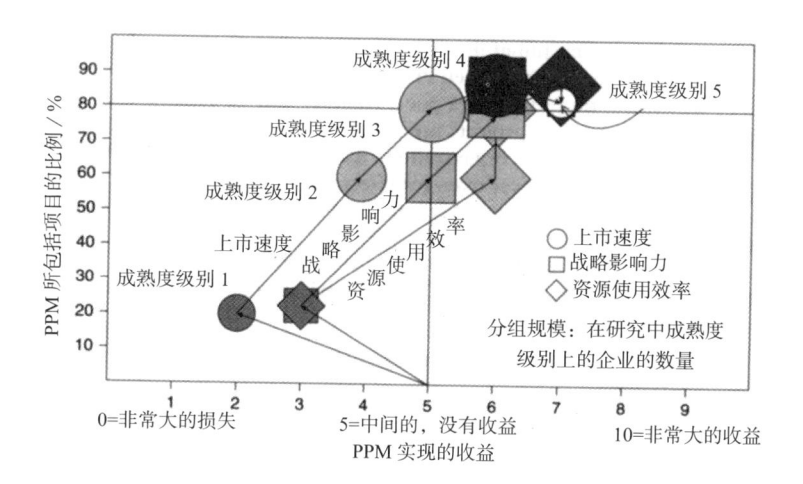

图 17-4　PPM 实现的收益与 PPM 所包括项目的比例的比较

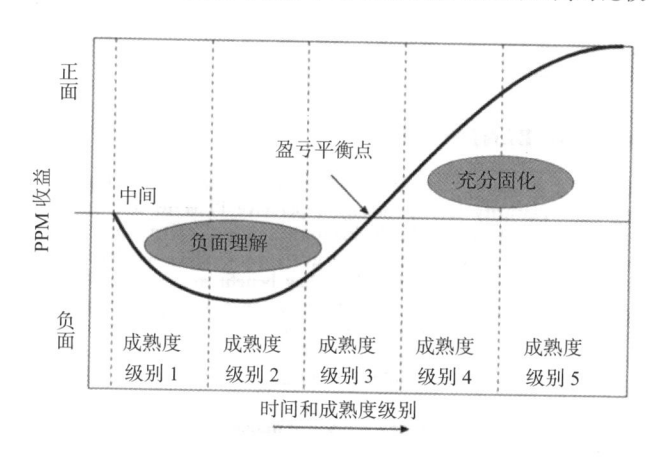

图 17-5　时间和成熟度级别与 PPM 收益的比较

## 成熟度级别的持续时间

PPM 在每个成熟度级别上花费的时间是有很大不同的（见表 17-7），一些因素会延长级别的持续时间。PPM 的实施研究表明越大的企业（如更多的人员致力于新产品开发）或产品的生命周期越长，将花费更多的时间来实现收益，这是很正常的。为了实现组件使用的一致性，前期无疑更为困难并需要花费更多的时间。对于拥有长生命周期产品的企业来说，可能都不会重视前期的时间投入。尽管目标应该是尽快获利，但所有的企业都不会以相同的速度在成熟度级别上取得进展，实施团队面临的挑战也会不同。

表17-7　每个成熟度级别持续时间分布

| 成熟度级别1 | 成熟度级别2 | 成熟度级别3 | 成熟度级别4 | 成熟度级别5 |
| --- | --- | --- | --- | --- |
| 2～4个月 | 2～6个月 | 2～9个月 | 4～9个月 | 6～9个月 |

影响获利速度的因素是可以控制的，最重要的有如下两个方面。
- 理解并削弱逐步实施的阻碍因素。
- 对每个成熟度级别上的正确组件实践方案保持持续的重视。

实施团队和高级管理者有责任确保有效的执行。并且，由于PPM的重要经济价值，组织可以聘请外部专家或咨询公司来帮助提升技能和能力。外部专家能够促使组织更快地实现组件使用的一致性，他们的经验和前瞻性能够很好地解决组织问题。

## PPM和NPD的自前向后的构架

大部分关于PPM的讨论和描述提到的只包括在开发流程或门径管理流程的那些项目——开发中的产品。问题是对项目组合开发有很大影响的是产品前端开发流程的输出。许多，也许是大部分企业没有一个结构化的前端开发流程。相反，开发项目来自迭代实践或来自研发、客户、市场营销、销售，甚至高级管理者。但是，这种"默认"前端产生的开发项目随着时间的推移，它们的特性看起来很相似，这是因为这种"默认"做法倾向于使用相同的技能、资源、知识和客户需要集来产生新概念。项目往往有相似的机会规模、新颖性和风险特征，甚至还有典型或期望的竞争替代品。在这种情况下，没有指引流程的能力，管理仅局限于开启或关闭当前的门径管理项目以及增加或降低分配到每部分的资源。这对优化组合而言是远远不够的。

如图17-6所示为4个项目的组合管理。每个项目都处在开发阶段的不同点，并且将在8～24个月内完成商业化。气泡的大小表明如果项目成功，应该达到的最高年收入。靠近气泡的文字说明了项目名称和组织为每个项目计算的成功率。图17-7表明风险调整后项目的最高年收入，注意组合中只有一个项目（竖条中的项目编号）在2004年上市。风险调整后最高年收入是大约500万美元（最高年收入乘以风险）。在 2005 年，4 个产品中的 3 个开始上市，风险调整后最高年收入总计大约是 2 500 万美元。遗憾的是，对于这家公司，它们新产品开发工作的目标要求是获取更多的来自产品开发的最高年收入。缺口必须以某种方式填补。

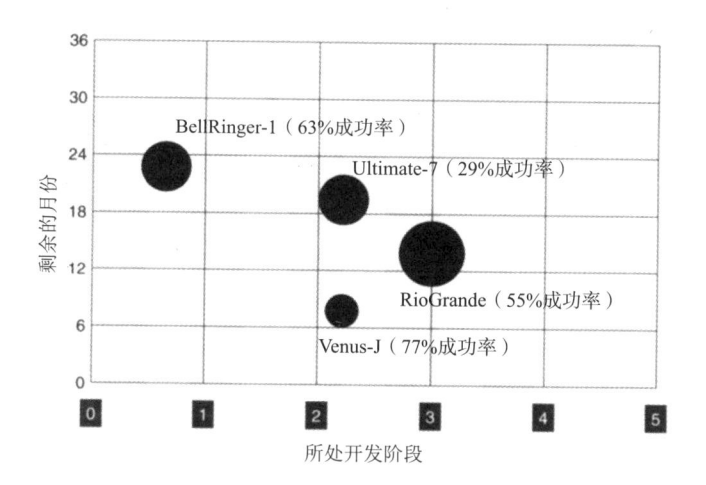

图 17-6　开发中的产品组合视图：上市时间与开发阶段

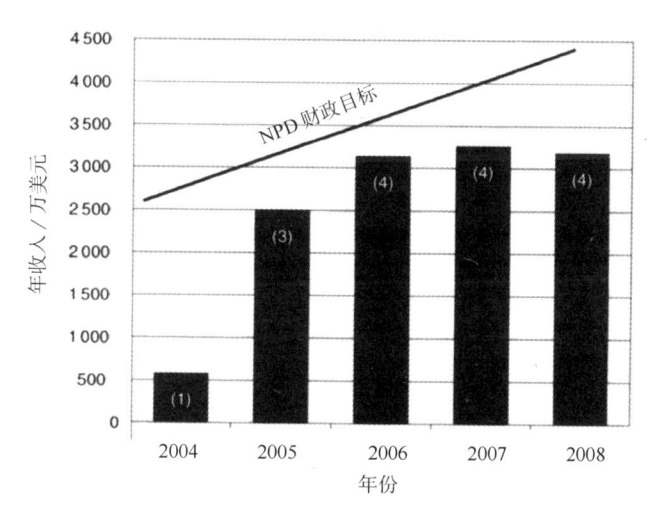

图 17-7　5 年累计组合图：风险调整后项目的最高年收入

这里有一个困境。如果公司开始更多的项目，资源将更少地被分配到每个项目，同时成功的可能性将降低，导致预期的最高年收入减少。管理者可能把资源放到两个短期的项目中，这将使条状图向左移，并且会扩大未来年份的差距。这个问题在于组合中的项目本质上不足以达成目标。简单地说，组织需要更大更好的项目。没有一个前瞻性、结构化的前端流程，实现经济目标是不可能的。这样的组织只能优化门径管理流程中已有的项目。

已经在市场上的产品有相同类型的困境。一个新产品的上市，可能对已上市产品的收益产生负面影响。或者，已上市产品会阻碍新上市产品的推广。组织必须能将相应的产品退市，如果 PPM 只把产品推向市场，整体利益就不可能优化了。

在更高的成熟度级别上，PPM 应该致力于协调门径管理流程中的项目、前端流程中的所有项目和已经上市的项目。PPM 应该能够在所有流程中更好地调配资源，而不只是关注门径管理流程中的那些项目。当然，组合中的项目不仅仅是以 NPD 流程结束的。实施研究表明，一些企业的非 NPD 项目也得到了较大的提高，如它们会在 PPM 流程中改善制造水平和缩减成本。这很有必要，因为非 NPD 项目会消耗资源，并且能够对新产品开发组合产生很大的影响。在成熟度级别 4 以前，不包括未采用门径管理模型的 NPD 项目和非 NPD 项目。

抛开成熟度级别，组织也能很快地认识到集成组合决策和简单项目决策的需求。大部分的组织在它们的阶段开发流程中使用获得的产品开发资源。在早期的成熟度级别中建立 PPM 决策和门径管理决策之间的联系是很重要的。先前的研究表明有两种工作方式：管理者同时指导关口评审和组合评审，或管理者在两个分开的会议中指导关口评审和组合评审。研究认为两种工作方式都可以。实施研究证明了这一点，也表明，在螺旋式上升过程中的前期成熟度级别上，组织通过召开分开会议能够实现重大的"战略影响"。在后期的成熟度级别上，组织通过联合会议能够实现显著的速度收益。在考虑了所有情况以后，组织应该在成熟度级别 1~3 时采用分开会议，并且在成熟度级别 4~5 时改为联合会议。这使得在最初的两个成熟度级别中，管理能够致力于组合问题并且不在单个项目上陷入困境。在最后两个成熟度级别上，联合会议使得 PPM 更趋于稳定和高效，这也有利于解决单个项目的问题。

## PPM 和组织结构

组织结构通常被设计为能更有效地实施业务。然而，产品开发也许不是业务的核心。在这种情况下，重要资源（如研发）则在事业部之间进行共享。在图 17-8 呈现的组织结构中，研发和制造必须参与 3 个事业部的 NPD 流程。没有 PPM 的话，研发管理者和制造管理者必须决定将哪些资源分配给哪个事业部。在默认情况下，由研发部门副总裁和制造部门副总裁来控制组合。

# 第17章　循序渐进地实施 NPD 组合和管道管理

组织结构的挑战应该在螺旋式上升实施过程中很早的阶段就被识别出来。组织的趋势是试图管理组织中最低级别的投资组合和资源分配，无论是按照产品分类还是按事业部分类。当新产品开发依赖于共享资源时，组织的问题可能在成熟度级别 2 和成熟度级别 3 之间出现。在这项工作中，实施团队要在整个组织结构中确保所有组件之间的政治协定。

最好是直接在共享资源的组织中实施 PPM。对于前面的案例，这发生在部门一级。研究表明，组合管理无论在哪个组织级别都会产生利益，关键是避免共享资源的冲突。

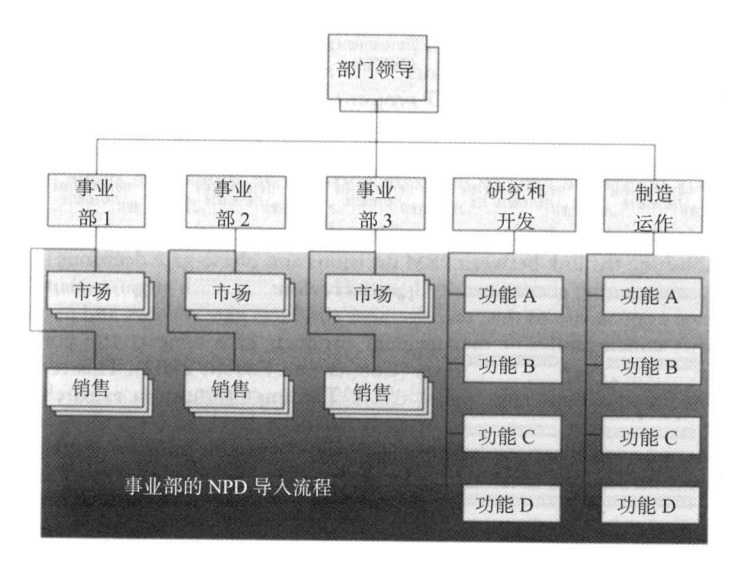

图 17-8　3 个事业部的 NPD 流程共享研发和制造资源

联合公司（被霍尼韦尔收购之前）更进一步采取这个步骤。它们在企业级别创建了一个资源池，使资源能跨部门共享。遵循创建新一代技术的原则，企业级别的组合管理只包含组织前 15% 的大项目。企业资源会基于预期的经济价值分配到这些项目中。对有多个事业部的组织而言，在每个事业部都能从 PPM 中获利之前，通常不会涉及子投资组合。这发生在成熟度级别 4 或成熟度级别 5 之中。

## 变更平衡

实施 PPM 相关的任何流程总是要求组织的一些要素发生变化，应考虑 PPM 可能怎样变化、工作和决策制定怎样发生，以及它为那些为管理层采集、分析、展现数据和测量标准的人添加的新工作。它为项目管理者产生和传递新数据添加了其他工作。它可能变化，如一位副总裁目前的做法是将她的下属分配到项目上或要挑选她想支持的项目。这个清单能一直继续。实施中的挑战在于一旦有变化，就有一些向相反方向推动的力量。所有的事情都是公平的，人们都不喜欢改变。关键是要管理和影响每个组件，使事情得以变更平衡。

### 风险的特殊考虑

风险管理是 PPM 的核心。就像财务组合中 NPD 组合管理应该利用风险和回报之间的关系一样。组织可以通过除去低回报或高风险的项目，并通过在高风险/高回报和低风险/低回报项目中寻求平衡做到这一点。这样的平衡需要具体到组织，到行业，到其战略。无论什么情况，在进行有意义的 PPM 时都需要一些风险和回报的测量标准。管理者应该知道在他的组合管理中有如下3种类型的风险。

（1）项目管理和资源风险。这是项目中的任务在规定时间和预算中完成的不确定性。把它作为一个累计分布曲线，同时加上项目和资源的相互关系，因为人们会在多个项目中工作，因此不能确定这些人在任何时间任何项目上都能工作。

（2）项目和市场特性风险。这是所有项目和市场相关因素的累积，一旦产品上市，将影响项目成功的程度或失败的程度。财务项目和新产品特性都在这个风险类别中。

（3）系统风险。当同样的风险在组合的大量项目中出现的时候称为系统风险。通常，这些风险或是战略本身具有的（如竞争对手的行动、市场发展等），或是组织原因（如特定资源或特定工作质量不高），不管哪种情况，这样的风险很难被单个项目团队处理。进一步说，它们应该由高级管理者通过跨项目或跨组织的行动来解决。

几十年来，组织行为专家就知道变更的每一面都有推动力。麻省理工学院的一个研究员，库尔特·卢因在20世纪40年代提出了这个概念，但是它没有被应用到流程实施中，直到20世纪90年代，卢因的力场定理为人们提供了一个思考什么在驱动及什么在阻碍实施的方法。这个想法是首先降低阻力，然后提高推动力。在变更平衡中显示了一种更具战术性的识别和理解这种力场的后果的方法，适用于 PPM 的螺旋式实施，如图17-9所示。

这个简单的等式表明当人们（单个高级管理者、职能小组和单个参与者）理

# 第 17 章 循序渐进地实施 NPD 组合和管道管理

解当前成熟度级别实施方案的代价加上下一个成熟度级别实施方案的收获之和大于这些实践方案的变化成本时，循序渐进的实施将继续。需要重点强调的是，这个等式都适用于管理者和团队。当使用变更等式时，实施团队应该在工作中确保组织能够总是理解满足代价加上收获大于变化成本的条件。组织外部的 PPM 专家经常协助估算、清楚地叙述代价和收获，以及列出一个计划来使变化的成本最小化。展现变更等式的变化因素经常被认为是 PPM 的"价值定位"。变更等式并不是在开始就被关注的。持续的平衡等式也确保 PPM 能够一直在轨道上正常运作。

$$P_{（当前的）} + G_{（要求的）} \geq CoC_{（心理的、经济的）}$$

式中
P ——来自当前成熟度级别实施方案的代价
G ——来自下一个成熟度级别实施方案的收获
CoC ——由一个成熟度级别到另一个成熟度级别所付出的心理上和经济上的成本

图 17-9 推动循序渐进的实施的变更等式

有时，当处于增长期时，管理者可能理解改变或引入 PPM 流程并不是必需的。增长轻易地掩盖了不足之处，当团队故步自封时，变革也会很困难。这里，职能部门可能在新流程中看不到收获。在这样的情况下，实施团队只有一种方法：高级管理者采取措施，使组织感受到挫折，然后获得动力，看到收获。这是杰克·韦尔奇式的领导方法。当组织运作良好时，领导者能要求组织达到关键绩效改善目标或实践标准。在这种情况下，组织领导者推动变更。

## 项目管理办公室和 PPM

两个领域在 PPM 中汇聚：项目管理领域和新产品开发领域。就像 NPD 专家开始接受 PPM 一样，项目管理领域也开始采用项目管理办公室。两者有太多的重叠。

两个领域都在发展。从表面上看，项目管理开始于一个优秀的项目执行方向，并向一个多项目执行的方向加强，然后增加项目选择和组合管理。NPD 开始于项目选择，用项目组合管理，然后用多项目执行作为补充。两者的不同从远处无法区分。

在工作流和决策细节上的不同更为明显，如项目管理者在设定任务期限时的不确定性。这些问题将表现在测量标准、支持工具，甚至整个系统中。这些设定可能很少把重点放在 PPM 决策和门径管理流程的整合中。从 NPD 发展出来的 PPM，可能由门径管理决策制定组成，关注的是商业化风险。我们也会注意到，项目管理办公室会强调将非 NPD 项目包含到 PPM 中，而 NPD 项目也许不会。

　　两个方向在良好的 PPM 中都是必需的。当研究组织的实践方案时，尽量理解这些实践活动从哪里来和到哪里去。不过，很可能这两个方向会集中于同一轨道。

　　变更平衡在循序渐进的实施中发挥了重要的作用。这时，应考虑 PPM 实施和为人员或团队从成熟度级别 1 跳到成熟度级别 5 的全过程的成本。这要求重大的改变。这样的心理和经济的成本被认为是很高的。当前的代价和感知到的收益对实施向前推进的要求是很强烈的，而且必需。任何"向后退"将放慢期望利益的获得，转而将进一步降低潜在收益的感知。因此，将循序渐进的实施按成熟度级别划分是很有帮助的。在开始时，代价一直保持很高。在第一个成熟度级别之后收获的潜在收益可能稍微下降，但是这会被可预知变化成本的显著下降抵消。因为分开的成熟度级别实施将更稳定地继续下去，这在早期成熟度级别中更明显。成熟度级别使团队保持变更平衡，明显有利于推动生产力。

## 开始循序渐进的实施

　　实施的开始点对不同的组织都是各异的。很多组织已经使用一些合适的 PPM 组件，其他组织还没有。要使循序渐进的实施更有效率，必须与组织相匹配。关键是只在需要的时候、需要的地方实施，并且必须尽可能地又快又有效率地来实施。接下来的 6 个行动步骤将有助于我们的实施的开始。

　　（1）第一步是弄清楚我们组织目前的状况，这项可以让要部署 PPM 的组织的跨部门人员来参与完成。将矩阵分享给这些人，让他们选出他们所认为的这个组织在这 26 个组件上的成熟度级别的分数（从 0～5，可以使用小数点）。在每个组件上标记分数并使用一个简单的网状图（见图 17-10）来显示每个人的分数。然后，引导团队讨论分数，并达成关于组织成熟度的一致意见。若没有达成一致，在这种情况下，寻找为什么没有达成一致的结论。利用谈话来认清关键实施的问题和机会。

　　（2）重新审查变更平衡来决定应该做什么来推动组织前进。必须做出一个价值主张来宣告组织应该实现的利益和在 PPM 中应该减轻的代价。确定需要重视的组件及怎样最好地推动改变使成本（心理的和经济的）减小。

　　（3）建立实施团队和必要的辅助团队。试着让那些将使用流程或为流程做贡

# 第 17 章　循序渐进地实施 NPD 组合和管道管理

献的人员参与。如果不是从别人那里接手，而是自己创建的实践，他们就更有可能使用和从中获益。PPM 实施的时间通常是其他开发活动之外的时间。PPM 实施中聘请外部专家，然后使用专家的经验和知识来避免陷阱，以及更快地获利。这比自己摸索便利多了。

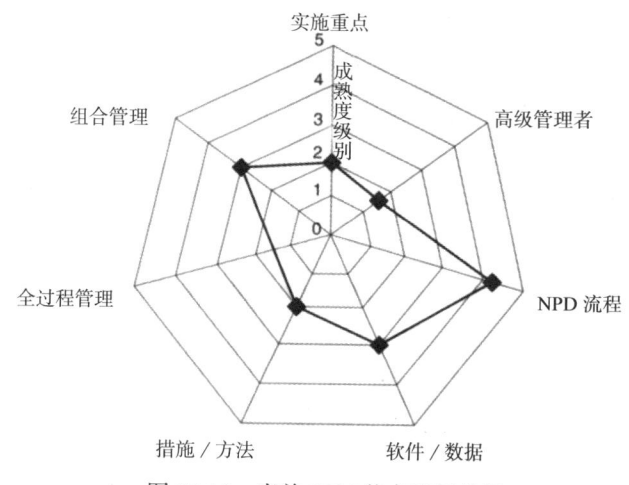

图 17-10　当前 PPM 状态的网状图

（4）制订一个 6 个月的计划（考虑分配资源的甘特图）和一个 24 个月的计划。召开一个包含所有关键参与方的讨论会（包括高级管理者）来确定和补充计划。他们的贡献将会有助于降低变化成本和确保他们对 PPM 的支持。确保高级管理者参与计划的具体实施。

（5）实施这个计划。定期回到网状图来评估我们的流程。确保我们的努力确实是循序渐进的。

## 循序渐进的实施团队

因为 PPM 是一个跨组织流程，把它建立起来要求跨组织的参与。参与度的高低也将影响获利的速度。人们更愿意使用、接受并受益于他们自己创建的实践，而不是从别人那里接手的实践。因此，循序渐进的实施的一个指导原则是那些将使用 PPM 或将被 PPM 影响的人应该致力于它的开发。

有以下 3 个不同的团队来实施 PPM。

（1）流程实施团队
- 每个参与者至少有 15% 的时间分配在 PPM 实施上。
- 随着成熟度级别的提升，团队成员可以更换，但是建议领导者保持不变。

- 领导者至少有33%的时间分配在PPM实施上。
- 4~7名成员。
- 是组件的倡导者。
- 直接报告给企业中的高级业务经理。
- 实施责任包括在每个成熟度级别上建立PPM所有组成部分的使用一致性，确保实施中具有良好的变更等式。
- 持续的责任包括管理PPM流程、实施组合和管道分析工作，以及建议管理者具体的决策/行动。
- 团队发起人是整个业务的领导。

（2）高级管理团队

- 是整个企业的领导。
- 是可以在整个过程中（研发、生产、营销、销售等）分配资源的人，直接向最高领导汇报。
- 是战略规划者。
- 是流程实施团队的领导。
- 实施责任包括贡献、定型和明确决策标准和决策流。
- 持续的责任包括在项目未完成时，开始新项目和在项目间分配资源的时候审查和制定决策。

（3）项目贡献者扩展团队

- 跨组织代表。
- 在PPM实施上花费时间少于10%的人员。
- 受人尊重的人员。
- 在PPM决策标准上评估和提供反馈。
- 评估PPM组成部分及其部署并提供反馈。
- 必要时协助培训。
- 实施责任包括提供测量标准、数据收集和PPM决策参数上的反馈。
- 持续的责任包括更新数据和提供反馈来改进数据收集。

在启动PPM时最常见的错误是没有足够地重视定义和阐明价值主张。这是变更等式的起点，如果管理者不相信它，那么第一步就停止了。应确定管理者在案例展现前就接受它的变更，以在我们展示价值主张前，建立、测试和改善它。管理者的认可对整个第一步来说是先决条件。

# 第17章 循序渐进地实施NPD组合和管道管理

## 结 论

本章已经介绍了很多关于新产品开发组合和管道管理的内容。PPM的收益是巨大的。但是把PPM流程放在合适的位置并没有那么简单。循序渐进地实施PPM有助于组织解决PPM实施的复杂性,以及更快地获得经济效益。它提供了初步的蓝图和框架。

循序渐进地实施PPM要求一个组织的PPM能力必须随着时间日趋成熟。PPM的特定组成部分必须在适当的位置及能够在组织中持续地利用。循序渐进的PPM实施把实践活动分成5个成熟度级别,每个级别都代表着组织从PPM中获利的里程碑。

每个企业怎样实施PPM会产生不同的结果,循序渐进地实施PPM能够提供给企业快速地通过PPM获益的方法。

## 作者简介

**保罗·奥康纳（Paul O'Connor）**

保罗·奥康纳,NPDP,是适应集团（The Adept Group）咨询公司的管理主任,该公司是保罗在1984年创建的。他是一位产品开发效率专家。保罗在全球范围内的许多公司中开展过委派、实施首创精神和标杆管理活动。他还是"产品开发与管理协会"（PDMA）的前任主席,并为各类机构讲授过组合和管道管理。

# 附录 A
# PDMA 简介

PDMA 是"产品开发与管理协会"的简称，它成立于 1976 年，是一个非营利性组织。该组织约 80%的成员都是新产品开发的实践者，其余约 20%的成员来自学术机构和管理服务提供商。

PDMA 的使命是要成为新产品开发的思想领先者，以提高开发和管理新产品的效率，广义的新产品包括了狭义的新产品和新服务。这一使命包括促使新信息的生成、将这些信息转变为有用的知识，以及传播这些新知识。PDMA 的一个基本原则是，产品创新代表企业的一种理想和必要的经济目标，这些企业希望达到和维持一种长期可盈利的竞争优势。

PDMA 积极地支持有关活动，包括年度博士研究项目建议竞赛，对 3 项项目建议和 PDMA 成员的研究成果给予资金奖励等。从 1991 年起，PDMA 就开始资助年度博士研究项目建议竞赛，以鼓励青年学者参加新产品开发研究，为那些该领域的最佳实践者提供资金支持，并确保他们开发出来的新知识能够在 PDMA 成员中传播。最后，PDMA 直接支持近些年来的 3 个调研系列，成果包括：新产品开发专业人员的现状、新产品开发成功的程度，以及新产品开发管理的高效实践等。

PDMA 的活动也包括以新产品开发为主题的年度国际会议、组织研究分会等，对最新学术研究成果进行讨论。PDMA 还组织许多短时间的、区域性的特定专题会议。此外，PDMA 还通过《产品创新管理期刊》(*Journal of Product Innovation Management*)（每年 6 期）分享研究发现，并在《展望》(*Vision*) 杂志上提供更多的知识。

《PDMA 新产品开发工具手册 2》是《PDMA 新产品开发工具手册 1》的发展。两本书都将从实践中获得的权威的方法与新产品开发流程的各个方面（从创意生成到最终产品的交付和商业化）相结合。《PDMA 新产品开发工具手册 2》是《PDMA 新产品开发手册》（第 2 版）和它的上一本《PDMA 新产品开发手册》（第 1 版）的后续。从管理的角度看，《PDMA 新产品开发手册》是新产品开发的初级读本。

# 附录 B
# PDMA 新产品开发术语表[①]

**偶然发现**（Accidental Discovery）：可以在组织内部或外部获得的非预期的新设计、新想法和新发展。

**接受曲线**（Adoption Curve）：消费者或市场决定采用某种新产品或新技术的阶段。从个体层面看，每位客户必须从认知阶段（开始知道并了解）发展到钟情阶段（喜欢并偏好于该产品）并进入意动阶段或行动阶段（决定并购买该产品）。从市场层面看，新产品最初总是被市场上的创新者购买，通常认为这些创新者占市场的 2.5%。随后的购买者是早期接受者（占 13.5%），接下来是早期接受大众（占 34%），再后来是晚期接受大众（占 34%），最后是滞后者（占 16%）。

**亲和图**（Affinity Charting）：一种用于发现数据片段之间联系的"自下而上"的技术。个人或团体从单个数据（比如一个客户需要）入手，然后浏览他们所拥有的其他数据（比如其他客户需要的陈述），以发现其他的与第一个需求数据相同的数据，并将它们放在同一组中。因为这些数据来自不同的数据片段，这些数据片段不同于第一组中的数据，所以，它们构成了一个新的类型。最终结果是形成一个组集，其中包含的同一类型的数据是相似的，并且组与组之间的差异在某种程度上是相同的。

**敏捷产品开发**（Agile Product Development）：在合作环境下，由自我管理的团队进行产品迭代开发的过程。

**联盟**（Alliance）：为了开发的目的，与另一个独立的公司组成的正式的机构，

---

[①] 2002 年产品开发与管理协会获得版权，经允许在此引用。在该术语表中的某些术语的定义是由 C. Merle Crawford 和 C. Anthony Di Benedetto 根据新产品管理术语改编的。PDMA 理事会、《PDMA 新产品开发工具手册》（New York: John Wiley and Sons, 2002）的作者们、《PDMA 新产品开发手册》（New York: John Wiley and Sons, 1996）的作者们以及几位其他的新产品开发科学、技能、技术领域中富有知识的专家为该术语表中的术语、短语及定义做了大量的贡献。我们感谢所有这些无偿的贡献者的持续支持。

涉及信息、硬件、知识产权或使能技术的交换。联盟成员共同分担风险和分享利润（如合作开发项目）。

**阿尔法试验**（Alpha Test）：为了发现和消除最明显的设计缺陷和不足而进行的生产前的产品测试，它通常包含在实验室或企业的正常开发活动中。很多时候可能是在受约束的条件下和领先消费者一起进行测试。

**阿尔法测试**（Alpha Testing）：设计初期关键的"第一次检查"，通常在室内完成。阿尔法测试的结果可以证明产品是否按照规格设计或者发现产品不完善的方面。测试环境应尽可能模仿产品将来的实际使用环境。阿尔法测试不能由从事开发的工作人员来完成。因为这是新产品的第一次"使用"，需要评价产品的适用性和功能等基本问题，所以对参与评价的所有方面的任何有关规格的修改和调整的建议都要诚恳接受，并认真考虑。因为测试是在企业内进行的，所以必须尽可能地保证测试的客观性。

**层次分析法**（Analytical Hierarchy Process，AHP）：一种解决复杂的多准则问题的决策工具，其中同时用到定性和定量分析方法。AHP 根据若干决策要素的共性，将它们分成与家谱或亲和图相似的簇。层次分析法由 T. L. Saaty 首先提出。

**分析者**（Analyzer）：采用模仿创新策略的企业，其目标是，别人一旦打开市场，他们就非常迅速地向市场投放相同的或稍好的产品，而不是做第一个推出新产品或新技术的公司。有时他们被称作模仿者或者"快速跟随者"。

**预期失效决定**（Anticipatory Failure Determination，AFD）：一种失效分析法。用这个方法，开发人员从导致某一特定后果的特定失效开始，试图设计出一些方法，使失效总能可靠地发生。然后，开发者利用这些信息开发出更好的识别步骤来避免失效的发生。

**应用开发**（Applications Development）：为了满足用户的需要和需求而设计和编写软件的反复过程，或改善和开发新产品的流程。

**架构创新**（Architectural Innovation）：颠覆式技术创新和颠覆式商业模式创新的有效整合。典型案例之一是颠覆了柯达和宝丽来等公司的传统胶卷行业的数字摄影产品。

**架构**（Architecture）：参见"产品架构（Product Architecture）"条目。

**异步组件**（Asynchronous Groupware）：帮助人们进行分组工作的软件，但并不需要人们在同一时间工作。

**属性测试**（Attribute Testing）：一种定量市场研究技术，它可以用一个或多个尺度类型对一系列产品或各类属性进行打分排序，这些尺度类型可以是相对重要性、当前绩效、当前的对某产品或服务的客户满意度等，其目的是明确客户对产品属性的偏好，以指导设计和开发流程。在开发和确定产品属性时，必须持密切关注和严格审核的态度，回答问题的时间不能太长也不能太短，太长和太短都会导致在高级管理层那里积压太多的创意。

**审计**（**Audit**）：在新产品开发过程中，审计是对新产品开发和进入市场流程的有效性的评价。

**延伸产品**（**Augmented Product**）：核心产品及能够带来产品收益的其他来源，如服务、保修和形象等。

**自治型团队**（**Autonomous Team**）：一个完全自给自足的项目团队，很少与基金组织有关联。通常作为在市场上进行突破式创新的组织模型。有时称作"老虎"团队。

**知名度**（**Awareness**）：新产品的目标客户中知道其存在的客户比例。知名度的定义很广泛，包括品牌记忆、品牌识别和目标客户对关键特征或定位的记忆。

**备用品**（**Back-up**）：无论是同步进行还是顺次进行的项目，通常为了防止主导项目失败都有备用项目。备用项目和主导项目具有一样的运行机制，但公司不会同时推出主导项目和备用项目，因为它们之间是直接竞争关系。

**平衡项目组合**（**Balanced Portfolio**）：一系列项目的组合，其中各种类型的项目所占比例与战略优先级高度匹配。

**平衡记分卡**（**Balanced Scorecard**）：一种综合绩效评价技术，它平衡考虑了以下4个绩效领域。①客户对我们绩效的感知；②关于我们的优势的内部评价；③创新和学习水平；④财务运行状况。

**对标**（**Benchmarking**）：从不同组织收集过程绩效来评价它们的个体绩效或整体绩效的过程。

**利益**（**Benefit**）：产品的属性是通过使用者从产品中得到的用途体现出来的，而不是产品的物理特征或特性。利益经常会因具体的特征而增加，但不是绝对的。

**最佳实践**（**Best Practice**）：用来提高绩效的方法、工具或技术。在新产品开发中，不能只用一种工具或技术来确保成功，而是要一系列方法联合使用以提升成功的可能性。最佳实践的具体解释还要依上下文而定，有时会被称作"有效实践"。

**最佳实践研究**（**Best Practice Study**）：通过分析成功的组织来模仿他们的最佳实践方法的研究。在新产品开发中这意味着寻找最好的实践方法，通过调整后在组织内加以利用。

**贝塔试验**（**Beta Test**）：产品生产前的外部测试。在产品推向市场前，在现场环境下测试产品的所有功能以发现可能在室内测试中没有发现的系统故障的方法。

**贝塔测试（Beta Testing）**：比阿尔法测试更广泛的测试方法，由实际使用者和消费者来进行。ß 测试的目的是判断产品在实际使用环境中的性能如何。关键在于要由实际客户来完成这项测试，而不是由公司开发团队或测试公司来完成。同阿尔法测试一样，公司必须认真对待 ß 测试的结果并用来修正产品设计。

**大数据（Big Data）**：规模极大的数据集，经由计算分析可揭示某种模式、趋势和关联性，尤其是与人类行为及其交互相关的方面。

**自下而上的组合选择（Bottom-up Portfolio Selection）**：经过严格的项目评估、筛选过程，从一系列独立项目中挑选优秀项目，构建出与战略匹配的一个项目组合。

**保龄球道阶段法（Bowling Alley）**：早期成长阶段的战略，它强调关注某一具体市场，通过推出完全差异化的"整体产品"来建立自己的优势地位，并利用这一具体市场来撬动其他市场。保龄球道阶段法的成功在于通过与客户建立良好的关系来建立产品领导的地位。

**头脑风暴法（Brainstorming）**：经常在新产品概念生成阶段应用的利用群体的力量来创造性地解决问题的方法。这一方法还有很多种不同的叫法。它的基础是让更多的人将他们具有创新性的想法列出来，在进行决定性评估之前尽可能充分地对这些想法进行讨论。

**品牌（Brand）**：使生产商或服务商区别于他人的名字、称呼、设计、符号或其他任何特征。品牌的合法形式是商标。通过品牌可以识别一种、一系列或一个生产商的所有产品。

**品牌开发指数（Brand Development Index，BDI）**：衡量品牌在某一地区的销售能力的指数。在数据计算上，它是某一地区的销售量占全国销售量的百分比。

**面包板（Breadboard）**：一种概念验证的建模技术，它可以用来表明产品是怎样工作的，而不是用来表明产品看起来是怎样的。

**盈亏平衡点（Break-even Point）**：在产品的商业周期中，累计开发成本和销售利润相交的点。

**突破性项目（有时也称为激进式或颠覆式项目）（Breakthrough Projects 或 radical or disruptive projects）**：通过新技术向市场引入崭新产品的项目，与组织的现有项目有明显不同，且风险水平较高。

**商业分析（Business Analysis）**：对某一项目的商业环境的分析。通常包括折现现金流、净现值或内部收益率的财务预测。

**商业论证（Business Case）**：市场、技术和财务分析的结果，或事先准备工作的结果。商业论证理论上应该在"开发"决策之前执行。它定义了产品和项目，包括项目的合理性和行动或商业计划。

**业务目标**（Business Objective）：指针对企业的特定战略项目和项目目标的文件，要求在规定的时间内必须完成或达到目标。业务目标的战略制定应基于公司宗旨，对战略进行目标分析并制定含有具体措施的部门中长期规划。其策划的思路、方法以及它所具有的充分性、适宜性、有效性将对企业的年度工作方向及效率产生较大的影响。

**事业部**（Business Unit）：指以某个产品、地区或顾客为依据，将相关的研究开发、采购、生产、销售等部门结合成一个相对独立的单位的组织结构形式。

**企业对企业**（Business-to-Business，B2B）：企业与非消费者（如制造商）、销售商（如分销商、批发商、临时商和零售商）等组织发生的商业关系。

**买方**（Buyer）：产品的购买者，但他不一定是最终用户。尤其是在B2B市场，买方可能签订实际购买产品或服务的合同，但不从中获利。

**买方集中度**（Buyer Concentration）：一小部分购买者的购买力占市场上总体购买者购买力的百分比。

**侵蚀效应**（Cannibalization）：放弃现有产品而转向新产品的需求比重。

**能力规划**（Capacity Planning）：一种监督组织的技术和规划有效资源容量的前瞻性活动。对于产品开发，它的目的是保证新产品开发流程中所有的技术开发都不会成为阻碍项目完成的瓶颈。这对于优化项目组合是必要的。

**碳信用额**（Carbon Credits）：指在对外部性因素（一项产品或服务对非生产者和非使用者的影响）的商品成本计算中，无法体现出的间接成本，包括二氧化碳排放和其对社会的影响。"真实价格"是所有外部性因素与（影子）价格之和。

**现金牛**（Cash Cows）：指整体增长率较低，但在市场中占有较高份额的产品。

**卓越中心**（Centers of Excellence）：在同一地域范围内的团队或同属同一组织结构的团队，他们有公认的技术、商业或竞争优势。

**认证**（Certification）：承认某人已经掌握某一知识体系的正式流程。在新产品开发中，PDMA创建和管理着新产品开发专业人员（NPDP）认证流程。

**倡导者**（Champion）：热切希望某一过程或产品被开发并投放市场的人。这个非正式的角色可以激发人们对机会的新认知，使被公司政策限制或反对派反对的项目得以进行。

**章程**（Charter）：用来定义项目背景、具体细节和计划的项目团队文件。包括初始商业案例、问题和目标陈述、限制和假设以及主要计划和远景。产品开发商的定期复查可以保证开发活动与经营战略的吻合。

**核对单**（Checklist）：提醒分析师处理所有相关方面事务的要素清单。该清单在概念生成过程中经常被用作一种创新的工具，并在概念筛选中作为筛选概念的要素标准，以确保在产品开发阶段中完成所有正当的任务。

**结构块**（Chunks）：产品结构的构成块。他们由不可分割的物体元素组成。结构块的其他形式可能是模块或主要组件。

**循环经济**（Circular Economy）：被设定为具有可修复性和再生性的经济模式，其目标是确保产品、部件和材料时刻都保持最佳效用和价值，有别于技术周期和生物周期。

**时钟速度**（Clockspeed）：不同行业的进化速度。高时钟速度行业，如电子行业在短时间内会有数代的进步。在低时钟速度行业，如化工，一代新产品的诞生需要5~10年。人们普遍认为高时钟速度行业的发展会在长期内影响所有行业。

**整群抽样**（Cluster Sampling）：将整体分为多个"群"，再以群为单位从中进行抽样。

**认知模型**（Cognitive Modeling）：关于个体如何解决具体问题和执行任务的计算模型的产生方法，它建立在心理学的基础上。建模过程概括了一个人解决具体问题或完成任务的步骤，可以预测所需时间或可能发生的错误类型。认知模型通常被用来决定用户交互界面以使交互错误最小化。

**认知过程走查法**（Cognitive Walk-through）：一旦构建了一个人完成任务的所有步骤，专家就可以模仿使用者"走查"产品使用的所有步骤。它可以用来提高产品的人性化程度和可用性。

**协同产品开发**（Collaborative Product Development）：两个公司合作开发并将其推向市场。小公司可以提供技术或创造性的知识，大公司可以提供资金、市场和分销渠道。两个规模相当的公司合作，它们可以在开发某些高复杂性的产品或系统时共同参与所有环节。协同产品开发有许多形式。在客户协同方面，供应商可以接触到合伙人提供的关键客户。在供应商协同方面，公司合伙人和技术组件服务提供者一起创造整合型解决方法。在协同合同生产中，公司和生产合伙人一起协同生产目标产品。协同开发因合作的深度不同而不同，它们在为目标客户提供最终方案的过程中是联系在一起的。

**集中办公**（Co-location）：将项目人员集中在同一个地区，可以保证他们能够进行更频繁的交流和更快速地做出决策。

**商业化**（Commercialization）：新产品从开发到推向市场的过程。通常包括产品启动和持续开发、营销材料和项目开发、供应链开发、销售渠道开发、培训开发、培训、服务和支持开发。

**竞争情报**（Competitive Intelligence）：将分散的公众竞争者信息整合成竞争者的位置、规模、能力和趋势等战略性知识的方法和活动。它是指收集、分析、沟通、利用发生在公司外的竞争趋势信息的广泛实践。

**计算机辅助设计**（Computer-Aided Design，CAD）：可以帮助设计者和工程师使用计算机设计的计算机技术。早期阶段可以使用二维设计，现阶段可以使用三维设计，也可以用于金属或固体模型设计。

**计算机辅助工程**（Computer-Aided Engineering，CAE）：在设计、分析和制造产品过程中应用计算机。有时仅指在工程分析阶段使用计算机。

**计算机辅助创新**（Computer-Enhanced Creativity）：为了加速新产品开发流程，在记录、回忆和重建创意的过程中使用特殊设计的计算机软件。

**概念**（Concept）：对新产品形象的文字描述，包括新产品主要的特征、新产品可以给消费者带来的好处和人们对新产品所采用技术的深刻理解。

**概念生成**（Concept Generation）：产生新概念、产品创意的过程。有时也叫作创意生成或创意过程。

**概念优化**（Concept Optimization）：衡量具体产品的好处或特性能吸引消费者的程度的研究方法。优化结果用来站在消费者角度上，从可选的研究中选择内容来构建最有吸引力的概念。

**概念筛选**（Concept Screening）：在产品开发项目的探索阶段，从经营战略的匹配性、技术可行性、可制造性和财务上的成功潜力等多个角度对潜在新产品概念进行评估。

**概念说明**（Concept Statement）：在开发之前，为了获得消费者的反馈，用来向消费者展示的概念的文字性描述或图示说明。

**概念研究活动**（Concept Study Activity）：检查概念的一系列产品开发任务，来判断是否存在市场、技术或产品开发流程的重要缺陷。

**概念测试**（Concept Testing）：向消费者展示概念说明以观察他们的反馈的过程。这些反馈可以用来帮助开发者评估概念的销售价值并做出相应的调整。

**并行**（Concurrency）：产品开发过程中，同一时间进行不同的独立的活动。

**并行工程**（Concurrent Engineering，CE）：在产品设计和制造流程中采用并行的模式和跨职能团队，并且活动不是按时间顺序进行。实施并行工程的目的是促进开发团队从配置、质量、成本、维护等角度思考产品生命周期概念。也叫同步工程。

**联合分析**（Conjoint Analysis）：联合分析是一种市场调研技术，它包括反馈者关于产品的系统描述，包括一系列属性和这些属性的实现程度。通过要求反馈者选择他们更喜欢的产品或指出他们的偏好，联合分析可以判断每个变量在多大程度上对产品整体做出贡献。与其他方法相比，联合分析判断重要性的两大优点是，①变量和程度可以是连续的（如权重）或具体的（如颜色）；②它是评估价格作用的唯一有效的市场调研方法，如评估人们会为某一特征支付什么价格。

**消费者**（Consumer）：公司目标的一般性和全部的形式。通常用在 B2B 或公司内部，指公司现有客户、竞争者的客户、现有的具有相同需求或人口特征的非购买者。它没有明显的购买者和使用者之分，仅一小部分消费者会成为客户。

**消费者市场**（Consumer Market）：个人为家庭使用（而不是为商业用途）而购买产品和服务。消费者购买通常是个体决策行为，可以是为自己，也可以是为家庭其他成员。

**消费者需要**（Consumer Need）：消费者愿意解决的问题，消费者愿意为此购买产品。

**消费者监测组**（Consumer Panels）：为记录消费情况而特别挑选的消费者群体。

**情景调查**（Contextual Inquiry）：利用人种学和新闻学技术进行结构化、量化市场调研的方法。情景调查是一种通过观察产品在实际环境中的表现而发现消费者需要的流程。

**应急计划**（Contingency Plan）：用于应对不能预测发生时间和严重程度的事件的处理计划。

**持续改善**（Continuous Improvement）：为了不断改善实践和流程而进行的总结、分析和再造工作。

**持续创新**（Continuous Innovation）：不改变消费类型或行为而进行的产品性能改善。产品的整体外观和基本性能没有功能上的改变。例如改进牙膏的氟化物和高速计算机。

**持续学习活动**（Continuous Learning Activity）：检查产品开发项目进展或执行情况的一系列活动，通过变更流程来简化剩余的步骤、改进正在开发的产品或进度计划。

**承包开发商**（Contract Developer）：产品开发服务的外部提供商。

**受控销售测试**（Controlled Store Testing）：雇用特定公司处理产品分销和审计活动（不采用公司正常销售力量）的市场测试方法。

**聚合思维**（Convergent Thinking）：在创意生成阶段将大量的分歧性创意汇聚成数目较少的或单一创意的技术，以后的工作和分析将聚焦在这些创意上。

**合作（团队合作）**［Cooperation（Team Cooperation）］：团队成员之间努

力合作以实现团队目标的活动。

**协作矩阵**（Coordination Matrix）：明确项目开发的关键阶段、目标及各阶段关键活动的概括图，并明确责任人。

**核心利益主张**（Core Benefit Proposition，CBP）：消费者购买产品的主要用途。核心利益主张可能来自有形产品或服务，也可能来自延伸的产品领域。

**核心竞争力**（Core Competence）：公司比竞争对手强的能力，它可以提供竞争优势并吸引和保持客户，包括技术、组织、供应链、运营、财务、市场、合作伙伴关系和其他的能力。最原始的定义还包括"最低成本提供者"。

**企业文化**（Corporate Culture）：组织的"感觉"。文化来自组织运行的信仰系统。企业文化可以被描述为权威的、官僚的和专业的。企业文化经常能够影响组织做事的效果。

**公司战略**（Corporate Strategy）：一个多元化组织的总体战略。它回答了"我们应该从事哪些业务"以及"这些业务如何为组织整体带来协同效益和（或）额外竞争优势"这两个问题。

**销货成本**（Cost of Goods Sold，COGS 或 CGS）：生产产品并将其投放市场产生的直接成本（包括劳动力成本和材料成本）。

**创造性张力**（Creative Tension）：指客观现实与愿景之间存在一定的差距，而这样的差距会形成一种创造力，把人们朝向愿景拉动。

**创造性**（Creativity）："一种果断的和谐，一种预期的惊讶，一种习惯的新发现，一种熟悉的惊喜，一种慷慨的自私，一种未预料到的肯定，一种形式的顽强，一种重要的琐事，一种有节制的自由，一种令人兴奋的进步，一种重复的开始，一种辛苦的喜悦，一个可预测的赌注，一种短暂的稳固，一种统一的不同，一个渴望的满足，一种奇迹的渴望以及习惯性的惊异。"创造性是一种从事创新性工作的能力。

**标准**（Criteria）：在决策阶段，决策者采用的标准陈述。为保证项目继续进行而必须达到或超过的绩效。总体来说，标准反映了一个组织的新产品战略。

**关键假设**（Critical Assumption）：在新产品商业案例中的一种明确的或含蓄的假设，如果这种假设错了，会降低成功的可能性。

**关键路径**（Critical Path）：为了成功完成项目而进行的一系列相关的活动，能将它们的完成时间及完成任务的先后关系列出来。关键路径显示的是时间最长的路径，决定完成项目所需要的时间。

**关键路径进度计划**（Critical Path Scheduling）：一种项目控制技术，通常需要使用各种软件工具，它可以在识别相互独立的任务基础上，将所有新产品开发中的关键步骤安排成一个连续的网络。

**关键成功因素** （Critical Success Factors）：商业成功的必要因素，但仅拥有这些因素却不一定能够成功。

**跨职能团队** （Cross-Functional Team）：拥有不同职能领域代表的产品开发团队，这些职能领域通常包括生产成功产品的所有关键职能，包括营销、工程、制造、运营、财务、销售、客户支持和质量职能领域。这样的团队能保证在开发过程中兼顾所有的职能方面。

**跨域鸿沟** （Crossing the Chasm）：从最初客户（通常称为领先采纳者或革新者）所支配的市场转向主流市场的过程。这个概念应用于新的、市场正在建立过程中的和基于技术的产品或服务。

**众包** （Crowd Sourcing）：通过大量征集他人的解决方案，从而获取信息并将其用于特定任务或项目的一系列工具。该服务可以是有偿的，也可以是无偿的，通常由互联网实现。

**文化** （Culture）：组织中人们共同拥有的信念、核心价值观、假设和期望。

**客户** （Customer）：购买或使用产品或服务的人。

**客户需要** （Customer Needs）：客户对解决问题的需要。这些需要可以为公司提供新产品开发机遇。

**客户感知价值** （Customer Perceived Value, CPV）：同其他可替代产品相比，客户对产品带来的收益和支付成本的评价。它是客户决定是否购买产品的基础。

**客户现场访问** （Customer Site Visits）：一种揭示客户需要的变量市场调研方法。它要求到客户现场观察客户是怎样用产品解决问题、实现产品功能的，了解客户要做什么、为什么客户要这样做、客户遇到的问题是如何解决的、怎样才能做得更好。

**客户增值率** （Customer Value-Added Ratio）：本公司产品与竞争者产品的物有所值（Worth What Paid For，WWPF）的比率。比值大于1的产品意味着与竞争对手的产品相比有较高的价值。

**基于客户的成功** （Customer-based Success）：新产品被客户接受的程度。

**周期时间** （Cycle Time）：从开始到结束的运行时间。从新产品开发角度来讲，它是指从最初的创意产生到新产品上市销售的时间。开始和结束时间的确定因不同的公司、同一公司内不同的项目而不同。

**仪表板** （Dashboard）：显示项目情况或组合情况的典型彩色图表，类似于汽车的仪表盘。通常红色标记亟待解决的问题，黄色标记迫近问题，绿色表示项目正在进行。

**数据**（Data）：数据来自商业流程中进行的有关测量。

**数据库**（Database）：对信息的电子化搜集和整理，使对数据的查找、发现、分析和应用更加方便。

**决策筛选**（Decision Screens）：用于检查或筛选新产品决策的一系列关键指标。这些指标随开发阶段的不同而不同。

**决策树**（Decision Tree）：用于业务决策或计算机程序决策的图表。树的分支表示和风险、成本、结果相关的可能性选择。通过计算每个分支的利润，为公司选择最优决策。

**衰退阶段**（Decline Stage）：产品生命周期中的第四个或最后一个阶段。这一阶段可能是由技术的进步、消费者或使用者的偏好变化、全球竞争加剧或环境、规则变化造成的。

**防御者**（Defenders）：公司会采用各种可能的手段，维护其市场地位，而不仅仅通过开发新产品。

**可交付成果**（Deliverable）：表明项目达到结果的输出（如测试报告、调整的批准、产品原型或市场调研报告）。可交付成果依据产品的商业投入或开发阶段的不同而不同。

**德尔菲流程**（Delphi Processes）：在一组专家内部采用的重复打分法，据此得出对未来情况的最可能预测。

**人口统计学**（Demographic）：人口数量的统计性描述。描述的特征包括性别、年龄、受教育程度、婚姻状况以及不同的行为或心理特征。

**衍生产品**（Derivative Product）：一种对现有产品的性能进行调整，改进或改善而产生的新产品。这种改变不影响基本的产品结构或平台。

**衍生项目**（Derivative Projects）：由现有产品或平台衍生出的项目。它们可以弥补现有产品线的不足，建立具有成本优势的制造能力，或者基于组织的核心技术提升性能和引入新特性。通常风险水平较低。

**面向卓越的设计**（Design for Excellence，DFX）：在设计和开发流程中，系统地考虑所有与生命周期有关的因素的设计。这些因素包括可制造性、可靠性、可维护性、可供应性、可测试性等。

**可维护性设计**（Design for Maintainability，DFMt）：在设计和开发过程中，系统地考虑可维护性问题的设计。

**可制造性设计**（Design for Manufacturability，DFM）：在设计和开发流程中，系统地考虑可制造问题的设计，即考虑在形成整体产品的过程中所需的组件的可实现性和可制造性。

**六西格玛设计** （Design for Six Sigma，DFSS）：目标是创造出能够高效利用资源、具备极高生产率且不受流程变动影响的设计方式。

**面向环境的设计** （Design for the Environment，DFE）：在产品生命周期的设计和开发流程中，系统地考虑环境安全或健康问题的设计。

**实验设计** （Design of Experiments，DOE）：同时考虑多重产品和流程设计参数的统计方法，而不是在一个时刻只考虑一个参数。

**设计规格** （Design Specifications）：一般概念说明定性描述了产品概念的利益和功能，而产品的设计规格则为产品的进一步设计和制造提供了定量依据。

**设计思维** （Design Thinking）：一种创造性的问题解决方法，或者说，是以更全面、系统、协作的方式发现问题并创造性解决问题的方法。

**面向成本的设计**（Design to Cost）：将成本看成独立的设计参数的开发方法。成本目标是建立在客户可接受性和竞争性约束的基础上的。

**设计确认** （Design Validation）：进行产品测试以保证产品或服务满足设定的用户需要和需求。可以利用可工作的产品原型，或通过计算机模拟成品的方法加以实现。

**开发** （Development）：将产品需求转化成产品的组织功能。同时，它也是将整体的市场概念第一次转化成市场上的新产品或新服务的阶段。

**开发变更单** （Development Change Order，DCO）：在产品开发过程中实现变更的单据。它写明了需要的变化、变化的原因和上市的结果、开发成本和生产成品的成本。它作为项目章程的一个附录。

**开发团队** （Development Teams）：为将概念通过开发、测试、发布过程形成一个或多个新产品而组成的团队。

**数字化模拟** （Digital Mock-up）：在固体模型开发中所创造的电子模型。模拟可被用来检测界面和组件的不相容性。利用数字化模拟可以降低生产产品原型的成本。

**非连续性创新** （Discontinuous Innovation）：之前所不知道的能够产生新消费结构和行为变化的产品，如微波炉和蜂窝电话。

**贴现现金流（DCF）分析** ［Discounted Cash Flow（DCF）Analysis］：将未来收入和支出的现金价值映射到现在的评价方法。利用预测的利率将未来现金流折现成现在的资金。

**离散选择实验** （Discrete Choice Experiment）：模拟、预测客户购买决策的定量市场研究工具。

**分布式团队** （Dispersed Teams）：不同成员在不同地点、时区，甚至不同国家工作的产品开发团队。

**颠覆式创新**（Disruptive Innovation）：需要新的商业模式，但不一定需要新的技术。例如，谷歌的安卓操作系统对苹果而言就有潜在的颠覆影响。

**分销**（Distribution）：将产品或服务从生产地运送到最终用户购买地的方法和模式。

**发散思维**（Divergent Thinking）：在创意生成的初始阶段使用的方法，通过使思维发散来产生、记录和回忆大量新的或有趣的创意。

**动态持续创新**（Dynamically Continuous Innovation）：改变行为但不一定改变消费模式的新产品。如 Palm Pilots、电动牙刷和电动卷发器。

**早期接受者**（Early Adopters）：对于新产品，是指在产品生命周期的早期就依据自己的决策而购买产品的客户。对于新流程，是指愿意尝试新流程的组织实体。

**经济增加值**（Economic Value Added，EVA）：在项目周期中增加或减少的股东价值。

**移情设计**（Empathic Design）：揭示客户需要和激发新概念的 5 个步骤。包括访问客户的工作地点、看他们需要解决的问题、你能为他们做什么、询问客户需要他们做什么、为什么这么做。通过和客户一起共事，团队能够对客户在执行日常任务时遇到的问题产生共鸣。

**工程设计**（Engineering Design）：产品创造过程中配置产品或服务并且决定特殊形式的功能。

**工程模型**（Engineering Model）：对现在设计的产品进行功能模拟演示的软硬件的结合。

**增强型新产品**（Enhanced New Product）：派生产品的一种。增强型产品包括建立在平台基础上的可以为客户增加价值的附加特征。

**准入条件**（Entrance Requirement）：在一个阶段或关口开始前的报告和总结。

**企业家**（Entrepreneur）：开创、组织、运行、承担风险并从新的商业风险中收获价值的人。

**人种学**（Ethnography）：研究客户与其相关环境的描述性的定性市场研究方法论。研究者在现场观察客户和环境以获得对他们的生活方式或文化环境的深刻理解，从而更好地理解他们的需求和问题。

**事件**（Event）：一个任务完成时的及时标记。

**事件图**（Event Map）：能够显示未来可能的责任或事件的图表。

**游览**（Excursion）：产生非连续性创意的创意生成技术。游览包括三个一般的步骤：①远离任务；②创造分离的或不相关的材料；③找到和任务的联系。

**退出条件**（Exit Requirement）：某一阶段或某一关口开发过程的报告和总结。

**退出战略**（Exit Strategy）：从公司的组合中消除产品或产品线的预计划过程。它是以最小损失退出供应链，提供售后部分的供应和维修支持，并将客户的需求转向不同产品的过程。

**明确的客户需求**（Explicit Customer Requirement）：客户对产品的明确需求。

**因子分析**（Factor Analysis）：将观测所得数据表示为一系列潜在诱因的函数，从而找出关键影响因子的过程。

**制造成本**（Factory Cost）：公司在生产地生产产品的成本，包括所需要的材料成本、劳动力成本等。

**失效率**（Failure Rate）：公司新产品上市而没有达到目标的产品比率。

**可行性分析**（Feasibility Analysis）：对一个新产品或新项目的成功可能性进行分析的过程。

**可行性决策**（Feasibility Determination）：检查主要的未知领域（技术或市场）来产生一个知识体系以考虑如何解决它、战胜它或弄清约束的本质的一系列的产品开发任务。有时也叫作探测性调查。

**特性**（Feature）：解决消费者的问题或需求，为消费者提供利益。不同的功能选择可能适应不同的客户需要。例如，有背带的包是另一个使笔记本电脑易于携带的特性。

**特性蔓延**（Feature Creep）：设计者和工程师为产品增加能力、功能和特征的趋势。通常导致计划变化、开发成本和产品成本增加。

**特性路线图**（Feature Roadmap）：产品特性随时间进化。利用产品的迭代/更新换代产生不同的特性。

**现场测试**（Field Testing）：在现实情况中测试产品被如何应用。

**财务成功**（Financial Success）：新产品实现利润和满足投资目标的程度。

**救火**（Firefighting）：稀有资源的非计划转移，安排他们解决在产品开发周期的较晚时期发现的问题。

**公司级成功**（Firm-Level Success）：公司在开发和商业化新产品上的熟练程度和综合影响。可以用不同衡量方法评估这种成功。

**市场先行者**（First-to-Market）：创造新的产品种类或分类的最早的产品。

**灵活关口**（Flexible Gate）：灵活关口在关口决策中没有传统关口"继续—停止—循环"程度那样严格。它在短期上市中非常有用。在下一个阶段开始时，上一阶段的目标不一定都要完成。

**焦点小组**（Focus Groups）：有8～12个市场参与者在一个房间并在引导下

一起进行讨论的定性的市场研究技术。讨论集中在消费者问题、产品和可能的解决方法上,讨论结果不能直接映射到大众市场。

**预测**(Forecast):基于现有战略和商业计划决策的对成功或失败的预测。

**形成阶段**(Forming):用于表示团队建设的第1阶段。大部分团队成员表现得乐观、积极、得体,有些人有些焦虑,因为他们还不完全了解团队将要做什么。

**功能**(Function):①产品满足客户需要的抽象性描述;②能产生如工程等基本商业能力的内部组织描述。

**功能要素**(Functional Elements):产品的单个运行功能。功能要素经常通过图表来描述产品。

**功能管道管理**(Functional Pipeline Management):按公司的项目优先排序在所有的功能领域优化项目流。

**功能审查**(Functional Reviews):从功能角度(如机械工程或制造)对产品和开发流程进行技术评估。专家组详细审查设计以发现缺点,从以前的产品中吸取教训,做出关于设计方向发展的决策。技术群体可以从所有角度评估设计,各个领域的功能团队也可以单独进行功能审查。

**功能示意图**(Functional Schematic):由产品所有的功能要素组成的示意图,展示产品的所有功能及材料、能源和信号流是怎样流动的。

**职能型团队**(Functional Team):项目被分为多个职能模块,每个模块由相应的职能经理负责,并由职能经理或高级管理人员进行协调。

**功能测试**(Functional Testing):测试产品要素或完整产品以决定它在售后使用时是否按计划执行功能。

**模糊前端**(Fuzzy Front End,FFE):产品开发的凌乱"开始"时期,产品概念还很模糊。在正式产品开发过程开始前,包括三个任务:战略性计划、概念产生和技术预评估。这些活动比较凌乱,不能预测而且非结构化。比较起来,其后的新产品开发流程更加结构化、更可预测、更正式,有清晰的规定的一系列活动、需要回答的问题和需要做出的决策。

**模糊关口**(Fuzzy Gates):模糊关口是有条件的或适用于某些情景,而不是适用于所有决策的"执行"。它的目的是努力平衡、及时决策和风险管理。决策"通过"的条件是除了规划好的项目,未来必须成功地完成情景关口要求的项目都必须满足关键指标,部分项目还要满足其他指标。例如新问世产品需要很好的分销灵活性标准,而产品线延伸产品则不需要。

**伽马测试**(Gamma Test):用来衡量产品能在多大程度上帮助客户解决问题、满足客户需要的产品使用测试。

**伽马市场测试** （Gamma/In-Market Testing）：不能同市场测试（总体市场销售性和财务性的决策）混淆，伽马市场测试是对产品本身和现场营销计划的评价。考虑这一问题的其他方法是在某一地区，某一时间通过真实的分销渠道，使用广告促销等手段执行计划。除了对产品功能的评估，市场计划被要求在现实环境中进行。其核心要素是产品和市场计划的一致。市场测试可以更准确地预测销售，这与发现阶段早期的近似范围估计不同，也可以对发布阶段的任何因素进行诊断调整，这些因素可以是产品、沟通、包装、定位或任何发布计划因素。

**甘特图** （Gantt Chart）：在项目进度管理中应用的水平条形图，它可以显示开始的日期、结束的日期和任务的持续时间。

**差距分析** （Gap Analysis）：实际结果和期望结果的差距。在产品开发中，这种差距通常通过期望收益与现实收益的差距来衡量。

**关口** （Gate）：决策项目可以进入下一个阶段的决策点，以决定是停留在现阶段更好地完成某些任务，还是继续或者停止。不同的公司关口数不同。

**把关者** （Gatekeepers）：在门径管理（Stage-Gate®）流程中，作为建议者、决策者和投资者的经理人群体。利用已经建立的业务标准，这个多功能群体检查新产品机会和项目进展，分配资源。这个群体通常被叫作产品批准委员会或组合管理团队。

**渐进退化** （Graceful Degradation）：若产品、系统或设计每次运行时都会出现一点缺陷，就需要在失败发生之前采取更正行为加以保护。反之将发生灾难性失败。

**漂绿** （Greenwashing）：一个公司或组织花费更多的时间和金钱通过广告和营销宣传"绿色"经营，而不是在其实际业务中努力减少对环境的影响。

**毛评点** （Gross Rating Points，GRPs）：对媒体在消费者家庭曝光程度的总体度量（接受的次数频率）。

**组件** （Groupware）：帮助团队交流、工作协同和合作解决问题的软件。这一术语通常指依靠现代计算机网络（外部或内部）实现的技术。

**成长阶段** （Growth Stage）：产品生命周期的第2阶段。产品或服务在销售和市场接受程度上表现为快速的增长。达到成长阶段的产品便可以成功地"跨越鸿沟"。

**重量级团队** （Heavyweight Team）：拥有足够的资源来完成项目的强有力项目团队。成员向项目领导汇报并面向实际协同定位。

**寻找机会领域** （Hunting for Hunting Grounds）：完成新产品开发中的模糊前端的结构化方法论。

**机会领域**（Hunting Ground）：技术和市场的不连续带来的新产品开发的机会。

**最低预期收益率**（Hurdle Rate）：新产品必须满足或超过的最低投资回报率或内部收益率。

**创意**（Idea）：新产品或新服务的最开始的形式。它通常是解决由个人、团队或公司识别出来的问题的可预见方法。

**创意交换**（Idea Exchange）：在平静的、不做判断的鼓励交流的场合提供一种框架来激发不同创意的发散性思维工具。

**创意生成**［Idea Generation（Ideation）］：引导产生解决消费者问题的广泛方案的所有活动和流程。可能用在产品开发的早期阶段来产生初始产品概念，在中间阶段来解决实施上的问题，在后面的阶段来计划发布工作，在结束之后来更好地理解市场上的成功和失败。

**创意价值指标**（Idea Merit Index）：公平地对新产品创意进行评价和排名的内部度量工作。

**实施团队**（Implementation Team）：将概念和好的想法转变成现实的团队。

**隐性产品需求**（Implicit Product Requirement）：指客户并不能清晰地说明，甚至不可言传的对产品的期望或需求。

**关键调查**（Important Surveys）：一种调查反馈者对产品或服务的每一个属性的重要性反馈的特殊测试类型。

**渐进式改进**（Incremental Improvement）：为使现有产品或服务在客户心中经久不衰而进行的小的改进。

**渐进式创新**（Incremental Innovation）：对现有的交付利益进行创新改进，但不影响行为和消费。

**个体深度访谈**（Individual Depth Interviews, IDIs）：一种对反馈者进行开放的、有深度的、引导性的访问的定量化市场调研技术。这种访问可以用于更好地理解反馈者的思考过程、动机、目前的行为、偏好、意见以及期望。

**工业设计**（Industrial Design，ID）：创建、开发概念和设计来优化功能、价值、产品外形和交互系统，使用户和厂商双方受益的专业化服务。

**信息**（Information）：通过分析数据得出的知识和见解。

**信息加速**（Information Acceleration）：一种利用虚拟现实技术测试新概念的方法。在该方法中会生成一个虚拟的购买环境，用来模拟在未来的一种实际的采购情况中有时需要几年或更长时间才可获得的信息（产品、社会、政治和技术等）。

**告知直觉** （Informed Intuition）：以一种结构化的方式使用收集到的团队经验和知识的方法。

**初选** （Initial Screening）：对项目进行投资（时间或金钱）的第一次决策。项目就是在这个时间诞生的，有时叫作"创意筛选"。

**许可** （In-Licensed）：对新产品概念或技术的外部许可。

**创新** （Innovation）：一种新想法、新方法或新设计。创造新产品或流程的行为，包括将概念或创意发展成最终形式所要求的发明创造及劳动。

**创新引擎** （Innovation Engine）：创新性活动和思考新方法的人。它代表第一次将客户和市场机会综合转化成新产品概念。

**创新指导委员会** （Innovation Steering Committee）：判断新产品开发与公司的战略目标和财务目标是否一致的高级管理团队或小组，他们同时为产品组合和产品开发团队设定目标。

**创新战略** （Innovation Strategy）：公司开发新产品和技术的定位。一种分类方法是将他们分为探索者（在技术、产品开发和市场开发、商业化方面领先的公司，尽管单个产品可能不盈利）、分析者（快速跟随者或模仿者、跟随探索者。他们的产品模仿探索者推向市场的新产品）、防御者（公司会采用各种可能的手段，维护其市场地位，而不仅仅通过开发新产品）和反应者（没有相应的创新战略）。

**基于创新的文化** （Innovation-Based Culture）：一个公司中的高级管理团队和雇员努力工作，以加强系统化的实践，并不断地将有价值的新产品带给客户，这种企业文化即基于创新的文化。

**创造性问题解决** （Innovative Problem Solving）：混合复杂问题的定义形式及行动计划以产生独特的非预期的解决方案的方法。

**集成结构** （Integrated Architecture）：在产品结构中所有的功能要素都融在一个结构块中的产品。要将它按照功能分开很难。

**集成产品开发** （Integrated Product Development，IPD）：有效率、有效果地开发新产品以满足客户需要的产品开发体系。

**知识产权** （Intellectual Property，IP）：为组织带来可开发的竞争优势的信息，包括所拥有的知识、技术能力和设计信息等。

**内部收益率** （Internal Rate of Return，IRR）：投资的未来现金流的折现价值等同于投资成本的折现率。净折现率为0。

**内部创业者** （Intrapreneur）：类似公司内部的企业家，在大公司内部开发新的公司。

**引入阶段** （Introduction Stage）：产品上市和产品生命周期的第1个阶段。

这个阶段通常是市场进入、用户试用和产品采用的阶段。

**ISO-9000**（**ISO-9000**）：国际标准组织建立的考察公司质量体系的 5 个审计标准，用它来认定一个公司是否遵从这套标准。此外，ISO-9001 特别针对新产品进行考核。

**问题**（**Issue**）：确定会影响（可以是正面影响，也可以是负面影响）项目输出的事件。它需要调查潜在的影响并决定如何对付它们。开放问题是指还没有被合理解决的问题，而关闭问题是指已经被成功解决的问题。

**《产品创新管理期刊》**（***Journal of Product Innovation Management***）：是新产品开发管理技术领域的核心学术杂志。由 PDMA 拥有，致力于产品研发过程管理实践的改进。它的目标是为管理者和产品开发者提供理论结构和实践技术，从而使他们能够高效地进行管理实践。

**改善**（**Kaizen**）：用来描述持续的、渐进的改善过程的一个日本术语。

**发布**（**Launch**）：新产品引入市场进行初始销售的过程。

**领先用户**（**Lead Users**）：为他们自己的消费需求发现解决方案的用户。这些方案非常重要，以至于他们修改了现有产品或发明了新产品来满足自己的需求，因为他们还没有发现有供应商能够满足这些需求。当这些消费者的需求成为未来市场需求的征兆时，他们的解决方案可以带来新的产品机会。

**精益产品开发**（**Lean Product Development，LPD**）：以精益方式来应对产品开发中的挑战。精益产品开发建立在丰田首创的精益方法（丰田生产体系 TPS）的基础之上。

**学习型组织**（**Learning Organization**）：在内部不断测试并更新经验的组织。组织将这些经验用于改进工作流程和知识体系，工作流程和知识体系与组织的核心目标相关，并能为整个组织所采用。

**生命周期评估**（**Life Cycle Assessment**）：分析环境影响（如二氧化碳足迹、水足迹等）的一种科学方法。

**生命周期成本**（**Life-Cycle Cost**）：在产品的生命周期中获取、拥有和运行产品的总成本。相关成本包括：消费价格、培训支出、维护支出、担保成本、支持、报废以及由于维修、停工而带来的损益等。

**轻量级团队**（**Lightweight Team**）：负责成功的新产品概念的开发并推向市场的新产品开发团队。在大多数情况下，没有专门的资源，团队依靠技术职能部门的资源完成工作。

**产品线延伸**（**Line Extension**）：不明显改变产品功能，而只是增加或修改产品特征而派生产品的一种形式。

**长期成功**（Long-term Success）：在产品生命周期的大部分时间或长期取得成功的新产品绩效。

**"M"曲线**（"M" Curve）：在给定时间内说明创意产生的内容。这种图示说明很像字母 M 的两个拱形。

**维护活动**（Maintenance Activity）：旨在解决新产品或服务的初始市场问题和用户问题的一系列产品开发任务的集合。

**可制造性**（Manufacturability）：新产品以最小成本和最大可靠性能够被顺利生产和有效地生产的程度。

**生产装配程序**（Manufacturing Assembly Procedure）：由生产部门人员制定的用来描述怎样将组件、部件或系统放在一起以形成最终产品的程序性说明文件。

**制造设计**（Manufacturing Design）：确定新产品制造流程的过程。

**制造测试规格与程序**（Manufacturing Test Specification and Procedure）：由开发和制造人员制定的用来描述在制造流程中组件、部件或系统需要满足的性能规格及描述与评估规格的过程的说明文件。

**市场条件**（Market Conditions）：新产品将进入的市场的特征，包括竞争产品、竞争程度和增长率。

**市场开发**（Market Development）：将已有产品介绍给新消费者或用户。这可能需要进行一些产品修改的工作。

**市场研究**（Market Research）：关于公司客户、竞争者或市场的信息。可能是第二手资料（可获得的和已公布的）或第一手资料（来自客户自身）。市场调研可能是定量的也可能是定性的。

**市场细分**（Market Segmentation）：市场细分是将较大的不同种类的市场划分为较小的同类市场。划分方法有很多：人口的（男性对女性，青年对老年，富有对贫穷）、行为的（电话购买对网上购买再对零售，信用卡支付对现金支付）、态度的（相信商店品牌和国有品牌一样对不相信它们一样）。有很多识别细分市场的分析工具，例如群聚分析、因素分析或歧视分析。最简单最普通的想法是提出潜在细分市场定义然后测试是否具有统计区别。

**市场份额**（Market Share）：在当地的全部市场销售额中该公司销售额所占的百分比。

**市场测试**（Market Testing）：新产品及其上市计划同时被测试的产品开发阶段。市场测试模拟可能的市场混合，并有多种不同的形式，它们中的一种被命名为测试市场。

**市场驱动**（Market-Driven）：由市场引导的公司产品创新工作。

营销组合（Marketing Mix）：包括各种基本的产品营销工具。营销组合通常指4P，即产品（Product）、定价（Price）、促销（Promotion）、地点（Place）。

营销战略（Marketing Strategy）：将组织中有限的资源集中于最佳机会的一种过程或模型，以有助于组织增加销售额，获得独特的竞争优势。

成熟阶段（Maturity Stage）：产品生命周期的第3个阶段。由于市场饱和，这个阶段的销量开始下滑。这时竞争激烈，可替代产品的选择及消费者的偏好改变可能使公司很难再盈利。

度量（Metrics）：一套全程跟踪产品开发并使企业能够测量流程改进的影响的测量方法。这些测量值通常因企业而异，但是可能包括刻画流程的多个方面的测量值，如面市时间、特定流程阶段的持续时间，以及产品开发的成果（如每年产品商品化的数量和新产品的销售额百分比等）。

思维导图（Mindmapping）：在各种信息或创意之间建立思维连接的图形化技术。首先，将一个关键字或短语写在一页纸的中间。然后从这一中心点出发，将其与不同方向的新创意连接，从而建立起网络式思维关系。

使命（Mission）：有关组织的信仰（Creed）、哲学（Philosophy）、目的、商业准则和公司信念的陈述、使得组织的精力和资源得以集中。

模块化结构（Modular Architecture）：每个功能因素都有自己物理结构块的产品结构。不同的结构块有不同的功能，功能块之间的相互作用很小并且通常被定义得很好。

监督频率（Monitoring Frequency）：绩效指标的测评频率。

形态学分析法（Morphological Analysis）：根据满足不同需求和技术组件来分解产品的矩阵工具，通常用于目标分析和思维创造。

多维尺度（Multidimensional Scaling，MDS）：在一个数据集（如产品或市场）中，数个个案的相似性被可视化的方法。

多职能团队（Multifunctional Team）：为完成统一目标或流程而由来自不同业务职能领域的个体组成的团队。这个过程需要成功地整合跨区域知识、培训和能力才能完成目标。

多变量分析（Multivariate Analysis）：探讨一个结果变量（也称作因变量）与一个或多个预测变量（也称作自变量）之间的关联。

需要说明（Needs Statement）：对客户需要和想要的概括，用客户的术语描述，要用某种新产品来实现。

净现值（Net Present Value，NPV）：按照公司的折现率或资本成本，将未来现金流入和现金流出换算成当前资金以评估不同项目的可比投资的方法。

**网络图**（Network Diagram）：显示开发活动顺序和每个任务间的相关性的图表，其经常和甘特图一起使用。

**新概念开发模型**（New Concept Development Model）：一种理论结构，该理论结构提供了一种通用的用于模糊前端的语句和词汇。该模型包括三部分：不可控的影响因素、驱动模糊前端中的活动的可控引擎和 5 种活动因素（机会识别、机会分析、创意生成和完善、创意选择和概念定义）。

**新产品**（New Product）：许多观念和实践的一个术语，但是经常被定义为开发新产品（或者货物或者服务），不只包括在促销阶段推出的产品。

**新产品开发流程**（New Product Development Process）：公司为将初始的想法转化成可销售的产品或服务所采取的一系列工作和步骤。

**新产品开发专业人员**（New Product Development Professional，NPDP）：PDMA 认证的新产品开发专业人员是掌握了新产品开发知识体系、通过认证测试的专业人员。为了通过新产品开发认证考试，候选人必须拥有正规院校学士学位或更高的学历，并且拥有相关新产品开发领域至少 2 年的从业经验。

**新产品开发**（New Product Development，NPD）：新产品的战略、组织、概念生成、产品制造和营销计划的制订和评估以及商品化的全过程。通常也被简称为"产品开发"。

**新产品创意**（New Product Idea）：形成新产品或新服务的主要计划或主要活动目的。

**新产品引入**（New Product Introduction，NPI）：新产品进入市场的启动和商业化。发生在新产品成功开发项目的末期。

**世界级新品**（New-to-the-World Product）：消费者或生产者从来没有见过的商品或服务。摩托车、微波炉、宠物棒在引入时都是世界级新品。

**名义小组过程**（Nominal Group Process）：是一个头脑风暴的讨论过程，小组成员先分别将自己的意见写出来，然后针对每条意见进行小组讨论，投票排序。

**非破坏性测试**（Non-Destructive Test）：保持产品物理状态和运行状态的整体性的产品测试。

**非产品优势**（Non-Product Advantage）：除了产品本身外产生竞争优势的市场因素。这些因素包括市场沟通、分销、公司名誉、技术支持和附加服务。

**规范阶段**（Norming）：用于描述团队建设的第 3 个阶段。团队成员开始解决彼此之间的分歧、欣赏彼此的优点、尊重领导者的权威。在此阶段，团队成员开始协同工作，开始相互信任。

**开放式创新**（Open Innovation）：通过有目的的知识流入和流出加速内部创

新,并利用外部创新扩展市场的一种创新范式。

**运营**(Operations):不仅包括制造过程,还包括采购、实体分销、办公室管理和其他服务类工作。

**运营战略**(Operational Strategy):是一种定义如何用最小的成本保证计划进度、提高质量的新产品开发方法的活动的战略。新产品开发的目的是在最理想的市场机会中获得最大化投资回报并赋予产品最高的价值。

**操作手册**(Operator's Manual):使用者使用产品或流程的文字性说明。对象可以为最终消费者或运营者。

**机会**(Opportunity):公司或个人通过设计或事件识别的,存在于现有情况或未来的商业或技术差距。其目的在于捕捉竞争优势、应对威胁、解决问题或改善困难。

**组织身份**(Organizational Identity):对组织的立场和存在的意义的清晰定义和理解,是组织实现长期成功的基础。

**外包**(Outsourcing):从外部采购产品或服务,而不是公司自己生产的过程。

**杰出公司创新者奖**(Outstanding Corporate Innovator Award):PDMA一年一度通过专业认证颁发给杰出创新公司的奖项。每年 PDMA 都会给出获得这一奖项的基本要求,包括:① 在 5 年内持续发布新产品;② 新产品的成功给公司带来了显著的增长效益;③ 明确地定义了新产品开发的流程;④ 独特的创新特点和无形资产。

**帕累托图**(Pareto Chart):用来表示改进机会的柱形图,其中的柱形按照降序排列。帕累托图把"重要的少数"从"有用的大多数"中区分出来。

**参与式设计**(Participatory Design):将用户不仅仅视为用户测试中的潜在对象,更是把他们看作是设计和决策过程的一部分的民主方法。

**回报**(Payback):产品或服务商业化以后所获收益与开发和市场成本相抵消的时间,通常以年计算。有些公司将产品全面上市的时间作为起点,而有些公司从投入开发成本开始计算时间。

**获利性**(Payout):在预期新产品商业化时间内的盈利额。

**感知图**(Perceptual Mapping):分析消费者对当前产品和未来产品的看法的量化市场调研工具。感知图是产品在消费者心中的位置的可视化代表。

**绩效指标**(Performance Indicators):新产品上市成果的评价指标。

**绩效测量系统**(Performance Measurement System):可以使公司在适当时间段内监视新产品相关绩效指标的系统。

**绩效度量**(Performance Metrics):一套跟踪产品开发的测量指标,允许公司在时间维度上衡量流程改进的影响。这些方法因公司而异，通常包含针对流程进行的全面测评，如投放时间、具体阶段的延续时间、每年新产品商业化的数量和新产品的销售比例这类新产品开发的产出。

**绩效／满意度调查**（Performance/Satisfaction Surveys）：是一种市场调研工具。反馈者被要求评价某一具体产品或服务在某一属性方面是否满足了他们的要求。通常要求反馈者评价多个产品或服务以进行横向比较。这些信息成为下一代产品修改的重要意见。

**成熟阶段**（Performing）：团队建设的第 4 个阶段。团队在成熟阶段通过无摩擦的协作和努力来实现团队目标，团队合作通畅。由领导者建立起的团队结构和流程运行良好。

**PESTLE 分析法**（PESTLE）：基于政策（Political）、经济（Economic）、社会（Social）、技术（Technological）、法律（Legal）和环境（Environmental）因素的一种结构化分析工具。它是极为有效的战略框架，是对趋势的更精准解读，是分析直接影响组织未来，如人口统计、政治因素、颠覆性技术、竞争压力等因素的关键。

**阶段审核流程**（Phase Review Process）：一种阶段性的产品开发流程。一个职能团队先完成一系列任务，从而将所产生的信息传递给下一个职能团队，下一个职能团队完成一系列任务并将信息传递给下一个职能团队。这种类型的产品开发流程并不适合多职能团队合作。所以大多数公司正在从这种流程转向应用跨职能团队的门径管理（Stage-Gate®）流程。

**实物要素**（Physical Elements）：构成产品的要素。它可以是组件（或独立的部分）或较小的部件。

**试点关口会议**（Pilot Gate Meeting）：通常在门径管理流程发布时举行的非正式会议，测试流程的设计并让参与者熟悉流程。

**管道协同**（Pipeline Alignment）：项目需求与资源供给的平衡。

**管道库存**（Pipeline Inventory）：一种还没有到达最终消费者手中，但已经存在于分销链中的产品。

**管道负荷**（Pipeline Loading）：在一个组织内部处于开发的不同阶段的新产品的数量和时间安排。

**管道管理**（Pipeline Management）：将产品战略、项目管理和职能管理整合起来，以持续优化所有开发相关活动的跨项目管理。

**管道管理使能工具**（Pipeline Management Enabling Tools）：推动管道管理的辅助决策和数据处理工具。在考虑权重的情况下帮助管道团队系统地进行权衡决策。数据处理工具还被用来分析项目权重、明确资源和技能集负载以及处理管道分析所需要的大量数据。

**管道管理流程**（Pipeline Management Process）：包括三个因素：管道管理团队，结构化的方法论和使能工具。

**管道管理团队**（Pipeline Management Teams）：负责解决战略层、项目层和职能层管道问题的团队。

**管道**［Pipeline（Product Pipeline）］：将开发产品送向市场的预定途径。

**平台型产品**（Platform Product）：一系列同族产品的设计和组成。在这个平台可以设计出许多派生产品。

**平台型项目**（Platform Projects）：开发出一系列子系统及其接口，由此建立一个通用架构，继而高效地开发和制造出其他衍生产品.

**平台路线图**（Platform Roadmap）：组织开发的产品的现状和计划演化的示意图，用来表示不同代产品间的结构和特征的关系。

**波特五力模型**（Porter's Five Forces）：迈克尔·波特提出的分析框架。它通过分析竞争对手、供应商、客户、进入壁垒和替代威胁五个方面来评估一个公司。

**组合**（Portfolio）：通常指公司正在投资并进行战略规划的一系列项目或产品。

**组合指标**（Portfolio Criteria）：用来评估现有的或计划中的产品开发项目以实现资源平衡的一系列关键指标。

**一级市场研究**（Primary Market Research）：专门针对现有目标进行数据收集的初始研究。

**流程倡导者**（Process Champion）：流程倡导者负责日常促进和推动正式流程在整个组织中执行。他们需要对正在进行的培训、创新输入和流程的持续改进负责。

**流程经理**（Process Managers）：负责确保创意流和项目有序、及时地通过流程的运营经理。

**流程图**（Process Map）：用横轴代表流程时间，纵轴代表参加人和任务的工作流程图。

**流程映射**（Process Mapping）：识别和定义完成任一具体流程相关的所有步骤、参加者、输入、输出和决策的活动。

**流程成熟度**（Process Maturity Level）：通过比较现有流程和未来流程以进行流程再造的评价。

**流程负责人**（Process Owner）：负责新产品开发流程战略性结果的执行经理。其工作包括管理流程生产能力、输出质量和组织内的参与程度。

**流程再造**（Process Re-engineering）：通过记录、分析、比较现有流程和"最佳"流程，实施重大流程改进或开发新流程以衡量并提高组织效率的方法。

**产品**（Product）：用来形容所有商品、服务和所售知识的术语。产品是一系列属性（特征、功能、优势和用处）的组合，它们可以是有形的，有物理形态的，也可以是无形的，和服务利益有关的，也可以是两者的结合。

**产品和流程绩效成功**（Product and Process Performance Success）：新产品满足其技术绩效和产品开发流程绩效关键指标的程度。

**产品审批委员会**（Product Approval Committee，PAC）：在门径管理流程中充当建议者、决策者和投资者的经理团队，也叫新产品开发执行团队。这个跨职能团队利用建立的业务关键指标审查新产品机会和项目进展，并按照阶段分配资源。

**产品架构**（Product Architecture）：将功能要素分配到产品的物理模块，这些物理模块相互作用，执行产品的所有功能。

**产品待办列表**（Product Backlog）：作为敏捷产品开发的基础，产品待办列表是系统所需的一系列事项要求清单，并按优先次序排序。这些事项包括功能和非功能性的客户需要，也包括技术团队产生的需求。

**产品设计规格**（Product Design Specifications）：包括产品设计所有必要的尺寸、环境因素、人机工程学因素、审美因素、成本、维护、质量、安全性、文档描述，还包括如何执行产品（项目）设计的具体样例，以协助他人的工作。

**产品开发**（Product Development）：新产品的战略、组织、概念产生、产品计划及市场计划的制订和评估以及商业化的总体流程。

**产品开发与管理协会**（Product Development & Management Association，PDMA）：寻找、开发、组织和发布产品开发和流程领域前沿的理论与实践知识的非营利性组织。在实现其目标的过程中，PDMA 召开地方的、国家级的和国际性的会议，组织教育研讨会，建立教育体系，承办季刊杂志《展望》（*Visions*）和双月刊学术期刊《产品创新管理期刊》（*Journal of Product Innovation Management*），审查提议和论文提议，完成《PDMA 新产品开发手册》（第 1 版和第 2 版）和《PDMA 新产品开发工具手册 1》《PDMA 新产品开发工具手册 2》的编写。PDMA 还从事新产品开发专业人士的认证工作。网站：www.pdma.org。

**产品开发核对单**（Product Development Check List）：在商业化之前，预先列出的确保完成产品开发任务所需活动和准则的表单。

**产品开发引擎**（Product Development Engine）：为了及时地推出有竞争力的产品，确定如何综合公司的能力、准则、流程、实践、工具、方法和技能以生产高价值产品的系统。

**产品开发组合**（Product Development Portfolio）：考虑公司开发能力，对客户最具有吸引力并能通过分散风险和使投资多样化而实现公司短期和长期目标的新产品概念和项目。

**产品开发流程**（Product Development Process）：公司重复采用的一系列固定的将初始概念转化成可销售产品或服务的工作、步骤和阶段。

**产品开发战略**（Product Development Strategy）：指导产品创新活动的战略。

**产品开发团队**（Product Development Team）：由多个人组成的跨职能团队，负责计划和执行一个新的产品开发项目。

**产品废止**（Product Discontinuation）：一个产品或服务由于不能再提供经济的、战略性的或竞争性的优势，从市场撤回或退出。

**产品废止期限**（Product Discontinuation Timeline）：一个产品被谨慎地从市场上撤回的过程和时间安排。组织可能在决定做出后立即废止产品，也可能需要一年或更久时间履行这个废止决定，这取决于市场和产品的性质和状况。

**产品失败**（Product Failure）：一个产品开发项目没有满足组织或市场的目标。

**产品系列**（Product Family）：从一个公共的产品平台衍生出的一系列产品。产品族的成员一般都有很多共同的部分和部件。

**产品创新章程**（Product Innovation Charter，PIC）：一个至关重要的具有战略性的文件，产品创新章程是组织力图使一个产品商业化的核心，它包含项目的起因、目标、领导方针和项目界限。即明确产品开发项目中的"谁、什么、地点、时间及为什么"。在发布阶段中，产品创新章程包含市场偏好、客户需要、规模和潜在收益等方面的假设。随着项目的进行，需要在原型开发和上市测试中对这些假设进行检验，而且业务需求和市场条件也会随着项目的进行而发生改变，开发团队必须保证项目的开发趋势，必须经常参考 PIC 图以确保项目的有效性及正确的发展方向，并且确保识别的机遇在发布阶段依然存在。

**产品界面**（Product Interfaces）：影响产品开发的内部与外部界面，它包括界面的性质、需求行为和时间。

**产品生命周期**（Product Life Cycle）：人们认为一个新产品从产生到消失有 4 个阶段：引入阶段、成长阶段、成熟阶段和衰退阶段。但围绕产品经历这个循环的方式是否可预测存在着争议。

**产品生命周期管理**（Product Life Cycle Management）：随着时间改变产品的特征和利润，市场混合的要素和制造过程，以从产品生命周期中最大化地获取利润。

产品线（Product Line）：组织投放到大众市场中的一组产品。这些产品有许多共同的特征、客户及应用，而且还可能共享技术、销售渠道、价格、服务和市场组合的其他要素。

产品管理（Product Management）：通过不断地监视和检验混合市场的基本要素（其中包括产品及自身的特征、沟通战略、销售渠道和价格），在时间上确保产品或服务很好地满足客户的需要。

产品经理（Product Manager）：总体监督某一产品的各种开发活动的责任人。有时在消费商品行业被称为品牌经理。

产品负责人（Product Owner）：在划分产品待办列表的优先级和罗列需求时，代表客户利益并具有最终决定权的唯一个体，通常受聘于敏捷产品的开发团队。

产品管道（Product Pipeline）：即将投放市场的预备产品。

产品计划（Product Plan）：在产品开发时，对诸如产品描述、进度、资源、财务预算和界面管理计划等领域关键开发因素的具体总结。

产品平台（Product Platforms）：一组产品所共有的基础结构或在若干年内将成为一系列商业化产品的基础结构。

产品组合（Product Portfolio）：公司的一系列已上市的产品和产品线。

产品定位（Product Positioning）：探究一个产品如何被推销给客户的关键。这个产品定位是指一系列的商业化产品的基础结构。

产品复兴（Product Rejuvenation）：为了延长产品的生命周期，扩大规模需求，对成熟或处于衰退期的产品进行改进、更新、再包装或再设计的过程。

产品需求文件（Product Requirements Document）：基本包括营销和开发的合同，可以完全地、清楚地描述要开发产品的必要属性（功能性能），并包含验证这些属性如何实现（如通过测试）的信息。

产品优势（Product Superiority）：公司产品相对于公司竞争对手产品的优势，可以通过为客户提供更大的利益和价值来获得。这是在新产品商业化中的关键成功要素之一。

计划评审技术（Program Evaluation and Review Technique，PERT）：一种以事件为导向的网络分析技术，用于对单个行为的工期具有高度不确定性的项目进行整体工期估算。

项目集经理（Program Manager）：负责执行新产品开发项目组合的组织领导者。

项目决策与审核（Project Decision Making and Reviews）：针对项目的可行性依次做出一系列通过/淘汰决策，以确保产品满足公司的市场目标和财务目标。

例如，在开发流程中各阶段的末尾，针对项目可行性进行系统审查。这些阶段性的审查可以确保项目与原始计划基本保持一致。

**项目领导者**（Project Leader）：管理单个新产品开发项目的人。他或她负责保证新产品开发项目实现突破和可交付成果并有效地利用资源。

**项目管理**（Project Management）：确定项目目标、计划所有为实现目标而进行的工作、领导项目和支持团队、监督进度、确保项目圆满完成的人、工具、技术和流程。

**项目管道管理**（Project Pipeline Management）：为项目在盈利、亏损和中间的适应过程平稳地开发和储备良好的资源。

**项目计划**（Project Plan）：指导项目实施和控制的正式批准文件。文件详细说明了对计划的假设和决策，促进股东间的沟通，而且还包括了范围、成本和时间期限。

**项目组合**（Project Portfolio）：在开发流程中的一系列项目。它们会随着创新程度的不同而不同。

**项目资源估算**（Project Resource Estimation）：这项工作为项目成本核算做出了巨大的贡献。按照业务计划成功地进行产品交付的一个关键要素是将功能性要求转变成现实的成本估计。

**项目发起人**（Project Sponsor）：项目的授权者和资金的提供者。他是项目目标的制定者也是项目结果的评价者。通常为高级经理。

**项目战略**（Project Strategy）：某一产品开发项目的目标。它包括了这个项目如何融入公司的产品组合、产品的目标市场，以及将为客户解决什么样的问题。

**项目团队**（Project Team）：由个人组成的计划和执行一个新产品开发项目的多职能小组。

**探索者**（Prospectors）：在技术、产品和市场开发以及商业化方面领先的企业，即使个别产品不产生利润。他们的总体目标是通过某种创新达到市场领先。

**产消合一者**（Prosumer）：产消合一者是能够发挥消费者和专业产品开发人员双重作用的独立个体，既是生产者，也是消费者。

**协议**（Protocol）：对新产品应该具有的属性（主要是收益，也可以包括特征）的陈述。在将项目分配给技术开发团队之前必须准备好协议，收益的陈述要得到项目涉及的各方的一致认同。

**产品原型**（Prototype）：新产品概念的物理模型。根据目的的不同，产品原型可分为非实用型、功能实用型和实用美观型。

**消费心理学**（Psychographics）：消费者特征，它不仅仅指人口统计学方面的特征，还包括消费者的态度、兴趣、意见和生活方式。

**拉动**（Pull-Through）：新产品或服务对其他已存在的产品或服务产生的积极影响所创造的收入。

**定性聚类分析**（Qualitative Cluster Analysis）：基于个体或群体采用直觉来组群和连接数据点的过程。

**定性市场调研**（Qualitative Marketing Research）：对数量很小的一部分个人或者集体进行研究，得到他们的看法、意向、认识和观点。这种方法被更多地用于收集用户内在的需求并获得对于观点和概念的内在反应。这些结果不代表整个市场。定性市场调研用来表明为什么用户要购买某种产品，而定量市场调研揭示了多少用户购买这种产品。

**质量**（Quality）：这是产品特征的集合，当融入一个产品的时候，它代表了这个产品已经被认可或者经超出了用户的期望。

**质量保证/合规**（Quality Assurance/Compliance）：负责监督和评估开发制度和实践，来确保它们满足公司标准和适用规范的职能。

**质量控制规格与程序**（Quality Control Specification and Procedure）：一个描述程序和规格的文件。在准备装运之前，要检查部件或系统是否符合程序和规格的要求。

**质量功能展开**（Quality Function Deployment，QFD）：一种运用矩阵分析法的结构化方法，用来连接从市场需求到怎样实现的步骤。当一个多样化的团队决定了怎样将客户的需求同连接这些需求的规格和程序建立关系时，这种方法就能发挥它的作用了。因为明确地将产品设计的方方面面建立了连接，所以，这种方法降低了在特性设计过程中删除重要设计特征或者联系的可能性。对于提升多样化的团队合作而言，这种方法也是一个强有力的工具。

**质量源于设计**（Quality-by-Design）：这是一个从产品开发过程的伊始就设定产品、服务或者流程质量的过程。

**定量市场调研**（Quantitative Market Research）：一种用户调研方法，它最常使用的形式是问卷调查，由大量的用户样本产生对产品可信的结果，这些结果可以分析项目的产出对广大用户的影响程度。定量市场调研用来判定一些重要的水平等级，包括不同用户的需求、现有产品性能等级和满意程度、试验品的错误率、二次购买率和产品的喜好程度等。这项技术可以减少产品开发流程中的诸多不确定因素。

**突破式创新**（Radical Innovation）：一种包含新技术，并能够改变市场行为和消费方式的产品创新。

**随机抽样**（Random Sample）：统计人口的一个子集，其中每个成员被抽取中的概率相等。

**快速原型法**（Rapid Prototyping）：这是一种多样化的过程，它可以在不在工具运用上耗费时间的情况下创造原型或者部分原型，而且可以在几小时或者几天（而不是几个星期）的时间里创造出原型（一般是非功能性的）。这种方法可以快速地检验出产品的技术灵活性或消费者的兴趣方向，因此被广泛使用。

**反应者**（Reactors）：没有任何相关创新战略的公司。它们只有面临竞争的压力的时候，才被迫开发新的产品。

**实现差距**（Realization Gap）：一个需求第一次被提出来，到发布一个产品来满足这个需求的过程所花费的时间。

**渲染**（Render）：设计者用各种颜色的彩笔、铅笔、荧光笔或者各种计算机软件把自己的想法表现在纸张上的过程。

**重新定位**（Reposition）：为了弥补最初定位的失误或者应对市场变化，改变产品在客户心目中的地位。改变市场结构比开发产品能够获得更多的收益。

**资源矩阵**（Resource Matrix）：用于显示每个非管理类员工耗费在公司的投资组合中的每个现行项目时间的百分比阵列。

**资源计划**（Resource Plan）：完成产品开发项目所需要各种形式资源的详细总结，包括人力、设备、时间和资金。

**责任矩阵**（Responsibility Matrix）：这个矩阵表明了各个职能部门或者个人在每个阶段的每项任务或活动中的具体参与程度。

**投资回报率**（Return on Investment，ROI）：一项衡量项目收益的标准，它是项目在整个生命周期中的收益折现与初始投资的百分比。

**刚性关口**（Rigid Gate）：这是门径管理流程的一种评审点，在着手进行下一阶段的工作前必须完成当前阶段的所有工作和交付。

**风险**（Risk）：一个可能发生也可能不发生的事件或者条件，但如果它真的发生的话，会影响到项目的实现。在新产品的开发过程中，风险可能是市场、技术或者组织上的问题。

**风险接受**（Risk Acceptance）：项目团队决定不更改项目计划的不确定的原因或者条件。当一个团队对于一个风险无能为力的时候，他们将不得不接受一个认可的风险方案。

**风险规避**（Risk Avoidance）：改变项目计划以消除风险或保护项目不受风险的影响。

**风险管理**（Risk Management）：在一个产品开发的项目中，识别、分析、减少商业风险的过程。

**风险减轻**（Risk Mitigation）：为了将风险的影响和（或）可能性降低到一个可接受的程度之下所采取的行动。

**风险容限**（Risk Tolerance）：项目投资人愿意接受的风险的级别。容忍的级别正像上文明确指出的那样，投资人会根据不同的风险种类来调整自己的忍受级别。例如，项目延迟的风险，价格风险和技术的潜在风险。

**风险转移**（Risk Transference）：将一个风险的影响和它作用的范围转移到另外一方。

**路线图制定**（Roadmapping）：这是一种图形化、多步骤的过程。它可以用来预测未来市场和（或）技术的发展，这样可以预先做出计划使产品适应这些变化。

**稳健性设计**（Robust Design）：产品的设计降低了对变化（包括生产变化和错误操作）的敏感性，提高了按照希望的意图执行的可能性。

**常规式创新**（Routine Innovation）：以组织现有的技术能力为基础，与现有的商业模式相匹配的创新，专注于功能改进和新版本或新模型的开发。

**橄榄型流程**（"Rugby" Process）：这是一种产品开发的流程。在这个流程中，各个阶段是彼此相互重叠的，而不是中间有明显的界线，不是一个阶段接着一个阶段。

**销售预测**（Sales Forecasting）：对新产品销售潜力进行预测的技术，如 A-T-A-R（知晓—试用—可获得性—重复）模型。

**销售波研究**（Sales Wave Research）：为曾经免费获得过某产品的客户群，提供该产品与另一种价格略低的竞争对手产品，记录下继续选择该产品的客户数量及其满意水平。这一过程最多可重复 5 次。

**SCAMPER 方法**（SCAMPER）：一种创意生成工具，采用一系列行动来激发创意。S（Substitute）指替代，C（Combine）指合并，A（Adapt）指改造，M（Modify）指调整，P（Put to another use）指改变用途，E（Eliminate）指去除，R（Reverse）指逆向操作。

**扫描试销市场**（Scanner Test Markets）：帮助评估产品绩效并提供零售销售点消费者数据的特殊市场测试。首先广泛应用于超市行业。

**情景分析**（Scenario Analysis）：帮助预想未来情景并确保制定可以适应未来机会和挑战的战略工具。

**筛选**（Screening）：评估新创意或概念并将其应用到产品组合中的过程。现在大多数公司都在应用一种正式的筛选流程，它具有客户、战略、市场、收益率和可行性等领域的评价指标。

**Scrum 方法（Scrum）**：是敏捷产品开发中的一个术语，是最流行的实施框架。通过该方法，软件生成得以按规律的步调进行，并由一系列固定长度的迭代过程开发出产品。

**敏捷团队（Scrum Team）**：常用于敏捷产品开发中。通常由 5~9 名成员组成，具备实现冲刺目标所需的混合职能，或团队成员横跨多个学科（跨职能团队）。

**敏捷教练（Scrum-master）**：指团队引导者，常用于敏捷产品开发中。其工作是协助团队工作、为产品主管提供支持，而非直接管理团队。

**S 曲线（技术 S 曲线）[S-Curve（Technology S-Curve）]**：技术性能改进会随着时间发展而呈现出"S"形曲线。在新产品首次被发明出来时，技术性能改进曲线会缓慢而渐进地增长。然后随着新产品使用经验的积累，性能和技术性能都会呈现跨越式的增长。最后，新产品技术的实施开始受到限制并增长缓慢。在某一点，技术受到了限制，性能增长开始放缓。通常情况下，这种技术将被一种替代技术所取代。这种替代技术又处在它自己的 S 曲线的开始，并在其快速成长期即 S 曲线的中间（垂直）部分迅速取代了原来的技术。

**次级市场研究（Secondary Market Research）**：基于最初由他人收集而来的数据进行的研究。

**市场细分（Segmentation）**：将一个庞杂的市场划分成许多同种类的子市场的过程。每一个子市场或细分市场对产品、价值、消费和产品使用都有着相似的观点和方法。

**高级管理层（Senior Management）**：具有表决权或控制项目开发的重要资源，并高于产品开发团队的执行或运行管理层次。

**敏感性分析（Sensitivity Analysis）**：某一不确定因素可能对新产品业务的影响的估计。通过设置假设的上限和下限进行管理，并计算期望结果。

**服务（Services）**：如飞机航班或保险政策等无形的产品。如果是无形的，他们是直接通过生产者和使用者交换的，不能运输或储藏。服务交付通常需要消费者的重要参与，不能以所有者转移的形式来销售服务而且服务也没有所有权。

**短期成功（Short-Term Success）**：新产品上市后短时间内，特别是 1 年内的销售绩效。

**理想图（Should-Be Map）**：描述流程未来工作情况的流程图说明。它是修订后的现状流程图，是团队流程再造工作的成果。

**模拟营销测试（Simulated Test Market）**：一种量化市场调研和营销预测的形式。它们将处于某一阶段的新产品展示给消费者。测试的结果是对销售额或市场份额的早期预测，这种预测建立在数学预测模型、管理假设和模拟中的具体指标基础上。

**六西格玛**（Six Sigma）：每一百万个操作平均只产生 3.4 个错误的流程运营水平。

**六顶思考帽**（Six Thinking Hats）：由爱德华·德·博诺开发的思维工具，鼓励团队成员将思维模式分成六种明确的职能和角色。每种角色对应一个颜色的"思考帽"。

**延期率**（Slip Rate）：计算项目进度执行准确率。公式为延期率=[（实际进度/计划进度）-1]×100%。

**社交媒体**（Social Media）：基于计算机的媒介工具，允许人们、公司和其他组织在虚拟社区和网络中创建、共享或交换信息、想法、图片和视频。

**规格**（Specification）：对产品特征和性能的具体描述。例如，一种笔记本电脑的规格可能包括 90 兆赫的奔腾处理器，16 兆的 RAM 存储和 720 兆的硬盘空间，电池可使用 3.5 小时，重 4.5 磅，256 色的显示器等。

**上市速度**（Speed to Market）：从开发早期阶段最初创意生成到新产品最初上市销售的时间长度。确切的开始和结束点会因公司的不同而不同，同一公司的不同项目间也可能不同。

**发起人**（Sponsor）：新产品开发项目中的非正式角色。他通常在公司中具有较高的级别，并不直接参与项目，但是在需要的时候会伸出援助之手并力排众议。

**冲刺**（Sprint）：是敏捷产品开发中的一个术语，是指完成特定任务使开发阶段得以进入审查环节的一段时期，一般为 2~4 周。

**阶段**（Stage）：作为整个产品开发流程的一部分，具有指定结果和可交付成果的一组同时完成的任务。

**阶段式产品开发活动**（Staged Product Development Activity）：当人们没有很多未知因素时，开始执行阶段产品开发的活动。

**门径管理流程**（Stage-Gate® Process）：一种按时间顺序划分成具有管理决策关口的不同阶段的产品开发流程。在得到进入下一个产品开发阶段的准许之前，跨职能开发团队必须成功完成当前阶段的相关任务。门径管理流程的框架包括工作流和决策流路径，并定义了必要的支持系统，以确保流程顺利进行。

**标准成本**（Standard Cost）：即制造成本，指在生产地生产产品的成本，包括所需要的材料成本、劳动力成本等。

**明星产品**（Star Products）：在高增长市场中占据高市场份额的产品。

**中止表决**（Stoplight Voting）：参与者用带有颜色的圆点表示他们意见的综

合性思维工具。也称作偏好表决。

**震荡阶段**（Storming）：团队建设的第2阶段，此时成员开始挑战已有边界。步入这一阶段的标志性事件通常是团队成员的自有工作模式之间发生了碰撞冲突，许多团队因此而解散。

**故事板**（Storyboarding）：聚焦于故事开发，一般关于用户如何使用产品，以便更好地理解可能带来特定产品设计属性的问题或事项。

**战略平衡**（Strategic Balance）：开发项目组合在一个或多个领域内的平衡，如专注还是多样，短期还是长期，高风险还是低风险，产品平台延伸还是新产品平台开发。

**战略匹配**（Strategic Fit）：确保项目与所采用的策略相一致。例如，如果某些技术或市场被指定为战略重点领域，应确保这些项目与该领域相匹配。

**新产品开发战略**（Strategic New Product Development，SNPD）：将新产品战略和新产品组合计划结合起来的战略。

**战略合作**（Strategic Partnering）：两个公司（通常有一家大公司和一家小公司）合作开发某种新产品而达成的联盟或合作。通常情况下，大公司提供资金和产品开发、营销、制造、分销能力，而小公司则提供特殊的技术或创新性技术。

**战略管道管理**（Strategic Pipeline Management）：将大量的机会排序并调整组织技能以交付产品的战略平衡。

**战略计划**（Strategic Plan）：确立组织未来情况的愿景、使命、价值、目标、目的和战略。

**战略优先级**（Strategic Priorities）：确保整个项目组合的投资能够反映公司的战略优先级。例如，如果组织的目标是实现技术领先，那么组合中项目平衡布局应该反映这一目标。

**战略**（Strategy）：组织的愿景、使命和价值。组织整体战略的一个子部分就是创新战略。

**分层抽样**（Stratified Sampling）：将样本根据某些变量分成若干层，从每一层中抽取一个样本的抽样方法。这些变量与研究中的目标变量相关。

**部件**（Subassembly）：用来组装较大部件或最终产品的组件集合。通常在组装前需要测试这些部件是否符合明确的规格。

**成功**（Success）：实现了预期目标和绩效的产品。产品开发成功有四个标准。在项目层有三个标准：财务绩效、基于客户的绩效和产品技术绩效。第四个标准是新产品对整个公司成功的贡献。

**支持性项目**（Support Projects）：旨在对现有产品进行渐进式改进，或提升现有产品的制造效率。通常风险水平较低。

**支持性服务**（Support Service）：这种组织功能的主要目的不是产品开发，而是提供使产品开发项目成功所需要的必要条件。

**可持续发展**（Sustainable Development）：一种发展模式，指既能够满足当代人的需求，又不会损害后代满足自身需求的能力。

**可持续创新**（Sustainable Innovation）：新产品或服务的开发和商业化过程。在产品生命周期中，从经济、环境和社会角度强调可持续发展的重要性，并在采购、生产、使用和服务结束的若干阶段遵循可持续发展的模式。

**SWOT 分析**（SWOT Analysis）："优势、劣势、机会和威胁"分析。SWOT 分析从其竞争对手、客户需求、市场/经济环境条件的角度对公司进行评价。

**系统层级图**（System Hierarchy Diagram）：表示产品结构的图表。它表明产品是如何被分解成结构块的。

**系统与实践**（Systems and Practices）：可能推动或阻碍产品开发的方法、程序和活动。它可能和公司的日常业务有关或对产品开发来说很特别。

**系统与实践团队**（Systems and Practices Team）：代表所有职能领域在一起工作的高级经理，识别和改进阻碍产品开发活动的系统和实践，以及为改进产品开发而建立新工具、系统和实践的人。

**目标成本**（Target Cost）：考虑到客户承受力的新产品成本目标。目标成本和其他客户需求的独立变量一样必须要被满足。

**目标市场**（Target Market）：营销中挑选出的一组消费者或潜在消费者。同一细分市场中的消费者可能购买同一种类型的商品。这些有时称作"主要期望"。

**任务**（Task）：可以产生可交付成果的可描述单元。

**团队**（Team）：参与新产品开发项目的一组人。通常每个团队成员代表一种职能、一个部门或一个专业。他们结合在一起就代表了完成项目所需的所有能力。

**团队领导者**（Team Leader）：领导新产品开发团队的人。负责确保突破或可交付成果的实现，但他可能没有权力领导项目参与者。

**团队监督指南**（Team Spotter's Guide）：团队领导（或团队成员）使用的用来诊断团队工作能力的调查问卷。

**技术前瞻**（Technology Foresighting）：一种洞察未来以预测技术趋势及其对组织潜在影响的流程。

**技术路线图**（Technology Road Map）：在时间标准下呈现技术进化或技术计划的示意图。在开发新产品中用来指导新技术开发或技术选择。

**技术门径管理**（Technology Stage-Gate，TSG）：在有很高的不确定性和风险时，组织所采用的管理技术开发活动的流程。在不违背产品开发初期创新性要求的条件下，它提供了一种管理新技术开发的结构化方法论。它特别用来管理高风险技术开发项目，这些项目有可能因为不确定因素和高风险而导致最终产品的功能不能实现。

**技术战略**（Technology Strategy）：一份有关技术维护和技术发展的计划，这些技术能够支持组织的未来发展，有助于组织战略目标的实现。

**技术转移**（Technology Transfer）：将实验室中的科学发现转变成可以商业化的产品的过程。也可用来指技术在合伙人中的转移过程。

**技术驱动**（Technology-Driven）：基于技术能力的新产品或产品战略。有时称作"问题研究解决方案"。

**试销**（Test Marketing）：为了严格衡量消费者对新产品发布的反应，将新产品投放到一个或多个具体地域。当考察多个地域时，需要应用不同的广告或定价策略并比较其结果。

**创造性解决问题方法（萃智，TRIZ）**（Theory of Inventive Problem Solving, TRIZ）：基于对数以万计专利技术的汇集分析的一种创新性解决问题的方法，是由俄罗斯学者提出的解决问题和建立多种可行方案的系统方法。该方法能够激发出超越自我经历的创造力，能够融合跨学科的知识和经验。

**思维链接**（Think Links）：帮助参与者将看似不相关的一些人、地点或实物联系起来的思维刺激。

**智囊团**（Think Tank）：通常与组织正常活动相隔离，由管理者创造的激发新思维或方法以解决组织问题的环境。

**思维组织者**（Thought Organizers）：帮助对相关想法进行分类的工具，使得想法可以被方便地比较或评价。

**3R 准则**（Three R's）：当产生新产品创意时应用的基本步骤，包括记录（Record）、回忆（Recall）和重建（Reconstruct）。

**门槛标准**（Threshold Criteria）：任何一个新产品项目的最低可接受绩效目标。

**缩略图**（Thumbnail）：勾勒草图的最小形式，通常用铅笔描绘产品创意。

**上市时间**（Time to Market）：从新产品的初始创意到初始市场销售所需要的时间。开始和结束时间的精确定义会因公司的不同而不同，也会因同一公司内不同的项目而不同。

**基调**（Tone）：使用产品时的感受、情感或态度。合适的基调对于消费者对新产品观念的看法及广告都是很重要的。

**自上向下的组合选择**（Top-down Portfolio Selection）：以战略为起点并极其

强调基于该战略进行项目筛选的方法，又称作战略桶方法。

**龙卷风图**（Tornado）：是项目管理中用于在风险识别和定性分析之后，进行定量风险分析的技术——敏感性分析技术中最常用的一种图表技术。

**全面质量管理**（Total Quality Management, TQM）：涉及组织所有职能领域的全面地持续地改进质量的方法。

**跟踪调研**（Tracking Studies）：在产品发布后对消费者（通常电话形式）进行调研以评估消费者对产品的认识、态度、尝试、采用和再购买率。

**三重底线**（Triple Bottom Line）：反映组织行为绩效的3个尺度：财务、社会、环境。

**三重约束**（Triple Constraint）：由项目中最重要的3项约束条件（范围、进度、成本）组合而成，也称作工程管理三角形或铁三角。

**隐性客户需要**（Unarticulated Customer Needs）：因客户不愿告知或客户无法告知而未被言明的客户需要。

**不确定性范围**（Uncertainty Range）：业务假设中高价值（最优情况）和低价值（最差情况）的跨度。

**用户**（User）：利用产品或服务解决问题或获得收益但未必是购买产品或服务的人。用户会消费一种产品，就像人们会用香波来洗头发，吃薯片来充饥。用户可能不会直接消费一种产品，但可能在相当长一段时间内和它打交道。例如，一个家庭拥有一辆汽车，家庭中不同成员会在很多年里使用它以满足不同需要。在生产其他产品或服务的过程中同样需要产品，用户可能是操作设备的生产人员。

**效用**（Utilities）：综合分析中产品特性对购买欲望或偏好的贡献程度。

**价值**（Value）：个人或公司从情感角度愿意坚持的准则。它是形成一种战略的因素之一。

**价值分析**（Value Analysis）：分析系统和设计的技术。它的目标是以最优（最小）成本开发出足够满足用户质量要求的设计。

**价值链**（Value Chain）：在产品从原材料变成客户手中的产品过程中，产品的价值随着每一步制造和交付过程而增加。价值链表明每一阶段增加的价值量。

**价值主张**（Value Proposition）：对于产品概念将从哪几个方面向潜在客户传递价值的简短、明确以及简单的陈述。"价值"的本质植根于用户从新产品中获得的利益和为它所付出的价钱中的权衡。

**增值**（Value-Added）：有形的产品特征或无形的服务价值相组合或打包，以创造竞争优势、重新定位产品或增加销售额。

**垂直一体化**（Vertical Integration）：公司在价值链中跨越多个层次的运营。

在20世纪早期,福特汽车公司极端地实行垂直一体化,因为它拥有成片的森林并拥有伐木业、木材加工业和玻璃制造业等业务。这些业务包括了生产汽车所需要的所有部件和原材料。

**虚拟客户**(**Virtual Customer**):一种基于网络的市场调研方法,它搜集了产品开发所有阶段中的客户意见。

**虚拟产品开发**(**Virtual Product Development**):无纸化产品开发。所有的设计和分析工作都是基于计算机完成的。

**虚拟现实**(**Virtual Reality**):可以使设计者或用户进入并使用计算机三维环境的技术。用户可以改变视角并模拟真实世界中的交互过程。

**虚拟团队**(**Virtual Team**):在地点上分散并主要靠网络一起工作的团队。

**愿景**(**Vision**):一种具有洞察力和远见的想象。它揭示了新产品开发中的可能性和实际制约条件。它描述了一个产品或组织最期望的未来状态。

**愿景型公司**(**Visionary Companies**):同行业中的领先创新者,通常是在市场份额、盈利能力、成长度和股东行为方面数一数二的公司。它们销售额的30%甚至更多是来自过去三年内引入的新产品。它们是很多公司的标杆。

**《展望》**(*Visions*):PDMA创办的以创业者为导向的新产品开发杂志。

**客户心声**(**Voice of the Customer, VOC**):为了找出问题的解决方法对消费者的一系列经验和环境进行深层次的结构化访问,以提炼出客户需要的过程。通过间接调查发现消费者怎样满足他们的需要及他们为什么要这么做,进而最终发现消费者的需要。

**损耗**(**Waste**):为了保证可制造性,超额使用设备、原料、零件、场地、用工时间或其他公司资源。导致损耗的运营行为包括等待、增加半成品零件、重复装运、原料传递和其他非生产流程。有7类基本损耗是公司应该尽量减少的:生产过剩、等待机器时间、运输时间、流程时间、过度存货、过度运转和缺陷。

**瀑布流程**(**Waterfall Process**):一种连续的设计流程,应用于软件开发。其中,开发流程被比作稳步向下流动的瀑布,历经概念、启动、分析、设计、建构、测试、生产/实施和维护阶段。

**完整产品**(**Whole Product**):一种强调将产品全部价值传递给消费者的产品定义概念。它包括能使消费者具有成功的使用经历并使用最小的产品价值就能满足其需求的任何建设性要素,具体包括培训材料、支持系统、电缆、其他软件/硬件、标准和程序、实施、应用咨询等。通常一揽子产品的因素由公司的合作者提供。这一术语通常用于规划高技术性产品。

**工作计划**(**Work Plan**):为了执行项目、识别项目每一阶段、主要步骤和具体任务的具体计划。好的实际工作计划区分了每一任务所分配的资源、计划任务期限及不同任务间的依赖性。参见"甘特图"。

**工作流设计团队** （**Work Flow Design Team**）：在一起设计和执行门径管理流程中的工作组成部分的职能型团队。他们决定公司的门径管理流程怎样设计、包括哪些任务和决策点及每一点涉及的人员。

**物有所值** （**Worth What Paid For, WWPF**）：细分客户的一种量化评估商品的提问方式："仔细思考卖主所提供的商品和服务，它们是否物有所值？"

# 反侵权盗版声明

电子工业出版社依法对本作品享有专有出版权。任何未经权利人书面许可，复制、销售或通过信息网络传播本作品的行为；歪曲、篡改、剽窃本作品的行为，均违反《中华人民共和国著作权法》，其行为人应承担相应的民事责任和行政责任，构成犯罪的，将被依法追究刑事责任。

为了维护市场秩序，保护权利人的合法权益，我社将依法查处和打击侵权盗版的单位和个人。欢迎社会各界人士积极举报侵权盗版行为，本社将奖励举报有功人员，并保证举报人的信息不被泄露。

举报电话：（010）88254396；（010）88258888
传　　真：（010）88254397
E-mail: dbqq@phei.com.cn
通信地址：北京市万寿路173信箱
　　　　　电子工业出版社总编办公室
邮　　编：100036